历史学新视野

——展现民族文化非凡创造力

陈其泰　著

商务印书馆
创于1897
The Commercial Press

2017 年·北京

图书在版编目（CIP）数据

历史学新视野：展现民族文化非凡创造力 / 陈其泰
著. — 北京：商务印书馆，2017
ISBN 978-7-100-15392-8

Ⅰ. ①历… Ⅱ. ①陈… Ⅲ. ①史学史－研究－中国
Ⅳ. ①K092

中国版本图书馆CIP数据核字（2017）第233608号

历史学新视野——展现民族文化非凡创造力

陈其泰　著

商　务　印　书　馆　出　版
（北京王府井大街36号　邮政编码 100710）
商　务　印　书　馆　发　行
三河市尚艺印装有限公司印刷
ISBN　978 - 7 - 100 - 15392 - 8

2017年11月第1版　　　开本 710×1000　1/16
2017年11月第1次印刷　　印张 28　插页 4

定价：98.00元

作者简介

陈其泰，广东丰顺人，1939 年出生。1963 年毕业于中山大学历史系。现为北京师范大学历史学院教授、博士生导师，山东大学兼职教授，全国哲学社会科学规划学科组成员，享受国务院政府特殊津贴专家。主要著作有：《陈其泰史学萃编》(全 9 卷，即出)、《中国史学史·近代卷》、《从文化视角研究史学》、《历史学新视野——展现民族文化非凡创造力》。主编《20 世纪中国历史考证学研究》及《中国马克思主义史学的理论成就》，分获北京市第九届、第十一届哲学社会科学优秀成果二等奖、一等奖。发表论文、文章约 300 篇。

前　言

　　中国传统文化光辉灿烂，而且各个历史时期各具特色，多姿多彩，构成波澜壮阔的文化长河，令每一个中国人为此感到无比自豪。而史学则是传统文化中最为发达的学问，这是由于中华民族的文化基因、历史传统及所处的地理环境共同作用而形成的文化景观。在商代，我们的祖先就以"有册有典"来表明自己所达到的文明程度。到西周初年，便形成了具有深邃历史智慧的"殷鉴"观念，其价值鲜明地体现于西周王朝创立的文物制度的方方面面。也就在这一时期，产生了内容极其丰富、编纂体例高明的经典史籍《尚书》。此后，历代史家不断努力，撰成丰富多样的史著，构成了几千年中华文明连续不断的记载，在世界文明史上大放异彩。仅载入《四库全书总目》中的史部典籍，就多达15门类30199卷，数量之巨、门类之多，都令人惊叹！中华民族的优良传统滋养了内涵丰富、形式多样的中国史学，而史学又以自己的独特的思维、学科的特质、创造的活力推动整个中华民族的发展壮大，为全国各民族的团结统一和文化认同做出巨大的贡献。

　　琳琅满目的史学典籍是祖先留给我们的丰厚文化遗产。尤其值得我们珍视的是历代流传下来的史学名著，它们的成就或是在客观史实记载上，或是在编纂体裁体例创新上，或是在历史学的理论思维上，为我们提供了民族文化创造力的生动例证，亟须对此进行深入的发掘和总结。譬如，司马迁总结了先秦史学的成果，同时融会了西汉时期开拓进取的时代精神，著成一部"通古今之变"，丰富生动的内容与合理完美的形式高度统一的不朽杰作《史记》，成为传统史学的楷模，不仅影响到历代纪传体、编年体、典制体等史著，而且影响到现当代的历史编纂。今天，我们把其中超越时空、具有永久魅力、具有当代价值的精华进行认真总结和大力发扬，就能为推进当今史学的发展、提高民族自信心、增强民族文化创造力提供宝贵的思想营养。因此，以新的视野研究"史学与民族文化创造力"这一课题，不但有重要的学术价值，而且有重要的现实意义。然而这一总结和阐释工作又是十分艰巨的，本书只能选取若干重点问题做初步探讨。上编"传统史学与民族文化创造力"，主要讨论三方面问题：一是《史记》和《汉书》这两部历代传诵的名著所体现的杰出文化创造力；二是《国语》这部"准经典"著作的史学价值和历史地位，以及儒学理性精神在乾嘉时期的发扬；三是《史通》和《文史通义》这两部史评名著的非凡建树。下编"时代新课题与学术新探索"，主要讨论两方面问题：一是晚清时期今文公羊学盛行、《射鹰楼诗话》、《日本国志》、《国闻报》与民族危机深重、探索救亡道路的密切关系；二是20世纪中国史学影响最为巨大的"新史学"流派（梁启超、萧一山是主要代表人物）、新历史考证学派和马克思主义史学的学术取向、主要成就和经验教训。

目　录

上编　传统史学与民族文化创造力

上　编

传统史学与民族文化创造力

第一章 《国语》的史学价值

第一节 《国语》的史学价值和历史地位

一、被边缘化的古典名著

《国语》是一部先秦史学名著。它按照国别记载西周、春秋时期的历史，分为《周语》三卷、《鲁语》二卷、《齐语》一卷、《晋语》九卷、《郑语》一卷、《楚语》二卷、《吴语》一卷、《越语》二卷，共二十一卷。它所记载的历史范围，最早为周穆王伐犬戎之役，最晚为公元前 473 年（周元王三年）越灭吴。由于《国语》记载的历史时期与《左传》大致相同，所载历史事件又与《左传》密切相关，因此长时间内每有人称《左传》为"春秋内传"，而称《国语》为"春秋外传"。《国语》的撰著者，因司马迁有过"左丘失明，厥有《国语》"[①]的话，因而长期被归到左丘明的名下，甚或认为《国语》一书是左丘明撰成《左传》之后将剩下的材料纂辑而成。近代以来学者们经过反复探讨，证明上述说法并不可信。目前多数学者认为，《国语》是一部独立的史书，它的纂修者，不可能是与孔子同时且年辈长于孔子的鲁君子左丘明，也不应与《左传》是同一作者。《国语》书中《晋语》卷数最多、叙述最详，次为《周语》，以此来推断，其纂修者应是出自战国时期三晋人之手。[②]先秦时期有不少典籍的纂成过程有一共同的特点，即"非成于一时一人之手"，《国

① 《汉书》卷六十二《司马迁传》，中华书局 1962 年版。

② 沈长云《〈国语〉编撰考》一文说："看来，只有晋国的后代 —— 韩赵魏三晋之人编辑《国语》的可能性最大。"参见沈长云：《上古史探研》，中华书局 2002 年版，第 332 页。

语》也是如此。一般认为它成书于战国前期[1]，但不排除后人有所附益增饰。

　　然则这样一部古典名著，长期以来却被边缘化对待。习见的情况，是它作为研究先秦历史的史料屡被引用。从研究层面说，已有成果主要关注于讨论《国语》一书的成书年代。[2] 而讨论其史学价值和编纂特色的文章，笔者所见到的，仅有白寿彝先生于 50 年前发表于《人民日报》上的《〈国语〉散论》一文。[3] 可以说《国语》是长时间被冷落了，这种情况与《国语》应有的地位是很不相称的。《国语》之所以被边缘化对待，恐与以下两个原因有关。一是被《左传》的成就所掩盖。两书都是记载春秋时期的历史，以往又长期被称为"春秋内外传"，因而造成一种思维定势，即以《左传》的优点来衡量《国语》。其结果，是将关注的重点放在《国语》的不足之处，而忽视了其优长之所在，以致有的研究者认为"《国语》并非是一部史"。二是没有充分揭示《国语》何以称为"语"，这种史书体裁为何产生于战国初期，书中记载的"语"究竟有哪些不同的类型和宝贵的价值，以及《国语》在历史编纂上有什么成就等。

　　如此情况，给我们提出了严肃的任务，即必须努力探究《国语》本身的特色，对其史学价值和历史地位做恰当的评价。实际上，前人曾对《国语》做过很有见地的评论，其中以三国时代的韦昭和宋代学者戴仔所论尤为精辟。韦昭是著名的《国语解》的作者。《国语》一书历代很受重视，自汉代以后一

---

[1] 参见白寿彝：《白寿彝史学论集》（下），北京师范大学出版社 1994 年版，第 855 页。梁启超《要籍解题及其读法》中则将"《左传》、《国语》之成书年代"一并讨论，云："《左传》、《国语》皆述晋灭智伯事，《国语》述越灭吴事，事皆在孔子卒后二十余年，则其成书最早亦后于孔子作《春秋》约三十年矣。……故先辈或以《左传》为战国初期作品，上距孔子卒百年前后，吾颇信之。"（梁启超：《饮冰室合集》专集之七十二，中华书局 1989 年版，第 56—57 页）夏经林则认为应成书于战国中期，他说："《国语》的成书，应当晚于越王无疆的被杀之年；应当早于战国晚期成书的《荀子》、《韩非子》、《吕氏春秋》诸书，早于秦攻破楚郢都之年，即当在战国中期，具体说是公元前 329 年—公元前 278 年之间。"（夏经林：《论〈国语〉的编纂》，《中国史研究》2005 年第 4 期）又，沈长云在《〈国语〉编撰考》一文中提出，《国语·晋语》（四）中有"唐叔之世，将如商数，今未半也"的话，预见晋国之亡，这已是公元前 376 年，即战国中期的事。又《鲁语》中提到的"三公六卿"，也属战国晚期人的构想。这些都是《国语》成书不可能早于战国晚期之证。此说也可参考。沈文中也说："《国语》非成于一时一人之手。"据此，则与《国语》成书战国初期，但在流传过程中也有后人附益的部分之说，也并无大的矛盾。

[2] 除上引沈长云文外，还有李坤《〈国语〉的编撰》（《史学史研究》1988 年第 4 期）、王树民《〈国语〉的作者和编者》（载王树民、沈长云点校：《国语集解》，中华书局 2002 年版）、夏经林《论〈国语〉的编纂》（《中国史研究》2005 年第 4 期）。

[3] 白寿彝：《〈国语〉散论》，《人民日报》1962 年 10 月 16 日。

直完整地流传下来①，东汉以后至魏晋，学者郑众、贾逵、王肃、虞翻、韦昭、孔晁等都为之作注。唐宋之后，多家之注失传，而韦昭《国语解》独存。韦昭，诚为《国语》之功臣，他是三国时吴国史官，吴主孙皓时为侍中，领修国史。持正敢谏，为孙皓所杀。所著除《国语解》外，还有《吴书》二十五卷等。韦昭注《国语》，吸收了贾逵、唐固、虞翻等人成果，而又熟习春秋时期史事、人物、典制，精于训诂，他的注文，能融会贯通史事，又敢于提出独到见解，对前人之注能择其所长而又不依违苟同，因而其《国语解》与杜预《左传注》足堪媲美，故一同为世所重。韦昭在《国语解叙》中，称誉《国语》作者"明识高远"，"采录前世穆王以来，下迄鲁悼智伯之诛，邦国成败，嘉言善语，阴阳律吕，天时人事逆顺之数，以为《国语》"，"所以包罗天地，探测祸福，发起幽微，章表善恶者，昭然甚明，实与经艺并陈，非特诸子之伦也"。他高度评价《国语》的价值应与儒家经典并列，尤其概括"邦国成败，嘉言善语"八字，实则揭示出《国语》全书的记载重点和精华所在。韦昭不愧既有撰史的实践，又有过人的史识，所论切中肯綮。戴仔的评论，则见于朱彝尊《经义考》卷二百零九"春秋四十二"所引：

> 吾读《国语》之书，盖知此编之中，一话一言皆文武之道也。而其辞宏深雅奥，读之味犹隽永。然则不独其书不可訾，其文辞亦未易贬也。②

戴仔之论，真能识人之所未识。他嘉许《国语》篇中所言"皆文、武之道也"，强调的即是《国语》总结邦国成败的史实和有关人物的评论，都深深符合治国的道理和成败的规律。此与韦昭总结的"所以包罗天地，探测祸福，发起幽微，章表善恶者，昭然甚明，实与经艺并陈，非特诸子之伦也"，二者正好异曲同工。韦、戴二人可谓目光如炬，所论对我们很有启发意义，惜乎他们都仅是点到而已，未能畅加申论。今天我们的任务，就是以前人提供的启示为基础，深入地发掘《国语》中富有价值的思想内涵，阐发其创设"记言"体史书的特色，总结它在历史叙事上的成功手法，对其在史学发展上的意义做出恰当评价。从而恢复这部古典名著在中华文化史上的应有的地位。

---

① 《汉书·艺文志》著录："《国语》，二十一篇。"所载篇数与今本《国语》卷数相同。
② 朱彝尊：《经义考》，中华书局 1998 年版。

二、总结"邦国成败",记载"嘉言善语"

《国语》首要的史学价值,是自觉继承《尚书》所开创的"殷鉴"传统,总结西周晚期至春秋时期宗周及列国的成败盛衰教训。而且由于作者选取的历史事件之重要和阐发的历史经验之深刻,书中的记载已构成中华民族历史记忆的极具教育意义的内容,千百年来脍炙人口,常常为人所称道,甚至作为箴言警句加以引用,因而在历史编纂学史上占据着引人注目的地位。书中总结的"邦国成败"历史经验,最为突出者可以举出以下两项。

一是记载西周晚期走向衰亡的必然性,深刻地说明统治者如果不对周围少数民族采取安抚的政策,不体恤民众的痛苦,就必然失败。

《周语》(上)着重记载西周晚期穆王、厉王、宣王、幽王时期关系政治成败的大事件。第一则,记穆王将征犬戎,祭公谋父(周的卿士,周公之后)出来谏阻,曰:"不可。先王耀德不观兵。夫兵戢而时动,动则威,观则玩,玩则无震。是故周文公之《颂》曰:'载戢干戈,载櫜弓矢。我求懿德,肆于时夏,允王保之。'先王之于民也,懋正其德而厚其性,阜其财求而利其器用,明利害之乡,以文修之,使务时而避害,怀德而畏威,故能保世以滋大。"① 祭公强调对待少数民族和对待民众,都要施行德政,让他们得到实利、增殖财富,通过修好政治、采取慈和温厚的措施,使他们向慕朝廷的恩惠,如果发生不按时祭祀贡享的失职行为,采用开导、说服的办法解决,才能得到发自内心的拥戴。祭公的诤谏,是申述周公之教,务必做到敬德保民,先修政事而后刑罚,先礼而后兵。可是穆王却拒谏饰非:"王不听,遂征之,得四白狼四白鹿以归。自是荒服者不至。"② 周穆王不修德政、炫耀兵力的结果,是失去周边少数民族的归附!

继之,是记载周厉王监谤,最后失败被流放的著名故事。尤为可贵的是,作者通过叙述明确表明自己的严正态度,认为像周厉王这样的暴君被流放是咎由自取,民众的举动是正义的。《国语》所载周厉王监谤,已成为最具鉴戒意义的典型史事,证明民众的意志才是决定最终成败的无比巨大的力量!其中总结的精警语句"防民之口,甚于防川,川壅而溃,伤人必多"③,在古代是

---

① 《国语·周语》(上),第1—3页。本书所引《国语》原文,均据徐元诰撰,王树民、沈长云点校:《国语集解》,中华书局2002年版。

② 《国语·周语》(上),第9页。

③ 《国语·周语》(上),第11页。

真理，在今天也仍然有深刻的启示意义。

《周语》（上）记载的其他几则关于西周晚期政治成败的史事，也都很有价值。周厉王听信贪聚财富、不顾民众利益的荣夷公，周大夫芮伯谏厉王不要任用荣夷公实行专利，否则，诸侯将不归附于周，说："王室其将卑乎！夫荣夷公好专利而不知大难。夫利，百物之所生也，天地之所载也。而或专之，其害多矣。天地百物，皆将取焉，胡可专也？所怒甚多，而不备大难，以是教王，王能久乎？夫王人者，将导利而布之上下者也……今王学专利，其可乎？匹夫专利，犹谓之盗，王而行之，其归鲜矣。荣公若用，周必败！"厉王却一意孤行，任用荣夷公为卿士，实行专利，其结果，"诸侯不享，王流于彘"。又载，宣王即位，不籍千亩。虢文公谏曰："不可。夫民之大事在农，上帝之粢盛于是乎出，民之蕃庶于是乎生，事之供给于是乎在，和协辑睦于是乎兴，财用蕃殖于是乎始，敦庞纯固于是乎成。"据此，他批评宣王"不籍千亩"。古代帝王于每年春天举行籍田礼，既表示对农业的重视，又与军事训练和对民众的有效管理相联系，故虢文公又说："王事惟农是务，无有求利于其官，以干农功。三时务农，而一时讲武，故征则有威，守则有财。"由此证明，"籍田于千亩"，不只是一种仪式，且是国家有效治理和习武加强防御力量的象征。虢文公谏行籍田礼，其归结点也是求福用民："今天子欲修先王之绪，而弃其大功，匮神之祀而困民之财，将何以求福用民？"厉王废弃国事，籍田之礼已多时不实行，宣王继位，又不恢复籍田礼，果然招致失败："三十九年，战于千亩，王师败绩于姜氏之戎。"

二是记载齐桓公为何能够成功称霸。

齐桓公称霸是春秋前期的重大事件，《国语》和《左传》两书均有记载，而重点、详略颇有不同，这是证明两书作者所依据的材料不同和作者关注的重点各异的证据，相比较之下，《国语》的记载更加连贯，颇有本末完具的特点，且做到重点突出；而《左传》则较为简略，对于齐桓公如何实现其功业的一些关键之处记载甚有欠缺。康有为曾认为，《左传》成书以后，作者"于是留其残剩，掇拾杂书，加以附益"[1]而成《国语》。我们通过比较两书关于齐桓公霸业记载的异同，即可证明康有为之说不足凭信。

齐桓公之立为齐国君和任用管仲为相，有过一段充满戏剧性的经历。桓

---

① 康有为：《重论经今古文学问题》，《新学伪经考》，中华书局 1956 年版，第 428 页。

公是齐僖公之子、襄公之弟。僖公卒，襄公继位，他喜怒无常，公子小白惧大难将作，由齐大夫鲍叔护从，出奔莒。公子无知杀襄公而立，襄公另一位弟弟公子纠由管仲、召忽护从，出奔鲁。齐人杀公子无知，将迎公子纠回国。此时，公子小白与公子纠两人为争取成功归国立为国君，正展开一场"智斗"。对于这一关键事件，《左传》记载甚为简略。对比之下，《国语》的记载却详细具体，再现了当时的历史场景。《国语》所载，事件曲折而又层次分明地展开，先写鲍叔如何大力称赞管仲的过人才能，再写桓公泯弃前仇的雅量，最后写齐国君臣巧妙用计，成功地从鲁国迎回管仲，桓公以格外隆重的礼节表示敬重。桓公与管仲原先是势不两立的仇家，后来桓公却委以相国重任，甚至称之为"仲父"，前后变化之大出人意料，通过《国语》的生动记载，读者才感到人物关系变化的自然、可信，并且从国君的器量和大臣的干才两个方面，体会到以后齐桓公能够实现赫赫霸业的深刻原因。

《国语》更重点地记载管仲富国强兵的措施和齐桓公实现"禁暴于诸侯"、"御戎狄，卫诸夏"的霸业。管仲向桓公提出了一系列治国之策，包括：四民勿使杂处——处士就闲燕，处工就官府，处商就市井，处农就田野；制国以为二十一乡——工商之乡六，士乡十五，公帅五乡，国子帅五乡，高子帅五乡；实行富民政策，"遂滋民，与无财，而敬百姓"；实行相地而衰征，使赋敛合理，无夺民时；"作内政而寄军令"——实行五家为轨，十轨为里，四里为连，十连为乡的制度；"春以蒐振旅，秋以狝治兵，是故卒伍整于里，军旅整于郊"。①

大国霸政是春秋史上的大事，由于霸主主持，中原各国互相救援，维持了相对安定的局面，成为中国历史由春秋初年小国林立逐步走向统一的重要环节。《国语·齐语》着力对齐桓公征伐强暴、扶助弱小、扞御中原安定局面的功绩做了总括性叙述："即位数年，东南多有淫乱者，莱、莒、徐夷、吴、越，一战帅服三十一国。遂南征伐楚，济汝，踰方城，望汶山，使贡丝于周而反，荆州诸侯莫不来服。遂北伐山戎，制令支，斩孤竹而南归，海滨诸侯莫不来服。与诸侯饰牲为载，以约誓于上下庶神，与诸侯戮力同心。西征，攘白狄之地，至于西河……西服流沙、西吴（同虞）。南城周，反胙于绛，岳滨诸侯莫不来服，而大朝诸侯于阳谷。兵车之属六，乘车之会三，诸侯甲

---

① 《国语·齐语》，第219—224页。

不解累，兵不解翳，弢无弓，服无矢，隐武事，行文道，帅诸侯而朝天子。"并列举桓公扶助弱小的功绩：立僖公而成鲁；狄人攻邢、卫，桓公筑城以安顿之，又供给牛马牲畜，"天下诸侯称仁焉"。"诸侯之人，垂橐而入，捆载而归。故拘之以利，结之以信，示之以武，故天下小国诸侯既许桓公，莫之敢背，就其利而信其仁，畏其武。"全篇之末，又做画龙点睛之笔，指出齐桓公任用贤材对其霸业起到关键的作用："唯能用管夷吾、甯戚、隰朋、宾胥无、鲍叔牙之属，而伯功立焉。"以上《齐语》叙述和评论齐桓公任用管仲实行富国强兵的各种措施，建树霸主功业，实为司马迁以下史家论述这段历史提供了最主要的依据。

《国语·齐语》与《管子·小匡》篇内容相同，文字也多相合。有的研究者认为当属《国语》抄了《小匡》篇。但仔细对勘两文，实际情形当属相反。如其中一段，《小匡》篇作："西服流沙、西虞，而秦戎治从，故兵一出而大功十二。故东夷西戎南蛮北狄中诸侯国莫不宾服，与诸侯饰牲焉为载书，以誓要于上下荐神。然后率天下定周室。大朝天下于阳谷。故兵车之会六，乘车之会三，九合诸侯，一匡天下。甲不解壘（应作橐，因形近而致误），兵不解翳。"这段话中，"而秦戎治从"以下六句，及"九合诸侯，一匡天下"两句，当是在《国语》文字的基础上，采用了《史记》等书而添加的。又，《小匡》篇"小国诸侯附比"句之下，有"是故大国之君，事如臣仆，小国诸侯，欢如父母，夫然故大国之君不尊，小国诸侯不卑。是故大国之君不骄，小国诸侯不慑。于是列广地以益狭地，损有财以益无财，周其君子，不失成功，周其小人，不失成命"一段话，文字甚不古朴，应属于在《国语》成书之后今本《小匡》篇纂辑者增饰的内容。故《国语·齐语》应为更加原始的文字。①

《国语》又着重记述晋文公何以能取代齐桓公成为春秋霸主，同样是总结"邦国成败"历史经验的典型事件。在《晋语》（三）和《晋语》（四）中，作者精心梳理了自晋献公之时"骊姬之难"以来晋国的历史，从国内民众的归心，重耳本人政治才干的增长，围绕其周围的大批贤臣的忠心护翼，秦国作为邻近大国的倾心相助，令人信服地说明晋文公作为春秋霸主出现的历史

---

① 罗根泽《管子探源》（中华书局 1931 年版）、李学勤《〈齐语〉与〈小匡〉》（《管子学刊》1987 年第 1 期）均认为《国语·齐语》早于《管子·小匡》。故夏经林《论〈国语〉的编纂》（《中国史研究》2005 年第 4 期）一文中谓："笔者以为《齐语》早于《管子·小匡》应有定论。"

条件，将一位大有作为的人物之所以取得成功的主观和客观、国内和国外的条件叙述得具体而深刻，实在是难能可贵！接着作者又进一步概述重耳修明政治、发展生产、赈济贫困、举用贤能、减轻民众负担、礼敬尊贵、奖励有功的措施："公属百官，赋职任功。弃责薄敛，施舍分寡。救乏振滞，匡困资无。轻关易道，通商宽农。懋穑劝分，省用足财。利器明德，以厚民性。举善援能……政平民阜，财用不匮。"① 至此，晋国终于结束献公以来朝政混乱、在列国交往中无足轻重的局面，而一举成为国力强盛、威重华夏的霸主。"文公即位二年……遂伐曹、卫，出谷戍，释宋围，败楚师于城濮，于是乎遂伯。"② 再如，在全书之末《吴语》和《越语》中，作者对吴越争霸及其盛衰变化的历史教训做了深刻的总结。先是吴王夫差大败越师，双方力量本来对比悬殊，夫差却因此虚骄自大，许越求和，并且北上中原与齐、晋争锋，越王句践由此获得重新积聚力量的机会，于是乘吴大军北上、国内空虚的时机，举兵攻灭吴国。

以上所论突出地表明：记载"邦国成败"、总结历史教训，正是《国语》编纂思想和编纂内容的一大特点，而且作者所关注者，不论西周晚年周厉王之被流放，周幽王之被杀死，齐桓、晋文之称霸，楚国之盛衰，直至春秋末年吴越两国的盛衰变化、孰兴孰灭，都是历史上的重大事件，直接影响到中国全局性或区域性的历史走向。《尚书》创立的"以史为鉴"的传统，至此大大向前推进了，其意义实在不可低估。值得注意的还有，《国语》书中虽有不少宣扬天命鬼神、占卜吉凶的内容，这在战国时期的历史条件下，是不足为怪的。但可贵的是，每当记述或评论社会状况、国家成败的重要事项时，却能摆脱鬼神迷信观念的束缚，重视从人的活动来审视和总结。作者确是做到从民心归附、国内生产发展、国力强弱、民众负担程度、社会是否安定有序等项来评价。书中记述战场上的胜败，也不是只从军事指挥正确与否的角度来评论，而更重视的是国内是否修明政治，士卒是否愿意作战，士气是否高涨，战场上君臣上下是否同心同德等项因素。正因为作者成功地将这些观察和道理融合在史事的叙述和人物言论的记载之中，因而使《国语》具有深刻的历史鉴戒意义。作为一部产生于先秦时期的史著，《国语》具有这样突出的

---

① 《国语·晋语》（四），第349—350页。
② 《国语·晋语》（四），第363—364页。

思想价值和编纂成就，难道不是极可珍贵的吗？

《国语》又一重大价值是，大大推进了《尚书》开启的"记言"传统，它充分展示出"语"所具有的珍贵历史智慧和丰富内涵，充分展现了春秋时期贤士大夫的"嘉言善语"，因而成为记载我国古代民族智慧的一株奇葩。其所记载的"嘉言善语"，可以概括为以下四项：有关预见成败、分析情势的言论；有关典制礼法的言论；有关道德伦理的言论；春秋时期士大夫口述的古史资料和远古传说。不但内容丰富，而且具有重要价值，或成为认识古史的珍贵史料，或为后人提供治国施政和加强道德修养的宝贵箴言。此项将在下文做专门论述。

《国语》产生于战国前期实有深刻的时代原因。春秋时期，华夏民族正酝酿着全国范围的统一，列国经济发展，交往频繁。华夏民族的历史文化认同意识大大增强，文化修养、历史智慧、哲学思维也都迅速提高。这在春秋列国的大夫阶层和正在形成的"士"阶层身上体现最为突出。随着旧的以血缘为纽带的社会结构逐步解体，政治权力的逐渐下移，各国文化交流机会的增加，贤士大夫的作用越来越显著，他们的才华与智慧也经常有机会展示。《国语》作者便适时地创造出这种称为"语"的历史编纂形式，将这些珍贵的内容记载下来，传之后世。

三、《国语》历史叙事的成就

《国语》在历史叙事上有很高的技巧，与其着重叙述"邦国成败，嘉言善语"的内容相配合。历史叙事的突出成就，是《国语》成为先秦史学名著的又一重要价值所在。具体而言有四项："记言"与"记事"紧密结合；恰当运用对比手法；多方位、多层面展现历史进程的复杂性、生动性；为显示"纪事本末"的历史叙事的重要方法提供了成功范式。

（一）"记言"与"记事"紧密结合

《国语》以着重记言为其特色，但作为一部史书，它又为"史为记事之书"这一根本性质所制约。作者在历史编纂上的高超技巧，首先就在于做到极恰当地将"记言"与"记事"二者紧密结合起来，因而成为一部名著。这一叙事特点在以上论及的内容中都有所体现，这里再举出若干手法高明的例证。

陈国地处中原，当北方的晋、南方的楚强盛时，陈国当政者灵公却是一个不问国政、昏乱淫僻的君主，致使境内生产凋敝，民不堪命。《国语·周语》（中）载：周卿士单襄公奉使聘楚，由宋国路过陈国，所见皆是混乱衰败的景象，成熟的庄稼抛撒在野外，谷场上扬晒收藏的工作没有做完，民众却被征发去修夏家之台。王朝使者至境，陈灵公却不按礼节相见，竟与孔宁、仪行父一同往夏姬家淫乱。作者描述单襄公亲眼所见陈国政务废弛、秩序混乱的情景：

> 火朝觌矣（韦注①：心星朝见，为夏正十月），道茀不可行（注：草秽塞路为茀），候不在疆（注：候，候人，掌送迎宾客者。疆，境也），司空不视途（注：司空，掌道路者），泽不陂（注：陂，障也），川不梁（注：梁，渠梁也），野有庾积（注：此庾露积谷也），场功未毕，道无列树（注：古者列树以表道，且为城守之用），垦田若蓺（按：草多生貌为蓺），膳宰不致饩，司里不授馆，国无寄寓，县无施舍（注：宾客负任之处也），民将筑台于夏氏。②

单襄公归来，即向周定王报告陈国的衰败凋敝状况，他说："今陈国，火朝觌矣，而道路若塞，野场若弃，泽不陂障，川无舟梁，是废先王之教也。"③进而贬斥陈灵公君臣之所作所为，是"弃先王之法制"，"蔑先王之官"，"犯先王之令"，并预言陈灵公必遭大祸。果然不出二年，陈灵公被杀。次年，楚国入陈。这一则记载，把"记事"与"记言"紧密结合起来，史实的叙述令人触目惊心，阐发的道理中肯深刻，表达了《国语》作者对昏乱君主的严厉谴责，对民众苦难的深切同情，文字不长，却构成出色的篇章。

又如，《晋语》（四）写晋公子重耳出亡至齐，因贪恋安逸生活，不愿离开齐国。齐姜与重耳的随从子犯等人商量，先把重耳灌醉，然后用车载走。"醒，以戈逐子犯，曰：'若无所济，吾食舅氏之肉，其知餍乎！'舅犯走，且对曰：'若无所济，余未知死所，谁能与豺狼争食？若克有成，公子无亦晋之柔嘉，是以甘食。偃之肉腥臊，将焉用之？'遂行。"④通过两人的对话，写

---

① 韦昭《国语解》所做的注释简明中肯，于读者甚有帮助。本节对引文中个别难懂之处引用韦注做解释，以下简称为"注"。
② 《国语·周语》（中），第61—62页。
③ 《国语·周语》（中），第66页。
④ 《国语·晋语》（四），第326页。

出当日重耳胸无大志，害怕过艰难生活，更写出他周围的谋臣、随从的一片忠心，为漫长的流亡生活增添情趣，加强叙述的生动性，而重耳也正是在这样的磨炼中逐步成熟起来。

《国语》中有的记载，看似孤立叙述一事，实际上是为后面记载其他史实埋下伏笔，做好铺垫，前后有很密切的联系。《晋语》（五）载："范文子暮退于朝，武子（文子之父）曰：'何暮也？'对曰：'有秦客廋辞于朝（注：廋，隐也。谓以隐伏谲诡之言问于朝也。音搜），大夫莫之能对也，吾知三焉。'武子怒曰：'大夫非不能也，让父兄也。尔僮子，而三掩人于朝。吾不在晋国，亡无日矣。'击之以杖，折其委笄（注：委，委貌冠。笄，簪也）。"若单独阅读这则记载，会认为只是讲述范武子教子甚严而已。再读下面一则："靡笄之役，郤献子师胜而返，范文子后入。武子曰：'燮乎，女亦知吾望尔也乎？'对曰：'夫师，郤子之师也，其事臧。若先，则恐国人之属耳目于我也，故不敢。'武子曰：'吾知免矣。'"①即可明白，范文子在战场上作战勇敢，立功归国时却低调处事，表现谦让。有此一段，则前面记载其父杖击教训他好自表露、不知谦抑的价值也就清楚地显示出来，正因为严父对其关心、切责，范文子才成长为有用之才。

（二）恰当运用对比手法

《国语》叙事，有意识地做到将相关的人物、事件做对照，凸显其不同特点，或不同人物的行为、性格、心理，并借此揭示出深层内涵。晋文公重耳能得人心，晋惠公夷吾不受国人拥戴，对此，《国语》作者是用对比手法来刻画的。《晋语》（二）载：晋献公卒，时重耳在狄，夷吾在梁。秦穆公因秦晋之好，亟盼早日结束晋国的混乱局面，故想通过考察，判断二公子谁更应该得到秦国的帮助。于是派公子絷分别向重耳、夷吾吊丧，作者通过公子絷的观察，表现二人一个仁厚、诚实，一个虚假、贪鄙，品质、行为大不相同。公子絷向秦穆公一一做了禀报，秦穆公乃得出结论："吾与公子重耳，重耳仁。再拜不稽首，不役为后也。起而哭，爱其父也。退而不私，不役于利也。"②虽然当时因重耳真心不愿因父丧而侥幸得国，立为国君的条件尚不成熟，故先立夷吾，但重耳最终胜利返国，成为一代贤君，证明秦穆公的考察

① 《国语·晋语》（五），第381、382—383页。
② 《国语·晋语》（二），第297页。

和判断完全正确。

秦、晋韩之役，无论是战前两国的政治状况，还是战场上两军的对垒，都巧妙地运用了两相对照的手法，因而写得层次分明，并向读者揭示出深层次的内涵。战前，晋国先发生饥荒，秦穆公急晋民众之急，立即运粮过河，向晋赈灾。次年，秦国也遭饥灾，晋惠公却忘善背德，坐视不救。晋惠公六年（前645），秦国获得丰收，粮食、军用充足。为讨伐晋惠公背信弃义、恩将仇报，秦举兵伐晋。晋惠公率师迎击。阵前用占卜决定选何人为公车戎右，庆郑吉。惠公不满意庆郑主张运粮赈灾，战前又指责晋国所为违背道德，因此不用他为戎右。韩简为惠公次车。惠公令韩简瞭望秦军，韩简向惠公报告说，"师少于我，而斗士众"，"以君之出也处己（注：己，秦也。处己，在梁依秦），入也烦己（注：为秦所立），饥食其粜，三施而无报，故来。今又击之，秦莫不愠，晋莫不怠，斗士是故众"。极力写秦国在道义上占了上风，因此士气高昂，晋军却因在道义上应受谴责，"三施而无报"，士卒懈怠疲沓。秦穆公在阵前横握彤戈，对晋国使者历数晋君之罪愆："杀其内主，背其外赂，彼塞我施，若无天乎？若云有天，吾必胜之！"秦晋两军对阵，一方是师出有名，理直气壮，一方是各存歧见，号令不一，至此，战役的高潮出现了："君（秦穆公）揖大夫就车，君鼓而进之。晋师溃，戎马泞而止。公号庆郑曰：'载我！'庆郑曰：'善忘而背德，又废吉卜，何我之载？郑之车不足以辱君避也！'梁由靡御韩简，辂秦公，将止之，庆郑曰：'释来救君！'亦不克救，遂止于秦（注：止，获也，为秦所获）。"①整个战役记述生动紧凑，议论更为精彩。尤其是通过对比双方的行为和议论的手法，揭示出政治上得道或失道，君臣上下能否同心同德，是决定战场上胜败的根本原因。

不但同卷中的记载可以做对比，不同卷中密切关联的事件、人物，也可以做对比叙述，这样做同样有利于揭示历史进程中的实质内涵，并增强历史著作的感染力。《吴语》和《越语》，都是记载春秋晚期吴越争霸这段历史，事件本来密切相关，《国语》作者在客观叙述史实的基础上，有意识对吴为何由胜利走向失败、越为何能够在失败中崛起并最后灭吴的盛衰变化原因进行对照。而作者尤为着重的，是吴王夫差和越王句践如何对待身边大臣的谏议，因两人态度悬殊不同，而最后结局便完全相异。当句践遭到大败，退保于会

---

① 《国语·晋语》（三），第309—311页。

稽山上，处于危厄之际，亲切地称呼身边大臣及国人为"我父兄昆弟及国子姓"，要求大家献出计谋，共同商议退吴兵、复越国的办法。大夫种献计，应向吴王卑辞求和，句践"执其手而与之谋"，完全采纳，由此演出了越国"十年生聚，十年教训"，最终反败为胜的活剧。而夫差则因胜越而自恃强大，决定北上中原显其声威。在此紧急关头，伍子胥痛切进谏，要夫差以史为鉴，讲了楚庄王自恃强大，饰非拒谏，连年对陈、蔡、吴、越征伐，造成民众痛苦不堪，最后众叛亲离，自缢于沟壑的历史教训。他警告如果大举伐齐，越人将乘虚攻吴，到时就后悔莫及了。但夫差反而严责伍子胥年已老而"扰乱百度，以妖孽吴"，致使伍子胥愤而自杀！《国语》作者详细记述句践与夫差对臣下谏议截然不同的态度及其后果，为了说明国君是否开明纳谏、集中臣下的正确意见付诸实现，实为国家成败之关键这一深刻道理。作者为了强调此层意思，便将伍子胥如何忠诚进谏、提出正确的策略，作为《吴语》全篇的主线。至其篇末，在记载了一系列曲折复杂的事件之后，特意做了交代："夫差将死，使人说于子胥，曰：'使死者无知，则已矣。若其有知，吾何面目以见员也！'遂自杀。越灭吴。"同时作者又正面做了评论，说：越王句践之能最终取胜，乃在于"唯能下其群臣，以集其谋故也"①。堪称画龙点睛之笔，意味深长。

（三）多方位、多层面展现历史进程的复杂性、生动性

夫差北上伐齐，又至黄池与晋争盟主地位，越人乘虚袭吴，后方告急。吴乃决计向晋挑战，迫晋同意由吴主盟，以求远道退兵回吴。若以成败论英雄，吴北上之役是造成其最终败亡之由，且其时，"边遽乃至，以越乱告"，夫差不得已决定仓促退兵。《国语》作者却不视此为仓皇脱身前的一番故意造作，虚写几笔带过，而是绘声绘色郑重记载。原因何在？其一，吴北上主盟，是春秋晚期政局的一件大事。《春秋经》以特殊的笔法记载这一事件："（哀公十三年，夏）公会诸侯及吴子于黄池。"吴以往被视为"蛮夷"之邦，现在称为"吴子"，承认其提高了文明程度，地位与前已大不相同，因而与华夏各诸侯国同样对待；并且与晋一同作为诸侯各国之首，其意义非同小可。而专讲"微言大义"的《春秋公羊传》，更对此大书特书，阐发吴主盟的意义："公会诸侯及吴子于黄池。吴何以称子？吴主会也。吴主会则曷为先言晋侯？

① 《国语·吴语》，第561—562页。

不与夷狄之主中国也。其言及吴子何？会两伯之辞也。不与夷狄之主中国则曷为会两伯之辞言之？重吴也。曷为重吴？吴在是，则诸侯莫敢不至也。"[1] 强调《春秋经》的记载是"重吴"，吴北上取得盟主的地位，诸侯莫敢不至，因而有利于"诸夏"局面的稳定。所以，夫差北上主盟，在吴越争锋的活剧中似乎是一段插曲，而从春秋史的全局来看，却确实是重要事件，不能等闲视之。其二，再现客观历史进程的复杂性。春秋晚期吴国的历史，实则包括两个层面。一个层面，是吴越争锋，吴因先胜越而骄侈，最后反被越国打败。又一个层面，是吴国已能够北上中原，与晋国争诸侯盟主的地位。与春秋初年吴国偏处江南被视为蛮夷之地相比，显示出历史的巨大进步，是经过春秋时期一二百年间吴国经济、文化发展的结果，反映出中原文化向心力的增强，华夏文化范围大大扩展，中国境内各族的文化认同向前推进了。《国语》作者对此恰恰没有做简单化处理，没有因为关注吴越两国的恩怨胜败，而忽视吴国争取扮演诸侯盟主角色的努力。这样做，凸显了多角度、多层面再现客观历史的原则，而且写得场面广阔，很有声势。

作者写道，吴王夫差"乃起师北征。阙为深沟，通于商、鲁之间，北属之沂，西属之济，以会晋公午于黄池"。[2] 吴人从长江北扬州附近开凿出一条通向宋、鲁的水道，将长江、淮水连接起来，水路可直接通到河南中部，这正证明吴国国力的强大。正当吴在黄池会上与晋人争长未显定局之时，吴的后方传来越王句践乘虚攻入姑苏的坏消息。夫差恐惧，向诸大夫问计：现国内危急，我道路遥远，如今之计，是不举行会盟迅速赶回吴国，还是放弃主盟的希望，让晋国居先？王孙雒回答说：两种办法都不好。无会而归，沿路将要遭到齐、宋、徐等国夹击，会而先晋，等于我劳师千里一无所得，越国攻袭的坏消息传播开来，吴国士卒会发生反叛。所以，"必会而先之"。王孙雒进一步出主意："今夕必挑战，以广民心，请王厉士，以奋其朋势"，[3] 取得盟主地位，在诸侯各国有体面，就可以安全返回吴国。

作者进而写出吴军争当盟主的声势：吴王连夜秣马厉士，整肃队伍，分中军、左军、右军，百人为行，十行一旌，十旌一将军。"万人以为方陈，皆白常、白旃、素甲、白羽之矰，望之如荼。王亲秉钺，载白旗以中陈而立。

---

[1] 何休：《春秋公羊解诂》哀公十三年，十三经注疏本，中华书局1980年版。
[2] 《国语·吴语》，第545页。
[3] 《国语·吴语》，第547页。

左军亦如之，皆赤常、赤旗、丹甲、朱羽之矰，望之如火。右军亦如之，皆玄常、玄旗、黑甲、乌羽之矰，望之如墨。""三军皆譁釦以振旅（注：譁釦，欢呼），其声动天地。晋师大骇不出。"在两军紧张对垒的气氛中，又添加一意外情节，晋军派出的阵前通使者董褐觑出吴王神色异常。他报告晋军主帅赵鞅："臣观吴王之色，类有大忧，小则嬖妾、嫡子死，不则国有大难，大则越入吴。将毒，不可与战。主其许之先，无以待危。"于是晋定公同意由吴主盟，"吴公先歃，晋侯亚之"。既盟之后，吴军立即退兵回国。我们以今日的眼光审视，导致"黄池之会"出现戏剧性场面，是因为有两条线索在起作用，一是吴国确有相当强大的国力，"北上而忧中国"，敢于争取盟主的地位，一是越军乘虚攻入吴的都城，本来占据优势的吴军转为劣势。《国语》作者确实做到恰当地把握住这两条线索，做到多角度、多层面地记述历史，确实值得称道。在作者笔下，吴、晋、越各方力量相交错，事件的发展紧张起伏，扣人心弦，因而为后人留下了春秋晚期历史曲折变化的一页。①

又一典型例证，是《晋语》（一）、《晋语》（二）用大量篇幅集中叙述的"骊姬之难"。它所牵涉时间长，范围广，前后相关的人物除晋献公、骊姬和太子申生、重耳、夷吾、奚齐、子圉等五位公子外，还有卿大夫里克、丕郑、荀息、狐突、士蒍及优人施等，错综复杂。由于这场祸难不但造成晋国长期政局混乱，而且因"尽逐群公子"而造成春秋时期"公族失势，九卿擅权"的特殊国情。《国语》作者精心地组织材料，同时运用多角度、多层面叙事方法再现历史进程的复杂性，表明有关晋国国政的一场大阴谋正一步步发展，大祸将作。作者选取了三个角度观察和叙事，读之使人惊心动魄。一是

---

① 相比之下，《左传》对黄池之会记载甚为简略。兹据引以做对照："（哀公十三年）夏六月丙子，越子伐吴，为二隧。……丁亥，入吴。吴人告败于王。王恶其闻也，自刭七人于幕下。""秋七月辛丑盟。吴、晋争先。吴人曰：'于周室，我为长。'晋人曰：'于姬姓，我为伯。'赵鞅呼司马寅曰：'日旰矣，大事未成，二臣之罪也。建鼓整列，二臣死之，长幼必可知也。'对曰：'请姑视之。'反曰：'肉食者无墨。今吴王有墨，国胜乎？太子死乎？且夷德轻，不忍久，请少待之。'乃先晋人。"相比之下，《国语·吴语》中叙述的几个重要情节，《左传》皆缺载。如：句践命将帅率师沿海泝淮以绝吴路；吴、晋争长未成，两军对峙，"边遽乃至，以越乱告"，吴王惧而合大夫而谋，吴王与王孙雒各提出方案，最后决定"必会而先之"；吴王急欲先晋而主盟，昏乃戒，令秣马食士，陈王率百人，以为彻行百行，分成中军、左军、右军，各为万人方阵，如火如荼；晋派董褐到吴军阵前传话，董褐观察到"吴王之色类有大忧"，"将毒，不可与战"，乃许吴先主盟；双方谈判商定，称"吴伯"不称"吴王"，吴公先歃，晋侯亚之；吴王既会，越闻愈章，吴仓卒退师。以上内容，《吴语》记载甚详，且叙述生动，场面广阔。两相对照，《左传》所载大为逊色。《吴语》所载优胜的原因，一是材料占有多，组织有匠心，二是对于吴北上主盟的意义有足够的重视。

骊姬阴险狠毒，她为实现废掉太子申生、立己之子奚齐为太子的目的，不择手段地阴谋陷害，编造种种谎言，表面上又假装亲近太子。献公则日中其谗言，对申生的猜忌和迫害步步加深。二是生性仁厚的申生不正视骊姬一手制造的阴谋，他为忠于君父的观念所束缚，因此一步步走向绝境。三是卿大夫丕郑、里克、狐突等人，或分析骊姬设下的阴谋，预言事态的发展，或恐危及自身而装出不偏不倚的姿态，或怕卷入危险而杜门不出，更形成危机重重。尤其值得注意的是，作者叙述如此复杂的事件，却能从容不迫地展开，像一部史诗式的复杂交响乐作品，有意识地反复"再现主题"，突出主线，清楚地交代事态的发展。《晋语》（一）第六则至第九则，通过记载一连串险恶事件已充分证明，骊姬引起的晋国内乱未有尽头，太子申生将罹大祸。在头绪纷繁的叙述中，作者在关键之处一再点明，"骊姬既远太子，乃生之言，太子由是得罪"；"太子遂行，克霍而反，谗言弥兴"；"申生胜敌而反，谗言作于中"；"果战，败狄于稷桑而反，谗言益起"：有意地反复再现"主题"，说明骊姬一再使用阴险狡诈的手段，使太子申生愈加陷入危险的处境之中。五年之后，太子申生终于被迫自缢，重耳、夷吾也受谮出逃，"尽逐群公子，乃立奚齐"，"国无公族焉"。①

过程曲折、头绪纷繁的事件，是对史家叙事能力的极大考验。《国语》作者对于如同吴北上争霸主和"骊姬之难"这样复杂的事件，却能有条不紊地做到多角度、多层面叙述，这无疑为提高中国历史叙事水平做出了宝贵的贡献。

（四）提供了"纪事本末法"叙事的成功范式

《国语》以"记言"为特点，似乎与"纪事本末"叙事方法关系不大。其实不然。它的不少篇章是专记一个重要事件，并且做到完整地记载事件之始末，提供了用"纪事本末法"叙事的成功范式。

"纪事本末体"作为一种比较定型的史书体裁，是从南宋袁枢撰成《通鉴纪事本末》开始的。在此之前并无以"纪事本末"命名的史书，这就容易使人造成一种错觉：用"纪事本末"的方法著史只是在南宋以后才受到史家重视，而在此之前并不受关注，无须多做讨论。其实，"纪事本末体"与"纪事本末法"二者既有密切关联，又是有着不同内涵的概念，在袁枢撰成《通

① 以上引文均见《国语·晋语》（一），第259—270页。

鉴纪事本末》之前，"纪事本末"的叙事方法早就为史家所运用。道理是很清楚的："历史"本来就包涵时间、事件、人物这些基本要素，三者又是密切关联、不能割裂的。史家撰史，可以选择从时间先后（年代），或人物活动的角度来撰写，成为编年体或纪传体史书，但因为他写的是"历史"，所以其中必然就有"纪事"的成分，即叙述事件的原因、经过、高潮、结局。"事件"既然是"历史"的基本要素，那么，自从有历史著作始，其中就必然有"纪事"的内容、方法和地位。《尚书》是我国最早出现的史籍，其中的《金縢》、《顾命》就是明显运用"纪事本末"方法的名篇，章学诚甚至推崇为"体圆用神"，"神明变化"，是史家著史的典范。以后，《左传》中也有成功的运用，如记载晋公子重耳出亡 19 年，就是典型的篇章，同时《国语》一书也提供了用此方法写史的成功范式。再往后，包括《史记》、《汉书》、《通鉴》在内的史学名著，其中都不能缺少这种叙事方法的运用。因此，我们应当建立起一种新的看法："纪事本末"作为一种基本的历史叙事方法，它起源甚早，经历漫长，它被不同时代、不同风格的史家所运用，因而推动中国史学波澜壮阔向前发展，对于其中的成就、特点和规律，我们要认真地总结。这不仅是全面总结中国历史编纂学历程所需要，也是更加深入一步探讨和总结古代史学名著成就所需要。①

为何说《国语》"提供了用'纪事本末法'叙事的成功范式"呢？我们可对其中《齐语》、《郑语》、《吴语》、《越语》诸篇做一分析。这四篇，尽管记载贤士大夫的嘉言善语很突出，而从记事的角度考察，又都是集中记载一事，完整地写出事件的发生、经过、高潮、结局，都写得始末完备，层次清楚，章法分明，的确提供了如何用"纪事本末法"反映客观历史的成功范式。《齐语》一篇，写的是"齐桓公称霸"，记事完整，线索分明。按事情始末的发展，写了五个大的层次：（一）桓公、鲍叔设计迎管仲回齐，对他优礼有加。（二）管仲相桓公，实行富国强兵的办法。其中包括：三其国而五其鄙，四民无使杂处；制国为 21 乡；实行富民政策，相地而衰征，使赋敛合理；作内政以寄军令等。（三）齐桓公主持霸政、一匡天下的功绩，征伐强暴，扞御中原的安定局面。因而得到王室嘉奖，天子致胙于桓公，桓公下拜再受命。（四）

---

① 南宋袁枢撰成《通鉴纪事本末》之后，明清两代史家撰著纪事本末体史书蔚成风气，其中《明史纪事本末》、《圣武记》等书尤为著名。至 20 世纪初，夏曾佑撰成《中国古代史》，标志着将传统史学的纪事本末体糅合到新型的章节体史书之中。

齐桓公扶助弱小的功绩，立僖公以成鲁，狄攻邢、卫，桓公筑城，安置邢、卫之民，对各诸侯国重礼施利。（五）最后总结齐桓公霸业的成功及所重用管仲等位大臣之力。《郑语》也是完整记事，它记述周卿士郑桓公友与周史伯的一席谈，可加个题目为"史伯与郑桓公论西周晚年政局"。内容为按照郑桓公所关心的问题，史伯做回答，分析政治局势，预测今后走向。篇末交代了其后三年，幽王为西戎所杀，周败亡，以及平王之末，秦、晋、齐、楚代兴的史实，正如韦昭所说："其后率如史伯之言。"以此有力照应全篇，体现了纪事本末体"褰事之成，以后于其萌；提事之微，以先于其明"[①]的典型叙事手法。

　　《吴语》和《越语》的内容都是写吴先败越，越在惨痛的失败中吸取教训、立誓报复，最后攻灭吴国这段历史，但作者笔下所载却并不雷同，而是各具特色，各有深刻的感染力，那么其成功的奥妙何在？就在于恰当运用"纪事本末"的叙事手法，首先选取好记载的角度，然后原原本本写出事情产生、发展、演变的来龙去脉，把握其重点，运用匠心将其凸显出来。《吴语》堪称是吴越争锋、胜败兴灭的全景图，以吴为主，而涉及双方的政治决策、军事部署、社会状况等方面。记述的主旨，是总结夫差骄侈拒谏，而最终失去曾经的强大、国亡身死的过程和教训。《越语》则可称为句践刻苦自励、在失败中奋起的特写画，集中地记述句践与越国民众举国上下同心，誓死报仇，最后灭吴。作为《国语》全书压卷之篇章，《吴语》铺陈终始，场面广阔，《越语》文字紧凑，重点突出。两篇的共同特点则是气势宏大、线索清楚、状写生动、曲折尽致，又都具有深刻的思想内涵和警醒的力量，因而千百年来成为人们传诵的名篇。

　　要之，《齐语》、《郑语》、《吴语》、《越语》诸篇，比起《尚书》初步具有"纪事本末法"的创意和《左传》以编年见长、兼采"纪事本末法"作为补充而言，《国语》上述各篇的记载显示出更加成熟的技巧，确为后人提供了运用"纪事本末法"叙事的成功范式。这也是《国语》对推进中国历史编纂学的发展的重要贡献。

四、《国语》的历史地位

　　探讨《国语》在历史叙事方面的成功，其意义并不限于评价《国语》本

[①]　杨万里：《通鉴纪事本末叙》，载袁枢：《通鉴纪事本末》，中华书局 1979 年版。

身，而能有助于回答史学史上一个重要的问题：孔子修《春秋》，是中国第一部"史事"、"史文"、"史义"三者具备，并有系统组织的历史著作。但其内容十分简略，记载春秋时期242年史事，全书只有16500字。书中绝大部分只用四五字或七八字记载一件史事，因此被称为只列出"简单事目"。但是到了西汉武帝时代，却产生了司马迁所撰《史记》这样气魄宏伟的成熟巨著，全书由本纪、表、书、世家、列传五体构成，130卷，总共625000字，不但组织成熟，而且叙事生动、可信、传神，因而被历代史家视为著史之楷模，清代史家赵翼更称司马迁"创为全史"，为著史之"极则"。[①]中国史学由如彼之简略，到如此之宏伟瑰丽，中间应有可观的中间环节。以往学者对《左传》的编纂成就关注略多一些，认为它在推进编年体史书的发展，以及在写战争场面、写外交辞令上颇有成就，但由于对《国语》的探讨和评价远远不够，故而对于这一必要的中间环节未能给出令人信服的答案。现在我们从历史编纂角度对《国语》深入探讨，即能得出一系列新的认识。《国语》内容丰富，规模可观。它按春秋列国的国别记载，首列《周语》三卷，以下是《鲁语》、《齐语》、《晋语》、《郑语》、《楚语》，记载中原各国史事占据主要部分，齐、晋、楚三大国尤为记载的重点，最后以《吴语》、《越语》记载春秋末期后起的吴、越两国（秦国史料缺乏未单独设卷记载）。白寿彝先生认为：《国语》"编纂的次序是按周跟鲁齐晋郑的关系、诸夏跟蛮夷的关系来安排的。这还是孔子一派的尊周思想的表现。但这书突破了春秋时期各国国史的限制，而以周和鲁齐等七国的历史汇合在一起"[②]。故此，从历史记载规模和编纂格局看，它既符合记载全中国范围历史的要求，又显示出中国人历来重视全国统一局面的形成和巩固的文化传统。《国语》在历史叙事上多方面的成就，正与其蕴涵的丰富内容和宝贵的思想价值相表里、相辉映，因而形成由《春秋》的肇始阶段到《史记》的成熟阶段之中间环节。

明代著名史家王世贞对《国语》大为褒扬，说："其所著记，盖列国辞命载书训诫谏说之辞也。商略帝王，包括宇宙，该治乱，迹善败，按籍而索之，斑斑详窍，奚翅二百四十年之行事，其论古今天道人事备矣。即寥寥数语，靡不悉张弛之义，畅彼我之怀，极组织之工，鼓陶铸之巧，学者稍稍掇拾芬

---

① 参见赵翼：《廿二史劄记》卷一"各史例目异同"条，王树民校注，中华书局1984年版。

② 白寿彝：《中国史学史论集》，中华书局1999年版，第28页。

艳，犹足以文藻群流，黼黻当代，信文章之巨丽也。"①他从《国语》中记载古代历史资料之丰富，总结国家治乱兴衰教训之中肯、深刻，以及说理之畅达、组织之精妙、文采之华美三个方面，都给了很高的评价。《国语》的成就对后世史学有深远的影响，概括来说有以下几个方面：一是为西汉史学之高峰突起准备了条件，贾谊的出色史论，司马迁的杰作《史记》都直接继承了《国语》的成就。《史记》记载春秋时期的史实，所依据的即为《国语》和《左传》，世家的设立，也直接受到《国语》分列国记载的影响。二是创设的"记言"为主的体例和高度成就，直接影响了《史记》、《汉书》及其他史书中有意识地将名君贤臣、卓识之士的有价值论议，大量采入史著之中，成为中国史学的特色之一。唐代吴兢著《贞观政要》，更是直接仿效《国语》记载"邦国成败，嘉言善语"，而成为名著。三是因《国语》分国记载体裁的影响而产生了一批史著，《史通·六家》篇特别作为"国语家"论列，计有《战国策》、孔衍《春秋后语》、司马彪《九州春秋》等书。四是《国语》叙事之技巧、文采之华茂，成为后世许多史家揣摩效法的对象。②唐代柳宗元是最突出的例证。他著有《非国语·序》，对于《国语》中记载神怪之说有尖锐的批评，但他对其叙事和文采却极为推崇，说："左氏《国语》，其文深闳杰异，固世之所耽嗜而不已也。"③他自己为文即以《国语》为法，故刘熙载《艺概》卷一《文概》谓："柳州作《非国语》，而文学《国语》。"诚为确有见地之论。柳宗元又在《答韦中立论师道书》中讲其为文经验："参之《国语》以博其趣。"④可见《国语》的文章手法对其影响之大。

综上所论，我们从先秦史学发展的视角对《国语》做全面的考察，就能有说服力地对其历史地位重新做出评价。《国语》一书，不是编纂《左传》剩余的材料抄辑而成，也不是依附《左传》之书，以前有过的"春秋内外传"之说并不符合实际，它是一部有独立思想价值和编纂特色的史学名著。《国语》所记载的是西周末年和春秋时期在历史发展上有重要影响的事件，并对之进行深刻的总结。它有进步的历史观，对于国家的盛衰、社会的变迁等，能从人的活动来考察和评价，摆脱鬼神观、命定论的束缚，表现出尊重客观

---

① 朱彝尊：《经义考》卷二百零九引。

② 参见聂石樵：《先秦两汉文学史》（上册），中华书局2007年版，第300页。

③ 柳宗元：《柳河东集》卷44，上海古籍出版社1993年版。

④ 柳宗元：《柳河东集》卷34。

实际和符合理性的倾向，为后人提供了许多宝贵的历史鉴戒。《国语》以记载春秋时期贤士大夫的嘉言善语为特色，成功地创设了"记言"为主的史书体裁，在中国史学上具有独特的风采。书中所载言论内容丰富，包括预见成败、分析形势，讲论典制礼法、伦理观念和道德要求，讲论古史传说和哲学思想，反映了春秋时期旧的社会组织瓦解、各诸侯国交往频繁过程中文化思想的勃兴，承载着古代中华民族高度的智慧。《国语》历史叙事有很高的技巧，成功地将"记言"与"记事"相结合，以对比手法叙述事件、刻画人物，揭示出历史的深刻内涵，多角度、多层面反映客观历史进程的复杂性，并且提供了"纪事本末法"叙述历史的范式。《国语》的成就，进一步证明中华民族有发达的历史意识，古代史官掌握丰富史料，史家在历史编纂上有很高才华，因而能撰成这样一部出色的史学名著。战国初年撰成的《左传》、《国语》两部重要史著，就为中国史学将要产生更加成熟的巨著，奠定了坚实的基础。

第二节 "记言"史书的成功创设

首先我们应当关注的是，《国语》大大推进了《尚书》开启的"记言"传统，它充分展示出"语"所具有的珍贵历史智慧和丰富内涵，因而在历史编纂学史上独放异彩。前代学者韦昭对其内容集中概括为"邦国成败，嘉言善语"，戴仔称其"此编之中，一话一言皆文武之道也。而其词宏深雅奥，读之味犹隽永"。两位学者所论，堪称千古巨眼。我们应当进一步对书中所载贤士大夫的"嘉言善语"及其所体现的"文武之道"，进行充分的挖掘和阐发。

《国语》在形式上按春秋列国分别记载史事，而在内容上则着重记载贤士大夫"嘉言善语"。在古代，有左史、右史分别记言和记事之说。《汉书·艺文志》云："古之王者世有史官，君举必书，所以慎言行、昭法式也。左史记言，右史记事，事为《春秋》，言为《尚书》，帝王靡不同之。"而《礼记·玉藻》则谓："左史记事，右史记言。"[①] 近代已有学者提出，历史事件与史事进程中有关的言论，二者实在难以做截然的区分，若说古代有"左

---

① 按：《礼记·玉藻》篇所载左、右史的职掌与《汉书·艺文志》不同，清末学者黄以周据《大戴礼·盛德》篇"内史大史、左右手也"论云：左史记言即内史，右史记事即大史。故认为应以《汉志》所载为当。

史"与"右史"在职务上的截然分工，在事实上恐怕很难做到。然而，作为历史著作，在内容上或偏重于"记言"，或偏重于"记事"，则确实形成两种特色，《汉书·艺文志》称"言为《尚书》"，所概括的正是《尚书》的特点。《国语》作者继承了《尚书》开创的"记言"的传统并向前推进，充分展现了贤士大夫"嘉言善语"的丰富内涵，成为记载我国古代民族智慧的一株奇葩。

重视"语"的学习，是春秋时期贵族子弟教育的特色。《国语·楚语》（上）载楚大夫申叔时回答楚庄王，教育太子有九门课程，《语》与《春秋》、《诗》等同为其中之一：

> 教之《春秋》，而为之耸善而抑恶焉，以戒劝其心；教之《世》，而为之昭明德而废幽昏焉，以休惧其动；教之《诗》，而为之导广显德，以耀明其志；教之礼，使知上下之则；教之乐，以疏其秽而镇其浮；教之《令》，使访物官；教之《语》，使明其德，而知先王之务，用明德于民也；教之《故志》，使知废兴者而戒惧焉；教之《训典》，使知族类，行比义焉。①

韦注此处训"语"为"治国之善语"。韦注在另一处又训为："语，教戒也。"这两处训义合起来，即表明"语"是有关治国经验教训和其他有教育、鉴戒意义的言论。《国语》中所载，大量的就是贤君名臣总结历史经验教训、具有思想教育和鉴戒意义的言论。这正显示出《国语》的主要特色，其所包含的内容实达于历史、社会、思想观念等诸多方面，堪称异彩纷呈。以下大略举出四大类，为了让读者能直接品味这些精辟的言论和深刻的思想，特意适当地加以引用，并作简要评论。

一、预见成败　分析情势

《周语》（上）第 13 则载：晋惠公夷吾即位，周襄王使邵公过及内史过赐晋惠公命，吕甥、郤芮相晋侯不敬，晋侯执玉卑，拜不稽首。内史过归于周，报告襄王，曰："晋不亡，其君必无后，且吕、郤将不免。"并陈述其理由，谓："先王知大事之必以众济也。……然则长众使民之道，非精不和，非忠不立，非礼不顺，非信不行。今晋侯即位而背内外之赂，虐其处者，弃其信也。不敬王命，弃其礼也。施其所恶，弃其忠也。以恶实心，弃其精也。四者皆弃，则远不至而近不和矣，将何以守国？"①内史过是以亲见惠公夷吾虚骄慢上、不恤民众和背信弃义，而预言其必败。紧接着，第14则载：周襄王使太宰文公及内史兴赐晋文公命。晋文公之谦和态度和隆重礼节，与惠公夷吾之简慢失礼形成鲜明对比。上卿逆于境，晋侯郊劳，馆诸宗庙，馈九牢，设庭燎。及期，命于武宫，设桑主，布几筵，太宰莅之，晋侯端委以入。内史赞之，三命而后即冕服。既毕，宾、享、赠、饯，如公命侯伯之礼，而加之以宴好。内史兴归周，向襄王禀告，并做出预言："晋不可不善也，其君必霸。"并申述其理由，谓："逆王命敬，奉礼义成。敬王命，顺之道也。成礼义，德之则也。则德以导诸侯，诸侯必归之。"这两则所记，内史过和内史兴都是通过细致的观察，分别对晋惠公、晋文公的个人修养如何和是否做到抚恤民众，而预言其结果的成败。最后作者写出预言之应验："王从之，使于晋者，道相逮也。及惠后之难，王出在郑，晋侯纳之。襄王十七年，立晋文公。二十一年，以诸侯朝王于衡雍，且献楚捷，遂为践土之盟，于是乎始霸。"②这里所载周内史先后两次预言，与后面《晋语》（四）和《晋语》（六）详述的史事前后呼应，说明《周语》作者对晋国史事掌握最详，其叙述也极具匠心。

《郑语》中所反映的史伯的智慧和远见，是《国语》中预见成败、分析形势更加典型的例证。史伯③是周太史，在西周，这一职务极为重要，不仅负责王室历史记载，而且掌管天文、卜祝，因而通晓古今，熟悉天文、地理，学识至为渊博。《郑语》载，郑桓公友为周司徒④，甚得西周及潼关以东一带的民心，他眼见周王室局面危险，害怕及祸，问史伯何处可以逃难。史伯回答说："王室将卑，戎狄必昌"，宗周之地不可久留。并策划郑桓公友避难之地不能选择成周，应及早图谋济、洛、河、颖之间，即虢、郐两国之地。他分析其理由：成周之东、西、南、北，"非亲则顽，不可入也"。而济、洛、河、

---

① 《国语·周语》（上），第32—33页。
② 以上引文均见《国语·周语》（上），第36—38页。
③ 周史伯有鼎传于后世。徐元诰《国语集解》引《东观余论》："周史伯硕父鼎，说云，史伯，周宣王臣，名颖，硕父其字也。"
④ 韦昭注云："桓公，郑始封之君，周厉王之少子，宣王之弟桓公友也。宣王封之于郑，幽王八年为司徒。"又《史记·郑世家》："宣王立二十二年，友初封于郑。封三十三岁，百姓皆便爱之。幽王以为司徒。"

颍之间，虢、郐为大，有地势险要之利，而两国君有骄侈怠慢之心，又贪求财货，正可先寄家室和财物，然后夺而有之，可以建立新的封国。"若前颍后河，左洛右济，主芣、騩而食溱、洧，修典刑以守之，是可以少固。"史伯纵论南方、西方和东方将来的局面，做出预言。他说，南方楚国，在周之后必兴。因为，楚之先祖出自颛顼，黎为高辛氏火正，职掌光明，照耀四海，故命之曰祝融，建有大功。成天地之大者，其子孙必昌。"其后八姓，于周未有侯伯。佐制物于前代者，昆吾为夏伯矣，大彭、豕韦为商伯矣，当周未有。己姓昆吾、苏、顾、温、董，董姓鬷夷、豢龙，则夏灭之矣。彭姓彭祖、豕韦、诸、稽，则商灭之矣。秃姓舟人，则周灭之矣。妘姓邬、郐、路、偪阳，曹姓邹、莒，皆为采卫，或在王室，或在夷狄，莫之数也，而又无令闻，必不兴矣。斟姓无后。融之兴者，其在芈姓乎！芈姓夔越，不足命也，闽芈蛮矣，惟荆实有昭德，若周衰，其必兴矣。"并预言姜姓之齐、嬴姓之秦必兴。"姜、嬴、荆芈，实与诸姬代相干也。"姜为伯夷之后，嬴为伯翳之后，二人都有大功，故其后代在周衰之后必代起而兴。对于郑桓公友最为关心的宗周的局势，史伯更有明确的判断。他说：周已行将灭亡。因为，幽王暴虐荒淫，暗昧昏庸，宠爱褒姒，专听谄媚之言，排斥直言之士，"去和而取同"，违背治理国家规律和事物发展规律。与周毗近的申、缯、西戎力量正强，他们将联合起来攻周，幽王注定逃脱不了败亡的结局。因此史伯敢于做出明确预言："凡周存亡，不三稔矣！"并回答郑桓公友深为关切的"周衰之后，诸姬其谁兴"的问题，说："其在晋乎！距险而邻于小，若加之德，可以大启。"①

当时西周社会矛盾激化，幽王专信奸佞小人，恣意妄为，西周统治行将崩溃，历史正处于大变动的关键时刻。史伯对郑桓公友的这篇答词，指陈了姬姓、芈姓、姜姓、嬴姓各国历史渊源，分析了西周末期的危机局面，为郑桓公策划了避祸的去处，预见继周代兴的大国格局，确是西周、东周之际的一篇大言论，追溯了各诸侯国的历史故实，表达了对时局的深刻见解。其后，史伯所做的分析恰恰一一被历史进程所证实。《国语》作者特别正面叙述其后所发生的大事件，对史伯的预见做了验证：

（桓）公说，乃东寄帑与贿，虢、郐受之，十邑皆有寄地。幽王八

---

① 《国语·郑语》，第460—475页。

年而桓公为司徒，九年而王室始骚，十一年而毙。及平王末，而秦、晋、齐、楚代兴，秦景、襄于是乎取周土，晋文侯于是乎定天子，齐庄、僖于是乎小伯，楚蚡冒于是乎始启濮。①

显然，《国语》作者是以这样的方式赞扬史伯的高度智慧，同时也借此向读者提供了春秋时期历史演变大事的提纲。

使人颇感意外的是，《晋语》（四）还写出春秋时期女子有高出于男子的政治见识。这位女子就是晋公子重耳之妻齐姜。其时，晋公子重耳出亡至齐，齐桓公遇之甚善，以女妻之，赐给他马二十乘（四匹为乘），重耳感到生活舒适，就不想离开齐国了，准备老死于此。一年之后，齐桓公卒，孝公即位，诸侯不再听从齐国指挥。跟随重耳的谋臣子犯等人知道已不可能依靠齐的帮助返晋，于是一起在桑树下商议如何劝重耳离开齐国。采桑的蚕妾听到他们的计划，告诉了齐姜，齐姜怕走漏消息，对重耳不利，把蚕妾杀了。她深晓大义，劝导重耳说："从者将以子行，其闻之者，吾以除之矣。子必从之，不可以贰，贰无成命。……子去晋难而极于此，自子之行，晋无宁岁，民无成君。天未丧晋，无异公子，有晋国者，非子而谁？子其勉之！上帝临子，贰必有咎。"重耳仍不听从，曰："吾不动矣，必死于此。"齐姜更加坚决地告诫他："齐国之政败矣，晋之无道久矣，从者之谋忠矣，时日及矣，公子几矣。君国可以济百姓，而释之者，非人也。败不可处，时不可失，忠不可弃，怀不可从，子必速行。……乱不长世，公子唯子，子必有晋。若何怀安？"②齐姜从三个关键方面分析政局，一是齐国已经失去霸主地位，不能号令诸侯，因此也无力帮助重耳返国；二是晋国内部自重耳出亡以后，一直动荡不宁，除重耳以外，别的都没有合适的继承人选，重耳回国当国君，是担负救济百姓、安定国家的责任，并且各方面条件都已具备了；同时严肃批评耽恋于"怀"（个人欲望）和"安"（贪图安逸）的害处，强调子犯等人定计让重耳早日离开齐国，正是忠于社稷的行为。她正告重耳如果看不清这种局势，只贪图享受，将要铸成大错！最后在齐姜、子犯安排下，重耳离开齐国，又经过许多磨炼之后，终于回到晋国，干出一番大事业，证明齐姜对政局的分析极

---

① 《国语·郑语》，第476—477页。
② 《国语·晋语》（四），第324—325页。

为准确、深刻，确是一位具有远见卓识的女性。

与春秋前期这些人物的政治预见前后辉映的，是春秋晚期伍子胥对吴王夫差的一番痛切箴谏。其时，夫差攻越，取得大胜，越王句践派使者卑辞乞和。此时的夫差，志得意满，根本不知越王的种种许诺只是缓兵之计，不知句践隐忍求生，将蓄积力量，伺机再起，而一心举兵北上，到中原与齐、晋争高下。乃告诸大夫曰："孤将有大志于齐，吾将许越成，而无拂吾虑。"伍子胥洞悉利害，他完全明白越国许诺送上美女、春秋贡献不断等，都是为了争取时间，最后复仇，"非实衷心好吴也"，"将还玩吴国于股掌之上"！他又形象地对比近在毗邻的越国与远在中原的齐国对于吴国的利害关系，说："今越王句践恐惧而改其谋，舍其愆令，轻其征赋，施民所善，去民所恶，身自约也，裕其众庶，其民殷众，以多甲兵。越之在吴也，犹人之有腹心之疾也。……今王非越是图，而齐、鲁以为忧。夫齐、鲁譬诸疾，疥癣也，岂能涉江、淮以与我争此地哉？"[1]

伍子胥见吴王夫差毫不回心转意，依旧一心征发大军北上，乃强调必须以史为鉴，举出楚灵王因狂妄骄侈，夸耀武功，北取陈、蔡，东攻吴、越，致使楚国百姓、士卒疲敝不堪，最后众叛亲离的惨剧，向吴王夫差痛切箴谏：

> 昔楚灵王不君，其臣箴谏不入，乃筑台于章华之上，阙为石郭，陂汉，以象帝舜。罢弊楚国，以间陈、蔡。不修方城之内，踰诸夏而图东国，三岁于沮、汾以服吴、越。其民不忍饥劳之殃，三军叛王于乾谿。王亲独行，屏营仿徨于山林之中，三日乃见其涓人畴。王呼之曰："余不食三日矣。"畴趋而进，王枕其股以寝于地。王寐，畴枕王以块而去之。王觉而无见也，乃匍匐将入于棘闱，棘闱不纳，乃入芋尹申亥氏焉。王缢，申亥负王以归，而土埋之其室。此《志》也，岂遽忘于诸侯之耳乎？[2]

伍子胥向夫差强调应当以史为鉴，从楚灵王连续发兵对外征伐，造成疲弊不堪、士卒不忍饥劳之殃，叛而弃之的悲惨下场中吸取教训，否则，"越人

① 《国语·吴语》，第539—541页。
② 《国语·吴语》，第541—542页。

必来袭我，王虽悔之，其犹有及乎"？夫差却拒不听从，依然一意孤行，其结局，恰恰是重蹈楚灵王之覆辙，自取灭亡！他分析吴、越双方利害关系的深刻透彻，以及所举史实的鲜明针对性，至今读来仍然发人深省！

《国语》中像这类深刻分析形势、正确预见成败的贤士大夫嘉言善语，各篇还有不少典型例证。如《晋语》（二）载，晋献公伐虢，假道于虞。虞大夫宫之奇谏而不听，宫之奇出，谓其子曰："虞将亡矣！……夫国非忠不立，非信不固。既不忠信，而留外寇，寇知其衅而归图焉。已自拔其本矣，何以能久？"[1]于是挈其妻儿适西山。三月，晋人在灭虢归途上，乘虞君不备，又一举灭虞，果然应验了宫之奇的预言。《楚语》（上）又载，楚灵王灭了陈、蔡之后，乃大举征发人力加固陈、蔡、不羹三座城池。灵王以为，诸夏各国之所以不服楚而独事晋，即因楚远而晋近。现今有此三城，再加上楚国实力，岂不大大增强楚的影响力。楚大夫范无宇则据《志》上所载的史实，总结出"国为大城，未有利者"，最后造成尾大不掉，反受其祸的结论。他举出春秋时期因国有大城而导致反叛的事实，如郑有京、栎，卫有蒲、戚，晋有曲沃为例分析说："地有高下，天有晦明，民有君臣，国有都鄙。……夫边境者，国之尾也，譬之如牛马，处暑之既至，虻蜚之既多，而不能掉其尾，臣亦惧之。"[2]事实的结果是，城后三年，楚灵王弟弃疾因灵王无道，据三城为乱，陈、蔡、不羹恰恰成为反对楚灵王的力量。

二、有关典制礼法的言论

上古历史去今久远，传世史料十分稀缺。春秋时期的贤士大夫大多博晓古今，他们为了论证某一问题，往往广泛征引各种史实，涉及范围至广。因而《国语》中保存了大量有关古代典制礼法的记载，诸如古代音律知识、"天子听政"制度、春秋时期社会等级状况等，无不被治古史者所一再援引，这同样是《国语》一书在历史编纂上的重要特色。

论述古代刑法制度，直接成为《汉书·刑法志》记载的依据。《鲁语》（上）载鲁大夫臧文仲对鲁僖公陈述古代"五刑"制度："大刑用甲兵，其次用斧钺，中刑用刀锯，其次用钻笮，薄刑用鞭扑，以威民也。故大者陈之原

① 《国语·晋语》（二），第284—285页。
② 《国语·楚语》（上），第499页。

野，小者致之市朝，五刑三次，是无隐也。"臧文仲所言成为论述中国古代刑法的源头。班固《汉书·刑法志》是开创中国法制史记载先河之作，他原原本本地引用了这段话，作为中国最早的刑法制度："（圣人）因天讨而作五刑。大刑用甲兵，其次用斧钺；中刑用刀锯，其次用钻凿；薄刑用鞭扑。大者陈诸原野，小者致之市朝，其所繇来者上矣。"①

《国语》又有关于古代音律制度的详细记载，并为其后《史记·律书》和《汉书·律历志》之所本。此见于《周语》（下）：

> 王（周景王）将铸无射（钟名），问律于伶州鸠（周乐师）。对曰："律所以立均出度也（注：律，谓六律、六吕也。阳为律，阴为吕）。古之神瞽，考中声而量之以制，度律均钟，百官轨仪，纪之以三，平之以六，成于十二，天之道也。夫六，中之色也，故名之曰黄钟，所以宣养六气九德也。由是第之。二曰大蔟，所以金奏赞扬出滞也。三曰姑洗，所以修洁百物，考神纳宾也。四曰蕤宾，所以安靖神人，献酬交酢也。五曰夷则，所以咏歌九则，平民无贰也。六曰无射，所以宣布哲人之令德，示民轨仪也。为之六间，以扬沈伏，而黜散越也。元间大吕，助宣物也。二间夹钟，出四隙之细也。三间仲吕，宣中气也。四间林钟，和展百事，俾莫不任肃纯恪也。五间南吕，赞阳秀物也。六间应钟，均利器用，俾应复也。律吕不易，无奸物也。②

《国语》所记伶州鸠讲的六律——黄钟、大蔟、姑洗、蕤宾、夷则、无射，六吕——大吕、夹钟、仲吕、林钟、南吕、应钟，乃是典籍上关于古代律吕制度的最原始的记载。其后，《史记·律书》将六律、六吕配以汉代十月为岁首，对应全年十二个月，作：十月也，律中应钟；十一月也，律中黄钟；十二月也，律中大吕；正月也，律中泰蔟；二月也，律中夹钟；三月也，律中姑洗；四月也，律中中吕；五月也，律中蕤宾；六月也，律中林钟；七月也，律中夷则；八月也，律中南吕；九月也，律中无射。③至《汉书》，又在《国语·周语》（下）和《史记·律书》的基础上再加一番整理，作："律十有

---

① 《汉书》卷二十三《刑法志》。
② 《国语·周语》（下），第113—122页。
③ 参见《史记》卷二十五《律书》。

二，阳六为律，阴六为吕。律以统气类物，一曰黄钟，二曰太族，三曰姑洗，四曰蕤宾，五曰夷则，六曰亡射。吕以旅阳宣气，一曰林钟，二曰南吕，三曰应钟，四曰大吕，五曰夹钟，六曰中吕。"①又同样以汉代十月为岁首，以十二个月做排比对应，称：黄钟，始于子，在十一月。大吕，位于丑，在十二月。太族，位于寅，在正月。……至应钟，位于亥，在十月。显然，《史记·律书》和《汉书·律历志》所载，都是以《国语》中伶州鸠的言论为依据，而进一步加以排比补充而得。因此，历来讲述古代律吕制度，或讲述古代音乐史，都无不以《国语》为最早的资料。

祭祀是古代的大事。春秋时期国家的祀典分禘、郊、祖、宗、报五种，受祭拜者都是有大功于民众、施德政于国家的人物，如黄帝、炎帝、颛顼、帝喾、尧、舜、禹、商汤、后稷等。如果不在这些有大功德者之列而祀拜，即为违反国典的滥祀。《鲁语》（上）载，有一次，因大海鸟止于鲁东门之外三日，臧文仲以为神，使国人祭之。鲁国贤大夫展禽批评其做法，讲了一篇应当遵守礼制、慎重祭祀的道理，他说：

　　夫祀，国之大节也，而节，政之所成也，故慎制祀以为国典。今无故而加典，非政之宜也。夫圣王之制祀也，法施于民则祀之，以死勤事则祀之，以劳定国则祀之，能御大灾则祀之，能捍大患则祀之。非是族也，不在祀典。昔烈山氏之有天下也，其子曰柱，能殖百谷百蔬。夏之兴也，周弃继之，故祀以为稷。共工氏之伯九有也，其子曰后土，能平九土，故祀以为社。黄帝能成命百物，以明民共财，颛顼能修之，帝喾能序三辰以固民，尧能单均刑法以仪民，舜勤民事而野死，鲧鄣洪水而殛死，禹能以德修鲧之功，契为司徒而民辑，冥勤其官而水死，汤以宽治民而除其邪，稷勤百谷而山死，文王以文昭，武王以武烈，去民之秽。故有虞氏禘黄帝而祖颛顼，郊尧而宗舜。夏后氏禘黄帝而祖颛顼，郊鲧而宗禹。商人禘喾而祖契，郊冥而宗汤。周人禘喾而郊稷，祖文王而宗武王。幕，能帅颛顼者也，有虞氏报焉。杼，能帅禹者也，夏后氏报焉。上甲微，能帅契者也，商人报焉。高圉、大王，能帅稷者也，周人报焉。凡禘、郊、祖、宗、报，此五者，国之典祀也。加之以社稷山川之神，

---

① 《汉书》卷二十一《律历志》。

皆有功烈于民者也。及前哲令德之人，所以为明质也。及天之三辰，民所以瞻仰也。及地之五行，所以生殖也。及九州名山川泽，所以出财用也。非是不在祀典。①

中国自秦汉起实行封建专制统治，皇帝拥有绝对权威，出口便是"圣旨"，臣下只能匍匐服从，若敢有异议，便罪不容赦。那么这种专制独裁、民众权力遭到完全剥夺的制度是自古以来如此吗？非也。《国语》中即告诉我们，古代有过天子周围百官参政，有权批评和纠正君主错误决策的制度，这就是邵穆公在周厉王面前所陈述的：

> 故天子听政，使公卿至于列士献诗，瞽献曲，史献书，师箴，瞍赋，矇诵，百工谏，庶人传语，近臣尽规，亲戚补察，瞽史教诲，耆艾修之，而后王斟酌焉，是以事行而不悖。②

当朝廷有重大决策时，公卿大夫可以献言，百工可以进谏，庶人可以表达意义，王必须听取各方面的意见，然后做出决定。这种情况，正是原始民主制度的遗留，到以后专制主义制度形成而被取消了。邵穆公讲述的公卿百官参政的制度还有进一层的意义，说明人类历史进程中，确实曾经有过无阶级的原始社会阶段，其时部落或部落联盟首领对于重大事情不能专断，而必须以一定的形式实行民主决策。此后因私有财产等产生，才逐步出现阶级、国家机器和专制主义政治制度等，而早期国家必然还保存着原始民主制度的某些传统。在帝王肆其淫威的时代视为不可能实行的"百工谏议，庶人传语"制度，在历史上是确实实行过的，这正符合人类社会进化和历史唯物主义的观点。

《国语》中贤士大夫论议中反映的有关古代制度的珍贵材料还有不少。如，讲春秋时期社会等级制度："公食贡，大夫食邑，士食田，庶人食力，工商食官，皂隶食职，官宰食加。"③又如，大夫、宗妇觌见国君夫人所执礼物的规矩："妇贽不过枣、栗，以告虔也（注：枣，取早起。栗，取敬栗。虔，敬

---

① 《国语·鲁语》（上），第154—161页。
② 《国语·周语》（上），第11—12页。
③ 《国语·晋语》（四），第350页。

也）。男则玉、帛、禽、鸟，以章物也（注：章，明也，明尊卑异物也）。"①
再如，祭祀用牲的礼制，《楚语》（下）载："子期（楚平王子）祀平王，祭
以牛俎于王，王问于观射父曰：'祀牲何及？'对曰：'祀加于举（注：加，
增也。举，人君朔望之盛馔）。天子举以大牢，祀以会（注：大牢，牛羊豕
也。会，会三大牢）。诸侯举以特牛，祀以大牢（注：特，一也）。卿举以少
牢，祀以特牛（注：少牢，羊豕）。大夫举以特牲，祀以少牢（注：特牲，豕
也）。士食鱼炙，祀以特牲。庶人食菜，祀以鱼。上下有序，则民不慢。'王
曰：'其小大若何？'对曰：'郊禘不过茧栗（注：角如茧栗。郊禘，祭天
也），烝尝不过把握（注：把握，长不出把）。'王曰：'何其小也？'对曰：
'夫神以精明临民者也，故求备物，不求丰大。……敬不可久，民力不堪，故
齐肃以承之。'"②这些材料，也都为治先秦制度史、文化史的学者所重视，说
明在春秋贤士大夫看来，社会严格的等级制度必须维护，觐见之礼、祭祀之
礼必须肃敬而符合规定，神明所要求的是诚心礼敬，不求祭祀物品的丰大，
要珍惜民力，不能追求排场而造成奢侈之风。

三、有关道德伦理的言论

中国文化有重道德、尚伦理的特质，《国语》所载贤士大夫的言论即集
中地体现了这一点。韦昭解释"语"着重教诫，也恰恰指出书中大量的"嘉
言善语"都是表述提高道德修养、维护伦理秩序的强烈要求。《国语》所记贤
才俊彦的言论，为中国的道德伦理增加了许多宝贵的内涵。首先值得重视的，
是春秋贤士大夫提出了"施德于远近才是美"的观念。

《楚语》（上）载，楚灵王建造了高大的章华台，让大夫伍举一同登台，向
伍举夸耀说：这台真美吧！伍举没有半句阿谀奉承的话，他不留情面地指出土
木之崇高彤镂不是美，奢侈逸乐不是美，批评灵王之所为是聚敛民财，致使民
困国危，并深刻地阐述"安民以为乐"、"施令德是为美"的道理。他说：

吾闻国君服宠以为美（注：服宠，谓以贤受宠服，以是为美也），
安民以为乐，听德以为聪，致远以为明，不闻其以土木之崇高彤镂为

① 《国语·鲁语》（上），第147页。
② 《国语·楚语》（下），第516—517页。

美……夫美也者，上下、内外、大小、远近皆无害焉，故曰美。若周于目观则美，缩于财用则匮，是聚民利以自封而瘠民也，胡美之为？夫君国者，将民之与处，民实瘠矣，君安得肥？……其有美名也，唯其施令德于远近，而小大安之也。若敛民利以成其私欲，使民蒿焉忘其安乐，而有远心，其为恶也甚矣，安用目观？①

伍举还讲，国君建造台观应是为了利民，而不能因此致使民众财用匮乏，如果灵王认为建造奢侈的高台为符合正道，那楚国就危险了！恰好与此相照应的，是鲁国季文子提出"以德荣为国华"的观点，认为国之重臣具有美德，才是国家的荣光。季文子的言论，见于他与仲孙它的对答。《国语》的记载，凸显了两人对于何为"华国"的不同理解：

季文子相宣、成，无衣帛之妾，无食粟之马。仲孙它谏曰："子为鲁上卿，相二君矣，妾不衣帛，马不食粟，人其以子为爱。且不华国乎？"文子曰："吾亦愿之。然吾观国人，其父兄之食粗而衣恶者犹多矣，吾是以不敢。人之父兄食粗衣恶，而我多美妾与马，无乃非相人者乎！且吾闻以德荣为国华，不闻以妾与马。"②

"施德于民"，"中心图民"，解除民众的困厄，这是《国语》各篇所提倡的道德标准，因为只有这样做，社会才得安宁，国家的强盛才有基础。相反的话，如果实行虐民、弃民的政策，这个政权就必定垮台。以下的三段典型记载，正是从一正一反两个方面反复这一道德标准。长勺之役，曹刿同鲁庄公讨论凭借什么条件去争取战争胜利，说："若布德于民而均平其政事，君子务治而小人务力，动不违时，器不过用，财用不匮，莫不共祀。是以用民无不听，求福无不丰。"得到民众拥护，是争取胜利的根本条件。又说："苟中心图民，智虽弗及，必将至焉。"③

《国语》又倡言纵其私邪而弃民的暴君受诛是罪有应得，因为他积恶太多，自取灭亡。孔子曾愤怒谴责"苛政猛于虎"。孟子强调诛杀商纣这样的暴

---

① 《国语·楚语》（上），第493—496页。
② 《国语·鲁语》（上），第173页。
③ 《国语·鲁语》（上），第144页。

君是正义的行动，只闻诛杀一夫纣而不闻弑君。《国语》载，晋厉公因暴虐昏愦被杀，鲁国大夫里革对此评论说，晋厉公的所为，正如同夏桀、商纣、周厉王、周幽王一样，都是"以邪临民"，而最后受到惩罚。《国语》的这则记载，发扬了孔子、孟子的进步观点，很有意义。

> 晋人杀厉公，边人以告，成公在朝。公曰："臣杀其君，谁之过也？"大夫莫对，里革曰："君之过也。夫君人者，其威大矣。失威而至于杀，其过多矣。且夫君也者，将牧民而正其邪者也，若君纵私回而弃民事，民旁有慝，无由省之，益邪多矣。若以邪临民，陷而不振。用善不肯专，则不能使，至于殄灭而莫之恤也，将安用之？桀奔南巢，纣踣于京，厉流于彘，幽灭于戏，皆是术也。夫君也者，民之川泽也。行而从之，美恶皆君之由，民何能为焉。"①

里革的评论，严厉谴责这班独夫民贼，反映了民众的立场，堪称与孟子的言论一样闪耀着古代民主思想的光辉！

《国语·楚语》（下）同样载有楚国贤士大夫谴责贪墨大臣、同情民众苦难的犀利言论。其时，子常为楚国令尹，此人生性贪得无厌，不择手段搜刮财富，楚国大夫鬬且斥责他如同饥饿的豺狼一样凶残，造成民众困苦不堪，怨声载道：

> 鬬且往见令尹子常，子常与之语，问蓄货聚马。归以语其弟曰："楚其亡乎！不然，令尹其不免乎！吾见令尹，令尹问蓄聚积实，如饿豺狼焉，殆必亡者也。夫古者聚货不妨民衣食之利，聚马不妨民之财用，国马足以行军，公马足以称赋，不是过也。公货足以宾献，家货足以共用，不是过也。夫货马邮则阙于民，民多阙则有离叛之心，将何以封矣！……民之羸馁，日已甚矣。四境盈垒，道殣相望，盗贼司目，民无所放。是之不恤，而蓄聚不厌，其速怨于民多矣。积货滋多，蓄怨滋厚，不亡何待！夫民心之愠也，若防大川焉，溃而所犯必大矣！"②

---

① 《国语·鲁语》（上），第172—173页。
② 《国语·楚语》（下），第521—523页。

鬭且的言论，是对残酷压迫民众者的强烈声讨，又是从体恤民众疾苦的角度，对楚国现实状况做了触目惊心的描绘，因而一向被先秦史研究者视为反映春秋时期激烈社会矛盾的珍贵史料。

《国语》还大量采录了士大夫保持操守、加强个人修养的言论。这里仅举出两个典型例证。一是晋国正卿赵宣子以"比而不党"律己律人。见于《晋语》（五）所载：

> 赵宣子言韩献子于灵公以为司马。河曲之役，赵孟使人以其乘车干行，献子执而戮之。众咸曰："韩厥必不没矣。其主朝升之，而暮戮其车，其谁安之！"宣子召而礼之，曰："吾闻事君者，比而不党。夫周以举义，比也；举以其私，党也。夫军事无犯，犯而不隐，义也。吾言女于君，惧女不能也。举而不能，党孰大焉！事君而党，吾何以从政？吾故以是观女。女勉之。苟从是行也，临长晋国者，非女其谁？"皆告诸大夫曰："二三子可以贺我矣！吾举厥也而中，吾乃今知免于罪矣。"①

韩厥刚刚受赵盾的举荐任司马，却将赵盾手下违犯军纪的人处死。别人都担心韩厥这回冲犯了赵盾，要惹大祸了，但赵盾却郑重地表扬韩厥的行为，称他体现了"比而不党"的精神。在这里，"比"是按忠信的要求办事，讲原则性；"党"是附护私好，结党营私。赵盾并向大家表示，自己因举荐的人有这样的道德修养而感到欣喜，并预言韩厥因尽忠国家将升任晋军将帅。

又一典型例证是晋大夫阎明、叔褒以巧妙的言辞，劝告晋国正卿魏献子拒绝贿赂，以保持廉正的操守。见于《晋语》（九）所载：

> 梗阳人有狱，将不胜，请纳赂于魏献子，献子将许之。阎没谓叔宽曰："与子谏乎！吾主以不贿闻于诸侯，今以梗阳之贿殄之，不可。"二人朝而不退，献子将食，问谁于庭，曰："阎明、叔褒在。"召之，使佐食。比已食，三叹。既饱，献子问焉，曰："人有言曰：'唯食可以忘忧。'吾子一食之间而三叹，何也？"同辞对曰："吾小人也，贪。馈之始至，惧其不足，故叹。中食而自咎也，曰，岂主之食而有不足，是以

---

① 《国语·晋语》（五），第378页。

再叹。主之既食，愿以小人之腹，为君子之心，属餍而已，是以三叹（注：属，适也。餍，饱也。已，止也。适小饱足，则自节止也）。"献子曰："善。"乃辞梗阳人。[1]

阎明、叔褒二人认为，魏献子作为晋国之执政，应当保持"以不贿闻于诸侯"的令名，清正自持，不能因贪求财物而干预狱案。因此两人故意地"一食之间三叹"，当面对魏献子说出"愿以小人之腹，为君子之心，属餍而已"，讽喻他身为执政大臣应具有君子的品德，不能贪求钱财。《国语》作者还记载了不少因贪财、强暴、奸佞等道德低下，违反社会伦理，而最后下场可悲或可笑的人和事，作为反面的鉴戒。如，晋大夫董叔为巴结范献子的权势，准备娶其妹为妻。叔向忠告他，像范氏这样的富家女子，必定骄气十足，欺侮别人，你可不要失策，董叔回答说："欲为系援焉。"不几天，范家千金向范献子告状，说董叔不尊敬她，范献子依仗权势，把董叔逮来吊在院子里的槐树上。恰好叔向路过，董叔马上托他求情，叔向回答说："求系，既系矣；求援，既援矣。欲而得之，又何请焉？"[2] 对于董叔羡慕权势、高攀豪门的行为做了辛辣的讽刺。

四、关于古史资料和远古传说

《国语》所载士大夫言论中，引用了大量古史资料和远古传说。这里只选录对于历史研究价值尤大的几则。

《晋语》（四）记载有中华民族始祖黄帝、炎帝居住地域及其后裔的传说：

黄帝之子二十五人，其同姓者二人而已，唯青阳与夷彭皆为纪姓。青阳，方雷氏之甥也。夷彭，肜鱼氏之甥也。其同生而异姓者，四母之子，别为十二姓。凡黄帝之子二十五宗，其得姓者十四人，为十二姓，姬、酉、祁、纪、滕、箴、任、苟、僖、姞、儇、衣是也。唯青阳与苍林氏同于黄帝，故皆为姬姓。同德之难也如是。昔少典娶于有蟜氏，生黄帝、炎帝。黄帝以姬水成，炎帝以姜水成。成而异德，故黄帝为姬，

---

[1]　《国语·晋语》（九），第446—447页。
[2]　《国语·晋语》（九），第446页。

炎帝为姜。①

　　而《鲁语》(上)载展禽论如黄帝、颛顼、帝喾、尧、舜这样有大功德于民的古帝王才能享受祭祀大礼，这段记载正是春秋时期人们古帝王观的宝贵史料。尤可注意的是，展禽举出黄帝等五位古帝王，但没有称"五帝"。相比之下，成书于战国晚期的《荀子》、《韩非子》、《吕氏春秋》书中则都有了"五帝"的说法。至《大戴礼记》、《史记》，便以《鲁语》(上)展禽所言为依据，称黄帝等五人为"五帝"。故崔述《考信录·补上古考信录》中说："《国语》但序此五人之功，为下郊禘张本耳，亦不称五帝而谓帝必限以五也。《大戴记》遂独取此五帝而他不与焉，亦非《国语》意也。"由此证明，从无"五帝"之称到有"五帝"之称，经历了一个过程。再者，在《国语》中未见到比黄帝更远的古帝王。故崔述在上书中又说："《左传》、《国语》皆未有称及黄帝以首者。"童书业也指出："《国语》中无战国晚期以后出现的古帝王。"②而在《易传》中则已称伏羲、神农在黄帝之前开物成务的功绩了。因此，《国语》中反映的春秋时期人们的古帝王观，就成为顾颉刚创立"层累地形成的古史说"，和论证其"时代愈后，传说的古史愈长"观点的重要依据。

　　《周语》中有周大夫富辰讲述古代姓氏的资料：

　　　　昔挚、畴之国也由大任，杞、缯由大姒，齐、许、申、吕由大姜，陈由大姬，是皆能内利亲亲者也。昔隅之亡也由仲任，密须由伯姞，郐由叔妘，聃由郑姬，息由陈妫，邓由楚曼，罗由季姬，卢由荆妫，是皆外利离亲者也。③

　　《楚语》(下)载有上古时代之民神关系历经的三个阶段的变化：先是"民神异业"；以后是"民神杂糅"；再后是重、黎分司天地，"绝地天通"。此见于楚大夫观射父对楚昭王的回答：

---

① 《国语·晋语》(四)，第333—337页。
② 童书业：《国语及左传问题后案》，《浙江图书馆馆刊》1935年第4卷第1期。
③ 《国语·周语》(中)，第46—48页。

古者民神不杂。民之精爽不携贰者，而又能齐肃衷正，其智能上下比义，其圣能光远宣朗，其明能光照之，其聪能听彻之，如是则明神降之，在男曰觋，在女曰巫。是使制神之处位次主，而为之牲器时服，而后使先圣之后之有光烈，而能知山川之号、高祖之主、宗庙之事、昭穆之世、齐敬之勤、礼节之宜、威仪之则、容貌之崇、忠信之质、禋絜之服，而敬恭明神者，以为之祝。使名姓之后，能知四时之生、牺牲之物、玉帛之类、采服之宜、彝器之量、次主之度、屏摄之位、坛场之所、上下之神祇、氏姓之所出，而心率旧典者为之宗。于是乎有天地神民类物之官，是谓五官，各司其序，不相乱也。民是以能有忠信，神是以能有明德，民神异业，敬而不渎，故神降之嘉生，民以物享，祸灾不至，求用不匮。及少暤之衰也，九黎乱德，民神杂糅，不可方物。夫人作享，家为巫史，无有要质。民匮于祀，而不知其福。烝享无度，民神同位。民渎齐盟，无有严威。神狎民则，不蠲其为。嘉生不降，无物以享。祸灾荐臻，莫尽其气。颛顼受之，乃命南正重司天以属神，命火正黎司地以属民，使复旧常，无相侵渎，是谓绝地天通。[①]

《鲁语》（下）载有孔子辨认来自东北的肃慎氏之矢，并讲述西周初年周边民族向周王朝贡纳各方特产的典故：

仲尼在陈，有隼集于陈侯之庭而死，楛矢贯之，石砮，其长尺有咫。陈惠公使人以隼如仲尼之馆问之。仲尼曰：“隼之来也远矣！此肃慎氏之矢也。昔武王克商，通道于九夷百蛮，使各以其方贿来贡，使无忘职业。于是肃慎氏贡楛矢石砮，其长尺有咫。先王欲昭其令德之致远也，以示后人，使永监焉，故铭其栝曰‘肃慎氏之贡矢’，以分大姬，配虞胡公而封诸陈。古者分同姓以珍玉，展亲也，分异姓以远方之职贡，使无忘服也，故分陈以肃慎氏之贡。君若使有司求诸故府，其可得也。”使求，得之金椟，如之。[②]

---

① 《国语·楚语》（下），第512—515页。
② 《国语·鲁语》（下），第204页。

这段记载也一向为研究者所重视，因为它提供了上古时代东北少数民族就与中原王朝建立了密切关系的宝贵信息，同时说明孔子有渊博的历史知识，熟悉典故文献，堪称是中国文化史上的佳话！

五、"记言"史书的成功创设

《国语》、《左传》这两部名著在战国初期产生，标志着中国历史编纂学的重大发展。《左传》继承《春秋》创立的编年体史书向前发展，《春秋》记载简略，是创始阶段，《左传》内容丰富，标志着这一体裁已达到相当成熟的阶段。《国语》则独立地创造了"记言为主"的史书体裁，兼具按列国国别记载的特点，绽放出独特的光彩。《汉书·艺文志》所言，"左史记言，右史记事，言为《尚书》，事为《春秋》"，这段话指出《尚书》有浓厚的"记言"的特点，是很有道理的。《尚书》是中国历史编纂学的创始，意义重大，但其组织形式处于初始阶段，还保留着由单篇历史文献汇辑而成的明显痕迹，尚不是历史编纂学家有意识地创造出一种在组织体例上形成有机联系的史书体裁。《国语》则做到自觉地发展《尚书》的"记言"特色，并且实现了成功地创造出以"记言"为主的史书体裁的目标，这是《国语》对历史编纂学的突出贡献所在。

《国语》和《左传》一同产生于战国初年，同样记述丰富、内容生动可信，而两部书在体裁上又特点不同、各呈异彩，这绝非偶然巧合，而是有极其深刻的原因。一方面，是由于中华民族先民历史意识发达，至此对历史的观察更加深刻，总结历史的成败教训，并将之提高到规律性认识的能力大大提高，同时，周王朝以及列国重视设置史官记载史事，官方记载保存更多，历史编纂学家有可能利用官方提供的和私人保存的史料进行整理加工，因而结出如《国语》、《左传》这样的硕果。另一方面，春秋是中国历史发展特殊而重要的时期，也是文化发展特殊而重要的时期。梁启超对春秋战国时期文化思想的加速发展、各家学说勃兴的原因，有过很好的概括，他说："西周时代，凡百集中王室，春秋以后，渐为地方的分化发展，文化变成多元的"；"霸政确立之后，社会秩序比较的安宁，人民得安心从事学问，加以会盟征伐，常常都有，交通频繁，各地方人交换智识的机会渐多"；由于兼并征伐的结果，"平民阶级中，智识分子渐多，即如孔子本宋之贵族，入鲁已为平民，学问自然解放且普及"。①他又说："我族文化，实至春秋时代始渐成熟，其位置恰如个人之甫达成年，后此历史上各方面文物之演进，其渊源皆溯诸春秋。"②春秋242年，表面上看，各国分立、攻战不断，似乎是混乱动荡、"礼坏乐崩"的时代。实际上，华夏族在这一时期正酝酿着全国范围的统一，社会生产力提高，列国经济上发展，交通较前大为便利，互相交往频繁（各国之间的攻战也是一种特殊的交往），华夏族的历史文化认同意识大大增强，文化修养、历史智慧、哲学思维也都迅速提高。这从春秋列国的大夫阶层和正在形成的"士"阶层身上体现最为突出。随着旧的以血缘为纽带的社会结构逐步解体，政治权力的逐渐下移，各国文化交流机会的增加，贤士大夫的作用越来越显著，他们的才华与智慧也经常有机会展示。《国语》作者便适时地创造出这种称为"语"的历史编纂形式，将这些珍贵的内容记载下来，传之后世。

以上论述的《国语》中所载总结国家治乱盛衰经验教训，分析局势、预言成败，叙述典章礼法、保存民族历史记忆、表彰优良品德、要求提高人们思想修养的谠言高论，不仅是有价值的史料，更是反映春秋时期中华民族智慧向前发展的思想成果。这里再举出史伯与郑桓公谈话中阐发的"和而不同"的深刻哲学思想，预见周幽王的统治"殆将必弊"。《郑语》详细记载了史伯和郑桓公的如下对话：

公曰："周其弊乎？"对曰："殆于必弊者也。《泰誓》曰：'民之所欲，天必从之。'今王弃高明昭显，而好谗慝暗昧，恶角犀丰盈，而近顽童穷固，去和而取同。夫和实生物，同则不继。以他平他谓之和，故能丰长而物归之；若以同裨同，尽乃弃矣。故先王以土与金木水火杂，以成百物。是以和五味以调口，刚四支以卫体，和六律以聪耳，正七体以役心……故王者居九畡之田，收经入以食兆民，周训而能用之，和乐如一。夫如是，和之至也。于是乎先王聘后于异姓，求财于有方，择臣取谏工，而讲以多物，务和同也。声一无听，色一无文，味一无果，物一不讲。王将弃是类也，而与剸同，天夺之明，欲无弊，得乎？……"③

① 梁启超：《评胡适之〈中国哲学史大纲〉》，《饮冰室合集》文集之三十八，第56页。
② 梁启超：《要籍解题及其读法》，《饮冰室合集》专集之七十二，第57页。
③ 《国语·郑语》，第470—473页。

　　在这里，史伯深刻地阐发"去和取同"与"和而不同"二者的对立。周幽王宠信奸佞小人，专听谄媚之言，不准朝臣百官发表不同意见，其所作为就是"去和取同"，违背治理国家的原则，也违背构成世界万事万物的规律，正直谏诤的言论他都听不到了，所以注定要失败。不同的事物保持各自的风格和特性，而又互相补充、协调，这就是"和"。如果符合这一规律，万物就能丰长，国家就能和谐，民众就能依附。相反的话，如果"以同裨同"，泯弃不同事物的特性，不准发出不同的声音，混合不同的颜色，那就没有音乐，没有文采，也没有百味。以此治理国家，就是压制不同意见，实行独断专行，如周幽王这样，危险就在眼前！史伯这番具有深刻哲学意义、揭示出国家大治和事物兴盛内在规律的言论，在今天读来仍然很有启发意义。孔子《论语》中也提出"君子和而不同"的命题。恰好，《左传》中也记载齐晏婴与齐景公对话中论述"和"与"同"两种观念之根本对立，晏婴说："和如羹焉，水、火、醯、醢、盐、梅，以烹鱼肉，燀之以薪，宰夫和之，齐之以味，济其不及，以泄其过。君子食之，以平其心。君臣亦然。君所谓可而有否焉，臣献其否以成其可。君所谓否而有可焉，臣献其可以去其否。是以政平而不干，民无争心。……若以水济水，谁能食之？若琴瑟之专一，谁能听之。同之不可也如是。"[①]《国语》和《左传》记载了这些掷地有声的精彩言论，正是为提高我们的民族智慧和发扬优良的文化传统，做出令人瞩目的贡献。

---

① 《左传》昭公二十年，十三经注疏本。

第二章　司马迁著史的杰出创造力

第一节　司马迁的多维历史视野

司马迁的不朽杰作《史记》自从著成之后，历代传诵不衰，至今仍对读者具有巨大的魅力；而且，《史记》所创造的著史格局，不仅影响了中国史学两千年的进程，还一直影响到当代。这岂不是人类文化史上的奇迹！从研究层面说，学者们对于司马迁的政治观、经济观、民族观，《史记》主要篇章的成就等，均有了可观的研究成果。但尚有一个重要问题似乎关注不够。这就是，《史记》较之先秦时期《左传》等史著，是由史学初具规模到产生成熟的巨著之飞跃，那么从历史视野来说，司马迁与先秦史家所不同的是什么？《史记》被传统史家称誉为著史之"极则"，是否与其选取的历史视角的特点有关？其中又包含着史家怎样的哲理思考？与此相联系的是，产生于汉代的《史记》的编纂思想，为何能与当代史家"立体式著史"的观念相通？当代实施的大型史学工程又为何能直接从《史记》的总体结构中获得启示？本节将围绕上述问题谈点粗浅认识，以求教于学界同仁。

一、多维历史视野：深刻的哲理思考

客观的历史，是以往人类社会活动演变发展的进程；经过历史学家思考、记载下来，便是书写的历史，即历史著作。正因为历史是人类社会进程的记录，它就不是单线式的演进，而是由多种因素交织而成，也即是多维构成、不断变化发展的空间图景。人类社会生活由简单到复杂逐步演进，人类对于自身历史的认识能力也由简单到复杂，由较低层次向较高层次逐步发展。其

体现，便是观察历史由单一视角而发展到多重视角，所得的结果，是由比较朴素、简略的历史记载，逐步发展为复杂、丰富的记载。

人类远古的祖先实行"结绳记事"，就是最早的历史记录。《周易·系辞》（下）："上古结绳而治，后世圣人易之以书契，百官以治，万民以察。"郑玄注："事大大结其绳，事小小结其绳。"何以知道大结所代表的大事、小结所代表的小事？就得靠口说相传。近代社会学家调查所得的某些原始部落的记事方式正好与此相印证。如我国南方少数民族佤佤人，在20世纪中叶以前还没有文字，记载本族史事的方法，就是用刻木头刻的痕迹深浅表示事件大小，靠本族老年人口说讲解。[①] 到了殷商时代甲骨文上记载的事件，就已有明确的年、月、日要素。由此发展，就是编年史。我国先秦时期的两部最主要的历史著作《春秋》、《左传》，都是编年体裁，完全不是偶然。它表明早期的历史学家是采取年代先后的历史视角，即以"时间维度"观察历史，以年、月、日为线索，叙述春秋列国的政治事件、会盟攻伐，以及各诸侯国的政权更迭、盛衰变化等。

司马迁作为伟大的历史学家，他继承了先秦史学的成就，并且加以大大发展。《史记》著史体系气魄宏伟，由本纪、表、书、世家、列传五体互相配合而成，承载了丰富生动的内容，因而取得了巨大的成功。而从史家的历史观察力来分析，则是由以往单一的视角，发展为多维视角，构成了宏阔的视野。主要包括三项：

（1）时间维度；

（2）人物活动维度；

（3）典章制度和社会情状维度。

以上三项中，"时间维度"实际包含了事件的发生、演变、结果，二者密不可分，时间是记事的坐标，以时间来标示、连贯事件的发生与始末。《左传》是编年史，而杜预概括其记事方法为："以事系日，以日系月，以月系时，以时系年。"从历史家观察历史的视角看，"时间维度"的实际内容即是历史事件的演进。

由此表明从先秦史学的初具规模，到汉武帝时代《史记》这部成熟巨著的出现，是由于史家历史观察力产生巨大飞跃而实现的。《史记》的五体结构

---

① 参见李家瑞：《云南几个民族记事和表意的方法》，《文物》1962年第1期。

是外在的形式，而其实质内涵，则是史家深邃的哲理思考：首先，历史的演变，是以时间先后为线索展开的，以年、月、日的先后，将一件件相关的史事组织起来；其次，凸显了历史的创造主体是"人"，是在各个不同的社会领域发挥了作用，而又各有鲜明性格特点的人物，在历史的舞台上演了复杂曲折的活剧；最后，制度的沿革和社会生活，也是客观历史演进的重要内涵，与事件、人物活动相结合，构成社会进程的全貌。

司马迁历史观察力的高明，确实令人叹服！多维视角是从哲理思考上紧紧把握住人类历史演进的三大要素，五体结构的著史体系则是其外在形式，由此来展现历史丰富生动的内容。由于《史记》在著史格局上的巨大成功，从史学发展的实践上看，历代正史的编纂者绝无例外地以之为楷模，从《汉书》到《清史稿》，历经两千年均奉为圭臬。再从历史编纂思想、编纂方法的得失言之，自东汉初的大史学家班彪父子，到近代著名学者梁启超，都做过精当的评论，予以高度赞扬。班氏父子主要赞誉司马迁善叙事理、才华过人、史德高尚。班彪云："然善述序事理，辩而不华，质而不野，文质相称，盖良史之才也。"① 班固又加以发展，谓："其涉猎者广博，贯穿经传，驰骋古今，上下数千载间，斯以勤矣。……然自刘向、扬雄博极群书，皆称迁有良史之材，服其善序事理，辨而不华，质而不俚，其文直，其事核，不虚美，不隐恶，故谓之实录。"② 至唐代刘知几以后，评论者更加重视的，是司马迁创造的著史格局气魄雄伟、容量广阔，足以展现社会历史的丰富内容。如刘知几说："《史记》者，纪以包举大端，传以委曲细事，表以谱列年爵，志以总括遗漏，逮于天文、地理、国典、朝章，显隐必该，洪纤靡失。"③ "语其通博，信作者之渊海也。"④ 赵翼说："司马迁参酌古今，发凡起例，创为全史。……一代君臣政事，贤否得失，总汇于一编之中，自此例一定，历代作史者，遂不能出其范围，信史家之极则也。"⑤ 章学诚则赞誉《史记》的著史气魄和丰富内涵为"范围千古，牢笼百家"⑥。

---

① 《后汉书》卷四十上《班彪列传》，中华书局1965年版。
② 《汉书》卷六十二《司马迁传》。
③ 刘知几：《史通》卷二《二体》，浦起龙通释，上海古籍出版社1978年版。
④ 刘知几：《史通》卷三《书志》。
⑤ 赵翼：《廿二史劄记》卷一"各史例目异同"条。
⑥ 章学诚：《文史通义》内篇四《申郑》，上海古籍出版社1956年版。

正因为司马迁在哲理思维上能发现构成历史演进的时间、人物、社会生活（制度沿革是社会生活中的要件）三大要素，所以才能达到如赵翼所言"发凡起例，创为全史"，并且以著史之"极则"来表达《史记》在构建史学体系上的最高典范意义。上述精到的评论，集中地说，都深刻地揭示出司马迁在观察历史和表现历史上所具有的伟大创造力。

二、从"以事系年"到"通古今之变"

《史记》所创设的著史体系中，本纪处于最重要的地位，从历史视角来说，它是以时间维度来考察历史的演进，记载重大事件。司马迁对"本纪"的命名，显然是极其慎重的。刘知幾在《史通·二体》篇中讲："纪以包举大端。"他又在《本纪》篇中讲："盖纪者，纲纪庶品，网罗万物。考篇目之大者，其莫过于此乎？及司马迁之著《史记》也，又列天子行事，以本纪名篇。后世因之，守而勿失。""盖纪之为体，犹《春秋》之经，系日月以成岁时，书君上以显国统。"刘知幾在不同地方所讲，着重点有不同，合起来看，他是从三个方面讲本纪取名的含义：一者，纪是纲纪万物，它在全书中专记有关国家的大事项；二者，本纪只用于天子，表示至高无上的地位，是"国统"之所系；三者，"纪"按时间纵贯记事，直接来源于《春秋》依年、月、日为序。

以上刘知幾所论，可谓颇得其实。而我们所特别注重的是，司马迁的本纪继承了《春秋》的记史方法，而又加以大大发展。简言之，同样是以"时间维度"记载历史，从先秦史著到《史记》，已实现了巨大飞跃，由《左传》是按春秋242年年代之先后，井然有序地做直录式记史，发展为《史记》之本纪12卷，对华夏民族几千年的历史，做"通古今之变"的考察，"原始察终，见盛观衰"。司马迁对此有自觉的追求，《史记·太史公自序》做了明确表述："网罗天下放失旧闻，王迹所兴，原始察终，见盛观衰，论考之行事，略推三代，录秦汉，上记轩辕，下至于兹，著十二本纪。"

《史记》是记载华夏民族几千年历史的通史，司马迁所高悬的目标，是"通古今之变"，对于上起华夏民族的始祖黄帝，下迄他所生活的汉武帝时期，做贯通考察，尤其着重记述各个时代的盛衰变化，探究其中的历史动因。即是说，对每一个历史时期，都要写出它在历史长河中如何变，并回答出现历史变局的原因是什么。

那么，《史记》的本纪，怎样着力体现"通古今之变"的著史目的呢？概括而言，主要运用了以下三种手法。

第一，广博地搜集、整理先秦以来各种典籍文献，"厥协六经异传，整齐百家杂语"，以及官府档案、刻石铭文，并以其本人在全国各地亲身考察的历史遗迹和采访所得的故老传说相印证，写成一部详尽的中华民族的信史。司马迁所注重的，是施政得失、帝王贤否、大臣作为、战争攻略、外交活动、民族关系、疆土拓展，等等。自传说华夏民族始祖黄帝，到唐尧、虞舜，因为时代久远，史料稀少，书缺有间，司马迁更以极大的苦心搜求排比考论史料，作成《五帝本纪》。并在篇末"太史公曰"中详述本人搜求的广博和考论之精心：

> 太史公曰：学者多称五帝，尚矣。然《尚书》独载尧以来；而百家言黄帝，其文不雅驯，荐绅先生难言之。孔子所传《宰予问五帝德》及《帝系姓》，儒者或不传。余尝西至空桐，北过涿鹿，东渐于海，南浮江淮矣，至长老皆各往往称黄帝、尧、舜之处，风教固殊焉，总之不离古文者近是。予观《春秋》、《国语》，其发明《五帝德》、《帝系姓》章矣，顾弟弗深考，其所表见皆不虚。《书》缺有间矣，其轶乃时时见于他说。非好学深思，心知其意，固难为浅见寡闻道也。余并论次，择其言尤雅者，故著为本纪书首。[①]

继之夏、商、周三代，每一朝代各立一篇，为《夏本纪》、《殷本纪》、《周本纪》。秦的地位特殊，先立《秦本纪》，述秦的先世事迹，崛起于西陲，累代奋发努力而成帝业，具备了统一全国的基础。《秦始皇本纪》集中记载了始皇先后兼并六国、完成统一大业，其后因实行暴政，激起全国民众的反秦风暴，导致迅速灭亡的历史。项羽在秦汉之际"号令天下"，故立为本纪。西汉建国以后，则按每一在位皇帝设立一篇本纪。[②]这样，共设立12篇本纪，连续记载了中华民族自远古至当世几千年的历史，构成了《史记》全书的总纲。

第二，在据实记载的基础上，画龙点睛式地正面发表议论，更加明确地

---

① 《史记》卷一《五帝本纪》。
② 吕后因"惠帝垂拱，高后女主称制，政不出户，天下晏然"，故设立《吕太后本纪》。

揭示出盛衰兴坏之理。秦何以灭亡，汉何以兴盛，这是西汉前期上自帝王下至士庶共同关心的大问题，司马迁在《秦始皇本纪》和《高祖本纪》篇末做了中肯的回答。《秦始皇本纪》篇末"太史公曰"极其精炼地概括了秦由僻远小国到统一全中国的历史："秦之先伯翳，尝有勋于唐虞之际，受土赐姓。及殷夏之间微散。至周之衰，秦兴，邑于西垂。自穆公以来，稍蚕食诸侯，竟成始皇。"秦始皇被胜利冲昏了头脑，"始皇而羞与之侔"，恣意妄为，把一切民生疾苦、人心向背置之度外，其结果是秦帝国在民众的反抗怒涛中顷刻覆灭。秦的兴亡教训是何等深刻！对此，司马迁不做详细分析，因为汉初政论家贾谊的名篇《过秦论》已经做了脍炙人口的论述，因此司马迁采用了特殊的手法，用"善哉贾生推言之也"直接引用其几千字原文作为回答。贾谊文章最精警之处在于，他尖锐地提出这样的问题：一个强大的、天下无敌的秦国，为什么竟会骤亡呢？他明确回答，秦的灭亡是实行暴政的结果，"禁文书而酷刑法，先诈力而后仁义，以暴虐为天下始……故其亡可立而待"。"（陈涉）奋臂于大泽，而天下响应者，其民危也。"[1] 他进而指出，政治成败、人心向背是比什么权位、兵器都要强大得多的东西。统一了天下的秦国比起它以前僻处雍州时岂不更强，而拿陈涉的地位、武器来说又根本无法与秦以前的对手山东六国相比，然而"成败异变，功业相反"，为什么呢？结论只能是："仁义不施，而攻守之势异也。"政治搞坏了，再锐利的武器也抵挡不住为生存而战的千万起义的民众。那么，汉朝为何能够代秦而起，而且成为一个强盛的朝代呢？司马迁明确指出，这是由于汉高祖刘邦接受了秦亡教训，实行德政，以宽缓政治代替暴虐政治，与民休息，体现出由乱到治的客观规律性。《高祖本纪》篇末正是从汉初成功地实现了历史变局的高度发表议论："太史公曰：夏之政忠。忠之敝，小人以野，故殷人承之以敬。敬之敝，小人以鬼，故周人承之以文。文之敝，小人以僿，故救僿莫若以忠。三王之道若循环，终而复始。周秦之间，可谓文敝矣。秦政不改，反酷刑法，岂不缪乎？故汉兴，承敝易变，使人不倦，得天统矣。"[2] "承敝易变"便是充分地肯定汉初以德政代替秦的暴政，减轻百姓负担，医治了战争的创伤，使饱受灾难的民众得以宽息，为西汉的强盛奠定了基础。"得天统矣"，其主要含义，即符合客观的法则。当然其中或许还包含有若干"天意"成分，处于西汉时

① 《史记》卷六《秦始皇本纪》。
② 《史记》卷八《高祖本纪》。

代的历史人物，不可能完全摆脱"天人感应"一类神秘主义的影响，这是我们不应加以苛求的。合而观之，《秦始皇本纪》和《高祖本纪》篇末两段重要议论，正是从"通古今之变"的高度而得到的宝贵认识，对以后的史家也极具启示的意义。

"文景之治"是西汉历史又一关键，由于这段长达 39 年的时间实行轻徭薄赋、奖励生产等措施，西汉社会积累了巨大的财富，为武帝时的鼎盛局面奠定了强大的物质基础。司马迁深刻地认识这种历史演进的内在法则性，所以他高度评价汉文帝的政治功绩，这并非出于个人的偏爱，而是杰出学者从历史变动的趋势中所总结出来的深刻见解。《孝文本纪》大量记载了文帝连续多年奖殖农桑、减轻农民田租徭役的有效措施，在此基础上，他用两段正面议论，赞誉文帝作为封建帝王却躬行节俭的性格，和不事征伐、务使海内安宁，以免民众烦扰的功绩。篇中的一段论云：

> 孝文帝从代来，即位二十三年，宫室苑囿狗马服御无所增益，有不便，辄弛以利民。尝欲作露台，召匠计之，直百金。上曰："百金中民十家之产，吾奉先帝宫室，常恐羞之，何以台为！"上常衣绨衣，所幸慎夫人，令衣不得曳地，帏帐不得文绣，以示敦朴，为天下先。治霸陵皆以瓦器，不得以金银铜锡为饰，不治坟，欲为省，毋烦民。南越王尉佗自立为武帝，然上召贵尉佗兄弟，以德报之，佗遂去帝称臣。与匈奴和亲，匈奴背约入盗，然令边备守，不发兵深入，恶烦苦百姓。吴王诈病不朝，就赐几杖。群臣如袁盎等称说虽切，常假借用之。群臣如张武等受赂遗金钱，觉，上乃发御府金钱赐之，以愧其心，弗下吏。专务以德化民，是以海内殷富，兴于礼义。[①]

此段议论中，有以下三处值得注意：其一，举出多项典型史实，如欲建一露台，考虑到"百金中民十家之产"而罢议，以皇帝之尊，而常衣绨衣，凡此均极赞其恭谨节俭，爱惜民脂民膏；其二，对南方的赵佗、北方的匈奴，都实行和好宁边政策，避免酿起战端，烦劳百姓；其三，善于纳谏，对袁盎等人言辞激切的话，也能虚心采纳。大臣有过，设法使其自省，不治其

---

① 《史记》卷十《孝文本纪》。

罪。从自身行事、处理政务的原则，和外交决策三大端，论述汉文帝治国均遵循休养生息、以德化民的方针，因而出现国家富足、社会安定的罕见局面。司马迁的这段议论，正是从把握汉初历史前进方向的高度，总结何以能出现"文景之治"的原因。篇末的赞语，进一步深化篇中所论："太史公曰：孔子言'必世然后仁。善人之治国百年，亦可以胜残去杀'。诚哉是言！汉兴，至孝文四十有余载，德至盛也。廪廪乡改正服封禅矣，谦让未成于今。呜呼，岂不仁哉！'"仁政"是孔子极力赞美的治国的最高境界，司马迁在这里则强调汉文帝在位二十余年的作为堪称是实现了孔子的理想。总之，《孝文本纪》中这两段正面议论，画龙点睛，提高了全篇史实记载的价值，从总结历史盛衰变化的高度，揭示出文帝时期为西汉盛世出现奠定了强大物质基础的原因。同时，也表达了司马迁这位二千余年前的史学家心目中"理想式"皇帝的标准，本身行事要恭俭勤敏，对百姓要宽厚仁爱，使其安心生产、增殖财富，对周边民族要安抚和好、不事征伐。汉文帝恰恰符合这个标准，所以高度赞誉他"以德化民"、"德至盛也"！

第三，与十二本纪的记载相配合，《太史公自序》中又对每一篇的撰述义旨做出概括。其意图，正是为了帮助读者明了古今历史发展、"承敝通变"的大势。对此，我们细加品味即能领会。如：

> 始皇既立，并兼六国，销锋铸镰，维偃干革，尊号称帝，矜武任力；二世受运，子婴降虏。作《始皇本纪》第六。
>
> ⋯⋯⋯⋯⋯
>
> 子羽暴虐，汉行功德；愤发蜀汉，还定三秦；诛籍业帝，天下惟宁，改制易俗。作《高祖本纪》第八。
>
> ⋯⋯⋯⋯⋯
>
> 汉既初兴，继嗣不明，迎王践祚，天下归心；蠲除肉刑，开通关梁，广恩博施，厥称太宗。作《孝文本纪》第十。
>
> ⋯⋯⋯⋯⋯
>
> 汉兴五世，隆在建元，外攘夷狄，内修法度，封禅，改正朔，易服色。作《今上本纪》第十二。①

---

① 《史记》卷一百三十《太史公自序》。

　　总之，司马迁在先秦史学成就的基础上，加以大大发展，以十二本纪详载史实为世代读者留下几千年中华民族演进无比宝贵的信史，并且明其盛衰变化之深层原因，其广泛搜集史料之勤，历史见识之高，编纂技术之精，都为后代史家树立了楷模。

　　在《史记》五体结构中，十二本纪之后紧接着十表，这是司马迁的匠心安排，其目的，是以本纪和表共同构成全书的纲领，显示"通古今之变"的总趋势。以往对于十表重视不够，我们对此应有新的看法。刘知幾曾说："表以谱列年爵。"[1]梁启超则谓："表以收复杂事项。"[2]他们都讲出了《史记》十表的一些特点，但十表还有更重要的作用。此即白寿彝先生所指出的："《史记》十表是最大限度地集中表达古今之变的。……司马迁每写一个表，就是要写这个历史时期的特点，写它在'古今之变'的长河中变了些什么。"[3]这里，我们仅以《六国年表》为例。战国时代，是中国历史变化的一个重要时期。在《史记》记述中，战国的特殊性在于，它属于东周，而从周平王东迁以后，先经春秋，是十二诸侯并立的时代，周天子已失去号令天下的地位，只相当于一国之君，进入战国，"东周君"地位更加式微。故《周本纪》的后半篇，已无法起到统领全局的作用。据此，司马迁须依靠别的篇章。他在《六国年表》之前写了一篇长序，便分明地借以起到统领战国时期历史的作用，其中论云：自秦穆公称霸西戎，"则与齐桓、晋文中国侯伯侔矣。是后陪臣执政，大夫世禄，六卿擅晋权，征伐会盟，威重于诸侯。及田常杀简公而相齐国，诸侯晏然弗讨，海内争于战功矣。三国终之卒分晋，田和亦灭齐而有之，六国之盛自此始。务在强兵并敌，谋诈用而从衡短长之说起。矫称蜂出，誓盟不信，虽置质剖符犹不能约束也。秦始小国僻远，诸夏宾之，比于戎翟，至献公之后常雄诸侯。论秦之德义不如鲁卫之暴戾者，量秦之兵不如三晋之强也，然卒并天下，非必险固便形埶利也，盖若天所助焉"。序的结尾又称："余于是因《秦记》，踵《春秋》之后，起周元王，表六国时事，讫二世，凡二百七十年，著诸所闻兴坏之端。后有君子，以览观焉。"[4]显然，司马迁是以《六国年表》来提挈战国七雄争战、角逐、强弱的变化，以及秦如何逐步强大，翦灭六国而统一天

①　刘知幾：《史通》卷二《二体》。
②　梁启超：《饮冰室合集》专集之九十九，第157页。
③　白寿彝：《中国史学史论集》，第75页。
④　《史记》卷十五《六国年表》。

下。详审表中内容，秦在表中的位置，列于六国之上。表中不但记载秦事独详，而且将战国时期的异常天象如日蚀、彗星等，也都记在秦国栏目之内。与《六国年表》序中论述秦统一全中国"盖若天所助焉"，"秦取天下多暴，然世异变，成功大"等，合而观之，正可证明司马迁精心撰写此表，其主旨就是显示秦逐渐强大至最终统一海内这一历史大势。

三、以人物为中心：展现历史创造的主体

"人物维度"，是司马迁观察历史又一重要视角。司马迁所开创的纪传体，历来即被视为以人物为中心记载历史。梁启超《要籍解题及其读法》中论"《史记》创造之要点"，列在首项者即为"以人物为中心"，并论云："其书百三十篇，除十表八书外，余皆个人传记，在外国史及过去古籍中无此体裁。……对于能发动社会事变的主要人物，各留一较详确之面影以传于后，此其所以长也。"① 梁启超此论并不完全准确（因为本纪及世家的内容，还有记全国或一地方政权政治、军事大事的成分），但从总体上讲，却明确讲出《史记》的著史格局"以人物为中心"的特点，而且他们都与"发动社会事变"密切相关。

从今天来看，以人物为中心，是对"人"创造历史的作用的发现和充分肯定，是记载历史的巨大进步。而这一进步，又根源于观察历史能力的重大推进和哲理思考之上升到更高的层次。而这恰恰是在战国以来出现的历史变局推动下取得的。战国至秦汉之际，客观历史运动的显著特点是：旧的以血缘为纽带的氏族制度遭受沉重的打击，平民力量迅速崛起，能否发现和任用文武贤才，往往能直接影响国家的盛衰存亡。清代著名史学家赵翼对此曾做过精辟的论述："游说则范雎、蔡泽、苏秦、张仪等，徒步而为相。征战则孙膑、白起、乐毅、廉颇、王翦等，白身而为将。此已开后世布衣将相之例。"② 战国以后有作为人物在历史上所起到的重大作用，大大打开了历史学家眼界，使之对推动历史进程的深层原因有进一步的认识。在秦汉之际的风云变幻当中，人的活动的作用更表现得淋漓尽致。刘邦出身平民，"无尺土之封"，却凭借他的智谋策略，在一批文武贤才的帮助、拥戴下，登上帝位，成为强盛

---

① 梁启超：《要籍解题及其读法》，《饮冰室合集》专集之七十二，第19页。
② 赵翼：《廿二史劄记》卷二"汉初布衣将相之局"条。

的汉朝的开国君主。刘邦周围这批豪杰之士，也几乎都出身低贱，却在反秦起义和楚汉战争中建立了赫赫功业。如陈平、王陵、陆贾、郦商等，皆布衣平民。樊哙、周勃、灌婴、娄敬出身更贫贱，分别以屠狗、织薄曲、贩缯、挽车为业，而都建功立业，致身卿相。历史的空前变局，使司马迁对人物在时代前进中起到重要作用形成了新认识，这无疑是他创造以人物为中心的著史新体裁之认识基础。《史记·太史公自序》中一再陈言：他作为史官，若果"废明圣盛德不载，灭功臣世家贤大夫之业不述"，将是莫大的罪过，而作七十列传的明确目的，为记载"扶义俶傥，不令己失时，立功名于天下"的人物在历史上的活动，便是明证。

以人物为中心，展现出"人"是历史创造的主体。——这一历史视角贯穿于本纪、世家的大部分篇章和全部列传中。司马迁记载了时间跨度极大、范围极其广阔的各种类型的历史人物，包括有作为的帝王、贤臣、勇将、谋士、起义的英雄、睿智的思想家，以及出身下层的人物，均以丰富具体的史实，生动的手法，描写他们在特定历史场面中个性鲜明的行为，表现其对历史进程所发挥的作用。这里略举两个典型例证。

商鞅是战国时期在秦国成功地实行变法的著名政治家，司马迁为他立了《商君列传》，集中而详实地记载他佐秦孝公变法、使秦国骤致富强的历史功绩。司马迁突出地记述了以下几项：其一，商鞅变法的原委。商鞅选择由卫入秦，正当"秦孝公下令国中求贤者，将修穆公之业"，秦国急于寻找强国的良策，这就为商鞅提供了绝好的历史机遇。商鞅求见孝公以后，前三次是以"帝道"、"王道"、"霸道"进说，孝公起初根本不感兴趣，"语事良久，孝公时时睡，弗听"。次说"王道"之时，孝公"益愈，然而未中肯"，再次说"霸道"，孝公则"善之而未用也"。最后商君进说"强国之术"，孝公乃兴奋异常，如饥似渴，"公与语，不自知膝之前于席也。语数日不厌"。于是君臣目标一致，决心以变法求得秦国之强盛。其二，围绕变法与否，秦国朝廷上展开了激烈的辩论，商鞅引用历史经验阐述变法主张，驳倒保守派人物的阻挠。商鞅对秦孝公说："论至德者不和于俗，成大功者不谋于众。是以圣人苟可以强国，不法其故；苟可以利民，不循其礼。"孝公称善。甘龙却反对说："不然。圣人不易民而教，知者不变法而治。"商鞅予以有力的驳斥："龙之所言，世俗之言也。……三代不同礼而王，五伯不同法而霸。智者作法，愚者制焉；贤者更礼，不肖者拘焉。"杜挚也企图阻挠，说："利不百，不变法。……法古无过，循礼无邪。"商鞅批驳说："治世不一道，便国不法古。故汤武不循古而王，夏殷不易礼而亡。反古者不可非，而循礼者不足多。"商鞅在秦廷上这场激烈的辩论，充分显示出商鞅的政治远见和实行变法的坚定性。他着眼于实现秦国强国富民的时代课题，依据无可辩驳的历史经验，有力地阐述实行变法的必要，大受秦孝公赞赏，立即任命他为左庶长，实行变法。其三，尤其重点记载了商鞅两次变法的内容和取得的巨大成效。第一次变法在孝公六年，内容为："令民为什伍，而相牧司连坐。不告奸者腰斩，告奸者与斩敌首同赏，匿奸者与降敌同罚。民有二男以上不分异者，倍其赋。有军功者，各以率受上爵；为私斗者，各以轻重被刑大小。僇力本业，耕织致粟帛多者复其身。事末利及怠而贫者，举以为收孥。宗室非有军功论，不得为属籍。明尊卑爵秩等级，各以差次名田宅，臣妾衣服以家次。有功者显荣，无功者虽富无所芬华。"其中的关键点是：奖励耕织，生产多的可免徭役，让民众劳动致富，同时改变旧的氏族大家庭形式，变为普遍的小农户制度，鼓励农民的生产积极性，增强秦国的物质基础；废除贵族的世袭特权，制定按军功大小给予爵位的制度，加速旧的氏族制的瓦解；推行连坐法，严究犯罪行为，加强城乡的治安管理。变法过程中，遭到旧势力的反对阻挠，太子犯法，商鞅决定重办治罪，以树立法令权威。"太子，君嗣也，不可施刑，刑其傅公子虔，黥其师公孙贾。明日，秦人皆趋令。"篇中更强调变法取得的巨大成效：

> 行之十年，秦民大说，道不拾遗，山无盗贼，家给人足。民勇于公战，怯于私斗，乡邑大治。[①]

于是孝公任命商鞅为大良造，掌管最高军政权力。至孝公二十年，秦国由雍迁都咸阳，商鞅第二次实行变法，主要内容是：合并乡邑为三十一县；为田开阡陌封疆，废除井田制，准许土地买卖；创立按丁男征赋办法，规定一户有两个丁男者必须分居，否则加倍征赋；颁布度量衡器，统一度量衡制度。司马迁同样充分肯定第二次变法的卓著效果："居五年，秦人富强，天子致胙于孝公，诸侯毕贺。"

总之，《商君列传》站在纵观战国时期历史前进方向的高度，以详确的

---

① 《史记》卷六十八《商君列传》。

史实，记载了商鞅两次变法奠定了秦国富强基础这一秦国历史上的关键性事件，令人信服地再现了商鞅这位成功的改革家的形象。《太史公自序》中更明确赞赏商鞅变法的巨大功绩："鞅去卫适秦，能明其术，强霸孝公，后世遵其法，作《商君列传》。"秦孝公死后，商鞅遭贵族势力诬害，车裂而死。值得注意的是，司马迁对商鞅受诬而死并未表示同情，篇末"太史公曰"："商君，天资刻薄人也。迹其欲干孝公以帝王术，挟持浮说，非其质矣。……余尝读商君开塞耕战书，与其人行事相类。卒受恶名于秦，有以也夫！"司马迁学术思想的主导面是儒家，崇尚"仁义"、"德政"，同时，他又受到道家"清静无为"思想的明显影响。因此，他最为赞赏的是如汉文帝的"仁政爱民"、"不烦劳百姓"，而对法家学派的人物持严格批评态度，称他们"刻薄少恩"，商鞅也在此列。但更加重要的是，司马迁不以个人好恶歪曲历史事实，在记述中如实反映商鞅变法致使秦国富强，充分肯定商鞅的历史功绩，由此证明司马迁是一位忠实地记载客观历史，具有高尚史德的史学家。

再一个典型例证，是司马迁为反秦起义英雄陈涉立了世家，表现出他准确把握秦汉之际历史动向和歌颂人民大众反抗压迫的卓越见识。《史记》"五体"中设立世家的标准和意图何在？后人每以己意猜测，所言未必切合司马迁之原意。实则《太史公自序》中对此已有明白的交代："二十八宿环北辰，三十辐共一毂，运行无穷，辅拂股肱之臣配焉，忠信行道，以奉主上，作三十世家。"讲明世家是用以记载像二十八宿环北辰、三十辐共一毂般的辅弼股肱之臣，即周代的十二诸侯和汉代的侯、王这样的人物，他们的名号、地位在国家有举足轻重的影响。而像孔子、陈涉，虽然没有诸侯的名号，但因为他们在历史上起了非同寻常的作用，司马迁也破例立为世家，以彰显其巨大的历史功绩。陈涉虽然出身佣耕，处于社会的最底层，但他是农民起义英雄，由他点燃的反秦起义烈火，终于把暴虐的秦朝推翻。司马迁在《太史公自序》中做了论定：

桀、纣失其道而汤、武作，周失其道而《春秋》作。秦失其政，而陈涉发迹，诸侯作难，风起云蒸，卒亡秦族。天下之端，自涉发难。作《陈涉世家》。①

① 《史记》卷一百三十《太史公自序》。

他把陈涉比作讨伐暴君夏桀、商纣的商汤、周武王，二千年前的史家，能够如此深刻认识和热情歌颂农民起义英雄的巨大功绩，其历史洞察力实在令人赞叹不已！

刘知幾在《史通·世家》篇中，却责备司马迁为陈涉立世家，是"自我作故，名实无准"，其论云："按世家之为义也，岂不以开国承家，世代相续？至如陈涉起自群盗，称王六月而死，子孙不嗣，社稷靡闻，无世可传，无家可宅，而以世家为称，岂当然乎？夫史之篇目，皆迁所创，岂以自我作故，而名实无准。"刘知幾过分看重名分、地位，却不承认陈涉起义的意义，斥之为"群盗"，这是受专制主义思想的影响，用等级制观点看问题而形成的偏颇看法，相比之下，更说明司马迁进步的历史观是多么的难以企及！再从历史编纂学角度言之，刘知幾的主张过分拘于体例。司马迁则是灵活处理，在必要时敢于突破成例，而《史记》的编纂思想恰恰因此而放射出光华，因而被后世史家赞誉为"体圆而用神"。

《陈涉世家》着力表现陈涉勇于反抗压迫、揭竿而起的无畏精神。陈涉出于苦难环境之时，即已胸怀远大志向："陈涉少时，尝与人佣耕，辍耕之垄上，怅恨久之，曰：'苟富贵，无相忘。'庸者笑而应曰：'若为佣耕，何富贵也？'陈涉太息曰：'嗟乎，燕雀安知鸿鹄之志哉！'"秦二世元年，秦朝征发闾左贫民屯戍渔阳，陈涉、吴广均在征发之列，任屯长，九百名戍卒行至大泽乡，为大雨所阻，不能如期到达，按秦朝法令过期要斩首。陈涉以慷慨激昂的语言，号召士卒奋起反抗暴秦："公等遇雨，皆已失期，失期当斩。借第令毋斩，而戍死者固十六七。且壮士不死即已，死即举大名耳，王侯将相宁有种乎！"陈涉不但勇于反抗，同时很有政治远见，对于民众早已不堪忍受秦朝暴政，全国有如布满干柴、即将燃起烈火的形势有正确的判断，他分析说："天下苦秦久矣。吾闻二世少子也，不当立，当立者乃公子扶苏。扶苏以数谏故，上使外将兵。今或闻无罪，二世杀之。百姓多闻其贤，未知其死也。项燕为楚将，数有功，爱士卒，楚人怜之。或以为死，或以为亡。今诚以吾众诈自称公子扶苏、项燕，为天下唱，宜多应者。"大泽乡起义的火种，立即燃起燎原之焰。起义军"攻铚、酂、苦、柘、谯皆下之"，乃入陈，受三老、豪杰拥戴，陈涉立为王，国号张楚。司马迁进而叙述各地纷纷响应，叛秦归楚："当此时，诸郡县苦秦吏者，皆刑其长吏，杀之以应陈涉。乃以吴叔为假王，监诸将以西击荥阳。令陈人武臣、张耳、陈馀徇赵地，令汝阴人邓宗徇九江郡。当此时，楚兵数千人为聚者，不可胜数。"陈涉派周文率大军西击秦，武臣在河北立为赵王，韩广立为燕王，田儋在山东立为齐王，甯陵君咎立为魏王。秦朝统治已陷于分崩离析，陈涉虽然被叛徒庄贾杀害，但秦朝最后灭亡的命运已经注定。故司马迁在篇末大书特书："陈胜虽已死，其所置遣侯王将相竟亡秦，由涉首事也。"恰与《太史公自序》中的精彩论断"秦失其政，而陈涉发迹，诸侯作难，风起云蒸，卒亡秦族。天下之端，自涉发难"相呼应，一再有力地肯定陈涉起义推动了秦汉时期历史进程的伟大作用！司马迁评价陈涉是首先发难的英雄，但并未回护其过失。篇末写陈涉为王后，旧时佣耕伙伴来看他，住了一段时间，没有拘束，讲了些陈涉以前穷苦时的情形。有人向陈涉进了谗言，陈涉便杀了他。结果，"诸陈王故人皆自引去，由是无亲陈王者。……诸将以其故不亲附，此其所以败也"。明确地指出陈涉因胜利而严重脱离群众，这正是造成他失败的重要原因。

司马迁对于通过记载人物的活动来展现"人"是历史创造的主体，已达到相当程度的自觉。十二本纪，不但记军政大事，而且记述了秦始皇、项羽、汉高祖、汉文帝等不同历史时期核心人物的活动和性格；三十世家，分别记载了春秋时期各诸侯国历史，同时也记载了周公旦、齐桓公、晋文公、楚庄王等政治家的活动，以及孔子、陈涉和西汉萧何、曹参、张良、陈平、周勃等重要人物的活动；七十列传中既有专传，又有合传、类传，记载了大量春秋战国、秦汉时期的政治家、军事家、思想家和各阶层代表人物。本纪是《史记》全书纲领，其余篇章围绕本纪展开记事，表明中华民族几千年的进化史，就是各个时期在历史舞台上纵横驰骋、个性鲜明的人物创造的！

"自获麟以来四百有余岁，而诸侯相兼，史记放绝。今汉兴，海内一统，明主贤君忠臣死义之士，余为太史而弗论载，废天下之史文，余甚惧焉，汝其念哉！"① 这是司马谈临终前执司马迁之手含泪嘱咐，司马迁郑重地承诺的庄严使命。记载在各个历史时期建树功勋的人物是司马迁著史的重要目标之一。司马迁凭借高度的责任感和杰出的才华，出色地完成了他确定的目标，为中国史学提供了记载生动、血肉饱满的人物形象，并通过人物表现各时期特定历史面貌的成功典范，因而被后世史家尊奉为著史的楷模。

---

① 《史记》卷一百三十《太史公自序》。

四、典章制度和社会情状视角

司马迁深邃的哲理思考和非凡创造力的又一突出体现，是选取典章制度和社会情状视角撰成八书，作为历史著作的重要部分，与记载政治军事人物和记载人物活动相结合。《太史公自序》中对于设置八书的作用有明确的表述："礼乐损益，律历改易，兵权山川鬼神，天人之际，承敝通变，作八书。"据《史记索隐》作者司马贞言："书者，五经六籍总名也。此之八书，记国家大体。"① 即八书包含的内容是当时人们心目中典章制度和社会生活中八个最主要的部分："礼乐损益"指《礼书》、《乐书》；"律历改易"指《律历书》；"兵权山川鬼神"指《兵书》、《河渠书》、《封禅书》；"天人之际"指《天官书》；"承敝易变"指《平准书》。而今本《史记》八书的顺序是，《礼书》第一，《乐书》第二，《律书》第三，《历书》第四，《天官书》第五，《封禅书》第六，《河渠书》第七，《平准书》第八。《律书》、《历书》分为两篇，而缺《兵书》。这是什么缘故呢？历来学者多有讨论，如司马贞《索隐》所说，因《礼书》、《乐书》、《兵书》三书亡缺，补缺者分《律历书》为《律书》、《历书》，以足八书之数，故今本八书中无《兵书》。② 但今本《礼书》、《乐书》、《律书》的序，其见识、笔法均应出于司马迁之手无疑，非他人所能拟作。《礼书》序以下的内容，为后人摘取荀子《礼论》及《议兵》以补。《乐书》序以下，也是后人摘取《礼记·乐记》文字以补。③

是则，司马迁八书所记均为当时"国之大政"，而《历书》以下五篇确是司马迁原作，历代学者对此并无疑问。这里仅就对当时及后世影响尤为重大的《天官书》和《平准书》做简要论述，以见司马迁选取社会情状视角记载历史的重要价值。

《天官书》是总结古代天文学知识和对"天人之际"发表系统看法的篇

---

① 《史记》卷二十三《礼书》司马贞《索隐》注。

② 《史记》卷一百三十《太史公自序》司马贞《索隐》："张晏曰'迁没之后，亡《景纪》、《武纪》、《礼书》、《乐书》、《兵书》，《将相表》，《三王世家》，《日者》、《龟策传》、《傅靳》等列传也'。案：《景纪》取班书补之，《武纪》专取《封禅书》，《礼书》取荀卿《礼论》，《乐》取《礼·乐记》，《兵书》亡，不补，略述律而言兵，遂分历以次之。"

③ 然又有学者认为，今本《礼书》中所引《礼论》，《乐书》中所引《乐记》，均为司马迁原有之内容，非补缺者所为。如黄履翁谓："汉承秦灭学之后，百氏蜂起，天下知有众说而不知有吾道，知有新制而不知有古典，所谓《礼论》、《乐记》之书，谁其讲乎？迁乃取而载之于书，非有高世之职［识］，不能也。"参见黄履翁：《古今源流至论·别集》卷五，明万历十八年（1590）书林郑世魁宗文堂刻本。

章。"天人关系"一向是观察历史和处理现实关系的重大问题，在西汉时代更是如此。自然史与人类史的关系极其密切，天体运行、各种复杂的气象以至种种自然灾害的发生，都对人类社会产生巨大的影响和作用。人类对天体的认识经历了漫长艰巨的过程，有关"天人之际"的探索同样是复杂艰难的课题。司马迁创立《天官书》作为八书之一，将记载、总结天文学知识作为其恢宏的史学著作的一部分，证明他具有过人的见识和渊博的学识。而同时，又与他父子两代相继担任"太史令"官职直接相关。司马迁曾经形容"太史令"的职务说："文史星历，近于卜祝之间。"① 太史令即身兼史官和执掌天文历法两种身份。《天官书》就是结合西汉皇朝建立一百年来官方的天文记载资料而撰成的，因此殊为珍贵。

《天官书》的主要贡献是，它开创了中国史学系统地记述天文学史料的优良传统，从而使我国丰富的天文学资料得以很好地保存、流传。特别是，司马迁记载了一份相当完整的星官体系，由于他的记述，"这个体系才能为我们得知，而今天我们在研究重要的汉代天象时就不能不依仗《天官书》的记载"。②

司马迁又发现了五大行星运行中的逆行和留的规律，以及月食现象发生的周期规律，从而把相关的研究向前推进了一大步。《天官书》还记载了观察恒星的颜色，注意到了恒星的亮度等。因此，现代科技史专家认为："从中国天文学史的观点看，《史记》也是一座充满了稀世之珍的宝库。"③

尤其是，司马迁对"天人关系"这一时代课题做了深刻论述，提出了具有唯物论倾向的进步观点。司马迁担任太史令，他的职责之一是监视天象，以揣测所谓天之意向，为朝廷服务。由于科学水平和认识能力的限制，他并不能摆脱占星术的影响。西汉时期天人感应、迷信之说盛行，司马迁相信天上人间有对应关系并不足怪。但他揭露战国时期唐昧等人"其占验凌杂米盐"，对占星术为迎合当权者的需要不断变换手法加以贬责，是他朝着否定占星术走出可贵的第一步。所以《天官书》篇末这样总结天意与人事何者更为重要："国君强大，有德者昌；弱小，饰诈者亡。太上修德，其次修政，其次

---

① 　司马迁：《报任安书》，《汉书》卷六十二《司马迁传》。
② 　薄树人：《试论司马迁的天文学思想》，《史学史研究》1982 年第 3 期。
③ 　薄树人：《试论司马迁的天文学思想》，《史学史研究》1982 年第 3 期。

修救，其次修禳，正下无之。"① 他强调的是国君的行为和政治的清明，把治国的方针（"德"）和办法（"政"）放在最重要的地位，祈祷上天则不是什么好办法。从这一点上，甚至可以说，司马迁实际上否定了天意的作用。这同《封禅书》中针对汉武帝好鬼神，通过记述一系列历史事件揭露其诬妄的实质正相呼应。由此可见《天官书》在其"究天人之际"思想体系中所占有的重要地位。

论述社会经济发展与历史进程、国家盛衰的关系，更是司马迁的卓识。人类关于物质经济生活对于历史进程起到何等重要作用的认识，曾经历了漫长的过程。先是认为历史发展是由"神意"决定，继之认为是由个别"英雄"人物所决定，这些错误观念曾长期支配人们的头脑。历经不知多少世代之后，最为睿智、杰出的学者才透过种种复杂现象，认识到经济条件对于历史发展起到根本支配的作用，如唯物史观创立者之一恩格斯在《社会主义从空想到科学的发展》一书英文版序言（作于1892年）中表述的，"一切重要历史事件的终极原因和伟大动力是社会的经济发展"②，那是到了19世纪大工业时代才提出的伟大发现；而司马迁则在西汉时代已经认识到经济活动与社会发展之间极其密切的联系。他撰写了《平准书》和《货殖列传》两篇，一以社会生活为主要视角，一以人的活动为主要视角，记载物质生产、经济交换等对于历史进程的重大关系。

《平准书》在历史编纂学上的重大意义，是以开阔的视野记载了一代的经济状况及发展趋势，为后人提供了经典性论述。经过秦朝的滥用民力、对民众残酷榨取和秦汉之际长期战乱之后，西汉初年处于经济凋敝、社会残破的局面：

> 汉兴，接秦之弊，丈夫从军旅，老弱转粮饷，作业剧而财匮，自天子不能具钧驷，而将相或乘牛车，齐民无藏盖。于是为秦钱重难用，更令民铸钱，一黄金一斤，约法省禁。而不轨逐利之民，蓄积余业以稽市物，物踊腾粜，米至石万钱，马一匹则百金。③

---

① 《史记》卷二十七《天官书》。
② 《马克思恩格斯选集》第3卷，人民出版社1995年版，第704—705页。
③ 《史记》卷三十《平准书》。

　　而到了武帝初年，国家却完全是另一番景象："至今上即位数岁，汉兴七十余年之间，国家无事，非遇水旱之灾，民则人给家足，都鄙廪庾皆满，而府库余货财。京师之钱累巨万，贯朽而不可校。太仓之粟陈陈相因，充溢露积于外，至腐败不可食。众庶街巷有马，阡陌之间成群，而乘字牝者傧而不得聚会。守闾阎者食粱肉，为吏者长子孙，居官者以为姓号。故人人自爱而重犯法，先行义而后绌耻辱焉。"①这是历史上少有的民众殷实、国库充足的情景。这如同从地下唤出的巨大财富是从何而来的呢？司马迁用确凿的史实说明，是因汉初"承敝易变"，接受亡秦教训，从高祖立国之始即采取恢复生产、爱惜民力的"宽省"政治，特别是文帝、景帝相继实行的轻徭薄赋、与民休息政策取得的巨大成效！汉初和武帝初年是西汉经济发展的两个关键时期，司马迁的论述从大处落笔，记载的史实既典型，而又生动、鲜明，凸显了时代的特征，并且揭示出演进的趋势，因而千百年来成为研史者认识汉代社会经济发展的最为珍贵的依据。

五、民族文化创造力与"立体式著史"

　　最后，应简要论述司马迁"多维历史视野"的意义及其深远影响，以总结全文。

　　司马迁为了写出华夏民族自黄帝以来全部的历史，创造了由本纪、表、书、世家、列传有机配合的史书体裁。这种"五体结合"的史书形式能够成立的内在依据是什么？其成功的奥秘又在哪里？通过前文的分析已经得出答案，其根据和奥秘，就是多维度、多视角、多方位地观察和叙述历史。换言之，司马迁苦心擘画，其著史目的是要使读者明了事件发生、演变的年代先后，了解历史变局的因果关系，睹见人物这一历史创造主体的活动和风采，同时又能知晓治理国家和传承文明所依赖的各种典章制度和复杂的社会情状。"多维历史视野"，是一种抽象和概括，以此可以更清晰地揭示出：司马迁在哲理高度和认识本原上，发现、掌握了如何再现客观历史进程的根本要领和途径。这是司马迁杰出创造才能在哲学思维上的体现，是笼罩《史记》全书的哲学光华。唯其成功地运用了多维度历史视野，而非单线式、单角度的观察，他呕心沥血著成的《史记》才为我们展现了华夏民族有史以来

———————

① 《史记》卷三十《平准书》。

全景式的、丰富、生动的画卷，有血有肉，内涵深刻，令读者百读不厌，感悟奋起！运用"多维度历史视野"这一新概括、新表述，无疑能帮助我们更深刻地理解，《史记》何以被称为著史的"极则"，何以其成就"笼罩了两千年的中国史学界"？又何以人们一致对《史记》所具有的"永恒的魅力"推崇备至？

探讨司马迁"多维历史视野"这一课题还具有突出的当下价值，能更加恰当地评价《史记》历史编纂成就对 20 世纪史家的深远影响。近代以后，时代环境、著史观念、史著的受众对象等，与司马迁所处的时代都早已迥然而异，但是，司马迁构史体系所具有的见识和气魄，却仍然令有作为的史家受到深刻的启迪。现以梁启超对撰著中国通史体裁的探索和由白寿彝总主编《中国通史》成就为典型例证。梁启超在 20 世纪初，是以激烈地批判旧史、倡导"史界革命"的著名革新派人物，但他恰恰对司马迁在构史体系上的伟大创造力做了高度评价。梁启超一再赞叹《史记》从多方位、多角度反映历史，强调要从其兼综众体、容量广阔、伸缩自如和以记载人物为中心等方面得到启示："（《史记》在体裁上）集其大成，兼综众体而调和之，使互相补充而各尽其用。"[①]"纪传体的体裁，合各部在一起，记载平均，包罗万象。表以收复杂事项，志以述制度风俗，本纪以纪大事，列传以传人物，伸缩自如，实在可供人们研究。"[②]而从史学实践上，梁启超发愿著《中国通史》，从其已经撰写的部分篇章看，其体裁正是由载记、年表、书志、传记四者配合而成。[③]其基本格局和灵魂，明显是继承司马迁"多维历史视野"的观念和方法，而加以发展。

白寿彝先生是著名的马克思主义史学家，由他担任总主编的《中国通史》于 1999 年全部出版，成为以"新综合体"著成的具有里程碑意义的成功之作。从白先生对"新综合体"进行探索到《中国通史》完成，半个世纪的史学实践证明，其构史体系正是从司马迁运用"多维历史视野"的智慧得到宝贵启迪，并加以创造性发展而取得的重大成果！1946 年他在昆明发表了"中

① 梁启超：《中国历史研究法》，《饮冰室合集》专集之七十三，第 16 页。
② 梁启超：《中国历史研究法补编》，《饮冰室合集》专集之九十九，第 157 页。
③ 梁启超已撰成的《春秋载记》、《战国载记》，是叙述一个时期的历史大势和重大事件，是根据《史纪》的本纪而加以改造。参见陈其泰：《近三百年历史编纂上的一种重要趋势——新综合体的探索》，《史学史研究》1984 年第 2 期。

国历史体裁的演变"的演讲，就已明确提出《史记》是"综合体裁"，并且提出今后应当用"立体的方法"著史，以克服当前在体裁上"艰难万状"的局面。至改革开放初期，他更加强调"创造新的综合体裁，以再现广泛复杂的历史现象"①。至1986年，他在《中国史学史》第1册《叙篇》中，即为《中国通史》在编纂体裁体例上做了总体设计，提出：全书采用序说、综述、典志、传记四个部分互相配合成为一体的新的综合体裁。序说，"内容包含基本史料的阐述，已有的研究成果和本卷的编写大意"。综述，"阐述这一个历史时期的总的发展形势，其中包含政治、经济、军事、民族、文化和中外关系"。综述系"取法旧史之本纪"，而加以根本性的改造，"要求能综览历史发展的总过程及其规律，这是跟旧日的本纪显然有本质的区别"。典志，"分篇论述生产力和生产关系的状况以及政治制度、军事制度、法律、风俗等"，"综述与典志的关系，是要求前者能阐述历史发展之阶段性的全貌，而后者则是对这一历史过程中若干侧面的剖视"。传记，"包含个人传记，学派传记，艺术家、宗教家传记等"，我们写的传记"不是一个一个孤立的人物，而是特定历史时期特定历史环境中的人物"。他还指出，用这种新综合体来撰写历史的优点，最突出的两点是，"便于容纳更多的历史内容"和能够"更进一步地反映历史发展的面貌"。②《中国通史》全书12卷22册，就是贯彻这一编纂思想完成的，很显然，它既运用唯物史观为指导，体现了时代要求，凸显了卓越的创造精神，同时又是司马迁以"多维历史视野"著史的哲理思考在新时代的回响，因而成为"20世纪中国史学的压轴之作"。

第二节　世家："应另换一副眼光读之"

《史记》五体在本纪、表、书之后，列传之前，特设立世家一体。共有30篇，总分量约占《史记》全书1/4，其地位之重要显而易见。但对世家在历史编纂上的成就和特点，尚少有进行全面讨论者。本节愿尝试做专题考察，并期望引起同行共同探讨的兴趣。

---

① 白寿彝：《谈史书的编撰》，《史学史研究》1981年第3期。

② 白寿彝：《中国史学史》第1册，上海人民出版社1986年版，第25—27页。

以往学者所做的评论中，刘知幾的看法最受我们关注。刘知幾对世家历史叙事的对象做了概括："按世家之为义者，岂不以开国承家，世代相续？"①这一说法颇有道理，世家即是记述天子所封、世代名号相袭的王侯。但刘知幾继之发表的具体看法，是批评司马迁对世家各篇的设置多为"名实无准"，如："陈涉起自群盗，称王六月而死，子孙不传，社稷靡闻，无世可传"，不应立为世家；三晋与田氏，在未立为国君之前的史事，不能归于世家；汉代的同姓王和异姓封侯者，与古代诸侯"专制一国"不同，也不应立为世家。在其后，仍有学者持严厉批评的看法。如王安石谓："孔子，旅人也，栖栖衰季之世，无尺土之柄，此列之以传宜矣，曷为世家哉？"故称司马迁"自乱其例"。②王若虚的批评更加激烈，云："迁史之例，唯世家最无谓。……且既以诸侯为世家，则孔子、陈涉、将相、宗室、外戚等复何预也？"③

上述批评意见，实际上未能细心体会司马迁本人在《太史公自序》所言："二十八宿环北辰，三十辐共一毂，运行无穷，辅拂股肱之臣配焉，忠信行道，以奉主上，作三十世家。"并且未能结合《史记》世家不同类型的篇章所反映的历史特点，和司马迁编纂世家所采用的基本范式以及对体例的灵活运用等关键问题，做深入思考，因而未能窥见世家的重要价值。清代学者吴见思则针对这一类偏颇看法，指出："为世家者，另有一副笔仗；读世家者，当另换一副眼光，无作矮子观场，随人笑语也。"④所论可谓有识。

我们读世家三十篇，确实应当"另换一副眼光"，方能恰当地总结出其历史编纂的匠心和成就。以下围绕"二体相兼，经纬交织：世家历史叙事的基本范式"，"《孔子世家》、《陈涉世家》：史识卓异的出色篇章"，"汉初社稷重臣的群像"这三个问题，试做讨论。

一、二体相兼、经纬交织：世家历史叙事的基本范式

世家在全书结构上放在本纪之后，列传之前；而其历史叙事的对象，按照司马迁本人所申言，是如同二十八宿环北辰那样的"辅拂股肱之臣"。这实

① 刘知幾：《史通》卷二《世家》。
② 王安石著，中华书局上海编辑所编：《临川先生文集》卷七十一《孔子世家议》，中华书局 1959 年版，第 758 页。
③ 王若虚：《滹南遗老集》卷十一《史记辨惑》，《四部丛刊》本。
④ 吴见思：《史记论文》第 3 册《齐太公世家》，东北师范大学出版社 1985 年版。

际上是指明，世家所记述的人物仅位于帝王之下，而对于国家盛衰和历史进程起到重要的作用。这些"辅拂股肱之臣"应包括三类人：一是周初至春秋战国的诸侯；二是孔子、陈涉和汉初社稷重臣；三是汉初楚元王、梁孝王等同姓王。

明确这一点至关重要。何以言之？打开世家30篇，列在前面的16篇，其首为《吴太伯世家》、《齐太公世家》、《鲁周公世家》等，末为《赵世家》、《魏世家》、《韩世家》、《田敬仲完世家》。这表明，司马迁著史面临一个重要问题，在纵贯上下设立《五帝本纪》、《夏本纪》等12篇本纪，记载历代君主行事和盛衰大势之后，应该如何处理春秋战国时期多个列国之历史的问题。在春秋时，有十二诸侯，战国时，有秦和山东六国。这些列国，虽位置在天子之下，但在周初大分封之时，立为诸侯，用以镇守四方，辅翼王室，而且列国拥有广大封地，有自行任命的文武官员，有自己的国号和纪年，还拥有独立的军队，各诸侯国均世代相传达数百年之久。而且，其中产生出一批重要的人物，如齐桓公、晋文公、楚庄王、吴王夫差、越王句践，其威望、作用远远超出于本诸侯国之外。即是说，周初分封之后的各诸侯国，虽在天子之下，却对历史进程起到巨大的作用。要之，这众多的诸侯国其位虽不及天子，却远远高出于一般人物。司马迁的高明之处就在于，他创立了世家一体，来记述这些在历史进程中起过重要作用的列国和其中的人物，必须这样做，才能反映出这一历史时期等级制的政治结构和这些历史人物的活动。

设立世家的目的和作用既然是如此，于是，在历史叙事的基本范式上，就采取"编年体与传记体二者相兼"的撰写范式。编年体，是指以年代为先后，记载各列国军政大事；传记体，是同时适当地记述各国主要历史人物的活动，二者相兼。唯其要叙述各国的盛衰变化，齐、晋、楚、吴、越等大国何以能先后称霸，以及"三家分晋"的出现和韩、赵、魏何以最后被秦所灭，因而要用类似于本纪那样的编年体；又唯其要凸显如齐桓公、晋文公、郑子产、赵武灵王这些人物的不同作为和结局，因而要用传记体，并将两种著史方法结合起来，融为一体。

我们读世家，首先就应当具备这样的"另一种眼光"，否则，不但不能理解世家书写各列国历史的主线，体察不到司马迁的良苦用心和精心安排，认识不到《史记》创设世家以恰当地反映周初分封以后几百年间出现了16个诸侯国家，彼此兴衰、消长这一重要的历史局面，反而会产生"名实不符"、"自乱其例"一类的误解。前代学者也曾发表过一些有见识的评论，能帮助我们理解司马迁创立世家的目的，和运用"二体相兼"以写史的独特编纂方法。如宋代学者林駉说："子长以事之有大于列传，则系之世家。夫子在周则臣道，在后世则师道，故以世家别之。陈涉在夏周则为汤武，在秦则为陈涉，故以世家系之。萧、曹、良、平虽曰通侯，而勋烈冠于群后，皆社稷之臣，则亦列于世家也。"① 清代章学诚也说："司马迁侯国世家，亦存国别为书之义。"② 当代学者朱东润也说："史迁所言者，辅弼股肱而已。……周汉之间，凡能拱辰共毂，为社稷之臣，效股肱辅弼之任者，则史迁入之世家；开国可也，不开国亦可也，世代相续可也，不能相续亦可也，乃至身在草野，或不旋踵而亡，亦无不可也。明乎此而后可以读《史记》。"③

世家中记述周代各诸侯国的 16 篇中，是如何成功地运用"编年、传记二体相兼"的编纂方法呢？我们可从《齐太公世家》等篇中举出典型例子来证明。

齐桓公称霸诸侯是《齐太公世家》记载的重点。由于齐襄公昏庸淫乱引起齐国内乱，公子小白因得到有势力的公族国氏、高氏的支持，立为国君，是为桓公。桓公在位四十三年，篇中记载的主线，是他如何在贤臣管仲、鲍叔、隰朋的支持下革新内政，并连续解救受到戎狄威胁的小国，保持中原的安定局面，因而被推为各国盟主。在其即位之年即突出记载其治国所采取的重大措施："桓公既得管仲，与鲍叔、隰朋、高傒修齐国政，连五家之兵，设轻重鱼盐之利，以赡贫穷，禄贤能，齐人皆说。"五年，与鲁有柯之盟，鲁大夫曹沫以匕首劫桓公于坛上，要求退回所侵鲁国之地。齐桓公当场答应，旋又后悔而欲杀曹沫。管仲进谏：不能背信杀之，愈一时之小快，而弃信于诸侯，失天下之援！"于是遂与曹沫三败所亡地于鲁。诸侯闻之，皆信齐而欲附焉。七年，诸侯会桓公于甄，而桓公于是始霸焉。""二十三年，山戎伐燕，燕告急于齐。齐桓公救燕，遂伐山戎，至于孤竹而还。""二十八年，卫文公有狄乱，告急于齐。齐率诸侯城楚丘，而立卫君。""三十年春，齐桓公率诸侯伐蔡，蔡溃。遂伐楚。……乃与屈完盟而去。""三十五年夏，会诸侯于葵

---

① 林駉：《古今源流至论·后集》卷九《史学》，明宣德二年（1427）刻本。
② 章学诚：《和州志》外篇四《皇言纪》，《章学诚遗书》本，文物出版社 1985 年版。
③ 朱东润：《史记考索》，开明书店 1947 年版，第 15 页。

丘。周襄王使宰孔赐桓公文武胙、彤弓矢、大路，命无拜。桓公欲许之，管仲曰'不可'，乃下拜受赐。秋，复会诸侯于葵丘，益有骄色。……是时周室微，唯齐、楚、秦、晋为强。晋初与会，献公死，国内乱。秦穆公辟远，不与中国会盟。楚成王初收荆蛮有之，夷狄自置。唯独齐为中国会盟，而桓公能宣其德，故诸侯宾会。"显然，司马迁广泛采用了《左传》、《国语》、《管子》等书的史料，把握住春秋齐国以及中原各国整个的历史特点，经过精心的剪裁和撰写，因而清晰地再现了齐桓公称霸的原因、经过和对于历史全局的影响，而且又结合叙事，巧妙地刻画出其性格特点，成功地体现出"编年、传记二体相兼"的编纂方法。

楚国先祖熊绎在周成王时始封，遂在江汉地区发展，春秋以后，熊通自称为武王，此后历文王、成王，相继尽灭周围群蛮百濮等众多小国，成为跨地千里的南方大国。再历穆王，至庄王立，成为一代名君。《楚世家》详细地记述楚庄王在位期间努力向北方拓展的主要事件，同时又刻画其性格特点。庄王继位之初，满足于其先代君王创立的基业，不求进取，"不出号令，日夜为乐"。经大夫伍举、苏从忠言进谏，庄王听从，说："三年不蜚，蜚将冲天；三年不鸣，鸣将惊人。"于是任用贤能，修明内政，革除旧弊："乃罢淫乐，听政，所诛者数百人，所进者数百人，任伍举、苏从以政，国人大说。是岁，灭庸。六年，伐宋，获五百乘。"继之于八年伐陆浑之戎，遂至洛阳，观兵于周郊，周定王使王孙满劳楚王，庄王问周鼎之大小轻重。十六年，伐陈。"十七年春，楚庄王围郑，三月克之。入自皇门，郑伯肉袒牵羊以逆……楚群臣曰：'王勿许。'庄王曰：'其君能下人，必能信用其民，庸可绝乎！'"郑伯请降，楚庄王不恃武力而存其国，践行了华夏族"以德服人"之义理。楚庄王主动退师三十里，并与郑结盟，楚国在政治上、道义上立于不败之地，于是取得邲之战的胜利："庄王自手旗，左右麾军，引兵去三十里而舍，遂许之平。潘尪入盟，子良出质。夏六月，晋救郑，与楚战，大败晋师河上，遂至衡雍而归。"以德义服郑之举和邲之战的胜利，遂使楚庄王居于春秋五霸之列。

继庄王、共王之后，是楚灵王，其行事与结局，恰好与庄王成为对照。楚灵王先出使在郑，半道闻共王有疾而还，弑王自立。此前，楚与晋已在宋举行了弭兵之会，楚晋两国由连续交战转为双方和好。于是，楚灵王于三年六月，"使使告晋，欲会诸侯。诸侯皆会楚于申"。灵王乃仿效齐桓公召陵之会的仪式举行。大夫伍举谏曰："君其慎终！"灵王非但不引以为戒，反而更加无所顾忌。于是，"七月，楚以诸侯兵伐吴"。"八年，使公子弃疾将兵灭陈。十年，召蔡侯，醉而杀之。……十一年，伐徐以恐吴。灵王次于乾谿以待之。"骄盈无度的楚灵王，只愿听到臣下阿谀奉承之辞："灵王曰：'昔诸侯远我而畏晋，今吾大城陈、蔡、不羹，赋皆千乘，诸侯畏我乎？'（大夫析父）对曰：'畏哉！'灵王喜曰：'析父善言古事焉。'"于是灵王一心留在乾谿纵情享乐，乃征发大批民众服劳役，国人痛苦不堪。其弟公子比、公子弃疾乘机在楚都城发动内乱，杀死灵王太子。被征集在乾谿的民众也溃乱逃走。司马迁详细叙述其众叛亲离的情景："灵王闻太子禄之死也，自投车下，而曰：'人之爱子亦如是乎？'侍者曰：'甚是。'王曰：'余杀人之子多矣，能无及此乎？'右尹曰：'请待于郊以听国人。'王曰：'众怒不可犯。'曰：'且入大县而乞师于诸侯。'王曰：'皆叛矣。'又曰：'且奔诸侯以听大国之虑。'王曰：'大福不再，祇取辱耳。'"最后进一步写出这个骄纵昏乱的君主活活饿在荒野中的惨状，以作为后人的鉴戒：

> 灵王于是独傍偟山中，野人莫敢入王。王行遇其故铁锧人，谓曰："为我求食，我已不食三日矣。"锧人曰："新王下法，有敢饷王从王者，罪及三族，且又无所得食。"王因枕其股而卧。锧人又以土自代，逃去。王觉而弗见，遂饥弗能起。①

我们读《楚世家》，确能体味到司马迁对"二体相兼"的撰写方法运用之妙，让我们既能了解楚作为南方大国兴衰起伏的历史主线，又能一睹其有为之君和骄侈之主的不同作为和性格特征，并从中获得有益的启示。

在《赵世家》中，司马迁更以酣畅淋漓的笔墨，记述赵武灵王实行军事改革、胡服骑射，使赵国骤强这一重要事件；同时精心刻画赵武灵王勇毅果断的形象，他面对保守派的阻力，却毫不动摇，以国家利害和历史经验反复宣谕朝臣，而最终获得变法的成功。

赵武灵王于周显王四十四年（前325）即位后，修治内政达十余年。赵武灵王十九年（前307），召大臣肥义、楼缓等商议强国方略，说："今中山

---

① 《史记》卷四十《楚世家》。

在我腹心，北有燕，东有胡，西有林胡、楼烦、秦、韩之边，而无强兵之救，是亡社稷，奈何？夫有高世之名，必有遗俗之累，吾欲胡服。"面对朝臣中因循守旧的巨大阻力，他对大臣肥义申明其坚定的决心："有独智之虑者，任骜民之怨。今吾将胡服骑射以教百姓，而世必议寡人……虽驱世以笑我，胡地中山吾必有之。"赵武灵王之叔公子成以"袭远方之服，变古之教，易古之道，逆人之心"为理由，表示怀疑。赵武灵王乃亲登其家门，诚恳地陈述历史经验和赵国面临的困厄局势，耐心开导说："夫服者，所以便用也；礼者，所以便事也。……是以圣人果可以利其国，不一其用；果可以便其事，不同其礼。""今骑射之备，近可以便上党之形，而远可以报中山之怨。"终于让公子成改变了态度，次日带头改穿胡服上朝。贵族中赵文、赵造等人又提出"如故法便"，企图阻挠。面对他们施加的压力，赵武灵王态度坚定，有力地批驳其错误主张，说："先王不同俗，何古之法？帝王不相袭，何礼之循？""法度制令各顺其宜，衣服器械各便其用。故礼也不必一道，而便国不必古。……循法之功，不足以高世；法古之学，不足以制今。"遂即下令全国，胡服骑射。赵武灵王果断变法的结果，是使赵国国势勃兴，连年攻略中山，乘胜攘逐群胡。"二十年，王略中山地，至宁葭；西略胡地，至榆中。林胡王献马。归，使楼缓之秦，仇液之韩，王贲之楚，富丁之魏，赵爵之齐。""二十六年，复攻中山，攘地北至燕、代，西至云中、九原。"赵国一举成为战国中期北方的强国。

二十七年，武灵王传位给其少子何，为赵惠文王，命大臣辅佐，而自称"主父"。他还曾改装打扮，诈称使者进入秦国探听虚实，令秦人骇惧："主父欲令子主治国，而身胡服将士大夫西北略胡地，而欲从云中、九原直南袭秦，于是诈自为使者入秦。秦昭王不知，已而怪其状甚伟，非人臣之度，使人逐之，而主父驰已脱关矣。审问之，乃主父也。秦人大惊。主父所以入秦者，欲自略地形，因观秦王之为人也。"司马迁以浓重的笔触记述赵武灵王胡服骑射取得成功的始末，堪称战国时期的历史放一异彩，赵武灵王也以古代一位成功的改革家而扬名后世。故梁启超曾给予极高的赞誉："吾观古今中外诸大小国之君主，其飒爽瑰特，未有过赵武灵王者也。"[①]

以上举出齐、楚、赵三篇世家中所记述的盛衰大事和人物活动的生动场

---

①　梁启超：《战国载记·纪六国兴衰梗概》，《饮冰室合集》专集之四十六，第16页。

面，足以说明：《史记》世家的基本撰史方法，是将记载一国大事的编年体与记载人物活动的传记体二者结合起来，使之自然地统一于每一篇世家之中，互相交融无间。客观历史本来是多层面的，从西周至东周几百年间众多诸侯国的世系，政治、军事的成败兴坏，以及各国主要人物的活动，是这一时期历史进程的重要组成部分，不能不写。但如何恰当地容纳和展现，却是一大难题。司马迁对此以"二体相兼"的方法，成功地解决，这也是其杰出历史编纂才能的体现。

"经纬交织"同样是司马迁编纂世家的重要方法。试想，从吴、齐、鲁、燕，到赵、魏、韩、田齐，多达16个诸侯国，各自经历初封、世代传袭至灭亡，年代久远达数百年，各国都要做纵贯记述，如果没有高明的叙事编纂方法，岂不成为各自孤立、相互脱节的条条块块？司马迁创造的"经纬交织"的方法，就成功地解决了这一难题。"经"，是指按年代先后纵贯记述一国的盛衰、变迁；"纬"，是指找到两周时期若干重要的事件，特意插入篇中记载，作为历史的横坐标。如周召共和、周宣王即位、周幽王败亡、鲁隐公元年、齐桓公称霸、晋文公践土之盟、孔子卒，等等。这样就使各篇的叙事与历史全局结合起来，形成篇与篇之间的有机联系，组织成为一个整体，而免"拼盘"之讥。这样做，尤能大大增强读者的历史感，当读到这些里程碑式的事件时，即可联系天下大势，明了这一诸侯国至此所发生的事件，是处于西周或东周时期的某一特定历史阶段。

对于司马迁这种"经纬交织"的成功手法，前代曾有多位学者做过中肯的点评，对我们理解世家这一编纂特色很有启发。如：明黄淳耀云："太史公诸世家，叙诸侯事，而王室始乱，伯主代兴，皆谨书之。如厉王之奔，宣王之立，幽王之弑，周东徙洛，秦始列为诸侯，小白、重耳、宋襄、楚庄之立卒与申生之杀，及敌国相灭，各国臣子之弑其君，皆三致意焉。而于孔子之生卒及相鲁尤详，至书'鲁隐公初立'者以为作《春秋》地也。此等义例，皆不愧良史。"①清吴见思更明确点出《史记》世家之创意，即在将本国叙事与列国大事互为经纬："体虽备于一国，而事通于天下，故以本国之事为经，而他国之事插入为纬，中间又以共和、鲁隐公初立、孔子相鲁、秦始为诸侯事提纲，以下篇篇皆同，史公具眼处。"又云："列国弑君，诸篇互见，以见天地

① 黄淳耀：《史记论略·齐太公世家》，乾隆二十二年（1757）宝山县学刊本。

之大变也。"① 另一位清代学者邹方锷亦谓："世家纪一国之事，而他国有大故则亦书。国有大故，一国兴亡理乱系焉，天下之兴亡理乱亦系焉，以一国之故而系乎天下，虽在他国，例得书也。"②

这里即以《燕召公世家》中的记事为例证，说明世家是如何以插入周王室及列国的大事，作为历史时势发展变迁的横坐标的。燕国自召公以下九世至惠侯，载："燕惠侯当周厉王奔彘，共和之时。"燕顷侯二十年，载："周幽王淫乱，为犬戎所弑。秦始列为诸侯。"燕缪侯七年，载："鲁隐公元年也。"燕庄公十二年，载："齐桓公始霸。"燕襄公二十六年，载："晋文公为践土之会，称伯。"燕共公五年，载："晋公室卑，六卿始强大。"燕湣公三十一年，载："是岁，三晋列为诸侯。"燕桓公十一年，载："是岁，秦献公卒。秦益强。"

司马迁在世家中运用的"编年、传记二体相兼，经纬交织"的方法，是在对历史的深刻观察指导之下，运用睿思解决了所面临的历史编纂的难题，因而成功地做到再现从周初大分封以后，至春秋战国时期众多诸侯国的历史，不仅各诸侯国的盛衰变化得到清晰、完整的记述，而且证明在周王室之下，各诸侯国的社会状况是这六百年间历史进程的重要内容。同时，表明像鲁周公、齐桓公、晋文公、楚庄王、赵武灵王等人物，都在一定范围之内起到了推动历史前进的作用。由于彰显了各诸侯国盛衰兴坏之理，又努力表现特出人物的作为，刻画了人物的行事风格和内心活动，使《史记》全书"通古今之变"和以记载人物为中心的总体面貌也因世家如此成功撰写而更加凸显，更加丰满。世家各篇的记述，既主线分明，又在横向上与其他篇章相互呼应，构成有机的整体，犹如在读者面前展开一幅幅立体式的、生动鲜明的历史画卷。

"二体相兼，经纬交织"是三十世家历史叙事的基本范式，各篇均有体现，是其共性。而《孔子世家》以下多篇记载人物的篇章，则主要围绕人物活动展开，更加凸显他们或在文化创造，或在治国兴邦方面的杰出作为，其叙事风格在共性中又具有不同的特性。

---

① 吴见思：《史记论文》第 3 册《齐太公世家》。
② 邹方锷：《大雅堂初稿》卷六《书史记列国世家后》，乾隆二十七年（1762）刻本。

二、《孔子世家》、《陈涉世家》：史识卓异的篇章

以深刻的历史洞察力和丰富的史实，表彰古代文化的伟大代表人物和农民起义英雄的贡献，使《孔子世家》和《陈涉世家》成为世家篇目中最为出色的篇章。恰恰由于司马迁别识心裁地以世家作为记述孔子和陈涉行事的载体，不拘常格，而使这两篇传记在历史上产生了深远的影响。——这是我们"另换一副眼光读之"所能得到的又一层意义深长的认识。

为什么要强调司马迁"别识心裁"、"不拘常格"呢？这是因为，世家犹言世禄之家，是专记王侯的，与记述其他人物的列传是不同的体例、规格。而孔子并无王侯之位，"特一布衣"，生前栖栖惶惶到处奔走，司马迁却立之为世家，这就给予他崇高的历史地位，给以殊荣。对于这种"破例"的做法，习惯于按刻板思维读史者就无法接受，批评司马迁是"自乱其例"的王安石，即言："太史公叙帝王则曰本纪，公侯传国则曰世家，公卿特起则曰列传，此其例也。其列孔子为世家，奚其进退无所据耶！"① 然而，正是司马迁用这种破例的做法，突出地给予孔子以崇高的历史地位，这就更加引人注目，引起读者更多的思考。实际上，前代有很多的学者对司马迁这种变通体例以表彰孔子的做法心领神会，并且倍感佩服！如唐司马贞云："孔子非有诸侯之位，而亦称系家者，以是圣人为教化之主，又代有贤哲，故称系家焉。"② 明凌约言云："太史公叙孔子，自少自老，历详其出处，而必各记之曰时孔子年若干岁。其卒也，则又叙其葬地与弟子之哀痛，叙鲁人之从冢而聚居，与高皇帝之过鲁而祠，若曰夫子生而关世道之盛衰，没而为万世之典刑，故其反复恻怛如此。"③ 晚清学者金毓黻尤称誉司马迁这一创例，更见其"史例之精"，云："史有定例，有创例。凡公侯传国者曰世家，定例也，置孔子于世家，创例也。此正子长史例之精。"④

《孔子世家》的编纂成就，最明显者有以下三项：

一是篇中既详尽地记载孔子一生的活动，又表达对孔子的极度景仰，这正处处与《太史公自序》中"继《春秋》"自任的旨意相呼应。司马迁以写好

---

① 王安石著，中华书局上海编辑所编：《临川先生文集》卷七十一《孔子世家议》，第758页。
② 《史记》卷四十七《孔子世家》司马贞《索隐》。
③ 凌稚隆：《史记评林》卷四十七引，明万历年间李献堂刻本。
④ 金毓黻：《读史记孔子世家书后》，见金锡龄等辑：《学海堂四集》卷十七，光绪二十二年（1896）启秀山房刊本。

内容翔实的孔子传记的殷殷之意，对各种儒家典籍及其他学派著述中有关孔子的资料，广搜博采，备载孔子的行事，状写其言谈风貌，写得生动传神，血肉饱满。《论语》、《左传》是其主要依据，同时又充分撷取《公羊传》、《穀梁传》、《国语》、《礼记》、《孟子》、《韩诗外传》等典籍中的有关记载；对于其他学派如《墨子》、《晏子春秋》、《韩非子》中的零星材料，司马迁也加以吸收。如写鲁昭公二十五年孔子适齐："（景公）又复问政于孔子，孔子曰：'政在节财。'景公说，将欲以尼谿田封孔子。晏婴进曰：'夫儒者滑稽而不可轨法；倨傲自顺，不可以为下；崇丧遂哀，破产厚葬，不可以为俗；游说乞贷，不可以为国。自大贤之息，周室既衰，礼乐缺有间。今孔子盛容饰，繁登降之礼，趋详之节，累世不能殚其学，当年不能究其礼。君欲用之以移齐俗，非所以先细民也。'后景公敬见孔子，不问其礼。异日，景公止孔子曰：'奉子以季氏，吾不能。'以季、孟之间待之。"这一段记载即系采用《墨子·非儒》、《晏子春秋·外篇》及《韩非子·难三》中的史料写成。借此更写出孔子一生所受到的挫折，写出当日不同学派的斗争，从而使这篇孔子传更具真实性。可见，凡是有关孔子的有价值的史料，司马迁都加以搜求，然后爬梳剔抉，熔铸成篇。司马迁对《论语》的重视也很受前代学者关注，如近代学者吴曾祺说："夫《论语》一书，后之学者，罔不尊信，而史公实为之始。"①

二是强调孔子作为古代文化的杰出整理者和传播者的巨大贡献。司马迁对儒家六经极为推崇，高度评价其治理国家、维系社会秩序、伦理教化和体现民族智慧的作用。如说："是故《礼》以节人，《乐》以发和，《书》以道事，《诗》以达意，《易》以道化，《春秋》以道义。拨乱世反之正，莫近于《春秋》。"②因此，《孔子世家》篇中，他在具体记载孔子的行事和言论的基础上，又上升到更高层次，集中地论列孔子修订六经的功绩。

如说："孔子之时，周室微而礼乐废，《诗》《书》缺。追迹三代之礼，序《书传》……故《书传》、《礼记》自孔氏。""古者《诗》三千余篇，及至孔子，去其重，取可施于礼义，上采契、后稷，中述殷周之盛，至幽厉之缺，始于衽席……三百五篇孔子皆弦歌之，以求合《韶》《武》《雅》《颂》之音。

① 吴曾祺：《涒香山馆文集》二集《史记世家首太伯列传首伯夷论》，商务印书馆1936年版。
② 《史记》卷一百三十《太史公自序》。

礼乐自此可得而述，以备王道，成六艺。"尤其盛赞孔子修《春秋》以寄托政治理想，以褒贬微旨寄托治天下之法，作为后世准则："子曰：'弗乎弗乎，君子病没世而名不称焉。吾道不行矣，吾何以自见于后世哉？'乃因史记作《春秋》……据鲁、亲周、故殷，运之三代。约其文辞而指博。故吴楚之君自称王，而《春秋》贬之曰'子'；践土之会实召周天子，而《春秋》讳之曰'天王狩于河阳'：推此类以绳当世。贬损之义，后有王者举而开之。《春秋》之义行，则天下乱臣贼子惧焉。"

司马迁这样全面地论述孔子修订六经的时代意义，其深刻含意，是尊奉孔子既是垂教后世的圣人，又是中国文化的伟大整理者和传播者。还有一点，由于司马迁论述六经的意义多是承袭发挥孟子之说，就使孔孟直接联系起来。尽管后人对孔子修订六经的具体细节尚有异议，但从总体上，孔子作为中国传统文化的杰出代表人物的地位却不可动摇。

三是篇末的精彩论赞与篇中的翔实记载相配合，交相辉映。司马迁精心地写了一篇赞语，集中表达对孔子的崇敬。开头引《诗》云"高山仰止，景行行止"，已表达出对孔子的衷心向往，最后又称颂孔子为"至圣"，他对孔子的崇敬可谓无以复加！而更有意义的是，司马迁把孔子跟许多生前享尽尊荣富贵的人作对比：他们的富贵是因据有国君王侯的地位，可是曾几何时，死后统统被人忘却，唯独孔子，身为布衣，却以自己的学说历代受人传诵宗仰。他在文化上、思想上享有任何国君王侯所不能比拟的地位。

《太史公自序》中概括《孔子世家》的撰写义旨："周室既衰，诸侯恣行。仲尼悼礼废乐崩，追修经术，以达王道，匡乱世反之正，见其文辞，为天下制仪法，垂六艺之统纪于后世。作《孔子世家》。"这是褒彰孔子的学说具有拨乱反正、作为天下统纪和社会伦理准则的价值。而老子则与韩非立为一传，内容简略，《太史公自序》论其撰述义旨，也只有"李耳无为自化，清净自正"寥寥数字。对于司马迁推尊孔子的贡献，明清学者多有评论。如陈仁锡云："史迁可谓知圣人之道者矣，班氏谓其先黄老而后六经非也。观其作《史记》，于孔子则立世家，于老氏则立传。至论孔子，则曰'可谓至圣'，论老氏，但曰'隐君子'。非知足以知圣人而能若是乎？"[①] 林春溥云："后世尊

---

① 陈仁锡：《陈评史记》卷四十七，明天启七年（1627）刻本。

孔子者，自史迁始。"① 李景星更极赞司马迁胆识之过人和叙次、组织之高明："太史公作《孔子世家》，其眼光之高，胆力之大，推崇之至，迥非汉唐以来诸儒所能窥测，故刘知幾、王安石辈，皆横加讥刺，以为自乱其例，不知史公之不可及处，正在此也。……至其叙次，撼润群书，自成体段，既不病疏，亦不伤繁，尤是史公天才独擅。"②

"桀、纣失其道而汤、武作，周失其道而《春秋》作，秦失其政，而陈涉发迹，诸侯作难，风起云蒸，卒亡秦族。天下之端，自涉发难。作《陈涉世家》。"③ 将陈涉起义与汤武革命、孔子著《春秋》一同视为历史上的伟大事件；把诸侯并起、风起云涌的伟大场面归结到由陈涉发难而引起；把雇农出身、起义六个月即告失败的陈涉，评价为推动历史前进的英雄而立为世家——司马迁这种对历史动向的深刻洞察力和他表现在历史编纂上的创造魄力，在二千年后的今天，仍然不失其震撼人心的力量！孔子是古代思想文化的"至圣"，陈涉是反抗暴政、揭竿起义的英雄，而司马迁都破例立为世家，这是将对历史进程实质的深刻观察和历史功过评价的哲理思考，外化为历史编纂形式的创造之成功典范。尤其是，司马迁歌颂陈涉首义的功绩，是对孟子"闻诛一夫纣矣，未闻弑君也"④ 的光辉思想的发扬，也是对独夫民贼"残民以逞"的严厉惩戒！晚清学者刘光蕡即有见于此，他说："世家者，见凡可以为治世安民所必需者，皆可以世其家。……故陈涉之发难，亦可为世家，见天子之位，世不及择贤，则陈涉之事，亦救民之一端，而戢暴君之焰，使之有所惕也。"⑤

作为人物传记，《陈涉世家》着力刻画陈涉反抗压迫、不畏强暴的精神。大泽乡首义的成功，在于陈涉对于秦朝暴政必将激起全国民众反抗浪潮的形势做出正确的分析判断，并且巧妙地采取"鱼腹丹书"、"篝火狐鸣"的策略。此篇又是陈胜首义称王六个月中全国范围内史事的总纲，对于风起云蒸的起义形势和陈涉如何诣派各路将领，均做了提纲挈领的记述。如："当此时，诸郡县苦秦吏者，皆刑其长吏，杀之以应陈涉。乃以吴叔为假王，监诸将以西

① 林春溥：《孔子世家订补序》，《竹柏山房十五种》，清嘉庆咸丰间刻本。
② 李景星：《史记评议》卷二《孔子世家》，济南精艺印刷公司1932年版。
③ 《史记》卷一百三十《太史公自序》。
④ 《孟子·梁惠王》（下），十三经注疏本。
⑤ 刘光蕡：《史记太史公自序注》，《烟霞草堂遗书》，1919年苏州王典章刊本。

击荥阳。令陈人武臣、张耳、陈馀徇赵地，令汝阴人邓宗徇九江郡。当此时，楚兵数千人为聚者，不可胜数。""当此之时，诸将之徇地者，不可胜数。……魏地已定，欲相与立周市为魏王，周市不肯。使者五反，陈王乃立宁陵君咎为魏王，遣之国。周市卒为相。"其时局势多变，头绪纷繁，司马迁却做到全局在胸，详略兼顾，恰当措置。清代学者汤谐对此极表赞赏："盖陈胜王凡六月，一时是多少侯王将相，起者匆匆而起，立者匆匆而立，遣者匆匆而遣，下者匆匆而下……种种头绪，纷如乱丝，详叙恐失仓卒之意，略叙又有挂漏之患，岂非难事。乃史公却是匆匆写去，却已一一详尽，不漏不支不躐不乱，岂非神乎！"①

在记述陈涉由揭竿起义到最终失败的全过程之后，司马迁又寓意深长地写了两件事。一是，陈涉称王后，有一个昔日佣耕的伙伴来看他，住下后没有顾忌，讲了陈王以往贫寒的情景。陈王竟听信谗言，把这个伙伴杀了。结果是："诸陈王故人皆自引去，由是无亲陈王者。"二是，陈王以朱房为中正，胡武为司过，主司群臣。两人以苛察为能事，对于不顺从或无交情的将领，随意逮捕，私自治罪。而"陈王信用之。诸将以其故不亲附，此其所以败也"。这两件事看似下笔寻常，实则寓意至深，总结出陈涉失败的原因，正在于因初步胜利而居功自傲，陷于严重脱离群众的境地，又任用小人，致使将领蒙冤受诛罚。因此造成起义军缺乏坚强的领导核心，陈王周围更没有忠心辅佐的贤才，进而导致最后被叛徒庄贾杀害的悲惨结局。以事实揭示出这位反秦起义的领袖最后败亡的深刻教训，更大大增强这篇世家的思想价值。最后，司马迁点明："陈胜虽已死，其所置遣侯王将相竟亡秦，由涉首事也。"与《太史公自序》中"秦失其政，而陈涉发迹，诸侯作难，风起云蒸，卒亡秦族"的话相呼应，再次有力地肯定陈涉起义对于秦亡汉兴、推动历史进程的巨大功绩。篇末作这样的交代，更显得全文结构完整、紧密。

梁启超曾评论说："(《史记》)以社会全体为史的中枢，故不失为国民的历史。"②司马迁把农民起义领袖"破例"立为世家，高度评价陈涉的历史功绩，无疑是显示其国民思想的突出例证，两千多年前的史学家能有如此历史眼光，尤其难能可贵。这固然应归因于司马迁具有进步的历史观，而同时也

---

① 汤谐：《史记半解·陈涉世家》，康熙年间慎余堂刻本。
② 梁启超：《中国历史研究法》，《饮冰室合集》专集之七十三，第 17 页。

是时代的产物。司马迁所处的时代，一方面是秦亡汉兴的历史风云刚刚过去，人们对于陈涉起义开启了汉朝的建立这一历史大变局仍然印象深刻，另一方面，是文化思想领域的封建专制尚未严密化，所以司马迁能够形成比较自由的思想观点，有新鲜锐敏的观察力，能够对农民起义领袖的贡献做出中肯的评价。而到后来，文化专制日益严密，人们的认识就会出现偏差，因而有刘知幾把陈涉贬斥为"群盗"，称司马迁立陈涉为世家为"名实无准"。相比之下，更加说明司马迁史识之卓越和编纂体例运用创造性之可贵！

三、汉初社稷重臣的群像

汉初人物立为世家的篇章中，赫然呈现在读者面前的有《萧相国世家》、《曹相国世家》、《留侯世家》、《陈丞相世家》、《绛侯周勃世家》等篇。人们熟知，同样为汉朝立国建树功业的有一批著名人物，如韩信、樊哙、灌婴、张苍等，他们也都被封为"侯"，而司马迁却如此精心安排，拔出萧何等人立为世家。其深刻含意就是承认萧何、曹参等五人在汉朝立国中功绩尤高，是真正起到"辅拂股肱"作用的社稷重臣；这样做，又恰与司马迁充分肯定汉朝历史进步的"宣汉"立场相一致。——这是我们"另换一副眼光"研读所能得出的又一层有价值的认识。

彰显这些文臣武将为汉朝立国建树的功业，是各篇的共同特色。《萧相国世家》详载萧何自沛郡起兵，即为刘邦所倚重。起义军入咸阳，诸将争掠金帛财物，萧何独收取秦朝律令图书，"汉王所以具知天下厄塞，户口多少，强弱之处，民所疾苦者，以何具得秦图书也"。楚汉战争中，他以丞相身份镇抚关中，安定民众，管理有方，使关中成为稳固的根据地，在刘项长达五年的激烈对峙中，全力输送士卒粮饷，支持作战，对刘邦最终取胜起到巨大作用。至天下已定，分封列侯，奏定位次，关内侯鄂君进奏，称萧何应功居第一："夫汉与楚相守荥阳数年，军无见粮，萧何转漕关中，给食不乏。陛下虽数亡山东，萧何常全关中以待陛下，此万世之功也。"高祖以此论定萧何第一，并给予"赐带剑履上殿，入朝不趋"的特殊优遇。在篇末论赞中，更称誉萧何奉行与民休息的政策正符合历史时势的需要："何谨守管钥，因民之疾秦法，顺流与之更始。……位冠群臣，声施后世，与闳夭、散宜生争烈矣。"《曹相国世家》则详述曹参攻城野战的赫赫战功，并做了确切的统计："参功：凡下二国，县一百二十二；得王二人，相三人，将军六人，大莫敖、郡守、司马、候、御史各一人。”曹参治国，贵清静无为，“其治要用黄老术，故相齐九年，齐国安集，大称贤相”。萧何卒，曹参继相位，“举事无所变更，一遵萧何约束”。《留侯世家》、《陈丞相世家》则详细记述张良、陈平在楚汉争战中屡用奇计佐刘邦定天下，汉朝建立后，又为国家的安定局面多所筹划。并在《太史公自序》中揭示其著述义旨：“运筹帷幄之中，制胜于无形。……作《留侯世家》”；“六奇既用，诸侯宾从于汉；吕氏之事，平为本谋，终安宗庙，定社稷。作《陈丞相世家》。”

司马迁笔下的这些文武雄才，个个写得栩栩如生，通过着力摹写其语言动作、神情风貌，表现其鲜明的个性。萧何办事处处小心谨慎，他镇守关中，为了消除刘邦的猜忌，先是将本家族十几个人从关中送到楚汉战争前线，继之又拿出全部家财以佐军用，此后又多买民间田宅以污损其相国名声，因而一次次使刘邦“大喜”、“大悦”，终得保全自己。曹参继任相国，躬行清静无为、不事更张的政策。“择郡国吏木诎于文辞，重厚长者，即召除为丞相史。吏之言文刻深，欲务声名者，辄斥去之。日夜饮醇酒。卿大夫已下吏及宾客见参不事事，来者皆欲有言。至者，参辄饮以醇酒，间之，欲有所言，复饮之，醉而后去，终莫得开说，以为常。”结果是：“百姓歌之曰：‘萧何为法，顜若画一；曹参代之，守而勿失。载其清静，民以宁一。’”[①]陈平足智多谋，多次出奇计为刘邦解救危局。在刘项相持之际，韩信已破齐，他拥有大军，并控制着齐、赵、燕、代广大地区，在战争全局中处于举足轻重的地位。如何得到韩信的稳固支持，是刘邦战胜项羽的关键。司马迁极写陈平在此紧要关头的谋略：“淮阴侯破齐，自立为齐王，使使言之汉王。汉王大怒而骂，陈平蹑汉王。汉王亦悟，乃厚遇齐使，使张子房卒立信为齐王。封平以户牖乡。用其奇计策，卒灭楚。”[②]一个“蹑足”细节，生动地表现出陈平的智谋，也写出刘邦的随机应变。

司马迁写人物，是通过人物的性格、心理、作为，来表现时代的特点，体现人的活动在历史变局中的作用，同时表现出民族的智慧，反映社会生活的种种面相，十分值得我们仔细品味。

至此，可以为本节做简要的总结：

---

① 《史记》卷五十四《曹相国世家》。
② 《史记》卷五十六《陈丞相世家》。

为了弘扬民族文化的创造力，当前亟须对中国历史编纂学的丰富遗产做出新的阐释。《史记》共设有世家 30 篇，足见其地位之重要。以往有的学者错误地指责司马迁"名实无准"，"自乱其例"，实则是为未能究明《史记》世家不同类型篇章所反映的历史特点，司马迁所采用的编纂基本范式，及其对体例的灵活运用。我们读世家，应当"另换一副眼光"，以创新的观点做出新概括。一是司马迁以其睿思解决了历史编纂所面临的难题，以"编年传记二体相兼、经纬交织"的方法，彰显春秋战国时期各诸侯国历史的盛衰，并且努力刻画齐桓公、楚庄王、赵武灵王等有作为人物的形象。二是运用别识心裁，将孔子和陈涉立为世家，以表彰古代文化伟大代表人物和农民起义英雄的贡献，因而在历史上产生了深远的影响。三是从汉初一批开国文臣武将中，拔出萧何、曹参、张良等人立为世家，肯定他们真正是起到"辅拂股肱"作用的社稷重臣，这样做又与司马迁赞扬汉朝历史进步的"宣汉"立场相一致。

第三节　体圆用神：《史记》编纂体例、结构的匠心运用

《史记》在体裁、体例上的匠心运用凸显出司马迁雄奇的创造力，全书达到了丰富、详核的内容与高度的审美要求二者的完美统一。《史记》的体裁是司马迁的非凡创造，各体配合，互相补充，而又在体例运用上灵活变化，因而把历史写活了，不仅将历史事件、人物写得生动传神，而且读者凭借这活泼的历史，可以预见未来的发展。《史记》全书达 130 卷，62 万 5000 字，囊括了无数复杂的事件、人物以及社会历史的各个方面，如此繁富、漫长的历史却被司马迁组织成为一个瑰玮精当的整体。因而章学诚概括其编纂风格为"体圆用神"。对司马迁所运用的匠心妙思，我们可以从三个方面窥见一斑。一是全书五体配合，达到浑然一体；二是全书记载人物事迹分量最重，列传的篇目设置和编次显示出以人物的事迹反映不同历史时期特色的旨趣，专传、合传、类传等的设置和处理，既有通盘考虑的严密体例，又能根据需要灵活变通；三是每一篇章的撰写均达到剪裁恰当，组织严密，具有高超的技巧，读之使人印象难忘。

一、五体结合的杰出创造和十表的功用

司马迁创立的纪传体（完整地说是纪、表、书、世家、列传五体相兼的综合体）是中国历史编纂学史上的巨大飞跃，标志着中国史学达到成熟阶段。与先秦史籍主要体裁编年体相比较，《史记》体裁更能囊括社会史的丰富内容，这是司马迁在时代推动下实现的伟大创造。唐代史论家皇甫湜目光如炬，称司马迁为了详载以往历史，"将以包该事迹"，"必新制度而驰才力"，其论云：

> 司马氏作纪，以项羽承秦，以吕后接之（今按：此处疑有缺句。当云："高祖肇汉，以吕后接之"，于义为安），亦以历年不可中废，年不可阙，故书也。观其作传之意，将以包该事迹，参贯话言，纤悉百代之务，成就一家之说，必新制度而驰才力焉。又编年纪事，束于次第，牵于混并，必举其大纲，而简于序事，是以多阙载，多逸文，乃别为著录，以备书之言语而尽事之本末。故《春秋》之作，则有《尚书》，《左传》之外，又为《国语》，可复省左史于右，合外传于内哉！故合之则繁，离之则异，削之则阙，子长病其然也，于是革旧典，开新程，为纪为传为表为志，首尾具叙述，表里相发明，庶为得中，将以垂不朽。自汉及今，代已更八，年几历千，其间贤人摩肩，史臣继踵，推今古之得失，论述作之利病，各耀闻见，竞夸才能，改其规模，殊其体统，传以相授，奉而遵行，而编年之史遂废，盖有以也。唯荀氏为《汉纪》，裴氏为《宋略》，强欲复古，皆为编年，然其善语嘉言，细事详说，所遗多矣，如览正史，方能备明，则其漏密得失章章于是矣。①

皇甫湜的评论实在精彩，他指出编年体按年记事，大小事件互相牵混，只能举其大纲，而事件叙述简略，因而造成史实多所阙漏等缺憾。而司马迁为了记载丰富复杂的客观历史，实现成一家之言的宏伟目标，就必须担当时代的责任，"革旧典，开新程"，完成历史编纂的重大突破！这就是自《汉书》以下历代正史"传以相授，奉以遵行"的深刻原因所在。

近代史家梁启超也曾强调，《史记》的撰成是汉初出现政治大一统的时代

---

① 皇甫湜：《编年纪传论》，《全唐文》卷六百八十六，中华书局 1983 年版。

条件推动的:"史界太祖,端推司马迁。迁之年代,后左丘约四百年。此四百年之中国社会,譬之于水,其犹经百川竞流波澜壮阔以后,乃汇为湖泊,恬波不扬。民族则由分展而趋统一;政治则革阀族而归独裁;学术则倦贡新而思竺旧。而迁之《史记》,则作于其间。"①《史记》的产生正好证明司马迁的创造魄力和杰出才华,与时代对史学提出的革新要求相适应。梁启超对《史记》书中几种主要体裁如何调和、互相联络,使全书成为一个互相构成有机联系、博大谨严的著作,也有过中肯的论述:"其本纪及世家之一部分为编年体,用以定时间的关系。其列传则人的记载,贯彻其以人物为历史主体之精神。其书则自然界现象与社会制度之记述,与'人的史'相调剂。内中意匠特出,尤在十表。据桓谭《新论》谓其'旁行斜上,并效《周谱》',或以前尝有此体制亦未可知。然各表之分合间架,总出诸史公之惨淡经营。表法既立,可以文省事多,而事之脉络亦具。《史记》以此四部分组成全书,互相调和、互保联络,遂成一部博大谨严之著作。后世作断代史者,虽或于表志门目间有增减,而大体组织,不能越其范围。可见史公创作力之雄伟,能笼罩千古也。"②

今天我们的认识当然应在前人成果的基础上向前推进。这里尤需要强调两项。一是司马迁著史贯穿了详近略远的原则,因而《史记》既是一部通史著作,它又具有当代史的性质。司马迁要贯通古今,记载"百代之史",这是没有疑问的,但同时,他对于秦汉的历史尤为重视,书中记载最为详尽。其原因何在?首先,是因为时代离得近,能够利用的相关记载和档案材料更多,史家还能根据在全国范围内的亲身考察、访问之所得,作为印证和补充。其次,是因为秦汉时期是司马迁要记载的近代史和现当代史,对于了解当今政治经济社会状况,总结历史经验教训,解决面临的迫切问题,关系更加直接,意义更为巨大。司马迁在《六国年表·序》中,就曾经辛辣地讽刺那班轻视秦朝历史的俗儒,明确提出"法后王"的原则。他说:"秦取天下多暴,然世异变,成功大。传曰'法后王',何也?以其近己而俗变相类,议卑而易行也。学者牵于所闻,见秦在帝位日浅,不察其终始,因举而笑之,不敢道。此与以耳食无异。悲夫!"重视近现代史,就因为这些人物、事件和社会状

---

① 梁启超:《中国历史研究法》,《饮冰室合集》专集之七十三,第15页。
② 梁启超:《要籍解题及其读法》,《饮冰室合集》专集之七十二,第20页。

况，离当下很近，情况类似，便于借鉴，同时由于时代相近而能看得更加真切，没有夸张粉饰的成分，能够从中获得直接的启示。在《史记》五个部分中，十二本纪记秦和秦始皇、项羽的各 1 篇，记汉代 5 篇；十表中自《秦楚之际月表》以下，共有 6 篇；八书中综论古今而独详汉事的有 7 篇，《平准书》专记汉代；三十世家中记陈涉及汉代王侯的共 13 篇；七十列传中专记秦人物、史事者 6 篇，专记汉代者 38 篇，并记前代及秦汉人物、史事者 4 篇。若从专记汉代历史而言，共有 62 篇之多，其他还有并记前代及汉代的 11 篇。因此，白寿彝先生指出，要十分重视《史记》的当代史性质，并认为《史记》写得最精彩的地方是在汉史："自公元前 202 年刘邦击溃项羽、灭楚之后，到《史记》成书，约一百年。这一百年的历史，在全书数量的比重上要比过去的几个历史时代还要多。司马谈的遗言和司马迁的自序，都特别表示以汉史为重。这种详今略古的传统，是自《雅》、《颂》以至《左传》、《国语》以来就有了相当长久的历史，《史记》更有意地加以发扬。《史记》的通史性质经常是受注意的，其实它的当代史性质是更应受到注意的。《史记》写得最精彩的地方，是在汉史。"①司马迁的这一著史指导思想和成功实践对我们今天同样有直接启示意义。我们今天撰写历史、研究历史，要不要贯彻"详近略远"的原则呢？显然答案是肯定的。

尤须强调的又一项，是对于《史记》十表的史学功能应有新的认识。后人读《史记》，往往对表并不重视，甚至忽略不读。著史者也往往不作年表，即使有，也仅作为补充或附录而已。实际上，从《史记》五体的安排，将年表紧接于本纪之后，而置于书、世家、列传之前，即可证明司马迁对这一体裁的重视。如此安排，直观地表明将十表与十二本纪一同作为《史记》全书的纲领，其作用实在非同小可。尤其是十篇表的序，都是司马迁所精心撰写。白寿彝先生真不愧为太史公的知音，他指出："《史记》十表是最大限度地集中表达古今之变的……司马迁写每一个表，就是要写这个历史时期的特点，写它在'古今之变'的长河中变了些什么。"②这些见解，对于我们深刻认识十表在历史编纂上的价值实有重要的启发作用。首篇是《三代世表》，主要记夏、商、周（共和纪年以前）世系。如张守节《正义》云："言代者，以五

---

① 白寿彝：《司马迁与班固》，《白寿彝史学论集》，第 720 页。

② 白寿彝：《司马迁与班固》，《白寿彝史学论集》，第 732—733 页。

帝久古，传记少见，夏殷以来，乃有《尚书》略有年月，比于五帝事迹易明，故举三代为首表。"①司马迁记载上古史，面对两类史料，一类是儒家典籍《尚书》、《五帝德》、《帝系姓》等，记载较为可靠，另一类是百家杂记，互相矛盾、歧异。司马迁经过比较、甄别，乃采取《尚书》等儒家典籍的史料，同时效法孔子"信以传信，疑以传疑"的慎重态度。《三代世表·序》即揭示出其编纂的要旨："五帝、三代之记，尚矣。自殷以前诸侯不可得而谱，周以来乃颇可著。孔子因史文次《春秋》，纪元年，正时日月，盖其详哉。至于序《尚书》则略，无年月；或颇有，然多阙，不可录。故疑则传疑，盖其慎也。"

《十二诸侯年表》以下4篇，应是我们讨论的重点，因为司马迁精心撰写这4篇的序，即是论述四个历史时期演进大势的纲领。《十二诸侯年表·序》所讲西周末年至春秋时期的历史趋势是，周王室陵夷，"厉王以恶闻其过，公卿惧诛而祸作，厉王遂奔于彘，乱自京师始"，"是后或力政，强乘弱，兴师不请天子。然挟王室之义，以讨伐为会盟主，政由五伯"。而春秋时期活跃在历史舞台上的主要角色齐、晋、秦、楚的共同特点是，它们分散在东、北、西、南四徼，地处偏僻，且原先力量微小，但能奋发有为，因而更番为霸："齐、晋、秦、楚其在成周微甚，封或百里或五十里。晋阻三河，齐负东海，楚介江淮，秦因雍州之固，四海迭兴，更为伯主，文武所褒大封，皆威而服焉。"②同时说明编纂这篇年表主要依据的史料，除孔子所修《春秋》之外，还有《左氏春秋》、《铎氏微》、《虞氏春秋》、《吕氏春秋》，以及荀卿、孟子、公孙固、韩非等书中的记载。并且交代编纂的方法，是删去夸张枝蔓之说，主要依据儒家典籍《春秋》、《国语》，著其"盛衰大指"。再看《六国年表·序》，同样提挈了战国时期历史演进的大趋势：先是"陪臣执政，大夫世禄，六卿擅晋权"；再经过田常杀简公而相齐国，三家分晋，田氏代齐，"六国之盛自此始。务在强兵并敌，谋诈用而从衡短长之说起"。司马迁在序中又明确揭示出：春秋战国时期的历史，应以秦由崛起西陲至统一全中国为总纲。这篇序首句言太史公读《秦记》，载秦襄公始封为诸侯，至文公逾陇、穆公修政，"东竟至河，则与齐桓、晋文中国侯伯侔矣"。司马迁对于秦国历代君主相继内修国政，外挫群雄，而最终统一六国表示慨叹："秦始小国僻

① 《史记》卷十三《三代世表》引《正义》。
② 《史记》卷十四《十二诸侯年表》。

远，诸夏宾之，比于戎翟，至献公之后常雄诸侯。……卒并天下，非必险固便形势利也，盖若天所助焉。"序的末尾尖锐地针砭汉初俗儒极力抹杀秦朝所做贡献的偏见，对秦的历史功过，做出正确的评价："秦取天下多暴，然世异变，成功大"，而嘲笑俗士的迂腐之见是"此与以耳食无异"！①

在《秦楚之际月表序》中，司马迁高屋建瓴地概括秦汉之际巨大而急剧的历史变局："初作难，发于陈涉；虐戾灭秦，自项氏；拨乱诛暴，平定海内，卒践帝祚，成于汉家。五年之间，号令三嬗，自生民以来，未始有受命若斯之亟也。"并且深刻地揭示出秦朝实行的严酷统治恰恰促成民众的猛烈反抗，加速其专制统治灭亡的历史辩证法："秦既称帝，患兵革不休，以有诸侯也，于是无尺土之封，堕坏名城，销锋镝，钼豪桀，维万世之安。然王迹之兴，起于闾巷，合从讨伐，轶于三代，乡秦之禁，适足以资贤者为驱除难耳。故愤发其所为天下雄，安在无土不王。此乃传之所谓大圣乎？"②《汉兴以来诸侯王年表序》更以"形势"二字为纲，论述汉初分封同姓王，再经过景帝和武帝相继实行"削藩"、"推恩"政策，强干弱枝，加强中央集权的历史大势。汉初根据天下初定的形势特点决定政策，广封同姓为王侯，镇抚四海，以承卫天子："高祖子弟同姓为王者九国，唯独长沙异姓，而功臣侯者百有余人。"自北至南，分封有燕、代、齐、赵、梁、楚、淮南及长沙国，"皆外接于胡越。而内地北距山以东尽诸侯地，大者或五六郡，连城数十，置百官宫观，僭于天子。汉独有三河、东郡、颍川、南阳，自江陵以西至蜀，北自云中至陇西，与内史凡十五郡，而公主列侯颇食邑其中。何者？天下初定，骨肉同姓少，故广强庶孽，以镇抚四海，用承卫天子也"。经过景帝削藩、武帝实行"推恩令"，铲除了诸侯王借以对抗朝廷的力量，中央集权大大加强，奠定了国家一统、长期安宁的局面："吴楚时，前后诸侯或以适削地，是以燕、代无北边郡，吴、淮南、长沙无南边郡，齐、赵、梁、楚支郡名山陂海咸纳于汉。诸侯稍微，大国不过十余城，小侯不过数十里，上足以奉贡职，下足以供养祭祀，以蕃辅京师。而汉郡八九十，形错诸侯间，犬牙相临，秉其厄塞地利，强本干，弱枝叶之势，尊卑明而万事各得其所矣。"③对于自汉初至武帝一百年间解决长期威胁全国统一局面的诸侯王问题的历史走向做了简洁、清晰的

---

①　《史记》卷十五《六国年表》。
②　《史记》卷十六《秦楚之际月表》。
③　《史记》卷十七《汉兴以来诸侯王年表》。

阐释，遂成为此后自班固以下史家论述这一重大政治问题的依据。总之，《史记》十表，与十二本纪相配合，构成全书的总纲领，其史学功能至为巨大！诚如宋代学者吕祖谦云：“《史记》十表，意义宏深，始学者多不能达。《三代世表》以世系为主，所以观百世之本支也。《十二诸侯年表》以下以地为主，故年经而国纬，所以观天下之大势也。”[①]白寿彝先生则高度赞誉《史记》十表“同样显示了《史记》通古今之变的如椽的大笔”[②]。

十表又有收复杂事项、补充纪传中记载之未备、化繁为简的史学功用。清初学者顾炎武对此阐述尤详：“盖表所繇立，昉于周之谱牒，与纪、传相为出入。凡列侯将相、三公九卿，其功名表著者即系之以传。此外大臣无积劳亦无显过，传之不可胜书，而姓名爵里、存没盛衰之迹，要不容以遽泯，则于表乎载之。又其功罪事实传中有未悉备者，亦于表乎载之。年经月纬，一览了如，作史体裁，莫大于是。而范书阙焉，使后之学者无以考镜二百年用人行政之节目，良可叹也。……不知作史无表，则立传不得不多；传愈多，文愈繁，而事迹或反遗漏而不举。欧阳公知之，故其撰《唐书》有《宰相表》，有《方镇表》，有《宗室世系表》、《宰相世系表》，始复班、马之旧章云。”[③]顾炎武诚深有体会之学者，举出年表有三项功用：表与传相配合，次要事项入表；补充功罪事项；记载简明，一目了然。因而他感叹《三国志》、《后汉书》以后无表，而盛赞欧阳修《新唐书》恢复设表，可谓见识过人。

这里仅举出年表记载复杂事项、表列分明两例，以见司马迁编纂之匠心。如《汉兴以来将相名臣年表》中有“大事记”一栏，自汉高祖元年起所记大事为：“元年，春，沛公为汉王，之南郑。秋，还定雍。二年，春，定塞、翟、魏、河南、韩、殷国。夏，伐项籍，至彭城。立太子。还据荥阳。三年，魏豹反。使韩信别定魏，伐赵。楚围我荥阳。四年，使韩信别定齐及燕，太公自楚归，与楚界洪渠。五年，冬，破楚垓下，杀项籍。春，王践皇帝位定陶。入都关中。”这里，以分年表列的形式，极其醒目地记载了楚汉相争五年间风云变化复杂局势下的大事，却仅用了不足一百字。又如，文景之间封国置废、郡与国的设置、复置、国除为郡等情况甚为复杂，头绪纷繁，而《汉兴以来诸侯

---

①　吕祖谦：《大事记解题》卷一，武英殿聚珍本。

②　白寿彝：《司马迁与班固》，《白寿彝史学论集》，第 733 页。

③　顾炎武，黄汝成集释：《日知录集释》卷二十六“作史不立表志”条，栾保群、吕宗力校点，上海古籍出版社 2014 年版，第 569 页。

王年表》将主要史实和变化系于各年，记载一目了然。文帝三年载，济北国：
"为郡。"淮阳国："复置淮阳国。"代国（文帝子刘武所封国）："徙淮阳。"文
帝十一年，城阳国："徙淮南。为郡，属齐。"淮阳国："徙梁。为郡。"文帝
十五年，衡山国："初置衡山。"城阳国："复置城阳国。"淮南国："徙城阳。"
又分别载："复置济北国"；"分为济南国"；"分为菑川，都剧"；"分为胶西，
都宛"；"分为胶东，都即墨"；"初置庐江国"。至景帝三年，在楚、济南、菑
川、胶西、胶东、吴、赵七国各栏之下，分别记载："反，诛。"在河间、广
川、梁国各栏之下，则分别记载："来朝。"又载，济北国："徙菑川。"淮阳
国："徙鲁为郡。"① 这样，就极其直观而简洁地显示出藩国问题在文景之世经历
了复杂过程，至吴楚七国之乱平定后，才得到根本的解决。

二、列传的精心设置和灵活安排

《史记》人物传记不同类型的精心设置和匠心运用，同样应予特别的关
注。以下依次讨论其中三个问题：七十列传篇目安排的旨趣；合传、类传、
附传的灵活运用；列传篇目的安排，是司马迁"随作随编"，还是运用精思，
深意存焉。

《史记》七十列传如何安排，堪称一项复杂的工程，这对于司马迁是一
个很大的考验。道理很明显，七十列传所包括的人物，其时代、身份、建树、
风格和影响，迥然相异，如果处理不好，会成为许多史料的机械累积，呆板
无味。由于人物传记是《史记》内容的主体部分，因而司马迁精心安排，将
其高明的著史旨趣贯穿于篇章之中，因而展现在读者面前的是波澜起伏、丰
富生动、曲折有序的历史画卷。《史记》全书的任务是要体现"通古今之变"，
即要写出中华民族的历史自古到今如何演进变迁。而七十列传的总的要求，
是要与本纪、表相配合，反映出不同历史时期的特点，故此，其篇章安排的
第一项原则是按照时间顺序组织编次。七十列传以《伯夷列传》为首篇，显
然占据着极为重要的位置，类似于十二本纪以《五帝本纪》为首篇，三十世
家以《吴太伯世家》为首篇，司马迁的选择和设置是极为慎重的。那么，以
此设置为首篇的理由何在？明显的理由是，立传的人物必须有史实可以记载，
而伯夷正是西周初有事迹可以记载，而且是孔子表彰过的人物。传中记载伯

---

① 《史记》卷十七《汉兴以来诸侯王年表》。

夷是商末孤竹君的长子。起初孤竹君以次子叔齐为继承人。孤竹君死后，叔齐让位，伯夷不受，后两人都投奔到周。到周后，反对周武王伐商纣王，叩马而谏曰："父死不葬，爰及干戈，可谓孝乎？以臣弑君，可谓仁乎？"左右欲用兵器打击，太公曰："此义人也。"扶而去之。武王伐纣后，他们又逃避到首阳山，不食周粟而死。孔子《论语》有两处称赞伯夷，一为《公冶长》篇，云："伯夷、叔齐不念旧恶，怨是用希。"一为《述而》篇，云："求仁得仁，又何怨乎？"司马迁申明，时代较之伯夷早一点的传说人物，尧时有许由，夏时有卞随、务光。传说称，尧让天下于许由，许由不受，逃到颍水之北、箕山之下隐居。司马迁对此表示怀疑，因为据《尚书》中《尧典》、《舜典》等篇记载："尧将逊位，让于虞舜，舜禹之间，岳牧咸荐，乃试之于位，典职数十年，功用既兴，然后授政。示天下重器，王者大统，传天下若斯之难也。"事情怎么会像传说中讲的尧让位于许由，许由不受，逃到山中隐居起来这么轻易呢？传说中又称夏时汤让天下于卞随、务光。卞随不受，投水而死；务光以为耻，因而逃隐。司马迁明确表示，这与将国家权力传位给德行、才能极高的人应有的隆重、复杂的过程和场面仪式相比，又是多么不相称！司马迁又认为，上古历史资料阙略，而且百家的说法互相歧异，经过他反复的考订、对比、探求，应以儒家典籍的记载为可以据信。于是他以发问的形式讲出自己否定的判断："孔子序列古之仁圣贤人，如吴太伯、伯夷之伦详矣。余以所闻由、光义至高，其文辞不少概见，何哉？"①

　　这样，就申明了《史记》设置列传的审慎态度和远大目光，司马迁是以有确实的史料依据，并在历史上产生了重大影响的人物作为立传的标准，因此确定了以孔子表彰过的伯夷作为首篇。以下的篇章，就以人物活动的年代先后来组织编排，并且大体上以各个历史时期的人物形成单元，以凸显历史大势和时代的特点。如：卷六十二《管晏列传》以下，包括《老子韩非列传》、《司马穰苴列传》、《孙子吴起列传》、《伍子胥列传》、《仲尼弟子列传》6篇是春秋时期人物传记。卷六十八《商君列传》至卷八十二《田单列传》共15篇，是战国人物传记，其中《苏秦列传》、《张仪列传》相紧连，《孟尝君列传》、《平原君虞卿列传》、《魏公子列传》、《春申君列传》4篇安排在一起，更凸显出战国时代的特点。以下，卷八十三《鲁仲连邹阳列传》至卷

────────────

① 　均见《史记》卷六十一《伯夷列传》。

八十八《蒙恬列传》，共 6 篇，是记载楚汉之际历史人物。卷九十五《樊郦滕
灌列传》至卷一百一十二《平津侯主父列传》等 18 篇，均记载汉代人物。这
一汉代人物的单元，堪称群星灿烂。其中有，因"攻城野战，获功归报，哙、
商有力焉，非独鞭策，又与之脱难"，而作《樊郦滕灌列传》；因"结言通
使，约怀诸侯；诸侯咸亲，归汉为藩辅"，而作《郦生陆贾列传》；因"徙强
族，都关中，和约匈奴；明朝廷礼，次宗庙仪法"，而作《刘敬叔孙通列传》；
因"敢犯颜色以达主义，不顾其身，为国家树长画"，而作《袁盎晁错列传》；
因"勇于当敌，仁爱士卒，号令不烦，师徒乡之"，而作《李将军列传》。①
再加上司马相如、汲郑列传，以及世家中对萧何、曹参、张良、陈平、周勃、
周亚夫等人事迹的生动叙述，更充分地证明司马迁对记载当代史的高度重视。

　　七十列传组织、安排还有两项原则，是先记载历史人物，再记载周边各
少数民族的活动和社会状况；先以专传、合传形式记载对历史进程起重要作
用、事迹丰富的人物，再以类传形式记载处于社会底层的人物，描绘他们的
群体形象。这两项，同样显示出司马迁著史的杰出创造性。他具有极其深远
的历史眼光和博大的胸怀，他要写全中国各族共同的历史。列传中以充足的
篇章，记述各少数民族的活动，都是围绕主体部分本纪中的记载而展开的，
互相形成紧密的联系。更为可贵的是，司马迁要着重反映的，是周边各民族
与中原政权联系不断加强这一历史大趋势，因此对其所写民族史篇章的义旨
做了明确的概括。云："汉既平中国，而佗能集杨越以保南藩，纳贡职。作
《南越列传》第五十三。""吴之叛逆，瓯人斩濞，葆守封禺为臣。作《东越列
传》第五十四。""唐蒙使略通夜郎，而邛笮之君请为内臣受吏。作《西南夷
列传》第五十六。""汉既通使大夏，而西极远蛮，引领内乡，欲观中国。作
《大宛列传》第六十三。"② 这些篇章汇合起来，构成了广阔地区边疆民族围绕
中原政权、"引领内乡（向）"的格局，生动地显示出全中国各民族的统一不
断加强的久远历史传统。司马迁在浓墨重彩描绘有作为的君主、贤臣和其他
杰出人物事迹的同时，又创立了《儒林列传》、《游侠列传》、《滑稽列传》、
《日者列传》、《龟策列传》、《货殖列传》等类传，表现学者群体和下层人物
的作用和智慧，充分地肯定他们对于历史发展所发挥的作用。从结构上说，

---

① 　均见《史记》卷一百三十《太史公自序》。
② 　均见《史记》卷一百三十《太史公自序》。

人物专传是传记的主体,安排在前,而少数民族传和多篇类传紧随其后,章法分明,内在联系紧密,大大增强了《史记》作为一代"全史"的丰富内涵。这些,都卓有成效地提升了《史记》历史编纂成就的价值,因而为后代史家所自觉继承和发扬。

历史编纂要讲究体例的恰当、严密,只有这样,才能将分散的材料合理地组织在全书的结构中,使全书成为一个统一的有机整体。然则,客观历史又是十分复杂、充满变化的,制定出体例的条条框框只能解决历史记载的一般性问题,而遇到特殊性问题,则需要做灵活变通,不能墨守成例。因此,高明的历史编纂学家不但要善于归纳和运用其"例",同样在必要时又要勇于打破手定的"例",这就是章学诚所说的运用"别识心裁"。列传的篇目,是按照时代先后来设置、安排,这是司马迁创设的"例";但对此又不应当刻板地对待,即是说,在必要时可突破成例。所以,《史记》中设置有《老子韩非列传》、《屈原贾生列传》。刘知幾对此不理解,曾提出批评:"又编次同类,不求年月。后生而擢居首帙,先辈而抑归末章,遂使汉之贾谊将楚屈原同列……此其所以为短也。"① 这是由于拘守成例,而反对灵活变通。老子与韩非虽不同时代,但他们都是思想家。并且,前代曾有多位学者指出,从学术思想讲,韩非的刑名学说即渊源于老子,将两人立为合传更有内在依据。如明人何良俊说:"太史公作《史》,以老子与韩非同传,世或疑之。今观《韩非》书中,有《解老》、《喻老》二卷,皆所以明老子也。故太史公于论赞中曰:申韩苛察惨刻,'皆源于《道德》之意,而老子深远矣',则知韩非元出于老子。"② 屈原虽是战国人,贾谊是西汉人,但他们都是文学家,"作辞以讽谏,连类以争义"③,都有强烈的爱国思想,以辞赋表达自己的深沉感情,而且两人都曾在湘江流域生活过。司马迁写屈原、贾谊的传,满怀着深厚的感情。他高度赞扬屈原深沉爱国,志行高洁,至死不渝。称赞他:"其志絜,故其称物芳。其行廉,故死而不容。……推此志也,虽与日月争光可也。"④ 贾谊少年聪颖,熟习诗书及诸子百家之说。文帝召为博士,"每诏令议下,诸老先生不能言,贾生尽为之对,人人各如其意所欲出。诸生于是乃以为能不及也"。孝

---

① 刘知幾:《史通》卷二《二体》。
② 何良俊:《四友斋丛说》卷二十《子二》,中华书局1956年版。
③ 《史记》卷一百三十《太史公自序》所概括的该篇撰述义旨。
④ 《史记》卷八十四《屈原贾生列传》。

文帝对他极为赏识,"超迁,一岁中至太中大夫"。贾谊有极敏锐的政治眼光,深谙国之利病,时政得失。针对汉初加强中央集权和巩固大一统局面的需要,向汉文帝及时提出创设汉家制度和削弱诸侯王势力两项重大建议。"贾生以为汉兴至孝文二十余年,天下和洽,而固当改正朔,易服色,法制度,定官名,兴礼乐,乃悉草具其事仪法,色尚黄,数用五,为官名,悉更秦之法。""诸律令所更定,及列侯悉就国,其说皆自贾生发之。"文帝本欲任贾谊公卿之位,但因遭老臣周勃、灌婴忌妒反对而作罢,后又将贾谊贬为长沙王太傅。他渡湘水,为赋以吊屈原。三年后召回,时"文帝复封淮南厉王子四人皆为列侯。贾生谏,以为患之兴自此起矣。贾生数上疏,言诸侯或连数郡,非古之制,可稍削之"。唯有出于爱国之至诚,才能这样犯颜直谏,而置个人利害于度外。虽然文帝未予听从,但后来爆发的吴楚七国之乱,恰恰证明贾谊一再提出的削藩之议是多么切中要害!故晚清学者李景星评论说:"以古今人合传,一部《史记》,只有数篇。……此篇以遭际合也。""中谓'自屈原沉汨罗后百有余年,汉有贾生,为长沙王太傅,过湘水,投书以吊屈原。'此数句,是一篇关键,亦是两人合传本旨。得此,而通篇局势,如生铁铸成矣。"[①]以上的简略分析说明,设置两篇合传来记载不同时代的人物,确是司马迁的精心安排,或因其思想、学术互相关联,或因其人格、襟怀前后辉映,设立为合传更能体现出人物的共性,因而给予读者更加强烈的震撼,若果设为单篇专传则难以取得这样的效果。

概言之,《史记》中合传的设置,是司马迁依据客观历史的复杂性而在编纂上做灵活的安排。对于人物活动史实相关、联系紧密者,将之合写为一篇,使之互相补充,这是设立合传的最大优长所在。如《孙子吴起列传》、《樗里子甘茂列传》、《白起王翦列传》、《范雎蔡泽列传》、《廉颇蔺相如列传》、《张耳陈馀列传》、《魏豹彭越列传》、《韩信卢绾列传》、《袁盎晁错列传》皆然。这样做还可以减少篇目,避免过于分散,难以把握。对于同一类型的人物,也可跨时代写成合传,以显示其共性。除上面论及的《老子韩非列传》、《屈原贾生列传》外,还可举出两篇典型例证。

《田儋列传》实为田儋、田市(儋之子)、田荣(儋之从弟)、田广(荣之子)、田横(荣之弟)之合传。因田儋首称齐王,故以之为本篇篇名;而

---

① 李景星:《史记评议》卷三《屈原贾生合传》。

全篇的重点是记载田横事迹。并在篇末赞曰："田横之高节，宾客慕义而从横死，岂非至贤！"[1] 而《张丞相列传》则是记载西汉张苍以下多位丞相、御史大夫的合传。张苍在秦时为御史，主四方文书。后从高祖征战有功，汉初任赵相、代相，封为北平侯。"是时萧何为相国，而张苍乃自秦时为柱下史，明习天下图书计籍。苍又善用算律历。故令苍以列侯居相府，领主郡国上计者。"至汉十四年（前193），升为御史大夫。至诸吕被诛，张苍因奉立文帝有功，迁丞相。张苍年寿最长，历仕高祖、惠帝、吕后、文帝四朝，故此篇以张苍为主线，将汉初多位任职丞相、御史大夫的人物事迹组织起来，其叙事结构尽显司马迁的非凡史识和高超的编纂技巧。中间写了周昌的忠直刚正；写赵尧年轻，原为周昌手下主符玺的属官，但因能揣摩高祖的心事，而超迁为御史大夫，周昌改任为赵王（高祖子如意，戚姬所生）之相；写吕后擅权时，赵尧遭其忌恨，被免职，以广阿侯任敖为御史大夫；写张苍为丞相十五年，至文帝时被免职，申屠嘉继为丞相，申屠嘉为人廉直，不徇私情，敢于处罚文帝宠臣邓通，表现了大臣的气节，但他不爱读书，素无学术，缺乏涵养，至景帝时，晁错为内史，贵幸用事，申屠嘉因与之有怨隙，反被算计，气愤而死。这些人物虽居高位，但周昌、申屠嘉的作为并不能构成一篇内容充实的传，赵尧、任敖的事迹更加简略，如果采取并列的办法每人各叙一篇，则势必涣散而无头绪。而张苍为汉初名相，功绩显著，仕宦年代又最长，司马迁乃以其经历作为总纲，将其他汉初身居丞相、御史大夫高位的人物事迹穿插其间，运用高明的编纂方法将分散的材料，组织成为章法分明的篇章。这篇传虽以《张丞相列传》为篇名，实际上则是笔法灵活的合传，令人叹服。还有值得注意的，司马迁在篇末写了一段话，严肃批评身居高位却无所作为，"为丞相备员而已"的庸碌之辈：

> 自申屠嘉死之后，景帝时开封侯陶青、桃侯刘舍为丞相。及今上时，柏至侯许昌、平棘侯薛泽、武强侯庄青翟、高陵侯赵周等为丞相。皆以列侯继嗣，娖娖廉谨，为丞相备员而已，无所能发明功名有著于当世者。[2]

---

[1] 《史记》卷九十四《田儋列传》。
[2] 《史记》卷九十六《张丞相列传》。

不经意者或许以为这段话不过是篇末连带叙述而已，实则寓含深意。一是交代申屠嘉之后至武帝时，任丞相者还有陶青等六人，这是史册所应当述及的，而司马迁用一语带过，省去了许多笔墨；二是司马迁借此说明他著史、立传的标准：对于历史有贡献的人物才能入史。他坚持"不虚美、不隐恶"的直笔精神，故此，职位虽高而碌碌无为、尸位素餐者，在《史记》中是找不到位置的。

灵活地运用附传的编纂方法，也是《史记》人物传记写法的一个特色。附传是在主要人物事迹之后，连带记载相关次要人物的事迹，这样做，既可显示这些人物之行事、功业的彼此关联，收到互相补充、映衬之效，又可避免全书组织的芜杂枝蔓，做到纲举目张。譬如，《张仪列传》附载陈轸、犀首事迹；《樗里子甘茂列传》附载甘罗事迹；《乐毅列传》附载乐闲、乐乘事迹；《孟子荀卿列传》则附载了战国时期多位思想家的事迹，有驺忌、驺衍、淳于髡、慎到、驺奭、公孙龙、墨翟等。《廉颇蔺相如列传》附载赵国另外三位将领，而且笔法极为灵活，先插叙赵奢、赵括父子事迹，然后又继续写廉颇晚年战功，写完廉颇，再写赵国后期名将李牧，直至赵亡。世家中写人物传记的篇章也有成功地运用附传写法的例证。如，《陈丞相世家》在记载陈平主要事功之后，插入王陵事迹，因孝惠帝时，以安国侯王陵为右丞相，陈平为左丞相。至惠帝卒后，王陵被免职，吕后任辟阳侯审食其为左丞相，徙陈平为右丞相，因而又穿插记载审食其。故这篇《陈丞相世家》实际连带叙述汉初在萧何、曹参之后继任丞相职位者数人。《绛侯周勃世家》前面记述周勃，后面即附载其子条侯周亚夫事迹。文帝后元六年（前158），因匈奴大举侵边，朝廷令宗正刘礼为将军，军霸上，徐厉为将军，军棘门，周亚夫为将军，军细柳，以防备匈奴。文帝亲自劳军，见周亚夫治军极严，军吏士卒军纪整肃，防备极严，乃为之改容，连声赞曰："嗟乎，此真将军矣！曩者霸上、棘门军，若儿戏耳，其将固可袭而虏也，至于亚夫，可得而犯邪！"至景帝三年（前154），发生吴楚七国之乱，叛军西进。周亚夫任太尉，率军东击吴楚，他向景帝上陈对付叛军的战略："楚兵剽轻，难与争锋。愿以梁委之，绝其粮道，乃可制。"① 得到景帝准许。周亚夫引兵东北走昌邑，坚壁而守，而派出轻骑绝吴楚军粮道，等其困乏，乃出精兵追击，大破之，遂平吴楚之乱。以上

---

① 均见《史记》卷五十七《绛侯周勃世家》。

两项均为西汉前期军事史上的大事，因司马迁在《绛侯周勃世家》中采用附传的手法而得以详载。将周亚夫事迹附在周勃传记中记载还有一项好处，即能显示父子两代人相继担任太尉要职对于安定刘氏政权所起的重要作用，而父子行事、性格的关联与际遇异同，也能引发读者的思考。此外，父子事迹同传记载的编纂方法，也为中古时代史著大量设置门阀世家人物合传的做法开了先河。

　　以上我们已经提出了大量的史料和分析，证明司马迁对《史记》全书的总体结构和体例处处做了精心安排，而七十列传的篇目设置和编次，也明确体现了按时代的先后、以人物的行事反映不同历史时期的特色的旨趣，那么，又为什么有"随作随编"的说法呢？这是清代学者赵翼提出的看法，其论云："《史记》列传次序，盖成一篇即编入一篇，不待撰成全书后重为排比。故《李广传》后，忽列《匈奴传》，下又列《卫青霍去病传》，朝臣与外夷相次，已属不伦。然此犹曰诸臣事皆与匈奴相涉也。《公孙弘传》后，忽列《南越》、《东越》、《朝鲜》、《西南夷》等传，下又列《司马相如传》。《相如》之下，又列《淮南衡山王传》，《循吏》后忽列《汲黯郑当时传》，《儒林》、《酷吏》后，又忽入《大宛传》，其次第皆无意义，可知其随得随编也。"① 其实赵翼的议论，也已道及《李将军列传》、《匈奴列传》、《卫将军骠骑列传》三篇连排，原因即在李广、卫青、霍去病三位将军均与攻伐匈奴密切相关。司马迁在编纂上的主要着眼点，是力求体现历史演进的大势，体现人物与历史事件的关系。即是说，表达"史识"是第一位的，而编纂技巧则服务于如何更好地反映客观历史这一需要；因此，对于体例应当灵活运用。在三位对匈奴作战的将领的传记中加入《匈奴列传》就是对体例的灵活运用，应当视为司马迁的成功创造。由于做这样的"破例"安排，才凸显出匈奴问题在汉武帝时期的特别重要性，以及司马迁对匈奴问题的格外重视。他因对情况不了解和好意劝慰汉武帝而替李陵辩护，结果受了腐刑，遭受奇耻大辱。在这种出言可遭更加严重不测的情况下，出于对国家民族的责任感，他仍然讲出忠直之言，批评朝臣不能知彼知己，"徼一时之权，而务诏纳其说，以便偏指"，批评权势极高的将帅头脑发热，"席中国广大，气奋"，而"人主因以决策，是以建功不深"！并且一再慨叹：国家要兴旺，"唯在择任将相哉！唯在择任

①　赵翼：《廿二史劄记》卷一"史记编次"条。

将相哉"①！司马迁的这些大胆而恳切的批评，也只有结合记载三位将领的行事才能很好理解。至于《平津侯主父列传》之下，编次《南越列传》、《西南夷列传》等篇，也因记事有相关联之处，因为公孙弘、主父偃、徐乐、严安四人都曾上书谏武帝停止大事四夷，要求吸取秦朝连年大事征战，致使海内困穷、百姓疲敝、相率反抗的深刻教训。如严安上书言："今欲招南夷，朝夜郎，降羌僰，略濊州，建城邑，深入匈奴，燔其茏城，议者美之。此人臣之利也，非天下之长策也。"②而司马相如更是受武帝拜为中郎将，建节出使通西南夷的关键人物，他奉使大获成功，因而西南夷之君"皆请为内臣"，"除边关，关益斥，西至沫、若水，南至牂柯为徼"。③《西南夷列传》之后，次以《司马相如列传》，表明关系密切，内容互相补充。故此，总括《史记》内容、篇目安排编次的特点，应分为两个层次：第一个层次，全书之整体结构和七十列传的编排，均为精心构撰，体例严密，全局在胸，运用恰当；第二层次，司马迁尤重者，在于贯彻其高明史识，力求更好地反映客观历史实际，因而有的地方做灵活变通，不拘泥于形式上的整齐划一，必要时敢于突破常格，让史例服从于史识。《史记》记载的内容极其宏富多样，处理体例上的问题错综复杂，而全书构建的体裁体例格式完全为司马迁所首创，前人并未提供可资借鉴的经验，司马迁又是一个人著史，迫于时日，因此对某处问题的技术性处理可能略显粗糙。后人可以指出这些不够周全的地方，或加以改进，但不能因为局部地方的不够严密而忽视全书的精心经营，和构成浑然一体的杰出功绩。赵翼是一个识力非凡的学者，对于包括《史记》在内的二十四史有极多精辟的论述，但他在指出《史记》编次的某些粗疏缺陷时，对于全书的精心安排和体例运用的高明未予强调，所言"随作随编"并不允当。

实则前代学者对于《史记》体例、编次的匠心运用不乏心领神会、大为赞赏者，如宋人沈括云："凡《史记》次序、说论，皆有所指，不徒为之。"④另一位宋代学者吕祖谦亦言："（迁书）高气绝识，包举广而兴寄深，后之为

---

① 《史记》卷一百一十《匈奴列传》。
② 《史记》卷一百一十二《平津侯主父列传》。
③ 《史记》卷一百一十七《司马相如列传》。
④ 沈括：《补笔谈》卷一，宝颜堂秘籍本。

史者，殊未易窥其涯涘也。"①两人所论用语不多，但涵意颇深。清代章学诚的评论更为透彻："迁书纪、表、书、传，本左氏而略示区分，不甚拘拘于题目也。《伯夷列传》，乃七十篇之序例，非专为伯夷传也……《张耳陈馀》，因此可以见彼耳。《孟子荀卿》，总括游士著书耳。名姓标题，往往不拘义例，仅取名篇，譬如《关雎》、《鹿鸣》，所指乃在嘉宾淑女。而或且讥其位置不伦（自注：如孟子与三邹子），或又摘其重复失检（自注：如子贡已在《弟子传》，又见于《货殖》），不知古人著书之旨，而转以后世拘守之成法，反訾古人之变通，亦知迁书体圆而用神，犹有《尚书》之遗者乎！"②一针见血指出不能以后人拘守之成法，去指摘《史记》体例之灵活变通，对我们尤有深刻的启发意义。

三、史料剪裁和篇章组织：匠心运用的极致

"体圆用神"，是章学诚对司马迁历史编纂卓越成就和鲜明特色的精辟概括。他是借用《周易》"圆而神"和"方以智"的用语，来阐发中国史学名著在历史编纂上的两种风格。其论云：

> 《易》曰："筮之德圆而神，卦之德方以智。"间尝窃取其义以概古今之载籍，撰述欲其圆而神，记注欲其方以智也。夫智以藏往，神以知来，记注欲往事之不忘，撰述欲来者之兴起，故记注藏往似智，而撰述知来拟神也。藏往欲其赅备无遗，故体有一定而其德为方；知来欲其决择去取，故例不拘常而其德为圆。③

他将《史记》和《汉书》作为两种不同风格的代表："然圆神方智，自有载籍以还，二者不偏废也，不能究六艺之深耳，未有不得其遗意者也。史氏继《春秋》而有作，莫如马、班，马则近于圆而神，班则近于方以智也。"④所谓"藏往似智"，是指记注这一大类史书，作用在于记载历史知识，为了达到内容丰富，包容量大，必须讲究一定的体例，做到有规矩可循，整齐合

---

① 吕祖谦：《大事记解题》卷十二。
② 章学诚：《文史通义》内篇一《书教》（下）。
③ 章学诚：《文史通义》内篇一《书教》（下）。
④ 章学诚：《文史通义》内篇一《书教》（下）。

理，所以说"藏往欲其赅备无遗，故体有一定而其德为方"。所谓"知来拟神"，是指撰述这一大类史书，目的在于通过记载人物的活动、事件的发展和时代的变迁，以展示未来的趋势，这就要求作者有高明的史识，按照自己的见解而有所轻重取舍，在体例上则注意灵活运用，做到融会贯通，互相配合，所以说"知来欲其决择去取，故例不拘常而其德为圆"。司马迁有雄伟的创造力，他创设了合理、完善的体例，而又能根据需要灵活运用，巧妙变化，而且记述历史笔势纵放，不可阻遏，因此章学诚视之为"圆而神"的代表。班固《汉书》继《史记》而起，包含整齐合理，有规矩可循，后代修史者便一概以之为榜样，所以章学诚视为"班则近于方以智"。同时明确指出，"固书本撰述而非记注，则于近方近智之中，仍有圆且神者以为之裁制，是以能成家而可以传世行远也"①。

　　章学诚所高度评价的《史记》"体圆用神"的编纂特色，即具体体现在互有紧密联系的三个方面：全书"五体"配合，创造了记述"全史"的完善体裁；各大部分内部的篇章安排，章法分明，七十列传中专传、合传、类传、附传等的设立极具匠心，而又灵活变化，能根据需要突破成例；每一篇章的撰写均能对史料做恰当的剪裁，组织妥帖、重点突出，体现出极高的编纂技巧。前面两项，在上文中均已做了简要分析，这里就最后一项再做阐释。

　　《李斯列传》无论从李斯对历史进程的影响或是从记载史实的复杂程度而言，在七十列传中都占据着重要地位，司马迁对此篇的撰写尤其做了苦心经营。前半篇，集中记载李斯本人入秦前后的行事。他从荀卿学帝王之术，学已成，他判断当此列国纷争之际只有秦国才具备统一天下的条件，入秦游说秦王，才能获得干出一番事业的机会。李斯辞别荀卿时所言，即将其急切寻找机会的心理和贪慕权势、耻于贫困的人生观表达得淋漓尽致："今秦王欲吞天下，称帝而治，此布衣驰骛之时而游说者之秋也。处卑贱之位而计不为者，此禽鹿视肉，人面而能强行者耳！故诟莫大于卑贱，而悲莫甚于穷困。久处卑贱之位，困苦之地，非世而恶利，自托于无为，此非士之情也。故斯将西说秦王矣。"

　　李斯只身入秦，为何能平步青云、很快登上卿相高位呢？司马迁通过选取记述具有典型性的事件，对此做了令人信服的回答。李斯先求为秦丞相吕

────────

① 章学诚：《文史通义》内篇一《书教》（下）。

不韦舍人，吕不韦果然欣赏其才能，任以为郎。于是李斯有机会向秦始皇进说，其言辞确实具有打动君主之心的力量："秦之乘胜役诸侯，盖六世矣。今诸侯服秦，譬若郡县。夫以秦之强，大王之贤，由灶上骚除，足以灭诸侯，成帝业，为天下一统，此万世之一时也！今怠而不急就，诸侯复强，相聚约从，虽有黄帝之贤，不能并也。"怂恿秦始皇加强对六国进攻，采取各个击破策略，实现统一大业。秦始皇先拜李斯为长史，李斯又献计策，"阴遣谋士赍持金玉以游说诸侯。诸侯名士可下以财者，厚遗结之；不肯者，利剑刺之"。破坏各国君臣的计谋，派出良将强兵随之其后。于是秦始皇更视李斯为得力人物，任为客卿。

　　这时又发生李斯上书《谏逐客令》的事。事情的引起，是韩国的水工郑国受命到秦国做间谍，他劝说秦修灌溉渠，想大量耗费人力，延缓秦国东进。郑国的间谍活动被发觉，引起秦的宗室大臣一片哗然，借口"诸侯人来事秦者，大抵为其主游间于秦耳"，纷纷向秦始皇进言，要求逐客。李斯反应快捷，立即上书秦始皇，这就是著名的《谏逐客令》。司马迁将它全文写入传中，成为一篇重要的历史文献。文章充分显示出李斯对时势的极高洞察力，举证确凿充分，说理深刻有力。他举出，秦穆公所用五个名臣，由余出于西戎，百里奚是虞国人，蹇叔寓居于宋，丕豹是晋臣，公孙支游于晋，"此五子者，不产于秦，而穆公用之，并国二十，遂霸西戎"。孝公任用卫国人商鞅从事变法，"移风易俗，民以殷盛，国以富强"。惠王任用魏人张仪为相，实行连横之计，拔三川之地，西并巴、蜀，北收上郡，南取汉中，东据成皋之险，"割膏腴之壤，遂散六国之从，使之西面事秦，功施到今"。昭王任用魏国人范雎为丞相，采用其计策，废除了擅权的穰侯、华阳君，加强国君权力，杜绝势家豪门营私之路，因而逐步蚕食诸侯，使秦成就帝业。"此四君者，皆以客之功。由此观之，客何负于秦哉！向使四君却客而不内，疏士而不用，是使国无富利之实而秦无强大之名也。"李斯以确凿的史实证明，客卿是秦逐步强大而对六国形成席卷之势的重要力量！奏书中进而提出，秦王宫廷中所赏玩珍用的宝玉明珠、骏马良剑，以及左右侍立的窈窕赵女，皆非秦国所产，而无一不出自外国。再如击瓮叩缶，弹筝搏髀，是秦国的本土音乐。"今弃击瓮叩缶而就《郑》、《卫》，退弹筝而取《昭》、《虞》，若是者何也？快意当前，适观而已矣。今取人则不然。不问可否，不论曲直，非秦者去，为客者逐。然则是所重者在乎色乐珠玉，而所轻者在乎人民也。此非所以跨海内制诸侯之术也。"以此进一步强调，如果以"非秦者去，为客者逐"为标准，那就颠倒了珍玩与人才何者为重要的标准，削弱了统一海内、制服诸侯的力量。奏书由此自然得出结论，如果干驱逐外来人才的蠢事，就等于为敌国增强力量，而严重削弱秦国实力，断送统一各国的大业，使秦处于空虚危险的境地："是以地无四方，民无异国，四时充美，鬼神降福，此五帝三王之所以无敌也。今乃弃黔首以资敌国，却宾客以业诸侯，使天下之士退而不敢西向，裹足不入秦，此所谓'藉寇兵而赍盗粮'者也。""夫物不产于秦，可宝者多；士不产于秦，而愿忠者众。今逐客以资敌国，损民以益仇，内自虚而外树怨于诸侯，求国无危，不可得也。"

司马迁所全文引录的《谏逐客令》堪称脍炙人口的篇章，充分表现出李斯知识渊博和辩才过人，善于把握关键时刻使自己由被动变主动的性格特点。果然奏书上达后被秦始皇所采纳，不仅平息了原先气势汹汹的逐客议论，而且成为李斯更加受到信任、为秦统一全国的功业发挥了重大作用的转折点，官升廷尉，又再升任丞相高位：

> 秦王乃除逐客之令，复李斯官，卒用其计谋，官至廷尉。二十余年，竟并天下，尊主为皇帝，以斯为丞相。夷郡县城，销其兵刃，示不复用。使秦无尺土之封，不立子弟为王、功臣为诸侯者，使后无战攻之患。

李斯任丞相后的又一重要作为，是于秦始皇三十四年（前213），驳淳于越主张分封子弟之议，并上书曰："今陛下并有天下，别白黑而定一尊；而私学乃相与非法教之制，闻令下，即各以其私学议之，入则心非，出则巷议，非主以为名，异趣以为高，率群下以造谤。……臣请诸有文学《诗》《书》百家语者，蠲除去之。"始皇依其议，收焚《诗》《书》百家之语以愚百姓，实行以吏为师，制定法度律令，书同文。"明年，又巡狩，外攘四夷，斯皆有力焉。"

由此证明，《李斯列传》上半篇展现了司马迁叙述人物性格行事的娴熟手法，他对史料做了恰当的剪裁，所选取李斯辞别荀卿时的表白、向秦王进说对六国各个击破之策、谏逐客令、驳淳于越之议、建议收焚《诗》《书》以加强专制统治等四项均为典型性材料。这些记述集中、紧凑，极其生动地刻画出李斯贪慕权势而又富有才能、善于判断时局做出正确应对的性格特点，以及其辅佐秦始皇实现统一大业的功绩。而到了后半篇，史家记述的格局却明显发生了变化。这是为什么呢？

这是因为，此前所记主要是李斯本人的活动，而后面则是李斯与赵高、秦二世三人的所为纠集在一起，史家组织材料的方法就由单线条叙述变为多线条结合的记述。后半篇的内容超出了李斯本人的传记，是写李斯、赵高、秦二世三人在秦帝国晚期阴谋策划、倒行逆施，最终覆灭的下场。既写李斯应负的历史罪责，又刻画了阴谋家赵高、暴君秦二世的面目。李斯后期的所作所为自然是其原先性格、行事在新的条件下的发展，而赵高和秦二世二人是最终葬送秦皇朝的主要人物，由于无法单独写此两人，也无法放在《秦始皇本纪》中去写，而其行事与李斯紧密联系，因此采取多线条结合的手法，集中记载于此。司马迁这种剪裁和组织手法不但巧妙，而且使历史画卷内容更加丰富，情节曲折动人，寓含极其深刻的教训。这样，《李斯列传》后半篇便与《秦始皇本纪》相辅相成，构成秦皇朝由统一走向灭亡的全景图。

构成全篇的高潮和转折的是秦始皇病死、李斯参与了赵高的阴谋。时为秦始皇三十七年（前210）十月，始皇出巡天下，丞相李斯、中车府令赵高及少子胡亥随从，行至河北沙丘，突发重病，令赵高立诏书发给在上郡监军的长子扶苏，令其"以兵属蒙恬，与丧会咸阳而葬"。诏书尚未交给使者，始皇已卒。于是，赵高、胡亥、李斯三人立即共同紧张活动，策划伪造遗诏立胡亥为太子的阴谋。赵高先将胡亥置于阴谋圈套之中，怂恿他说："顾小而忘大，后必有害；狐疑犹豫，后必有悔。断而敢行，鬼神避之，后有成功，愿子遂之！"然后，又对李斯威胁利诱，称：长子扶苏刚毅武勇，"即位必用蒙恬为丞相"，"君侯终不怀通侯之印归于乡里"，"贬为庶人"。"方今天下之权命悬于胡亥，高能得志焉。"如合谋废长子扶苏，立胡亥为帝，可以欺瞒天下。"中外若一，事无表里。君听臣之计，即长有封侯，世世称孤，必有乔松之寿，孔墨之智。今释此而不从，祸及子孙，足以为寒心！"李斯本来就以"贪慕权势，苟活求荣"为处世原则，至此乃"垂泪太息"表示实出无奈，而听从赵高的主意。于是三人共同炮制了一个大阴谋，"诈为受始皇诏丞相，立子胡亥为太子。更为书赐长子扶苏"，诬称其"为人不孝"，逼其自杀！

司马迁全局在胸，以多线条结合的手法，清晰地记述赵高、秦二世、李斯三人种种倒行逆施，生动地再现了当时的历史场景。立秦二世为皇帝之后，赵高为郎中令，"常侍中用事"，控制朝政，掌握大权。二世欲纵情享乐，"悉耳目之所好，穷心志之所乐"。赵高立刻奉承说：这正是"贤主"之所能行，办法是"严法而刻刑，令有罪者相坐诛，至收族，灭大臣而远骨肉"，则可高枕而享乐。"二世然高之言，乃更为法律。于是群臣诸公子有罪，辄下高，令鞠治之。杀大臣蒙毅等，公子十二人僇死咸阳市，十公主矺死于杜，财物入于县官，相连坐者不可胜数。"残酷暴虐的统治达到令人发指的地步，"群臣人人自危，欲畔者众。又作阿房之宫，治直（道）、驰道，赋敛愈重，戍徭无已"。终于激起全国性的反抗浪潮，起义军直逼关中。就在这行将灭亡的前夕，秦二世还对李斯宣扬其暴君纵情享乐的哲学："彼贤人之有天下也，专用天下适己而已矣，此所以贵于有天下也。……今身且不能利，将恶能治天下哉！故吾愿赐志广欲。"李斯因其贪恋爵禄、奉迎求生的性格，竟上书讨好秦二世，为其暴君行为张目！其时，起义军已攻至三川郡，郡守李由是李斯之子，因抵挡不力，正受查问，还有人议论李斯作为丞相对局势负有责任。"李斯恐惧，重爵禄，不知所出，乃阿二世意，欲求容"，在上书中反复陈述对臣下应当督责重罚，严加驾驭，实行极端的专制统治，一意孤行、暴戾恣睢的主张，云："夫贤主者，必且能全道而行督责之术者也。督责之，则臣不敢不竭能以徇其主矣。……是故主独制于天下而无所制也。能穷乐之极矣，贤明之主也，可不察焉！""以身徇百姓，则是黔首之役，非畜天下者也，何足贵哉！"又极言须排斥仁义之人，谏说之臣，死节之行！书奏，二世大悦。"于是行督责益严，税民深者为明吏。二世曰：'若此则可谓能督责矣。'"

赵高用计，让二世深居宫中，不坐朝廷，不见大臣。于是赵高一手操纵朝政，"事皆决于赵高"。赵高又预谋将李斯害死。他撺掇李斯说，你身为丞相，应向二世谏说到处频发反抗事件、赋税徭役过重的事啊，李斯相信了他，而赵高又专门安排当二世燕乐之时让李斯一再求见，引起二世的恼恨。至此赵高认为对李斯下毒手的时机已到，便诬告李斯有裂土为王的野心，又使人审问三川郡守李由与盗相串通的案件，欲牵连追查李斯。李斯感到本人受到严重威胁，只好企图侥幸一试，上书二世，告发赵高有谋反的危险。又面告二世，称赵高出身宦官，身份低贱，"无识于理，贪欲无厌，求利不止"，但为时已晚，李斯的上书和面谏，都已无法改变二世将其交给赵高审问的结局。"二世已前信赵高，恐李斯杀之，乃私告赵高。高曰：'丞相所患者独高，高已死，丞相即欲为田常所为。'于是二世曰：'其以李斯属郎中令！'"李斯在狱中仰天长叹，他知道二世的种种暴政，已造成反抗烈火遍地燃烧，秦朝灭亡即在眼前！"今反者已有天下之半矣，而心尚未寤也，而以赵高为佐，吾必见寇至咸阳，麋鹿游于朝也。"赵高对李斯用尽酷刑，"榜掠千余，不胜痛，自诬服"。但李斯自负有功、善辩，对二世仍抱有幻想，希望上书后能获赦免。上书中自陈为丞相已三十余年，称其"谨奉法令，阴行谋臣，资之金玉，使游说诸侯，阴修甲兵……故终以胁韩弱魏，破燕、赵，夷齐、楚，卒兼六国，虏其王，立秦为天子"，此为第一项大功，还列举有其他六项。但李斯寄托着希望的上书，却被赵高扔到一边，说："囚安得上书！"最后，李斯被判具五刑，腰斩咸阳市，夷三族。

由于司马迁的精心剪裁的组织，《李斯列传》成为《史记》全书最具有史料价值和记述最为丰富、生动的篇章之一。尽管事件头绪甚多，但篇中叙事条理清晰，一波三折，李斯由身居丞相高位、助秦始皇统一全国立了大功，到结伙假造诏书，逼死公子扶苏、立二世为皇帝，到讨好二世，为其暴君行为张目，又接连遭到赵高暗算，而对二世表白己功、幻想赦免，最后难逃被腰斩的下场——复杂的事件、纷繁变化的场景，令读者紧绷着心弦，被全神吸引，心情随着情节的展开而起伏。读完后对接连出现的场面无法忘怀，而且从中得到深刻的历史启示！司马迁突破了专传即集中记载传主本人事迹的惯例，而做了灵活的处理，随着历史情势的发展和李斯所处环境的复杂化，因此需要运用多线条结合叙述的方法，确实做到了"体圆而用神"，体现出其历史编纂的杰出创造力。唯有这样做，才能完整地写出李斯"贪慕富贵，苟活求荣"这一典型性格的发展，也才能反映出统一了全国的秦帝国这座大厦为何会顷刻坍塌。

司马迁对篇章组织的匠心运用还可以举出多项，如：在上半篇记述李斯登上丞相高位、为统一全国建立大功之后，随之记载一事，李斯在咸阳家中摆下盛大的庆功宴，"百官长皆前为寿，门廷车骑以千数"。此时的李斯却喟然叹息，曰："当今人臣无居臣上者，可谓富贵极矣。物极则衰，吾未知所税驾也！"看似闲写一笔，实则是以此巧妙地预示其走向下坡路的开始，并且将上半篇和下半篇紧密地联系起来。又如，写李斯被处死以后，又补写二世拜赵高为中丞相，赵高权势更加炙手可热，于是上演了"指鹿为马"的丑剧；二世被赵高用诡计赶出上林宫，三天后，赵高又令卫士诈称："山东群盗兵大至！"逼令二世自杀；子婴即位后，与宦官韩谈合谋擒杀赵高。分别交代了暴君和阴谋家的可耻下场。子婴立后三个月，沛公军入咸阳，子婴迎降。本篇记事的最后结束是："子婴与妻子自系其颈以组，降轵道旁。沛公因以属吏。项王至而斩之。遂以亡天下。"①恰恰证明《李斯列传》记载史实以李斯的活动为主线，而其发展则是记述秦皇朝最后覆亡的历史。司马迁在结尾精心记述的这些史实足以说明：此篇设置的用意，正是与《秦始皇本纪》互相配合，以完整地写出秦皇朝如何由成功的顶点，到经由赵高、二世、李斯之手而迅速灭亡的！前代学者对《李斯列传》的内容独特性和文章组织的手法甚为关注，如明代学者茅坤评论说："《李斯传》传斯本末，特佐始皇定天下，变法诸事仅十之一二，传高所以乱天下而亡秦特十之七八。太史公恁地看得亡秦者高，所以酿高之乱者并由斯为之，此是太史公极用意文，极得大体处。学者读《李斯传》，不必读《秦纪》矣。"②另一位明代学者钟惺也指出："李斯古今第一热衷富贵人也，其学问功业佐秦兼天下者皆其取富贵之资，而其种种罪过，能使秦亡天下者，即其守富之道。……太史公言秦用李斯，二十年竟并天下，而于秦亡关目紧要处皆系之《李斯传》，若作《秦本纪》者。而结之曰'遂以亡天下'，见人重富贵之念，其效足以亡天下。罪斯已极，而垂戒亦深矣。"③他们点明《李斯列传》突出其热衷富贵、苟活求利的性格，前面记载李斯本人行事，后面则详载赵高、李斯等人倒行逆施如何断送秦朝的天下，此篇足以与《秦始皇本纪》所载相互比照等，均不愧为有识之见。

篇末论赞，为全篇记述做了出色的总结和提升，赞语云：

　　李斯以间阎历诸侯，入事秦，因以瑕衅，以辅始皇，卒成帝业，斯为三公，可谓尊用矣。斯知六艺之归，不务明政以补主上之缺，持爵禄之重，阿顺苟合，严威酷刑，听高邪说，废嫡立庶。诸侯已畔，斯乃欲谏争，不亦末乎！人皆以斯极忠而被五刑死，察其本，乃与俗议之异。不然，斯之功且与周、召列矣。④

司马迁极其精炼、全面地总结了李斯辅佐秦始皇统一全国的功绩，严肃

---

① 以上引文均据《史记》卷八十七《李斯列传》。
② 茅坤：《史记钞》卷五十五，明泰昌元年（1620）刻本。
③ 钟惺：《钟伯敬评史记》，明天启五年（1625）刊本。
④ 《史记》卷八十七《李斯列传》。

地谴责他参与赵高、二世的阴谋，实行暴政、残害民众的历史罪责，指出李斯违背了儒家的宗旨，不能劝导秦始皇实行由武力兼并向德政治国的转变，本人因贪求权势而苟活奉迎，而导致最终惨死的悲剧，揭示了后人应当深刻记取的历史教训，并且严肃地批评以李斯为"极忠"的迂见。生动紧张、起伏变化的历史场景，鲜明的人物形象，与蕴含深刻哲理、耐人寻味的论赞交相辉映，构成了史传作品的绝唱！

　　《史记》传记中鸿篇巨制的高度编纂技巧已如上述，那么，记载史实并不十分复杂的篇章的叙事手法又是怎样呢？这里仅举出一个典型例证做简要的评析。《叔孙通传》在书中是与《刘敬传》合设为一篇合传，因两人都曾就朝政大事向高祖提出重要建言，对于安定汉初社会秩序贡献很大。以往对《叔孙通传》作为史料引用者颇为常见，对于篇中所载叔孙通善于"面谀"的性格也有过诸多解释。实则《叔孙通传》的主要价值，是以确切的史实证明汉初制定礼仪乃是现实政治的迫切需要，以及史家为再现当时历史场景而在篇章内容上所做的精心安排。司马迁对次要材料一概从略，篇中的记载集中围绕"制定朝礼"这一核心事件而依次展开。先叙述制定礼仪的背景。汉五年（前202），高祖在定陶登帝位。初时为求简易，一概取消秦朝苛繁的礼节。不料却出现混乱局面："群臣饮酒争功，醉或妄呼，拔剑击柱"，高祖为之头痛。叔孙通进谏：现在天下初定，正是用得着儒家礼仪的时候了！又针对刘邦一向讨厌儒生的心理，告诉他，礼仪因时而设，与时变化，我要对古礼和秦朝礼制加以改造，尽量避免复杂。以此打消高祖的顾虑。进而用一月余时间排练演习，先由叔孙通带领征集来的鲁诸生与其弟子练习，然后是皇帝练习，再后是百官练习。最后，详细记载长乐宫成、诸侯群臣朝见皇帝的隆重仪式。极写当时场面的庄严肃穆，"先平明，谒者治礼，引以次入殿门，廷中陈车骑步卒卫宫，设兵张旗志。传言'趋'"。功臣武将和丞相文官分别列阵东西向，大行（司礼官）设九宾，胪传，于是皇帝乘辇出房，百官执帜传警，引诸侯王以下各级官员依次奉贺。"自诸侯王以下莫不振恐肃敬"，"以尊卑次起上寿"。有官员举止不合仪式者立即被御史带走。竟朝置酒，莫敢欢哗失礼者。于是高帝曰："吾乃今日知为皇帝之贵也。"这与前面诸将饮酒争功、高祖苦于无法对付的情景，形成多么鲜明的对照！

　　须知，在当时漫无秩序之中，皇权就是秩序的代表。叔孙通制定朝仪，为汉初建立起政治秩序立了大功，因此拜为太常，位居九卿。叔孙通也不是一味奉承，当汉十二年，高祖意欲将太子废掉、立宠姬戚夫人所生赵王如意为太子，叔孙通即以太子太傅身份坚决谏阻，说："陛下必欲废嫡而立少，臣愿先伏诛，以颈血污地。"高祖只好作罢。本篇篇末论赞云："叔孙通希世度务制礼，进退与时变化，卒为汉家儒宗。'大直若诎，道固委蛇'，盖谓是乎？"[①] 强调他依据儒学制定礼仪的重大贡献，同时又肯定他善于运用道家以屈求伸的智慧，确是定评。

总之，通过分析李斯和叔孙通这两篇典型传记的编纂手法，我们有充分的理由得出如下结论：《史记》中无论是鸿篇巨制或是所载内容不甚复杂的篇章，司马迁无不惨淡经营、精心撰写，力求达到内容和编纂形式的尽善尽美。他从再现客观历史进程的需要出发，既有通盘考虑的严密体例，而在具体运用上又根据情况作灵活变通，在必要时突破成例，堪称"体圆用神"，因而达到史料剪裁和内容组织匠心运用的极致。

第四节　"画龙点睛"：《史记》议论的运用

恰当、灵活地运用议论，是《史记》取得非凡成就的重要手段，也是司马迁表达其对历史深刻见解的重要方法。历史著作无疑是以记载史实为主要任务，但需要以恰当地运用议论与之配合。议论的主要功能有二。其一是阐释史实，在记载史实的基础上，揭示出人物活动和事件演变的意义。司马迁深刻地懂得，光把事件记了，把人物的行为、语言记述了，把制度或社会情状陈述了，不等于其内在意义都能让读者明了，有时还需要恰当地发表议论，将其隐含的意义予以指明。换言之，恰当运用议论，有利于增强史书的深刻性。司马迁又深刻地懂得，史书不应限于平铺直叙，而需要在关键处正面讲出史家胸中之爱憎好恶，以触发读者的喜怒哀乐，引起共鸣。这就是议论的第二项功能，增强史书的感染力。司马迁的议论都不是外加的，而是与记述的史实紧密结合、互相呼应，成为其杰出史著不可分割的一部分。唐代刘知几对此未予深入体会，曾提出偏颇的批评，其论云："夫论者所以辩疑惑，释凝滞。若愚智共了，固无俟商榷。丘明'君子曰'者，其义实在于斯。

---

① 　以上引文均据《史记》卷九十九《刘敬叔孙通列传》。

司马迁始限以篇终，各书一论。必理有非要，则强生其文，史论之烦，实萌于此。"[1]对此看法，前代学者未见有表示赞同者。清代牛运震则对《史记》议论的运用做了高度评价："太史公论赞，或隐括全篇，或偏举一事，或考诸涉历所亲见，或证诸典记所参合，或于类传之中摘一人以例其余，或于正传之外撫轶事以补其漏，皆有深意远神，诚为千古绝笔。司马贞《索隐》讥其颇取偏引，以为首末不具，褒贬未称，别作一百三十篇《述赞》缀于简末，其不知史法与文体殊甚，真所谓爝火于日月，浸灌于时雨者也。"[2]这些看法并非过誉，对于我们实在很有启发。

《史记》书中恰当运用议论的成功之处不胜枚举，以下从三个方面做简要论述。

一、深化历史主题　总结成败经验

通过议论正面讲出对史事变迁的卓越见解，是司马迁实现其"通古今之变"这一著述宗旨的重要凭借。这首先集中体现在各篇本纪之中。因为，按照司马迁的设置，本纪是著史之纲领，集中记载政治、军事、经济、民族、制度等大事，显示历史变迁的主线。而同时，纪传体的体裁又决定各篇本纪要兼写帝王的性格，而在封建时代天子独尊纲纪天下的体制下，帝王的贤愚仁暴当然又决定国政的兴坏。秦汉之际的历史变局是《史记》记述的一个关键时期，《秦始皇本纪》提纲挈领，记载了秦如何凭借强盛的国力逐步兼并山东六国，其后又因滥施暴政而致顷刻灭亡。司马迁认为，秦朝兴亡的教训有深刻的历史鉴戒意义，若仅止于记载史实尚不能充分地揭示出来，必须运用正面议论对史实加以深化、提升，才能达到让世人警醒的目的。司马迁极其赞同贾谊对秦朝灭亡历史教训的总结，故言"善哉乎贾生推言之也"，直接引用《过秦论》全文，以贾谊的精到评论启发读者对历史的认识。贾谊最具震撼力的警句是"仁义不施而攻守之势异也"，围绕这一核心观点，他从多方面做了酣畅淋漓的分析。贾谊讲，秦国据有险要的形势，在与山东六国对抗中曾起到重要的作用："秦地被山带河以为固，四塞之国也。自穆公以来，至于秦王，二十余君，常为诸侯雄。岂世世贤哉？其势居然也。"而山东六国又

---

①　刘知幾：《史通》卷四《论赞》。
②　牛运震：《史记评注》卷一，空山堂乾隆辛亥（1791）刻本。

各怀利己的目的，因此合纵无法成功，反被秦各个击破。秦始皇即凭借强盛的国力，实现统一大业："及至秦王，续六世之余烈，振长策而御宇内，吞二周而亡诸侯，履至尊而制六合，执棰拊以鞭笞天下，威震四海。……良将劲弩守要害之处，信臣精卒陈利兵而谁何，天下已定。秦王之心，自以为关中之固，金城千里，子孙帝王万世之业也。"贾谊进而揭示出秦朝骤亡的深刻教训是，统一的秦朝面对的是自战国以来饱经战乱的黎民百姓，他们急切地需要得到安抚，解除沉重负担，医治战争创伤。而秦始皇却不知改弦更张，反而继续实行暴虐统治，穷兵黩武，根本违背历史潮流，把民众推向死亡的边缘，这就必然激起民众的剧烈反抗："近古之无王者久矣。周室卑微，王霸既殁，令不行于天下，是以诸侯力政，强侵弱，众暴寡，兵革不休，士民罢敝。今秦南面而王天下，是上有天子也。既元元之民冀得安其性命，莫不虚心而仰上，当此之时，守威定功，安危之本在于此矣。""夫并兼者高诈力，安定者贵顺权，此言取与守不同求也。秦离战国而王天下，其道不易，其政不改，是其所以取之守之者无异也。孤独而有之，故其亡可立而待也。""故秦之盛也，繁法严刑而天下振；及其衰也，百姓怨望而海内畔矣。"贾谊总结的历史教训极其深刻，其议论掷地有声！出身雇农的陈涉，正是在这种形势下点燃反秦的烈火，"斩木为兵，揭竿为旗，天下云集响应，赢粮而景从，山东豪俊遂并起而亡秦族矣"。贾谊一再强调人们要深刻记住这历史教训，本来秦国形势险要、兵力强盛，而陈涉出身贫贱、武器粗劣，强弱的形势对比悬殊。然而反秦起义取得胜利，不可一世的秦王朝迅速灭亡，"成败异变，功业相反"，原因就是滥施暴政必然走向灭亡，由此而得出的"仁义不施而攻守之势异也"的结论，足以昭示百代！《秦始皇本纪》的篇末赞语全文引用《过秦论》，其作用即为在记载秦国大量史实的基础上，大大深化时代的主题。

发人深省的是，司马迁对于项羽这位在反秦浪潮中叱咤风云的人物功过的评价，也与这一时代主题相呼应。《项羽本纪·赞》中，充分肯定了项羽率领农民起义军击溃秦军主力推翻秦朝的历史功绩，云："夫秦失其政，陈涉首难，豪杰蜂起，相与并争，不可胜数。然羽非有尺寸，乘势起陇亩之中，三年，遂将五诸侯灭秦，分裂天下，而封王侯，政由羽出，号为'霸王'，位虽不终，近古以来未尝有也。"同时深刻指出，项羽失败的根本原因，就是滥施杀戮，不实行仁政，不安抚百姓，与历史潮流背道而驰："自矜功伐，奋其私智而不师古，谓霸王之业，欲以力征经营天下，五年卒亡其国，身死东城，尚不觉寤而不自责，过矣。"不谋救民于水火之中，而自矜功伐，以武力压服，这些严肃的批评，正是篇中所载"楚军夜击坑秦卒二十余万人新安城南"，"项羽引兵西屠咸阳，杀秦降王子婴，烧秦宫室，火三月不灭；收其货宝妇女而东"，又在攻齐之时，"北烧夷齐城郭室屋，皆坑田荣降卒，系虏其老弱妇女"，"徇齐至北海，多所残灭"，种种倒行逆施的集中概括，对所载史实加以提升和深化。同样值得我们仔细体味的是，对于王翦、李斯、蒙恬这几位辅助秦始皇攻灭六国、兼并天下起了重大作用的人物，司马迁也正是在把握历史变动的趋势和反映民众的根本要求的高度，指出他们的严重过失："王翦为秦将，夷六国，当是时，翦为宿将，始皇师之，然不能辅秦建德，固其根本，偷合取容，以至殁身。"[1]"（李斯）以辅始皇，卒成帝业，斯为三公，可谓尊用矣。斯知六艺之归，不务明政以补主上之缺，持爵禄之重，阿顺苟合，严威酷刑，听高邪说，废嫡立庶。诸侯已畔，斯乃欲谏争，不亦末乎！人皆以斯极忠而被五刑死，察其本，乃与俗议之异。不然，斯之功且与周、召列矣。"[2]"夫秦之初灭诸侯，天下之心未定，痍伤者未瘳，而恬为名将，不以此时强谏，振百姓之急，养老存孤，务修众庶之和，而阿意兴功，此其兄弟遇诛，不亦宜乎！何乃罪地脉哉？"[3]

从引贾谊的主张，畅论"仁义不施而攻守之势异也"，到严厉责备蒙恬身为名将却不明当时"振百姓之急，养老存孤"的要务，以上各篇论赞共同突出的就是从六国连年攻战，到秦朝统一，时代的主题就是治国者必须直面百姓长期饱受战争、徭役之苦，伤残待救的现实，改变武力征伐的暴力手段为实行"德治"的方针，让民众获得生存和发展的机会。这些篇章的议论，与各篇所载史实紧密结合，阐明了从战国到秦楚之际历史变局的客观要求，并以此为标准，分析、论定秦始皇、王翦、李斯、蒙恬、项羽的功过。司马迁眼光深远，态度客观公正，所论各项已成为人们的共识，堪称运用史论深化历史主题、论定人物功过的成功例证。

公元前 202 年汉朝建立，标志着历史进入了新的阶段。《高祖本纪》记载了汉高祖刘邦从举兵参加反秦起义到创建西汉政权所经历的艰难征战、纷繁

① 《史记》卷七十三《白起王翦列传》。
② 《史记》卷八十七《李斯列传》。
③ 《史记》卷八十八《蒙恬列传》。

复杂的史实，总括起来是做了两件大事：一是刘邦在各路反秦将领中首先攻进关中，接受了秦孺子婴的投降，以后在与项羽的长期争战中最终取胜；二是刘邦建立了汉朝，在满目疮痍、民生涂炭的局面下安定民众，重建社会秩序。刘邦之所以能够最终战胜军事上居于强势的西楚霸王，就在于他顺应社会潮流，懂得安抚人心的重要，废除秦朝严酷的法律，采取一系列轻徭薄赋、招流民回乡、恢复生产的措施。《高祖本纪赞》对此做了高度评价，云："三王之道若循环，终而复始。周秦之间，可谓文敝矣。秦政不改，反酷刑法，岂不缪乎？故汉兴，承敝易变，使人不倦，得天统矣。"① 得天统，即指汉高祖治国施政的方针反映了时代的要求，因而得到民众的拥护。由于强调"承敝易变"符合社会前进的客观规律，就使篇中所载在关中与父老约法三章、悉除秦苛法，秦人大喜，争持牛羊酒食献飨军士，唯恐沛公不为秦王，而项羽却"屠烧咸阳秦宫室，所过无不残破，秦人大怨望"等史实的意义得到凸显。值得注意的是，在其他记载汉初历史的相关篇章中，同样发表了中肯有力的议论，概括所载具体史实，深化时代主题。《吕太后本纪·赞》云："孝惠皇帝、高后之时，黎民得离战国之苦，君臣俱欲休息乎无为，故惠帝垂拱，高后女主称制，政不出房户，天下晏然。刑罚罕用，罪人是希。民务稼穑，衣食滋殖。"②《萧相国世家·赞》云："萧相国何于秦时为刀笔吏，录录未有奇节。及汉兴，依日月之末光，何谨守管钥，因民之疾秦法，顺流与之更始。淮阴、黥布等皆以诛灭，而何之勋烂焉。位冠群臣，声施后世，与闳夭、散宜生等争烈矣。"③《曹相国世家·赞》又云："（曹）参为汉相国，清静极言合道。然百姓离秦之酷后，参与休息无为，故天下俱称其美矣。"④ 司马迁既在各篇中记载了大量可靠的史实，又一再以议论强化这一时代主题，于是西汉初年惩秦之弊，废除苛法，清静无为，减轻剥削，与民休息，因而能在较短时间内医治战争创伤，恢复生产，由此奠定了西汉国家强盛的基础，便成为中华民族又一宝贵的历史记忆。

---

① 《史记》卷八《高祖本纪》。
② 《史记》卷九《吕太后本纪》。
③ 《史记》卷五十三《萧相国世家》。
④ 《史记》卷五十四《曹相国世家》。

二、直面社会问题　抒发人生感慨

司马迁依靠对各个历史阶段精彩的议论来表达其"通古今之变"的卓识，同样的，其"成一家之言"的成就也是大量依靠有的放矢的议论来体现。司马迁记载了华夏民族漫长的历史，"稽其成败兴坏之理"，对于国家民族如何避免危机困厄，走向发展坦途，怀有真知灼见；他多次壮游，到过广大地区调查访问，接触过各阶层人物，对于社会状况、民生疾苦有深刻的了解。他有强烈的现实关怀，要效法先秦诸子那样，以这部《太史公书》，结合历史，讲出如何使国家长治久安的主张。司马迁的议论很丰富，其中尤为突出的是"安民"、"富民"、"任贤"三大项。

司马迁对汉文帝的评价，就鲜明地体现出其"安民"的思想。《孝文本纪》详载汉文帝即位后继续大力执行"与民休息"的治国方针，如，诏告天下"农为天下之本"，奖励农耕，举行亲耕籍田之礼，为臣民作表率；实行轻徭薄赋，减轻民众负担，于文帝前元二年（前178）下诏"务省徭费以便民"，罢中卫军，省太仆马匹，又于文帝前元十三年（前167）下令免天下田租；废除酷刑和株连治罪的刑律，除收奴相坐律，除"诽谤妖言之罪"，废肉刑；对于威胁北方边境的匈奴一方面严密防守，如来袭扰，立即出兵迎击，平时坚兵斥候，另一方面实行"和亲"之策，于后元二年（前162）下诏："夫久结难连兵，中外之国将何以自宁？今朕夙兴夜寐，勤劳天下，忧苦万民，为之怛惕不安，未尝一日忘于心，故遣使者冠盖相望，结轶于道，以谕朕意于单于。今单于反古之道，计社稷之安，便万民之利，亲与朕俱弃细过，偕之大道，结兄弟之义，以全天下元元之民。和亲已定，始于今年。"汉文帝在位23年，有效地实行上述奖励生产、恢复民力、安定社会、避免大规模征战的政策，开启了历史上著名的"文景之治"。民众得以休养生息、安居乐业，国家财富迅速增加，成为中华民族进化史上重要的上升期。司马迁高度评价汉文帝"安民"的治国方针和取得的巨大成效。《孝文本纪》在详细记载史实的基础上，以一段感情充沛的议论做总结，一再赞誉汉文帝"利民"、"毋烦民"、"恶烦苦百姓"、"专务以德化民"的治国方针和取得的巨大成效。最后又在篇末赞语中反复誉汉文帝之施政治国，达到了孔子陈义极高的"仁政"的标准，评价文帝在历代帝王中是一位"德至盛"的人物："孔子言'必世然后仁。善人之治国百年，亦可以胜残去杀'。诚哉是言！汉兴，至孝文四十有余载，德至盛也。廪廪乡改正服封禅矣，谦让未成于今。呜呼，岂不仁哉！"①

　　同样是站在"安民"的立场上，在记载汉代经济制度和经济生活的专篇《平准书》中，司马迁同样以热情赞许的笔调记述汉初休养生息政策带来的社会财富丰足的景象："汉兴七十余年之间，国家无事，非遇水旱之灾，民则人给家足，都鄙廪庾皆满，而府库余货财。京师之钱累巨万，贯朽而不可校。太仓之粟陈陈相因，充溢露积于外，至腐败不可食。众庶街巷有马，阡陌之间成群，而乘字牝者傧而不得聚会。守闾阎者食粱肉，为吏者长子孙，居官者以为姓号。故人人自爱而重犯法，先行义而后绌耻辱焉。"而其后，却境况大变，由于汉武帝大事四夷，以及攻伐匈奴，连年大规模用兵，加上采取"算缗"、"告缗"等没收工商业者财产的政策，造成了中外相扰，国库空虚，社会动荡。对此严峻的局面，司马迁以"实录"式态度做了客观记述："自是之后，严助、朱买臣等招来东瓯，事两越，江淮之间萧然烦费矣。唐蒙、司马相如开路西南夷，凿山通道千余里，以广巴蜀，巴蜀之民罢焉。彭吴贾灭朝鲜，置沧海之郡，则燕齐之间靡然发动。及王恢设谋马邑，匈奴绝和亲，侵扰北边，兵连而不解，天下苦其劳，而干戈日滋。行者赍，居者送，中外骚扰而相奉，百姓抏弊以巧法，财赂衰耗而不赡。入物者补官，出货者除罪，选举陵迟，廉耻相冒，武力进用，法严令具。兴利之臣自此始也。"②

　　如何对待匈奴，这在当时是极为尖锐的现实政治问题。自秦及汉初以来，匈奴连续大规模侵扰，对于北方边境安全和民众生产生活构成严重威胁。汉武帝派兵攻伐，是自卫性军事行动，司马迁对此是赞成的。《太史公自序》中总括《今上本纪》的撰述义旨是："汉兴五世，隆在建元，外攘夷狄，内修法度，封禅，改正朔，易服色。"对于汉武帝的功业做了充分肯定，赞扬其雄才大略，兴造制度，多所设施。而同时，司马迁又极其关心民众疾苦，他对于连年出兵几十万攻伐，内心并不赞成，上述《孝文本纪》中所载汉文帝驻兵边境，严密防守，而不征发大军深入攻打的策略，他是更加赞成的。司马迁对匈奴问题的重视，集中见于《匈奴列传》，其上篇是《李将军列传》，下篇是《卫将军骠骑列传》，各记载李广、卫青、霍去病等大将长期率军与匈奴作战的经历，《匈奴列传》本篇则详细记载匈奴的社会状况以及自秦以来汉与匈

---

① 《史记》卷十《孝文本纪》。
② 均见《史记》卷三十《平准书》。

奴的关系。司马迁出于重新让百姓获得安定生活,结束连年大规模征伐、"天下苦其劳"局面的强烈愿望,在篇末发表议论:

> 孔氏著《春秋》,隐桓之间则章,至定哀之际则微,为其切当世之文而罔褒,忌讳之辞也。世俗之言匈奴者,患其微一时之权,而务谄纳其说,以便偏指,不参彼己;将率席中国广大,气奋,人主因以决策,是以建功不深。尧虽贤,兴事业不成,得禹而九州宁。且欲兴圣统,唯在择任将相哉!唯在择任将相哉! ①

出于对国家民族命运的严重关切和史家的责任感,使司马迁不畏压力,敢于对牵动朝野人士神经的军政大事陈述本人忠直之见!他首先坦率地承认,当孔子修《春秋》之时,即采取"定哀多微词"②的做法,时代越近,著史者因惧祸而多忌讳,故多采用隐晦的说法。尽管人人都对议论匈奴问题提心吊胆,但他为了广大民众的生存,却不怕触犯忌讳,而要正直建言。他批评朝臣中的文官为了邀宠,而一味讲谄媚的话,只讲一面之词,不详究敌我双方的终始利害;武将则恃国强兵多,贪图建立战功。文武官员众口一词,向皇帝进言必须派大兵攻打,而根本不考虑连年征战造成的国库虚耗、民众困苦不堪的严重后果,"人主因以决策,是以建功不深"!这等于司马迁向武帝上建言书,要求他反省对匈奴的决策。司马迁明知连年出兵攻伐是武帝头脑中的兴奋点,却勇于如此建言,说明他对民众过安定生活是多么的关切!同时表现出他不畏惧巨大压力、敢于针砭现实政治弊病的高尚史德!

司马迁强烈的"富民"思想在古代著作家中更属于凤毛麟角,这集中见于《货殖列传》中的出色议论。在当时,视工商为末业,商人社会地位低下,司马迁却以独具的历史洞察力,认识到工商业活动对于推动社会前进的巨大作用。所以他要以苦心经营的专篇为成功的工商业者立传,称:"布衣匹夫之人,不害于政,不妨百姓,取与以时而息财富,智者有采焉。作《货殖列传》。"③认为工商业者的成功和智慧,是社会前进的助力。司马迁高瞻远瞩,总结对社会发展的法则性认识和民众对物质生活的需求,发表了一系

---

① 《史记》卷一百一十《匈奴列传》。
② 何休:《春秋公羊解诂》哀公十四年。
③ 《史记》卷一百三十《太史公自序》。

列精彩的议论。首先，是对老子将小国寡民、老死不相往来的初始社会视为"至治之极"的倒退历史观提出驳论，指出其绝对行不通："必用此为务，挽近世涂民耳目，则几无行矣。"然后紧密结合全国广大地区不同的经济生活状况和工商业者成功的致富活动，深刻地论述三层道理。一是追求满足物质生活的需要是人类的本能，治国者只有因势利导："故善者因之，其次利道之，其次教诲之，其次整齐之，最下者与之争。"并认为，全国各地的物产互相交换，推动社会的发展，物质生产活动有自己的客观规律："故待农而食之，虞而出之，工而成之，商而通之。此宁有政教发征期会哉？人各任其能，竭其力，以得所欲。故物贱之征贵，贵之征贱，各劝其业，乐其事，若水之趋下，日夜无休时，不召而自来，不求而民出之，岂非道之所符，而自然之验邪？"二是强国之道即在于增殖财富，人们的社会影响力和道德水平都与拥有一定的财富相联系。"礼生于有而废于无。故君子富，好行其德；小人富，以适其力。渊深而鱼生之，山深而兽往之，人富而仁义附焉。富者得势益彰，失势则客无所之，以而不乐。夷狄益甚。谚曰：'千金之子，不死于市。'此非空言也。故曰：'天下熙熙，皆为利来；天下壤壤，皆为利往。'夫千乘之王，万家之侯，百室之君，尚犹患贫，而况匹夫编户之民乎？"三是求富是天生合理的要求，从士农工商各阶层，到官员、将领，人人都为获得财富而竭智尽力："由此观之，贤人深谋于廊庙，论议朝廷，守信死节隐居岩穴之士设为名高者安归乎？归于富厚也。是以廉吏久，久更富，廉贾归富。富者，人之情性，所不学而俱欲者也。……农工商贾畜长，固求富益货也。此有知尽能索耳，终不余力而让财矣。"因此，这篇《货殖列传》不仅是开创记载经济史的名篇，而且是思想史的杰作。司马迁崇尚儒学，他吸收了儒学的精华，而又勇于超越。孔子讲："君子喻于义，小人喻于利。"[1]孟子讲："何必曰利？亦有仁义而已矣。"[2]与司马迁同时代的儒学大师董仲舒讲："正其谊不谋其利，明其道不计其功。"[3]他们是儒家圣人和大师，都反对言利和讳于言利。司马迁却大力肯定追求财富天生合理，他反对官府利用国家权力与民争利，主张实行经济放任政策，让人们自由致富，他提出了在儒学体系中所缺略而又对社会发展具有重大意义的新学说，因而实

---

[1]《论语·里仁》。
[2]《孟子·梁惠王》（上）。
[3]《汉书》卷五十六《董仲舒传》。

现了对传统思想的重大突破。

"任贤"是司马迁直面社会现实而一再予以强调的又一课题。他通过总结历史经验得出深刻的认识：实现社会安宁、经济发展，施行惠民措施、革除害民弊政，都得依靠任用文武贤才；对于位居"至尊"的皇帝能够诤谏、对其掌握的最高权力能够发挥某些制约作用的，也只有靠贤明的将相。所以他在《匈奴列传赞》中，将如何对待匈奴和战这一事关国家安危全局的问题归结到任用贤才："尧虽贤，兴事业不成，得禹而九州宁。且欲兴圣统，唯在择任将相哉！唯在择任将相哉！"可以再举出书中成功运用的其他例子。在论述典章制度的重要篇章《乐书》开篇，司马迁含义深长地告诫要从《虞书》中所载君臣关系吸取正反面经验："余每读《虞书》，至于君臣相敕，维是几安，而股肱不良，万事堕坏，未尝不流涕也。"《管晏列传·赞》大力表彰春秋齐国两位贤臣管仲、晏婴既能辅佐国君善政，又能规劝其过失："'将顺其美，匡救其恶，故上下能相亲也'，岂管仲之谓乎？"在《楚元王世家·赞》中，更有力地强调所任用大臣的品德与才能是国家安危存亡的决定因素："国之将兴，必有祯祥，君子用而小人退。国之将亡，贤人隐，乱臣贵。……贤人乎，贤人乎！非质有其内，恶能用之哉？甚矣，'安危在出令，存亡在所任'，诚哉是言也！"恰与《匈奴列传·赞》中针对现实而发的议论"且欲兴圣统，唯在择任将相哉"互相呼应。

《史记》运用议论的又一作用，是发表对时势变迁、人物命运的感慨。诚然，历史著作是以记述史实为主，但史家往往又要在恰当地方发表感慨，这是因为他对于历史场景的曲折变化、人物命运的陡升陡降，不能冷眼旁观、无动于衷。而要自然而然地发表感想，用以深化事件的意义，或表达对人物的褒贬爱憎。这里也举出若干典型例证。《伍子胥列传·赞》称颂伍子胥隐忍受辱，最终报了楚国君杀父之仇，是大义之举："向令伍子胥从奢俱死，何异蝼蚁。弃小义，雪大耻，名垂于后世，悲夫！方子胥窘于江上，道乞食，志岂尝须臾忘郢邪？故隐忍就功名，非烈丈夫孰能致此哉？"对于历史上能从困厄中奋起、最终成就功业的人物，司马迁一再大力予以表彰。如《范雎蔡泽列传·赞》曰："韩子称'长袖善舞，多钱善贾'，信哉是言也！范雎、蔡泽世所谓一切辩士，然游说诸侯至白首无所遇者，非计策之拙，所为说力少也。及二人羁旅入秦，继踵取卿相，垂功于天下者，固强弱之势异也。然士亦有偶合，贤者多如此二子，不得尽意，岂可胜道哉！然二子不困厄，恶能激乎？"对范雎、蔡泽忍辱负重，虽屡遭逆境而不绝望，最后成为地位显赫的人物表示敬佩，同时再三感慨二人羁旅入秦，适逢秦始皇大举兼并六国、急需贤能之士的机遇，因而最终得以展现其才干的因缘际会。《季布栾布列传·赞》认为季布是一位屡建战功的勇士，而当他被贩卖为奴隶、受尽屈辱之时，却不轻易去死，而胸怀远大志向、坚强地活下来，终于成为名将，栾布为了替彭越辩白冤名，而不避汤镬之祸，一个苟活避死，一个勇于赴死，他们是在完全不同的情况下正确地对待死，都是大勇的表现。故赞扬曰："以项羽之气，而季布以勇显于楚，身屡（典）军搴旗者数矣，可谓壮士。然至被刑戮，为人奴而不死，何其下也！彼必自负其材，故受辱而不羞，欲有所用其未足也，故终为汉名将。贤者诚重其死。夫婢妾贱人感慨而自杀者，非能勇也，其计画无复之耳。栾布哭彭越，趣汤如归者，彼诚知所处，不自重其死。虽往古烈士，何以加哉！"

司马迁有过特殊的沉痛屈辱的经历。天汉三年（前98），发生李陵之祸。李陵是名将李广之孙，平常以武艺高超、英勇杀敌著名，其人品也广受赞誉。天汉二年，武帝派贰师将军李广利（武帝李夫人之兄）率主力出酒泉击匈奴右贤王，李陵率步卒五千出居延为支军以牵引匈奴，李陵与单于连战十余日，杀敌一万。后因寡不敌众，救兵不至而败。当李陵降敌消息传来时，情况真假难辨。司马迁与李陵本无私交，但据平日对他的了解，认为他为人正直，可能是以投降为计策，以后伺机报汉。又见武帝因此坏消息而忧愁终日，担心他有伤身体，于是借武帝询问的机会，讲了为李陵辩护的话。不料引起武帝大怒，以为司马迁是有意中伤李广利将军，于是下令交给司法之官判处，以诬上之罪处以腐刑。司马迁在回复其朋友任安的信中说，本来按汉律，出资财五十万可以赎死罪，无钱赎即施以腐刑。"家贫，财赂不足以自赎，交游莫救，左右亲近不为壹言。身非木石，独与法吏为伍，深幽囹圄之中，谁可告诉者！"结果惨受腐刑，他自言，"就极刑而无愠色"，"而所以隐忍苟活，函粪土之中而不辞者，恨私心有所不尽，鄙没世而文采不表于后世也"。[①]

司马迁又说："人固有一死，死有重于泰山，或轻于鸿毛，用之所趋异

---

① 司马迁：《报任安书》，载《汉书》卷六十二《司马迁传》。

也。"① 由于司马迁遭受如此巨大的痛苦，对于正确对待生死有深刻的体会，尤其对忍受屈辱、以求最后实现心中崇高目标更时刻不忘，因此，他每每在篇中结合人物曲折际遇、人情世态炎凉，抒发感受，用以自况。其所发议论，都能加深读者对人物命运、事件曲折的认识，或打动读者内心、引起强烈共鸣。其他抒发感慨的例证还有：《伯夷列传》中对"天道常报善人"之说公开表示怀疑，提出为何强盗横行天下得以寿终，干尽坏事者竟能得富贵逸乐，而处事谨慎、行为方正的人却遭到不测之祸："或曰：'天道无亲，常与善人。'若伯夷、叔齐，可谓善人者非邪？积仁絜行如此而饿死！且七十子之徒，仲尼独荐颜渊为好学。然回也屡空，糟糠不厌，而卒蚤夭。天之报施善人，其何如哉？""或择地而蹈之，时然后出言，行不由径，非公正不发愤，而遇祸灾者，不可胜数也。余甚惑焉，傥所谓天道，是邪非邪？"《廉颇蔺相如列传·赞》则强调，只有大智大勇的人，才懂得怎样在紧急关头为正义而牺牲，而在什么情况下去死却对人们的意志是重大的考验："知死必勇，非死者难也，处死者难。方蔺相如引璧睨柱，及叱秦王左右，势不过诛，然士或怯懦而不敢发。相如一奋其气，威信敌国，退而让颇，名重太山，其处智勇，可谓兼之矣！"高度赞扬蔺相如在恃强凌弱、凶狠霸道的秦王及其群臣面前，敢于视死如归，叱退左右，威震秦廷，这种"处死"态度，才是大智大勇的表现，因而永留芳名！这同《季布栾布列传·赞》赞赏季布"贤者诚重其死"，称颂栾布"彼诚知所处，不自重其死"，正好互相发明，互相呼应。在《张耳陈馀列传·赞》中，则对以势利相交，最终导致反目成仇者表示深沉的慨叹！张耳陈馀两人原先在社会上闯荡时为刎颈之交，以后在反秦起义中同心建立功业，成为赵国的将相。至秦大军包围巨鹿城时，两人却因眼前的实际利益构成仇隙，最终势不两立。司马迁的赞语即深刻地讲出势利之交无法长久、最终一定分道扬镳的道理："张耳、陈馀，世传所称贤者；其宾客厮役，莫非天下俊杰，所居国无不取卿相者。然张耳、陈馀始居约时，相然信以死，岂顾问哉。及据国争权，卒相灭亡，何乡者相慕用之诚，后相倍之戾也！岂非以势利交哉？名誉虽高，宾客虽盛，所由殆与太伯、延陵季子异矣。"②《汲郑列传》中则记载汲黯、郑当时两人位居九卿时，宾客盈廷，至两

---

① 司马迁：《报任安书》，载《汉书》卷六十二《司马迁传》。
② 《史记》卷八十九《张耳陈馀列传》。

人中落，困居不出之时，宾客无人问津。司马迁结合本人"家贫，财赂不足以自赎，交游莫救，左右亲近不为壹言"①的痛切经历，在篇末赞语中不能不对世态炎凉产生深深感慨："夫以汲、郑之贤，有势则宾客十倍，无势则否，况众人乎！下邽翟公有言，始翟公为廷尉，宾客阗门；及废，门外可设雀罗。翟公复为廷尉，宾客欲往，翟公乃大署其门曰：'一死一生，乃知交情。一贫一富，乃知交态。一贵一贱，交情乃见。'汲、郑亦云，悲夫！"②这也恰恰成为《货殖列传》中所论"富者得势益彰，失势则宾客无所之"的强烈回响。

《史记》论赞还有补充史实的作用。如《孔子世家·赞》云："余读孔氏书，想见其为人。适鲁，观仲尼庙堂车服礼器，诸生以时习礼其家，余祗回留之不能去云。"《屈原贾生列传·赞》云："适长沙，观屈原所自沉渊，未尝不垂涕，想见其为人。"《魏公子列传·赞》云："吾过大梁之墟，求问其所谓夷门。夷门者，城之东门也。"《春申君列传·赞》："吾适楚，观春申君故城，宫室盛矣哉！"《樊郦滕灌列传·赞》云："吾适丰、沛，问其遗老，观故萧、曹、樊哙、滕公之家，及其素，异哉所闻！方其鼓刀屠狗卖缯之时，岂自知附骥之尾，垂名汉廷，德流子孙哉？余与他广通，为言高祖功臣之兴时若此云。"有的则是对史实做订正，如《郦生陆贾列传·赞》中订正郦食其至沛公传舍求见，于是沛公急忙以礼相见，郦生遂献计之事，是发生在沛公初随项羽起兵，将兵略地至高阳之时，云："世之传郦生书，多曰汉王已拔三秦，东击项籍而引军于巩、洛之间，郦生被儒衣往说汉王。乃非也。自沛公未入关，与项羽别而至高阳，得郦生兄弟。"

三、议论的多样形式

以上我们举证和分析了《史记》中大量对议论的成功运用。这些议论，有对重要历史主题的提炼和阐述，有对人物行事成败经验的总结，更有直面社会现实问题，发表史家对于"安民"、"富民"和"任贤"的卓越见识，也有表达对生死考验和人生浮沉际遇的感慨。司马迁结合史实发表的议论内容之丰富，其历史见解之深刻，表达感情之真切激越，确实令人敬佩，发人深思，更使人感奋！毫无疑问，成功发表议论，是司马迁实现其"究天人之际，

---

① 司马迁：《报任安书》，载《汉书》卷六十二《司马迁传》。
② 《史记》卷一百二十《汲郑列传》。

通古今之变，成一家之言"的重要手段，也是司马迁在历史编纂学上的杰出创造！

还需强调的是，司马迁发表议论的方式不是拘于一格或程式化的，而是灵活多样，他紧扣史实而发，伴随行文的收放开合、波澜起伏而发，唯其如此，才与历史叙事互相交融、浑然一体，使读者自然而然地得到启发，受到感染。此项同样对于我们改进今天的历史书写，使之增强深刻性和感染力，很有启发。

前已论及，发表议论最主要的方式是篇末论赞，《史记》130 篇大部分有论赞，起到画龙点睛的作用，深化所记载史实的意义。还有三种方式，与这一基本方式错落使用、互相配合，因而使全书精义纷呈，妙趣横生。

第一种，是篇前议论。《史记》十篇表的序对此的运用最为突出，并且担负着极其重要的作用。简要言之，一是交代司马迁记述、整理各个时期历史的史料依据，他甄别、考核史料的标准，他编制这十篇用以表述各个时期历史演进趋势的史表所使用的方法。如，《三代世表》的序，是讲他记载上古史，面临着两类材料，他是如何审慎择用？记载华夏民族的历史应从何开始？对于这些关系重大的问题，他主要都依据孔子的成果，效法孔子的谨慎态度。故曰："太史公曰：五帝、三代之记，尚矣。自殷以前诸侯不可得而谱，周以来乃颇可著。孔子因史文次《春秋》，纪元年，正时日月，盖其详哉！至于序《尚书》则略，无年月，或颇有，然多阙，不可录。故疑则传疑，盖其慎也。""余读谍记，黄帝以来皆有年数。稽其历谱谍终始五德之传，古文咸不同，乖异。夫子之弗论次其年月，岂虚哉！于是以《五帝系谍》、《尚书》集世纪黄帝以来讫共和为《世表》。"①

《十二诸侯年表·序》和《六国年表·序》内容更为丰富。前一篇序，首先概述周室东迁之后，"（诸侯）力政，强乘弱，兴师不请天子。然挟王室之义，以讨伐为会盟主，政由五伯"的局面，而齐、晋、秦、楚本处于四徼，然四国之君利用其有利形势，艰难经营，遂相继成为大国，演出"四海迭兴，更为伯主"的活剧。接着表彰孔子著成《春秋》的意义："西观周室，论史记旧闻，兴于鲁而次《春秋》，上记隐，下至哀之获麟，约其辞文，去其烦重，以制义法，王道备，人事浃。"并概述又有《左氏春秋》、《铎氏微》、《虞氏

---

① 《史记》卷十三《三代世表》。

春秋》、《吕氏春秋》等相关著作出现。最后申明撰著本篇的要义是旨在克服各家记载的缺陷，删其要略，将春秋时期"盛衰大指"呈现于读者面前。① 后篇序则揭示《六国年表》明确以秦由崛起到统一全中国为战国时期历史发展的总纲。首言"太史公读《秦记》"，引出无限感慨。次言六国时期的历史特点："务在强兵并敌，谋诈用而从横短长之说起"；"秦始小国僻远，诸夏宾之，比于戎翟，至献公之后常雄诸侯。论秦之德义不如鲁、卫之暴戾者，量秦之兵不如三晋之强也，然卒并天下，非必险固便形势利也，盖若天所助焉。"最后归结于"秦取天下多暴，然世异变，成功大"，讥笑学者不敢承认秦朝的历史贡献："牵于所闻，见秦在帝位日浅，不察其终始，因举而笑之，不敢道，此与以耳食无异。悲夫！"②

同样，《秦楚之际月表序》首先以极其宏大的气魄，高屋建瓴地概括秦楚之际历史风云的巨大变局："太史公读秦楚之际，曰：'初作难，发于陈涉；虐戾灭秦，自项氏；拨乱诛暴，平定海内，卒践帝祚，成于汉家。五年之间，号令三嬗，自生民以来，未始有受命若斯之亟也。"然后高度评价刘邦举兵起义，推翻暴秦，创立西汉政权的巨大历史意义："王迹之兴，起于闾巷，合从讨伐，轶于三代，乡秦之禁，适足以资贤者为驱除难耳。故愤发其所为天下雄，安在无土不王。此乃传之所谓大圣乎？岂非天哉，岂非天哉！非大圣孰能当此受命而帝者乎？"③《汉兴以来诸侯王年表·序》同样是大处落笔、提挈一个时期历史大事的出色史论，先言汉初因天下初定，采取大封子弟为王的政策，意在屏藩天子，其时诸侯王势力极强，"内地北距山以东尽诸侯地，大者或五六郡，连城数十，置百官宫观，僭于天子"。此后诸侯王国骄奢淫逸，尾大不掉，成为对抗朝廷的力量，"大者叛逆，小者不轨于法，以危其命，殒身亡国"。至汉武帝实行强干弱枝政策，削诸侯王封地，推恩子弟，中央集权得以加强："诸侯稍微，大国不过十余城，小侯不过数十里，上足以奉贡职，下足以供养祭祀，以蕃辅京师。而汉郡八九十，形错诸侯间，犬牙相临，秉其厄塞地利，强本干，弱枝叶之势，尊卑明而万事各得其所矣。"④

由此可见，《史记》的各篇表正因为有这些提挈一个历史时期演进特点的

---

① 参见《史记》卷十四《十二诸侯年表》。
② 《史记》卷十五《六国年表》。
③ 《史记》卷十六《秦楚之际月表》。
④ 《史记》卷十七《汉兴以来诸侯王年表》。

序论，才与本纪共同担负阐明"通古今之变"的重要任务，因而在五体结构
中占据位列第二的地位。

司马迁在八书中也有多篇精心撰写的序论，揭示国家典章制度对于施政
治理的作用。如，《礼书》序论开宗明义，即强调礼制具有"宰制万物，役使
群众"的强大力量；而礼仪的制定依据是人类性情、社会状况："缘人情而制
礼，依人性而作仪。"《乐书》序论则概言乐为经国之大事，既可以兴邦，亦
可以覆国。"成王作《颂》，推己惩艾，悲彼家难"，因而能善始善终。而六
国之君"流沔沉佚，遂往不返，卒于丧身灭宗，并国于秦"。《律书》序论指
出："王者制事立法，物制轨则，壹禀于六律，六律为万事根本焉。"《历书》
序论则强调制定历法与新王受命和国家治理直接关联："王者易姓受命，必慎
始初，改正朔，易服色，推本天元，顺承厥意。"

特别值得关注的是《外戚世家》序论。在三十篇世家中，它是唯一的一
篇序论。而更为可贵的是，作为记汉朝后妃及外戚地位升降的专篇，其篇前
的议论能够摆脱儒家经师惯于宣扬"后妃之德"既不妒忌又无怨争的说教，
而从政治盛衰、伦理关系、夫妇情爱等角度，写出本人的独特见解和真实感
受。序论云，帝王的婚姻有政治联姻的作用，古代开国之君往往得到后妃外
家氏族集团力量的有力帮助："自古受命帝王及继体守文之君，非独内德茂
也，盖亦有外戚之助焉。"并举出殷之兴也以有娀，周之兴也以姜原及太任。
进而提出夫妇是人伦中最重要的关系，对于婚姻必须特别慎重，夫妻间关系
和谐，能够影响和派生一切，并强调夫妻之爱超过其他一切，是其他人伦关
系不能代替的，故曰："夫妇之际，人道之大伦也。礼之用，唯婚姻为兢兢。
夫乐调而四时和，阴阳之变，万物之统也。可不慎与？……甚哉，妃匹之爱，
君不能得之于臣，父不能得之于子，况卑下乎！"[①]以上司马迁论述后妃外戚
在政治上的作用，论述慎重缔结婚姻之重要，和夫妻爱情在人类生活中的特
殊地位，都蕴含着深刻哲理和高度智慧，值得我们珍视。

列传中，司马迁为《循吏列传》、《儒林列传》、《酷吏列传》、《游侠列
传》、《佞幸列传》、《滑稽列传》等篇类传都撰写有序论，用以概括这些社会
群体的行为、道德和作用。如论游侠能救人急难，而不自居其功，他们的道
德观值得肯定："今游侠，其行虽不轨于正义，然其言必信，其行必果，已诺

_____

① 《史记》卷四十九《外戚世家》。

必诚，不爱其躯，赴士之厄困，既已存亡死生矣，而不矜其能，羞伐其德，盖亦有足多者焉。"① 又论滑稽人物虽然地位低下，但他们机智诙谐，善于反语讽刺，能在谈笑中含蓄地说中至理，证明世界广大无边，不同人物、不同学说的作用如能恰当地发挥出来，都对社会治理起到积极作用，曰："孔子曰：'六艺于治一也。《礼》以节人，《乐》以发和，《书》以道事，《诗》以达意，《易》以神化，《春秋》以义。'太史公曰：天道恢恢，岂不大哉！谈言微中，亦可以解纷。"②

第二种，是篇中的议论。篇末论赞和篇前序论是司马迁创造的发表议论的两种基本形式，然而他并不局限于此，在有的篇中又根据需要紧扣史实发表议论，深化叙事的意义，增加文章的波澜。仅举典型的几例。

《天官书》是第一次将古代天文学知识置于历史学考察之内的重要篇章。古代星占家因热衷天人感应之说，往往将天象变异拿来与人间现象相比附，司马迁却在篇中提出批评，云："所见天变，皆国殊窟穴，家占物怪，以合时应，其文图籍机祥不法。是以孔子论六经，纪异而说不书。至天道命，不传。""田氏篡齐，三家分晋，并为战国。争于攻取，兵革更起，城邑数屠，因以饥馑疾疫焦苦，臣主共忧患，其察机祥候星气尤急。近世十二诸侯七国相王，言从衡者继踵，而皋、唐、甘、石因时务论其书传，故其占验凌杂米盐。"③ 这些议论闪射出唯物主义思想的光辉！在《孔子世家》中，司马迁评价孔子著《春秋》是历史上的重大事件，孔子面对春秋时期礼坏乐崩的局面，采用褒贬笔法撰成《春秋》，别是非，明善恶，表达其政治主张，为天下制义法："乃因史记作《春秋》，上至隐公，下讫哀公十四年，十二公。据鲁，亲周，故殷，运之三代。约其文辞而指博。故吴楚之君自称王，而《春秋》贬之曰'子'；践土之会实召周天子，而《春秋》讳之曰'天王狩于河阳'：推此类以绳当世。贬损之义，后有王者举而开之，《春秋》之义行，则天下乱臣贼子惧焉。"④

再举列传中精彩的例子。《屈原贾生列传》记述屈原遭上官大夫谗毁，被楚怀王疏远，流落南方，行吟泽旁，满怀爱国忧思和激愤之情而著《离骚》。

---

① 《史记》卷一百二十四《游侠列传》。
② 《史记》卷一百二十六《滑稽列传》。
③ 《史记》卷二十七《天官书》。
④ 《史记》卷四十七《孔子世家》。

司马迁于此感情奔涌，插入一段议论：

> 屈平疾王听之不聪也，谗谄之蔽明也，邪曲之害公也，方正之不容也，故忧愁幽思而作《离骚》。离骚者，犹离忧也。夫天者，人之始也；父母者，人之本也。人穷则反本，故劳苦倦极，未尝不呼天也；疾痛惨怛，未尝不呼父母也。屈平正道直行，竭忠尽智以事其君，谗人间之，可谓穷矣。信而见疑，忠而被谤，能无怨乎？屈平之作《离骚》，盖自怨生也。《国风》好色而不淫，《小雅》怨诽而不乱。若《离骚》者，可谓兼之矣。上称帝喾，下道齐桓，中述汤武，以刺世事。明道德之广崇，治乱之条贯，靡不毕见。其文约，其辞微，其志絜，其行廉，其称文小而其指极大，举类迩而见义远。其志絜，故其称物芳。其行廉，故死而不容自疏。濯淖污泥之中，蝉蜕于浊秽，以浮游尘埃之外，不获世之滋垢，皭然泥而不滓者也。推此志也，虽与日月争光可也。①

　　这是司马迁对屈原忠贞爱国的高洁品质和杰出才华的一曲礼赞，评价精当，因而世代传诵；又是评判忠贞与邪恶的一把标尺，能洞察真伪，使物无遁形；同时，也是一面明亮的镜子，清楚地照出史家本人与屈原同样的磊落襟怀和爱国衷肠。正因为有这段精彩的议论，遂使屈原的伟大人格和《离骚》的不朽价值获得了千古定评，也使本篇乃至《史记》全书放射出异彩！《张丞相列传》中的一段则恰与此相映成趣。此篇实为合传，司马迁在记载张苍（高祖时为御史大夫，孝文帝即位之后，继灌婴为相）、周昌（御史大夫）、申屠嘉（先为御史大夫，后继张苍任丞相）等人事迹之后，插入一段议论，云："自申屠嘉死之后，景帝时开封侯陶青、桃侯刘舍为丞相。及今上时，柏至侯许昌、平棘侯薛泽、武强侯庄青翟、高陵侯赵周等为丞相。皆以列侯继嗣，娖娖廉谨，为丞相备员而已，无所能发明功名有著于当世者。"②严肃地批评陶青、刘舍等人身居相国要职，却只知奉迎应付保住职位，而对国家大事、民生福祉毫无建树，与屈原舍身为国的精神形成鲜明的对照。
　　第三种，是因特殊情况的需要，通篇记述与议论交替运用，互相交融，

---

① 《史记》卷八十四《屈原贾生列传》。
② 《史记》卷九十六《张丞相列传》。

相得益彰。《伯夷列传》中记伯夷、叔齐叩马谏武王伐纣，后武王已平殷乱，天下宗周，伯夷、叔齐耻之，义不食周粟，遂饿死于首阳山的事迹，史实只及全篇的三分之一。其余开头、结尾各段落都是发表议论，对"天道无亲，常与善人"的流行观点公开提出质疑；对于作恶多端的人竟以寿终，而正直君子却连遇祸灾的不合理的现实表示愤慨；又论"伯夷、叔齐虽贤，得夫子而名益彰"①，寓含本人发愤著史，亦要让出身贫贱而志节高尚的人扬名后世的志向。司马迁如此大量发表议论，其用意，是以此篇作为七十列传之总序。再者，居于"列传第六十九"的《货殖列传》，是记载工商业者成功致富的专篇，又从多方面抒发史家的议论，记载史实与议论层层结合，互相交融。如，对老子倒退历史观提出驳论，强调大众满足物质需要的天然合理性，又结合记述山西、山东、江南等自然区域的不同物产，论述发展生产和交换"若水之趋下，日夜无休时"的客观法则性；记述齐太公通鱼盐之利，管仲设轻重九府，使齐国富强，称霸诸侯，范蠡、计然、子贡、白圭善于经营致富，乌氏倮因畜牧致富，巴寡妇清因采丹砂矿发家、可比封君等史实，又结合抒发"人富而仁义附焉"、"富者得势益彰"的道理；记载全国关中、巴蜀、陇西、三河、代北、邯郸、燕、齐鲁、梁宋、西楚、东楚、南楚等主要经济区的不同物产和经营活动，又结合畅论"富者，人之情性，所不学而俱欲之也"、"农工商贾畜长，固求富益货也"的主张。该篇既是记载工商业者的类传，在结构上又是全部列传的后殿，在记载了丰富多样的史实之后，司马迁要讲出所有不同地位、不同性格的人物和行事是在怎样的物质生产舞台上展现的，要讲出这些下层货殖人物"不害于政，不妨百姓，取与以时而息财富"的价值，要讲出物质生产和交换活动对于推动社会前进的意义，要让人们懂得"人各任其能，竭其力，以得所欲"是普遍性法则的道理。②凡此等等，就需要全篇采用这种特殊的夹叙夹议手法，将篇中广泛、真实、生动的史实叙述，与深刻、透彻、感情激越的议论相结合，从而使全部列传的内容具有更深一层的意义。

作为全书最后一卷的《太史公自序》，更把记叙与议论相结合的表达方法推向了极致。司马迁撰成这部气魄雄伟，内容丰富生动、真实可信，记载

---

① 《史记》卷六十一《伯夷列传》。
② 均见《史记》卷一百二十九《货殖列传》。

了华夏民族几千年历史的巨著，他所凭借的条件是什么呢？司马迁撰成这部伟大著作，他的旨趣和目标又是什么呢？这些都是司马迁要郑重其事向读者交代的问题。司马迁为此做了苦心经营，在《太史公自序》中，记述了司马氏的家世，父亲司马谈的学术思想，记述了元朔三年（前126）司马迁出发在全国壮游的经历，记述了元封元年（前110）汉武帝东巡泰山封禅，司马谈因病滞留周南，临死前拉着司马迁的手、郑重地将绍明世、继《春秋》、撰成《史记》的大事托付给他，又记述了上大夫壶遂与司马迁的问答，记述了天汉三年（前98）司马迁因遭李陵之祸被处腐刑，在屈辱中奋起、发愤著述。紧扣这些史实，司马迁充分肯定六经享有崇高地位，尤其高度评价《春秋》别嫌疑、明是非，具有拨乱世反之正的威力，是礼义之大宗，表明他本人尊崇儒学的态度；又强调他发愤著述，是要发扬孔子厄陈蔡而著《春秋》、屈原放逐而著《离骚》的精神，要"述往事，思来者"。尤其是，本篇中一一提炼出《史记》130篇撰著义旨，并进而概括全书的著述目标是"网罗天下放失旧闻，王迹所兴，原始察终，见盛观衰"，"成一家言，厥协六经异传，整齐百家杂语"。[1] 司马迁在著成全书之后，又如此完整、准确地将130篇撰著义旨和全书宗旨全部论定，成为后人理解《史记》深邃内涵的准绳。司马迁用生命写成的这部杰作，其规模、内容、结构、方法都取得了空前的成就，又在本人生命的最后阶段，痛不欲生、精神恍惚，"肠一日而九回，居则忽忽若有所亡，出则不知所如往"[2] 的情况下，却仍以极大毅力做到如此精当、严密、完善的安排，遂使《史记》成为世代传诵的史家之绝唱！

司马迁在史著中灵活多样地成功运用议论，在今天对我们具有现实启示的意义。在当代史坛，每每会听到有学者发表史书中只需直书其事、不必再发表议论的主张。之所以有这种主张，实与人们惩于曾经因为教条主义猖獗，有的论著热衷于陈饰空论以代替扎实的史实征引和深入的论证相关，因而片面地贬低甚至反对使用议论。其实那种情况是假、大、空恶劣学风所造成的严重弊病。我们不能因噎废食，更不能本末颠倒。议论不等于空话，切中肯綮的议论恰恰能使史著大为生色，增加史著的学术价值和力量。我们应当认真地从司马迁的成功经验中获得启示，将丰富准确的史实、朴实生动的叙事

---

①　《史记》卷一百三十《太史公自序》。

②　司马迁：《报任安书》，载《汉书》卷六十二《司马迁传》。

和恰当灵活的议论三者结合起来，使我们所撰写的史学论著避免平淡乏味，而能增强其说服力和感染力。

第五节　《史记》与中华民族凝聚力

在人类文明史上，最足以令全体中国人自豪的是，中华文明是世界上诸古老文明中唯一连续发展、从未中断的文明。中华民族具有高度发达的历史意识，世世代代史家撰成的优秀历史著作，生动地记载了国家不断走向统一、各民族间的团结日益加强的进程。而司马迁在汉武帝时代撰成的不朽巨著《史记》，本身就是中华民族所具有的伟大创造、开拓精神的结晶，他总结和提炼客观历史进程而形成的进步政治观、民族观和文化观，两千多年来成为无比宝贵的史学经典和历史教科书，对于增强中华各民族的凝聚力、向心力起到极其巨大的作用。

一、"大一统"的政治观

《史记》是一部罕见的通史杰构。司马迁的记载，上起黄帝，下迄汉武，囊括了中华民族有史以来直至史家当世的全部历史。为了容纳如此丰富的内容，司马迁构建了以本纪、表、书、世家、列传五体互相配合的完备的著史形式。其中，本纪居五体之首，在全书中居于最为显著的地位，因它的作用是纵写各个时期历史的大趋势，各篇本纪连贯起来，便构成中国几千年历史的纲领。首篇《五帝本纪》是最值得注意的，它记载黄帝、颛顼、帝喾、尧、舜五个古代帝王的历史，是中国历史的最早阶段，也是中华民族意识的源头。由于年代邈远，史料阙略，司马迁为撰著此篇付出了巨大的努力，他面对自战国时期传下来的各个学派关于上古历史的互相歧异的说法，认真做了甄别抉择，最后撰著成篇，其史料整理、复现历史的过程，当然贯穿了本人对上古历史的认识。

中国的历史记载应当从何时开始？谁是中华文明的始祖？《五帝本纪》对此做出明确的回答。司马迁作为中国第一部通史的撰著者，他面对着各种复杂、分歧的记载。对于中国上古时代的"五帝"，即有两种不同的说法。一种是以黄帝、颛顼、帝喾、尧、舜为五帝，这是司马迁采《世本》、《大戴礼记》而厘定的；另一种则以伏羲、神农、黄帝为三皇，少昊、颛顼、高辛、唐、虞为五帝，此后孔安国《尚书序》、晋皇甫谧《帝王世纪》、孙氏注《世本》则采用这种说法。司马迁的选择是十分慎重而又极具远见卓识的，这包括他对先秦文献进行综核、整理和遍历华夏各地调查古迹、访问故老传说之所得两项。如他在《五帝本纪》篇末"太史公曰"所明白交代的："学者多称五帝，尚矣。然《尚书》独载尧以来；而百家言黄帝，其文不雅驯，荐绅先生难言之。孔子所传《宰予问五帝德》及《帝系姓》，儒者或不传。余尝西至空桐，北过涿鹿，东渐于海，南浮江淮矣，至长老皆各往往称黄帝、尧、舜之处，风教固殊焉，总之不离古文者近是。"[1]正因为司马迁对华夏民族的精神和历史前进的趋势有深刻的把握，又具有杰出史学家对历史文献的整理、综合能力和以亲身在广阔地域范围内之调查访问所得与文献记载相印证的高明的治史方法，所以他所确定的黄帝为华夏民族人文初祖，对于几千年来我们民族的发展便具有非凡的文化认同意义。黄帝是华夏文明最早的代表人物，不仅在《大戴礼记》中《五帝德》、《帝系姓》两篇，和《世本》等文献中明确记载，而且在其他儒家典籍中也能得到印证。清儒林伯桐云："古来制作，自黄帝而定。《礼记·祭法》篇曰：'黄帝正名百物。'孔《疏》云：'上虽有百物，而未有名。黄帝为物作名，正名其体也。'"并对此加以申论："然则《史记》托始，自有深意。现以黄帝为始，固当援《大戴礼》五帝之论为据，不容任意增损。后来胡五峰（宏）、刘道原（恕）谓五帝当冠以伏羲、神农，而削去颛顼、帝喾，论似近正，然非史公自黄帝始之意矣。"[2]

在司马迁笔下，黄帝是华夏民族走向统一的奠基人物。《五帝本纪》载："轩辕之时，神农氏世衰。诸侯相侵伐，暴虐百姓，而神农氏弗能征。于是轩辕乃习用干戈，以征不享，诸侯咸来宾从。而蚩尤最为暴，莫能伐。炎帝欲侵陵诸侯，诸侯咸归轩辕。轩辕乃修德振兵，治五气，艺五种，抚万民，度四方，教熊罴貔貅貙虎，以与炎帝战于阪泉之野。三战，然后得其志。蚩尤作乱，不用帝命。于是黄帝乃征师诸侯，与蚩尤战于涿鹿之野，遂禽杀蚩尤。而诸侯咸尊轩辕为天子，代神农氏，是为黄帝。天下有不顺者，黄帝从而征之，平者去之，披山通道，未尝宁居。"[3]称扬黄帝行天子之职，对于互相

---

① 《史记》卷一《五帝本纪》。

② 司马迁撰，〔日〕泷川资言：《史记会注考证》（一），文学古籍刊行社1955年版，第2页。

③ 《史记》卷一《五帝本纪》。

攻伐、侵陵诸侯者加以征讨，使神州范围内实现统一的秩序。黄帝又安抚万民，教民种植五谷，从事农业生产，并辟除险阻，使各地交往便利，促进统一局面的形成。又载黄帝巡行四方，任命百官，创设封禅等制度，推算日月节气。黄帝不但是华夏文明初祖和华夏民族走向统一的奠基者，而且其后继起称帝者都是黄帝的血胤：帝颛顼，是黄帝次子昌意之子；帝喾，是黄帝长子玄嚣之孙，黄帝曾孙；帝尧，是帝喾之子，名放勋；帝舜，是黄帝的八世孙，原为庶人，因出众的德行才能而受帝尧的禅让。颛顼等四帝，不唯是黄帝的后代，而且都继承了黄帝开创的统一天下、安抚万民、创建制度、举用贤才的治国传统。故司马迁自述其《五帝本纪》撰述义旨说："维昔黄帝，法天则地，四圣遵序，各成法度；唐尧逊位，虞舜不台；厥美帝功，万世载之。作《五帝本纪》第一。"[①]《五帝本纪》又云："自黄帝至舜、禹，皆同姓而异其国号，以章明德。故黄帝为有熊，帝颛顼为高阳，帝喾为高辛，帝尧为陶唐，帝舜为有虞，帝禹为夏后而别氏，姓姒氏。契为商，姓子氏。弃为周，姓姬氏。"[②]不但自颛顼至禹，都是黄帝的后代，由父祖而传给子孙，而且商的始祖契和周的始祖弃，也是帝尧时任用的大臣。从黄帝至商、周，任帝王者不是祖孙，就是大臣，华夏的天下就是黄帝传下的一个大家族相继承的。

若以记载准确的史实作标准，《五帝本纪》中肯定存在许多传说和附会的成分，因为五帝时代，相当于氏族部落社会，当时在广阔的土地上存在着许多氏族部落和部落联盟，其首领人物，不可能同出于一个祖先，其时的制度、号令、行事，也不可能有后代国家那样整齐和一致。《五帝本纪》中的确掺入了许多传说成分，因而引起前代学者提出关于五帝的世系、年寿等项诸多质疑。然则，尽管如此，从历史观和文化观的角度考察，绝不应以此而降低司马迁所撰这一《史记》首篇的价值，因为篇中所言的统一政令、治理国家、安抚万民和血胤相传等，正是从本质上反映出华夏民族自远古以来确实存在，并且主导着历史前进方向的统一趋势，反映出人们对统一的愿望。郭沫若说得好："如五帝三王是一家，都是黄帝的子孙，那便完全是人为。那是在中国统一的前后（即嬴秦前后）为消除各种氏族的畛域起见所生出的大一统的要求。"[③]这就准确地肯定了《五帝本纪》体现的"大一统"政治观对于推进秦

---

① 《史记》卷一百三十《太史公自序》。
② 《史记》卷一《五帝本纪》。
③ 郭沫若：《郭沫若全集》（历史编）第 1 卷，人民出版社 1982 年版，第 222—223 页。

汉时期国家统一发展趋势的重要贡献。还须注意的是，郭沫若的论断是在20世纪30年代做出的。此后，随着研究工作的推进和大量考古发现的证实，以费孝通为代表的学者又提出了"中华民族多元一体"的观念。由于独特的地理环境和民族素质赋予中国文化具有强烈的包容性特征，中华民族的生存环境构成一个自然格局的地理空间，四周是高山、沙漠、海洋构成的自然屏障，而中间是黄河、长江两大流域形成的广阔肥沃的平原，很早就发展出农业生产，并由此滋养了先进的古代文明，因而成为周边居民向往之所在和向四周边远地区传播先进文化的中心。中国文化几千年演进过程，中原地区与周边地区互相交流、融合的趋势，早自新石器时期已经开始显示。考古学者分别发现的分布在各地的仰韶文化（河南）、龙山文化（山东）、河姆渡文化（长江下游）、屈家岭文化（长江中游），证明文化起源是多元的；而当遇到更先进的文化时则学习、吸收，从而取代了原先的文化，如仰韶文化因吸收了龙山文化而形成河南龙山文化，证明古代各族团间经过交流、吸收而向前发展，因而逐步推进了全国范围内构成"一体"的统一趋势。①《五帝本纪》中称扬黄帝制止诸侯相攻伐，"抚万民，度四方"，称扬帝尧"能明驯德，以亲九族。九族既睦，便章百姓。百姓昭明，合和万国"②，就是中国文明早期民族（部族）间统一趋势在政治观念上的概括。

《史记》的"大一统"政治观，又突出地体现在对秦和西汉两个朝代推进中国统一历史功绩的高度肯定。秦实现统一全国之后，因实行暴政，穷兵黩武，而导致二世而亡。西汉王朝是在反秦战争的废墟上建立起来，谴责秦朝暴政、总结秦亡教训，成为汉初的时代主题。但其结果，却出现一种倾向掩盖另一种倾向，造成一些世俗人士因秦的短祚而根本无视秦朝的功绩。司马迁则对秦朝的功过作辩证的分析。《六国年表·序》提纲挈领，中心是论述秦的历史作用。首先，指出秦国的强盛和兼并六国代表了战国时期历史发展的主导方向。秦自文公攘夷狄、穆公修政，国势始强，与齐桓、晋文这些中原霸主相侔列。以后进入战国时期，各国武力攻伐，纷争不已。"秦始小国僻远，诸夏宾之，比于戎翟，至献公之后常雄诸侯。"最后兼并天下，"非必险固便形势利也，盖若天所助焉"。其次，总结自夏禹、商汤、周文王，至秦、

① 参见费孝通等：《中华民族多元一体格局》，中央民族学院出版社1989年版，第7—8页。
② 《史记》卷一《五帝本纪》。

汉兴起，都符合崛起于西北而最后获得成功的规律。这段话似乎带有某种神秘色彩，这一层姑且不论，其中主要价值，显然在于把秦与夏、商、周、汉这些对中国历史有重大贡献的朝代相提并论。这是在前一层评论秦兼并天下"盖若天所助焉"的基础上，进一步提高秦的历史地位。进而，司马迁针对汉代流行的否定秦的历史贡献之偏颇观点，提出中肯的批评："秦取天下多暴，然世异变，成功大。传曰'法后王'，何也？以其近己而俗变相类，议卑而易行也。学者牵于所闻，见秦在帝位日浅，不察其终始，因举而笑之，不敢道，此与以耳食无异。悲夫！"[①] 既谴责秦在统一过程中的暴虐行为，又明确肯定秦统一中国是符合形势发展的巨大成功，对于"不察其终始"即不认识历史发展趋势的俗学浅见予以辛辣的讽刺。有的论者曾将"盖若天所助"理解为迷信的说法[②]，其实，这里的"天所助"，是指历史发展趋势的推动，相当于今日之谓"必然性"。《史记》又在《秦始皇本纪》之前设置《秦本纪》，这是司马迁的精心安排。《秦本纪》的撰著特点，是以秦逐步奠定统一中国的雄厚基础为主线，预示着中国历史由七雄分立向实现统一的方向发展。《秦本纪》和《秦始皇本纪》，两篇本纪在结构上紧相衔接，透过纷纭复杂的历史事实，揭示出春秋战国以来中国逐步走向统一的趋势，而秦历代国君苦心经营，成为这一历史使命的担当者，特别是通过秦始皇非凡的作为和周围文臣武将的努力，最终实现天下统一。司马迁在《魏世家·赞》中又称"天方令秦平海内"[③]，而《六国年表》更将秦与其他四个重要朝代并列，司马迁的观点及其记载的大量史实，是对于俗儒动辄称"亡秦"，将之排斥在"正统"之外的偏见的有力廓清。

　　司马迁对西汉实现的空前统一局面，更从多方面大力褒扬。若将《史记》有关汉代的几篇表合起来看，即表达出中央集权制越来越加强、中华民族的统一越来越发展的趋势。《秦楚之际月表·序》认为汉高祖"拨乱诛暴，平安海内"，实现西汉统一，是建立了"轶于三代"的空前功业。《汉兴以来诸侯王年表·序》概述自汉初至武帝时朝廷一步步战胜封国势力，强干弱枝之势已成，"尊卑明而万事各得其所矣"。《建元以来侯者年表序》则肯定汉武帝解除边境少数民族对内地的威胁，"以中国一统，明天子在上，兼文武，席

① 　均见《史记》卷十五《六国年表》。
② 　如刘知幾曾谓："论成败者，当以人事为主，必推命而言，其理悖矣。"参见刘知幾：《史通》卷十六《杂说》（上）。
③ 　《史记》卷四十四《魏世家》。

卷四海，内辑亿万之众"。《货殖列传》、《太史公自序》等篇也对西汉实现经济上、政治上空前统一局面表示由衷赞美："汉兴，海内为一，开关梁，弛山泽之禁，是以富商大贾周流天下，交易之物莫不通，得其所欲"；"至明天子……泽流罔极，海外殊俗，重译款塞，请来献见者不可胜道。"司马迁著史最主要的指导思想是"通古今之变"，他做到"网罗天下放失旧闻"，"原始察终"，撰成一部中华民族不断走向统一的信史，这无疑是对增强民族凝聚力的巨大贡献。

二、周边民族与中原民族联结一体的民族观

司马迁"大一统"的政治观，又是与其进步的民族观密切相结合的。《史记》作为不朽的通史巨著，对于民族活动极为重视，以大量生动的史实，表达"周边民族与中原民族联结一体"这一重要观念。司马迁认为，周边民族与中原民族出于同源。古代的荆楚是"蛮"，僻处于东南的吴也被视为落后居民，司马迁却说："余读《春秋》古文，乃知中国之虞与荆蛮句吴兄弟也。"①对于楚与中原民族的关系，《楚世家》尤做了详细记载：楚之先祖出自颛顼高阳，高阳为黄帝之孙。高阳之孙为重黎、吴回，兄弟二人相继任帝喾火正。吴回有孙六人，季连最幼，芈姓，即为楚之先祖。"周文王之时，季连之苗裔曰鬻熊。鬻熊子事文王，早卒。"有孙曰熊绎。"熊绎当周成王之时，举文、武勤劳之后嗣，而封熊绎于楚蛮，封以子男之田，姓芈氏，居丹阳。"②故不但楚之先祖出自黄帝之后，其后代当周文王时，又是辛劳为周王室出力的人物，所以至周武王时，熊绎被封于楚。熊绎之后传至若敖、楚文王、楚武王、楚成王、楚庄王等，均有明确的世系。在《西南夷列传》中又记载：楚庄王苗裔庄蹻，于楚威王时为楚将军，将兵循江上，略巴、黔中以西。"蹻至滇池，方三百里，旁平地，肥饶数千里，以兵威定属楚。欲归报，会秦击夺楚巴、黔中郡，道塞不通，因还，以其众王滇，变服，从其俗，以长之。"至汉武帝时开通西南夷，天子发兵临滇，"滇王始首善，以故弗诛。滇王离难西南夷，举国降，请置吏入朝。于是以为益州郡，赐滇王王印，复长其民。西南夷君长以百数，独夜郎、滇受王印。滇小邑，最宠焉"。司马迁在篇末赞语为之慨

① 《史记》卷三十一《吴太伯世家》。
② 《史记》卷四十《楚世家》。

叹："楚之先岂有天禄哉？在周为文王师，封楚。及周之衰，地称五千里。秦灭诸侯，唯楚苗裔尚有滇王。汉诛西南夷，国多灭矣，唯滇复为宠王。"①通过追根溯源，大大拉近了偏处西南夷中的小邑滇与楚和中原民族的距离。匈奴是又一典型例子。这一北方游牧民族，惯于骑射劫掠，长期成为中原居民的严重威胁，当时人称之为"人面兽心"，"禽兽畜之"，如武帝时主父偃谏伐匈奴，称："匈奴之性，兽聚而鸟散，从之如搏影"，"夫匈奴难得而制，非一世也。行盗侵驱，所以为业也，天性固然……禽兽畜之……"。②但司马迁在《匈奴列传》开头，却明确交代："匈奴，其先祖夏后氏之苗裔也，曰淳维。"③指出这一北方边境民族与中原民族也是兄弟关系。

《史记》十分重视周边民族活动的记载，以具体的史实证明周边民族与中原民族关系的紧密，开创了中国史学重视周边民族历史记载的传统，对于促进全国各民族的统一产生了极其深远的影响。司马迁撰写了《匈奴列传》、《南越列传》、《东越列传》、《朝鲜列传》、《西南夷列传》、《大宛列传》，如白寿彝先生所说，"把环绕中原的各民族，尽可能地展开一幅极为广阔而又井然有序的画卷"④。古代周边民族的活动和社会状况、习俗等，就是依靠《史记》的记载保留下来。《匈奴列传》记载其社会生活和国家制度云："居于北蛮，随畜牧而转移。其畜之所多则马、牛、羊，其奇畜则橐驼、驴、骡、駃騠、騊駼、驒騱。逐水草迁徙，毋城郭常处耕田之业，然亦各有分地。毋文书，以言语为约束。儿能骑羊，引弓射鸟鼠；少长则射狐兔：用为食。士力能毌弓，尽为甲骑。其俗，宽则随畜，因射猎禽兽为生业，急则人习战攻以侵伐，其天性也。其长兵则弓矢，短兵则刀铤。利则进，不利则退，不羞遁走。苟利所在，不知礼义。自君王以下，咸食畜肉，衣其皮革，被旃裘。壮者食肥美，老者食其余。贵壮健，贱老弱。父死，妻其后母。兄弟死，皆取其妻妻之。其俗有名不讳，而无姓字。"⑤"自淳维以至头曼千有余岁，时大时小，别散分离，尚矣，其世传不可得而次云。然至冒顿而匈奴最强大，尽服从北夷，而南与中国为敌国，其世传国官号乃可得而记云。""置左右贤王，

---

① 《史记》卷一百一十六《西南夷列传》。
② 《史记》卷一百一十二《平津侯主父列传》。
③ 《史记》卷一百一十《匈奴列传》。
④ 白寿彝主编：《中国通史·导论卷》，上海人民出版社1989年版，第7页。
⑤ 《史记》卷一百一十《匈奴列传》。

左右谷蠡王，左右大将，左右大都尉，左右大当户，左右骨都侯。匈奴谓贤曰'屠耆'，故常以太子为左屠耆王。自如左右贤王以下至当户，大者万骑，小者数千，凡二十四长，立号曰'万骑'。诸大臣皆世官。"①西南夷的部族种类繁多，习俗复杂，司马迁本人有过奉使西南夷的经历，有亲身的调查了解，因而能够做出简洁明了的梳理："西南夷君长以什数，夜郎最大；其西靡莫之属以什数，滇最大；自滇以北君长以什数，邛都最大：此皆魋结，耕田，有邑聚。其外西自同师以东，北至楪榆，名为嶲、昆明，皆编发，随畜迁徙，毋常处，毋君长，地方可数千里。自嶲以东北，君长以什数，徙、筰都最大；自筰以东北，君长以什数，冉駹最大。其俗或土箸，或移徙，在蜀之西。自冉駹以东北，君长以什数，白马最大，皆氐类也。此皆巴蜀西南外蛮夷也。"②据此可以明白，西南夷广大地区复杂的部族，可以分为农耕、半农半牧、游牧三大区域，在农耕区域中，又以夜郎、滇、邛都为最大。此外第四类区域为氐类，以白马为最大。这些都为后人提供了古代生活在我们广袤的国土上周边民族社会状况足资凭据的史料。

更为可贵的是，司马迁撰写这些篇章都有明确的指导思想，即大力肯定周边民族与中原政权关系的加强，证明各民族的巨大向心力。《太史公自序》揭示出上述篇章的撰述义旨："汉既平中国，而佗能集杨越以保南藩，纳贡职。作《南越列传》。""燕丹散乱辽间，满收其亡民，厥聚海东，以集真藩，葆塞为外臣。作《朝鲜列传》。""唐蒙使略通夜郎，而邛、筰之君请为内臣受吏。作《西南夷列传》。""汉既通使大夏，而西极远蛮，引领内乡，欲观中国。作《大宛列传》。"③司马迁以其进步的观点和确凿的史实证明中华民族的凝聚力不断加强，表达了民族的共同心理，自然对推进国家的统一产生深远的影响。

兹以《大宛列传》做典型分析：《大宛列传》实为西域地区的民族传，以张骞通使和李广利攻大宛之役两大事件为主线，记载西域各民族的社会生活，以及汉与西域各族关系之密切。张骞第一次通使归来，向武帝报告大宛、大月氏、大夏、康居等国地理远近、生活习俗、国力强弱，如说："大宛在匈奴西南，在汉正西，去汉可万里。其俗土著，耕田，田稻麦。有蒲陶酒。多

① 《史记》卷一百一十《匈奴列传》。
② 《史记》卷一百一十六《西南夷列传》。
③ 《史记》卷一百三十《太史公自序》。

善马，马汗血，其先天马子也。有城郭屋室。其属邑大小七十余城，众可数十万。其兵弓矛骑射。其北则康居，西则大月氏，西南则大夏，东北则乌孙，东则扞罙、于窴。于窴之西，则水皆西流，注西海；其东水东流，注盐泽。盐泽潜行地下，其南则河源出焉。多玉石，河注中国。而楼兰、姑师邑有城郭，临盐泽。盐泽去长安可五千里。匈奴右方居盐泽以东，至陇西长城，南接羌，鬲汉道焉。""乌孙在大宛东北可二千里，行国，随畜，与匈奴同俗。控弦者数万，敢战。故服匈奴，及盛，取其羁属，不肯往朝会焉。"因张骞在大夏时见邛竹杖、蜀布，得知大贾商人买自身毒，而身毒在大夏东南可数千里，估计其国去蜀不远。武帝闻之，而再度发使者，四道并出，欲通西南夷。张骞以校尉从大将军击匈奴，知水草处立了军功，封为博望侯。汉朝大军击败匈奴主力，南匈奴降汉，北匈奴败走漠北。张骞第二次通使，欲结乌孙，"断匈奴右臂"，又分遣副使通使大宛、康居等国。乌孙派导译送张骞归汉，并遣使者向汉朝报谢，因亲见汉朝人众富厚，乌孙国益重汉。过了年余，张骞所派副使陆续与其国人俱来，于是西北国始通汉，张骞凿空成功，西汉各国与汉通好。以后，武帝因慕求大宛好马，即拜李广利为贰师将军，发兵攻大宛，是为大宛之役。李广利以兵围大宛城，大宛贵人与汉军订盟，大宛出其好马，汉军解围。李广利回师东归时，"诸所过小国闻宛破，皆使其子弟从军入献，见天子，以为质焉"。大宛新立之王"遣其子入质于汉。汉因使使赂赐以镇抚之"。"汉发使十余辈至宛西诸外国……而敦煌置酒泉都尉；西至盐水，往往有亭。而仑头有田卒数百人，因置使者护田积粟，以给使外国者。"[①]汉朝经营西域从此始，西域各族与内地建立了密切的关系。

古代民族关系是十分复杂的，一方面，既存在因地理环境的影响和各民族促进政治、经济、文化的根本利益需要，而朝着不断融合、统一方向发展的趋势，另一方面，又存在民族间的矛盾和战争，如汉武帝时期就有多次对周边民族地区的用兵，两者都是客观的存在。司马迁主张民族和好的开明态度还表现在他严肃批评对周边民族地区连年用兵。他对汉武帝时期国家空前统一的局面是高度赞扬的，如说："明天子在上，兼文武，席卷四海。"[②]"汉兴五世，隆在建元，外攘夷狄，内修法度，封禅，改正朔，易服色。作《今上

---

① 《史记》卷一百二十三《大宛列传》。
② 《史记》卷二十《建元以来侯者年表》。

本纪》。"① 而同时，他又对因连年征伐造成国家财政空虚、民众困苦不堪的局面严肃地提出批评。《平准书》直书无隐，指出因连年征战，造成士卒大批死亡，百姓不堪重负，文景时代"府库余货财"、"太仓之粟陈陈相因"的丰厚积蓄被耗尽了，造成"天下苦其劳，而干戈日滋。行者赍，居者送，中外骚扰而相奉，百姓抏獘以巧法，财赂衰耗而不赡"。② 因而汉朝出现衰势。《大宛列传》也批评武帝大规模兴兵伐大宛，"乃案言伐宛尤不便者邓光等，赦囚徒材官，益发恶少年及边骑，岁余而出敦煌者六万人，负私从者不与。牛十万，马三万余匹，驴骡橐它以万数。多赍粮，兵弩甚设，天下骚动，传相奉伐宛"③。在《匈奴列传》赞语中，不怕触犯忌讳，指出："世俗之言匈奴者，患其徼一时之权，而务谄纳其说，以便偏指，不参彼己；将率席中国广大，气奋，人主因以决策，是以建功不深。"④ 尖锐地批评满朝文臣谄媚成性，一味附和武帝旨意，武将滋生虚骄心，贪图多立战功，因而造成武帝政策的失当！这些议论，都凸现出司马迁的卓越见识和正直史家的崇高责任感。而他称赞汉文帝对匈奴"坚兵设候，结和通使，休宁边陲"，一面严守战备，一面结和往来，防其掠夺，又避免连年征伐之苦，由此造成文帝时期天下太平景象，"故百姓无内外之繇，得息肩于田亩，天下殷富"。⑤ 而武帝晚年下轮台之诏，"深陈既往之悔"，对长年兴师征伐，造成"重困老弱孤独"引以自责，断然否定桑弘羊请求远戍轮台之议，宣布罢兵兴农。⑥ 汉武帝晚年的政策转变也正证明司马迁的主张确有先见之明，司马迁开明的民族观的宝贵价值就在于有利各民族的共同发展。

三、广采兼容的文化观

《史记》对增强中华民族凝聚力的巨大贡献，还在于其广采兼容的文化观，以及为中华民族历史记载的连续性树立了不朽的典范。

《史记》吸收了中国古代各派学术的精华，体现出拥抱全民族文化的广阔

---

① 《史记》卷一百三十《太史公自序》。
② 《史记》卷三十《平准书》。
③ 《史记》卷一百二十三《大宛列传》。
④ 《史记》卷一百一十《匈奴列传》。
⑤ 《史记》卷二十五《律书》。
⑥ 《汉书》卷九十六下《西域传》。

胸怀，对此，前代学者有过十分精辟的评论。梁启超推崇司马迁是古代文化思想的集大成者："其于孔子之学，独得力于《春秋》，而南派（老庄）、北东派（管仲齐派）、北西派（申、商韩）之精华，皆能咀嚼而融化之。又世在史官，承胚胎时代种种旧思想，磅礴郁积，以入于一百三十篇之中，虽谓史公为上古学术思想之集大成可也。"[1] 郑振铎也认为司马迁的伟大贡献在于系统地整理古代学术文化，"他排比、他整理古代一切杂乱无章的史料，而使之就范于他的一个囊括一切前代知识及文化的一个创作定型之中"[2]。司马迁对待百家学说的态度，在当时经受了巨大的考验。当时，汉武帝采纳董仲舒的建议，实行"罢黜百家，独尊儒术"的政策。司马迁重视儒家思想，而同时对诸子百家明确采取广采兼容的态度。司马迁对孔子学说和儒家经典的尊重在《史记》全书中多有体现。在《太史公自序》中，他明确提出"继《春秋》"，以孔子事业的继承者自任；他详细记载孔子的生平和著述事业，将只有平民身份的孔子破格立为世家，与王侯同列，并在《孔子世家》赞语中称孔子为"至圣"；又设立了《仲尼弟子列传》、《孟子荀卿列传》和《儒林列传》，构成最早的儒学史，显示出儒学繁盛的特殊地位；在《史记》各篇中，司马迁随时引用孔子的论述，作为评价历史人物和事件的依据，譬如，仅在《伯夷列传》篇末，就接连引用了"道不同不相为谋"，"富贵如可求，虽执鞭之士，吾亦为之。如不可求，从吾所好"，"岁寒，然后知松柏之后凋"，"君子疾没世而名不称焉"等多处孔子的言论，表达自己的评价和感慨；在史料依据上面对复杂纷纭、互相歧异的记载应如何考核取舍，他也视儒家经典的可信程度为最高，以此作为取舍的主要标准，称"夫学者载籍极博，犹考信于六艺"。[3] 司马迁的尊儒，是尊重孔子在文化史上的地位，并不加以神化；他记载孔子及其后学的作为和功绩，是与他们的生平行事和思想影响相一致的。

　　司马迁不把尊重儒学与其他学派相对立，而是明确地肯定百家之学各有自己的价值。如，在《伍子胥列传》中，他吸收了道家"以柔克刚"、"以屈求伸"的观点，赞誉伍子胥能"隐忍而成功名"，具有高度的政治智慧；在《叔孙通列传》中，对其"以面谀得亲贵"有所讥讽，却又引用道家的话，肯定他适时应变，为汉朝制定礼制的做法："（叔孙通）制礼进退，与时变化，

① 梁启超：《论中国学术思想变迁之大势》，《饮冰室合集》文集之七，第52页。
② 郑振铎：《插图本中国文学史》，人民文学出版社1957年版，第119页。
③ 《史记》卷六十一《伯夷列传》。

卒为汉家儒宗。'大直若诎，道固委蛇'，盖谓是乎？"①而在《吕太后本纪》、《孝文本纪》、《萧相国世家》等篇中，更从各个侧面高度评价黄老"无为"学说对汉初政治的指导作用。司马迁对法家人物"刻削少恩"一向反感，但他尊重客观的历史事实，在《吴起列传》、《商君列传》中大力肯定吴起执行"明法审令"政策和商鞅变法对于实现富国强兵的巨大成效。他如，对于纵横家、滑稽家，也在《苏秦列传》、《滑稽列传》等篇中予以适当的肯定。这样，司马迁以广采兼容的文化观为指导，在《史记》中反映了儒学地位的上升，学派的繁盛，又写了儒家以外的思想家老子、韩非、庄周、申不害、邹衍；写了政治人物管仲、晏婴、商鞅、魏冉、李斯、吕不韦、孟尝君、平原君、信陵君、春申君、田单；写了军事家司马穰苴、孙子、吴起、白起、王翦、蒙恬、乐毅、廉颇；写了文学家屈原、司马相如；写了策士苏秦、张仪、陈轸、犀首、甘茂、甘罗、范雎、蔡泽；还有反映其他社会阶层的刺客、医生、游侠、龟策、货殖等的传记。司马迁反对文化专制的政策和"独尊一家、排斥百家"的观点，主张兼采各家，认为"天道恢恢，岂不大哉"②，主张兼容并包，因为无论儒家六艺或百家学说，"言虽外殊，其合德一也"③，凡是有益于国家社会的，都应该吸收，他所追求的是一个文化丰富多样、五彩纷呈的世界！

　　司马迁以伟大的创造力和毕生的心血撰著成的《史记》把中华民族的历史都写进书中，将各家各派的学术思想都囊括其内，把各具智慧和光彩的历史人物都载入史册。司马迁具有重大进步意义的广采兼容的文化观，与其"大一统"的政治观和"四夷"与"华夏"联结一体的民族观，三者紧密交织，相得而益彰。《史记》是在古代国家实现空前统一和全国范围内各民族的融合达到空前规模的汉代著成的，其政治观、民族观和文化观正是时代精神的生动体现。《史记》如此杰出的成就，就为中华民族的文化认同进一步奠定了深厚牢固的基础，在两千多年漫长岁月中不断发挥其增强民族凝聚力的巨大作用，其深远影响一直存在到今日！

---

① 《史记》卷九十九《刘敬叔孙通列传》。
② 《史记》卷一百二十六《滑稽列传》。
③ 《史记》卷一百一十七《司马相如列传》。

第三章 《汉书》：继《史记》而起的巨著

第一节 中华文化传统继往开来的名著

一、发人深思的"《汉书》学"大兴

班固《汉书》撰成以后，在其长期流传中，曾出现两次盛况。一是南北朝至唐初。《新唐书·儒学传》讲《汉书》在唐初备受重视，赞曰："是时《汉书》学大兴。"[①] 此仅寥寥七字，却极写出研治《汉书》学者之盛。刘知幾在《史通》中称誉《汉书》已被遵循为修史法式，又概述学者对之尊奉的情形："始自汉末，迄乎陈世，为其注解者凡二十五家，至于专门受业，遂与五经相亚。"[②] 推崇《汉书》的地位仅次于儒家的五经。在当时，连《史记》的研究专家也慨叹《汉书》普遍受到宗仰。《史记索隐》的作者、唐代学者司马贞做了一番对比，说《史记》："汉晋名贤未知见重"；《汉书》"依迁而述，所以条流更明，且又兼采众贤，群理毕备，故其旨富，其词文，是以近代诸儒共行钻仰"。[③] 可见南北朝至唐初，《汉书》的受推崇远远超过《史记》。[④]

再是两宋时期。其时，两宋学者推崇《汉书》之盛又超过前代，这里可举出苏轼、黄庭坚、洪迈的言论以见一斑。苏轼才气纵横，在诗、词、散文以至书法、绘画上都有卓越的成就。人们叹服其学问的渊博，而他则现身说

---

① 《新唐书》卷一百九十八《儒学传》，中华书局 1975 年版。

② 刘知幾：《史通》卷十二《古今正史》。

③ 分别见《史记索隐序》及《后序》。

④ 再如南北朝萧统编《文选》，其中"史论"和"史述赞"所选的代表作，有《汉书》的《公孙弘传赞》、《高祖纪赞》、《成帝纪赞》、《韩彭英卢吴传赞》，共四篇，《史记》却一篇未选。

法，讲渊博的知识乃得来自《汉书》："尝有人问于苏文忠公，曰：'公之博洽可学乎？'曰：'可。吾尝读《汉书》矣，盖数过而始尽之。如治道、人物、地里、官制、兵法、货财之类。每一过专求一事，不待数过，而事事精核矣。'"① 另一位著名文学家黄庭坚则强调《汉书》是精神力量的源泉。他有精彩的评论："每相聚，辄读数叶《前汉书》，甚佳人胸中。久不用古人浇灌之，则尘俗生其间。照镜则觉面目可憎；对人亦语言无味也。"② 这些学者是以经常聚集一起诵习的方式来研究《汉书》，大家竞相在书中吮吸文化营养，足见宋代学者褒扬《汉书》风气之盛！洪迈是宋代的博学家，他也以优美的语言，盛赞《汉书》是著述的典范："班固著《汉书》，制作之工，如英茎咸韶，音节超诣。后之为史者，莫能及其仿佛。"③ "英茎咸韶"是概括全书内容的佳胜，"音节超诣"是赞扬其形式完美、格调高雅，统观起来，即认为是无法企及的杰作。

自南北朝至宋代，历时八百余年，在此漫长岁月中，《汉书》学兴盛不衰，学者共行钻研，高度赞誉，这一罕见的文化现象，其中包含着十分重要的历史信息，这就是：《汉书》是我国史学的杰作，她是前代优秀文化成就的总结，又对后世文化的传承、发展产生极其深远的影响，在中华文明史上具有继往开来的意义。绝不能将《史记》、《汉书》视为对立的两面，而应当充分认识《汉书》对《史记》所奠定的优良传统大力继承弘扬，通过重新审视、阐发，正确评价这部名著在整部中华文化史上的宝贵价值。首先应当认真发掘和阐释的是，在历史编纂上，《汉书》如何承上启下，解决了"保证历史记载长期连续"的难题。同时，班固如何以实录精神和进步史识为指导，在记载内容上，弘扬中国文化的人文精神，对抗神秘妖妄之说盛行而发挥了中流砥柱的作用。

二、承上启下，解决"历史记载长期连续"的难题

《汉书》的编纂，在史学发展史上具有里程碑的意义。它是继《史记》而起的巨著，而这一"继起"，实有两方面的意义：一方面，是继承了司马迁《史记》的优良传统；另一方面，是解决了《史记》产生之后百余年间历史编

---

① 杨慎：《升庵集》卷七十二《苏公读书法》，台湾商务印书馆影印文渊阁《四库全书》本。
② 黄庭坚：《山谷集·外集》卷十《与宋子茂书》，台湾商务印书馆影印文渊阁《四库全书》本。
③ 洪迈：《容斋随笔·三笔》卷二《后汉书载班固文》，上海古籍出版社1978年版，第437页。

纂的难题，至此终于使保证"历史记载的长期连续"找到了解决途径，中国史学由于确立了这一优良传统而在世界文化史上引以为自豪，《汉书》这部巨著的撰成功莫大焉。

司马迁撰著《史记》获得了极高的成就，其对后世影响最为深远的有二：第一，在著史指导思想和记载内容上，司马迁成功地做到"通古今之变"，撰成一部通史巨著，上起华夏文明始祖黄帝，下迄史家所在的汉武帝时代，将自古至今的史事囊括在一部史书之中；第二，创造了本纪、表、书、世家、列传五体配合的体裁组织形式，各自发挥作用而又互相呼应，形成紧密结合的有机整体，网罗丰富，记载了社会生活的各个方面。在司马迁之后，常人无法摆脱为《史记》写续篇的思维定式。试看，从褚少孙以下，为《史记》续作者有 15 人，他们是：刘向、刘颜、冯商、卫衡、扬雄、史岑、梁审、肆仁、晋冯、段肃、金丹、冯衍、韦融、萧奋、刘恂。① 东汉建武年间，班固父亲班彪又为《史记》撰写"后传"65 篇。但这些学者只能做修修补补的工作，所写的若干篇卷，后人所能见到的，除了褚少孙的续作附于《史记》，班彪的《史记后传》部分内容附于《汉书》，其余续作全部湮没无闻。

《史记》之后百余年的史学实践证明，历史编纂必须另辟新路，由《史记》开创的传统才能得到继承，中国历史记载的长期连续才能得到实现。班固开创"断代为史"的新局便具有极为重大的意义，自《汉书》以下，后代史家以司马迁、班固为榜样，相继撰成《三国志》、《后汉书》，直至《明史》，成为二十四部"正史"，总计 3200 多卷，上下相续，构成人类文化史上的奇观。班固《汉书》的撰成，不仅是在历史编纂上成就了解决"百年难题"的伟业，而且为中华文化史做出了继往开来的巨大贡献。

古代史学评论家先后对《汉书》历史编纂的成就做了精辟的评论，刘知几谓："究西都之首末，穷刘氏之废兴，包举一代，撰成一书，言皆精练，事甚该密；故学者寻讨，易为其功。自尔迄今，无改斯道。"② 章学诚则称之为后代修史的"不祧之宗"③。刘、章二人均以具有强烈的批判精神而著称，对于历史编纂的源流得失有精湛的总结，他们为何对《汉书》的编纂成就如此推崇

① 据《史记》卷十二《古今正史》。又《汉书》卷三十《艺文志》载："冯商所续《太史公》七篇。"
② 刘知几：《史通》卷一《六家》。
③ 章学诚：《文史通义》内篇一《书教》（下）。

到无以复加的地步呢？这个问题实是中国历史编纂学史的重要课题，有着丰富的内涵值得发掘，这里仅略举其中最为明显的几项。

其一，《汉书》确立了明确的著史目标，它是"断代为史"，但要自觉地以"通古今"为指导思想。

班固在全书总结性的篇章《叙传》中讲："穷人理，该万方。纬六经，缀道纲。总百氏，赞篇章。函雅故，通古今。"①《汉书》的体裁特征是纪传体断代史，记载西汉一代的历史，上起高祖，下迄王莽，但班固又深知历史是不能割断的，西汉初的历史是由周、秦发展而来，西汉末年历史产生的影响要到东汉初才显示得更清楚，尤其是典章制度，更必须把握其产生的渊源和不同时代的沿革变迁。这一认识具有历史哲学的意义，既保证《汉书》写成完整的西汉史，又写出它与前代及当代的联系。这在《汉书》的几篇志中表现得尤为突出。如，《律历志》上篇言律法，向上追溯："自伏戏画八卦，由数起，至黄帝、尧、舜而大备。三代稽古，法度章焉。周衰官失，孔子陈后王之法。"《律历志》下篇同样追溯至远古："历数之起上矣。传述颛顼命南正重司天，火正黎司地，其后三苗乱德，二官咸废，而闰余乖次，孟陬殄灭，摄提失方。尧复育重黎之后，使纂其业。……故自殷周，皆创业改制，咸正历纪，服色从之，顺其时气，以应天道。三代既没，五伯之末史官丧纪，畴人子弟分散，或在夷狄，故其所记，有《黄帝》、《颛顼》、《夏》、《殷》、《周》及《鲁历》。"全篇之末，记载西汉一朝所历年数及东汉光武帝在位年数："平帝，著《纪》即位元始五年，以宣帝玄孙婴为嗣，谓之孺子。……自汉元年讫更始二年，凡二百三十岁。""光武皇帝，著《纪》以景帝后高祖九世孙受命中兴复汉，改元曰建武，岁在鹑尾之张度。建武三十一年，中元二年，即位三十三年。"②像这样体现出"通古今"编纂宗旨的篇章，在十篇志中还有《刑法志》、《礼乐志》、《食货志》、《郊祀志》、《地理志》、《沟洫志》，以及《百官公卿表》。

其二，记载历史的范围大大拓展，对客观历史的记载更加全面、深刻。此项最为典型的例证，是《汉书·食货志》对《史记·平准书》的发展。《平准书》为司马迁所创八书之一，是专门记载社会经济活动的出色篇章，在历

———————————

① 《汉书》卷一百《叙传》。
② 以上引文均见《汉书》卷二十一《律历志》。

史编纂学史上有重要的意义。《食货志》是在《平准书》的基础上撰成的，在历史编纂学史上的意义同样非同寻常。以往一般只讲《食货志》是由《平准书》改称篇名，补充了内容而成，实则其意义远远超出于此。一者，班固继承了司马迁的唯物主义观点，重视经济活动在社会历史进程中的作用，同时又加以推进，原先《史记》八书中，《平准书》列于最后一篇。《汉书》则将《食货志》置于十志中的第四篇，紧列在《律历》、《礼乐》、《刑法》三志之后，这不是简单的位置变换，而是对经济活动重要性的认识更加提高了，后来对唐代杜佑撰著典制体通史《通典》产生了直接的影响。二者，由《平准书》而易称《食货志》，说明班固对社会经济生产领域的观念大为充实，对作为封建社会经济之主体农业生产和商业流通交换二者的认识更加明确和全面。而《平准书》记载的重点尚放在封建官府通过经营货物运输而平抑物价，如司马贞《索隐》对篇名的解释："大司农属官有平准令丞者，以均天下郡国转贩，贵则卖之，贱则买之，贵贱相权输，归于京都，故命曰'平准'。"三者，也是最为重要的，是班固分开上、下两卷，上卷专记农业生产，下卷专记商业交换活动和朝廷财政措施，构成了内容充实、全面的古代社会经济史专篇。在这篇志中，班固将《平准书》的内容全部采用，并补充了大量内容，其中包括：汉代以前的农业生产状况和商业交换状况；《平准书》中所缺载的武帝以前农业生产和国家财政状况；贾谊、晁错、董仲舒等政治人物和思想家有关国家经济生活的重要言论；汉昭帝至王莽新朝的农业生产和财政状况。班固在《食货志》中所叙述的不同时期社会经济状况，朝廷采取的措施及其效果，无不为后人研治西汉一代历史提供了最为宝贵的依据。

　　不仅《食货志》为如何全面和完整地撰写古代经济史提供了范本，而且《地理志》、《五行志》、《艺文志》均为《汉书》所首创，并分别为历史地理学史、学术史等开其先河。《汉书》十志把《史记》八书开创的重视记载典章制度和社会生活的传统向前大大推进了，因此当代学者高度评价班固将典志体完善起来的成就。由于《汉书》的出色成就，纪传体中之典志部分的价值和影响大大提高。后世修史者视之为典范，在此基础上，又发展成为典制体专书，以及历代政书、会要一类史著，丰富了传统历史编纂的体裁。

　　其三，编纂方法更加精密和娴熟。历史编纂重视内容的丰富翔实、足以凭信，同时重视编纂形式的合理、完善，二者有机结合，这是中国史学的优良传统。孔子修《春秋》，即十分注重"属辞比事"，严格按照编年史的体裁记载史事，同时十分重视遣词用字的准确。司马迁著《史记》，在编纂体裁、体例上也极具创造力，创立本纪、表、书、世家、列传五体互相配合，构成一代"全史"。

《汉书》继《史记》而起，同样表现出在体裁运用和编纂方法上的杰出才能，班固富有创造精神，他与时俱进，使纪传体史著的编纂更加精密和娴熟，后人遂尊《史记》、《汉书》为著史的榜样。这里仅举出最为明显的两项。

一为去掉世家。世家是司马迁所创《史记》五种体裁之一，为专记王侯事迹，所立世家，有《吴太伯世家》、《齐太公世家》、《鲁周公世家》等。世家设立的意义和作用，如《史通·世家》篇所说："案世家之为义也，岂不以开国承家，世代相续？"① 西汉至景帝采纳晁错建议，削弱势力膨胀、与中央分庭抗礼的诸侯王国，把王国的军政大权收回中央，至武帝又实行"推恩法"，让诸侯王分出土地封子弟为侯，进一步削弱诸侯王的势力。从此诸侯"惟得衣租食税，不与政事"②，与一般郡国无异。既然西汉的历史已经有如此巨大的变化，"开国承家、世代相续"的诸侯已不复存在，那么，《汉书》作为记载西汉一代的"正史"，体例就要相应改变。因此，《汉书》取消世家体裁，正是反映历史进程的新特点，并以一代"正史"发挥巩固国家统一的正确做法。

二为设置兼具志、表妙用的《百官公卿表》。

《汉书》创立《百官公卿表》是极具创新价值的篇章，它兼具志和表的作用，成为后人研治西汉制度史的一把重要钥匙，并对历代正史修纂产生很大影响。

《百官公卿表》由两大部分相辅相成。前面是文字表述，相当于一篇提纲挈领的志，综述秦汉以至王莽新朝，自中央至地方的官员设置、职掌、属员、俸禄、名称的更改和权限的变动；后面则是表格形式，以年为经，以丞相至京兆尹等14种重要职位为纬，表列自汉初至汉朝灭亡，中央政权各部门每个长官任职的起讫。

志的部分，贯彻了"通古今"的宗旨，上溯到"《易》叙宓羲、神农、黄帝作教化民，而《传》述其官，以为宓羲龙师名官，神农火师火名，黄帝

---

① 刘知幾：《史通》卷二《世家》。
② 《汉书》卷十四《诸侯王表》。

云师云名，少昊鸟师鸟名"，以及颛顼、唐、虞、夏以来所传任官及职事，并记载《周礼》六官各有职分及以太师、太傅、太保为"三公"，后因周衰，官失而百职乱。班固特别强调的是："秦兼天下，建皇帝之号，立百官之职。汉因循而不革，明简易，随时宜也。"这是班固在书中记载汉代自中央至地方官制的根本来源，也是两千多年来言中国历史必称"汉承秦制"的权威依据。最后论及至王莽篡位，混乱变易官制，而致溃亡，体现其"以通古今"的大旨。

班固先述三公九卿等中央官制，丞相列在首位。首先明确其职权之重："相国、丞相，皆秦官，金印紫绶，掌丞天子助理万机。"然后举其大要，记载其名号的变迁及辅佐官员："秦有左右，高帝即位，置一丞相，十一年更名相国，绿绶。孝惠、高后置左右丞相，文帝二年复置一丞相。有两长史，秩千石。哀帝元寿二年更名大司徒。武帝元狩五年初置司直，秩比二千石，掌佐丞相举不法。"① 丞相本为辅佐皇帝综理全国政务的最高行政长官，但是，由于汉武帝时期专制皇权大大强化，因而导致丞相权力的削弱。其关键，在于武帝时任命贵戚卫青为"大司马大将军"，另一贵戚霍去病为"大司马骠骑将军"，因他们与皇帝本人的亲密关系，凌驾于丞相之上，实际上掌握行政的最高权力，丞相的职务反而形同虚设。再加上，皇帝在丞相领导的正规机构以外，又可以任命一批近臣，叫作侍中、中常侍、给事中、散骑等，由这些人组成了"中朝官"，以牵制以丞相为首的"外朝官"。即是说，皇帝竟可以对负责全国行政机器运转的官制采取无视态度，在最关键的问题上随己意做出改变，取消了丞相的最高行政长官权力，这样干竟完全能行得通。难怪武帝晚年因巫蛊之祸懒于政事，致使丞相的职位空缺一年之久。不要丞相，照样可以混下去，可见丞相在皇权专制下，可有可无。以后，昭帝、宣帝时，任命霍光为大司马大将军，元帝、成帝时，王凤为大司马大将军，权力都超过丞相。

《百官公卿表》的后半部分以纵横表格，表列自丞相至少府13种中央重要官职、将军，以及京都长官京兆尹每人任职的起讫和升迁转免的年代。我们若要查找何时何人任某一职务，或要查找某一年代同时担任要职的是哪些人，都可一目了然。在同一篇之中，记载一朝重要制度的志与

---

① 以上引文均见《汉书》卷十九《百官公卿表》。

"谱列年爵"的表互相配合，充分表现出班固在历史编纂上的创造性。职官制度的沿革无疑是历史记载的重要内容，由班固开其先河，以后大多数"正史"都效法修成《百官志》或《职官志》，因而形成贯通上下的古代官制的记载。

要之，班固以其在历史编纂上的杰出才能，解决了《史记》撰成后一百多年，学者完全依附于司马迁的成法，只能做片断的续作而造成的困难局面。班固创造了"断代为史"的著史新格局，记载范围起自高祖，讫于王莽，与一代皇朝的兴亡相终始，因而成为后代纪传体"正史"的"不祧之宗"。由于班固创造了这一与中国历史上皇朝盛衰更替相适合的编纂体裁，保证"历史记载长期连续性"的难题才得以解决。《汉书》贯穿了"通古今"的卓越史识，拓展了历史记载的范围，完善了记载古代典章制度和广泛社会经济生活的典志体裁。班固又取消世家，体现了历史编纂的与时俱进，反映了统一局面战胜割据势力这一新的时代特点，并使史书记载内容更加丰富，体例更加严密和合理。以上各项，证明《汉书》对于中国史学优良传统的形成具有承上启下的意义，其历史编纂成就，便与《史记》一同成为后代著史的楷模。

三、抵制神学迷信浊流，弘扬中国文化的人文精神

从文化思想说，《汉书》的撰著在当时经受了一场严峻的考验，班固抵制了东汉初年谶纬迷信盛行的思想浊流，在书中大力弘扬了先秦儒学开创的人文主义传统，批判神秘主义和妖妄邪说，重视总结政治盛衰、人心向背的历史经验，重视经济生产状况在历史进程中的作用，以理性的精神为指导写出中华民族奋斗发展的一部信史。这是《汉书》为中华文化传统继往开来而做出的又一重要贡献。

两汉是中国封建社会的上升时期。同《史记》产生于西汉鼎盛的武帝时期相类似，班固生活和从事著述的东汉初，也是国力强盛、生产经济获得恢复发展、社会比较安定、创造力活跃的时期。但是，历史前进的道路十分曲折，历史现象复杂而充满矛盾，西汉社会又长时间被鬼神迷信气氛所笼罩，并且愈演愈烈，至两汉之际，妖妄迷信之说更加泛滥，这对班固著史以怎样的历史观、哲学观做指导，实为严峻的考验。

两汉之际妖妄邪说的盛行，是西汉以来当权者越来越提倡神学迷信的结

果，诚可谓冰冻三尺，非一日之寒。简单说来，西汉时期迷信思想蔓延的主要特点是：方士兴妖作怪，祀神泛滥成灾。汉武帝热衷于以"天命"、鬼神的一套说法神化其专制主义统治，本人又幻想成仙，永远享受富贵尊荣。董仲舒迎合这种需要，大力宣扬"天人感应"说和灾异思想，使不多谈鬼神灾异的孔子学说变成充斥阴阳迷信鬼神之说的西汉"新"儒学，并且同"求雨闭诸阳，从诸阴，其止雨反是"①的巫术相结合。董仲舒的春秋公羊学虽然在当时起到巩固封建大一统的作用，但由于这位"一代儒宗"对阴阳灾异大力提倡，导致西汉后期迷信思想的盛行，这是历史为它付出的沉重代价。西汉后期，夏侯始昌、夏侯胜、京房、翼奉、李寻等儒臣都以灾异议论政事，而专权的宦官、外戚集团也引灾异攻击别人，皇帝也常因"灾异"下诏议政，仅成帝一朝，即因日蚀、地震、火灾等"灾异"下诏达 13 次。②

到了西汉末年和东汉初年，迷信思想的主要特点则是谶纬邪说盛行。谶又称图谶、谶记，是一种神秘性预言。谶又与纬相杂。纬是对经书的解释，并托于孔子，其中虽包含有某些天文、历法知识，但其主要内容都属神学迷信，而且越发演变为神秘杂乱之词；并与谶合而为一，故称为谶纬。哀帝时，王莽势力已成，夺取西汉政权野心毕露，有个名叫甘忠可的看准了这一点，进行投机，鼓吹赤精子下凡，汉家要再受命的谶语，王莽立即加以利用，胁迫汉哀帝宣布"再受命"，自称"陈圣刘太平皇帝"，作为其代汉自立的第一步。此后，谶言便和王莽实现其野心的企图同步升级，随着一些大胆的骗子不断造出谶言，王莽一步步由"安汉公"，而成"摄皇帝"，而最终成真天子。处在这种造出几句图谶妖言便能蛊惑人心、操纵局面的荒唐情势下，刘秀从起兵到统一中原、登上帝位，也同样先后得到其手下人李通、彊华搬出《赤伏符》中"刘秀发兵捕不道，四夷云集龙斗野，四七之际火为主"③一类谶言的帮助，以鼓动人心，表明他称帝是天命所归。

图谶的地位达到顶峰是在建武三十二年（公元 56 年）。此年正月，60 岁的光武帝在正月斋戒时夜读图谶《会昌符》，强烈地感受到谶纬对东汉朝廷具有性命攸关的作用。于是诏令虎贲中郎将梁松搜集谶纬有关"九世受命"的

---

① 《汉书》卷五十六《董仲舒传》。
② 据《汉书》卷十《成帝纪》。
③ 《汉书》卷三十六《楚元王传附刘歆传》注引《河图赤伏符》。

话，"九世"是指从刘邦至刘秀共九代，他要在晚年大大加以显扬。[①] 原来他因主张节俭不行封禅，这时他决定要学汉武帝的榜样，上泰山祭祀天地。遂在泰山顶上刻石勒铭，向全国宣布由他钦定的 81 篇谶纬，赋予它们以权威的地位。这篇铭文中以近一半的文字，详细地引载《河图赤伏符》、《河图会昌符》等谶纬书上有关"九世受命"的神秘性预言，还有"河雒命后，经谶所传"一类话，为东汉朝廷加上层层神秘光圈。这就是有名的光武帝"宣布图谶于天下"。尊称图谶为"经谶"，表明这类妖妄言词，已经取得和儒家经典相同的地位，对它只能尊奉不能怀疑。这一年还发生了桓谭因不信图谶而与光武帝在朝廷上争论的事件。桓谭是著名学者，时任议郎给事中，他曾上书对光武帝宣布图谶为"国宪"提出尖锐批评，称"今诸巧慧小才伎数之人，增益图书，矫称谶记，以欺惑贪邪，诖误人主，焉可不抑远之哉！"引起光武帝"不悦"。至此，朝廷商议选择地址建造灵台，光武帝当着满朝文武，问桓谭："吾欲以谶决之，何如？"桓谭面对巨大压力，仍不作违心之论，回答说："臣不读谶。"并当场批驳图谶的荒谬，不能置信。光武帝大怒，责骂桓谭"非圣无法"[②]，要将他问斩，直至桓谭叩头流血才止，但立即罢了这位 70 多岁老人的官职，贬为六安郡丞。桓谭随之死于流放路上，他是因为反对光武帝以图谶决定朝仪大事而付出生命的。由于光武帝的提倡，东汉初几十年间，几乎所有的朝政大事都要决定于图谶。如光武帝在谶文中读到一句"孙咸征狄"，恰好手下有个人叫孙咸，就令他为平狄将军，行大司马事。他读到《赤伏符》中有一句"王梁主卫作玄武"，当时野王令是王梁，战国末年卫即被迁于此，玄武是水神，东汉司空是管水土之官，光武便任他为大司空。[③] 其时，不仅以图谶决定大官的任命，还依据图谶来论定皇帝功德。章帝及群臣商议为明帝立庙号，特别称颂他"聪明渊塞，著在图谶"[④]。这是指《河图》上讲："《图》出代，九天开明，受用嗣兴，十代以光。"刘邦至刘秀是九代，加上明帝正是十代。可见皇帝的功德如何论定，也必须引图谶作为证据。还有，一代朝仪大事也必要决定于图谶。明帝永平三年（公元 60 年）下诏，称：由于《尚书璇机钤》上讲"有帝汉出，德洽作乐名予"，便决定把郊

---

① 《后汉书》卷一《光武帝纪》。
② 以上引文均见《后汉书》卷二十八《桓谭传》。
③ 见《后汉书》卷二十二《王梁传》。
④ 《后汉书》卷三《肃宗孝章帝纪》注引《河图》。

庙之乐改为《大予乐》，乐官也改称大予乐令，以应合图谶，这与光武帝依据图谶决定灵台选址，情况正相类似。

东汉初谶纬邪说的泛滥是思想史上的一股浊流，统治者为了神化皇权，如此竭力地提倡妖妄神秘之说，其性质是中世纪神学体系，与中国文化已有的人文主义传统形成严重的对立。孔子创立的儒家学说，具有重人事、轻鬼神的鲜明特点，《论语》中说："子不语怪、力、乱、神"，"敬鬼神而远之"，"未能事人，焉能事鬼"[①]，孔子所修《春秋经》也"记异而说不书"[②]；孔子又重视史事的记载和文献的别择整理，反对主观臆测，故《论语》中又说："多闻阙疑，慎言其余"，"毋意，毋必，毋固，毋我"[③]。——这些都被后代正直进步的学者所继承，形成中国文化的朴素理性精神和人文主义传统。而阴阳灾异说和谶纬说却是愚昧荒诞的意识，用唯心妄说扰乱人们的头脑，传播极其荒谬的历史观和文化观。按照灾异说、谶纬说的逻辑，国家的治乱、历史的推演不是政治兴衰、人心向背等因素所决定，而是所谓的神意安排，由几句神秘难解的妖妄言词所预先注定的！如果不抵制这种妖妄的邪说，将是民族文化可悲的倒退。

桓谭和班固正是代表了面对汹涌浊流敢于与之对抗的卓荦人物。桓谭为了反对图谶邪说，敢于面折廷争，并为此付出了生命。班固则高度珍惜民族文化的优良传统，在《汉书》撰著中自觉地继承和弘扬孔子、司马迁所树立的符合理性的态度和求实精神，从人事的角度记载了西汉一代真实而丰富的历史进程，使《汉书》成为堪称出色地体现中国文化人文精神的杰作。《汉书》这方面的成就，举其最显著者，应有以下几项。

第一，批判迷信妖妄之说。

对此，在《郊祀志》、《艺文志》、《眭两夏侯京翼李传》、《王莽传》等篇有集中的表述。《郊祀志》的前面部分采用了《史记·封禅书》的记载，批评汉武帝耽于求仙，受尽方士的欺骗，耗费了巨量的金银财物。《郊祀志》说，武帝即位，"尤敬鬼神之祀"。先后受到敢于夸言求仙之道的方士李少君、少翁、栾大、公孙卿的欺骗，尤其是栾大，因其骗术最巧妙，武帝中其圈套，拜为五利将军，赏赐无数，又妻以女儿卫长公主，贵震天下。《郊祀志》说，

---

① 分别见《论语》中《述而》、《雍也》、《先进》篇。
② 《史记》卷二十七《天官书》。
③ 分别见《论语》中《为政》、《子罕》篇。

至征和四年（前89），武帝已到衰老之年，还东行到海边，幻想借方士的法术遇见仙人，"而方士之候神入海求蓬莱者终无验"，"天子犹羁縻不绝，几遇其真"。[①] 对武帝的极度迷信至死不悟表达了辛辣的讽刺！

西汉后期，迷信思潮继续蔓延，其表现为淫祀泛滥成灾。班固在《郊祀志》中历述当时严重的情景，表彰敢于反对淫祀风气的儒臣，从而显示出更加强烈的批判色彩！宣帝下诏祀江、海、洛水，从此，五岳、四渎都有常祭。其他祭祀名目繁多，有名山、日月星辰、四时，有祠石鼓、石社、蚩尤、天神等，举不胜举。猎户在南郡捕得白虎，宣帝竟为虎皮、虎牙、虎爪立祠。又听方士之言，在未央宫，为随侯宝珠、宝剑、宝玉、周代古鼎立四祠。成帝初即位，丞相匡衡奏言：祭祀过多，造成吏民困苦，耗费浩巨，建议将京师及郡县不合礼制或重复的祠，尽行罢去。共罢去475所，尚余208所。次年，匡衡因事罢位，于是朝臣又纷纷提出不当变动祭祀，称"神祇旧位，诚未易动"，于是前一年罢去的淫祀立即又恢复了几乎一半。成帝末年更加迷信鬼神，凡是上书言祭祀方术的都可以候选授官，上林苑中、长安城旁，布满祀神的坛位。儒臣谷永向成帝上言，抨击迷信的谬误，这篇奏疏以犀利的笔调分析自汉初以来种种迷信活动造成的危害，受到班固的高度重视，全文引录在《郊祀志》中。谷永言：

> 臣闻明于天地之性，不可惑以神怪；知万物之情，不可罔以非类。诸背仁义之正道，不遵五经之法言，而盛称奇怪鬼神，广崇祭祀之方，求报无福之祠，及言世有仙人，服食不终之药，遥兴轻举，登遐倒景，览观县圃，浮游蓬莱，耕耘五德，朝种暮获，与山石无极，黄冶变化，坚冰淖溺，化色五仓之术者，皆奸人惑众，挟左道，怀诈伪，以欺罔世主。听其言，洋洋满耳，若将可遇；求之，荡荡如系风捕景，终不可得。是以明王距而不听，圣人绝而不语。……汉兴，新垣平、齐人少翁、公孙卿、栾大等，皆以仙人、黄冶、祭祠、事鬼使物、入海求神采药贵幸，赏赐累千金。大尤尊盛，至妻公主，爵位重累，震动海内。元鼎、元封之际，燕齐之间方士瞋目扼腕，言有神仙祭祀致福之术者以万数。其后，平等皆以术穷诈得，诛夷伏辜。至初元中，有天渊玉女、巨鹿神人、辕

---

① 《汉书》卷二十五《郊祀志》。

阳侯师张宗之奸，纷纷复起。夫周秦之末，三五之隆，已尝专意散财，厚爵禄，竦精神，举天下以求之矣。旷日经年，靡有毫厘之验，足以揆今。经曰："享多仪，仪不及物，惟曰不享。"《论语》说曰："子不语怪神。"唯陛下距绝此类，毋令奸人有以窥朝者。①

谷永的这篇论议是正当淫祀之风盛行、成帝沉溺不醒之际，勇于对西汉帝王耽于求仙祀神、靡费巨量社会财富的行为提出尖锐的批评，对于众多方士为了欺诈钱财，制造种种妖言以欺罔世主的骗术做了有力的揭露。班固充分肯定谷永所坚持的儒学"重人事、轻鬼神"的基本精神，认为谷永的论议是对西汉帝王为了成仙求福、助长众多方士兴妖作怪，耗费大量人力、财力的历史教训予以深刻的总结，因此在《郊祀志》篇末赞赏说："究观方士祠官之变，谷永之言，不亦正乎！不亦正乎！"②

同样态度鲜明地批评鬼神迷信图谶邪说的篇章，在《汉书》中还有《眭两夏侯京翼李传》，是关于西汉专言阴阳灾异之说的人物眭孟、夏侯始昌、夏侯胜、京房、翼奉等的合传，班固在篇末赞语中，特地引用了《论语》中子贡所言"夫子之文章可得而闻，夫子之言性与天道不可得而闻"，批评董仲舒、眭孟这些人物善于"推阴阳、言灾异"，以"纳说时君"，"察其所言，仿佛一端。假经设谊，依托象类，或不免乎'亿则屡中'"。③他们只是侥幸言中一两次，其阴阳灾异"推阴阳、言灾异"的大量言词则是虚幻臆度之词，根本违反孔子儒学的基本精神。在《王莽传》中，班固以确切的史实揭穿王莽一连串的制造谶语夺取帝位的欺骗伎俩，更是对谶纬的妖妄本质的有力揭露。他把秦的灭亡和王莽的败亡都归结于倒行逆施："昔秦燔《诗》《书》以立私议，莽诵六艺以文奸言，同归殊途，俱用灭亡。"④这里的"奸言"，就是指王莽利用图谶制造的妖言。《汉书·艺文志》著录天下图书，却对大量存在的谶纬书摒弃不载，这又显然与东汉朝廷"宣布图谶于天下"、尊图谶为"经谶"直接相对立。在《艺文志》中，班固还讲诸子出于王官，儒家是诸子之一，孔子是先师，是学者，儒家经典是文化典籍而非神意的产物，这些都与

① 《汉书》卷二十五《郊祀志》。
② 《汉书》卷二十五《郊祀志》。
③ 《汉书》卷七十五《眭两夏侯京翼李传》。
④ 《汉书》卷九十九《王莽传》。

谶纬之说针锋相对。

第二，出色地总结政治盛衰、人心向背的历史经验。

班固以如椽巨笔，记载西汉皇朝由开国创业，经过上升阶段达到鼎盛，又历昭宣中兴，至最后灭亡的全过程。由于他处在东汉初年，又潜心撰著二十余年，就有可能做到及时而细致地汇集大量丰富的史实，熔炼成文，深刻地反映出历史进程，尤其是对于西汉历史的几个关键阶段，班固做出了切中肯綮的总结和解答。

秦朝何以灭亡？汉朝何以兴起？在长期的楚汉战争中项羽为何失败？刘邦为何胜利？这些问题在汉代一直受到关注。西汉建国伊始，高祖在洛阳南宫置酒大会列侯诸将，就曾问大家："吾所以有天下者何？项氏之所以失天下者何？"并自己回答说：张良帷幄运筹、萧何镇守后方、保证粮食物资供给，韩信率百万大军、攻无不克，我都不如他们。"此三者，皆人杰也，吾能用之，此吾所以取天下也。项羽有一范增而不能用，此其所以为我擒也。"[1]堪称千古名言。而班固则从东汉初兴的历史高度，做出更为全面的评论。在《汉书·高帝纪》全篇末尾，把刘邦的事业分为艰苦征战夺得天下和开创治国局面前后两个阶段。正确地总结刘邦之所以夺得天下，主要依赖他豁达大度、富有谋略、善于用人，以及他实行安抚民心的政策，把民众从秦朝暴虐统治造成的灾难中解救出来。[2]《高帝纪》篇末的这段总结，就成为后人认识楚汉之际及汉初历史的纲领。

《汉书》以充分的史实记载了西汉前期上升的历史趋势，并且概括了"文景之治"这一历史概念，揭示出从汉初医治战争创伤到以后出现鼎盛局面这一历史进程中的本质性问题，并且详载这一时期的政绩，同样对后世产生了深远的影响。原先司马迁在《史记·孝景本纪》赞语中曾经做过总结，一方面，肯定文帝大力执行有利于国家和百姓的政策，包括文帝对同姓诸侯王不制的一些迁就做法也予以肯定，另一方面，批评景帝时晁错采取过火的削藩做法，引起吴楚七国反叛。由于司马迁的赞语，未能对文景时期的政绩和地位做出全面的评论，因此班固重新做了评价。《汉书·景帝纪》赞做了改写，班固是从由秦的暴政造成社会危机之后，历史前进的要求是扫除苛政、减轻

① 《史记》卷七《高祖本纪》。
② 《汉书》卷一《高帝纪》。

百姓负担、发展生产这一总的趋势，来评价文景时期的政治成就，并且把西周"成康之世"和西汉"文景之治"并列为历史上政治清明、人民安居乐业、前后辉映的时期，赞语中大力肯定文景时期继续有效地执行汉初宽省政治、与民休息的政策，"五六十载之间，至于移风易俗，黎民醇厚。周云成康，汉言文景，美矣"①！显然，班固站得更高，更能揭示出历史进程的本质，评价更加中肯，因而为后人评价"文景之治"提供了准绳。按照班固对汉初施政的总结，后人才明白由西汉立国之时社会残破，经济凋敝，民无盖臧，"自天子不能具醇驷，而将相或乘牛车"②，到武帝初年社会财富充溢，"民则人给家足，都鄙廪庾皆满，而府库余货财。京师之钱累巨万，贯朽而不可校"③，这如同从地底下呼唤出来的巨量财富，正是自高祖以来特别是文景之世劳动人民辛勤创造积累而来的。

武帝时期是西汉鼎盛时期，《汉书》对这一时期做了深入的考察和总结。《汉书·武帝纪》从内容到赞语均为班固重写，他称誉汉武帝"雄才大略"，评价他大兴功业，使汉朝的国力达到鼎盛。在《公孙弘儿宽卜式传》赞语中，又盛赞武帝求贤若渴，奖拔文武人才，委以重任，于是"群士慕向，异人并出"④。以上评价，无疑讲出了汉武帝时期政治、经济、文化等项的基本方面，而同时，班固又委婉而明确地批评汉武帝连年大规模征伐，并且据实直书，批判武帝迷信鬼神，耗费了巨量社会财富，造成民众不堪重负，物质匮乏，出现社会动荡的严重局面。

西汉后期，先经历宣帝中兴，如班固在《宣帝纪·赞》所总结的，宣帝治国，赏罚分明，对官吏严格考核，成效卓著，堪称吏称其职，民安其业；又能恰当处理与匈奴的关系，正值匈奴内乱，南匈奴内向归附，因而结束了先前长期的战争关系而开启了北方边境长期和好的局面。元帝、成帝以后则迅速走向衰亡的道路，外戚、宦官掌握大权，皇帝或是性格软弱，或是一心玩乐，或是病弱年幼，因而政治上陷于昏暗混乱，壅塞直谏之路，邪恶势力嚣张。平帝时，王莽利用社会动荡不安的局势，靠阴谋手段代汉而立，西汉皇朝宣告灭亡。

---

① 《汉书》卷五《景帝纪》。
② 《汉书》卷二十四《食货志》。
③ 《史记》卷三十《平准书》。
④ 《汉书》卷五十八《公孙弘儿宽卜式传》。

纵览《汉书》，我们能清楚地认识到：班固叙述和解释西汉的盛衰，首先是着眼于政治得失、人心向背，同时考察君主的才能性格、臣下能否奉公尽职、经济状况如何、与周边民族关系处理是否得当等项。一句话，是从人的努力，政策施行的效果着眼来解释历史，从根本上摒弃了神意图谶一类妖妄邪说。总之，班固记载西汉历史，是自觉地继承中国文化的人文主义传统，以此为尺度来衡量和评价的。这才使得《汉书》享有继《史记》之后又一宏伟巨著的地位，成为对抗东汉初神学浊流的中流砥柱。

第三，重视社会经济生产活动在历史进程中的作用。

凡是研读《汉书》的人无不对此产生强烈的印象：《汉书》中有关西汉前期历史的主要篇章，如《高帝纪》、《惠帝纪》、《高后纪》、《文帝纪》、《景帝纪》、《萧何传》、《曹参传》、《贾谊传》、《晁错传》、《食货志》等，其中记载史事的一条主线，就是面对秦汉之际长期战争留下来的社会残破不堪的局面，汉初几十年间如何坚持不懈地采取恢复经济、奖励生产、垦殖荒地、招集流民、减轻负担、休养生息的政策，因而使社会经济逐步恢复，国力逐步增强。朝廷采纳有远见政治家的建言而实行的措施，取得了很显著的成效。文帝十二年（前168），贾谊向文帝上疏（即著名的《论积贮疏》），指出天下"背本而趋末"的情况很严重，致国家或民户的粮食积贮都少得可怜。同时社会上奢靡成风，大量浪费财富。他建议朝廷应重视积贮粮食，吸引农民回到本业："夫积贮者，天下之大命也。""今驱民而归之农，皆著于本，使天下各食其力，末技游食之民转而缘南亩，则蓄积足而人乐其所矣。"[1] 贾谊的上奏引起文帝的重视，当即在春耕时节到京城的"籍田"上举行亲耕典礼，向天下表示朝廷奖励力农。农业的发展，使粮价大大降低，史载文帝时"（每石）粟至十余钱"[2]。

随着粮价降低和商业的活跃，出现了新的社会问题，即大商人势力膨胀，囤积居奇，侵蚀农民。于是晁错及时地向文帝上疏（即著名的《论贵粟疏》），建议提高谷价，制止谷贱伤农的现象："方今之务，莫若使民务农而已矣。欲民务农，在于贵粟；贵粟之道，在于使民以粟为赏罚。"[3] 提出把吸引民众重视农业作为当今首要任务，其有效途径是提高粮食的价格，对于能够提供粮食

① 贾谊：《论积贮疏》，载《汉书》卷二十四上《食货志》（上）。
② 《史记》卷二十五《律书》。
③ 《汉书》卷二十四上《食货志》（上）。

者实行奖励。他主张招募天下民众，凡是能为国家提供粮食的可以赐爵，可以赎罪。这样，"主用足"、"民赋少"、"劝农桑"三个目的都能达到。文帝采纳晁错的建议，号令民户为国家输送粮食到边境，能运到六百石的赐二等爵，逐级增加，运到四千石的赐第九等爵（五大夫），运到万二千石的赐十八等爵（大庶长）。晁错又建议边塞粮食充足了，可以储备在郡县；郡县储足一年所需的粮食，即可免收田租。文帝十二年，宣布免去当年田租之半。十三年六月，下诏免收天下田租。共免收全国田租 13 年。从西汉立国之初"齐民无藏盖"，到文帝时国家及各郡县储备了大量粮食，前后对比岂非天壤之别，国家采取的正确措施是多么有效地推动社会的进步！

《汉书》这部巨著的撰成，本身就是时代的产物。在当时，社会取得的进步与俗儒尊古卑今的偏见形成巨大的反差。这种情况在与班固同时代的著名学者王充所撰《论衡》一书中有生动的反映。《论衡·超奇》篇、《齐世》篇等都一再尖锐地批评"好褒古而贬今"、"尊古卑今"的偏见。《超奇》篇批评他们迷信古代达到了是非颠倒的地步："俗好高古而称所闻，前人之业，菜果甘甜；后人新造，蜜酪辛苦。"①《齐世》篇进一步列举出倒退历史观的种种表现，如讽刺俗儒认为政治功业古今高下悬殊："语称上世之时，圣人德优，而功治有奇。……及至秦汉，兵革云扰，战力角势……德劣不及，功薄不若。"②王充所概括的种种谬误说法，突出地表明人们头脑中尊古卑今的意识是多么根深蒂固，需要有见识的人物以社会进步的事实加以批驳，廓清迷误。王充提出与世俗眼光截然相反的看法："大汉之德不劣于唐虞也。"③那么，俗儒为什么会形成这种颠倒是非的看法呢？王充分析说，这是因为儒生们自生下来读的就是记述和颂扬三代的书，"朝夕讲习，不见汉书，谓汉劣不若"④。因此需要有人撰著一部记载汉代历史的《汉书》。

王充所论与班固著史的目的是相通的。班固恰恰也意识到撰著汉史的需要。《太平御览》引《后汉书》曰："班彪续司马迁后传数十篇，未成而卒，明帝命其子固续之。固因史迁所记，及以汉代继百王之末，非其义也。大汉

① 王充：《论衡》卷十三《超齐》，上海人民出版社 1974 年版。
② 王充：《论衡》卷十八《齐世》。
③ 王充：《论衡》卷十八《齐世》。
④ 王充：《论衡》卷十九《宣汉》。

当可独立一史，故上自高祖，下至王莽，为纪、表、志、传九十九篇。"①班固《汉书·叙传》中也有类似的说法："汉绍尧运，以建帝业，至于六世，史臣乃追述功德，私作本纪，编于百王之末，厕于秦项之列。太初以后，阙而不录，故探纂前纪，缀辑所闻，以述《汉书》。"②班固言不满意"以汉代继百王之末"，固然显示出其正宗思想，但这不是主要的，重要的是，班固主张"大汉当可独立一史"，客观上具有破除当时浓厚的复古倒退思想的积极意义，并以艰苦史学实践，成功地回答时代对"汉书"的需要。

《汉书》的撰成，以其历史编纂的杰出成就，为中国文化传统继往开来，成为中国传统史学确立的标志。司马迁的《史记》有极高的成就，当之无愧是传统史学的奠基者。但后人若刻板地对待其"贯通古今"的著史格局，则"保持历史记载的长期连续"断难以实现。司马迁之后百余年间虽然一再有学者对《史记》续作，然只属零篇散简，难以流传，历史学实际上陷入困境。司马迁在体裁设计、体例方面多有创造，但也因创始者难免较为粗疏，亟须经后继者继续推进，使之更加严密周全。这两个难题，班固都出色地予以解决，因而《汉书》的著成，便具有标志着传统史学确立的重大意义。中国文化重视人文主义的优良传统在先秦、西汉已经形成，孔子和司马迁为其代表人物。班固对此自觉地继承、发扬，《汉书》记载西汉盛衰至王莽灭亡，以丰富的史实，证明历史演进主要决定于政策的得失、经济领域的状况和人心的向背，而对在东汉初年被奉若神明的谶纬说法根本不提。继《史记》之后产生的《汉书》，同样被人们公认为具有"实录"精神的信史，为后人认识我们民族走过的历程提供了有说服力的依据，这对于中国中古文化走上一条跟欧洲中世纪神学体系判然不同的途径，起着不容低估的作用。因此，《汉书》这部巨著堪称是中华文化传统继往开来的名著，唐初司马贞所言"近代诸儒共行钻仰"，宋代洪迈誉之为"英茎咸韶，音节超诣"，完全当之无愧，直至今日，这部名著对于当代人们增强民族凝聚力和提高民族自信心，仍然具有不容忽视的价值。

---

①　李昉等辑：《太平御览》卷六百零三《史传》引《后汉书》，中华书局1960年版。按：这部《后汉书》作者未详。

②　《汉书》卷一百《叙传》。

第二节　《汉书》对《史记》优良传统的继承发扬

一、交相辉映：贯彻《史记》、《汉书》并举的研究理念

班固所撰《汉书》，是一部 100 卷的巨著，起汉高祖元年（前 206），迄王莽地皇四年（公元 23 年），记西汉一代 230 年史事。共包括十二纪、八表、十志、七十列传。全书气魄宏大，内容丰富，史实详核，体例严密，叙述生动，文字典雅优美，从著成之时起即为学者们所宝爱，视为中国历史编纂学又一杰出的著作。

班固继承了《史记》的体裁，同时发扬了司马迁在构建史学体系上的创造精神，开创了纪传体断代史的格局。

《史记》成书以后，它的巨大成功吸引着许多学者继续司马迁的工作。人们对司马迁所载只止于汉武，太初以后没有记载，感到极大遗憾，希望一代代史家继续写下去，保持历史记载的连续不断。自司马迁之后一百余年间，续《史记》的作者，先后有褚少孙、刘向、刘歆等多人，以及班固之父班彪。王充曾对班彪续作给予高度赞扬，称其"记事详悉，义浅理备。观读之者以为甲，而太史公乙"①。

从褚少孙至班彪，尽管在推进司马迁以后的史学上做出了不同程度的贡献，但是他们所做的却只限于"续作"。即是说，他们自觉或不自觉地把所做的工作置于司马迁巨大成就笼罩之下，只限于修修补补。他们并未意识到需要构建新的著史体系。而这个问题若果不能解决，则"保存历史记载连续不断"的目的，是不能达到的。试看：在众多续作者中，除褚少孙所补的若干段落由于附于《史记》，班彪所续的一些内容由于存于《汉书》，因而得到保存外，其他作者所续之篇，早已统统湮灭无闻，便是明证。若无一个构建起来的体系，再好的内容也无从依托，既不能流布于社会，更不能传留给后代，这是很明显的道理。班固却有气魄创立了著史的新格局。他"断汉为史"，在内容上提供了时代所需要的历史教材，在构史体系上则取得了重大突破，使史学从司马迁的巨大身影笼罩下走出来，向前跨进了一大步。司马迁在先秦

---

① 王充：《论衡》卷十三《超奇》。

史书规模比较狭小、形式比较粗糙的基础上，经过综合和改造，创立了气魄宏大的纪传体史书，在历史编纂上表现出了不起的创造活力，这对班固是很大启发。《汉书》的体裁，是对《史记》的继承，又是一个影响深远的创造，以后历代修史者对此沿用不改。今天我们考察这个问题，还应该比前人有进一步的认识：它意味着班固创立的断代为史的格局，恰恰符合中国封建社会演进久远行程中皇朝更迭的周期性特点，所以才被相继沿用垂二千年。

（一）马、班并称"良史之才"

《史记》成书在西汉武帝末年，《汉书》成书在东汉章帝初年，两部巨著的问世相距不远。而《汉书》在体裁形式上和记载内容上又都与《史记》密切相关，《汉书》虽然变《史记》的通史格局为专记西汉一代的断代史体制，但沿用了《史记》的纪、表、书、列传互相配合的体裁，也即采用司马迁的多维历史视野；又因为《史记》记载西汉历史尤详，故《汉书》中从陈涉起义、刘项之争到武帝时期的事件、人物制度等，与《史记》所载有许多重叠的地方。再加上两书都是父子相继成书，都是空前的杰作，这就必然引起历代史评家把《史记》、《汉书》放在一起加以评论。其中有少数人持马优班劣的见解，如晋张辅著《班马优劣论》，认为《汉书》不如《史记》，第一项理由即为："迁之著述，辞约而事举，叙三千年事唯五十万言；班固叙二百年事乃八十万言，烦省不同。"[①] 因此固不如迁。但早有学者指出其仅以字数多少论优劣明显不妥。[②] 更多的学者则将《史记》、《汉书》并举，认为两书同为空前杰作，在中国历史编纂学史上一同占据重要地位，同时两位史家又有不同风格。其中最有代表性的是范晔、刘知幾、章学诚三人。

范晔认为《史记》、《汉书》都是"大义粲然"的杰作，并称"二子有良史之才"："司马迁、班固父子，其言史官载籍之作，大义粲然著矣。议者咸称二子有良史之才。迁文直而事核，固文赡而事详。"他又高度评价班固的历史叙事才华："若固之序事，不激诡，不抑抗，赡而不秽，详而有体，使读之

---

① 《晋书》卷六十《张辅传》。

② 刘知幾《史通》卷十六《杂说》（上）即驳曰："案《太史公书》上起黄帝，下尽宗周，年代虽存，事迹殊略。至于战国已下，始有可观。然迁虽叙三千年事，其间详备者，唯汉兴七十余载而已。其省也则如彼，其烦也则如此，求诸折中，未见其宜。班氏《汉书》全取《史记》，仍去其《日者》、《仓公》等传，以为其事烦芜，不足编次故也。若使马迁易地而处，撰成《汉书》，将恐多言费辞，有逾班氏，安得以此而定其优劣邪！"

者亹亹而不厌，信哉其能成名也。"①范晔又褒彰司马迁、班固以纪传体取代先秦流行的编年体标志着中国史学的重大发展："《春秋》者，文既总略，好失事形，今之拟作，所以为短。纪传者，史、班之所变也，网罗一代，事义周悉，适之后学，此焉为优，故继而述之。"②

刘知幾著《史通》，十分中肯地评价了《史记》网罗丰富、诸体配合的优点，称："《史记》者，纪以包举大端，传以委曲细事，表以谱列年爵，志以总括遗漏，逮于天文、地理、国典、朝章，显隐必该，洪纤靡失。"③同时指出因其疆宇辽阔，年月遐长，所以著述难度太大。刘知幾又赞誉《汉书》"包举一代，撰成一书。言皆精练，事甚该密，故学者寻讨，易为其功"。从《汉书》著成之后历史编纂学的实践证明，自《后汉书》、《三国志》以至《晋书》、《隋书》等正史的撰著，无不效法、采用断代为史的办法，"自尔迄今，无改斯道"。但刘知幾强调指出，班固的创造性和《汉书》体制的优点，乃来源于《史记》："寻其创造，皆准子长。"④在对编年、纪传二体的优劣做比较分析时，刘知幾正是将《史记》、《汉书》视为一体，强调其特色："向使丘明世为史官，皆仿《左传》也，至于前汉之严君平、郑子真，后汉之郭林宗、黄叔度，晁错、董生之对策，刘向、谷永之上书，斯并德冠人伦，名驰海内，识洞幽显，言穷军国，或以身隐位卑，不预朝政，或以文烦事博，难为次序，皆略而不书，斯则可也。必情有所吝，不加刊削，则汉氏之志传百卷，并列于十二纪中，将恐碎琐多芜，阗单失力者矣。故班固知其若此，设纪传以区分，使其历然可观，纲纪有别。"⑤唯其刘知幾从总体上把握《史记》、《汉书》体裁体制的优点和特点，才能以充分的理由证明纪传体之取代编年体，乃是中国历史编纂学进步之必然。

清代史学评论家章学诚同样以马、班二人并称的方式来论述《史记》、《汉书》在史学上的地位，他指出司马迁、班固都是"各有心裁家学，分篇命意，不可以常例拘牵"的典范，二人"皆为纪传之祖"。⑥他又以"圆而神"

① 《后汉书》卷四十下《班彪列传下》。
② 《隋书》卷五十八《魏澹传》引。
③ 刘知幾：《史通》卷二《二体》。
④ 刘知幾：《史通》卷一《六家》。
⑤ 刘知幾：《史通》卷二《二体》。
⑥ 章学诚：《文史通义》外篇一《史篇别录例议》。

和"方以智"来概括马、班的不同风格，云："撰述欲其圆而神，记注欲其方以智"，"圆神方智，自有载籍以还，二者不能偏废也。……史氏继《春秋》而有作，莫如马、班，马则近于圆而神，班则近于方以智。""然而固《书》本撰述而非记注，则于近方近智之中，仍有圆而神者以为之裁制，是以能成家而可以传世行远也。"[①] 深刻地指出《史》、《汉》两书在总体上各有史识卓异、体例灵活变化和体例严整、能够贮存丰富知识的不同特点，但是《汉书》作为一部杰出的名著，在"方以智"之中，仍然有史识高明、能够灵活运用体裁体例作为其灵魂，这又是马班共同之处。

（二）近现代学者《史》、《汉》并举的评论

近代学术的特点，是学者们研究视野更为开阔，更加重视从创造性、思想性和体系性来对以往学术进行评判和阐释，一些眼光锐敏的学者恰恰特别注重从创造精神和思想体系两个方面来评价《史记》、《汉书》的成就。我们可以举出以下四位学者：一是梁启超，在其所著《中国历史研究法补编》（1926年）中，评价《汉书》具有创造性，班固是断代纪传体史书的开山祖："司马迁以后，带了创作性的史家是班固，他做的《汉书》，内容比较《史记》还好；体裁半是创作，就在断代成书这点。后来郑樵骂他毁灭司马迁的成法，到底历史应否断代还有辩论的余地，但断代体创自班固则不可诬。从此以后，断代的纪传体，历代不绝，竟留下二十余部。称中国历史，必曰二十四史，二十四史除《史记》外，都是断代的纪传体，谈起这体的开山祖，必曰班固。所以班固须占史家史的一段。"[②] 二是刘咸炘，著有《汉书知意》，对《汉书》的历史地位予以高度评价："史家并称迁、固，以其创纪传之格，通古、断代，义法皆精也。六朝《汉书》之学盛于《太史公书》。"他严肃批评唐宋以后许多学者不明了班氏著史宗旨，不推究班氏义法，有的只知摘词论事，有的只做史实名物的考订，其尤下者，只知重复别人讥评《汉书》的旧调，因而严重地掩盖了《汉书》的真价值。[③] 三是金毓黻，所著《中国史学史》（1944年）论述班固著《汉书》，与《史记》一同标志着私家修史之高度成熟，对后代产生了极其深远的影响："私家修史之风，导源于孔子、左丘明，而大成于司马迁、班固，而魏晋六朝所修诸史，皆其支与流裔也。……自马、班二氏，

---

① 章学诚：《文史通义》内篇一《书教》（下）。

② 梁启超：《中国历史研究法补编》，《饮冰室合集》专集之九十九，第157—158页。

③ 刘咸炘：《刘咸炘学术论集·史学编》（上），广西师范大学出版社2007年版，第171页。

发凡起例，创为纪传一体，后贤承之，多有名作，遂于魏晋南北朝之世，大结璀璨光华之果。"[①] 金毓黻又论《汉书·叙例》所言"该万方，纬六经，函雅故，通古今"，即为班固自定之史法，故云："《史记》、《汉书》未明言有例，然《史记》有《自序》，《汉书》有《叙传》，而例即寓于《自序》、《叙传》之中。迁所谓究天人之际，通古今之变，成一家之言，厥协六经异传，整齐百家杂语，固所谓该万方，纬六经，函雅故，通古今，皆属言之有物，非好为大言者比，谓之史法也可，谓之史例也亦可。"[②] 四是刘节先生所著《中国史学史稿》，此书是以其在 20 世纪 50 年代中期于中山大学讲课讲义为基础而撰成的，列有"司马迁与班固"专章，论述《史记》、《汉书》创立纪传体史书这一辉煌成绩在史学史上的巨大意义，肯定《史记》、《汉书》都是有思想体系、有严密组织的巨著，同是中国史学的辉煌成就，论述班固虽然变《史记》之通史为断代史，但《汉书》中仍然贯穿了会通之义，指出光从通史和断代史上区分马、班之高下优劣实为不当。其论云："中国史学界出现了司马迁与班固，真是要大书特书的事。……在这样早的年代，我们中国就有这样有思想体系、有具体计划和严密组织的著作，而且用光华灿烂的文字写出来，是一件很值得纪念的事。这是因为中国的史学，在先秦时代已经奠定了基础，《春秋》、《国语》、《国策》、《世本》，是先秦时期的四部大著。司马氏、班氏父子，就在这个基础上建立起辉煌的成绩来。从此以后，纪传体的所谓正史，就成为中国史学界的主要体制。不只是国内，就是东亚各国如《大日本史》、《三国史记》、《高丽史》、《大越史记》，这些日本、朝鲜、越南各国的正史，都是受他们的影响的。这功劳不能不说是很巨大的！纪传体的创立是司马迁父子之功，断代为史的创例，是班固之功。……事实上，即使是断代为史，会通之义照样可以贯串在里面的，不一定上下古今，才能算是会通。所以郑樵之推崇司马迁是不错的，一定说断代为史就没有会通之义，就不正确了。照我们现在看来，为便于收集史料，断代修史，确乎有许多好处。不过司马氏与班氏的著作内容很丰富，若光是从通史与断代上分优劣，还很不够的。"又说："班固《汉书》体制模仿《史记》，而改通史为断代，于二百三十年间史事之记述则甚整齐划一。所以刘知幾《史通·六家》篇中说他：'言皆精练，事其该密，故学者寻

[①]　金毓黻：《中国史学史》，商务印书馆 1999 年版，第 63—64 页。
[②]　金毓黻：《中国史学史》，第 65—66 页。

讨，易为其功！'至于《汉书》十志，远远超过司马迁。"① 当代史学史专家曾评价说，《中国史学史稿》在 20 世纪的史学史著作中，标志着重视对历史思想分析、评价之新风格开始出现，因而是传世之作，从上面举出的刘节对《史记》、《汉书》的评论，即可见一斑。

（三）彻底摒弃"对立面斗争"的研究模式

总之，继司马迁《史记》之后班固著成《汉书》意义重大，将这两部杰出史著联系起来评价无疑是推进中国历史编纂学史研究的重要课题。《汉书》撰成之时即为世人所宝重，首先是大大巩固了《史记》所创立的纪传体地位。先秦时期，编年体是主要史书体裁，《春秋》、《左传》以及《公羊传》、《穀梁传》都是编年体，它有记载历史事件年月日清楚、线索分明、叙述简洁、无交叉重复的优点。司马迁撰成《史记》，采用纪、表、书、世家、列传五体配合的体裁，将原先的编年体放在本纪中运用，而又用八书、三十世家、七十列传来记载典章制度和人物活动，这是历史编纂学的新创造。班固《汉书》采用了《史记》体裁，再一次展现了纪传体气魄宏大、内容丰富，诸体各有分工而又互相配合，形成一个整体，灵活变化、伸缩自如的优势。《汉书》在规模、内容、体制和风格上都足以与《史记》相媲美，新的体裁用来反映客观历史的广阔性和生动性更加深入人心，在编年、纪传二体角力争先中更胜一筹，因而成为历代史书编纂的主要体裁。其次，班固《汉书》的成功，又为历史编纂中如何解决继承与创新树立了榜样。史学的发展是一条长河，后代史书的编纂不能凭空产生，它必须有所凭借，但史家又必须根据时代的需要实现再创造，不能墨守成规，一成不变。班固变《史记》的通史范式为断代史范式，又根据诸侯王势力不复存在的时代特点去掉世家，堪称为后人提供了一个既善于继承传统又善于超越传统的成功例证。最后，由于《汉书》的成功，解决历史记载的长期连续成为可能。中华民族自古有发达的民族意识。春秋时期各诸侯国都有国史。孔子修成《春秋》，被孟子评价为与大禹治洪水、周公兼夷狄有同样伟大的历史功绩！汉代司马谈将继《春秋》、撰成记载汉代贤君名臣事迹的史著视为神圣事业，临终时执着司马迁的手，嘱咐他说："孔子修旧起废，论《诗》《书》，作《春秋》，则学者至今则之。自获麟以来四百有余岁，而诸侯相兼，史记放绝。今汉兴，海内一统，明主

---

① 刘节：《中国史学史稿》，中州书画社 1982 年版，第 55—56、62 页。

贤君忠臣死义之士，余为太史而弗论载，废天下之史文，余甚惧焉，汝其念哉！"①司马迁也将继承父业、著成《史记》视为神圣事业，俯首流涕郑重答应。《史记》修成以后，褚少孙等众多续作者所续补的片断文字均散失无存。这个情况突出地说明两个问题：一是《史记》编纂的成功受到人们高度推崇，人们希望能通过"续补"的办法，将汉武帝以后的历史一代一代接续写下去，为后人留下记载；二是《史记》的巨大成功又造成一种普遍的思维定势：只有《史记》这种上下贯通的写法，才是著史的唯一格局，至于还有其他什么著史体制再没有人去探求了。这样，就造成撰史工作始终笼罩在司马迁巨大身影之下，无法走出。班固勇于摆脱旧的格局，采取纪传体断代史的新体制，撰成《汉书》，就为历史编纂学的发展开拓了新路，这也是班固对中华文化史做出的巨大贡献！范晔以下至近代学者的中肯论述，对我们的深刻启示是，《史记》、《汉书》是前后继起和交相辉映的关系，应理解其不同时代条件下形成的不同特点，不能形而上学地将这两部杰出史著互相对立。而以往曾经长期阻碍对《汉书》得出客观性评价的是套用"对立面斗争"的模式，为了赞扬司马迁史学的进步性、创造性，就需要寻找一个"对立面"作为反衬，班固和《汉书》不幸就成为被贬低和苛责的对象，作为"正宗史学"、"神学体系"、"唯心主义"的代表，甚至被加上"封建皇帝忠实奴才"的恶谥。由于这种错误的思想框框的影响，造成一些论著对《汉书》中保守性的片面夸大，而对其进步性和人民性的观点加以贬抑，甚至视而不见。到了改革开放的时代，这种由于"左"的路线影响形成的错误观点和思想框框终于被抛弃了，这就彻底破除了思想束缚，为一系列学术创新成果开辟了道路。我们应当继续在研究理念上正本清源，进一步清除"对立面斗争"模式的影响，自觉贯彻《史记》、《汉书》并举的研究理念，紧紧抓住班固史学如何继承了司马迁的优良传统，又如何根据新的史料和新的时代智慧加以补充发展，并实现超越，就能有大量新的发现，将历史编纂学研究向前推进。

二、对西汉开国重要史实的补充

首先是，班固精心在《高帝纪》篇末写了一段总结性的评论，说："初，高祖不修文学，而性明达，好谋，能听，自监门戍卒，见之如旧。初顺民心

---

① 《史记》卷一百三十《太史公自序》。

作三章之约。天下既定，命萧何次律令，韩信申军法，张苍定章程，叔孙通制礼仪，陆贾造《新语》。又与功臣剖符作誓，丹书铁契，金匮石室，藏之宗庙。虽日不暇给，规摹弘远矣。"①班固所做的中肯概括，是书中对汉朝创业阶段全部记述的总纲。他正确地把刘邦的事业分为艰苦征战夺得天下和开创治国局面前后两段。他提出，刘邦夺得天下，主要依赖他豁达大度、富有谋略、善于用人，以及他实行安抚民心的政策，把民众从秦朝暴虐统治造成的灾难中解救出来。这些在《汉书》有关篇章中都有详尽而生动的记载。

其次，补充从项羽分封到汉王还定三秦之间的重要史实。《汉书·萧何传》载，鸿门宴之后，项羽返回山东以前，他采取大封天下，恢复战国时期分裂局面的做法，一共封了18个王，自称"西楚霸王"。他一心要打击刘邦，违背原先楚怀王与诸将的共同约定，封刘邦为"汉王"，要把他赶到道路崎岖、地处偏僻的汉中、巴、蜀，又"三分关中地，王秦降将以距汉王"，企图堵死刘邦的出路。此时，刘邦及其手下诸位勇将气愤不过，想要与项羽硬拼，唯独萧何眼光远大，及时阻止刘邦的蛮干，提出暂且委曲求全、积蓄力量，再还定三秦、与项羽争夺天下的战略设想：

> 汉王怒，欲谋攻项羽。周勃、灌婴、樊哙皆劝之，何谏之曰："虽王汉中之恶，不犹愈于死乎？"汉王曰："何为乃死也？"何曰："今众弗如，百战百败，不死何为？《周书》曰'天予不取，反受其咎'。语曰'天汉'，其称甚美。夫能诎于一人之下，而信于万乘之上者，汤武是也。臣愿大王王汉中，养其民以致贤人，收用巴蜀，还定三秦，天下可图也。"汉王曰："善。"②

于是刘邦接受萧何所定计策，动身到汉中就封。到汉中后，任萧何为丞相。随后，萧何举荐韩信，刘邦拜他为大将，韩信为刘邦具体谋划偷袭陈仓、还定三秦的计策，展开了刘邦东向与项羽争天下的新篇章。萧何的战略思想被历史进程所证明是正确的。《汉书·萧何传》是依据《史记·萧相国世家》写成，但是上述这段内容却是《史记》原本所无，而为班固所补充的。由于

---

① 《汉书》卷一下《高帝纪》（下）。
② 《汉书》卷三十九《萧何曹参传》。

此，从项羽分封到汉王还定三秦之间重要的一环才补上，萧何深谋远虑的形象才更鲜明，嗣后刘邦称帝，论功行赏，萧何得第一，根据才更加充足。

与《萧何传》所增加的内容相照应，班固在《高帝纪》中也做了补充："汉王怨羽之背约，欲攻之，**丞相萧何谏**，乃止。**夏四月，诸侯罢戏下，各就国。羽使卒三万人从汉王，楚子、诸侯人之慕从者数万人，从杜南入蚀中。张良辞归韩，汉王送至褒中，因说汉王烧绝栈道，以备诸侯盗兵，亦视项羽无东意。**""汉王既至南郑，诸将及士卒皆歌讴思东归，多道亡还者。韩信为治粟都尉，亦亡去，萧何追还之，因荐于汉王，曰：'必欲争天下，非信无可与计事者。'于是汉王斋戒设坛场，拜信为大将军，问以计策。……因陈羽可图、三秦易并之计。汉王大说，遂听信策，部署诸将。**留萧何收巴蜀租，给军粮食。**"①（黑体字均为班固所增）显然，班固增添了这些内容，这一重要的局势转折才讲述清楚。

最后，《汉书·高帝纪》对刘邦开国前后的政令措施有一系列重要补充。主要有：

高祖二年（前205），"二月**癸未，令民除秦社稷，立汉社稷。施恩德，赐民爵。蜀汉民给军事劳苦，复勿租税二岁。关中卒从军者，复家一岁。举民年五十以上，有修行，能帅众为善，置以为三老，乡一人，择乡三老一人为县三老，与县令丞尉以事相教，复勿徭戍。以十月赐酒肉**"。这是刘邦为建立关中稳定的政治秩序而采取的重要措施。

同年六月，"汉王还栎阳。**壬午，立太子，赦罪人。令诸侯子在关中者皆集栎阳为卫。引水灌废丘，废丘降，章邯自杀。雍地定，八十余县，置河上、渭南、中地、陇西、上郡。令祠官祀天地四方上帝山川，以时祠之。兴关中卒乘边塞。关中大饥，米斛万钱，人相食，令民就食蜀汉**"。这是最后消灭掉项羽布置在关中的势力，划定了新的行政管理区域，以及为了防备北方匈奴和对严重的饥荒采取的应急措施。

同年八月，刘邦部署进攻魏王豹，先派郦食其前往劝降及探听消息。然后，班固写刘邦的果断决策，生动地写出他判断的敏锐和稳操胜券的信心："汉王如荥阳，谓郦食其曰：'缓颊往说魏王豹，能下之，以魏地万户封生。'食其往，豹不听，汉王**以韩信为左丞相，与曹参、灌婴俱击魏。食其还，汉**

---

① 《汉书》卷一上《高帝纪》（上）。

王问：'魏大将谁也？'对曰：'柏直。'王曰：'是口尚乳臭，不能当韩信。骑将谁也？'曰：'冯敬。'曰：'是秦将冯无择子也，虽贤，不能当灌婴。步卒将谁也？'曰：'项它。'曰：'是不能当曹参。吾无患矣。'九月，信等虏豹，传诣荥阳。定魏地，置河东、太原、上党郡。信使人请兵三万人，愿以北举燕赵，东击齐，南绝楚粮道。汉王与之。"

高祖五年（前202），刘邦即帝位后，下诏嘉奖故衡山王吴芮参加反秦战争有功，封为长沙王。又下诏改封故粤王亡诸为闽粤王。

同年，刘邦以洛阳为都成。五月，罢兵遣送回家。刘邦连续下诏令奖励从事农业生产，规定：第一，入关灭秦的关东人愿意留在关中为民的，免徭役12年，回关东的免徭役6年；第二，劝说原先因逃避饥饿自卖为奴婢的，恢复庶民的身份；第三，所有军吏卒无罪的，凡是无爵者一律赐爵为大夫，原是大夫的进爵一等，这些人并且一律免除本人及全家的徭役。

高祖十一年（前196）二月，连续下两道重要诏令。一是布告天下，朝廷立意要减少赋敛，指出由于各郡及诸侯王国向朝廷贡献尚未做出规定，所以造成献礼过多，向民众征收赋敛过重。命令诸侯王等每年于十月朝献，并且规定数额。一是诏令各郡国荐举贤能之士，认为：古代圣王，最高的是周文王，最有声望的霸主是齐桓公，他们都是依靠贤人的帮助才获得成功。难道只是古代才有智能之士，而今天没有吗？问题出在君王不去结交他们，贤才又有什么进身之路呢？我借上天保佑，靠豪杰的辅佐而得天下，我希望能长治久安，现在多么需要贤能之士同我一起安天下啊！贤士大夫有肯协助我做事的，我要尊敬他，让他扬名。特此布告天下，让众人都明白我的意思。各郡守、诸侯相国要发现有德行、有才能的士人，立即上报，劝说他们，负责护送到京师。这两道诏令，体现了汉初轻徭薄赋的方针，并且成为汉代荐举人才的先导。

同年五月，下诏嘉奖南海尉赵佗治理有力，立为南粤王。

高祖十二年（前195）二月，下令对被卢绾胁迫反叛愿意归附者予以宽大。

以上各项内容，都是《史记·高祖本纪》所缺，而为班固补充的。这些行政措施涉及汉朝开国奖励生产、稳定社会秩序、处理四方边境和选拔人才等，对今人考察西汉经济发展、民族状况、制度演变、社会习俗等项，都是非常值得珍视的。

《史记》没有《惠帝本纪》，惠帝年间事一概记在《吕太后本纪》中，司马迁的用意，是当时惠帝只有虚名，实权握在吕太后手中，故按照实际权力的归属处理。但篇中有关惠帝年间事却按惠帝纪年。班固觉得《史记》的处理有不尽恰当之处，故增设了《惠帝纪》，这从纪传体史书以本纪为大纲的性质来说，是有道理的。《史记》与《汉书》的不同处理各有根据，不必强论此是彼非。

三、赞美"文景之治"

班固的原创性贡献，在于他从许多具体史实中概括出"文景之治"这一历史概念，详载这一时期的政绩，对后世产生了深远的影响。班固在司马迁的基础上继续前进，他搜集了更多的史实，并从汉初医治战争创伤到以后出现鼎盛局面的长过程中，恰当地评价了"文景之治"的历史地位。

司马迁《孝景本纪赞》云："汉兴，孝文施大德，天下怀安。至孝景，不复忧异姓，而晁错刻削诸侯，遂使七国俱起，合从而西乡，以诸侯太盛，而错为之不以渐也。及主父偃言之，而诸侯以弱，卒以安。安危之机，岂不以谋哉？"[①]这篇论赞主要包括两层意思：认为文帝大力执行有利于国家和百姓的政策，包括文帝对同姓诸侯王的一些迁就的做法；批评景帝时晁错采取过火的削藩做法。司马迁的赞语，对文景时期的政绩和地位并未做出全面的评论。

班固不满意上述赞语，因而对《汉书·景帝纪》做了改写。班固是从由秦的暴政造成社会危机之后，历史前进的要求是扫除苛政、减轻百姓负担、发展生产这一总的趋势，来评价文景时期的政治成就。显然，班固的视野更宽阔，站得更高，评论更加中肯。

由于形成了对文景时期历史地位的总看法，班固认真地发掘了这一时期有利于民众、有益于社会发展的重要措施。这说明班固的补缺工作有自觉的目的，他所记载的史实又对赞语中的结论提供了有力依据。归纳起来，班固增补的史实，都属于文帝和景帝奖励生产和整肃吏治采取的措施。如：

文帝二年（前178）正月，下诏亲耕藉田；并赦免被论罪充送官府役作者回家务农："诏曰：夫农，天下之本也，其开藉田，朕亲率耕，以给宗庙粢盛。民谪作县官及贷种食未入、入未备者，皆赦之。"

① 《史记》卷十一《孝景本纪》。

文帝十二年（前168），下诏强调引导、教导民众的根本方针在于务农。向全国表明，皇帝本人对于十年来奖励农业所获得的效果颇不满意，责备各地方官对于督劝农桑、种树行动不力，劝民不力，劝民不明，要求切实改进；并宣布免去本年田租之半。"诏曰：'道民之路，在于务本。朕亲率天下农，十年于今，而野不加辟，岁一不登，民有饥色，是从事焉尚寡，而吏未加务也。吾诏书数下，岁劝民种树，而功未兴，是吏奉吾诏不勤，而劝民不明也。且吾农民甚苦，而吏莫之省，将何以劝焉？其赐农民今年租税之半。'"

文帝诏书中又大力提倡力田和廉政的社会风气，说：孝悌（对父母孝顺和对兄弟亲爱）是伦理的根本，力田是民众生活的根本，廉吏是民众的表率，三老是百姓的老师。我极嘉奖这些人才和官员。凡是万户以上的县，都要尽力举荐，不准许有阻碍。现特派遣使者到各地慰劳孝悌、力田、廉吏、三老，每人送给丝帛。请他们讲出百姓感到不便之处。按户口数量规定的名额配备好这些基层吏官，让他们尽心地对民众实行教育、劝导。

文帝十三年（前167）二月，下诏亲率天下农耕。六月，下诏免收天下田租。

后元元年（前163）春，再一次下诏反躬自问施政上存在许多过失，认为民众食用仍很缺乏。要求查出问题之所在，让丞相列侯二千石官员及博士讨论之后做出答复："间者数年比不登，又有水旱疾疫之灾，朕甚忧之。愚而不明，未达其咎。意者朕之政有所失而行有过与？乃天道有不顺，地利或不得，人事多失和，鬼神废不享与？何以致此？将百官之奉养或费，无用之事或多与？何其民食之寡乏也！夫度田非益寡，而计民未加益，以口量地，其于古犹有余，而食之甚不足者，其咎安在？无乃百姓之从事于末以害农者蕃，为酒醪以靡谷者多，六畜之食焉者众与？细大之义，吾未能得其中。其与丞相列侯吏二千石博士议之，有可以佐百姓者，率意远思，无有所隐。"①

景帝元年（前156）正月，下诏准许农民迁到地广人稀的地区从事生产，又下诏督令地方官务劝农桑，大量种树。

同年七月，对于官吏因公务外出而被吃请、贱买贵卖、收买贿赂者分别治罪。

景帝后元元年（前143），颁发诏令称历来重视农业，减少徭赋，但百姓

---

① 《汉书》卷四《文帝纪》。

食用、蓄积缺乏。指出官吏中有诈伪、贿赂、侵夺百姓等劣行，要求二千石带头奉公守职，丞相切实对所有官员进行检查督察。

由于有效地执行这些措施，文景时期便奠定了汉朝国力强盛的基础。尤其是汉文帝，他一向被历代政治家和史学家所称道，是很有道理的。当然，汉文帝减轻刑罚有的只停留在诏令文字上，而实际上却每每轻刑重叛，所以受到班固的批评。文帝还宠爱佞臣邓通，赏赐每次都多达万万钱，还赐给他铜山，准许他自铸钱，所以邓氏钱布天下。文帝还一度迷信鬼神。景帝当吴楚乱起，错杀大臣晁错，这些又都是文景时期政治的阴暗面。

饶有兴味的是，班固记载了蜀郡守文翁对远在西南的巴蜀地区发展经济文化事业的贡献。《史记·循吏列传》记载孙叔敖、郑子产等五人，均为春秋列国官员，未涉及汉代人物。《汉书·循吏传》则首先记述文翁事迹。文翁原籍是庐江郡舒县（今安徽省合肥市庐江县西南）。他当过郡县吏，因通《春秋经》被察举，景帝时任蜀郡守，成为中原先进文化大力推行者。在此之前，蜀地边远，文化低下，风俗落后。文翁决定通过提倡教育，来改变这种情况，于是，他从郡县选拔了十几个资质聪明的小吏，亲自召集起来加以鼓励，把他们派到京师，有的向五经博士学习经学，有的学习刑法律令。文翁尽量节约本郡费用，省出钱来购买布匹等一类蜀土特产让上计官吏带给京师的博士老师，请他们费心教育培养。"数岁，蜀生皆成就还归，文翁以为右职，用次察举，官有至郡守刺史者。"[①]

文翁重视教育的又一措施，是在成都城内兴建本郡的学校，从各县招收子弟前来学习，免除他们的徭役，"高者以补郡县吏，次为孝弟力田"。文翁还经常让学生到衙门见习处理事务。他到各县督察，更从诸生中挑选一批学习与品行优良者随行，让他们向民众宣读政令，在县衙门进进出出。各县官吏百姓见了都认为这些年轻学生很荣耀，几年以后，各县父老都争着把自己的子弟送到郡中上学，富人家甚至不惜为此花费钱财。于是当地求学、受教、改变风俗的风气大盛，蜀郡派到京师的学生比一向文化发达的齐鲁地区还要多。由于文翁重视文化教育获得如此显著的成效，到汉武帝时，便下令在全国范围内推行州郡设立学校的制度。这生动地说明：文景时期中原地区有了良好的吏治风气而产生了像文翁这样出色的地方官，确实做到了政治上比较清明；又因为他

---

① 《汉书》卷八十九《循吏传》。

办事得力，使得原来落后的边远地方反过来在教育上走到全国的前头，推动中原文化教育事业的发展。这些史实，今天读起来也仍然使人感到愉快。此后，巴蜀一再出现了司马相如、扬雄这样杰出的文学家，至班固的时代，巴蜀地区重视文化教育的风气更为深厚。所以文翁受到当地百姓久远的纪念。①

四、"断汉为史"与"通古今"

《汉书》的著史格局是"断汉为史"，而同时班固又自觉地以"通古今"为著史的宗旨，此项是考察马、班史学紧密关联的重要视点，也是评价班固历史见识的重要尺度。《礼记·经解》云："疏通知远，《书》教也。"认为《尚书》的精髓是启发人们行事要虑及未来的后果，观察时势的变迁应追溯到其久远的源头。这是华夏民族先民们对历史发展的"古"与"今"联系的含义深刻的表达。司马迁的"通古今之变"，明确提出要把"古"和"今"贯通起来，考察历史是如何演变的，总结了自先秦至汉初史学家、思想家观察历史变化的成就，并且达到了质的飞跃。班固对司马迁这一史学思想自觉地继承，《汉书》的记载虽然是包举一代之终始，但班固对历史的认识却是要贯通古今，故《汉书·叙传》揭示其著史宗旨是"纬六经，缀道纲。总百氏，赞篇章。函雅故，通古今"②。特别是，记载历史事件、人物可以一个朝代为终始，而有关典章制度和社会生活的内容却必须上下贯通，不割断历史的联系。虽然班固并未能达到司马迁"通古今之变"的高度，但其著史的指导思想同样是要贯通古今。这里可以举出十志的前三篇《律历志》、《礼乐志》、《刑法志》来做简要说明。

《史记》八书前面四篇原来的顺序是《礼书》、《乐书》、《律书》、《历书》。班固将律、历两篇合并为《律历志》，并将之列为十志之首篇。这是因为，古人认为"六律"与"六吕"合起来的"十二律"，与全年十二月运行的阴阳消息相一致；音律不仅是国家制定礼乐制度的基础，而且是确定度量衡标准的基本单位。《史记·律书》序言："王者制事之法，物度轨则，壹禀于六律，六律为万事根本焉"③；班固撰成《律历志》，并列为首篇，所遵循的正是司马迁的观点。《律历志》序先言上古律法的起源，历经三代及汉朝的演

① 《汉书》卷八十九《循吏传》。
② 《汉书》卷一百《叙传》。
③ 《史记》卷二十五《律书》。

变，"汉兴，北平侯张苍首律历事，孝武帝时乐官考正。至元始中王莽秉政，欲耀名誉，征天下通知钟律者百余人，使羲和刘歆等典领条奏，言之最详"①。然后一一详述如何依据六律来规定三统、三正和度、量、衡制度。此篇记载历法的部分，先追溯到远古传说时代"颛顼命南正重司天，火正黎司地"，并概述唐尧"敬授民时"，三代"创业改制，咸正历纪"，至秦和汉初对《颛顼历》的使用。然后才详载武帝时诏令大中大夫公孙卿、壶遂，太史令司马迁等人制定《太初历》，元帝元凤年间太史令张寿王与主历使者鲜于妄人之间关于历法的争论，以及成帝年间刘歆所作的《三统历谱》。《礼乐志》所载同样贯通古今，上溯周"监于二代，礼文尤具"，"礼经三百，威仪三千"，而至春秋战国"诸侯逾越法度"，礼制混乱。再重点记载汉初明堂、辟雍的讨论，直至东汉初，世祖"受命中兴，拨乱反正……乃营立明堂、辟雍。显宗即位，躬行其礼，宗祀光武皇帝于明堂，养三老五更于辟雍"②。

《刑法志》尤为班固精心撰写的篇章。班固十分懂得，为了讲清汉代刑律的变迁，必须向上追溯其来源。本篇开头即先论述刑法的起源，认为：在初民社会存在着"群"与"争"的矛盾。当时的人类为了战胜凶恶的野兽和艰苦的环境，必须利用集体的力量。但是由于群居的集体所能获得的生活品太少，故又引起"争"。当时，道德和能力最高的人受人们拥戴成为君长，他们为了维持社会的秩序，就一方面制定了"礼"，来确立尊卑的等级，一方面又制定了"刑"，来表示威严和处罚。"故制礼以崇敬，作刑以明威也"，"制礼作教，立法设刑，动缘民情，而则天象地"。这就是刑法的起源。

然后班固论述了历代刑法的演变。周代施行法律的原则是"建三典以刑邦国，诘四方"："一曰，刑新邦用轻典；二曰，刑平邦用中典；三曰，刑乱邦用重典。五刑，墨罪五百，劓罪五百，宫罪五百，刖罪五百，杀罪五百，所谓刑平邦用中典者也。"对于罪犯的处置是：杀头的押到街市取斩，刺面的可以把门，割鼻的送到边远地方守关防，处宫刑的在宫内使唤，砍脚的守卫园林，肉体未受伤残的罚他从事劳作，他们都是奴隶，男奴干苦力活，女奴罚去舂米或烧火。凡是受封有爵位的、年纪70岁以上或未换齿的儿童，都免除当奴隶。

班固还概述了周末因社会秩序混乱，刑罚增加到3000篇条文。春秋时，

---

① 《汉书》卷二十一上《律历志》（上）。
② 《汉书》卷二十二《礼乐志》。

郑国子产向民众公布法律，把刑律条文铸刻在大鼎上，晋国贵族叔向写信反对这样做，认为对老百姓只能使他们感到害怕，加以驱使，如果让他们知道法律，会更加引起纷争。子产则态度坚定，回信说："吾以救世也。"到了战国，刑罚进一步加重，增加了株连三族、投入油鼎等极端残酷的刑罚。秦始皇时，更把严刑峻法视为治国的唯一手段。"专任刑罚，躬操文墨，昼断狱，夜理书，自程决事，日县石之一。而奸邪并生，赭衣塞路，囹圄成市，天下愁怨，溃而叛之。"

显然，只有首先追述汉代以前刑罚的严酷，读者对于进入汉朝以后颁布"约法三章"、文帝废肉刑和有关各种论议的意义，才能有深刻的理解。《刑法志》篇末一直论述到东汉初年狱吏残害平民百姓的种种阴诈手段，表现出班固高度的现实关怀。他指出，建武、永平间社会秩序虽有明显改善，每年判处的案件按人口计算，比起成、哀之间减少了十分之八，政治清明得多了，但刑狱不公的严重问题仍未彻底解决，"以其疾未除，而刑本不正"[1]。正因为班固自觉地发扬了司马迁"通古今之变"的著述宗旨，因而撰成了记载翔实系统、兼具深刻思想性和鲜明批判性的出色篇章，并为后人提供了一部中国刑法史的雏形。

《史记》、《汉书》交相辉映，还体现在班固对司马迁著史的"实录"精神大力弘扬，此项容另文论述。

第三节　浓墨重彩：班固如何书写武帝时期历史

一、后来居上：总结武帝一生功业

汉武帝在位 54 年（前 140—前 87），是汉朝的鼎盛时期，因此汉武帝在中国历史上占有特殊的地位。人们只要提起对汉武帝的评价就会用上"雄才大略"的论断。这一论断恰恰是班固在《汉书·武帝纪》赞语中第一次提出来，近 2000 年来一直为人们所接受。司马迁原来撰有《今上本纪》，后来佚失，今本《史记·孝武本纪》系后人截取《封禅书》内容以充篇幅。班固的出色贡献是重新搜集了丰富而确凿的史料，浓墨重彩，详载武帝时期历史。

---

[1]　以上引文均见《汉书》卷二十三《刑法志》。

《史记》成书在武帝太初年间，汉武帝的时代还未过去，所以司马迁还来不及对汉武帝全部作为做全面的评价。班固后来居上，他能做到把武帝时代放到整个西汉历史的全过程来考察，并且吸收了昭帝以后历朝人物对武帝的评论，从而做出比较恰当的评价。《武帝纪》赞语说：

> 汉承百王之弊，高祖拨乱反正，文景务在养民，至于稽古礼文之事，犹多阙焉。孝武初立，卓然罢黜百家，表章六经。遂畴咨海内，举其俊茂，与之立功。兴太学，修郊祀，改正朔，定历数，协音律，作诗乐，建封禅，礼百神，绍周后，号令文章，焕焉可述。后嗣得遵洪业，而有三代之风。如武帝之雄材大略，不改文景之恭俭以济斯民，虽《诗》《书》所称何有加焉！①

这篇论赞对于汉武帝时代把汉朝的强盛推向高峰的历史地位，对武帝的卓越才能，做了充分的肯定。尤其对其"文治"方面的功绩，总结了罢黜百家、表章六经、选举贤才、兴太学、修郊祀、改正朔、定历数、协音律、作诗乐、建封禅等各项。与此同时，对于武帝时代政治的阴暗面做了比较含蓄的批评，实际上指的是连年征伐，造成了海内虚耗。赞语中有意不讲武帝时代的武功，这跟东汉初年的社会环境直接相关，因为东汉光武、明帝时代同样需要休息民力，大力发展生产。班固的上述论断，又显然是吸收了西汉后期政治人物的看法而形成的。宣帝即位，要表彰先帝，下诏让群臣商议为武帝上尊号。当时只有少府夏侯胜（儒学博士出身）反对，说："武帝虽有攘四夷广土斥境之功，然多杀士众，竭民财力，奢泰亡度，天下虚耗，百姓流离，物故者半。……亡德泽于民，不宜为立庙乐。"②夏侯胜遭到大臣们的奏劾，说他反对诏书，讲了先帝的坏话，将他下狱两年后才赦出。然而由于夏侯胜讲出了一个方面的重要事实，因而被班固吸收采用了。

二、抱负宏大，兴造功业，任用贤才

《汉书》的记载清楚地反映出武帝登位即有宏大的抱负；他具有锐敏地评

---

① 《汉书》卷六《武帝纪》。
② 《汉书》卷七十五《夏侯胜传》。

判事物和果断地做出决定的政治家风度；还具有能够容人的雅量。

《武帝纪》载武帝元光元年（前 134）下诏举贤良，诏书云："朕闻昔在唐虞，画象而民不犯，日月所烛，莫不率俾。周之成康，刑错不用，德及鸟兽，教通四海。海外肃眘，北发渠搜，氐羌徕服。……呜乎，何施而臻此与！今朕获奉宗庙，夙兴以求，夜寐以思，若涉渊水，未知所济。猗与伟与！何行而可以章先帝之洪业休德，上参尧舜，下配三王。朕之不敏，不能远德，此子大夫之所睹闻也。贤良明于古今王事之体，受策察问，咸以书对，著之于篇，朕亲览焉。"① 于是董仲舒、公孙弘被荐举。

《武帝纪》又载武帝元朔元年（前 128）下诏各郡国加大荐举孝廉的力度，重申进贤者获赏，蔽贤者受戮："公卿大夫，所使总方略，壹统类，广教化，美风俗也。夫本仁祖义，褒德禄贤，劝善刑暴，五帝三王所繇昌也。朕夙兴夜寐，嘉与宇内之士臻于斯路。故旅耆老，复孝敬，选豪俊，讲文学，稽参政事，祈进民心，深诏执事，兴廉举孝，庶几成风，绍休圣绪。夫十室之邑，必有忠信；三人并行，厥有我师。今或至阖郡而不荐一人，是化不下究，而积行之君子雍于上闻也。二千石官长纪纲人伦，将何以佐朕烛幽隐，劝元元，厉蒸庶，崇乡党之训哉？且进贤受上赏，蔽贤蒙显戮，古之道也。其与中二千石、礼官、博士议不举者罪。"②

这些诏书所表达的是武帝的真实心情，他的宏大抱负，是要干一番超越前古的丰功伟业。自汉初以来，中华民族经过六七十年的休养生息，已经蓄积了深厚的力量，不再满足于"无为"，而要大有作为。武帝向往建造赫赫功业的雄心宏愿，就是当时全民族创造活力的集中体现。连续下诏荐举贤才，就是他兴造功业的重要措施。

对公孙弘的选拔任用就是一个典型事件。公孙弘是山东菑川人，青年时当过狱吏，后来在海边放猪。40 岁学《春秋》。他第一次应征贤良文学士时已 60 岁，被选为博士，武帝让他出使匈奴，回来汇报，武帝不满意，公孙弘便辞职回老家。到第二次征用贤良文学，菑川国又勉强让他应征。公孙弘来到太常，回答皇帝的策问，卷子交上后，在应征的百余人中，他被列为下等。等到试卷送给武帝阅览时，武帝选拔他为第一名，召见后拜他为博士，在金

① 《汉书》卷六《武帝纪》。
② 《汉书》卷六《武帝纪》。

马门待诏，等候任用。以后，武帝派他奉使西南夷，武帝又经过细心考察，任命不到一年，便晋升他为左内史。数年之后任御史大夫，至元朔中任丞相，封平津侯。公孙弘由低贱的猪倌到登上相位，其关键即在武帝把他列在榜首。

对于公孙弘品格上的毛病，自司马迁、班固至后人多有批评，如说他善于讨好奉迎，不信守诺言，背后陷害人等。但平心而论，公孙弘经由左内史而获提升，在御史大夫和丞相任上共有六年时间，按武帝执法甚严的特点来说，公孙弘总是有一定政绩的。再者，公孙弘的最大特点，在于"其行慎厚，辩论有余，习文法吏事，缘饰以儒术"。即是说，他行为谨慎，善于辩论，既熟习法律条文和行政规例，又善于把这一套与儒家的言论主张糅合起来。这种"外儒内法"的特点，后人尽可以指责其虚伪，但是，在西汉却是在政治上起过巨大作用的"汉家制度"。

《汉书·公孙弘传》比起《史记·平津侯列传》做了许多很有价值的补充。除载入公孙弘的重要言论《贤良策》外，还补充了有关他任丞相后重视延请贤材的史实。《公孙弘传》中说："时上方兴功业，娄举贤良。弘自见为举首，起徒步，数年至宰相封侯，于是起客馆，开东阁以延贤人，与参谋议。弘身食一肉，脱粟饭，故人宾客仰衣食，奉禄皆以给之，家无所余。"[1] 公孙弘的做法，跟他的继位者漠视士人形成鲜明对比。《公孙弘传》中又写道：公孙弘当御史大夫和丞相共六年时间，到80岁那年，卒于丞相位上。其后李蔡、严青翟、赵周、石庆、公孙贺、刘屈氂相继为丞相。从李蔡到石庆，丞相府的客馆长期空着无用，成了破房子。到公孙贺、刘屈氂时，索性把破旧的客馆变成马厩、车库和奴婢的住所了。这些后继者中，只有石庆因为处事恭谨，成了又一个卒于相位、享其天年的人，其他五人都因罪过伏诛。班固补充的史实含义极为深刻，说明公孙弘是一位称职的丞相，更重要的是，说明他热心延请贤材的做法，同武帝的求贤若渴正相合拍，这是武帝前期政治局面甚有生气的一个标志。

公孙弘出身低贱，后来升任丞相，封平津侯。还有卜式，原先在山中放羊，因甚得其法，而致有羊千余头，武帝伐匈奴，卜式愿以家财之半助边，武帝便任他为中郎，以鼓励其他富商大贾出钱，后官至御史大夫。兒宽同样出身贫寒，先作雇工，因苦学《尚书》，得在廷尉府任小吏，又曾在北地管理

---

① 　以上引文均见《汉书》卷五十八《公孙弘卜式兒宽传》。

牲畜数年，此后因有机会为武帝讲解《尚书》一篇，被提拔为中大夫、左内史，后又任御史大夫。班固设立《公孙弘卜式兒宽传》，作为这三位出身贫寒而因武帝提拔位至三公的人物之合传。班固在篇末撰写了感情炽烈的赞语，精辟地论述适逢此时武帝兴造功业，急需大批文武贤能之士，于是"群士慕向，异人并出"，"汉之得人，于兹为盛"。一共举出 14 个方面、27 位贤才，阐述了时代为大批杰出人物的出现提供了条件，杰出人物的作为又推动了时代前进的哲理，成为古代史论的一篇杰作。赞语曰：

> 公孙弘、卜式、兒宽皆以鸿渐之翼困于燕爵，远迹羊豕之间，非遇其时，焉能致此位乎？是时，汉兴六十余载，海内艾安，府库充实，而四夷未宾，制度多阙。上方欲用文武，求之如弗及，始以蒲轮迎枚生，见主父而叹息。群士慕向，异人并出。卜式拔于刍牧，弘羊擢于贾竖，卫青奋于奴仆，日磾出于降虏，斯亦曩时版筑饭牛之朋已。汉之得人，于兹为盛。儒雅则公孙弘、董仲舒、兒宽，笃行则石建、石庆，质直则汲黯、卜式，推贤则韩安国、郑当时，定令则赵禹、张汤，文章则司马迁、相如，滑稽则东方朔、枚皋，应对则严助、朱买臣，历数则唐都、洛下闳，协律则李延年，运筹则桑弘羊，奉使则张骞、苏武，将率则卫青、霍去病，受遗则霍光、金日磾，其余不可胜纪。是以兴造功业，制度遗文，后世莫及。孝宣承统，纂修洪业，亦讲论六艺，招选茂异，而萧望之、梁丘贺、夏侯胜、韦玄成、严彭祖、尹更始以儒术进，刘向、王褒以文章显，将相则张安世、赵充国、魏相、丙吉、于定国、杜延年，治民则黄霸、王成、龚遂、郑弘、召信臣、韩延寿、尹翁归、赵广汉、严延年、张敞之属，皆有功迹见述于世。参其名臣，亦其次也。①

与上述赞语相呼应的，是《严朱吾丘主父徐严终王贾传》篇前一段议论，言由于武帝外事四夷、开置边郡、内改制度的需要，接连举荐贤良文学之士，因而涌现了一大批才能之士。其论云：

> 严助，会稽吴人，严夫子子也，或言族家子也。郡举贤良，对策百

_____

① 《汉书》卷五十八《公孙弘卜式兒宽传》。

余人，武帝善助对，繇是独擢助为中大夫。后得朱买臣、吾丘寿王、司马相如、主父偃、徐乐、严安、东方朔、枚皋、胶仓、终军、严葱奇等，并在左右。是时征伐四夷，开置边郡，军旅数发，内改制度，朝廷多事，娄举贤良文学之士。公孙弘起徒步，数年至丞相，开东阁，延贤人与谋议，朝觐奏事，因言国家便宜。上令助等与大臣辩论，中外相应以义理之文，大臣数诎。其尤亲幸者，东方朔、枚皋、严助、吾丘寿王、司马相如。①

由此更加证明，班固记载武帝"雄才大略"的一个重点，即广招四方之士，建树功业。其中，严助因贤良对策为武帝所赞赏，擢为中大夫。建元三年（前138），闽越发兵围东瓯，东瓯告急。武帝时刚即位，不欲发兵征讨，"乃遣助以节发兵会稽。会稽守欲距法，不为发。助乃斩一司马，喻意指，遂发兵浮海救东瓯。未至，闽越引兵罢"②。建元六年（前135），闽越王郢又兴兵攻打南越，朝廷派王恢、韩安国两将军出会稽，未至，闽越王弟余善杀郢以降，汉兵罢。武帝令严助出使获得成功，后又拜为会稽太守。又如，朱买臣与严助同为吴郡人，他家境贫寒，靠砍柴卖钱度日，而酷爱读书，每天边挑薪柴，边高声诵书。几年后，朱买臣找了个机会，跟随会稽郡上计吏员，帮着拉重车（颜师古注：买臣身自充卒，而与计吏将重车也。载车食具曰重车）到长安。同郡严助当时已被武帝提拔为中大夫，他知道朱买臣有才学，便推荐给武帝。"召见，说《春秋》，言《楚词》，帝甚说之，拜买臣为中大夫，与严助俱侍中。"汉武帝欲筑朔方郡以防卫匈奴，御史大夫公孙弘持反对意见，认为是疲敝中国以奉无用之地，武帝让朱买臣与之辩论，朱买臣讲了十条利害，公孙弘竟没有一条对答上来，朱买臣的才华由此得到显示。后因东越王屡次对抗朝廷，武帝拜朱买臣为会稽太守，"买臣到郡，治楼船，备粮食、水战具，须诏书到，军与俱进"。"居岁余，买臣受诏将兵，与横海将军韩说等俱击破东越。"③朱买臣因功升为主爵都尉，列于九卿。又如，主父偃，齐国临菑人，曾学纵横家言，又学《易》、《春秋》。他家境贫穷，先后游学于齐、赵、中山，始终未受重用，境遇窘迫。于元光元年（前134）西到长

---

① 《汉书》卷六十四上《严朱吾丘主父徐严终王贾传》（上）。
② 《汉书》卷六十四上《严朱吾丘主父徐严终王贾传》（上）。
③ 以上引文均见《汉书》卷六十四上《严朱吾丘主父徐严终王贾传》（上）。

安，上书阙下，"朝奏，暮召入见"。主父偃上书，主要是针对武帝连年进行对匈奴的战争，论述长期征战是导致秦末农民大起义的原因："暴兵露师十有余年，死者不可胜数，终不能逾河而北。""百姓靡敝，孤寡老弱不能相养，道死者相望，盖天下始叛也。"主父偃要求武帝吸取"近世之失"的教训，认识"兵久则变生"这一现实危险，应当急图改弦更张。同时上书的还有徐乐、严安，同样强烈要求武帝改变长期征伐的政策，以避免靡敝国家、天下大乱。

颇为出人意料的是，三人上书却得到武帝的激赏。"书奏，上召见三人，谓曰：'公等安在？何相见之晚也！'乃拜偃、乐、安皆为郎中。偃数上疏言事，迁谒者、中郎、中大夫。岁中四迁。"① 《汉书》集中记载主父等三人上书事件很有意义，说明武帝求贤若渴，并且有容纳不同意见的雅量。因为当时武帝征伐匈奴，乃是其重大决策，也是他头脑的兴奋点。三人上书联系历史教训提出了极其尖锐的批评，等于同武帝的决策唱反调，但武帝欣赏他们的才能，并且明白三人举出历史教训是为了国家免遭覆辙而勇于建言，因此一同予以破格任用。与此相照应的是，班固在《东方朔传》中总结汉武帝广招贤才的特点是，求贤如不及，而又恰当任用，为他们发挥才干提供条件，云："武帝既招英俊，程其器能，用之如不及。时方外事胡越，内兴制度，国家多事，自公孙弘以下至司马迁皆奉使方外，或为郡国守相至公卿，而（东方）朔尝至太中大夫，后常为郎，与枚皋、郭舍人俱在左右，诙啁而已。"②

三、赏罚分明，执法不阿

《汉书》又重视记载武帝赏罚分明的史实。《东方朔传》载武帝含泪批准处死犯了重罪的昭平君的事：

> 隆虑公主子昭平君尚帝女夷安公主，隆虑主病困，以金千斤钱千万为昭平君豫赎死罪，上许之。隆虑主卒，昭平君日骄，醉杀主傅，狱系

---

① 均见《汉书》卷六十四上《严朱吾丘主父徐严终王贾传》（上）。按：三人上书时间，《汉书》所载为元光元年，《资治通鉴》则作元朔元年（前128），司马光并做了辨正。《通鉴考异》云，严安上书讲"徇而南夷，朝夜郎"等事，均在元光二年。尚有重要史实为《考异》所未列举者，三人上书重点是谏大规模伐匈奴，而武帝的大举征讨始于元光二年，严安上书所言"深入匈奴，燔其龙庭"之役，是在元光六年。故《考异》讲盖将"元朔"误为"元光"，实属合理之推论。

② 《汉书》卷六十五《东方朔传》。

内官。以公主子，廷尉上请请论。左右人人为言："前又入赎，陛下许之。"上曰："吾弟老有是一子，死以属我。"于是为之垂涕叹息，良久曰："法令者，先帝所造也，用弟故而诬先帝之法，吾何面目入高庙乎！又下负万民。"乃可其奏，哀不能自止，左右尽悲。朔前上寿，曰："臣闻圣王为政，赏不避仇雠，诛不择骨肉。《书》曰：'不偏不党，王道荡荡。'此二者，五帝所重，三王所难也。陛下行之，是以四海之内元元之民各得其所，天下幸甚。臣朔奉觞，昧死再拜上万岁寿。"①

武帝正含泪批准处死昭平君，东方朔却举杯上寿，武帝当场很不高兴地离开。到傍晚，召来东方朔，责备他说话太不讲场合。东方朔赶忙脱帽谢罪，说："销忧者莫若酒，臣朔所以上寿者，明陛下正而不阿，因以止哀也。"武帝见他诙谐的言辞中讲出了"执法公正，不庇近亲"的道理，便不加责罚，反而恢复他郎官之职，赐帛百匹。

班固记载武帝罚不避亲、不阿权贵这一史实，含意非常深刻。作为一个封建专制皇帝，若想要袒护一个贵公子，在有些人看来，不过是小事一桩。但武帝没有这样做，他重视的是自己的处置要能够服天下人之心，所以尽管昭平君是自己的女婿，又是亲妹所托付、事先交好死罪赎金的，武帝也仍然要绳之以法。在"权"与"法"、"亲"与"义"的尖锐对立中，武帝服从了后者。而东方朔却用一个臣下所能做到的极严肃又极诙谐的方式，宣扬武帝执法严明，不徇私情。班固所载这一史实，无疑是古代法制史上一个有警醒意义的案例。

《汉书》上记载了大量武帝严于法治、赏罚分明的事实，对于征战的将领，尤能视具体情况操纵赏罚，并且常常给予一时失利的将军以重新立功的机会。

《张骞李广利传》载：元狩二年（前121），张骞、李广利随骠骑将军霍去病攻匈奴，张骞、李广利奉命从右北平出击，李广利部下死伤亡失太多，张骞误了与大军会合的早期；按法律当斩首，但允许赎为庶人，给予重新立功的机会，以后张骞再次出使西域，因打通了汉与西域的联系而名垂史册。

自张骞凿通西域有功、地位尊贵之后，跟随过他的属吏和士人争着上书，

---

① 《汉书》卷六十五《东方朔传》。

讲西域各国情形、奇异特产，要求奉命出使。武帝认为西域道路艰难、相隔辽远，因此对这些人的要求都予以答应，正式派为使节，又招募吏民，不问原来的职业、经历，作为使节的随从前往。出使途中犯有过失者，加以查问，又给他们立功自赎的机会。由于有这些人相继出使，汉与西域的交往逐步加强，"酒泉列亭障至玉门矣"[1]，向西的通道越伸越远。

对于为国死难的将领，武帝郑重地加以表彰。南粤吕嘉反叛，韩千秋自告奋勇前往，武帝即派他带 2000 人入粤。韩千秋在番禺（今广东省广州市番禺区）附近被截击身亡。武帝下诏褒奖韩千秋的勇敢，自告担任攻伐的前锋，说："韩千秋虽亡成功，亦军锋之冠。封其子延年为成安侯。"[2]以此激励将士。

武帝对杨仆和荀彘的处置也是很有说服力的例子。杨仆原为主爵都尉（主管有关封爵之事），受武帝赏识，南粤吕嘉反叛时，拜为楼船将军。他指挥作战勇猛，摧锋陷坚，军功卓著，封为将梁侯。东越反时，武帝要再次任命他为将军，又明白他因前功而夸耀自傲，武帝便下了一封书信，列举他"拥精兵不穷追"等六项过失，历历有据，严加责备，并问他："今东越深入，将军能率众以掩过不？"杨仆的傲气一下子全被打掉，表示甘愿效力赎罪，于是与王温舒一起打败东越。此后，武帝又派杨仆与荀彘分别率兵攻朝鲜。此役虽然最后获胜，但荀彘因为争功嫉妒而与杨仆互相掣肘，被处死。杨仆因擅自冒进，士卒逃亡甚多，罪重，经宽大处理免为庶人。[3]

《汉书》所记载的这些史实，说明武帝对于文武群臣的行为得失、禀性特点，有相当清楚而及时的了解，然后以道理和法令衡量，施行赏罚，因此从激励和儆戒两个方面，驱使臣下争攻受赏、收敛劣行。此项显然是武帝在位54年间建树了诸多功业的重要原因之一。清代学者赵翼对此有精辟的论述，他认为武帝做到操纵赏罚，所以能够激劝臣下。"其驾驭豪杰如此，真所谓绦镞在手，操纵自如也。""赏罚严明如此，孰敢挟诈避险而不尽力哉！史称雄才大略，固不虚也。"[4]当然，武帝是一个封建君主，他又有私袒近臣和滥施刑罚的另一面。如：李广之子李敢，武帝时代其父为郎中令。有一次，李敢随武帝狩猎。霍去

① 《汉书》卷六十一《张骞李广利传》。
② 《汉书》卷九十五《西南夷两粤朝鲜传·南粤传》。
③ 《汉书》卷九十《酷吏传·杨仆传》、卷九十五《西南夷两粤朝鲜传·南粤传》。
④ 赵翼：《廿二史劄记》卷二，"汉武用将"条。

病因私怨假装射猎失手，把李敢射死。武帝为霍去病隐匿真情，用"被鹿撞死"掩盖过去。[①] 至于武帝滥施刑罚，更是当时一大弊政。

四、弊政和晚年改悔

上述《汉书》对武帝本人的才能素养、对人才的选拔任用和赏罚严明的翔实记载，说明武帝时期出现鼎盛局面是由多方面因素推动而成的。与此同时，《汉书》也记载了这一时期存在的严重弊政和社会问题。根据班固所述，概括起来，当时的主要弊政是：一是刑罚太滥，治罪严酷；二是连年征伐，造成财富虚耗，于是加重对人民的剥削，使生产受到严重破坏；三是迷信鬼神，加上奢侈逸乐，挥霍无度。这些弊政引起了社会的动荡，农民暴动接连发生。

武帝有赏罚分明的长处，但他又执法苛严，一向重用酷吏，所以给人民带来灾难。班固记载说："及至孝武即位，外事四夷之功，内盛耳目之好，征发烦数，百姓贫耗，穷民犯法，酷吏击断，奸轨不胜。于是招进张汤、赵禹之属，条定法令，作见知故纵、监临部主之法，缓深故之罪，急纵出之诛。其后奸猾巧法，转相比况，禁罔寖密。律令凡三百五十九章，大辟四百九条，千八百八十二事，死罪决事比万三千四百七十二事。文书盈于几阁，典者不能遍睹。是以郡国承用者驳，或罪同而论异。奸吏因缘为市，所欲活则傅生议，所欲陷则予死比，议者咸冤伤之。"[②] 揭露出武帝时期社会矛盾激化，秩序混乱，刑罚严酷，犯罪案件大增的严重事实。尤其是狱吏上下其手，制造各种理由加罪，互相比照，贪赃枉法，更为令人发指！

班固还记载：杜周任廷尉，监狱里关押的犯人数量多得惊人。单是二千石大官囚禁在狱中新旧加在一起就接近千人。州郡上报到廷尉的大案，一年有一千多宗。大宗案件牵连的有几百人，小宗的有几十人；侦问审讯远的涉及几千里以外的犯人，近的也有几百里。审问时就硬要犯人招认告发者所讲的罪名，如不服罪，就用毒打逼他供认。因此民户一听到受传讯，就赶快逃走隐藏起来。有的案件在赦令下达十几年之后还未查清楚，往往因为畏罪而辗转诬告。廷尉及京都衙门按朝廷公文逮问监禁的有

---

① 《汉书》卷五十四《李广传附李敢传》。
② 《汉书》卷二十三《刑法志》。

六七万人，官吏另外捉拿的有十余万人。[①] 如此滥施刑罚，囚禁无辜百姓，必然要引起混乱和反抗。

由于武帝连年征伐，光与匈奴的战争前后就持续几十年。因此造成了壮男子丢下锄耙从征，又征发更多的人转运粮食给养，耗费大量财富，农民无法忍受繁重的徭役和赋税剥削，四处流亡，农业生产受到严重破坏。如《汉书·食货志》所说："外事四夷，内兴功利，役费并兴，而民去本。""天下虚耗，人复相食。"[②]

连年征伐造成国库空虚，于是武帝下令：犯罪可以出钱赎罪，将粮食输送到边境可以授官，又把盐铁生产和卖酒收归官营。实行的结果，是贪污贿赂公行，欺诈和投机行为恶性发展，引起社会动荡不安。班固引用了贡禹的一段言论，对此做了深刻的论述，是我们认识武帝时期弊政的重要思想资料。贡禹说：

> 武帝始临天下，尊贤用士，辟地广境数千里，自见功大威行，遂从耆欲，用度不足，乃行壹切之变，使犯法者赎罪，入谷者补吏，是以天下奢侈，官乱民贫，盗贼并起，亡命者众。郡国恐伏其诛，则择便巧史书习于计簿能欺上府者，以为右职。奸轨不胜，则取勇猛能操切百姓者，以苛暴威服下者，使居大位。故亡义而有财者显于世，欺谩而善书者尊于朝，诋逆而勇猛者贵于官。故俗皆曰："何以孝弟为？财多而光荣。何以礼义为？史书而仕宦。何以谨慎为？勇猛而临官。"故黥劓而髡钳者犹复攘臂为政于世，行虽犬彘，家富势足，目指气使，是为贤耳。故谓居官而置富者为雄桀，处奸而得利者为壮士，兄劝其弟，父勉其子，俗之坏败，乃至于是！察其所以然者，皆以犯法得赎罪，求士不得真贤，相守崇财利，诛不行之所致也。[③]

贡禹的论述，对于武帝时期因连年征伐造成财政困难，终于导致贪污贿赂公行，法纪废弛、社会动荡的后果，揭露得淋漓尽致。班固引用他的言论，对于我们认识武帝时期社会的阴暗面是有重要意义的。

武帝一生沉溺于鬼神迷信，据《汉书·武帝纪》载，自元狩元年（前 122）至后元二年（前 87）武帝卒之前，他外出祠神、巡行、封禅共 29 次，其中远程出巡、祭祀达 13 次。元封元年（前 110），东巡，封泰山，沿渤海边到碣石而还，历时四个多月。元封五年（前 106），从冬季开始（太初改历之前，每年以十月为岁首），至春四月封泰山而还，历时五个月。每次外出祭祀巡行，都带着大队人马，沿途官府动员众多吏民修路、献礼、迎接，耗费民力、财力、物力无数。武帝又任用神仙方士，给他们大量赏赐，仅对栾大的赏赐，一次就有 10 万金。还有，武帝生活极其淫靡，据贡禹说，他"多取好女至数千人，以填后宫"①。像这样挥霍无度，文景时期积贮的巨量财富终于被他耗费净尽。

《汉书》记载，上述种种弊政引起社会矛盾激化，至武帝统治后期，各地出现了农民暴动，南阳有梅免、百政，楚有段中、杜少，齐有徐勃，燕赵之间有坚卢、范主等。这些暴动，规模大的有数千人，小的数百人，攻占城邑，夺取武库兵器。武帝指派酷吏，动员了军队，几年时间才镇压下去。②

面对着激烈的社会矛盾，武帝晚年面临着两种选择：或者是继续兴师劳民，或者是罢兵息民，挽救危机。至征和四年（前 89），他终于当机立断选择了后者，承认了自己的过失。班固称赞武帝晚年实行的政策转变，说："武帝末年，悔征伐之事，乃封丞相为富民侯。下诏曰：'方今之务，在于力农。'"任命赵过为搜粟都尉，推广代田法。"教民相与庸挽犁。率多人者田日三十亩，少者十三亩，以故田多垦辟。过试以离宫卒田其宫墙地，课得谷皆多其旁田亩一斛以上。令命家田三辅公田，又教边郡及居延城。是后边城、河东、弘农、三辅、太常民皆便代田，用力少而得谷多。"③以后，宋代史学家司马光在班固论点的基础上加以发展，认为：武帝的种种弊政，致使他末年出现社会危机，几乎与秦相差不多，但是武帝能晚年改过，所以有亡秦之失而免亡秦之祸！④

汉武帝晚年改悔，说明他警惕着步亡秦后尘，掌握着一个"临界点"，控制其所为不要超过这个限度，引起社会的崩溃。以此为转折点，昭、宣时

---

①　《汉书》卷七十二《王贡两龚鲍传》。
②　参见《汉书》卷九十《酷吏传》。
③　《汉书》卷二十四上《食货志》（上）。
④　参见司马光：《资治通鉴》卷二十二，武帝后元二年"臣光曰"，中华书局 1956 年版。

期即继续沿着这一罢兵力农的路线走下去，因而出现了"中兴"局面。

总之，班固重新搜集大量新史料，运用睿思，撰成内容丰富的《武帝纪》，又围绕本纪，以列传、志中的记载与之关联、补充，展开对武帝时期历史的全面记述，此项确是班固在历史编纂学史上的重大贡献。对此做专题的深入考察，能够提供大量生动有力的证据，说明班固不愧为一代良史，他有卓越的史才、高明的史识和高尚的史德。同时，此项研究对于深刻认识和恰当评价武帝鼎盛时期的历史，并从中获得治国施政的启示，也大有裨益。

第四节 《汉书》与历史文化认同的推进

中华民族历史文化认同的不断发展，是考察中国历史过程的一个具有根本性意义的内容，也是从历史编纂角度认识和评价《汉书》这部名著的历史地位之一个重要的尺度。在中国文化史上长期形成《史记》、《汉书》并举的局面，实有其深刻原因，然而以往一段时间，却曾出现过因为要抬高《史记》的地位，而对《汉书》加以贬低的做法，这对《汉书》来说是极不公正的。从"对中华民族历史文化认同的推进"这一标准来探讨，正能为澄清以往有过的错误认识进一步提供有力的根据。探讨这一课题，不但具有理论意义，而且对于当今增强中华民族的凝聚力，提高民族自信心，具有现实的意义。

中国历史演进的基本特点和独具优点，是全国范围内统一规模不断发展，中原民族和周边民族的文化认同历经不同世代而不断加强。中国很早就出现统一的趋势，这是由中国大陆广袤，周围有高山、沙漠、大海与外界阻隔，中央有富饶的平原这种地理条件形成的。古代的政治结构和古代思想也都突出地反映出这种统一的趋势。周代诗人吟唱："溥天之下，莫非王土。率土之滨，莫非王臣。"[①] 表达的就是歌颂统一的思想。东周时期王室衰弱，各国分立，而实际上是酝酿着更大规模的统一，《周礼》、《禹贡》这些产生于战国时期的典籍，都反映出天下共归于统一的中央政权的思想。而孔子和孟子的

---

① 《诗经·小雅·北山》，十三经注疏本。

学说之所以受到后世尊崇，更由于他们大力倡导统一。孔子修《春秋》，用褒贬手法，对诸侯国无视周王室的僭越行为严加挞伐，这种态度得到司马迁的高度赞赏，称：孔子《春秋》，乃因愤慨于"吾道不行矣，吾何以自见于后世哉！""贬损之义，后有王者举而开之。《春秋》之义行，则天下乱臣贼子惧焉。"[①]孔子之希望重新实现"礼乐征伐自天子出"的有序局面，他之主张"从周"，都是愤慨于当时各国互相攻伐的纷乱局面而倡导统一。孟子处在战国时期，各国纷争征伐，赋敛残酷，民众痛苦不堪。孟子痛感时事之非，他以弘扬孔子学说为己任，全部《孟子》论述的中心问题，是如何做到"天下归之"，及阐发孔子所言"国君好仁，天下无敌"的道理，倡导推动中国走向统一。孟子还预言"不嗜杀者定于一"[②]，断言战国纷争局面终将被统一所取代，并且预见最终由"不嗜杀者"来统一。汉代的董仲舒和司马迁都是孔孟政治思想的继承者，董仲舒（以及公羊学派儒生）主要是进行经义的阐发，司马迁则撰成一部中华民族不断走向统一的信史，使之流传后世。从孔孟到董仲舒、司马迁，一脉相承地代表了华夏族的历史文化认同，他们的思想和著作推进了国家统一趋势的向前发展。

班固《汉书》自觉继承了中华文化的优良传统，为推进民族历史文化认同做出了杰出的贡献。这方面值得发掘和总结的内容是很丰富的，本节简要地论述以下两项。

一、肯定西汉功业

汉朝在中华民族进化史上，是一个富有活力、成长迅速的重要时期。中国中古时代的政治设置、典章制度、思想观念、学术文化的基本格局是在这一时期形成的。我国今日的辽阔版图，是在汉朝奠定的，作为中华民族主体的汉族也是在汉朝形成，并且以这一强盛朝代命名的。汉朝从立国至宣帝期间，一直保持上升和强盛的局面，长达一百余年。汉朝人富有智慧，善于议论国家的政治得失、历史教训、军事政治文化的重大设施，"引大体慷慨"，思想顾忌少，敢于针对重大问题慷慨陈言，正与当时社会旺盛的创造力相合拍。由此可以明显看出，班固以庄重的史笔记述西汉的功业，记述汉朝人充

① 《史记》卷四十七《孔子世家》。
② 《孟子·梁惠王》（下），十三经注疏本。

满智慧的议论，对于后人正确地认识中华民族走过的道路和推进民族历史文化认同，有着多么重要的意义。

班固对汉朝建立的进步性，是从历史变化的大方向来认识和把握的。《汉书·异姓诸侯王表·序》总结说：自虞夏至秦之得天下，有着共同的特点，即都经历了长期的艰难创业：虞夏之兴，积德累功数十年；商汤王、周武王兼有天下，乃由契、后稷修仁行义，历十余世，而后成功；秦的帝业，先由襄公崛起，经过文公、穆公、献公、孝公、昭襄王、庄襄王历代经营，"稍蚕食六国，百有余载"，至始皇乃并天下。真可谓"以德若彼，用力如此其难也"。然而，刘邦得天下却与历代君主相去天壤，"亡尺土之阶，繇一剑之任，五载而成帝业。书传所记，未尝有焉"。为什么会出现这样的历史大变局？班固认为，这是因为秦始皇的倒行逆施加速了自己的灭亡，为汉朝的迅速兴起准备了条件。秦始皇本来冀图以取消分封制、销毁天下兵器、禁绝儒学、大事征伐等，"用壹威权，为万世安"。结果恰恰激起人民的反抗，"十余年间，猛敌横发乎不虞，适戍强于五伯，闾阎逼于戎狄，响应瘄于谤议，奋臂威于甲兵。乡秦之禁，适所以资豪桀而速自毙也"[1]。

班固用这段掷地有声的精警语句揭示出形势的实质，原先秦始皇采取的严禁措施，反过来却被反抗的豪杰们所利用，加速了暴秦的灭亡。这样，刘邦"无土而王"、汉朝建立这一亘古未有的历史新格局，就完全可以用能够确切指明的时代条件来解释。班固用"势"的命题对此加以概括，说："古世相革，皆承圣王之烈，今汉独收孤秦之弊。镌金石者难为功，摧枯朽者易为力，其势然也。"[2] 秦的暴虐使民众积蓄着反抗的怒火，起义一爆发即成摧枯拉朽之势，汉朝代秦而立，就是由这种历史时势所决定的。值得注意的是，班固的上述对历史时势的看法，是在司马迁认识的基础上加以发展的。司马迁极为重视探讨汉朝兴起的原因，《史记·秦楚之际月表序》中论述刘邦得天下的原因，确已论及秦的暴政为汉的兴起准备了条件，表现出其卓识，谓："秦既称帝，患兵革不休，以有诸侯也，于是无尺土之封，堕坏名城，销锋镝，钮豪桀，维万世之安。然王迹之兴，起于闾巷，合从讨伐，轶于三代，乡秦之禁，适足以资贤者为驱除难耳。故愤发其所为天下雄，安在无土不王。此乃传之

---

① 《汉书》卷十三《异姓诸侯王表》。
② 《汉书》卷十三《异姓诸侯王表》。

所谓大圣乎？岂非天哉，岂非天哉！非大圣孰能当此受命而帝者乎？"①这里虽然深刻地分析了历史时势，但不能否认，司马迁所讲的"天"又有"命定论"的意味，所以他称刘邦为"受命而帝"的"大圣"。相比之下，班固完全用历史时势来分析，摆脱了"命定论"的影响。《汉书·异姓诸侯王表序》的分析，与前文论及的《高帝纪》中强调刘邦在艰难征战中实行安抚民心的政策，以及建国之初确立各项制度，"规摹弘远"的议论正相呼应，说明班固确实站在新的历史高度，因而更能揭示出汉朝建立这一历史性进步的实质。

西汉前期历史又一重大问题，是消灭诸侯王国分裂割据势力，巩固国家统一。汉初，刘邦封功臣为王者七人，有楚王韩信、梁王彭越、淮南王英布、燕王臧荼等。燕据有六郡，楚有五郡，七个异姓王国加起来占去汉疆域的一半，拥有重兵、专制一方，朝廷指挥不灵，成为国家统一的隐患。刘邦采取断然手段，逐一消灭掉对朝廷有威胁的异姓诸王，在其旧土上，又分封同姓子弟为王，意在辅翼京师、屏藩皇室，这些同姓诸侯王又称为"藩国"。在班固之前，司马迁也曾论及藩国问题，但由于朝廷与藩国斗争的过程尚未结束，因而尚不可能做出全面总结。班固后来居上，能够俯瞰西汉初至武帝时期朝廷与藩国斗争的全过程，从而在《史记》的基础上，对此做出更加全面的总结。《汉书·诸侯王表·序》中肯地描述藩国势力对西汉国家的危害："藩国大者跨州兼郡，连城数十，宫室百官同制京师"，"小者淫荒越法，大者睽孤横逆"，高度概括而又十分形象地讲出藩国尾大不掉造成的危害，势力强者俨然成为割据一方的独立王国，直至发动叛乱，文帝时有淮南王刘长阴谋叛乱，景帝时发生吴楚七国之乱，武帝时有淮南王刘安、衡山王刘赐谋反。势力小者为害一方，如广川王刘去、江都王刘建等凶残淫乱至极，骇人听闻，完全成为社会的毒瘤。总之，逐步消灭同姓诸侯王势力，是巩固国家统一、战胜分裂割据势力的斗争。

班固正确地总结了朝廷与藩国势力做斗争所经历的主要阶段："文帝采贾生之议分齐、赵；景帝用晁错之计削吴、楚；武帝施主父之策，下推恩之令，使诸侯王得分户邑以封子弟，不行黜陟，而藩国自析。"②这段议论从大处着眼，把藩国势力的演变分为三段：文帝时，贾谊建议"众建诸侯而少其

---

① 《史记》卷十六《秦楚之际月表》。
② 以上引文均见《汉书》卷十四《诸侯王表》。

力"①，文帝采纳其主张，多封诸侯子弟为王，削弱他们的力量，先从赵国分出河间国，以后分齐之地为六国，分淮南之地为三国②；景帝时，采用晁错建议，削去楚王东海郡，削去赵王常山郡，削去胶西王六个县，依次削夺便是吴国，这时吴王濞联楚、赵、胶西、胶东、菑川、济南六国发动叛乱，三个月内被平定，从此景帝把王国的军政大权收归中央；武帝时，又采用主父偃实行"推恩法"的建议，下令诸侯得推恩给子弟，分出土地封他们为侯，皇帝借施德之名，行进一步削弱诸侯王势力之实。

从此，"诸侯惟得衣税食租，不与政事"③，权力只限于收取租税，再也没有治理民众、任命官吏的权力，诸侯王国名存实亡，与一般的郡没有多大差别。班固所做的总结，既把复杂的历史过程做出分阶段的概括，又从把握历史前进的高度充分肯定了国家统一势力战胜分裂割据势力的意义，因而一向成为人们讲述西汉藩国问题最权威的依据。班固又在《贾谊传》、《晁错传》中，详细记载他们向文帝、景帝提出的削藩建议，这些记载与《诸侯王表·序》中提纲挈领的论述相配合，使后世读者能较充分认识这场维护国家统一对藩国割据势力斗争的复杂性和历史必然性。

二、重视民族间的交流与和好的记载

《汉书》关于汉代各民族的活动的记载有丰富的内容，其中尤为珍贵的是班固特别重视各民族间的交流和友好往来的史实。这里首先要解决一个认识问题。班固在《汉书·匈奴传·赞》中曾说过"夷狄之人贪而好利，被发左衽，人面兽心，其与中国殊章服，异习俗"，"是故圣王禽兽畜之，不与约誓，不就攻伐……来则惩而御之，去则备而守之"一段话，表现出严重歧视边境民族的倾向，应予严肃的批评。不过，不应当视这段话为代表班固民族观的全部，还须做进一步的分析。

其一是自周秦以来，剽悍桀骜的匈奴贵族长期对中原地区袭扰劫掠，至汉代尤甚，和亲、赠予、约誓、征战都不能奏效，成为中原先进文化地

① 《汉书》卷四十八《贾谊传》。
② 文帝二年（前178），从赵国分出河间国。文帝十六年（前164），分齐为六国：齐、济北、菑川、济南、胶西、胶东。其后，文帝又迁淮南王刘喜于城阳，而分淮南为三国，刘安为淮南王，刘赐为庐江王，刘勃为衡山王。
③ 《汉书》卷十四《诸侯王表》。

区的严重威胁，由此而造成班固的愤激之词。不独班固一人，两汉之际的扬雄也有类似的议论。扬雄在汉哀帝时曾上书，称匈奴为"真中国之坚敌也"，"故北狄不服，中国未得高枕安寝也"，"外国天性忿鸷，形容魁健，负力怙气，难化以善，易隶以恶，其强难诎，其和难得。故未服之时，劳师远攻，倾国殚货，伏尸流血，破坚拔敌，如彼之难也"。① 其认识与班固颇相类似。故而我们既要看到班固民族观的严重局限，又要放在其时代环境之下加以理解。

其二是在现实问题的处理上，班固于东汉章帝时，主张与南、北匈奴两部同时修好，强调要显示东汉朝廷的"忠信"和"礼义"，具有处理复杂民族关系的卓识。东汉初，匈奴已分裂为南、北二部，南匈奴于建武二十四年（公元48年）归顺东汉皇朝，被安置于塞内。北匈奴仍居漠北，于章帝建初年间遣使贡献，要求和亲。章帝命群臣会议。有人主张："匈奴变诈之国，无内向之心，徒以畏汉威灵，逼惮南虏，故希望报命，以安其离叛。今若遣使，恐失南虏亲附之欢，而成北狄猜诈之计，不可。"认为朝廷若通使和亲，将会引起已经归附的南匈奴的不满，而中北匈奴欺诈之计。唯独班固提出，从历史经验看，长期以来，汉与匈奴时战时和，但从未有不与通使的，所以"绝之未知其利，通之不闻其害"，应当表明中原皇朝的"忠信"态度，再从未来着想，现在不与北匈奴修好，将来若一旦恃其强大侵扰致祸，那时再求通好，则为时太晚。因而极具远见卓识地提出建议："汉兴已来，旷世历年，兵缠夷狄，尤事匈奴。绥御之方，其途不一，或修文以和之，或用武以征之，或卑下以就之，或臣服而致之。虽屈申无常，所因时异，然未有拒绝弃放，不与交接者也。……今乌桓就阙，稽首译官，康居、月氏，自远而至，匈奴离析，名王来降，三方归服，不以兵威，此诚国家通于神明自然之征也。臣愚以为宜依故事，复遣使者，上可继五凤、甘露致远人之会，下不失建武、永平羁縻之义。虏使再来，然后一往，既明中国主在忠信，且知圣朝礼义有常，岂可逆诈示猜，孤其善意乎？绝之未知其利，通之不闻其害。设后北虏稍强，能为风尘，方复求为交通，将何所及？不若因今施惠，为策近长。"②

班固的这篇议论，是中国古代民族关系史的一篇重要文献，说明主"忠

---

① 《汉书》卷九十四下《匈奴传》（下）。
② 以上均见于《后汉书》卷四十下《班彪列传》（下）。

信"、重"礼义"，才是班固对待民族关系的主导面。也正因为如此，在班固撰写的《汉书·匈奴传》中，才有以重笔浓彩写出宣帝甘露三年正月初一，匈奴呼韩邪单于到长安觐见，宣帝派车骑都尉韩昌专程迎接，在呼韩邪所经七个郡有二千车骑列队迎候，宣帝以列在诸侯王以上的礼节隆重接待的场面：

> 明年（甘露二年），呼韩邪单于款五原塞，愿朝三年正月。汉遣车骑都尉韩昌迎，发过所七郡郡二千骑，为陈道上。单于正月朝天子于甘泉宫，汉宠以殊礼，位在诸侯王上，赞谒称臣而不名。赐以冠带衣裳，黄金玺盭绶，玉具剑，佩刀，弓一张，矢四发，棨戟十，安车一乘，鞍勒一具，马十五匹，黄金二十斤，钱二十万，衣被七十七袭，锦绣绮縠杂帛八千匹，絮六千斤。礼毕，使使者道单于先行，宿长平。上自甘泉宿池阳宫。上登长平，诏单于毋谒，其左右当户之群臣皆得列观，及诸蛮夷君长王侯数万，咸迎于渭桥下，夹道陈。上登渭桥，咸称万岁。单于就邸，留月余，遣归国。单于自请愿留居光禄塞下，有急保汉受降城。汉遣长乐卫尉高昌侯董忠、车骑都尉韩昌将骑万六千，又发边郡士马以千数，送单于出朔方鸡鹿塞。诏忠等留卫单于，助诛不服，又转边谷米糒，前后三万四千斛，给赡其食。①

正是在这种和好的气氛下，导致宣、元以后北方边境出现 60 年的安宁局面，班固用赞颂的笔调写道：

> 至孝宣之世，承武帝奋击之威，直匈奴百年之运，因其坏乱几亡之厄，权时施宜，覆以威德，然后单于稽首臣服，遣子入侍，三世称藩，宾于汉庭。是时边城晏闭，牛马布野，三世无犬吠之警，黎庶亡干戈之役。②

并且将宣帝以后因汉与匈奴和好相处带来的和平景象，与王莽挑起与匈奴的战争而造成严重破坏的局面做对比：

---

① 《汉书》卷九十四下《匈奴传》（下）。
② 《汉书》卷九十四下《匈奴传》（下）。

> 初，北边自宣帝以来，数世不见烟火之警，人民炽盛，牛马布野。及莽挠乱匈奴，与之构难，边民死亡系获，又十二部兵久屯而不出，吏士罢弊，数年之间，北边虚空，野有暴骨矣。①

《汉书》中着重记载加强民族和好、促进民族交流的例证还有不少。如宣帝元康中，匈奴与汉争夺车师屯田，宣帝及朝廷计议，欲利用匈奴衰弱，出兵进击。丞相魏相谏议阻止出兵，说：因争车师屯田出兵，是报"纤介之忿"，师出无名，而现今"边郡困乏，父子共犬羊之裘，食草莱之实，常恐不能自存，难于动兵"。②征发士卒，徭役繁重，必然引起社会不安，所以首先要重视的是国家的安定与治理。宣帝采纳了魏相的建议，避免了与匈奴的一场战争。

又，宣帝五凤年间，值匈奴大乱，朝廷中有不少人提出：匈奴长期为害，正好乘其内乱出兵攻灭之。宣帝向御史大夫萧望之询问对策。望之即引《春秋》之义作为根据："《春秋》晋士匄帅师侵齐，闻齐侯卒，引师而还，君子大其不伐丧，以为恩足以服孝子，谊足以动诸侯。"他用《春秋》之义比附当前情况，认为：匈奴单于愿意归附，遣使请求和亲，"海内欣然，夷狄莫不闻"。在此情形下，伐之不义，恐劳而无功。"宜遣使者吊问，辅其微弱，救其灾患，四夷闻之，咸贵中国之仁义。"③这样定会使之感动，决意归附汉朝。宣帝遂采纳萧望之建议，派兵帮助呼韩邪单于安定匈奴内部。从此大大密切了呼韩邪单于与汉朝的关系，促使此后其决然内附。

有关西南和西北地区的民族关系，《汉书》也有值得重视的记载。《司马相如传》载其《谕巴蜀檄》，以武帝时代国家统一加强、中原与边境民族联系空前密切的事实，昭告巴蜀人士："陛下即位，存抚天下，集安中国，然后兴师出兵，北征匈奴，单于怖骇，交臂受事，屈膝请和。康居西域，重译纳贡，稽首来享。移师东指，闽越相诛。右吊番禺，太子入朝。南夷之君，西僰之长，常效贡职，不敢惰怠，延颈举踵，喁喁然，皆乡风慕义，欲为臣妾，道

---

① 《汉书》卷九十四下《匈奴传》（下）。
② 《汉书》卷七十四《魏相丙吉传》。
③ 《汉书》卷七十八《萧望之传》。

里辽远，山川阻深，不能自致。"① 这段话，若剔除其中炫耀朝廷武力和歧视边境民族的成分，所描绘和赞扬的确是各民族交流大大加强的局面。并通告朝廷派使者通西南夷，目的并非为兴兵革之事，以此安慰巴蜀居民，并说明由此引起沿途转粟运输，增加巴蜀居民负担，或有惊恐逃亡之事，都非皇帝本意。司马相如又在《难蜀父老》文中做进一步申论。当时巴蜀有一部分耆老缙绅先生反对朝廷通西南夷做法，认为是"割齐民以附夷狄"，意为损害了四川各郡利益而给"夷狄"以好处。司马相如批评这种说法，首先辩明："必若所云，则是蜀不变服而巴不化俗也。"让"夷狄"永远是"夷狄"，是与巴蜀本身历史相违背的。巴蜀原先是"夷狄"，处于落后地位，因为接受了中原文化，所以才成为今日缙绅所谓中国。他进而提出武帝作为贤君，采取的是"驰骛乎兼容并包，而勤思乎参天贰地"，"博恩广施，远抚长驾，使疏逖不闭，昆爽暗昧得耀乎光明，以偃甲兵于此，而息讨伐于彼。遐迩一体，中外禔福，不亦康乎？"② 司马相如以敏锐的眼光和高度概括的手法，指出"兼容并包"、"遐迩一体"是汉武帝时代民族政策的根本，贯彻的是儒家《春秋公羊传》从文化上区分"夷狄"和"中国"、促进民族间交流和好的思想。③

《汉书·赵充国传》则展现了老将赵充国在复杂条件下在甘肃河西地区安辑西羌所取得的成功。宣帝即位后，羌人与汉争夺湟水流域牧地，逐渐渡湟定居，郡县无力禁止。其后，先零羌与诸羌种豪两百余人解仇结盟，酿成边患。羌侯狼何又借助匈奴兵力，企图袭击鄯善、敦煌，隔绝汉朝与西域的通道。神爵元年（前61），宣帝诏遣义渠安国行视镇压，遭羌人反抗，安国败退令居。当时赵充国年七十余，仍主动请兵，率万骑由金城出发。他远斥候，坚营壁，先计而后战。酒泉太守辛武贤向宣帝建议边郡屯兵并出酒泉、张掖，合击罕、开诸羌。赵充国则坚持先集中解决为首反叛的先零羌，对附从的罕、开实行分化、安抚，并避免大兵四出转运艰难，且防止匈奴、乌桓袭扰长城一线。宣帝终于同意其部署。赵充国以"拊循和辑，保胜安边"为方针，释放无罪被拘执的羌人酋长，进入羌族居住区后，又"令军勿燔聚落，刍牧田中"④，遂得羌人罕、开部先行归附。后赵充国屯田河西，等待羌人内部分化，终于争取到羌人大多数部落降汉，汉朝置金城属国以接纳归附的羌人。

　　主"忠信"、重"礼义"，确实是班固对待边境民族问题的主导思想，也反映出中华文化传统对待古代民族关系的主流意识。《汉书》中有关记载汉代北方、西北、西南民族关系的篇章，正因为贯穿了这一指导思想，因而具有很高的价值，历来被人们反复研读，并从中获得有益的启示。由于读了《汉书》，人们不但真切地了解到汉代的功业远超前代，而且真切地了解到中原民族与周边民族的交流、融合越来越向前发展，因而在客观上推进了中华民族的历史文化认同。

第四章 《史通》：历史编纂的理论自觉

第一节 总结史书流变和编纂体例得失

《史通》和《文史通义》是前后媲美的古代史学评论名著，是高度发达的中国古代史学在理论思维上的结晶，对于推进中国历史编纂学的发展意义重大。中华民族具有发达的历史意识，中国有世代相续、绵延数千年的历史记载，在世界上独一无二。重视历史记载，是人类智慧达到一定高度的产物，是人类意识的一种飞跃，因为他已认识到总结自身活动、为未来发展提供有益经验之必要。黑格尔曾特别称赞"中国人具有最准确的国史"，他说："因为'历史'这样东西需要理智——就是在一种独立的客观的眼光下去观察一个对象，并且了解它和其他对象间合理的联系的这一种能力。所以只有那些民族，它们已经达到相当的发展程度，并且能够从这一点出发，个人已经了解他们自己是为本身而存在的，就是有自我意识的时候，那种民族才有'历史'和一般散文。"[1]这段话讲得很深刻，一个民族，只有它的智能达到对民族本身的发展能够做一番探讨时，才有"历史"，这时，不但个人获得了是为本身而存在（而不是为"神灵"、"教义"存在）的自我意识，而且，就这个民族全体来说，也才具有认识自己的存在和发展的由来这样一种"自我意识"。故此，我们可以说，从没有历史记载到有了可靠的记载出现，是人类认识的一次飞跃。从有历史文献发展到有了以明确的历史观点（即"史义"）做指导的史著产生，是第二次飞跃。而到了有如《史通》和《文史通义》这样的总

---

① 〔德〕黑格尔：《历史哲学》，王造时译，上海书店出版社 2006 年版，第 149 页。

结史学发展的著作产生，则是第三次飞跃。无疑地，这两部名著的产生，标志着中国历史编纂学达到理论自觉的阶段。对之进行深入探讨，是中国历史编纂学领域的重要课题。

一、刘知幾的理论追求

刘知幾（唐高宗显庆六年—唐玄宗开元九年，661—721），字子玄，彭城（今江苏徐州）人。他主要活动在武则天、中宗至玄宗前期。《史通》完成于中宗景龙四年（710）。全书 20 卷，内篇 10 卷，36 篇，始于《六家》、《二体》，终于《辨职》、《自叙》。外篇 10 卷，13 篇，始于《史官建置》、《古今正史》，终篇是《忤时》。刘知幾长期任职史馆，参预修史，自谓"三为史臣，再入东观"。长安二年（702），任著作佐郎，兼修国史。转左史，次年奉令与李峤、朱敬则、徐坚、吴兢等修撰唐史，成《唐书》80 卷。中宗神龙元年（705），任著作郎、太子中允、率更令兼修国史。二年（706），与徐坚、吴兢等修成《则天实录》。景龙二年（708），专掌修史，迁秘书少监。前后任史职 30 年。胸中长期积累许多郁闷，对于权臣监修国史制度的种种弊病观察深刻，满怀愤慨。《自叙》篇言："虽任当其职，而吾道不行；见用于时，而美志不遂，郁怏孤愤，无以寄怀。必寝而不言，嘿而无述，又恐没世之后，谁知予者。故退而私撰《史通》，以见其志。"

刘知幾所处时代，史学总体上是向前发展的趋势。由于《史记》、《汉书》两部名著的楷模作用，以及朝廷设置史馆修史制度的逐渐成熟，在魏晋南北朝至唐初，产生了一大批纪传体史书和编年体史书。《隋书·经籍志》对史部著作详加著录，并因其数量众多和地位提高，列为四部门类中第二部。拿南北朝时期的后汉史著作为例：纪传体后汉史，共有吴谢承、晋薛莹、晋司马彪等 10 家；编年体后汉史，共有晋袁宏、晋张璠等 4 家。再以这一时期所修晋史而言，纪传体有晋王隐、晋虞预等 11 家；编年体也有晋陆机、晋干宝等 11 家。其他纪传体史书，有三国史韦昭等 7 家；南北朝史有宋徐爰等 17 家。其他编年体史书，有三国史晋孙盛等 2 家；南北朝史有宋裴子野等 6 家。合计魏晋南北朝时期，共撰有纪传体断代史多达 45 家，编年体断代史多达 23 家。

唐初于贞观三年（629）设立史馆，经过二十余年时间大规模修史，共撰成前朝史 6 部，计 407 卷。加上李延寿奉诏撰成的《南史》80 卷、《北史》100 卷，总共完成八部"正史"，卷数总计达 587 卷之巨。因此，刘知幾所面临的，便是两晋南北朝至唐初六百余年间史学的繁盛和纪传、编年二体的备受重视。而这众多的史著，其内容、史识高下不同，体裁体例运用及史料采集剪裁有优有绌，参差不齐，凡此种种，何者足以取法，何者应当纠误，至此亟须要做总结、评价和提出范式的工作。《隋志》列为四部书的第二部，可以说是从典籍著录上做了带有总结性质的工作，《史通》则是从史学评论角度，进行一番总结。这是中华民族历史意识发达的进一步升华，在文化史上具有首创意义，在世界史上也是遥遥领先的。

刘知幾提倡"独得之学"，在奉诏预修国史以及中宗朝奉敕撰修《则天实录》过程中，他极想贯彻自己的修史主张。"凡所著述，尝欲行其旧议。而当时同作诸士及监修贵臣，每与其凿枘相违，龃龉难入。故其所载削，皆与俗浮沉。虽自谓依违苟从，然犹大为史官所嫉。"① 所以，如何在设馆修史制度上，能保证撰成"信史"，如何纠正贵臣乱加干预、修史者无可适从的现状，如何尊重修史者的职责，写出符合历史真实的记载，就成为事关重大的问题。刘知幾最可贵之处，是不放弃原则，勇于铮铮陈言。刘知幾身任史职，"介直自守，累岁不迁"②。他致书萧至忠，批评监修制度的种种弊病，要求辞去史职。"至忠得书大惭，无以酬答，又惜其才，不许解史任。"③ 而宗楚客等则对之嫉仇。后萧至忠、宗楚客等获罪伏诛，刘知幾乃获免于难。

刘知幾责任心极强，自己期望极高，而又才华出众。《新唐书》本传云："子玄善持论，辩据明锐，视诸儒皆出其下，朝有论著辄豫。"预修《武后实录》，有所改正，而武三思等不听。"自以为见用于时而志不遂，乃著《史通》内外四十九篇，讥评今古。"④ 不仅发挥修史主张，而且是自己几十年深刻思考政治、社会问题的结晶，提出独特见解，表达各种批评意见，"而此书多讥往哲，喜述前非。获罪于时，固其宜矣"。因此《自叙》篇讲得十分沉痛，结尾言，此书能否像扬雄《太玄》一样在后世遇到张衡这样的知音，无法知晓。"此予所以抚卷涟洏，泪尽而继之以血也。"⑤

刘知幾对历史编纂进行理论上的总结反思是充分自觉的。在众人随波逐

---

① 以上引文均见刘知幾：《史通》卷十《自叙》。

② 《新唐书》卷一百三十二《刘子玄传》。

③ 刘知幾：《史通》卷二十《忤时》。

④ 《新唐书》卷一百三十二《刘子玄传》。

⑤ 刘知幾：《史通》卷十《自叙》。

流的时候，他却自标"独断"之学，欲成"一家之言"，"立言垂后"①，坚持独立思考，提出具有理论意义的创见。《自叙》篇画龙点睛，讲自己的理论追求："若《史通》之为书，盖伤当时载笔之士，其义不纯。思欲辨其指归，殚其体统。"著《史通》，是要总结史学的根本问题。义，指修史的宗旨和编纂的要求。而本书的目的，即要辨析在史学长河中哪些符合修史宗旨，哪些做法却违背了；全面、系统地评判编纂体例、方法的得失。又言，《史通》内容包罗万有，以史为主，还涉及包括社会、学术以至哲学根本问题："夫其书虽以史为主，而余波所及，上穷王道，下掞人伦，总括万殊，包吞万有。"又明确说："其为义也，有与夺焉，有褒贬焉，有鉴诫焉，有讽刺焉。其为贯穿者深矣，其为网罗者密矣，其所商略者远矣，其所发明者多矣。盖谈经者恶闻服、杜之嗤，论史者憎言班、马之失。……犹冀知音君子，时有观焉。尼父有云：'罪我者《春秋》，知我者《春秋》。'抑斯之谓也。"②要严肃、郑重地拿起批判的尺度，评价一切；别人称我多讥往哲，而我要上拟《春秋》，为后世立法。

刘知幾的理论总结，做到把握全局，突出关键问题，且又内容丰富，方面很广，层层深入，批评切中要害，能做辩证分析，具有说服力和感召力。中国史学发达，至南北朝唐代形成高峰，在大量史著基础上，又产生了史学评论的著作，上升到理论来总结，这是一个飞跃。我们应以此自豪。

二、辨析史书体裁流变和"二体"得失

开卷是《六家》、《二体》（按：此二篇不应分列两卷）。浦起龙在《史通通释》书前《史通通释·举要》中言："《史通》开章提出四个字立柱棒，曰'六家'，曰'二体'。此四字刘氏创发之，千古史局不能越。自来评家认此四字者绝少，此四字管全书。""六家中，二体更是主脑。"③所论甚有见地，对我们很有启发。《六家》是将有史以来的史书体裁，概括为六种类型，分别论述其内容性质和体裁特征，以及在后代的衍变，在史学发展史上所具有的价值。刘知幾言："古往今来，质文递变，诸史之作，不恒厥体。榷而为论，其流有六：一曰《尚书》家，二曰《春秋》家，三曰《左传》家，四曰《国语》

① 刘知幾：《史通》卷十《辨职》。
② 以上引文均见刘知幾：《史通》卷十《自叙》。
③ 浦起龙：《史通通释·举要》，第1页。

家，五曰《史记》家，六曰《汉书》家。"① 即记言体、记事体、编年体、国别体、通史纪传体、断代史纪传体。总括了有史以来所有主要史书体裁，如浦起龙言："史体尽此六家"，"欲溢为七而无欠，欲减为五则不全，是《史通》总挈之纲领也"。② 刘知幾的论述，既把握全局，又能突出关键问题。如：论《尚书》家："盖《书》之所主，本于号令，所以宣王道之正义，发话言于臣下，故其所载，皆典、谟、训、诰、誓、命之文。"概括其特点是记言，汇集的是商周的重要政治文献，又区分《尚书》主要有典、谟、训、诰等六种体式，实较之有的评注家对《尚书》过于细碎的分类法更为恰当。刘知幾批评以后有仿作者，称《汉尚书》、《隋书》等，都违背了《尚书》所记为"君臣相对，词旨可称"的根本要求，而陷于"剪截今文，模拟古法"，"画虎不成，反类犬也。故其书受嗤当代，良有以焉"。他评论《史记》，"鸠集国史，采访家人，上起黄帝，下穷汉武，纪传以统君臣，书表以谱年爵，合百三十卷"，取得了成功。但后来有两部书，只从形式上模仿，一是梁武帝《通史》620 卷，一为北魏宗室元晖《科录》270 卷。徒具形式，而内容却全抄原有记载，故"使览之者事罕异闻，而语饶重出"，"芜累尤深，遂使学者宁习本书，而怠窥新录。……可谓劳而无功，述者所宜深诫也"。论《汉书》家，称："寻其创造，皆准子长。……自东汉以后，作者相仍。""如《汉书》者，究西都之首末，穷刘氏之废兴，包举一代，撰成一书。言皆精炼，事甚该密，故学者寻讨，易为其功。自尔迄今，无改斯道。"③ 赞扬纪传体断代史记载上下限清楚、首尾完整，又便于收集史料，因而为历代正史修纂者所遵行。

"六家"、"二体"都是从总体上对史学发展的总结，以上"六家"概括的是全部史书体裁而加以区分、评论，"二体"则是凸显纪传、编年二者尤处于关键地位，是史学发展的两大主干，对其运用如何，是关乎全局的大事。《二体》篇论纪传体、编年体各自的优势和存在的欠缺。论编年体："系日月而为次，列时岁以相续，中国外夷，同年共世，莫不备载其事，形于目前。理尽一言，语无重出。此其所以为长也。至于贤士贞女，高才俊德，事当冲要者，必盱衡而备言；迹在沉冥者，不枉道而详说。……故论其细也，则纤芥无遗；语其粗也，则丘山是弃。此其所以为短也。"论纪传体同样至为精

---

① 刘知幾：《史通》卷一《六家》。
② 浦起龙：《史通通释》，第 1 页。
③ 刘知幾：《史通》卷一《六家》。

采："纪以包举大端，传以委曲细事，表以谱列年爵，志以总括遗漏，逮于天文、地理、国典、朝章，显隐必该，洪纤靡失。此其所以为长也。若乃同为一事，分在数篇，断续相离，前后屡出，于《高纪》则云语在《项传》，于《项传》则云事具《高纪》。又编次同类，不求年月，后生而擢居首帙，先辈而抑归末章，遂使汉之贾谊将楚屈原同列，鲁之曹沫与燕荆轲并编。此其所以为短也。"① 总之，刘知幾在《二体》篇中所总结的，都做到所表彰者，恰是其精华之处，批评又切中要害，因而大大提高人们在总体上对中国史学两种最主要体裁之优点和缺点的认识，并且对如何自觉地发扬其长处而避免其短处有重要的指导意义。

自西汉至唐初七八百年间，纪传与编年二体角力争先，蔚为大观，著史选择何种体裁为恰当，自然引起评论家的关注，以往有的论者，只从篇幅之多少着眼，以为文字越省越好，这显然失于片面。刘知幾评论纪传、编年二体的优劣，则从记载内容丰富与否、年代线索是否清楚、内容有无重复、重要史事有无缺漏等项着眼，体现出以是否恰当反映客观历史进程为评判的标准。同是纪传体史书，刘知幾指出，《史记》记载疆宇辽阔，年月遐长，著述难度大，难以把握；而《汉书》在继承《史记》体裁的基础上又发挥了创造性，断代为史，著者便于收集史料，记载整齐划一，因而为历代修史者所沿用。刘知幾所做的概括符合史学演进的实际情况，因此浦起龙称"乃是著述家深识利害之言"，这是因为刘知幾有三为史臣、再入东观的著史实践体会，又从理论高度深入思考，故书中许多分析、论断，都具有经典性意义。

三、探讨编纂体例运用

《六家》、《二体》两篇论体裁。然后论体例，《本纪》、《世家》、《列传》、《表历》、《书志》、《论赞》、《序例》等篇，均以专题论纪传体史书的体例。又其后，《断限》、《编次》、《称谓》等篇，是提炼出重要的命题，来论述编纂方法。此外，还有论述叙事方法，史料搜集、鉴别，历史文学的要求和技巧等项，是多层次、多角度探讨，具有重要的创新价值。浦起龙不愧是清代学者中深谙《史通》成就的好学深思者，他在《史通通释·序》中，对刘知幾处

---

① 以上引文均见刘知幾：《史通》卷二《二体》。

于唐代的时代条件下，对历史编纂所做的总结范式的工作和理论的创造精神，有一段极为扼要而中肯的概括："至唐千年，人为体例，论罕适归，而史之失 咙。彭城刘子玄知幾氏作，奋笔为书，原原委委。俾涉学家分塍参观，得所为通行之宗，改废之部，馆撰、山传之殊制，记今、修往之殊时，与夫合分、全偏、连断之宜，良秽、简芜、核直、夸浮之辨，覵若画井疆、陈绵莚，岂非一大快欤！矧夫衡史匹经，比肩马、郑，而非虫篆雕刻之纤纤者欤！顾其书矜体慎名，斥饰崇质，迹创而孤，其设防或褊以苛。甚者佹辞蔑古以召闹，臆评兴而衷质蔽，莫能直也。"浦起龙这段论述，有几点尤其值得注意：其一，中肯地指出史学一门演变到唐初，著作繁多，体例庞杂，议论歧异，非经过一番理论上的整理总结不能前进。《史通》之著，正适应此一时代需要！其二，认为刘知幾面对此局面，发愤著述，"原原委委"，做了系统的总结：廓清了官修、私撰之间的不同；记今与述往两种史书的要求有何差别；合与分、全与偏、连贯与断限何者适宜；质量高低，文字简要与芜杂，内容核直与浮夸如何辨别。让习史者区分不同的性质、范围，比照衡量，而明白何者是历代成功经验，应当遵行，何者是应革除的弊病。一书在手，而著史的范围界限，体例法则清晰呈现，这对后人是多大的贡献！故刘知幾论史的功劳，绝非雕虫小技者可比。其三，指出《史通》论史例、史法部伍严格，标准甚严，"斥饰崇质"，突出地具有批判精神和创造精神，而长期不被人了解。刘知幾有时立论过于苛严，言辞激烈，对此应予以同情的了解，不应夸大其短处，这样才能理解其书的真价值。浦起龙对刘知幾总结历史编纂理论的贡献评价精到，着眼于《史通》所阐发的命题、范式的时代意义，且具有辩证的眼光，对于我们认识《史通》在理论上的体系性、批判性和创造性，很有启发意义。

刘知幾有关编纂体例运用和编纂方法得失等项的探讨涉及很广泛，针对史学演进历程中曾经出现的缺陷或弊端而发，堪称有的放矢，内容丰富。这里仅举例式地对若干问题予以论列。

史书体裁，讨论的是史书的总体特征、框架结构问题，而史书体例，讨论的则是史书的内部组织、编排要领和有关范式的规定等问题。一部优秀史著，既要解决好宏观上确立的体制，又要做到内部组织严密、编排恰当。刘知幾在总结以往大量史著得失利弊的基础上，把体例运用是否恰当提高到决定史书成败的高度，并以治国必须法制严明来打比方。其论云："夫史之有例，犹国之有法。国无法，则上下靡定；史无例，则是非莫准。昔夫子修经，始发凡例；左氏立传，显其区域，科条一辨，彪炳可观。"①他指出纂修史籍必须制定出合理的体例并且严格执行，才能传世行远，所论至为精警。《史通》在卷二至卷四共设置了8篇（《本纪》、《世家》、《列传》、《表历》、《书志》、《论赞》、《序例》、《题目》），都是讨论体例运用问题，不仅很有体系性，而且重点放在《史》、《汉》以下的纪传体史书，举出确凿的证据辨析体例运用的得失，很有针对性。

如，《本纪》篇强调："盖纪者，纲纪庶品，网罗万物。考篇目之大者，其莫过于此乎？及司马迁之著《史记》也，又列天子行事，以本纪名篇。后世因之，守而勿失。""盖纪之为体，犹《春秋》之经，系日月以成岁时，书君上以显国统。"②这是对《二体》篇所言"纪以包举大端"的进一步申论，反复辨明《本纪》是纪传体史书的纲领，本纪记载大纲，史事之详则需要有列传等篇章做补充；同时只能载天子行事，故又有表示至尊之义。《列传》篇中，对《三国志》中《蜀书·先主备》、《吴书·吴主权》两传做了评析，指出陈寿将魏、蜀、吴三国鼎立的史事记于一书，不可能将三国之国君都立为"纪"，特殊的格式决定特殊的体例处理，"载孙、刘二帝，其实纪也，而呼之曰传"。此篇中又论述列传篇目根据不同需要有合传、寄传的不同体例："如二人行事，首尾相随，则有一传兼书，包括令尽。若陈馀、张耳合体成篇，陈胜、吴广相参并录是也。亦有事迹虽寡，名行可崇，寄在他篇，为其标冠。若商山四皓，事列王阳之首；庐江毛义，名在刘平之上是也。"③刘知幾对书志体例运用的得失讨论尤多，较重要者计有四项：一是认为志以总括遗漏，故称修志者必须具有"通博"的学识："夫刑法、礼乐、风土、山川，求诸文籍，出于《三礼》。及班、马著史，别裁书志。考其所记，多效《礼经》。且纪传之外，有所不尽，只字片文，于斯备录。语其通博，信作者之渊海也。"二是批评艺文志载列前代典籍，云："夫前志已录，而后志仍书，篇目如旧，频烦互出，何异以水济水，谁能饮之者乎？"而提出艺文志之体例，应改为只录当朝著作及校雠图书。三是严厉批评多部正史中大量附会灾祥之说，有力地论证"天象不关人事"的唯物主义观点。刘知幾反驳宣扬灾祥的诬妄之见："且周王决疑，龟焦蓍折，宋皇誓众，竿坏幡亡，枭止凉师之营，鹏集贾

①　刘知幾：《史通》卷四《序例》。
②　刘知幾：《史通》卷二《本纪》。
③　刘知幾：《史通》卷二《列传》。

生之舍。斯皆妖灾著象，而福禄来钟，愚智不能知，晦明莫之测也。然而古之国史，闻异则书，未必皆审其休咎，详其美恶也。故诸侯相赴，有异不为灾，见于《春秋》，其事非一。"进而举出《春秋》史事，证明灾异之无验："故当春秋之世，其在于鲁也，如有旱雩舜候，螟螣伤苗之属，是时或秦人归襚，或毛伯赐命，或滕、邾入朝，或晋、楚来聘。皆持此恒事，应彼咎征，昊穹垂谪，厥罚安在？探赜索隐，其可略诸。"四是认为书志篇目的设立，应根据时代需要而变革："自史之立志，非复一门，其理有不安，多从沿革。"并主张应设立三志：都邑志，氏族志，方物志。尤其氏族志一项，最具有中古时代的特点。他指出东晋南朝以来氏族观念的盛行："逮乎晚叶，谱学尤烦。用之于官，可以品藻士庶；施之于国，可以甄别华夷。"且有充分的素材可资采用："谱牒之作，盛于中古。汉有赵岐《三辅决录》，晋有挚虞《族姓记》，江左有两王（按：王俭、王僧孺）《百家谱》，中原有《方司殿格》。盖氏族之事，尽在是矣。"[①] 至南宋郑樵即采集了丰富的材料撰成《氏族略》，作为《通志》二十略之一，堪称闻斯风而起者。

卷四至卷七又有《断限》、《编次》、《称谓》、《采撰》、《叙事》、《探赜》等篇论述编纂方法、历史叙事方法和史料收集、鉴别等问题，其中精义迭出。仅举一例以说明之。《探赜》篇举出前人指摘《左传》、《汉纪》、《史记》、《三国志》、《汉晋春秋》、《十六国春秋》的言论，一一予以分析，指出持论者乃"或出自胸臆"、"或妄加向背"，告诫后学不可沿袭这些谬误。其中有一段对孙盛评论的评论：

> 孙盛称《左氏春秋》书吴楚则略，荀悦《汉纪》述匈奴则简，盖所以贱夷狄而贵诸夏也。案春秋之时，诸国错峙，关梁不通，史官所书，罕能周悉。异乎炎汉之世，四海一家，马迁乘传，求自古遗文，而州郡上计，皆先集太史，若斯之备也。况彼吴楚者，僻居南裔，地隔江山，去彼鲁邦，尤为迂阔，丘明所录，安能备诸？且必以蛮夷而固略也，若驹支预于晋会，长狄埋于鲁门，葛卢之辨牛鸣，郯子之知鸟职，斯皆边隅小国，人品最微，犹复收其琐事，见于方册。安有主盟上国，势迫宗周，争长诸华，威陵强晋，而可遗之者哉？又荀氏著书，抄撮班史，其

---

① 刘知幾：《史通》卷三《书志》。

取事也，中外一概，夷夏皆均，非是独简胡乡，而偏详汉室。盛既疑丘明之摈吴楚，遂诬仲豫之抑匈奴，可谓强奏庸音，持为足曲者也。①

刘知幾的批评，堪称取证确当，说理严密，辩驳有力。他指出，虽然春秋时期因列国分立、交通阻隔的限制，史官无法如统一时代那样全面掌握各地史料，但《左传》却明明做到对"夷狄"的活动多有记载，对于楚国北上中原、晋楚争霸等史事所述更详，孙盛竟称其"贱夷狄而贵诸夏"，可见所言毫无根据。而《汉纪》依据《汉书》所载，所秉承的恰恰是极其可贵的"中外一概，夷夏皆均"的客观态度和宽阔胸怀，足证孙盛之论纯属臆测。另一段对于葛洪称司马迁将伯夷居列传之首，是为了抒发其"善而无报"的感慨的说法，刘知幾的批评同样切中要害，指出《史记》作为一部通史，稽考春秋以前人物有事迹可载者，唯有伯夷、叔齐二人，这正是按时间先后决定编纂次序的正确方法，岂可以表达个人激愤之情作穿凿的解释。《探赜》篇这两段评论之所以有重要价值，就在于成功地体现了在历史编纂学理论中如何运用实事求是、力戒主观臆断，根据记载客观历史的需要考察历史编纂方法的得失，重视史学演变的纵向联系和对问题做辩证分析等原则进行分析、评价；而这类卓有见识的例证在《史通》各篇中所在多有，这就为中国史学批评奠定了坚实的基础，并指示了正确的方向。

《史通》中有的篇章，骤看是讲很局部的问题，似乎不能引起别人注意，其实仔细分析，是很有理论价值的。如《核才》篇论文才与史才不同。对史才的要求是：刊勒一家，弥纶一代（按：指一代大事，社会情状），使其始末圆备，表里无咎（按：指人物、事件和其他重要内容不互相歧异矛盾）。该篇具有针对性，因自南朝至唐代文尚俪体，造成世重文藻，词宗淫丽，这种浮华不实的文风必须扭转，刘知幾的言论反映了时代要求。故浦起龙评曰："然其言已为退之、习之辈前导也。"②

当然刘知幾对体例运用的阐释不可能完美无缺，譬如在《本纪》篇中，他批评《史记》不应立《秦本纪》，后又有《秦始皇本纪》，项羽也不应立本纪，又在《世家》等中，批评陈涉不应立为世家，这些都反映作者过分拘守

---

① 刘知幾：《史通》卷七《探赜》。
② 浦起龙：《史通通释》，第252页。

于"例"。著史当然必须有严整合理的体例，但又应当根据反映客观历史的需要作灵活变通，司马迁的杰出之处，恰恰在此也得到体现。

第二节 刘知幾的理论批判精神

一、务求"信史"传世 倡导直笔精神

刘知幾的史学评论具有鲜明的批判精神，这也是《史通》成为史评名著的一个重要原因。这种批判精神对于历代史家发扬直笔传统、树立"信史"目标长期产生了积极的影响。但也有人对此很不理解，认为刘知幾喜欢"工诃古人"[①]，或谓其"持论偏克"[②]。这是由于未能"知人论世"，未能深谙其学术宗旨而产生的误解。刘知幾鲜明的学术批判精神，不仅是因愤慨于权臣监修国史造成种种积弊、本人"美志不遂"而发，更是他对整个史学发展做系统的总结和反思而在认识上达到的升华。书中论《六家》、《二体》，以及论史书体例，都贯穿了记事准确、坚持直笔、务求信史的中心主张。

如，批评晋孔衍在形式上模仿《尚书》体裁，编成《汉尚书》、《后汉尚书》、《魏尚书》，隋王劭也如法炮制，编成《隋书》。刘知幾直斥其毫无价值："原夫《尚书》之所记也，若君臣相对，词旨可称，则一时之言，累篇咸载。……爰逮中叶，文籍大备，必剪截今文，模拟古法，事非改辙，理涉守株。故舒元（即孔衍）所撰《汉》、《魏》等书，不行于代也。若乃帝王无纪，公卿缺传，则年月失序，爵里难详，斯并昔之所忽，而今之所要。如君懋（即王劭）《隋书》，虽欲祖述商周，宪章虞夏，观其所述，乃似《孔子家语》、临川《世说》，可谓画虎不成，反类犬也。故其书受嗤当代，良有以焉。"[③] 又如，批评后人贪慕《史记》声誉之高和囊括之广，盲目仿效编纂史籍。先有梁武帝敕其群臣，上自太初，下终萧齐，成《通史》620卷，又有北魏元晖著《科录》，起自上古，终于刘宋，"其编次多依放《通史》，而取其行事尤相似者，共为一科"，共270卷。所编两书均属范围大而无当，内

---

① 《新唐书》卷一百三十二《刘子玄吴兢韦述蒋乂柳芳沈既济传赞》："唐兴，史官秉笔众矣。……何刘知幾以来，工诃古人而拙于用己欤！"
② 浦起龙《史通通释》卷三《书志》篇后按语："知幾议论，大率偏于枯克。"
③ 刘知幾：《史通》卷一《六家》。

容全抄旧史，体例又毫无可取，故刘知幾不留情面地指出其毫无价值："《通史》以降，芜累尤深，遂使学者宁习本书，而怠窥新录。且撰次无几，而残缺逾多，可谓劳而无功，述者所宜深诫也。"①《列传》篇抨击无功于世、生无令闻者，却虚名立传、滥登史册的鄙陋做法："世之求名者，咸以附出为小。盖以其因人成事，不足称多故也。窃以书名竹素，岂限详略，但问其事竟如何耳。借如召平、纪信、沮授、陈容，或运一异谋，树一奇节，并能传之不朽，人到于今称之。岂假编名作传，然后播其遗烈也！嗟呼！自班、马以来，获书于国史者多矣。其间则有生无令闻，死无异迹，用使游谈者靡征其事，讲习者罕记其名，而虚班史传，妄占篇目。若斯人者，可胜纪哉！"②《史官建置》篇中，则赞赏晋朝史官制度："职隶秘书，著作郎一人，谓之大著作，专掌史任，又置佐著作郎八人。……佐郎职知博采，正郎资以草传，如正、佐有失，则秘监职思其忧。"为保证著史大事能取信于天下，佐郎、正郎、秘书监各司其职，互相参正，正符合著成实录以传后世的传统。尤其在《史官建置》篇中，对当朝任史职者敢于褒善贬恶，直书无隐，称："始自武德，迄乎长寿，其间若李仁实以直辞见惮，敬播以叙事推工，许敬宗之骄妄，牛凤及之狂惑，此其善恶尤著者也。"③

由此可见，《史通》大力发扬"实录"传统，倡导直笔精神，并非孤立地针对某人某事而发，更非出于性格偏执枯克，而是在上述总结史学发展的经验教训基础上得出的明确意识，也是出于他务求撰成信史，以留传后代的强烈责任心。《史官建置》、《古今正史》两篇同为《史通》全书的核心篇章，正如浦起龙所称，"是二篇者，虽外篇之压卷，实内篇之括囊"④。刘知幾在此两篇之前精心撰写了一段议论，高屋建瓴地评价以直笔精神撰成的史著对于社会和国家的重要意义，其论云：

向使世无竹帛，时阙史官，虽尧舜之与桀纣，伊周之与莽卓，夷惠之与跖蹻，商冒之与曾闵，但一从物化，坟土未干，则善恶不分，妍媸永灭者矣。苟史官不绝，竹帛长存，则其人已亡，杳成空寂，而其事如

① 刘知幾：《史通》卷一《六家》。
② 刘知幾：《史通》卷二《列传》。
③ 刘知幾：《史通》卷十一《史官建置》。
④ 刘知幾：《史通》卷十二《古今正史》浦起龙按语。

在，皎同星汉。用使后之学者，坐披囊箧，而神交万古，不出户庭，而
穷览千载，见贤而思齐，见不贤而内自省。若乃《春秋》成而逆子惧，
南史至而贼臣书，其记事载言也则如彼，其劝善惩恶也又如此。由斯而
言，则史之为用，其利甚博，乃生人之急务，为国家之要道。有国有家
者，其可缺之哉！①

　　这是刘知幾的肺腑之言！他的衷心愿望是，史官必须振奋直笔精神，严
格据实直书行事，写成信史传之后人，以保证民族有正确而有价值的历史记
忆，国家有可靠的治乱兴衰的教训可以借鉴，这样的史学才有高度的价值，
"乃生人之急务，为国家之要道"！作为中古时代的史学家，能够做出这么具
有理论高度的总结，何等可贵，又多么具有启迪意义！然而，使人慨叹的是，
《史通通释》作者浦起龙，尽管他在书中对《史通》内容做了大量很有价值的
评析，对于刘知幾的一系列精彩命题能加以揭示、赞扬，可是，却对刘知幾
这一卓识傥论视为一文不值，说："此一段似是笼统总冒，第言史之用重，而
无专注之语，似于《史官》、《正史》二篇皆可通用。又其举意出辞，颇浅庸
近俗，宜可芟薙。"② 这不仅反映出浦起龙本人认识的误区，而且说明当时处于
清朝严酷的文化专制政策之下，学者们在学术经世致用问题上处于短视、茫
然的状态，这就需要有振聋发聩的呐喊，发扬包括《史通》精义在内的、倡
导传统学术求真与致用并重、学者勇于担当时代责任的思想精华，以开拓学
术进步的新局！
　　《史通》之《直书》、《曲笔》二篇是脍炙人口的篇章。刘知幾义正词严，
论述史家要伸张正义，秉笔直书，使贼臣逆子，淫君乱主，恶名被于千载。
主张为了直书其事，"宁为兰摧玉折，不作瓦砾长存"③，冒险犯难，在所不惜。
严厉斥责歪曲史实、文过饰非的做法，是"用舍由乎臆说，威福行乎笔端，
斯乃作者之丑行，人伦所同疾也"④。《直书》、《曲笔》两篇，一正一反，提倡
什么，反对什么，态度鲜明。什么是直笔？《杂说》篇中做了扼要的解释：

---

① 刘知幾：《史通》卷十一《史官建置》。
② 刘知幾：《史通》卷十一《史官建置》浦起龙按语。
③ 刘知幾：《史通》卷七《直书》。
④ 刘知幾：《史通》卷七《曲笔》。

"夫所谓直笔者，不掩恶，不虚美，书之有益于褒贬，不书无损于劝诫。"① 凡是有关褒贬劝诫的史事，不管事主是谁，都应该据实直书。范文澜对此做了高度评价，说："《史通》以直笔为评价古今史家的标准，凡是符合这个标准的，热烈表彰；不符合这个标准的，严厉批评，褒贬极为鲜明。这样，大大发扬了直笔的传统，对后世产生深远的影响。"②

对于儒家经典，刘知幾明确地主张不应盲从，而应发扬独立思考的精神，勇于怀疑。其论述主要集中于《疑古》、《惑经》两篇，当时是惊世骇俗之论，但具有超前性。放在唐代墨守经师注疏的环境中，刘知幾却勇于独立思考，进步意义更明显。

《疑古》篇直言，圣人所修儒家经典，并未做到完全符合直笔的标准，"是以美者因其美而美之，虽有其恶，不加毁也；恶者因其恶而恶之，虽有其美，不加誉也"。美者不见其恶，恶者不见其美；见其一面，掩盖其另一面，缺乏客观公正的态度。刘知幾批评《春秋》"外为贤者，内为本国，事靡洪纤，动皆隐讳。斯乃周公之格言。然何必《春秋》，在于六经，亦皆如此。故观夫子之刊《书》也，夏桀让汤，武王斩纣，其事甚著，而芟夷不存。观夫子之定礼也，隐、闵非命，恶、视不终，而奋笔昌言，云'鲁无篡弑'。……斯验世（浦起龙注：郭作"世"，别作"圣"）人之饰智矜愚，爱憎由己者多矣。"又如，《尚书·虞书》美化尧时德义盛行，天下大治，"克明俊德"，但《论语》讲"舜举咎繇，不仁者远"，说明当时不仁甚多，证明《虞书》是铺张善治之词，不可据信。③ 这类例子很多。又《惑经》篇提出《春秋》有"十二未喻"，"五虚美"。如云："观夫子修《春秋》也，多为贤者讳。狄实灭卫，因桓耻而不书；河阳召王，成文美而称狩。斯则情兼向背，志怀彼我。苟书法其如是也，岂不使为人君者，靡惮宪章，虽玷白圭，无惭良史也乎？"又言："盖君子以博闻多识为工，良史以实录直书为贵。而《春秋》记它国之事，必凭来者之辞；而来者所言，多非其实。或兵败而不以败告，君弑而不以弑称。……皆承其所说而书，遂使真伪莫分，是非相乱。"④

刘知幾"疑古"、"惑经"，不是否定儒家经典，而是发扬孔子"多闻阙

① 刘知幾：《史通》卷十八《杂说》（下）。
② 范文澜：《中国通史简编》（修订本）第3编第2册，人民出版社1965年版，第737页。
③ 刘知幾：《史通》卷十三《疑古》。
④ 刘知幾：《史通》卷十四《惑经》。

疑"、"毋意，毋必，毋固，毋我"的朴素理性精神。他在《载文》篇中颂扬《春秋》"别是非，申黜陟"①。又在《叙事》篇中赞美孔子所编《尚书》、所修《春秋》的典范作用："昔圣人之述作也，上自《尧典》，下终获麟，是为属词比事之言，疏通知远之旨。子夏曰：'《书》之论事也，昭昭然若日月之代明。'扬雄有云：'说事者莫辨乎《书》，说理者莫辨乎《春秋》。'然则意指深奥，诰训成义，微显阐幽，婉而成章，虽殊途异辙，亦各有差焉。谅以师范亿载，规模万古，为述者之冠冕，实后来之龟镜。"②此为明证。

二、痛陈史馆监修之弊

朝廷委任权臣监修国史，至唐初成为定制，酿成种种弊端，成为阻碍史学发展的严重问题。刘知幾在史馆前后二十余年，深有切身体会，故列举其弊病，指陈其危害，十分有力，是《史通》战斗性的重要体现。《忤时》总结监修制度"五不可"。其中有监修者多，处处掣肘、限制："顷史官注记，多取禀监修，杨令公则云'必须直词'，宗尚书则云'宜多隐恶'。十羊九牧，其令难行；一国三公，适从何在？"又批评委于众手，互相推诿："每欲记一事，载一言，皆阁笔相视，含毫不断。故头白可期，而汗青无日。"③《辨职》、《自叙》篇中也有事实确凿、言辞激烈的批评，云："大抵监史为难，斯乃尤之尤者。若使直若南史，才若马迁，精勤不懈若扬子云，谙识故事若应仲远，兼斯具美，督彼群才，使夫载言记事，藉为模楷，搦管操觚，归其仪的，斯则可矣。但今之从政则不然，凡居斯职者，必恩幸贵臣，凡庸贱品，饱食安步，坐啸画诺，若斯而已矣。夫人既不知善之为善，则亦不知恶之为恶。故凡所引进，皆非其才，或以势利见升，或以干祈取擢。……言之可为大噱，可为长叹也。"④

刘知幾的批评，都是确有所指，是为了达到史馆修史不受权势者所左右，修成的国史不受歪曲，务存实录。可以说，他所论都是针对存在的弊病而发。而从史学发展的长河看，我们对于史馆监修，除看到其弊病外，又应看到积累当代史资料和为前朝修史的重要作用和巨大贡献。

---

① 刘知幾：《史通》卷五《载文》。
② 刘知幾：《史通》卷六《叙事》。
③ 刘知幾：《史通》卷二十《忤时》。
④ 刘知幾：《史通》卷十《辨职》。

三、论史家修养

《旧唐书》本传载有刘知幾回答监修国史郑惟忠所言："史才须有三长，世无其人，故史才少也。三长谓才也、学也、识也。夫有学而无才，亦犹有良田百顷、黄金满籯，而使愚者营生，终不能致于货殖者矣。如有才而无学，亦犹思兼匠石、巧若公输，而家无楩柟斧斤，终不果成其宫室者矣。犹须好是正直，善恶必书，使骄主贼臣所以知惧。此则为虎傅翼，善无可加，所向无敌者矣。"①《史通》各篇中对史家必须具才、学、识三长的理论有深刻的阐发。

刘知幾最重"史识"，他主张历史进化的观点，认为："世异则事异，事异则备异。必以先王之道持今世之人，此韩子所以著《五蠹》之篇，称宋人有守株之说也。"②又认为今不一定不如古，古也可以不如今，并举出汉代贾谊之史论，晁错、李固之对策，刘向、谷永之上疏，蜀汉诸葛亮之《出师表》等："此皆言成轨则，为世龟镜，求诸历代，往往而有。苟书之竹帛，持以不刊，则其文可与三代同风，其事可与五经齐列，古犹今也，何远近之有哉？"③他严厉批评治学只限于"治章句，通训释"④。他主张读书应有"兼善"的眼光和态度，贵在提出独到见解，反对作"藏书之箱箧"，故说："夫自古学者，谈称多矣。精于《公羊》者，尤憎《左氏》；习于太史者，偏嫉孟坚。夫能以彼所长而攻此所短，持此之是而述彼之非，兼善者鲜矣。观世之学者，或耽玩一经，或专精一史。谈《春秋》者，则不知宗周既殒，而人有六雄；论《史》、《汉》者，则不悟刘氏云亡，而地分三国。……假有学穷千载，书总五车，见良直而不觉其善，逢抵牾而不知其失，葛洪所谓藏书之箱箧，五经之主人。而夫子有云：虽多亦安用为？其斯之谓也。"⑤刘知幾论"史学"，应包括三项意思：一是史家必须具有渊博的学识；二是要掌握丰富的史料；三是对史料要善于鉴别、采择。他强调必须广搜博采丰富的史料，才有可能修撰成有价值的史著："盖珍裘以众腋成温，广厦以群材合构。自古探穴

① 《旧唐书》卷一百零二《刘子玄传》。
② 刘知幾：《史通》卷八《模拟》。
③ 刘知幾：《史通》卷五《载文》。
④ 参见白寿彝：《刘知幾的史学》，载吴泽主编：《中国史学史论集》（二），上海人民出版社1980年版，第109页。
⑤ 刘知幾：《史通》卷十八《杂说》（下）。

藏山之士，怀铅握椠之客，何尝不征求异说，采摭群言，然后能成一家，传诸不朽！观夫丘明受经立传，广包诸国，盖当时有周《志》、晋《乘》、郑《书》、楚《杌》等篇，遂乃聚而编之，混成一录。向使专凭鲁策，独询孔氏，何以能殚见洽闻若斯之博也？"[①] 同时他又十分重视对史料必须严格研核，鉴别真伪："盖精五经者，讨群儒之别义；练三史者，征诸子之异闻；加以探赜索隐，然后辨其纰缪。如向之诸史所载则不然。何者？其叙事也，唯记一途，直论一理，而矛盾自显，表里相乖；非复抵牾，直成狂惑者尔！寻兹失所起，良由作者情多忽略，识惟愚滞，或采彼流言，不加诠择；或传诸缪说，即从编次。用使真伪混淆，是非参错。……夫书彼竹帛，事非容易，凡为国史，可不慎诸！"[②] 刘知幾对以杂史、笔记采入史著持审慎态度，对于《晋书》好采异说曾有严厉的批评，称其"务多为美，聚博为功"，是将前代史家干宝、王隐等人所弃之"粪除"、"秕糠"都收罗了，因而"见嗤于君子"。[③] 而同时，他在《杂述》中以专篇论述杂说笔记具有"自成一家"、"能与正史参行"的价值，细心地将之区分为偏纪、小录、逸事、琐言、郡书、家史、别传、杂记、地理书、都邑簿十类，共举出 40 种著作，详细讨论它们的性质和价值上的得失，说："大抵偏纪小录之书，皆记即日当时之事，求诸国史，最为实录。然皆言多鄙朴，事罕圆备，终不能成其不刊，永播来叶，徒为后生作者削稿之资焉。"最后，发挥孔子"多闻，择其善者而从之"的遗训，归结到"学者博闻，盖在择之而已"。[④] 刘知幾的论述，打破正史独尊的观点，对各种杂史的价值和缺陷在理论上予以总结，成为古代史料学的重要文献。刘知幾论"史才"，主要应包括两个方面。一是强调文字表述对于著史的重要性，"史之为务，必借于文"，而历史叙事的要求，在于"尚简"，"叙事之工者，以简要为主"。[⑤] 二是辨"文才"与"史才"的不同，在《叙事》、《核才》等篇中，力诫"虚加练饰，轻事雕彩"[⑥]，"撰彼口语，同诸笔文，斯皆以元瑜（阮瑀）、孔璋（陈琳）之才，而处丘明、子长之任"[⑦]。总之，刘知幾的"史家

---

① 刘知幾：《史通》卷五《采撰》。
② 刘知幾：《史通》卷二十《暗惑》。
③ 刘知幾：《史通》卷五《采撰》。
④ 刘知幾：《史通》卷十《杂述》。
⑤ 刘知幾：《史通》卷六《叙事》。
⑥ 刘知幾：《史通》卷六《叙事》。
⑦ 刘知幾：《史通》卷十八《杂说》（下）。

三长"论，是古代史学理论的光辉成果，对于后世学者产生极其深远的影响，直至今日仍然有重要的启迪意义。

《史通》陈义甚高，确定了远大的目标，深刻地反映出刘知幾本人才气横溢，又怀抱强烈的使命感、责任感。他极希望在中国史学以往成就的基础上，一代又一代写出成功的史著，出现一批又一批才、学、识兼具的良史，形成体例严密、方法精良的修史范式，特别是保证撰成真实的历史，反对曲笔讳饰，标准定得高，批评的尺度把握得严，真是用心良苦！在《叙事》篇中，论述"夫国史之美者，以叙事为工，而叙事之工者，以简要为主"，"文约而事丰，此述作之尤美者"，又提出"尚简"、"用晦"的界说，其精神、原则、要求无疑都是正确的，但举例太严。如称《汉书·张苍传》中"年老，口中无齿"句，"夫此六文成句，而三字妄加"，应省去"年"及"口中"①，实在未见必要。然则，对其高尚的出发点和严格的尺度，应有同情和了解。因为他是针对魏晋以降史书芜蔓太甚的现实，所以某些议论有些矫枉过正，因为不过正，不能矫枉。浦起龙说："论古考言，贵设身处地。"又说："子玄是书，尽意洗伐，特欲令著作之庭，净无尘点耳。"②可谓知言。

对于《史通》史学批评的局限性，我们也应有恰当的说明。除上文已提及的外，又如书中指责《公羊》、《穀梁》二传"记言载事，失彼菁华；寻源讨本，取诸胸臆。夫自我作故，无所准绳，故理甚迂僻，言多鄙野，比诸《左氏》，不可同年"，"《公》、《穀》作传，重述经文，无所发明，依违而已"。③又极诋魏收，称其"性憎胜己，喜念旧恶"，"迁怒所至，毁及高曾"，"由是世薄其书，号为'秽史'"。④而未能细考《公羊》、《穀梁》、《魏书》三书之价值，所言失于片面、偏激。《五行志错误》、《五行志杂驳》两篇，对《汉书·五行志》的批评，既有中肯之见，但也有指责不当之处。⑤

① 刘知幾：《史通》卷六《叙事》。
② 浦起龙：《史通通释》，第171、277页。
③ 刘知幾：《史通》卷十四《申左》。
④ 刘知幾：《史通》卷十二《古今正史》。
⑤ 参见陈其泰：《〈汉书·五行志〉平议》，《人文杂志》1993年第1期。

第五章　儒学理性精神在乾嘉时期的发扬

第一节　诠释"儒学理性精神"　重新审视"乾嘉学术"

一、儒学"理性精神"的主要内涵

孔子是中国古代文化的伟大代表人物，他所创立的儒学在两千多年的历史中备受推崇，成为华夏民族文化的主干，不但在各个朝代是政治指导思想，而且是学术指导思想，影响到中国古代各个时期社会的方方面面。孔子所创立的原始儒学包含着繁富的内容，既有进步性的一面，又有保守性的一面。"取其精华，去其糟粕"，是我们对待历史文化遗产的基本原则。我们首先重视的是研究和阐释其思想精华，即进步性方面，因为它在两千多年历史中产生了巨大的影响，是中华民族生存发展的主要精神支柱，为历代志士仁人提供了不竭的思想动力。历史上不同时期的进步思想家，总是继承了孔子学说的优良遗产和重要命题，同时又结合自己所处的时代条件，吸收了时代智慧，进行再创造，提出符合于时代需要的思想主张，由此而促进了中华民族的不断壮大。这是中国文化演进历程中带有规律性的重要现象，我们应结合各个时期、各个领域做出贡献的人物，做深入的阐发。同时，总结阐释孔子学说的优良面又为今天所需要，是发展今天民族新文化的重要源头，因而这项研究工作在当前具有不容忽视的现实意义。

孔子学说中的朴素理性精神就是其思想精华的重要内容。这里讲的"理性精神"，是指能够反映自然界和人类社会的客观实际，符合事物发展法则和认识规律的思想精华；是与歪曲客观实际、虚幻、迷信、盲从的思维方式相对立的。孔子思想学说中的朴素理性精神应包含哪些方面，这个题目很大，本节无意对此做全面的探讨，我想最为显著的应包括以下三项。

第一，重证据，戒盲从。孔子讲："毋意，毋必，毋固，毋我。"① 这是最宝贵的格言，深刻反映了尊重客观实际的思想路线，要求人们不凭空揣测，不绝对肯定，不拘泥固执，不唯我是从。孔子一再告诫人们：对于文献、历史知识，绝对不能凭主观臆断，而应该"多闻"、"多见"、"多识"，虚心地、广泛地学习，然后慎重地选择正确的东西，加以肯定，对于并不明白的东西，就先予保留。他说："盖有不知而作之者，我无是也。多闻，择其善者而从之；多见而识之。"② 又说："多闻阙疑，慎言其余。"③ "君子于其所不知，盖阙如也。"④ 孔子讲的这些话，总结了他一生钻研历史文献的经验体会，讲出了必须根据确凿事实才能下结论的真理。他叮嘱人们务必做到有几分事实，下几分结论，不要不懂装懂。《国语·鲁语》记载了孔子熟悉文献、善于正确解决疑难的故事：孔子来到陈国，恰好在那天，陈国的上空忽然出现一些隼（鸷鸟），过了一会儿，又聚集在宫廷附近死了。一看都是被楛矢射穿了，楛矢为楛木箭杆，石箭镞，长达一尺八寸，陈国人都没见过。陈惠公派人去问孔子，孔子说：隼鸟来得很远啊！这是肃慎国（位于今中国东北地区）的楛矢，从前周武王克商以后，同边远的"蛮夷"民族有了往来，要求他们各自贡献土特产，肃慎国进贡的就是这种楛矢。武王为了庆功和奖赏诸侯，就把这种贡物赐给陈国了。你们可以到王宫府库中去找找。后来果然从王宫府库中找到一模一样的楛矢。这段史料足以说明孔子博闻多识，善于正确判断事物。

第二，关心民生日用，提倡学以致用。孔子学说的核心是"仁"，要让民众得到利益，能够安居乐业，反对暴政，反对残酷剥削、横征暴敛。孔子斥责"苛政猛于虎"⑤。鲁国执政大夫季氏要改变赋税制度以加重对民众的剥削，孔子以鲜明的态度表示反对，孔子的学生冉有帮助季氏聚敛财富，孔子非常生气，公开表示不再承认冉有是他的学生，要求学生们对他鸣鼓而攻之，《论语》中记载此事说："季氏富于周公，而求也为之聚敛而附益之。子

---

① 《论语·子罕》，十三经注疏本。

② 《论语·述而》。

③ 《论语·为政》。

④ 《论语·子路》。

⑤ 《礼记·檀弓》（下）。

曰：'非吾徒也。小子鸣鼓而攻之，可也。'"①孔子主张"薄赋敛财则民富"②；明确主张当政者节用去奢，减轻剥削，不过度征用民力，影响农业生产，故说："节用而爱人"③，"因民之所利而利之"④。孟子发扬了孔子仁政、爱民的思想，他提出了"民贵君轻"的光辉命题，认为民众利益和地位的重要性应摆在第一位，而国君则是次要的，故说："民为贵，社稷次之，君为轻。"⑤公开地否定统治者恣意作威作福、老百姓备受奴役的不合理社会秩序，成为后代志士阐发民权主张的思想源泉。孟子还倡言民众推翻祸国殃民的暴君是天然合法的，"贼仁者谓之'残'。残贼之人，谓之'一夫'。闻诛一夫纣，未闻弑君也"⑥。孔子和孟子又提倡学以致用，为学的目的是要对治理国家和改良社会有用。孔门设立四科，一德行，二政事，三言语，四文学，所体现的正是这一宗旨。《论语》书中讨论为学与从政之关系的内容甚多。如，讲学习《诗经》就是为了办理好政事和出色地完成外交使命，故说："诵《诗》三百，授之以政，不达；使于四方，不能专对；虽多，亦奚以为？"⑦又将"博施于民而能济众"⑧立为治国施政的最高标准。孔子经常与弟子讨论治国的具体办法。他说："道千乘之国，敬事而信，节用而爱人，使民以时。"⑨又说："道之以德，齐之以礼。"⑩孔子主张富民。"子适卫，冉有仆。子曰：'庶矣哉！'冉有曰：'既庶矣，又何加焉？'曰：'富之。'曰：'既富矣，又何加焉？'曰：'教之。'"⑪所以，当子贡问如何治理国家从政时，孔子便明确回答说："足食，足兵，民信之矣。"⑫孔子带着弟子风尘仆仆、屡经困厄周游列国，就是为了劝说各国国君实行他的治国主张。孔子这种关心民生日用、提倡学以致用的思想被孟子所继承，故梁启超说我国经世致用的传统传自孔孟。

---

① 《论语·先进》。
② 《说苑·政理》。
③ 《论语·学而》。
④ 《论语·尧曰》
⑤ 《孟子·尽心》（下）。
⑥ 《孟子·梁惠王》（下）。
⑦ 《论语·子罕》。
⑧ 《论语·雍也》。
⑨ 《论语·学而》。
⑩ 《论语·为政》。
⑪ 《论语·子路》。
⑫ 《论语·颜渊》。

　　第三，辩证思维。原始儒学在主张以辩证、发展的观点看待事物方面也是很突出的。《论语》中有孔子的名言"君子和而不同"[1]，这是十分深刻的思想，明确地区分"和"与"同"两种不同的处事态度，主张形成、保持有原则的独立性且又互相协调的人际关系，反对无原则的迁就、苟同。《左传》和《国语》中也记载两位春秋时期的人物相同的认识。齐国大臣晏婴对齐景公说："和如羹焉，水、火、醯、醢、盐、梅，以烹鱼肉，燀之以薪，宰夫和之，齐之以味，济其不及，以泄其过。君子食之，以平其心。君臣亦然。君所谓可而有否焉，臣献其否以成其可。君所谓否而有可焉，臣献其可以去其否。是以政平而不干，民无争心。……若以水济水，谁能食之？若琴瑟之专一，谁能听之？同之不可也如是。"[2]这里晏婴讲出了极其深刻的认识，他指出"和"与"同"的区别："同"是简单的同一。水再加上水，是无法忍受的乏味。弹琴只有一个音调、一个节奏，则根本不是音乐。"和"是集合许多不同的对立面以得一个新的统一。譬如厨师做羹汤，将各种食物、调料进行烹调，这样就可以"济其不及，以泄其过"，既互相补充、调节，又保持各种食物的味道，成为一锅美汤。臣对于君的说法，只赞同他正确的部分，而明确地反对他不正确的部分，这样才能使正确的意见得到施行并获得成效。《国语》中也记载史伯对郑桓公的谈话："夫和实生物，同则不继。以他平他谓之和，故能丰长而物归之。若以同裨同，尽乃弃矣。"[3]互有差异、各具特点的百物，对立而又统一地相处，才成为丰富多彩的世界。取消了特性，只有同而无异，就不成为世界了。孔子和晏婴、史伯都用"和而不同"来阐明自然界及社会中不同事物的对立统一关系，闪烁着辩证思想的光辉。孔子称"中庸"是一种高尚的道德境界，其中即包含着辩证法，故说"我叩其两端而竭焉"[4]，避免事物走向两个极端。孔子又说"过犹不及"[5]，指出超过了一定的限度事物即走向反面，故主张"允执其中"[6]。《礼记》中也记载孔子的话："执其两端，用其

---

① 《论语·子路》。
② 《左传》昭公二十年。
③ 《国语·郑语》。
④ 《论语·子罕》。
⑤ 《论语·先进》。
⑥ 《论语·尧曰》。

中于民。"①孔子又提出"经"与"权"一组对立的范畴，在中国古代辩证法思想资料中具有重要的价值。"经"是事物的常规性，在通常情况下应当遵守的规则；"权"是灵活性，是在不违反原则前提下的变通。在特殊的情况下，死守常道恰恰是违反原则的，而必须做灵活的处理才符合于原则。孔子说："可与共学，未可与权。"②是指有些人虽能"立于礼"，但往往把礼当成一种死板的规矩，拿固定的办法去应对不同的事情，"未可与权"，就是对于礼不能灵活地运用。孟子称孔子是"圣之时者"，即赞扬孔子能够根据时势的不同而采取灵活应变的态度。孟子也强调"经"与"权"的关系："执中无权，犹执一也。"③同样强调在特殊情况下必须违反常规的做法而灵活地处理。

上述孔子学说中的宝贵思想遗产被历代进步思想家所大力继承，他们同时吸收了其他思想营养，结合自己所面临的课题，对儒学朴素理性精神进行了具有时代意义的再创造，因而丰富了中国文化的优良传统，把中华民族精神推向新的高度。这里仅以东汉初王充和明清之际顾炎武为例证。王充《论衡》全书的著述宗旨是"疾虚妄"④，也即以唯物的观点为指导，对于一切鬼神迷信、妖言妄说、诈伪臆断之词进行驳斥，他说："又伤伪书俗文，多不实诚，故为《论衡》之书。"⑤王充认为"天道自然"，批评自西汉董仲舒以来被官方大肆渲染的"谴告说"毫无根据："夫天道，自然也，无为。如谴告人，是有为，非自然也。黄老之家，论说天道，得其实矣。"⑥主张"谴告说"的人，是以人事来比附自然界，把自然界拟人化，这是非常错误的。极为可贵的是王充在认识论上坚持唯物主义的观点。他提出，认识是否正确的标准，在于是否合乎事实："凡论事者，违实不引效验，则虽甘义繁说，众不见信。"⑦"违实"就是与事实相反。真理性的认识必须符合于客观的实际，不与客观事实相符合的说法便是虚妄。《论衡》全书便是要穷究各种说法是否与客观的事实相符合，以此辨明"虚实之分"。故王充又说："事莫辩于有效，论

---

① 《礼记·中庸》。

② 《论语·子罕》。

③ 《孟子·尽心》（上）。

④ 王充:《论衡》卷二十《佚文》。

⑤ 王充:《论衡》卷三十《自纪》。

⑥ 王充:《论衡》卷十四《谴告》。

⑦ 王充:《论衡》卷二十六《知实》。

莫定于有证。"① 王充还在诸多篇章中尖锐地批评世俗之士"好褒古而贬今"、"尊古卑今"的偏见。顾炎武生活在"天崩地解"的年代，一生为国家民族的命运焦虑忧戚，《日知录》是他 30 年心血之所萃。书中大部分内容是围绕两个中心展开的：一是要求变革政治，大胆抨击封建专制的严重积弊；二是高扬反理学旗帜，力求挽救明代衰颓的学风。这两项，正是时代精神之所集注。他强烈要求变革政治，大声疾呼："法不变，不可以救今已。"② 他把批判的锋芒直指封建专制政体，故大胆指责说："人主之所患，莫大于唯言而莫予违。"③ 在《郡县论》中指出"郡县之弊已极"，症结在于"其专在上"。④ 这些言论都直接指斥近两千年专制政治造成的祸害。《日知录》的许多篇章中引古证今，对封建制度下官制、选举、边防、土地兼并、财政、赋税等问题，都提出了改革主张。顾炎武得出封建政治恶浊的一条规律：贪污受贿，必然导致整个统治集团的腐烂，"欺君误国，必自其贪于货赂"⑤！他又特意写了"除贪"、"贵廉"两条，论述治国要务是严惩贪赃官吏，有效地实行廉政。⑥ 在学风上，顾炎武以拨乱反正、转移天下风气为己任。他痛斥明代文人空谈误国："不习六艺之文，不考百王之典，不综当代之务，举夫子之论学、论政之大端一切不问，而曰一贯，曰无言。以明心见性之空言，代修己治人之实学，股肱惰而万事荒，爪牙亡而四国乱，神州荡覆，宗社丘墟。"⑦ 这里明确提出吸取明亡教训，要扫除醉心于空言的恶劣风气，提倡"实学"，把儒家指导思想（"六艺"）、历史经验（"百王之典"）、研究现实问题（"当代之务"）密切结合起来。尤其值得注意的是，顾炎武分析了理学不符合孔孟学说本意，故非儒学正统。理学要禁绝人欲、扫灭人们心中本有之念，顾炎武则针锋相对，力倡心中有欲念是天生合理的，符合"造化流行"的规律。他说："人之有心，犹家之有主也，反禁切之，使不得有为，其不能无扰者，势也。"⑧ 顾炎武

---

① 王充：《论衡》卷二十三《薄葬》。
② 顾炎武：《亭林文集》卷六《军制论》，商务印书馆 1936 年版。
③ 顾炎武著，黄汝成集释：《日知录集释》卷九"人材"条，栾保群、吕宗力校点。
④ 顾炎武著，黄汝成集释：《日知录集释》卷十二"财用"条，栾保群、吕宗力校点。
⑤ 顾炎武著，黄汝成集释：《日知录集释》卷十三"大臣"条，栾保群、吕宗力校点。
⑥ 均见顾炎武著，黄汝成集释：《日知录集释》卷十三，栾保群、吕宗力校点。
⑦ 顾炎武著，黄汝成集释：《日知录集释》卷七"夫子之言性与天道"条，栾保群、吕宗力校点。
　　按：《日知录》初刻本（8 卷）卷三有此条，前后对照，几乎完全重写。说明顾炎武不停留在原来认识，而对于重要问题反复思考、深入总结。
⑧ 顾炎武著，黄汝成集释：《日知录集释》卷一"艮其限"条，栾保群、吕宗力校点。

激烈地批判封建专制政治祸害，揭露理学空谈误国的言论，都是继承了孔子学说的精华，而且根据时代的条件而创造性地发展，因而将儒学理性精神推向新的高度，并对后世产生深远的影响。

二、重新梳理乾嘉时期学术演进的脉络

长期以来，"乾嘉学术"与"考证学盛行"二者几乎成为同义语。诚然，乾嘉考证学是学术史上在特殊条件下出现的一项学术繁荣。清初著名学者顾炎武、黄宗羲、王夫之等人提倡崇实致用的学风，其内容包括两个方面：一方面是斥责明代士大夫空谈误国，提倡学术经世致用；又一方面，是"通经致用"，主张从文字、音韵、训诂入手，求得对儒家经典的准确理解，把"经术"与"治道"结合起来，以避免重蹈理学家空谈心性的覆辙。清初诸大师，治学气象博大，对于儒家经典多有著述。《日知录》中有不少条目，即属于考证方面，显示出搜集材料的广博和雄厚的功力。顾炎武的考证成就直接影响了乾嘉学者治学的旨趣，《四库全书总目提要》即对顾炎武的考证功力做了高度的评价。清代考证学风开始形成于康熙末年，至乾隆、嘉庆年间达于极盛。学者们由考经而考史，在诸如文字训诂、音韵、天文历算、舆地、典章制度、经籍注疏、史实考订，以至校勘、辑佚、辨伪、目录等领域，长期进行窄而深的研究，获得了十分丰硕的成果，考证名家辈出。考证学的盛行，除了学术本身内在渊源以外，还有社会条件和清朝统治政策的原因：一是康熙以后至乾隆，社会环境相对稳定，经济发展，为学术工作提供了物质条件；二是清朝屡兴文字狱，罗织罪名将敢于议论政事的士人严酷治罪，人人自危。聪明才智之士被堵死了关心政治问题的道路，只好转向故纸堆讨生活，做所谓"纯学术"的文献考订。龚自珍诗句"避席畏闻文字狱，著书都为稻粱谋"[①]，即为当日士人心理的真实写照。

由此而来，将乾嘉学术等同于考证学盛行，便成为长期流行的观念。这一思维定式，实则严重妨碍着我们对这一时期学者们的学术取向做客观、全面的探讨，做更加深入的发掘和评价。今天，亟有必要做重新审视的工作。客观地说，乾嘉学者中虽然缺乏如顾、黄、王那样治学气象博大的学者，那样高扬批判的旗帜，并在诸多社会和历史问题上做出具有理论意义的阐发，

---

① 龚自珍：《咏史》，《龚自珍全集》，上海人民出版社 1975 年版，第 471 页。

但是，当日学术也并非真的成为考证学的"一统天下"。做深入研究即可发现，乾嘉学者中确有一些特识之士，能够超出广搜材料、严密考订的"朴学"范围，对一些问题进行具有理论意义的探讨，做出很有时代特色、足以发人深省的回答。举其最为显著者，如戴震，不但擅长于精密考证，而且精心撰写哲学著作，勇敢地打破"存天理、灭人欲"的思想枷锁；如钱大昕、王鸣盛、赵翼，在其考证学著作中揭示出"追求历史真实性"的价值取向，对于流毒极深的滥用褒贬手法痛加抨击，并且表达出对经国养民问题的关怀；如章学诚，他逆于时趋，抨击考证学末流以"补苴罅漏"为能事造成的严重流弊，倡导"学术经世"，并且重新解释儒家经典，大力探求作为人类社会演进客观趋势的"道"。

进行这番"重新审视"的意义是显而易见的。

第一，对"乾嘉时期学术"做重新评价和定位，明确这一时期不但考证之学大盛，而且由于一批英伟之士的努力，这一时期在理论思维上也有出色的成就。重新梳理这一特殊时期学术演进脉络，恰当地评价这些代表性人物的学术取向和思想价值。

第二，推进对儒学思想精华具有久远生命力的认识。回答儒学的思想精华在乾嘉这一特殊时期对学者们发挥了什么作用，当时的卓荦之士如何对儒学理性精神大力发扬。

第三，进一步认识乾嘉时期作为清代学术演进的重要一环，它是如何由清初学术递嬗而来；而章学诚的思想主张，如何预示了此后学术风气的转变；进入 20 世纪以后，戴震、章学诚、钱大昕、赵翼等人又为何得到学者的推崇。需要说明的是，戴震等人只是在乾嘉时期众多学者中选其有代表性者，而且这几位名家学术思想丰富，本书中讲到的也仅限于举要式而已。

第二节　乾嘉学术名家对儒学理性精神的发扬

一、戴震对理学家否定情欲说的批判

戴震是乾嘉汉学中皖派的代表人物，在当时名望很高。他的学问包括考证成果和哲学成就两部分，既擅长训诂、音韵等考证之学，精于历算，又撰写了具有时代意义的哲学著作《原善》、《孟子字义疏证》。戴震尖锐地批判

理学家否定情欲之说。戴震认为，情欲是人性的本能，也是人类社会最根本的存在，保证人的情欲依照其自然的逻辑发展，国家才得治理，社会才得安宁，如果禁绝性情、遏止人欲，就等于壅塞仁义，堵死社会发展之路。故说："生养之道，存乎欲者也；感通之道，存乎情者也。二者，自然之符，天下之事举矣。……君子之治天下也，使人各得其情，各遂其欲，勿悖于道义；君子之自治也，情与欲使一于道义。夫遏之害，甚于防川；绝情去智，充塞仁义。夫以理为学，以道为统，以心为宗，探之茫茫，索之冥冥，不若反求诸六经。"①态度鲜明地提出要发扬原始儒学的朴素理性精神，来廓清理学家违反人类生存本性、违反社会正常发展逻辑的"情欲说"。他写有《答彭进士允初书》，直斥程朱援释入儒，尽失孔子学说真解。程朱所持"人欲净尽，天理流行"的说教，至百年来为害斯民至烈！他做了极为深刻的剖析："程朱以理为'如有物焉，得于天而具于心'，启天下后世人人凭在己之意见而执之曰'理'，以祸斯民！更淆以'无欲'之说，于得理益远，于执其意见益坚，而祸斯民益烈！"在《孟子字义疏证》中，戴震愤怒揭露尊者、长者、贵者动辄以"理"责罚卑者、幼者、贱者，"理"成为迫害无数无辜者含冤致死的工具，这就是"以理杀人"，他说："人死于法，犹有怜之者，死于理其谁怜之！"②这是对理学最痛切的批判。

戴震发挥原始儒学的理性精神，揭露理学家"存天理、灭人欲"说教为祸民众的实质，是乾嘉时期坚持唯物观点取得的具有战斗意义的理论成果。对此，还有两点需要引申和说明。一是他批判理学家的荒谬说教，所用的武器恰恰是"理"，是在唯物的观点和发展的观点指导之下，做透彻的发挥，来辨清理学家荒谬说教违反事物逻辑关系、违反人类本性和社会发展必然趋势的唯心主义实质。他对"欲"与"情"与"天理"的关系，做了精彩的概括："欲者，有生则愿遂其生而备其休嘉者也；情者，有亲疏、长幼、尊卑感而发于自然者也；理者，尽夫情欲之微而区以别焉，使顺而达，各如其分寸毫厘之谓也。欲，不患其不及而患其过。……情之当也，患其不及而亦勿使之过。……欲不流于私则仁，不溺而为慝则义；情发而中节则和，如是之谓天理；情欲未动，湛然无失，是谓天性；非天性自天性，情欲自情欲，天理自

---

①　戴震：《原善》，《戴震文集》，中华书局1980年版。

②　戴震：《孟子字义疏证》卷上，中华书局1982年版。

天理也。"① 欲与情，都是天然合理的。"欲"的适当满足，"情"的有节制的抒发，正是符合天理之自然！这就在根本上揭露了理学家借口维护纲常名教而扼杀人欲、人情，恰恰与"理"背道而驰。所以戴震正是把"理"放在符合自然和人性的基础上正确发挥，以此为武器，驳斥理学家将维护专制统治秩序神圣化为"天理"的荒谬本质。在清代，虽然道学家已经声名狼藉，屡遭讥笑，但理学仍是朝廷提倡的官方哲学，戴震这些士人从小也熟读程朱理学的著作，他恰恰是从正确方面，接受了"理"的熏陶，因而能够恢复"理"的活泼、自然的本性，用来反驳理学家所布下的迷障。戴震在文献学方面精于考订，其实也是运用"理"来推理、判断、证明。他是将"理"运用在两个不同的治学领域，而都获得了非凡的成就。二是当时学者对戴震的评价很有出入，而最能提出中肯看法的，却不是考据学营垒中人，而是善于运用"理性"进行思考的章学诚。章、戴二人在修地方志和评价郑樵等问题上存在分歧，但章对戴学"绝诣"确有卓识。其总体的评价是：戴震"不愧一代巨儒"②。"一时通人，而求能识古人大体，进窥天地之纯，惟戴君可与几比。"③ 给予了充分的推崇，毫不顾及个人恩怨。但许多考据家认为，考据才是戴学的"绝诣"。而戴震著《原善》、《性论》等一类哲学著作，则"空谈义理，可以无作"，甚至指责为"精神耗于无用之地"。这正说明当时学术界的偏见是多么根深蒂固！大学者朱筠、钱大昕也持这种看法，"群惜其有用精神耗于无用之地"④。他们不能赞同戴震揭露理学家"以理杀人"的观点。这一事实告诉我们，发挥儒学中朴素辩证的精神、运用理性思维，才能勘破事物的实质，回答时代的课题，把学术向前推进。

二、考史三大家在义理层面的建树

三大考史名家是钱大昕、王鸣盛、赵翼，他们分别撰成的《廿二史考异》、《十七史商榷》、《廿二史劄记》是乾嘉考史的代表作，享誉士林。关于三大家在考证史实、辩证古籍疑难问题和精良考证方法方面取得的成就，学者们已经发表了很多研究成果。还需要做深入探讨和发掘的，是考证名家们

① 戴震：《答彭进士允初书》，《孟子字义疏证》。
② 章学诚：《文史通义》内篇二《书〈朱陆〉篇后》。
③ 章学诚：《章学诚遗书·佚篇·答邵二云书》。
④ 章学诚：《章学诚遗书·佚篇·答邵二云书》。

有哪些理论性的建树？他们对于历史和社会问题提出了哪些具有思想价值的认识？答案是肯定的。这里主要应包括两项：一是他们治学高标"实事求是"，对于宋明以来盛行的、造成流毒很深的滥用褒贬书法痛加抨击，为追求"历史的真实性"做出可贵的努力；二是他们的论著中突出地体现出具有注重总结盛衰教训和关心"经国养民"的旨趣，因而在当时醉心考据的气氛下闪耀出理性主义的光辉！以下举出若干例证。

孔子修《春秋经》严格讲褒贬书法，其中固然有倡导史学经世的合理性一面，但同时，又因为过分强调使用一两个字以显示种种不同褒贬的"微言大义"，因而掩盖或歪曲了史实。后世史家本应以此为戒，不再沿用，如刘知幾在《史通·惑经》等篇中即已经提出过批评。至两宋时期，由于重视纲常伦理，强调正统与闰位等观念的盛行，致使一些学者竞相仿效《春秋》"书法"，视为撰史之大事。欧阳修撰《新唐书》、《新五代史》，朱熹撰《通鉴纲目》，都竭力效法《春秋》书法，造成许多重要史实被掩盖、被歪曲。这种倾向，与宋明一些学者竞相宣扬理学家伦理观念、不顾历史时势、专凭主观臆断评论历史的风气相配合，致使中国古代史学重视"实录"、"直笔"的优良传统受到严重的挑战和损害。乾嘉时期史家认识到这种弊病对于"追求历史真实性"的重要原则的危害，他们发扬了儒学朴素理性主义的精神和实事求是的原则，起而加以抵制，严肃批评专凭主观爱憎任情褒贬、舞文弄墨的流弊。王鸣盛《十七史商榷》卷九十三，专列有"欧法《春秋》"条目，说："欧（阳修）不但学《史记》，并往往自负法《春秋》。……愚谓欧公手笔诚高，学《春秋》却正是一病。《春秋》出圣人手，义例精深，后人去圣久远，莫能窥测，岂可妄效！且意主褒贬，将事实一意删削，若非旧史复出，几叹无徵。"[1] 王鸣盛的批判很深刻，手法却很巧妙，说"圣人"无人可及，其"书法"是凡人无法窥测的，如果不自量力学步，就是"妄效"，造成混乱，使人不明历史真相。钱大昕也尖锐地批评欧阳修、朱熹误学《春秋》笔法以表示褒贬予夺，企图用一两字用词的不同寓含是非善恶的评判，结果是复杂多样的历史真相成为扑朔迷离的疑团，读史"几同于刑部之决狱矣"[2]。赵翼所举事实更详细，分析更透彻，他在《廿二史劄记》卷十六中专门写有"《新唐书》

---

① 王鸣盛：《十七史商榷》卷九十三"欧法《春秋》"条，上海书店出版社2005年版。
② 钱大昕：《廿二史考异》卷六十四"《宰相表》"条，上海古籍出版社2004年版。

本纪书法"条目，指出："欧公本纪不免草率从事，不能为之讳也。""凡书伏
诛者，以其有罪而正法也。玄宗讲武骊山，以仪注有失斩唐绍，绍死后，玄
宗追悔之，是其罪本不至死，而书'唐绍伏诛'（原注:《旧书》，"唐绍斩于
纛下"）。封常清与禄山战，败，奔陕郡，劝高仙芝速守潼关。仙芝至关，缮
守备，贼至不得入，乃去。是二人皆无死罪也，而书'封常清、高仙芝伏诛'
（原注:《旧书》，"斩常清、仙芝于潼关"）。是不亦太刻乎! 此数人皆书伏诛
矣，宦官陈弘志弑宪宗，倖逃其罪，文宗始赐死于青泥驿。《新书》于《宪宗
纪》既书'陈弘志反，帝暴崩'矣，又于《文宗纪·论》谓:'帝能诛弘志，
亦足伸其志矣。'则青泥驿之赐死，自必应书伏诛，乃反书'杀陈弘志'，一
似无罪而枉杀者，此更两失之也。"[1] 以确凿的事实，证明欧阳修作为大史学
家，却因滥用"书法"，把无罪的唐绍说成"诛"，似是有罪，而把有罪的陈
弘志说成"杀"，似是唐文宗将他枉杀，如此掉弄所谓褒贬"书法"，岂不严
重地歪曲史实! 审视宋代以后史学的演变可以看出，孔子强调《春秋》笔法
曾对后代史学确实产生了严重的负面影响。而另一方面，孔子又有告诫人们
"毋意，毋必，毋固，毋我"一类富有朴素理性精神的格言，此等都与"实
录"、"直笔"精神相一致。乾嘉时期钱、王、赵三人不愧为具有通识的著名
学者，他们根据对史学发展正反面经验的总结和时代所达到的新的认识高度，
大大发扬了这种理性意识，他们已达到相当自觉地追求历史的真实性，因而
对纠正任情褒贬、歪曲史实的有害倾向做出重要贡献。

在当时醉心于训诂考订的学术气氛下，三大家对儒学理性精神大力发扬
的又一突出表现是，他们的著述表达出对民生疾苦、国家治乱的关切，显示
出总结历史盛衰教训、注重"经国养民"的旨趣。

钱大昕赞成孟子"民贵君轻"的进步思想，认为无道之君被弑是罪有
应得:"《左氏传》曰:'凡弑君，称君，君无道也;称臣，臣之罪也。'后
儒多以斯语为诟病。愚谓君诚有道，何至于弑? 遇弑者，皆无道之君也。"[2]
钱大昕还关心黄河的治理，提出颇为中肯的意见，反映出他思想中经世意识
的一面。《十驾斋养新录》中有"河防"条，论述黄河自金元之间改为南行，
合汴、泗、淮以入于海后，灾害频仍，"两岸之堤，岁增月益，高于民田庐

---

① 赵翼:《廿二史劄记》卷十六"《新唐书》本纪书法"条。
② 钱大昕:《潜研堂文集》卷七"答问四"，商务印书馆 1936 年版。

舍，且与城平矣。水之性就下，不使其由地中，而使出地上，欲其无决，不亦难乎！"他又批评潘季驯治河一味增高河堤、反对改流分流的保守主张，绝非治河良策："谓河不宜分，而增堤以御之，一朝溃溢，堤不能御，又糜国帑以塞之，侥幸成功，而官吏转受重赏，此国之巨蠹也。季驯之法，守之百五十年，而其效如此，谓之习知河务，吾不信也。"钱大昕又引用顾炎武抨击河防官吏从上到下无不靠侵吞治河费用发财的言论，加以发挥，斥责当时贪官污吏的害国害民："今之官吏，其好利犹昔也。堤防日增，决溢屡告，竭海内之膏脂，饱若辈之囊橐，赏重罚轻，有损无益，其何能淑载胥及溺，深可虑也！"[①]黄河改南行以后灾害连年，原因是兰考、商丘以东地势南高北低，维持黄河南行，违反水自高就下的本性，所以无岁不治，而无岁不决。钱大昕指出若坚持潘季驯维持黄河南行的旧法，决然难以治理河患，这是击中要害的卓识！此后，魏源在道光年间著文，进一步论述亟须使黄河恢复北行的主张，并预言"人力纵不改，河必自改之"。到1855年，黄河果然从铜瓦厢向北冲开决口，北行沿大清河流入渤海。钱大昕、魏源的有识之见得到完全的证实。

再者，王鸣盛在《十七史商榷序》中提出，治史"当考其典制之实，俾数千年建制沿革，了如指掌，而或宜法、或宜戒，待人之自择焉可矣"，"读史者不必横生意见，驰骋议论"[②]，尤其被作为只求考订史实、不加任何评论的错误典型而屡受贬责。其实，他所言乃别有所指，其要义，在于"务求切实"，这是有的放矢，针对宋明以来学者长期存在的弊病而发。宋明时期出现了大量所谓"史论"、"史评"，往往只取史实的某一点而横生议论，借题发挥。宋代王应麟对此已提出批评，而至明代仍大有泛滥之势。因此《四库全书总目》直斥这类史论为"百家谰语"，"此是彼非，互滋簧鼓"，"凿空生义，僻谬不清"。[③]史学要进步，就要从宋明人的流弊中解脱出来。王鸣盛相当自觉地担负了这一时代责任。他反对的是凭主观臆断的"空论"，而不反对结合史实评论历史事件和人物的是非曲直，他认为后者即属于"考其事迹之实"的工作。《十七史商榷》中，恰恰有许多对历代重要制度、事件的探究，发表关注国计利害、同情人民疾苦的议论，并能自觉地追

---

① 以上引文均见钱大昕：《十驾斋养新录》卷十八"河防"条，上海书店出版社2011年版。
② 王鸣盛：《十七史商榷序》。
③ 永瑢等：《四库全书总目》卷八十八"史评类"总序，中华书局1965年版。

求历史记载的真实正确和明晰可信，这些正是朴素理性精神的体现，也是王鸣盛史学中最有光彩的地方。这里仅举一个重要例证。王鸣盛对晚唐政治史的研究很具卓识，在书中对顺宗时期革新派人物与宦官集团的斗争这一聚讼纷纭的问题阐幽决疑，态度鲜明而又确有根据地赞扬历史上的革新派。对于王叔文这位革新人物，历代封建保守派嫉恨他，骂他"以邪名古今"，"千古之败类"！《资治通鉴》也加给他"奸诈"、"欲夺兵权以自固"等恶名。王鸣盛以充分的史实，褒扬王叔文的革新措施"改革积弊，加惠穷民"。在《十七史商榷》卷七十四"《顺宗纪》所书善政"条中，指出"（叔文）用心则忠，后世恶之太甚，而不加详察。《旧书》亦徇众论，然《顺宗本纪》所书，一时善政甚多。考顺宗在东宫，叔文被知遇，及即位，遂得柄用。然则叔文之柄用仅五六月耳，所书善政皆在此五六月中"。详细列举了"永贞新政"实行的废诸色杂税及额外进奉，罢五坊宫市，免除百姓所欠租赋钱帛等措施，表彰他"黜聚敛之小人，褒忠贤于已往"，"自天宝至贞元少有及此者"！又指出，由于德宗委任宦官掌握左右神策、天威等军，又置护军中尉、中卫军分提禁兵，是以"威柄下迁，政在宦人，举手伸缩，便有轻重。且慓士奇材则养以为子，巨镇强藩而争出我门"，祸乱由此而生。因此王叔文谋夺宦官兵权绝不是稳固私位，而是忠于唐室、忠于国家的行动。① 王鸣盛敢于肯定革新派的历史作用，在当时是很进步的思想。他一扫千年来各种守旧人物加在革新派身上的诬枉不实之词，赞扬了正直人物对邪恶势力的斗争，其视野达到唐代后期政治、经济、军事各方面，显示出具有开阔的眼光。

赵翼的史识较之钱、王二家也毫不逊色。他所著《廿二史劄记》有两大特色。一是远远高出于专作文字校勘训诂、史实排比考订的朴学家，而注重从宏观角度探求历史时势的变化和盛衰之故，分析历史的"势"和"变"，发掘隐藏在大量分散史实背后的法则和教训。他总结出这样的警句："读史以观世变。"② 二是书中尤其注重总结明代治乱兴衰的教训，进行了深刻的历史反思。如他论述自洪武至正德、嘉靖间，谏官敢于争朝政得失。至万历中，谏官一味献媚取悦于张居正。此后又有变化，万历末，谏官与阁臣如水火。至

---

① 参见王鸣盛：《十七史商榷》卷七十四"《顺宗纪》所书善政"条、卷八十九"王叔文谋夺内官兵柄"条。
② 赵翼：《廿二史劄记》卷二十"唐前后米价贵贱之数"条。

魏忠贤专权时，谏官之操守志节丧失殆尽，而至亡国。[①]明代谏官言路习气前后变化，又与官员是否尽责与清廉的政治风气相表里。而明朝的灭亡，也正由于后期吏治腐败，民生日蹙，社会基础动摇，"而国亦遂以亡矣"[②]！赵翼还批评清朝人对明朝政治一味指责其腐败的误解，举出明朝前期崇尚循良的大量事实，恰恰从一个侧面总结了封建皇朝周期性危机这一规律。赵翼揭示出明中叶以后诸帝罕有与大臣相见者，证明专制制度所造成的极端腐败荒唐，宦官的专权和权奸疯狂地聚敛财富，则是封建政治机制上滋生的毒瘤……都是对明代兴亡的很有深度的总结，蕴含着极具启发意义的近代理性意识。赵翼有进化观念，充满探求新知的热情，并且已认识到冲破封建时代闭塞眼界的迫切需要。有诗云："人巧诚太纷，世眼休自窄。域中有墟拘，儒外有物格。"[③]指明儒学以外有先进事物，中国之外有圣人的道理，在当时处于封闭状态，视外国为"化外之民"的时代条件下，他的言论不啻是理性精神的闪光！正因为赵翼有一般考证学者难以企及的开阔眼光和思辨意识，他的史著的内容和方法才与行将代起的近代史学有相通之处。

三、理论的启示

围绕"儒学理性精神在乾嘉时期的发扬"这一问题进行深入探讨，我们在理论上可以得到十分有益的启示。

重新审视乾嘉时期学术，应当超越单纯学术考证尺度的局限，深入分析和正确评价乾嘉学者在"义理"层面的成就。"乾嘉学术"与"乾嘉时期学术"，是两个既互有联系但又互相区别的范畴。"乾嘉学术"，其内涵为乾嘉考证学。这是由于这一时期考证之学高度发达而长期形成的观念。这一时期确实出现了诸多考证名家，穷年累月在文献领域做整理、考订工作，取得很多有价值的成果，为后人读懂古书扫除障碍，这些学者治学恪守"实事求是"的原则，考证方法精良，凡此诸项，都应当予以充分肯定。但同时又须看到，这种考证学的繁荣是在特殊环境之下形成的，由于清廷对汉族士人残酷迫害，使学者心有余悸，绝口不谈现实问题，终日做典籍考订工作以避祸，风尚所趋，人人竞相奔赴。在这种时代风气下，就造成两种缺陷：一是考证

① 赵翼：《廿二史劄记》卷三十五"明言路习气先后不同"条。
② 赵翼：《廿二史劄记》卷三十二"明初吏治"条，并参见本卷以下各条。
③ 赵翼：《瓯北诗钞》绝句二《论诗》，清光绪三年（1877）滇南唐氏刻本。

学的末流走向烦琐主义；二是不探求事物内在的联系和运行的法则性，对于理论性的成就不予重视，甚至排斥。学者研究问题，不能只求知其然，而不知其所以然。探求历史和文化演进中规则性的东西，阐发典籍中思想性的内涵，应当是学术研究中更高层次、更有意义的工作。还有，学者不能离开社会，到乾隆末年，清朝统治由盛转衰的迹象已经显现，时代大变动行将发生，学者还能久居于"象牙之塔"？当时在考证学阵营中也已有学者认识到士人群集于脱离实际的考证之学究竟不是治学的正途。《说文解字注》作者段玉裁，是四位最著名的训诂考证家"戴段二王（王念孙、王引之父子）"之一，在其晚年即做了深刻的反思，后悔自己一生只做具体问题考证，未能达到深一层的学问，说："喜言训诂考核，寻其枝叶，略其本根，老大无成，追恨已晚。"① 又说："回首平生，学业何在也？政绩何在也？"② 与此相印证的是，有的考证学者的著作也关注到一些与现实关系密切的问题。如，俞正燮《癸巳类稿》书中，撰写有《驻扎大臣原始》，记设置新疆、西藏驻扎大臣的由来，《俄罗斯事辑》记中俄关系，《总河近事表》记清代治理黄河水患史实，都是超出一般文献考证之外，与"经世"密切相关的问题。

　　以上史实和分析足以证明：对乾嘉时期学术做重新审视很有必要；发掘和阐释戴震等学者在义理层面的成就具有重要的意义！"乾嘉时期学术"较之"乾嘉学术"的内涵要远为丰富，远为深刻。它不但包括人们熟知的考证学成就，而且包括这一时期学者在义理层面探讨的成就。无论是戴震大声疾呼人们要认识理学家"天理流行"说的危害，恢复活泼健全的人性，或是钱大昕畅论如何治理黄河，王鸣盛充分肯定历史上的革新派人物，赵翼对历史盛衰的总结和他表达的进化历史观，三位考史名家对歪曲史实的滥用褒贬书法的抨击，或是章学诚对历史哲学的探索，尽管他们关注的领域不同，议论的对象有别，但其认识出发点和思想动力，都是立足于儒学中重事实，主张学术经世致用，以辨证的、发展的观点对待事物的理性精神，结合所处的时代环境，将之大力发扬！乾嘉时期，虽然考证学风靡于世，"家家许郑，人人贾马"，但还须明确指出，当时在这一学术潮流之外，还有另一股学术潮流，即注重理论探讨，并且闪射出思想光辉的"义理"之学的潮流。后者虽然人数

① 段玉裁：《经韵楼集》卷八《博陵尹师所赐朱子小学恭跋》，上海古籍出版社 2008 年版。
② 段玉裁：《经韵楼集》卷八《八十自序》。

并不多，但其理论上、思想上的成就却居于学问的更高层次，而且反映了社会要前进的时代脉搏。因而不仅预示了行将到来的嘉道年间学术风气的转变，而且成为 20 世纪初梁启超构建"新史学"和五四时期革新派学者提倡思想解放的直接源头之一。由此，我们可以重新梳理这一时期学术变迁的内在脉络，可以进一步感受儒学思想精华的强盛生命力，它会在不同时代条件下绽放新花，推动中华文化不断自我更新、壮大发展！

第六章　章学诚的学术创造精神

第一节　开阔的学术视野

一、"为著作之林校雠得失"

章学诚所著《文史通义》与刘知幾所著《史通》向来合称为古代"史评双璧"，此有其合理的地方，因为两部书在史学评论上都有重要建树。但二者又有显著的不同，《史通》专讲史学，《文史通义》则对"文"与"史"做贯通论述，非单纯史学评论所能限。

古人著书，往往以一篇篇短论编辑而成，虽分成若干卷，或称为内外篇，但不明其体系，也少有畅述其撰著宗旨者。据嘉业堂刘氏刻本，《文史通义》内篇共有71篇短论，分为6卷。各卷并未言其中心内容为何，全书也无"前言"之类做概述。所幸者，章学诚本人有鉴于其学术在当时罕有人了解，故在所写书信序跋中，曾一再特别讲到一些揭示《文史通义》撰述宗旨的话，甚为宝贵。试举三段：

> 《文史通义》，专为著作之林校雠得失（按：此言"为著作之林校雠得失"，及下面言"著作本乎学问"，均指为学须特别重视著作的指导思想、治学的根本方向）；著作本乎学问，而近人所谓学问，则以《尔雅》名物，六书训故，谓足尽经世之大业，虽以周、程义理，韩、欧文辞，不难一映置之。①

---

① 章学诚：《文史通义》外篇三《与陈鉴亭论学》。

鄙著《通义》之书，诸知己者许其可与论文，不知中多有为之言，不尽为文史计者，关于身世有所怅触，发愤而笔于书。尝谓百年而后，有能许《通义》文辞与老杜歌诗同其沉郁，是仆身后之桓谭也。[1]

吾于史学，盖有天授，自信发凡起例，多为后世开山，而人乃拟吾于刘知幾。不知刘言史法，吾言史意；刘议馆局纂修，吾议一家著述；截然两途，不相入也。至论学问文章，与一时通人全不相合。……至于史学义例，校雠心法，则皆前人从未言及……[2]

可见《文史通义》的撰著宗旨，论述史家史例是其一项重要内容。但还有更广泛的内容，即"文史校雠之业"、"为著作之林校雠得失"。此校雠，实与乾嘉朴学家所操的版本、文字校勘之业大不相同。章学诚使用这一提法的内涵，既指学术分类方法，更指评论学术源流、学术主张和治学方向的得失，其主要意义，是评论学术演变、著述的利弊得失，和学术风尚的趋向等。他所讲"辨章学术，考镜源流"，也是要从学术史的渊源流变，来商榷其利病。故既申明"专为著作之林校雠得失"，又强调"不知中多有为之言，不尽为文史计者"，即要从探讨文史著作的得失利弊，进而讲出对学术风气、时代特点、社会价值的看法。

正由于此，需要我们深刻地领会，《文史通义》是章学诚一生心血所萃，书的命名，实寄托其睿思和深意，表明他与乾嘉考证学者迥然不同的学术取向。试对其书名四字加以诠释：

"文史"——指古今著作之林，古今之学术；又指打通文史做研讨、评论，其评论的范围，包括经、史、子、集。

"通"——指以贯通的、发展的、有分析的眼光做考察。"通"在传统学术中是极高的境界，司马迁著《史记》以"通古今之变"自期，成为不朽之作，为后世学者所仰慕，《史通》、《通典》、《资治通鉴》等名著均以"通"命名，章学诚也以"通"作为本人高悬的目标。

"义"——指思想、观点、义旨，以此作为评价学术之得失高下的主要标准。

简要言之，《文史通义》的著述宗旨，就是以贯通的眼光，为古今学术

① 章学诚：《文史通义·补遗续·又与朱少白》。
② 章学诚：《文史通义》外篇三《家书二》。

商榷利病，而将学者的观点、识见作为评价的主要标准，成一家言，以达到学术经世的目的。章学诚在写给钱大昕的信中曾作痛切陈言，同样为此提供了确切的证据："学诚自幼读书无他长，惟于古今著述渊源，文章流别，殚心者，盖有日矣。……故比者校雠其书，申明微旨，又取古今载籍，自六艺以降讫于近代作者之林，为之商榷利病，讨论得失，拟为《文史通义》一书，分内外杂篇，成一家言。"①在当时考证学风靡于世的时代，章学诚所确立的目标更高，思考更加深刻。《文史通义》这部积累了章学诚一生发愤为学的名著，为我们展现了异常广阔的学术视野，包括对"道"与社会生活关系的探索，对学术史演变的反思，对烦琐考证学风流弊的大力针砭，对改革历史编纂方向的倡导以及关于学者修养和治学之道的论述，议论风发，见识卓越，不仅在当时独树一帜，而且确实达到了时代所能达到的高度，为我们留下极其珍贵的思想财富！

二、对学术史演变的审视

由于章学诚在哲理探索上达到较高的层次以及其确立的"辨章学术、考镜源流"的学术旨趣，章学诚在审视学术史的演变、大力针砭烦琐考证学风的流弊、彰显"史义"的指导作用、探索历史编纂改革的方向等重要问题上，都做了极有意义的开拓性工作，提出了一系列迥异于流俗的卓见。

关于对学术史的审视，可以举出《诗教》、《浙东学术》、《朱陆》等篇略做分析。

《诗教》上篇探讨的是战国诸子学说与六经的关系，以及专门著述何时开始出现的问题。章学诚首次提出，从学术史考察，战国为一关键时期，"至战国而后世之文体备"，"至战国而著述之事专"。章学诚从三个层面进行论证。首先，是战国诸子争鸣，他们都得六艺之一端，然后能恣肆其说，以成一家之言。如，老子言阴阳变化，来源于《易》；邹衍侈言大五州之说、关尹推衍五行相生之说，来源于《书》；管子、商鞅推行法制，来源于《礼》。其次，章学诚提出，战国诸子汪洋恣肆的文章，"其源多出于《诗》教"。因为，从春秋战国典籍的大量记载说明，春秋堪称《诗》的时代，春秋行人，深明

---

① 章学诚：《文史通义》外篇三《上晓徵学士书》，载章学诚著，仓修良编：《文史通义新编》，上海古籍出版社1993年版，第522—523页。

《诗》之比兴、讽喻之义，列国大夫聘问诸侯，出使专对，熟习诗篇而又灵活运用以达其旨。战国纵横之士，推衍而敷张扬厉，正是行人辞令运用以达之极致，"委而又有情，微婉而善讽也"。最后，他从学术史的演进总结，得出文章、学术的发展，战国是一大关键时期的结论。因为，战国以前，"未尝有著述之事"，世官职守与文字记载合而为一。"官师守其典章，史臣示其职载，文字之道，百官以之治而万民以之察，而其用已备矣。"至战国而后著述之事专。如《论语》，主要是记载孔子及其弟子的问答，基本上是简短的对话记录，到了孟子，才有铺陈闳肆的文字，此乃"著述至战国而专之明证也"①。以上章学诚对春秋战国时期学术史演进的总结，贯穿了学术来源于社会实践的观点和发展的观点，发前人之所未发。因此，其见解很受 20 世纪学者的重视。罗根泽在其所著《战国前无私家著作说》一文中，发挥了章学诚"战国前未尝有著述之事"的观点，认为："遍考周秦古书，参以后人议论，知离事言理之私家著作始于战国，前此无有也。"②其主要证据，有"战国著录书无战国前私家著作"、《汉书·艺文志》所载战国前私家著作皆属伪托"等。当代战国文学史研究者也明确说："罗根泽'离事言理'之概念，出乎章学诚《文史通义》。……古人不离事言理，即不空言著述。罗根泽正是以'离事言理'作为定义私人著述的根据。""诸子著作及辞赋文学正代表了战国时代私人著述的主要部分。而私人著述的出现，正是官学沉沦，而时君世主有不同需求，学诗之士逸在布衣，有为而发议论，不平而鸣失志。百家争锋，百花齐放，共同酝酿了私人著作的繁荣。"③程千帆撰《文论十笺》（初版成于1942年，原题《文学发凡》，1983 年再版改题为《文论十笺》），选了有关中国古代文学的文论名篇共 10 篇，其中选自《文史通义》的共有 5 篇，即《诗教》（上）、《诗教》（下）、《文德》、《质性》、《古文十弊》。程千帆概括《诗教》上、下篇的要旨分别为："论文学与时代"，"论内容与外形"。又谓：上篇以论时会之升降，下篇以论体制之分合。"上篇主旨，则在甄明吾国道术公私，文章述作之迁变，以战代为其枢机。"因春秋以前，学在官府。及夫王纲陵迟，诸侯力政，世卿之制，既遭弹射，秀杰之士，渐起民间。孔子开私人讲学之风，以《诗》、《书》、《礼》、《易》、《春秋》授弟子。"一再传后，诸子

---

① 章学诚：《文史通义》内篇一《诗教》（上）。

② 罗根泽：《战国前无私家著作说》，载《诸子考索》，人民出版社 1958 年版，第 13 页。

③ 方铭：《战国文学史》，武汉出版社 1996 年版，第 73、82—83 页。

之学遂极盛焉；后世之文，遂益繁焉。……吾国文学与时代之关系，扬榷根极，惟此事为最著最要，学者不可不究心也。"①

《浙东学术》是章学诚总结学术史变迁的又一代表作。此篇首次梳理出晚明以来刘宗周、黄宗羲、万斯同、全祖望一脉相承的浙东学派的系统，概括出黄宗羲以下学术的特色，表彰学术史上朱、陆、顾、黄等名家虽宗旨各异而互相推重的风范，批判门户相争的恶劣风气；同时提出作者本人关于"史学经世"等认识的重要学术宗旨。叶瑛先生在《文史通义校注》中称，此篇"作于嘉庆五年，实斋时年六十三，殆其晚年定论也"②。也说明叶瑛对本篇的重视。

《浙东学术》讨论了宋代以来学术史变迁三个层面的重要问题。首先，论述清代浙东学术的渊源，理出明末至清初浙东学派的统绪以及从顾炎武、黄宗羲身上体现出来的学术风范。

章学诚提出，浙东学术的远源，是在朱熹之学，但从南宋三袁（袁燮及其子袁肃、袁甫）之后，宗陆九渊"本心"的学说。章学诚首次揭示出，自明末至清初"浙东学派"的统绪，是刘宗周—黄宗羲—万斯大、万斯同—全祖望。从理学学派关系言，浙东学者主要尊陆王之学，但对朱学并不抵斥，"宗陆而不悖于朱"，故一向有不争门户的传统。

浙东学派"宗陆而不悖于朱"，这是明清学术史的一大关键问题。何以言之？朱熹婺源人，但他长期侨寓福建，故其学派称为"闽学"。他继承北宋周敦颐的学说，是理学的集大成者。其基本学术主张是，理是万物的本原，三代时，天理流行，三代以后，是人欲流行。天理体现为君臣、父子、夫妇等伦常，所以是善的。人心有私欲，所以危殆，因此必须"遏人欲而存天理"。同时，他又认为，"为学之道，莫先于穷理；穷理之要，必在于读书；读书之法，莫贵于循序而致精；而致精之本，则又在于居敬而持志"。故强调穷理离不开格物，穷理于事事物物，格一物、理会一事要达到穷尽。并提出获得知识要经过"博学之，审问之，慎思之，明辨之"，指出了只有经过这四个过程，长期艰苦努力，才能获得渊博的学识。陆九渊字子静，人称象山先生。他提出"心即理"的基本命题，断言人理、物理只在吾心中，心是

① 程千帆：《文论十笺》，黑龙江人民出版社 1983 年版，第 78 页。
② 章学诚著，叶瑛校注：《文史通义校注》，中华书局 1985 年版，第 525 页。

唯一的实在，"宇宙即吾心，吾心即宇宙"。认为"心"和"理"是永远不变的，"千万世之前有圣人出焉，同此心，同此理也"。主张为学的方法是"立大"，"知本"，"发明本心"。认为只要悟得本心，不必过费功夫于读书。鹅湖之会上，陆九渊以诗讽刺朱熹理学"道问学"、"由博返约"的烦琐："易简功夫终久大，支离事业竟浮沉。"三年后，朱熹和诗以反驳："旧学商量加邃密，新知培养转深沉。"程朱学派与陆王学派学术宗旨的不同，用理学的术语来概括，程朱主张"道问学"，陆王主张"尊德性"。两派共同认为封建的秩序、纲常都是"天理"，不可改变。而其区别在于："道问学"主张对天理的体认要"由博返约"，通过广博的学习来体会这个"理"的内涵和神髓；"尊德性"则认为天理就在"吾心"，只要在内心修养上下功夫，就能达到"万物一体"的境界。王阳明发展了陆九渊的学说，他断言"夫万事万物之理不外于吾心"，"心明便是天理"；否认心外有理、有事、有物。他提出"致良知"的著名命题，认为为学"惟求得其心"。要求用这种反求内心的修养方法，以达到所谓"万物一体"的尽善境地。由于王阳明学说是以"反传统"姿态出现，而又简约便捷，人人皆能获得自己的体悟，所以在明代大为盛行。浙东学派的开创者刘宗周，他尊陆王之学，而又有所修正，实则吸收了朱熹学说的精到之处。其学说以慎独为宗旨。"独"即自我意识。慎独就是"兢兢无负其本心"，所以要在提高人格修养上刻苦下功夫。他修正了王学，提倡理气一元论，认为"盈天地间，一气而已"。"理即气之理，断然不在理之先，不在理之外。"要真正懂得"理"，就必须体察事物，熟悉史籍，懂得国家的治乱教训、制度的设置演变。自明代以来，程朱派与陆王派门户壁立森严，势若水火，互相攻击不已。章学诚梳理出浙东学术的源头和传习，揭示出自刘宗周、黄宗羲以下，其学术特征是"宗陆而不悖于朱"，既重视个人修养，又重视通过研治史学以总结治国的经验。自刘宗周、黄宗羲以下，至万斯同、全祖望，学术前后相承，而又能摆脱门户之见。尤其是清初浙东学派，尤为名家推重。清代浙东学术源远流长以及传承人物摒弃门户之见而尊其他学派成就这两大特点，实在值得揭示和发扬。章学诚明确地予以总结、表彰：

> 浙东之学，虽出婺源，然自三袁之流，多宗江西陆氏，而通经服古，绝不空言德性，故不悖于朱子之教。……蕺山刘氏本良知而发明慎独，与朱子不合，亦不相诋也。梨洲黄氏出蕺山刘氏之门，而开万氏弟

兄经史之学，以至全氏祖望辈尚存其意，宗陆而不悖于朱者也。……

　　世推顾亭林氏为开国儒宗，然自是浙西之学。不知同时有黄梨洲氏出于浙东，虽与顾氏并峙，而上宗王、刘，下开二万，较之顾氏，源远而流长矣。顾氏宗朱而黄氏宗陆，盖非讲学专家各持门户之见者，故互相推服而不相非诋。学者不可无宗主，而必不可有门户，故浙东、浙西道并行而不悖也……①

　　章学诚首次揭示和阐述的清代浙东学派，对于 20 世纪学者有很大影响，梁启超、何炳松、钱穆等学者都赞同并引申章学诚的见解。事实上，除黄宗羲、万斯同、全祖望外，还有邵廷采和章学诚本人，都是这一学派的有成就的学者。学派，不应只限于直接师承关系，有相同的学术旨趣，并加以发扬，就可认为是"学派"。强调经世致用，主张学术要切于人事，反对空言"义理"；怀有强烈的民族意识，重视记载当代史；贯通经史、博综文献——这三项，便是清代浙东学派的主要特征②，在学术史上确实曾一再闪耀出其光彩。

　　其次，章学诚进而总结浙东学术的精髓所在是：言天人性命必切于人事；讲性理与精研史学相结合，"言性命者必究于史"③。

　　章学诚站在时代的高度，剖析理学家治史弱点："儒者欲尊德性，而空言义理以为功，此宋学之所以见讥于大雅也。"终日讲修心，讲习静，讲排除杂念，结果对于人伦日用、治国施政毫无实效。而从根本上说，理学家的错误是违背了真理性的认识来源于社会实践的原则，以黄宗羲为代表的浙东学者做到把言天人性命与研治史学结合起来，便是从总结虚言空谈的教训而得出的卓识。故说："三代学术，知有史而不知有经，切人事也。后人贵经术，以其即三代之史耳。近儒谈经，似于人事之外别有所谓义理也。浙东之学，言性命者必究于史，此其所以卓也。"树立经世的高尚目标，则不会陷于门户之争，势若水火，不可调和。结合事物的发展变化、功效优劣来研究道术、性理，就会各有收获、各有体验，并且能尊重别人探求之所得，采人之

---

①　章学诚：《文史通义》内篇二《浙东学术》。
②　参见陈其泰：《全祖望对清代学术的贡献》，载《史学与中国文化传统》（增订本），学苑出版社 1999 年版，第 280—281 页。
③　章学诚：《文史通义》内篇二《浙东学术》。

所长来补己之所短；对于不同意见，也能平心静气地切磋讨论，互相启发。章学诚透过互相诋毁、攻讦者的种种口实，指出事情本质："惟陋儒则争门户也。""朱陆异同，干戈门户，千古桎梏之府，亦千古荆棘之林也。究其所以纷纭，则惟腾空言而不切于人事耳。""彼不事所事，而但空言德性，空言问学，则黄茅白苇，极面目雷同，不得不殊门以为自见地耳。"① 章学诚的分析，不啻是对几百年来嚣嚣不能平息的朱陆之间门户之林相争的深刻总结！《文史通义·朱陆》篇中有两段话正好与此互相发明："师儒释理以示后学，惟著之于事物，则无门户之争矣。""而自来门户之交攻，俱是专己守残，束书不观，而高谈性天之流也。"② 同样透彻地道出门户交攻者浅陋不学、腹中空空的实质。

最后，揭示出总结浙东学术优良传统的现实意义，鲜明地主张"学术经世"，有力地针砭当时盛行的"舍今而求古"的烦琐考证学风和"舍人事而言性天"的理学空谈。对浙东学术阐发，凸显出章学诚将关于"道在事物"的哲理探讨与总结当代学术相结合时所具有的深刻洞察力，他敢于顶住周围舆论压力，对盛行的不良学风大力针砭："史学所以经世，固非空言著述也。且如六经同出于孔子，先儒以为其功莫大于《春秋》，正以切合当时人事耳。后之言著述者，舍今而求古，舍人事而言性天，则吾不得而知之矣。学者不知斯义，不足言史学也。"③ 他表彰浙东学术，就是为了发扬黄宗羲等人不空言性理、砥砺民族气节、注重记载当代史的优良传统，使当代士人从沉溺于琐屑考据和理学空谈中警醒过来，践行"学术经世"的正确主张。章学诚对当时不为人们所知的浙东学派人物邵廷采予以表彰，也是为了使人们发扬其学术风格。邵廷采（余姚人，字念鲁，邵晋涵之叔祖），曾受业于黄宗羲，为学主于经世，重民族气节，虽穷居里巷，而其志常在天下。所著《宋遗民所知录》、《明遗民所知录》及《东南纪事》、《西南纪事》，或寄托故国兴亡之隐痛，或保存南明史迹，用心良苦。其《思复堂文集》，尤显著地标出"思复明朝"的志向，且多明人传记。当章学诚一再向邵晋涵赞许邵廷采之精神和著述时，这位邵氏族孙却对此不甚了然，这也证明章学诚总结当代学术史见识之精深！因此，晚清学者平步青作为浙东学派的续响，极注意整理乡邦文献，

---

① 以上引文均见章学诚：《文史通义》内篇二《浙东学术》。

② 章学诚：《文史通义》内篇二《朱陆》。

③ 章学诚：《文史通义》内篇二《浙东学术》。

对黄宗羲《南雷文定》、全祖望《鲒埼亭集》、章学诚《实斋札记抄》等，都
曾批校、整理、刊刻过。平步青所著《樵隐昔瘵》卷四《答章筱同书》，是答
章学诚曾孙的信，信中缕述浙东学术的统绪，精当地评价章学诚"远绍独肩"
的作用："浙东学术，自东发（黄震）、深宁（王应麟）以来，远有代绪。国
初黄南雷（宗羲）、万石园（斯同）兄弟及邵念鲁、全谢山（祖望）氏以下，
惟令曾祖（实斋）先生，远绍独肩。先生殁，浙东学术不绝如线。道咸间，
宗涤甫先生颇以起衰自任，而接受无闻。"[①] 这证明《浙东学术》总结、阐释清
代学术史的重要价值。因此，平步青极希望有人像章学诚一样继承和振兴浙
东学术的传统，为此发出深沉的感慨！

《文史通义》中评论当代学术史的重要篇目，还有《朱陆》和《书〈朱
陆〉篇后》。关于《浙东学术》、《朱陆》、《书〈朱陆〉篇后》三篇，《文史通
义》两个版本的对待和编排次序甚不相同。《章氏遗书》本把《浙东学术》排
于"内篇二"，在《原道》、《原学》、《博约》诸篇之后，并与《朱陆》、《书
〈朱陆〉篇后》三篇集中排在一起，显示出评论、总结学术史之内在联系及
《浙东学术》篇之重要性。编排极具识见。"大梁本"则将《浙东学术》编在
"内篇五"，与编在"内篇三"之《朱陆》遥相隔开，了无关系，《书〈朱陆〉
篇后》又不予选入。如此处理，既大大降低了《浙东学术》篇之重要性，又
失去将当代学术史作为一个单元评论的意图。

《朱陆》篇探讨的同样是理学盛行以来人们普遍关心的问题，回答如何恰
当地对待朱子的学术，以破除长期以来因陷于门户相争而形成的错误认识。

章学诚认为，朱陆两派各有长处，不应偏袒一派，否定另一派。"宋儒有
朱陆，千古不可合之同异，亦千古不可无之同异也。"朱子偏于道问学，陆氏
偏于尊德性，他们各有学说体系，各有思辨的智慧，都为理学的发展做出重
要贡献。"高明沉潜之殊致，譬则寒暑昼夜，知其意者交相为功，不知其意交
相为厉也。"章学诚强调，宋代的朱陆之争，与今日的门户相攻，表面相似，
实则大不相同。宋代西山（真德秀）、鹤山（魏了翁）、东发（黄震）、伯厚
（王应麟）诸公承朱学授受，博学多闻，尊今服古，他们攻陆氏空言德性为虚
无，确有其理由。今之攻陆者，是荒俚无稽之学究，这些人持"必须博学"

---

① 平步青：《樵隐昔瘵》，上海古籍出版社1982年版。

作为进攻的理由，其所言与其不学浅陋之所业，正好相反。他们自命为朱子一派，实则与朱子之博学于文根本无相似之处，却煞有介事地攻陆王，只不过是伪陆王攻真陆王。

章学诚进而论述：朱子学术，本来本末兼该，做到性命、事功、学问、文章合而为一，"求一贯于多学而识，寓约礼于博文"。宋代朱子的一传、再传弟子，本有好的传统。"如黄（榦）、蔡（元定）、真（德秀）、魏（了翁），皆通经服古、躬行实践之醇儒，其于朱子有所失，亦不曲从而附会，是亦足以立教矣。"但现之借口奉朱子以攻陆王者，乃是一些陋儒，其特点是崇性命而薄事功，弃置一切学问文章，而守一二《章句集注》之宗旨，因而对陆、王若不共戴天。其实他们是把通贯古今、经纬世宙之朱子，歪曲成为村陋无闻、傲恨自是之朱子！此类实为伪陆王者，表面上却自谓学朱且奉朱，这是给朱子的学术带来羞辱，也是学界的一种病症，应当明其危害，痛加贬斥！

本篇的又一重点，是含蓄地批评戴震。章学诚认为：戴震学问本是朱氏之数传而后起者，他的学问有成就，乃是得力于继承朱子的宗旨，"服古通经，学求其是"。他学问得力于朱子，却攻击朱子，这是耍弄自己的小聪明而意气用事，"生乎今世，因闻宁人（顾炎武）、百诗（阎若璩）之风，上溯古今作述，有以心知其意，此则通经服古之绪又嗣其音矣。无如其人慧过于识而气荡乎志，反为朱子诟病焉，则亦忘其所自矣"。后人在前人基础上能有超出前人之处，本是应该如此，可是竟然忘记是依靠前人之遗蕴，可知见识不足，自不量力。章学诚讲出本人内心的忧虑：伪陆、王者攻真陆、王，其学猥陋，危害性小；贬朱者之即出朱学，其力深沉，如果不从学术史来分析判定，根据其言行来对照审视，那么因此人学力深沉，其危害就大了，"世有好学而无真识者，鲜不从风而靡矣"。

因戴震学问深厚，声誉极高，其攻朱子，易使人受其影响。故章学诚认为必须辨明真相。他又进一步申明，戴震使用的手法是，不敢公然形之笔墨，而在日常言谈中肆意贬低，这就造成更严重的危害。"其人于朱子，盖已饮水而忘源；及笔之于书，仅有微辞隐见耳，未敢居然斥之也，此其所以不见恶于真知者也。而不必深知者，习闻口舌之间，肆然排诋而无忌惮，以谓是人而有是言，则朱子真不可以不斥也。故趋其风者，未有不以攻朱为能事。

非有恶于朱也，惧其不类于是人，即不得为通人也。"①章学诚深为慨叹：朱子之授人口实，多半出于《语录》。然则，朱子《语录》即使有失初旨之处，但从总体看，朱子表里如一，这是古代大学者的一致风格。现今贬低朱子者，恰恰不能表里如一，其人格不如朱子远甚，那又有何理由责备朱子呢！

为了对以上相关问题做进一步申论，章学诚继之又撰成《书〈朱陆〉篇后》。"大梁本"对此篇未予选入，并不是无意间漏选，是由于不理解此篇对于总结乾嘉时期学术史的重要价值，因章学诚敢于讲出别人所不敢言的话，而使章华绂心存忌惮。②章学诚认为，如何认识戴震的学问和为人，对于乾嘉时期学术，有两个关系重大的问题：一是如何评价戴震的学术成就，其学问的精髓何在；二是戴震的性格有其复杂性，有些言说在其身后造成不小的负面影响，有必要讲清楚事情的真相。

戴震是当时负有盛名的考证学者，实则其学术包含两个方面：一是精于考证之学；又一是撰成哲学著作，力辟理学家"存天理，灭人欲"的说教，在思想史上具有战斗性的意义！戴震尖锐地批判理学家否定情欲之说，有力地论证情欲是人生之本能和天然合理的要求，满足正常的情欲需要是人类社会存在和发展的前提。《孟子字义疏证》说："人生而后有欲，有情，有知，三者，血气心知之自然也。……有是身，故有声色臭味之欲；有是身，而君臣、父子、夫妇、昆弟、朋友之伦具，故有喜怒哀乐之情。惟有欲有情而又有知，然后欲得遂也，情得达也。天下之事，使欲之得遂，情之得达，斯已矣。……道德之盛，使人之欲无不遂，人之情无不达，斯已矣。"③他揭露理学家歪曲孔孟的学说，将个人的臆想假称为"天理"，作为扼杀人的正常情欲的借口，结果祸害无穷："昔人知在己之意见不可以理名，而今人轻言之。夫以理为'如有物焉，得于天而具于心'……未有任其意见而不祸斯民者！"④戴震愤怒地斥责尊者、长者、贵者动辄以"理"责罚卑者、幼者、贱者，"理"

---

① 以上引文均见章学诚：《文史通义》内篇二《朱陆》。

② 关于此篇写作缘起，钱穆在《中国近三百年学术史》中曾有论及，"实斋此篇（按：指《朱陆》篇），即为东原而作。时东原犹未卒，故文中隐其名。后又为《书后》一篇，始明说《朱陆》篇为正戴而发，则东原下世已十余年矣。"又说："《书后》亦似成于己酉，与《原道》诸篇同时。《姑熟夏课甲编》所谓附有旧稿一篇，即《朱陆》，又加以《书后》也。"《朱陆》当撰于乾隆四十三年（1778）以前，《书〈朱陆〉篇后》当成于乾隆五十四年（1789）。

③ 戴震：《孟子字义疏证》，第40—41页。

④ 戴震：《孟子字义疏证》，第4—5页。

成为迫害无数无辜者的工具，这就是"以理杀人"，他说："人死于法，犹有怜之者，死于理，其谁怜之！"在《答彭进士允初书》中，戴震进一步廓清理学家"人欲净尽，天理流行"的谬论："程朱以理为'如有物焉，得于天而具于心'，启天下后世人人凭在己之意见而执之曰'理'，以祸斯民！更淆以'无欲'之说，于得理益远，于执其意见益坚，而祸斯民益烈！"①

　　上述戴震揭露、剖析理学家"存天理，灭人欲"谬说为害民众酷烈的实质，是乾嘉时期发挥原始儒学朴素理性精神、回答时代课题而取得的重大理论成果！戴震本人对此极为重视，在致段玉裁信中曾说："仆生平论述最大者，为《孟子字义疏证》一书，此正人心之要。今人无论正邪，尽以意见误名之曰'理'，而祸斯民，故《疏证》不得不作。"②他中肯地指出情与欲是人类社会最根本的存在，如果禁绝情欲，就等于堵死社会发展之路，这就在根本上揭露了理学家维护纲常名教而扼杀人欲、人情，恰恰与"理"背道而驰。当时理学仍是朝廷提倡的官方哲学，像戴震这样敢于在著作中对理学的根本理论支点做激烈的批判，无疑需要很大的勇气。而他前后撰写《原善》初稿，《原善》卷上中下修改稿，《孟子字义疏证》，还有致朋辈书信多篇，反复辨析，可谓推陷廓清，痛加驳斥，竭尽全力！也足以证明这一理论批判的迫切需要，和戴震的强烈责任感。戴震的学生洪榜撰《戴先生行状》，他对戴震的学说深有体会，故在《行状》中除了推崇戴震的考证学成就之外，又综合了戴震《原善》、《孟子字义疏证》、《答彭进士允初书》等重要著述，概括其驳斥理学家谬误说教的精辟论述，郑重地予以表彰。

　　可是当时士林人物，包括大考据学者朱筠、钱大昕等，却对戴震的学术思想不理解。他们认为，戴震学问的精华只在严密考证，甚至称其哲学著作"可以无作"。章学诚对于评价戴震学术，却别具卓识。章、戴二人在修地方志和评价郑樵等问题上存在分歧，但章学诚却不顾个人恩怨，大力推崇戴震的哲学成就，推评他是"乾隆学者第一人"。章学诚曾在《答邵二云书》中，称本人"知戴甚深"，并说："当时中朝荐绅负重望者，大兴朱氏，嘉定钱氏，实为一时巨擘。其推重戴氏，亦但云训诂名物，六书九数，用功深细而已，及见《原善》诸篇，则群惜其有用精神耗于无用之地，仆于当时力争朱先生

---

① 戴震：《答彭进士允初书》，《孟子字义疏证》，第169页。

② 戴震：《与段若膺书》，《孟子字义疏证》，第186页。

前，以谓此说似买椟而还珠。"《书〈朱陆〉篇后》开篇便赞誉说："戴君学问深见古人大体，不愧一代巨儒。"又说："凡戴君所学，深通训诂，究于名物制度，而得其所以然，将以明道也。时人方贵博雅考订，见其训诂名物有合时好，以谓戴之绝诣在此。及戴著《论性》、《原善》诸篇，于天人理气，实有发前人所未发者，时人则谓空说义理，可以无作，是固不知戴学者矣。"章学诚一再讲，"深见古人大体，进窥天地之纯"，这是对戴震学术的极高评价。前一句，是指戴震能深刻把握孔孟学说的精义，并予以创造性的发挥；后一句，是指戴震《原善》等篇剖析事物的本质，具有真理性的认识。因此戴震才能居于"乾隆学者第一人"。然而金无足赤，人无完人。章学诚又指出，戴震的品格、行事又有明显的缺憾。篇中说："戴君学术，实自朱子道问学而得之，故戒人以凿空言理，其说深探本原，不可易矣。顾以训诂名义，偶有出于朱子所不及者，因而丑贬朱子，至斥以悖谬，诋以妄作，且云：'自戴氏出，而朱子侥幸为世所宗已五百年，其运亦当渐替。'此则谬妄甚矣。戴君笔于书者，其于朱子有所异同，措辞与顾氏宁人、阎氏百诗相似，未敢有所讥刺，固承朱学之家法也。其异于顾、阎诸君，则于朱子间有微辞，亦未敢公然显非之也，而口谈之谬，乃至此极，害义伤教，岂浅鲜哉！""至今徽歙之间，自命通经服古之流，不薄朱子，则不得为通人，而诽圣排贤，毫无顾忌，流风大可惧也！"①章学诚这些议论，与其视为妒名争胜的表现，毋宁说是为了澄清"神化"戴震的不正常学术气氛，还戴震其人"既是豪杰之士，也是普通人物"的真实形象。这里可以举出一个佐证。段玉裁是戴门巨子，在考证营垒中成就卓著，理应一本"实事求是"、"戒盲从"的原则治学、行事。但在其所撰《戴东原先生年谱》中谓："先生于性与天道，了然贯彻，故吐辞为经。""经"在封建社会中具有神圣地位，现称戴震"吐辞为经"，这不是将他"神圣化"的确证吗？《年谱》中更有令人匪夷所思的记载："（戴先生）又曾言：'文有二种：一则题如大坚石，作者用大于石之铁椎，一椎粉碎，此一奇也。一则用口气一吹嘘，便使大石软如绵，飞舞空中，飘堕无迹，如吾此作是也。'"②这更是戴震自我吹嘘到神乎其神的地步了！证明戴震在一些场合下确实"神化"自己，并造成周围一些人对之盲目崇拜。更证明章学诚对

---

① 以上引文均见章学诚：《文史通义》内篇二《书〈朱陆〉篇后》。

② 段玉裁：《戴东原先生年谱》，见《戴震文集》，第247页。

他的批评并非出于杜撰，更不是妒名争胜，而是严肃地指出当日学术界存在的应当正视的问题。① 章学诚高度评价戴学的"绝诣"，又严肃指出戴震身上存在的弱点，对于正确认识乾嘉时期学术的走向，都有不容忽视的价值。

由于章学诚立志要"辨章学术，考镜源流"，要将"文"、"史"打通研究，所以他具有远远超出于考据学者的开阔视野，对于战国时期学术、朱陆异同、浙东学术以至乾嘉时期学术的源流变化的得失利病做出深刻的总结，他所做的一系列论述和分析，不仅有重要的学术价值，而且为后人提供了许多有益的启示。

三、为史学发展开新路

由于章学诚重视哲理的探求，善于透过现象去认识事物的本质，善于总结学术风尚的源流和得失利病，因此他不仅能对学术史的演变做出中肯的总结，而且在历史编纂领域内能够清醒地认识史学发展所面临的迫切问题，大力倡导革除积弊、开辟新路。

《史通》和《文史通义》同是传统学术中对史学发展进行理论总结的名著，而由于两者撰著的背景不同，因而关注的重点和预期解决的任务也互有不同。刘知幾所处的时代，史学发展的势头显著，尤其是，两晋南北朝至唐初六百年间，纪传、编年二体史书大量撰成，其内容、史识、体裁体例运用及史料采集、剪裁等有优有绌，参差不齐，至此亟须要做总结、评价和提出历史编纂范式的工作。章学诚则处于传统史学的后期，面临着总结史学演进的新问题。一是当时处于考证学盛行的时代风气下，学者们所重的是搜集史料、训诂考证、文献整理一类工作。如梁启超所言，"家家许郑，人人贾马，东汉学烂然如日中天"②，士人视考证为做学问的最高境界，如有探求义理者，则拱手而相谢，表面谦虚实则排拒、轻视。对于治史和著史，严重地忽视"史义"的指导作用，司马迁"通古今之变，成一家之言"的著史传统未能得

---

① 余嘉锡在《四库提要辨证》中，认为戴震之《屈原赋注》，是将朱熹之《楚辞集注》改头换面，以为己作。云："盖戴氏虽经学极精，而其人专己自信……其著《屈原赋注》，只是取朱子《楚辞集注》，改头换面，略加点窜，以为己作。于人人习见之名著，尚不难公然攘取，况区区赵一清，以同时之人，声誉远出其下者乎？……"参见余嘉锡：《四库提要辨证》，中华书局1980年版，第428—429页。

② 梁启超：《梁启超史学论著四种》，岳麓书社1998年版，第74页。

到发扬，治史者往往满足于史料的纂辑、考订，因而成为学术发展的严重障碍，亟须廓清这种醉心于琐屑考订的不良学风，重新树立重视"史义"、"史识"指导作用的价值导向。二是自唐中后期以后，纪传体正史体裁一直沿用，自《旧唐书》至《明史》，一共修成九部，其中有撰修认真，因而获得较高评价的，也有一些因仓促成书、舛误甚多而备受讥评的，至此亟须在理论上加以评析。三是自南宋袁枢撰成《通鉴纪事本末》以后，纪事本末体至清代蔚成大观，这是史学发展的新现象，那么对这一新的史书体裁的特点应如何评判？对其发展趋势应如何预见？对于这些有关学术发展的重大问题，章学诚都有的放矢，深刻地加以辨析、评价，打开了人们的思路，开拓了学术发展的广阔前景。

章学诚强调"别识心裁"对于文字撰述的指导作用，他将浩如烟海的古今载籍，区分为"撰述"与"记注"两大类，论述二者具有不同的特点和要求。在《文史通义·书教》（下）中，他利用《易经》中"圆而神"和"方以智"的思想资料，引申而论云：

> 尝窃取其义以概古今之载籍，撰述欲其圆而神，记注欲其方以智也。夫智以藏往，神以知来，记注欲往事之不忘，撰述欲来者之兴起，故记注藏往似智，而撰述知来拟神也。藏往欲其赅备无遗，故体有一定而其德为方；知来欲其决择去取，故例不拘常而其德为圆。①

所谓"圆而神"，是指著者有高明的史识，能够洞察历史的盛衰变化，而且能依据以往的经验教训而预见未来的趋势，同时为了恰当地再现历史，在体例运用上能够灵活变化，而不墨守成法，因而说"神以知来"，"撰述欲来者之兴起"，"知来拟神"，"欲其决择去取，故例不拘常而其德为圆"。所谓"方以智"，是指史籍要有严密合理的体例，并且要有足够的容量，能够储存丰富的历史知识，因而说"智以藏往"，"记注欲往事之不忘"，"藏往似智"，"藏往欲其赅备无遗，故体有一定而其德为方"。章学诚又指出，"圆而神"和"方以智"，二者有不同的特点，而二者同是撰修史籍所不能偏废的。同时，有的撰修成功的史书，虽然表现出"方以智"的特点，但由于著者贯

---

① 章学诚：《文史通义》内篇一《书教》（下）。

穿了高明的史识作为指导，能够把握历史的演变趋势，如《汉书》，它仍然是撰述而非记注，"于近方近智之中，仍有圆且神者以为之裁制，是以能成家而可以传世行远也"①。

章学诚提出区分"撰述"、"记注"两大层次，确实令人耳目一新。这一新的概括，彰显"史识"在撰修史书中的指导作用，有赖于它，才能使史书达到"撰述"的高层次，保证其"传世而行远"。如果忽视义理、观点的指导，终日局限于纂辑史料、整齐排比的工作，就只能居于"记注"这一较低的层次。同样为了强调"史识"、"义理"的指导作用，他在《浙东学术》的篇末提出："整辑排比，谓之'史纂'；参互搜讨，谓之'史考'，皆非'史学'。"②只有用观点统帅史料，以"别识心裁"做指导而撰成的史书，才能称为"史义"、"史事"、"史文"相统一的"史学"。

而与此相联系，章学诚又提出区分"功力"与"学问"的命题，对于醉心琐屑考证的学风进一步做有力的针砭："学与功力，实相似而不同；学不可以骤几，人当致攻乎功力则可耳，指功力以谓学，是犹指秫黍以谓酒也。"③

"学问"是钻研分析大量材料而后，达到事物的本质而形成的观点、理论，是认识达到了升华，搜集、纂辑材料只是下功夫做了基础性的工作，二者的关系，有如酿酒的秫黍与酒的关系；如果终日沉溺于材料的排比考订而不知分析提炼，以此为做学问的最高境界，那就把用来酿酒的秫黍当作酒了！章学诚还郑重地指出：如果终日沉溺于烦琐考据而忘掉治学的目的，那么下功夫越大，离开正确的方向也就越远。《申郑》篇又云："记诵家精其考核，其于史学，似乎小有所补；而循流忘源，不知大体，用功愈勤，而识解所至，亦去古愈远而愈无所当。"④他在《博约》（中）举宋代学者王应麟为例做分析，王应麟著有《困学纪闻》，乾隆时期的士人均叹服其渊博，认为王应麟"搜罗摘抉，穷幽极微，贯串旁骛"，学问造诣极高。章学诚却评论说："王氏诸书，谓之纂辑可也，谓之著述则不可也；谓之学者求知之功力可也，谓之成家之学术则未可也。今之博雅君子，疲精劳神于经传子史，而终身无

---

①　章学诚：《文史通义》内篇一《书教》（下）。

②　章学诚：《文史通义》内篇二《浙东学术》。

③　章学诚：《文史通义》内篇二《博约》（中）。

④　章学诚：《文史通义》内篇四《申郑》。

得于学者，正坐宗仰王氏，而误执求知之功力以为学即在是尔。"① 章学诚辛辣地讽刺把烦琐考据误认为最高学问的人：你们把搜求、考证古代零星材料当作"尽天地之能事"，你们算是幸运，生在秦焚书以后，有这些"襞绩补苴"修修补补的工作可做，如果生在焚书以前，古籍完整保存下来，那你们还有什么事情可干呢！② 以上章学诚阐释"圆而神"和"方以智"，以"撰述"和"记注"区分古今载籍，对"功力"与"学问"的辨析，都是为了彰显"史义"、"史识"的指导作用，对沉溺于琐屑考证的学风流弊做有力的针砭。他的努力，就是为了使学者们树立新的价值观念，抛弃"襞绩补苴"的旧习，跳出狭窄的范围，把眼光投向"学术经世"、"鉴往知来"的广阔天地，因而预示了学术风气的转变。

在历史编纂学领域进行理论总结，是章学诚关注的又一重点，其主要贡献是，从贯彻"史义"指导作用的高度，总结两千年史学演变的得失，痛陈当前历史编纂所面临的困境，提出改革的方向，为史学发展开辟新路。《文史通义》中《书教》（下）、《史篇别录例议》等名篇的撰写目的，就是要挽救"史义"被淹没的严重积弊。对此，他说得很明确："获麟而后，迁、固极著作之能，向、歆尽条别之理，史家所谓规矩方圆之至也。魏晋六朝，时得时失，至唐而史学绝矣。其后如刘知几、曾巩、郑樵皆良史才，生史学废绝之后能推古人大体，非六朝唐宋诸儒所能测识。余子则有似于史而非史，有似于学而非学尔。然郑樵有史识而未有史学，曾巩具史学而不具史法，刘知几得史法而不得史意。此予《文史通义》所为作也。"③ 史义被淹没，便是"史学废绝"。因此他大声疾呼：由于长期因循保守的风气盛行，史家的别识心裁和创造力被窒息，造成了史学的灾难。史学要存在、要发展，必须恢复并发挥"史义"的指导作用。把"史义"、"史识"作为决定史学存亡兴衰的关键问题来论述，这是传统史学后期理论探索的显著特点，比起《史通》来是重大的发展。

章学诚以纵贯的眼光分析了两千年史学的演变。他认为，史学是发展进化的，尤其是古代产生的一批史学名著，在记载史实和体例运用上都很有创造性。由《尚书》变为编年体的《春秋》，由编年体到纪传体，都有继承、有

---

① 章学诚：《文史通义》内篇二《博约》（中）。
② 章学诚：《文史通义》内篇二《博约》（中）。
③ 章学诚：《和州志·志隅自叙》，《章学诚遗书》本，第1页。

革新，显示出史学的重大进步。《史记》、《汉书》、《后汉书》、《三国志》这四部名著，都是"各有心裁家学"的上乘之作，尤其是《史记》成就最高，体圆用神，所以成为历代史家的楷模。至唐宋时期的一批正史，其中也有编纂比较成功的，如《晋书》、《隋书》、《新唐书》等，"虽不出于一手，人并效其所长"。后来的修史者墨守成规，不知根据需要变通，结果史才、史识、史学都反过来成为史例的奴隶，"斤斤如守科举之程式，不敢稍变；如治胥吏之簿书，繁不可删"。"纪传体之最敝者，如宋元之史，人杂体猥，不可究诘，或一事而数见，或一人而两传，人至千名，卷盈数百"，"溃败决裂，不可救挽，实为史学之河、淮、洪泽，逆河入海之会，于此而不为回狂障隳之功，则滔滔者何所底止！"以上论述集中见于《文史通义》的《书教》（下）、《史篇别录例议》、《答邵二云论修宋史书》等篇。这些论述，相当中肯地总结了中国史学演变的主要趋势。尤其是，章学诚指出由于后代修史窒息了史家的别识心裁，造成祸患无穷，更是打中了传统史学后期严重积弊的要害所在。在《答客问》上篇中，章学诚进而提出了"史之大原本乎《春秋》，《春秋》之义昭乎笔削"的重要命题，分析"史义"的作用，不仅用来剪裁材料、删削文字，更重要的是"推明大道，所以通古今之变而成一家之言"[1]，这样才能撰成反映历史演进客观趋势，有观点、有特色的史书。总之，强调"史义"即史家的观点、见识对于历史编纂具有统帅和灵魂的意义，这是章学诚在理论上的重要建树。

为何纪传体沿用了千余年，人人习以为常，不思改易，而章学诚却看出它弊病丛生，非思救挽不可呢？就是因为他确立了思想观点必须适应变化了的客观环境的认识，主张独创、勇于革新。不但能敏锐地发现旧事物的弊端，而且能敏锐地发现新事物的活跃生命力。他目光如炬，发现并且高度评价后出的纪事本末体在历史编纂上的独特作用。尽管明清两代已经产生了多部纪事本末体史著，但它究竟有何优胜之处？对于历史编纂的全局有何作用？人们对此仍处于若明若暗之中，章学诚则是第一个对这些重要问题做出深刻阐述的史家。他说：

> 按本末之为体也，因事命篇，不为常格，非深知古今大体，天下

---

[1]　章学诚：《文史通义》内篇四《答客问》（上）。

经纬，不能网罗隐括，无遗无滥。文省于纪传，事豁于编年，决断去
取，体圆用神，斯真《尚书》之遗也。在袁氏初无其意，且其学亦未足
与此，书亦不尽合于所称，故历代著录诸家，次其书于杂史，自属纂录
之家便观览耳。但即其成法，沉思冥索，加以神明变化，则古史之原，
隐然可见。①

　　章学诚如此高度评价这种新体裁的优点，其出发点在于反映客观历史需
要，在于救治历史编纂出现的严重弊病，故又言："夫史为记事之书，事万变
而不齐，史文屈曲而适如其事，则必因事命篇，不为常例所拘，而后能起讫
自如，无一言之或遗而或滥也。此《尚书》之所以神明变化，不可方物。"②
　　因此，他提出改革历史编纂的方向，总的主张是："仍纪传之体而参本
末之法。"③并且提出过两种设想：一种是设立包含多种内容、具有多种功能
的"传"，可用来记人，用来记事，用来代替书志；一种是采用"别录"，在
全书前面标出一个时代最主要的事件，在每一事件之下将有关的篇注明。其
主张，详见《书教》篇和《史篇别录例议》。这是章学诚很大胆的设想，实是
综合了他一生辨析体例的真知灼见。他将表面上似乎并不相干的两大体裁打
通了，让它们互相补充。既保留了纪传体范围广阔、兼备几种体裁、包容量
大、可以反映社会各方面情状的优点，又发挥了纪事本末体线索清楚、起讫
自如、记载方法随着历史事件的变化而伸缩自如的优点，用来补救后期正史
体例庞杂、历史大势难以贯通的弊病。因此是在史学发展上打开了一条新路。
章学诚的见解，很符合近代史家探索的需要；既要求史书反映历史的主线清
楚，又使它能囊括丰富的内容。20世纪初年章炳麟曾计划撰写《中国通史》，
当时他已确立了资产阶级革命立场，撰写通史的目的，一是为了用进化论解
释历史，二是为了振厉士气，鼓舞斗志。他苦于找不到可以表达这种进化论
观点的通史体例，最后在章学诚的论述中得到很大的启发，认为他改革史书
编纂的办法，是"大势所趋，不得不尔也"④。还有与章炳麟同时尝试撰著《中

---

① 章学诚：《文史通义》内篇一《书教》（下）。
② 章学诚：《文史通义》内篇一《书教》（下）。
③ 章学诚：《文史通义》外篇三《与邵二云论修宋史书》。
④ 章炳麟：《訄书·哀清史附中国通史略例》，《章太炎全集》（三），上海人民出版社1984年版，
　　第329页。

国通史》的梁启超和此后撰著《太平天国史》的罗尔纲先生，以及 20 世纪末发凡起例，主编完成《中国通史》浩大工程的白寿彝先生。这些著名史学家前后所做的理论探索和著述实践，恰恰证明章学诚提出的主张，正预示着中国历史编纂学内在逻辑发展之方向。

章学诚对史学理论的贡献，还体现在他提出了"史德"、"知人论世"评价历史人物和"立言为公"等命题。他在《史德》篇中说："能具史识者，必知史德；德者何，谓著书者之心术也。……盖欲为良史者，当慎辨于天人之际，尽其天而不益以人也。"①刘知幾论史家应具有"才、学、识"三长，章学诚加以大大发展，提出"史德"，并专门写了文章，此项贡献，诚如白寿彝先生所评价的，"在中国史学史上是一件具有很重大意义的事"②。章学诚讲"尽其天而不益以人"，是强调史书记载要符合历史事实，不要掺杂私人感情和偏见。因为史书要靠人写，而人是有意识有感情的，这些很容易受到外界条件的刺激影响，"其中默运潜移，似公而实逞于私，似天而实蔽于人，发为文辞，至于害义而违道，其人犹不自知也。故曰心术不可不慎也"③。章学诚又讲，评论古人应设身处地，包含有结合历史条件去考察的意思。他针对有人称司马迁"为讥讽之能事"，"百三十篇皆为怨诽所激发"的片面说法，强调司马迁著史的主旨，是"究天人之际，通古今之变，成一家之言"，肯定其高尚志趣和卓越史识。又指出他因遭遇不幸而"不能无感慨"，但跟"怨诽"根本不同④，得出了相当公允的结论。在《文德》篇中，他又强调："不知古人之世，不可妄论古人文辞也。知其世矣，不知古人之身处，亦不可以遽论其文也。"⑤这些论述，正好符合以历史主义的态度评价人物和事件的原则。章学诚又著有《言公》篇，主旨是讲著作家应该坦诚无私、严格律己。章学诚认为，著述的出发点必须是"诚"，抒写真情实感和真知灼见，文辞是用来恰当地表达这种"诚"的形式。"学者有事于文辞，毋论辞之如何，其持之必有故而初非徒为文具者，皆诚也。"⑥怎样做到坦诚无私呢？章学诚论述了两项，一是

① 章学诚：《文史通义》内篇五《史德》。
② 白寿彝：《说六通》，《史学史研究》1983 年第 4 期。
③ 章学诚：《文史通义》内篇五《史德》。
④ 章学诚：《文史通义》内篇五《史德》。
⑤ 章学诚：《文史通义》内篇二《文德》。
⑥ 章学诚：《文史通义》内篇四《言公》（中）。

摒弃猎取名誉的虚荣心，二是根绝表里不一的虚伪心。章学诚现身说法，论述树立了"经世"的目的和责任心，才能力戒私心胜气和虚饰欺瞒，以及其对于著述者何等重要，今天读来仍然发人深省。要之，章学诚对于历史著述，都强烈地要求树立高度的责任心，以求客观地再现历史，实现"学术经世"目的，这些都标志着将传统史学理论推进到了新的境界。

至此，我们可以做一简要的小结：

章学诚治学，突破经、史、子、集的畛域，将之互相紧密联系起来，上下贯通，并且突出"史义"即思想、观点的指导作用，对整个学术领域以至当代的学术风尚进行考察，强调与只专注于狭窄范围研究者所不同的"通识"。这种学术取向，在乾嘉时期学者中不仅独树一帜，而且展现出开阔的学术视野。所著《文史通义》，在探索"道"与社会生活的关系，摆脱旧的经注家的窠臼，在审视学术史的演变和评价当代学术名家的治学得失，在总结两千年史学演变，为史学发展开出新路等重要领域，都取得了卓著的建树，达到了他的时代所能达到的高度。章学诚生前，其学术不为他人所了解，被视为"怪物"、"异类"，但他毫不气馁，始终坚持自己的学术志向，勇敢地探求新知，这种精神尤其值得敬佩。此外，他在针砭当时学风的流弊，在推进方志学的发展，在论述学者的修养和治学之道等方面，也都有精辟的见解。章学诚学术的主要局限，一是尊古太甚。尽管他天才般提出"道"是永远前进的车轮，应当总结时势的新变化而推进大道等出色命题，但又未能完全摆脱世代儒生形成的三代是黄金时代、古圣王总结的"道"尽善尽美这类根深蒂固的旧观念。他对《尚书》中《金縢》、《顾命》两篇所具有的纪事本末的最初的创意，也推崇过甚，称为"上古神圣之制作"[①]。又一明显的局限是，他所能凭借的思想资料过于有限，由于在他所处的时代，物质生产领域的变化和学术思想领域的变化，都未能达到质的飞跃，都未能为他提供充分的条件和新的话语系统，以致尽管他探索的诸多命题都是具有近代意义的、超前的，但他的论著中却不得不采用大量的"中古"式语言。第三，与此相联系，章学诚所处的时代是"近代"社会的前夜，学术系统化、体系化的进程尚未正式展开，因而章学诚许多闪光的思想尚散落在其论著中的各个短篇以及所写书信序跋之中，因而需要我们加以重新组织起来，方能反映出其学术思想的

---

① 章学诚：《文史通义》内篇一《书教》（下）。

逻辑系统。但上述局限主要都是由于时代条件所造成，并不影响其探索范围
之广和学术造诣之深。对于章学诚留下的珍贵思想遗产，我们无疑应予高度
重视，并做更深入的探讨。

第二节　对历史哲学的探索

章学诚所著《文史通义》，一向被视为史学评论名著，而它作为18世纪
中国学者哲学探索的重要著作的价值则尚未受到应有的重视。实际上，无论
是从《文史通义》篇目所反映的探讨范围，从《文史通义》一书的命名寓意，
还是从章学诚对本书著述宗旨的"夫子自道"，都说明哲理探索是其撰著的重
要立意之所在。

从《文史通义》①的篇目内容看，列于全书"内篇"之首者，是《易教》
上、中、下篇，继之为《书教》上、中、下，《诗教》上、下，《礼教》，《经
解》上、中、下。再其后，是《原道》上、中、下，《原学》上、中、下，
《博约》上、中、下，以及《浙东学术》、《朱陆》诸篇。从这些篇目内容，即
已清楚地显示出：阐释儒家六经中蕴含的哲学内容，专题论述传统思想中
"道"这一哲学范畴，以及评论总结宋代理学盛行以来到清代学术中的义理问
题，在《文史通义》全书中不但在位置上最为重要，而且论述方面甚广，内
容分量甚重。此外，其他篇目中相关的论述也所在多有。

章学诚作为一位思想深刻的学者，对其《文史通义》的命名和本人的学

---

① 　《文史通义》在章学诚生前曾刊刻过一部分，但非全帙。章学诚临终前，以全稿托友人萧山王宗炎
　　为之编校。以后由嘉业堂主人刘承幹刊刻为《章氏遗书》，又称《章学诚遗书》，征辑较完备，除
　　有其主要著作《文史通义》外，还有《校雠通义》，论方志文章（包括所修方志序跋等），及其他
　　文章。此书刻于1921年，称《章氏遗书》本。另一是章学诚次子华绂在河南编辑刊刻的，刻于
　　道光十二年（1832），称"大梁本"。这两种刻本，就"内篇"部分言，大多相同，而《章氏遗
　　书》本多《礼教》、《所见》、《博杂》、《同居》、《感赋》、《杂说》六篇，而"大梁本"的篇目则不
　　甚完备。再就"外篇"言，《章氏遗书》本所收录是学诚致友人及家人的书信，为友人文集著作写
　　的序跋，解答别人问题的文字，在书院教导学子的言论等，这些文章都可与"内篇"之内容相发
　　明。而"大梁本"之"外篇"所收者为章学诚有关方志叙例的文章。这些对于理解章学诚学术思
　　想体系来说，关系相对小一些。但章华绂在"大梁本"序言中却云王宗炎校定本"多与先人原意
　　互异"。故叶瑛《文史通义校注·例言》中批评华绂"则亦未必合得先生意也"。本节引用的《文
　　史通义》篇目，均据《章氏遗书》本。

术宗旨，曾经一再予以揭示。

《上晓徵学士书》云：

> 学诚自幼读书无他长，惟于古今著述渊源、文章流别，殚心者盖有日矣。尝谓古人之学，各有师法，法具于官，官守其书，因以世传其业。访道者不于其子孙则其弟子，非是即无由得其传。……盖向、歆所为《七略》、《别录》者，其叙六艺百家，悉惟本于古人官守，不尽为艺林述文墨也。其书虽佚，而班史《艺文》独存。《艺文》又非班固之旧，特其叙例犹可推寻。……然赖其书，而官师学术之源流，犹可得其仿佛。故比者校雠其书，申明微旨，又取古今载籍，自六艺以降讫于近代作者之林，为之商榷利病，讨论得失，拟为《文史通义》一书。分内外杂篇，成一家言。①

钱大昕是章学诚最敬佩的学者，当时有很高的学术地位，章学诚处于坎坷侘傺、无人理解的情况下，写信向他讲出肺腑之言。最值得注意者，是章学诚揭示出本人学术宗旨是殚心于"古今著述渊源、文章流别"，"自六艺以降讫于近代作者之林，为之商榷利病，讨论得失"，他所确定的目标，是要分析古今学术的渊源，评判著作之林的利病。这就大大超出了史学评论的范围，证明他要探讨的是自六艺以来讫于当代学术的指导思想及其演变，探讨两千多年来不同著作家学术根本观念的得失。他之所以一再强调古人之学"法具于官，官守其书"，且认为自刘向、刘歆至班固《汉书·艺文志》的主要价值是"悉惟本于古人官守"，即强调古代学术的本原在于国家施政部门治理政事的职能，学术的发生、儒家经典中记载的精深义理，都与国家治理、社会生活密切联系。

正由于此，章学诚更直接说出《文史通义》所要探究的是"古人之大体"。《上朱中堂世叔》中言："近刻数篇呈诲，题似说经，而文实论史，议者颇讥小子攻史而强说经，以为有意争衡，此不足辩也。……《通义》所争，但求古人大体，初不知有经史门户之见也。"② 何谓"古人大体"？即指影响两

---

① 章学诚著，仓修良编：《文史通义新编》，第522—523页。

② 章学诚著，仓修良编：《文史通义新编》，第630页。

千年来学术发展、世道人心的根本原理和指导思想，也就是哲学问题。当时没有"哲学"一词，章学诚论著中所言"古今著述渊源"、"校雠心法"、"著述义理"、"别识心裁"、"学术经世"等，即指对哲学思想，或是与哲学思想密切相关问题的探索。处于乾嘉当日，学者无不奔竞于文字训诂、史实考订、校勘辑佚等项，且以为此即学问的最高境界、学问的全部，章学诚却倾其全力探究有关古今学术演变、有关世道人心的哲学问题，其立意何等高远，思想何等深刻。但又不被理解，甚至被诧为"怪物"、"异类"，他的心境又是何等凄苦！故章学诚晚年致信向知己朱少白吐露心曲，告知《文史通义》一书乃发愤之作：

> 鄙著《文史通义》之书，诸知己者，许其可与论文，不知中多有为之言，不尽为文史计者，关于身世有所枨触，发愤而笔于书。尝谓百年而后，有能许《通义》文辞与老杜歌诗同其沉郁，是仆身后之桓谭也。①

由此可以明了，章学诚在书中所发的议论，不只超过史学评论范围，且不限于一般分析学术源流或评价高下得失，而是针对与社会历史和学术指导思想的深层次问题而发，所以才称"中多有为之言"，并且将深沉地忧国忧民、向以沉郁顿挫著名的杜甫诗歌引为同调，自信百年之后能有人真正理解其"学术经世"的深刻意义。章学诚考察的范围极为广阔而深刻，既总结千年史学的演变、讨论"史学义例"，做到"辨章学术、考镜源流"，又要论述有关社会历史和学术变迁的哲学问题，发挥学术经世、挽救时代风气流弊的作用。章学诚命名其书为《文史通义》，正是自标界说，表明他在训诂考证之风盛行情况下，独树一帜，打通文史，以"义理"即哲学思想为指导，对于深层次问题进行探讨、总结。

一、历史哲学探索（一）：对儒家经典的新诠释

中国古代，哲学与儒家经典几乎成为同义语，章学诚的哲学探讨，自然必须依据儒家六经，以之为资料，据以提出问题展开讨论。章学诚是以与前人不同的时代眼光、不同的态度来研究问题的。历代儒者视经典词句为万古

---

① 　章学诚著，仓修良编：《文史通义新编》，第645页。

不变的教条，只能顶礼崇拜，甚至将其神秘化，缺乏独立思考和理性批判的精神，更不能引发和创立新的哲学原理。如《诗经》被定性为"论功颂德之歌，止僻防邪之训"①。又说："故正得失，动天地，感鬼神，莫近于《诗》。先王以是经夫妇，成孝敬，厚人伦，美教化，移风俗。"②《诗经》中的十六国风，本是采自各个地区的民歌，却被《毛传》解释为宣扬封建政治规范、教化伦理的标本，称"《周南》、《召南》，正始之道，王化之基"。《关雎》本是表达男女相悦的爱情诗，却被孔颖达解释为："由言二《南》皆是正始之道，先美家内之化。是以《关雎》之篇，说后妃心之所乐，乐得此贤善之女，以配己之君子；心之所忧，忧在进举贤女，不自淫恣其色。又哀伤处窈窕幽闲之女未得升进，思得贤才之人与之共事君子，劳神苦思而无伤害善道之心。此是《关雎》诗篇之义也。"③而《尚书》这部上古时代政治文件的总汇，则被神化为："夫《书》者，人君辞诰之典。……得之则百度惟贞，失之则千里斯谬。枢机之发，荣辱之生，丝纶之动，不可不慎。"④又称孔子修《春秋》为"据周经以正褒贬，一字所嘉，有同华衮之赠，一言所黜，无异萧斧之诛。所谓不怒而人威，不赏而人劝，实永世而作则，历百王而不朽也"⑤。而章学诚则迥异流俗，他要从经典中探求、阐释有关社会、世风和学术的真理性认识，他以实事求是、独立思考的态度，既能揭示出经典中的真价值，又能评判其中得失，并进行创造性的发挥。《文史通义》书中，《易教》、《书教》、《诗教》、《礼教》等篇都是针对各部经典做论说。他论述的问题颇为广泛和深刻，择其最具理论价值者，约有以下四项。

一是倡"六经皆史"说，鲜明地提出"儒家经典是圣人头脑制造出来的，还是古代治国实践的产物"的问题，并给以发人深省的回答。

《文史通义》首篇《易教》（上）开宗明义提出："六经皆史也。古人不著书，古人未尝离事而言理，六经皆先王之政典也。"⑥

章学诚提出的"六经皆史"命题，实具深刻的哲理性和明确的针对性。

---

① 《毛诗正义序》，十三经注疏本。
② 《毛诗正义》，十三经注疏本。
③ 《毛诗正义》，十三经注疏本。
④ 《尚书正义序》，十三经注疏本。
⑤ 《春秋正义序》，十三经注疏本。
⑥ 章学诚：《文史通义》内篇一《易教》（上）。

自从儒学确立为独尊地位以来，千百年来，因封建帝王的提倡，世代儒生的鼓吹传播，儒家经典已被神圣化，六经是孔子"天纵之圣"头脑中固有的，具有纲举天下的意义，而且将万古不变，成为不可移易的定理。历代的所谓贤者加以神化、经师们大力推演，将六经和孔子之教涂上一层神圣的光环，如董仲舒言"天地之常经，古今之通谊"①，伪《古文尚书》孔安国序中称，孔子删《书》，"举其宏纲，撮其机要，足以垂世立教……所以恢弘至道，示人主以轨范也"②。整个社会实则弥漫在这种神秘化、凝固化的思想体系之下，造成严重的禁锢作用，压制、摧残活泼的创造和革新精神。

　　章学诚"六经皆史"说恰恰在"儒家经典是如何生成的"这一具有根本意义的问题上提出了挑战。他明确提出：六经是古代治理国家的制度和智慧的记载，"六经皆先王之政典"。儒家经典虽然地位很高，但不是古代圣贤周公、孔子有意专门写出一部包含极其高深的"道"的书，古人没有离开具体活动、闭门写书的事情。六经中的"道"和"理"，都是与古代社会生活、人伦日用密相联系的，六经乃先王治理国家的历史记载，所以，"六经皆史也"。章学诚又提出，六经是先王之政典，以《诗》、《书》、《礼》、《乐》、《春秋》等经典的内容言，应当容易理解，而《易》是讲阴阳变化的，为何也是"先王之政典"呢？答曰："其道盖包括政教典章之所不及"，"其教盖出政教典章之先矣"。故《易》不但与五经同为政典、具有"与史同科"之义，而且，《易》之道是具体典章制度之本原。庖犠、神农、黄帝有"三《易》"，都是根据"天理之自然"，即对自然现象观察、总结而得的规律性知识来教民。章学诚又引孔子所说："我观夏道，杞不足征，吾得夏时焉；我观殷道，宋不足征，吾得坤乾焉。"可证《易经》究明阴阳道理，是与观象授时、制定历法同为一代法宪，故也是有关治世之记录；此又足以说明《易经》并不是圣人"空言著述"，有意专门写一部讲抽象的"道"的书。章学诚认为《左传》昭公二年所载韩宣子聘鲁，"观书于太史氏，得见《易》、《春秋》，以为周礼在鲁"这一史实很有意义。"夫《春秋》乃周公之旧典，谓周礼之在鲁可也。《易》象亦称周礼，其为政教典章，切于民用而非一己空言，自垂昭代而非相沿旧制，则又明矣。"③

---

① 　《汉书》卷五十六《董仲舒传》。

② 　伪《古文尚书》孔安国序，十三经注疏本。

③ 　章学诚：《文史通义》内篇一《易教》（上）。

　　章学诚将"六经皆史"作为《文史通义》全书开篇首先提出的命题，意义是很深刻的。以往研究者曾论述"六经皆史"的论点是扩大了史学的范围，提高了史学的地位，将儒家经典也作为史料看待，还有的论述章学诚的论点有抹去儒家经典神圣光环的意义，将经书降至与史学平起平坐的地位。这些看法无疑都有道理，对于理解章学诚观点有积极的意义。但若仅只限于这种认识则显然是很不够的。"六经皆史"这一理论创造的深刻意义在于：首次提出和辨析古代经典不是圣人头脑演绎、构建出来的，而是古代国家治理、社会生活的产物这一哲学根本性范畴的命题。处于乾嘉时期考证之风盛行、理论思维相对弱化的现实条件下，章学诚的论点便具有别树一帜，引导学者向哲理探索的正确方向努力的重要意义。至于有的文章曾经争"六经皆史"是谁首创的问题，这显然并不重要。章学诚以前，确有人讲过类似的话。王阳明回答学生徐爱说："以事言谓之史，以道言谓之经，事即道，道即事。《春秋》亦经，五经亦史。"[①]此外，明代及清代讲类似的话者有：王世贞，见《弇州山人四部稿》卷一百四十四；李贽，见《焚书》卷五《经史相为表里》篇；何景明，见《大复集》卷三十二《经史皆记事之书》；潘府，见《明儒学案》卷四十六《诸儒学案》；顾炎武，见《日知录》卷三。有的论著还追溯到更早，提出可追溯至元代郝经甚至东汉。[②]即使能找到很早的出处，也不会降低章学诚这一命题的意义。因为前人都只是行文中涉及，并无专门论述。章学诚是作为重要理论主张提出来，深入地加以论证，并且是针对时弊而发，是与他强调学术必须"经世"的主张密切相联系的。

　　二是论述学术史上的重要规律：战国之文多出于《诗》教，后世文章各种体裁，其发端在战国。由此也可证明古代未尝有著述之事，至战国而著述之事专。

　　在《诗教》上篇中，章学诚认为，从文章体裁演变史考察，战国为一关键时期，"至战国而后世之文体备"，"至战国而著述之事专"。战国诸子争鸣，他们都得六艺道体之一端，而后能恣肆其说，以成一家之言。如"老子说本阴阳，庄、列寓言假象，《易》教也；邹衍侈言天地，关尹推衍五行，《书》教也；管、商法制，义存政典，《礼》教也；申、韩刑名，旨归赏罚，

---

① 王守仁：《传习录》（上），《王阳明全集》（上册），上海古籍出版社 1992 年版，第 10 页。

② 两说分别见陶懋炳：《中国古代史学史略》，湖南人民出版社 1987 年版；陆宗达：《从旧经学到马列主义历史哲学的跃进——回忆吴承仕先生的学术成就》，《北京师范大学学报》1984 年第 2 期。

《春秋》教也"。章学诚进而提出，战国之文，其源"多出于《诗》教"。何以见得呢？他认为，从春秋战国典籍的大量记载说明，春秋行人，深明《诗》之比兴、讽谕之义，列国大夫聘问诸侯，出使专对，熟习诗篇而又灵活运用以达其旨；战国纵横之士，推衍而敷张扬厉，正是行人辞令运用之极致。"孔子曰：'诵《诗》三百，授之以政，不达；使于四方，不能专对，虽多奚为？'是则比兴之旨，讽谕之义，固行人之所肄也。纵横者流，推而衍之，是以能委折而入情，微婉而善讽也。"从学术史的演进言，战国是一大关键。战国以前，"未尝有著述之事"，官、守、史、册合一。故说，"官师守其典章，史臣录其职载，文字之道，百官以之治而万民以之察，而其用已备矣"。至战国而著述之事专，"《论语》记夫子之微言，而曾子、子思，俱有述作以垂训，至孟子其文然后闳肆焉，著述至战国而始专之明验也"[1]。

三是认为《尚书》对后代的最大启示是，因事命篇，不拘一格，详略去取，体圆用神，特别对于解决史学演进出现的严重积弊具有开创新局的意义。

千百年来，对于《尚书》这部经典，确实视为古代圣君遗留的宝典，只能恪守、尊奉。甚至晚清皮锡瑞，虽然他已初步接受了近代进化论思想，但仍强调"圣人作经，以教万世"[2]。又云："圣人作经，非可拘以史例"，且批评"史家不知《尚书》是经非史，其书不名一体，非后人所敢妄议"。[3]章学诚在《书教》（上）和《书教》（下）篇中，则明确地将《尚书》置于学术演变的长河中来评论。首先，他批评前人据《礼记》所称"左史记言，右史记动"，而长期以《尚书》分属记言，《春秋》分属记事的普遍说法，指出它至为不当："夫《春秋》不能舍传而空存其事目，则左氏所记之言，不啻千万矣。《尚书》典谟之篇，记事而言亦具焉；训诰之篇，记言而事亦见焉。"[4]其次，他总结先秦至两汉史学的演变，概括其规律性现象，指出："《尚书》一变而为左氏之《春秋》，《尚书》无成法而左氏有定例，以纬经也；左氏一变而为史迁之纪传，左氏依年月，而迁书分类例，以搜逸也；迁书一变而为班氏之断代，迁书通变化，而班氏守绳墨，以示包括也。"因此，认为《史记》、《汉书》分别代表历史编纂的两种不同风格："盖迁书体圆用神，多得《尚书》之遗，班

① 以上引文均见章学诚：《文史通义》内篇一《诗教》（上）。
② 皮锡瑞：《经学历史》，中华书局1959年版，第341页。
③ 皮锡瑞：《经学通论》，中华书局1954年版，第102页。
④ 章学诚：《文史通义》内篇一《书教》（上）。

氏体方用智，多得官礼之意也。"最后，他重点分析当前秉承《书》教具有极大的现实意义，应该大力发扬《尚书》"疏通知远"的精神和"体圆用神"的遗规，破除历史编纂长期以来形成的墨守成规的严重积弊。对于历代"正史"纂修缺乏别识心裁，只能因袭旧轨，甚至视为天经地义的积弊，他予以激烈的指责："后史失班史之意，而以纪表志传，同于科举之程式，官府之簿书，则于记注撰述两无所似，而古人著书之宗旨不可复言矣。史不成家而事文皆晦，而犹拘守成法，以谓其书固祖马而宗班也，而史学之失传也久矣！"

那么，历史编纂如何变革现状，开辟一条新路呢？他认为，犹如迷路的人为找到正确方向必须回到原先的起点一样，这就必须探究和恢复《尚书》创立朴实记事所体现的原则："夫经为解晦，当求无解之初；史为例拘，当求无例之始。例自《春秋》左氏始也，盍求《尚书》未入《春秋》之初意欤！"《尚书》的最大优点是因事命篇、起讫自如、灵活变化、体圆用神。"夫史为记事之书，事万变而不齐，史文屈曲而适如其事，则必因事命篇，不为常例所拘，而后能起讫自如，无一言之或遗而或溢也。"而纪事本末体之法实能体现这种编纂原则："按本末之为体也，因事命篇，不为常格，非深知古今大体，天下经纶，不能网罗隐括，无遗无漏，文省于纪传，事豁于编年，决断去取，体圆用神，斯真《尚书》之遗也。"[①] 因此，他提出"仍纪传之体而参本末之法"[②]，作为历史编纂改革的方向，对于 19 世纪以来历史编纂的发展产生了很深远的影响。

四为论述三代之礼的实质，皆折中于时之所宜。指出当时学者从事礼学考证，固然重要；但更要紧的是以所治之《礼》，折中后世之制度，以断今之所宜。

《礼教》篇针对当世研治礼经者，兀兀穷年，所致力的都是在文献整理考证范围，即溯源流，明类例，综名数，考同异，搜遗逸等项，具有严重局限性，强调应以哲理为指导，提高研治礼学的层次。章学诚认为，三代之礼，皆折中于时之所宜，可知典章制度与道，都因时而异，由社会生活需要而得。故云："或曰：周公作《官礼》乎？答曰：周公何能作也！鉴于夏殷而折衷于时之所宜，盖有不得不然者也……故曰'道之大原出于天'也。"对此，他进一

---

① 以上引文均见章学诚：《文史通义》内篇一《书教》（下）。
② 章学诚：《文史通义》外篇三《与邵二云论修宋史书》。

步引申"六经皆先王之政典"的观点，论述礼经是当年治国制度之记录："夫
一朝制度，经纬天人，莫不具于载籍，守于官司。故建官治典，决非私意可以
创造，历代必有沿革，厥初必有渊源。"明了礼经是古代治国成功经验的记载，
是"折衷于时之所宜"，则可判定当今学者尽心竭力于古代文献的搜辑、考订
固然也有其价值，但绝不能错误地视此为学问的最高境界，而应该追求学问
的更高层次。故谓："然以此为极则，而不求古人之大体以自广其心，此宋人
所讥为玩物丧志。"章学诚处在当日学者醉心考证工作的情况下，却难能可贵
地告诫人们，真正有意义的工作，是学以致用，结合现实，指导现实："推其
所治之《礼》，而折中后世之制度，断以今之所宜，则经济人伦，皆从此出。"
他又借此精辟地阐释考证之学和创造发挥两个不同的层次："夫名物制度，繁
文缛节，考订精详，记诵博洽，此藏往之学也；好学敏求，心知其意，神明变
化，开发前蕴，此知来之学也。"且又强调："真能知来者，所操甚约，而所及
者甚广。"① 跳出名物训诂考证的局限，掌握并运用哲学观点，勇于从事"开发
前蕴"的创造，则礼学也成经世之学，且将拥有多么广阔的天地！

二、历史哲学探索（二）：论证"道出自然"、"道在事中"

以上所论《易教》、《诗教》、《书教》、《礼教》诸篇，都是章学诚对儒家
经典的新解，从而提出"六经皆史"，要"断以今之所宜"，"开发前蕴"等
重要的理论主张。古代的哲学原理大量的都是包含在儒家经典之中，章学诚
借诠释经典来讨论哲学问题，是很自然的事，而且有其方便之处。然而，托
庇于经典，本身又受到很大的局限。只有把哲学问题独立出来进行探讨，才
能大大推进一步，提出真正成"一家之言"的理论体系。章学诚正是按照这
一思路前进。对儒家经典的新诠释为第一层次，是他探索历史哲学的基础；
围绕哲学的最高范畴"道"提出重要的新命题为第二层次，是他探索历史哲
学的深化和升华。

《文史通义》中《原道》（上、中、下）三篇，阐述了极具深刻性的三项
命题，构建了历史哲学的初步体系。这三篇作于章学诚 52 岁时（乾隆五十五
年，1790），是代表其晚年学术思想成熟之作，成为中国古代思想史上极其珍
贵的理论成果。

---

① 章学诚：《文史通义》内篇一《礼教》。

第一个命题：论"道出自然"，"渐形渐著"，存在"不得不然"的客观演进趋势。这是明确阐述"道"的客观性和历史渐进性。

《原道》（上）的开篇，章学诚即提出本篇主要论点："道"并不是玄妙、神秘的，作为根本原理和社会法则的"道"，是随着社会生活逐步发展的，有其客观的演进过程，国家制度等都是后起的。其论云：

> 道之大原出于天，天固谆谆然命之乎？曰：天地之前，则吾不得而知也。天地生人，斯有道矣，而未形也。三人居室，而道形矣，犹未著也。人有什伍而至百千，一室所不能容，部别班分，而道著矣。仁义忠孝之名，刑政礼乐之制，皆其不得已而后起者也。①

"道"的根本源头出于天。这个"天"，可有两种理解：一是自然的天；一是有意志的天。章学诚发问："天难道真的是不知疲倦地指挥号令着吗？"通过回答，逐层递进，强调"道"是客观趋势推演形成的，否定了是由有意志的"天"的安排的神秘观念。首先，当混沌之初，刚刚有了人类时，天地阴阳变化，四时运行的"道"就存在了，但作为社会生活的"道"却未出现。这是鲜明地亮出其唯物的、发展的观点：未有圣人之前，"道"就存在了，可见"道"不是圣人头脑里创造出来的，而是由社会一步步演变而产生和发展的。其次，当远古人类数量很少，即群居生活（原始社会）的最初阶段，规定社会生活法则的"道"的最早形态已经出现。再次，群居的人类数量越来越多，社会越来越复杂，不同的部落、部族，不同的阶层、等级出现了，作为社会生活法则性的"道"便越来越复杂、显著。最后归结说：仁、义、忠、孝这些观念，刑、政、礼、乐各种制度，都是由于客观趋势的推动而在后来逐步形成的。

以上章学诚所做的论述是前人从未有过的新观点，因此必须进一步展开论证，尤其是要强调"道"在不同阶段如何"渐形渐著"，道是客观法则，事势自然不断演进，不是圣人智力所为。章学诚极具说服力地论证了：群居的人类为了解决日常生活需要问题，居住安全问题，就逐步产生分工、管理制度，由简单到复杂逐步形成，反映在观念上，"均平秩序之义"也逐步产生、

---

① 章学诚：《文史通义》内篇二《原道》（上）。

发展；又由于公共事务越来越复杂，逐步产生出从管理小部落的首领，到产生管理国家的杰出人物。名目越来越多，制度越来越复杂，君臣制度、各种行政部门、行政区划、封建诸侯、设立学校，都随之形成、发展起来。章学诚强调，不论是最初阶段的"三人居室，则必朝暮启闭其门户，饔飧取给于樵汲，既非一身，则必有分任者矣，或各司其事，或番易其班"；或是其后"又恐交委而互争焉，则必推年之长者持其平"，"至于什伍千百，部别班分，亦必各长其什伍，而积至于千百"；或者国家形成之后，"作君、作师、画野、分州、井田、封建、学校"等制度或观念的确立：都是按照人类生活和生产的演进而逐步产生和发展的，都显示出"不得不然之势"。因此必然得出这样的结论："故道者，非圣人智力之所能为，皆其事势自然，渐形渐著，不得已而出之，故曰'天'也。"①

章学诚探讨"道"的本原和演变的理论价值在于，他继承了传统思想中关于礼制和国家制度的论述，而向前大大地推进了。章学诚从前人吸收的思想营养，我们可以举出《周易》和《荀子》的论述。《易·系辞》（下）云："古者，庖犧氏之王天下也，仰则观象于天，俯则观法于地……于是始作八卦，以通神明之德，以类万物之情。作结绳而为网罟，以佃以渔，盖取诸《离》。庖犧氏没，神农氏作，斫木为耜，揉木为耒，耒耜之利，以教天下，盖取诸《益》。……黄帝、尧、舜垂衣裳而天下治，盖取诸《乾》、《坤》。刳木为舟，剡木为楫，舟楫之利，以济不通，致远以济天下，盖取诸《涣》。"《荀子·礼论》云："礼起于何也？曰：人生而有欲，欲而不得，则不能无求；求而无度量分界，则不能不争；争则乱，乱则穷。先王恶其乱也，故制礼义以分之，以养人之欲，给人之求，使欲必不穷乎物，物必不屈于欲，两者相持而长，是礼之所起也。"

这些论述，可以视为章学诚所继承的思想资料。但明显的是，《易·系辞》（下）虽讲了社会的演进趋势，但主要讲生产和制作，而且都是圣人发明创造出来以教民使用。《荀子·礼论》讲礼的起源，包含有唯物的观点，但所讲主要限于讲礼的产生是为了防止人相争而物穷。这些都能使章学诚受到启发，但章学诚的论述更加深邃，达到更高境界，是讲作为理论核心和社会生活法则的"道"，如何从原始混沌、草昧初开时代，逐步演进，由低级阶段

---

① 章学诚：《文史通义》内篇二《原道》（上）。

达到高级阶段，讲到刑政礼乐制度的产生，负责管理和统治国家人物的出现，以至行政区划、井田、学校的出现，特别强调这是由于"事理自然，渐形渐著"，"不得不然"，逐步演进的。所以侯外庐评价说：他好像洞察到一些由原始公社、氏族公社到形成国家的演变。①

尽管章学诚的论述远未达到系统、详尽、科学，也比不上摩尔根对易洛魁部落的充分调查，达尔文的科学考察，其中还有不少推论的成分。但其重要理论价值，在于他探讨了历史哲学中具有核心意义的各种社会国家制度形成的客观性和渐进性课题，而且所做的描画，毕竟与人类社会演进和社会生活法则的实际进程大体相符合，坚持了正确的认识路线，具有很高的唯物主义思想价值。

那么，"道"与各种治国制度、"圣人制作"是什么关系呢？章学诚进一步论述："道"是万事万物形成之"所以然"的客观法则，万事万物、"圣人制作"都是在理和势条件下产生的结果，是道在不同阶段的表现和形式。道好比是不停地前进的车轮，六经、"圣人制作"等则是车轮留下的辙印。总之，应当区分推动形成万事万物客观法则的"道"本身，和万事万物的具体形式（包括六经中记载的具体道理和"圣人制作"）。故言："《易》曰：'一阴一阳之谓道。'是未有人而道已具也。继之者善，成之者性。是天著于人，而理附于气。故可形其形而名其名者，皆道之故，而非道也。道者，万事万物之所以然，而非万事万物之当然也。人可得而见者，则其当然而已矣。""天著于人，而理附于气"，就是强调社会历史演进和国家制度产生背后的法则性是客观的（"天"和"理"），其表现则是人事活动和各种具体的事物、制度（"人"和"气"）。故此，凡有具体的事物，凡是起了具体名称的，都是"道"的生成物（"道之故"）而不是"道"本身。"道"是推动万事万物形成的客观法则，而不是万事万物的具体形式。人能看得见摸得着的，就是它的具体形式。至此，章学诚乃以酣畅的气势论述历代制度的创设，是由于事物的不得不然：

> 人之初生，至于什伍千百，以及作君、作师、分州、画野，盖必有所需而后从而给之，有所郁而后从而宣之，有所弊而后从而救之。羲、农、轩、颛之制作，初意不过如是尔。法积美备，至唐虞而尽善焉；殷因夏监，至成周而无憾焉。譬如滥觞积而渐为江河，培塿积而至于山岳，

---

① 侯外庐：《中国思想通史》第五卷，人民出版社1956年版，第507页。

亦其理势之自然，而非尧、舜之圣过乎羲、轩，文、武之神胜于禹、汤
也。后圣法前圣，非法前圣也，法其道之渐形而渐著者也。三皇无为而
自化，五帝开物而成务，三王立制而垂法，后人见为治化不同有如是尔。
当日圣人创制，暑之必须为葛，寒之必须为裘，而非有所容心，以谓吾
必如是而后可以异于前人，吾必如是而后可以齐名前圣也。①

以如此透彻的语言论述由于草昧初开，到各种国家制度的建立，都是有
了需要以后促成创造，有了郁积因而需要宣泄，有了弊病而后需要革除；伏
羲、神农、黄帝、炎帝、颛顼这些古帝先王所有的制作发明，其动因莫不如
此；这好比小泉汇成江河，小土丘积成高山，是道理和事势决定的必然趋势，
并不是后代帝王的个人才能一定超过前代帝王——论述对于历史哲学具有根
本性原理意义的这样一篇道理，章学诚无疑是第一人！

由此也就应当理解：后圣效法前圣，并不是效法前圣的具体做法，而是
效法前圣依据客观的理、势所推动，把制度创制得更加显著、更加完善的道
理，所以，客观趋势（或言"事物法则性"）的道，好比是车轮永远转动、向
前发展，而具体的制度、事物，则好比车轮留下的一段一段的轨迹。"一阴一
阳，往复循环者，犹车轮也；圣人创制，一似暑葛寒裘，犹轨辙也。"②章学诚
就是这样以极其形象、极其简洁明了的语言，解答了"道"与各种国家制度、
"圣人制作"二者的关系。

第二个命题："言圣人体道可也，言圣人与道同体不可也。"

在上述透彻地论证了"道"是事物的内在法则，历代制度、"圣人制作"
是因理和势客观推动形成这一根本命题以后，章学诚已经掌握了充分的立论
根据，因而能够有的放矢地澄清一些长期被混淆的观点。

首先是能不能把圣人的制作、经典，等同于"道"？道有自然，与圣人
不得不然，二者能等同吗？

千百年来儒生对经书极度崇奉，认为圣人和儒家经典就是"道"的化身，
圣人—六经—"道"三位一体，成为根深蒂固、牢不可破的观点。章学诚却
振聋发聩，提出针锋相对的观点："道"与圣人不能等同。所论极为有力：

① 章学诚：《文史通义》内篇二《原道》（上）。
② 章学诚：《文史通义》内篇二《原道》（上）。

　　　　道有自然，圣人有不得不然，其事同乎？曰：不同。道无所为而自
　　然，圣人有所见而不得不然也。故言圣人体道可也，言圣人与道同体不
　　可也。圣人有所见，故不得不然；众人无所见，则不知其然而然。孰为
　　近道？曰：不知其然而然，即道也。非无所见也，不可见也。不得不然
　　者，圣人所以合乎道，非可即以为道也。①

　　"道"是客观法则，圣人是体认客观法则所显示出来的客观趋势，认识到
客观的需要。"道"是客观进程的演进，仿佛是无意志、无知觉的，圣人是对
理与势的需要有所认识而创设。言"圣人体道"符合实际，言"圣人与道同
体"则大错特错，表面上只是字句稍有不同，实质上是非正相反。圣人不是
"道"的化身，圣人只是对当时理势的需要有正确的认识，历代儒者却因为错
误地把圣人以及六经当作"道"的化身，所以忘记了认识新事物、总结理势
的新变化、创设新制度的责任，这正是问题的症结所在，这个根本性的是非
不可不辨！章学诚对"言圣人体道可也，言圣人与道同体不可也"这一重要
命题的论证，是针对千百年来流行的谬见的有力辩驳，表明了对认识新的理
势、担当起把"道"向前推进的历史责任的一种初步觉醒。因此两种提法是
保守锢蔽与革新进取两种精神状态的对立，是保持中世纪的蒙昧迷信意识与
追求理性觉醒的近代意识的对立，是唯心与唯物两种思想路线的对立。这一
见解在当时讲出来，确是惊世骇俗，以至"大梁本"的整理者心有顾虑而把
这一重要命题在《原道》篇中删去了！②
　　章学诚进而论述：

　　　　圣人求道，道无可见，即众人之不知其然而然，圣人所藉以见道者
　　也。故不知其然而然，一阴一阳之迹也。学于圣人，斯为贤人。学于贤
　　人，斯为君子。学于众人，斯为圣人。③

　　这是为了澄清千百年来视圣人为"天纵之才"，神秘莫测，众人是芸芸

---

①　以上引文均见章学诚：《文史通义》内篇二《原道》（上）。
②　参见章学诚著，叶瑛校注：《文史通义校注》，第127页注25；章学诚著，仓修良编：《文史通义
　　新编》，第45页注1。
③　章学诚：《文史通义》内篇二《原道》（上）。

众生，只能盲目服从的糊涂观念，提出"圣人学于众人"的新观点。因为圣人的作为只是体现了客观理势的需要，圣人如果不从众人的行为、欲望中得到正确认识，就不能成其为"圣人"。这一观点在将圣人视为万世师表、视众庶为愚昧无知的时代，更不愧为石破天惊的伟论。

著名学者钱穆、叶瑛均曾论述章学诚观点与戴震之相通处和不同处，对章学诚论点的意义提出了颇有价值的见解。钱穆在《中国近三百年学术史》中提出，章实斋论"道"，与戴东原的见解所同之处是，二人都主张"道"不能离开人伦日用；不同之处则为，戴东原认为"道在六经"，而章实斋认为六经合乎道而并非等同于道，自然变则圣人之不得不然者亦将随而变。故其论云：

> 实斋谓道不外人伦日用，此在东原《绪言》、《疏证》两书中，主之甚力，即《原善》亦本此旨，惟发之未畅耳。实斋所谓"道之自然"与"不得不然"者，亦即《原善》"自然"与"必然"之辨。故主求道于人伦日用，乃两氏之所同。惟东原谓归于必然，适全其自然，必然乃自然之极致，而尽此必然者为圣人，圣人之遗言存于经，故六经乃道之所寄。实斋则谓圣人之不得不然乃所以合乎道，而非可即为道。自然变，则圣人之不得不然者亦将随而变，故时会不同，则所以为圣人者亦不同。故曰圣人学于众人，又曰"六经皆史"，则六经固不足以尽夫道也。①

叶瑛在《文史通义校注》中则强调《原道》上、中、下三篇是《文史通义》全书总纲，指出：

> 盖清儒自顾亭林以来，以为道在六经，通经即所以明道。实斋则谓道在事物，初不出乎人伦日用之间。学者明道，应即事物而求其所以然，六经固不足以尽之。《文史通义》本为救当时经学之流弊而作，此三篇实为全书总汇。②

---

① 钱穆：《中国近三百年学术史》，商务印书馆1997年版，第423页。
② 章学诚著，叶瑛校注：《文史通义校注》，第124页注1。

　　叶瑛又谓：“清儒以为由训诂章句以通经，即经以求道，此自顾炎武以至戴震皆然。章学诚以道在穷变通久，非六经所能尽。”①此外，他又对《原道》（上）“不得不然者，圣人所以合乎道，非可即以为道也”一句加了精彩的评论：“此语甚吃紧。实斋论学之旨，与戴东原迥异，而论道之意，则有采东原而略变者。”②钱穆、叶瑛二位先生于《文史通义》，真可谓“好学深思，心知其意”者，他们关于章学诚“道”的探索之精义所在的评价，也堪称近代学术史上的精到见解，值得我们仔细地玩味。

　　第三个命题：“道”与事功密切相连，六经不能尽“道”，事变之出于后者，六经不能言，立言之士的责任是总结出新的“道”。

　　对此，章学诚分三层进行论证。第一层是：孔子未尝离开三代之政教，而以空言存其私说。欲学孔子而离开事功，是不知孔子。“夫子尽周公之道而明其教于万世，夫子未尝自为说也。”“虞廷之教，则有专官矣。……然既列于有司，则肄业存于掌故，其所习者修齐治平之道，而所师者守官典法之人。治教无二，官师合一，岂有空言以存其私说哉！”他尖锐地批评世儒欲学孔子而摒弃事功，抱着经书而不作为，这恰恰违背了孔子的学说。第二层是：六经是明道之器，政教典章人伦日用之外，更无别出著述之道。三代以前，典章制度、人伦日用和六经中治国之“道”，是统一的，治教合一、官师合一；后代儒者却视六经为圣人专门言“道”的书，把“道”与社会生活相割裂，将“道”与“器”相割裂，这是完全错误的。故言：“三代以前，《诗》、《书》六艺，未尝不以教人，非如后世尊奉六经③，别为儒学一门而专称为载道之书者。盖以学者所习，不出官司典守、国家政教，而其为用，亦不出于人伦日用之常，是以但见其为不得不然之事耳，未尝别见所载之道也。……而儒家者流，守其六籍，以为是特载道之书耳。夫天下岂有离器言道，离形存影者哉！彼舍天下事物人伦日用，而守六籍以言道，则固不可与言夫道矣。”④第三层是：事物不断发展，“道”也要发展，当代学者应担负“约六经之旨而

---

① 章学诚著，叶瑛校注：《文史通义校注》，第143页注17。
② 章学诚著，叶瑛校注：《文史通义校注》，第127页注27。
③ 此句据《章氏遗书》本作“非如”，语气明晰，乃章学诚批评世儒不明白六经皆先王之政典，圣人并无别出著述之道；而把“道”与社会生活相割裂，视六经为专门载道之书。“大梁本”改作“不如”，则贬低三代治教合一、官师合一，肯定世儒守六经以言道的不正确态度。是“大梁本”所做的改动，与章学诚之原意正好相反。
④ 均见章学诚：《文史通义》内篇二《原道》（中）。

随时撰述以究大道"的时代责任，对后世事变予以总结，以推进对社会生活演进法则性之认识。这是《原道》（下）篇的核心观点，也是章学诚在哲学探讨上远远高于同时代学者之处！章学诚强调当时考证学者以训诂章句专攻一经为学问的极致，实则只得一隅，未能认识古人学问的全体："但既竭其耳目心思之智力，则必于中独见天地之高深，因谓天地之大，人莫我尚，亦人之情也。而不知特为一经之隅曲，未足窥古人之全体也。训诂章句，疏解义理，考求名物，皆不足以言道也。取三者而兼用之，则以萃聚之力补遥溯之功，或可庶几耳。"他又认为，孔子所言"予欲无言"，孟子所言"予岂好辩哉？予不得已也"，恰恰证明古代圣贤是由于总结出客观社会生活的规则性而后不得不发之为言，那么，当今学者也应当具有高度的使命感，担负阐明穷变通久，总结六经之后社会生活发生的变化，推进和究明大道的时代责任：

　　夫道备于六经，义蕴之匿于前者，章句训诂足以发明之。事变之出于后者，六经不能言，固贵约六经之旨而随时撰述以究大道也。太上立德，其次立功，其次立言，立言与立功相准。盖必有所需而后从而给之，有所郁而后从而宣之，有所弊而后从而救之，而非徒夸声音采色，以为一己之名也。①

因此，当今对待六经、对待学术的正确态度是，抛弃六经是孔子因其"天纵之圣"，从头脑中演绎出来的旧观念，抛弃"道"是固定不变、六经已经穷尽的旧观念，改变以为凭训诂章句即能获得古人学术真谛的错误态度，树立"道"与社会生活密切联系、因事物发展"道"也向前发展的正确态度，明确学者的责任是针对现实社会中"有所需"、"有所郁"、"有所弊"的问题，着力探究、总结哲理性的认识，勇于创造，回答时代的要求。

三、"其所发明，实从古未凿之窦"

关于"道"的内涵和古今哲学家对"道"如何阐释，一向为哲学史、思想史论著所关注。《中国大百科全书·哲学卷》"道"的词条说"道"是道家（老庄）提出的，其解释基本上不涉及儒家，这似乎是明显的缺陷。其实，在

---

① 以上均见章学诚：《文史通义》内篇二《原道》（下）。

中国历史上，儒家对"道"的讨论甚多，对意识形态的发展关系更大。词条对"道"下的定义为："用以说明世界的本原、本体、规律或原理。"这一定义颇有学术参考价值。而结合章学诚《原道》上、中、下三篇所阐发的，觉得他所揭示的"道"的内容更为透彻、贴切，其所指包括三个方面：其一，根本原理、哲理的最高境界；其二，人类社会演进、治理国家经验的总结；其三，人伦日用、社会生活和其他事物演进的法则性、规律性。三个方面互相联系。

《原道》三篇撰成之时，颇受学者讥议，认为"题目太熟"，与前人所论势必雷同，难有新意。实际情况却大为不然。前人确实有过同名的三篇，但章学诚的立意很明确，他不仅不重复前人见解，而且是为了提高、辨正和探原。将这三篇与章学诚所著做一比较，即可看到章学诚理论之价值所在。

《淮南子·原道训》中，也讲到"大道"包括广大无边的自然界，广包四方八极，包括明阴阳、四时。而主要讲道家的无为、清静、寡欲为"太上之道"，"生万物而不有，成化像而弗宰"，"是以大丈夫恬然无思，淡然无虑"。"天下之事不可为也，因其自然而推之；万物之变不可究也，秉其要归之趣"，国君"以其无予于万物也，故莫敢与之争"。圣人处事原则为："不谋而当，不言而信，不虑而得，不为而成"，"善游者溺，善骑者堕，各以其所好，反自为祸"。[①]消极避世，反对任何干预措施。

刘勰《文心雕龙》首篇为《原道》，是很有影响的名篇，它与居第二、第三篇的《徵圣》、《宗经》同样阐发刘勰著述《文心雕龙》的宗旨。"原道"就是"本乎道"，主张文章和写作，应以"道"为依据，故其《序志》篇中言："盖《文心》之作也，本乎道。"这个"道"，有客观自然地演进的含意，又是指自包犧、尧、舜以下至孔子的儒家所尊崇的体系、统绪。故言："逮及商周，文胜其质，雅颂所被，英华日新。文王患忧，繇辞炳曜，符采复隐，精义艰深。""至夫子继圣，独秀前哲，熔钧六经……写天地之辉光，晓生民之耳目矣。""爰自风姓，暨于孔氏，玄圣创典，素王述训，莫不原道心以敷章。……故知道沿圣以垂文，圣因文而明道。"[②]讲文章的发生、繁复，是与儒家圣人的统系同步发展的，而圣人的"道"，又是要靠文章来体现的。正因"道沿圣以垂文"，所以第二篇要讲《徵圣》，又因"圣因文而明道"，所以第

---

① 　刘安：《淮南子》卷一《原道训》，高诱注，上海古籍出版社1989年版。
② 　刘勰：《文心雕龙》卷一《原道》，范文澜注，人民文学出版社1958年版。

三篇要讲《宗经》。故《文心雕龙·原道》篇是讲写作文章、衡量文章，要以儒家的"道"作为根本标准为指导，而非讲"道"的生成、发展。

韩愈《原道》也是一篇重要文献，是其政治思想、哲学思想之代表作。所论的核心，是总结、确认儒家自尧、舜、禹、汤、文、武、周公、孔子至孟子一脉相传的"道统"，即儒家思想的正统，拿出来与当时盛行的佛老思想相对抗，认为唯有儒家之"道"是"为天下国家、无所处而不当"的治世良方；老子"去仁与义"，佛教"灭其天常"，都与纲常伦理相违背。韩愈维护儒家"正统"，辟除佛老，在当时有进步意义。但此篇中恰恰又宣扬道、理、纲常都是圣人头脑中先天所固有的，不需经过社会实践，"无圣人，人之类灭久矣"①。这是唯心主义的说教。章学诚恰恰要批驳这种观点。

故前人之作，与章学诚撰写的《原道》，篇名相同，旨趣却殊异，论证的问题各不相同。《淮南子·原道训》讲清静、无为、寡欲，一切听其自然。《文心雕龙·原道》讲文章要以儒家的"道"来作指导，要体现"道"。韩愈是要捍卫儒家自尧舜至孔孟的道，来抵制佛老，其文是宣扬维护儒家纲常名教的重要性。而章学诚的《原道》三篇围绕三个重要命题，深刻地论证作为哲学根本和理论核心的"道"，作为人类社会演进法则的"道"，是怎样产生？如何演变？"道"与学术应是什么关系？历代儒者把六经与"道"等同起来，当时许多考证学者以琐屑考证、攀绩补苴的态度对待儒家经典，这些根深蒂固的观念，究竟能不能成立？是应当维护，还是应该革除？立言之士应不应该担负起时代责任，根据时势的新变化，总结和推进大道？——毫无疑义，章学诚所从事的是具有极高价值的真理性探索，他继承发扬了中国思想史的优良成果并摒弃了种种错误的羁绊，因而在当时的历史条件下结出了宝贵的硕果，为"道"的探索开辟了新境界。

章学诚对《原道》三篇的撰写极其重视并持有充分的自信，在《与陈鉴亭论学》中，他明言并不因"同志诸君"不理解其著述旨意而感到丝毫气馁，他相信自己坚持的方向的正确，强调此篇的撰著实为针对以名物训诂为尽治学的能事，或人为地划分畛域的错误倾向：

　　　　前在湖北见史余村，言及先后所著文字，则怪《原道》诸篇与《通

---

① 参见韩愈：《原道》，《韩愈文选》，上海北新书局1947年版，第10—14页。

义》他篇不类，其意亦谓宋人习气，不见鲜新，及儿子回家，则云同志诸君皆似不以为可；乃知都门知己俱有此论，足下谕编卷末，尚为姑恕之辞耳。道无不该，治方术者各以所见为至。古人著《原道》者三家：淮南托于空蒙，刘勰专言文指，韩昌黎氏特为佛老塞源，皆足以发明立言之本。鄙著宗旨，则与三家又殊。《文史通义》专为著作之林校雠得失。著作本乎学问，而近人所谓学问，则以《尔雅》名物、六书训故，谓足尽经世之大业，虽以周、程义理，韩、欧文辞，不难一唾置之。其稍通方者，则分考订、义理、文辞为三家，而谓各有其所长；不知此皆道中之一事耳，著述纷纷，出奴入主，正坐此也。鄙著《原道》之作，盖为三家之分畛域设也。篇名为前人叠见之余，其所发明，实从古未凿之窦，诸君似见题袭前人，遂觉文如常习耳。①

章学诚进而确信无疑地指出，篇中揭示的道形于三人居室，道体之存即在人伦日用、社会生活的必然性和法则性之中，由此体现穷变通久的原理等重要命题，乃具有巨大的价值：

　　以孔子之不得已而误谓孔子之本志，则虚尊道德文章，别为一物，大而经纬世宙，细而日用伦常，视为粗迹矣。故知道器合一，方可言学；道器合一之故，必求端于周孔之分，此实古今学术之要旨，而前人于此，言议或有未尽也。故篇中所举，如言道出于天，其说似廓，则切证之于三人居室。若夫穷变通久，则推道体之存即在众人之不知其然而然。集大成者实周公而非孔子，孔子虽大如天，亦可一言而尽，孔子于学周公之外更无可言。六经未尝离器言道，道德之衰，道始因人而异其名，皆妄自诩谓开凿鸿蒙，前人从未言至此也。②

此文对于了解章学诚著《原道》时学术界的思想背景，不啻为一篇珍贵的历史文献。当时，连章学诚志趣甚得的友人，尚且视为重蹈宋人习气，不见新鲜，由此更可认识章学诚从事哲学探索之艰苦，也更可体味其超前性的

① 章学诚：《文史通义》外篇三《与陈鉴亭论学》。
② 章学诚：《文史通义》外篇三《与陈鉴亭论学》。

思想成果之格外可贵！章学诚数十年究心他人所不理解之学，敢言他人之所不敢言，故而生前知己寥寥，诚未足为怪。①但是，是金子就要放射出光辉。章学诚期望百年以后能获得知音，果不其然！20世纪学者中，钱穆、叶瑛、侯外庐均论评其具有特识，上文已加以称引。此外，梁启超、顾颉刚这两位处于20世纪初学术近代化转捩时刻的人物，也因当时亲历的环境而从《文史通义》书中受到巨大的触动和鼓舞，认为：《文史通义》"实为乾嘉以后思想解放之源泉"，"为晚清学者开拓心胸，非直史学之杰而已"。②"自从章实斋出，拿这种'遮眼的鬼墙'（按：指学术上迷信古人的风气）一概打破，说学问在自己，不在他人"，"这实在是科学的方法"。③惜乎这些学者所做的评语尚太简略，对章学诚哲学探索的成就进行深入、系统的论述，评价其思想解放的意义和科学方法的价值所在，正是今天必须补上的重要的一课。

　　章学诚的明显的局限性，一是尊古太甚。尽管他天才般地提出了道"渐形渐著"，滥觞而为江河，事始简而终巨，道是永远向前的车轮，应当总结时势的新变化而推进大道等出色的命题，但他仍然不能完全摆脱世代儒生形成的三代是黄金时代、古圣王总结的"道"尽善尽美这类根深蒂固的观念，因而明显地存在尊古太甚的倾向。故言："法积美备，至唐虞而尽善焉；殷因夏礼，至成周而无憾焉。"又言："周公成文武之德，适当帝王全备，殷因夏鉴，至于无可复加之际。"④与他如此对上古时代朴略的制度颂扬备至相联系的，是他对《尚书》中《金滕》、《顾命》两篇所具有的纪事本末体最初的创意，也推崇得无以复加，称"《尚书》圆而神，其于史也，可谓天之至矣"，又谓"此《尚书》之所以神明变化，不可方物"，"上古神圣之制作"。⑤这种对上

---

① 　章学诚友人中也有表示赞许者。邵晋涵曰："此乃明其《通义》所著一切，创言别论，皆出自然，无矫强耳。语虽浑成，意多精湛，未可议也。"章氏族子廷枫曰："是篇题目，虽似迂阔，而意义实多创辟。如云道始三人居室，而君师政教，皆出乎天；贤智学于圣人；圣人学于百姓；集大成者，为周公而非孔子，学者不可妄分周孔；学孔子者，不当先以垂教万世为心；孔子之大，学周礼一言可以蔽其全体；皆乍闻至奇，深思至确，《通义》以前，从未经人道过，岂得谓陈腐耶？诸君当日诋为陈腐，恐是读其题目太熟，未尝详察其文字耳。"均见章学诚：《文史通义》内篇二《原道》（下）篇末附录。

② 　梁启超：《清代学术概论》，《饮冰室合集》专集之三十四，第50页。

③ 　顾颉刚：《中国近来学术思想界的变迁观》（作于1919年），载《中国哲学》第11辑，生活·读书·新知三联书店1984年版。

④ 　均见章学诚：《文史通义》内篇二《原道》（上）。

⑤ 　均见章学诚：《文史通义》内篇一《书教》（下）。

古制度、典籍推尊到无以复加的说法，与其以发展、辩证的眼光对待"道"的历史进程的基本态度显然是相矛盾的。章学诚又一明显局限性，他所能接受、采择的思想资料太过有限，对于人类社会各个阶段制度演变的法则性缺乏多层面的生动概括，以致往往需重复"治教无二，官师合一"、"道不离器"一类道理作为论据。在他所处的时代，无论是物质生产领域的变化和学术思想领域的变化都未达到出现质的飞跃，都未能为他提供充分的条件和新的话语系统，以致出现这样的局面：其哲学探索提出的命题是具近代意义的、超前的，而他所做的论述却不得不大量采用"中古"式的概念、语言。这当然影响他阐发之深邃和严密，而且也影响其他人对他思想的理解和评价。只有少数好学深思、怀着巨大的兴趣执着地探究释读者，才能对其精义有所领悟。考察章学诚哲学探索的成就和价值，还应剖析他对以往学术思想遗产的继承与扬弃，他与所处时代学术的关联，以及他如何从哲学高度贯彻其学术"经世"的宗旨、有力地针砭时弊，这些内容都俟后另文讨论。

下　编

时代新课题与学术新探索

第一章 晚清今文公羊学盛行所传递的文化信息

张之洞于 1903 年写有一首《学术》诗，云："理乱寻源学术乖，父仇子劫有由来。刘郎不叹多葵麦，只恨荆榛满路栽。"自注曰："二十年来，都下经学讲《公羊》，文章讲龚定庵，经济讲王安石，皆余出都以后风气也。遂有今日，伤哉！"① 这位晚清重臣原本是想借此诗句表达对晚清 20 年间学术风尚变迁的感慨与不满，然而他所始料不及的是，这首诗恰恰成为晚清今文公羊学说盛行的有力佐证！大约时隔十年之后，顽固派人物叶德辉也写有关于龚自珍遵从的今文公羊学说至晚清所向披靡的一段话，他不只是表达伤感之情，而是直接咒骂晚清公羊学盛行导致了清朝的灭亡！"仁和龚定庵先生，以旷代逸才，负经营世宙之略，不幸浮湛郎署，为儒林文苑中人，此非其生平志愿所归往也。曩者光绪中叶，海内风尚《公羊》之学，后生晚进，莫不手先生文一编。其始发端于湖、湘，浸淫及于西蜀、东粤，挟其非常可怪之论，推波扬澜，极于新旧党争，而清社遂屋。论者追原祸始，颇咎先生及邵阳魏默深二人。"② 张之洞和叶德辉提供了极其难得的史料，证明晚清时期今文学说盛行海内，与龚自珍的文章、王安石的变法思想相结合，形成波澜壮阔的浩大声势，改变了人们的思想观念，导致了清朝专制统治迅速灭亡的巨大历史变局。

儒家今文学派的复兴竟成为晚清社会思潮激荡的政治风云变幻的主导力量，难道这不是十分发人深思的历史事件？同样发人深思的是，再上溯历史，

---

① 张之洞：《张文襄诗集》卷四，集益书局 1917 年石印本，第 7 页。
② 叶德辉：《郋园北游文存·龚定庵年谱外纪序》，载孙文光等编：《龚自珍研究资料集》，黄山书社 1984 年版，第 123—124 页。

晚清今文学盛行，又标志着一千多年居于社会主导地位的经学思想发生了根本性的转折，自东汉中叶至嘉道年间以前，一直是古文经学居于独尊地位，今文经学则长期消沉无闻，"澌灭殆尽"，至此却取而代之，堂而皇之登上时代舞台的中心。总之，晚清今文学盛行，乃是历史上壮观的一幕，不应因时过境迁而被人们所淡忘。而应当认真地梳理其演进的脉络，阐释这一时代思潮的剧变所传递的重要文化信息。特别是，今文学说的独特价值何以被重新发现？晚清公羊学说复兴的进程与社会变迁如何紧密联系？晚清今文经学复兴又为何能与"世纪之交"西学传播的新潮流相衔接？对这些问题，从理论与史实相结合的层面做深入探讨，将能得出一系列很有启发意义的看法。

第一节　时代剧变呼唤倡导改制变革新学说

一、今文公羊学说的独特价值

儒家今文经学曾在西汉时期大盛于世，东汉中叶以后却消沉了一千余年，至清朝嘉道年间才被重新提起，并再度风靡天下。这种陡升陡降的局面，骤看之下，似乎难以索解。深入分析，其深层原因都是由于今文经学的独具价值与特定的时代条件发生了共振效应。

晚清与西汉历史时代前后相距很远，社会状况也大不相同，但关键之处是两者都处于社会剧烈变动时期，因而需要变革的哲学思想作指导。儒家今古文经学的分野何在？今文经学的独具风格是什么？简要地说，秦始皇焚书，《诗》《书》、百家语被焚毁殆尽。汉朝学者传习的经书，大都是用汉代通行的隶书书写的，称"今文经"。如：《春秋公羊传》，在战国以后经过口头传授；《诗经》在汉初流传的有齐、韩、鲁三家，至西汉景帝时才著之竹帛；《尚书》则在汉初由大儒伏生背诵传授，都是用隶书写成。汉武帝建立太学，置五经（《易》、《诗》、《书》、《礼》、《春秋》）博士教授弟子，称为"官学"，博士所教授的教材都是今文经。但在景帝以后又陆续发现一些儒家经书，如鲁恭王刘余从孔子旧宅壁中发现古文经传，用先秦文字书写，有《尚书》、《礼记》等。又河间献王刘德从民间得到不少古文先秦旧书，有《周官》（即《周礼》）、《尚书》等。他又在自己国内为《毛诗》、《左氏春秋》立博士。这些都属于古文经传。西汉末年，刘歆欲立《左传春秋》、《毛诗》等为官学，移书责备太常博士，引起今古文两派的激烈论争。东汉初年，双方争论仍继续。章帝时，除保留原有今文经学博士外，又将古文经学《左氏春秋》、《春秋穀梁传》、《古文尚书》、《毛诗》立为官学。

今文和古文，最初是文字记载的歧异，训读的不同，以后更因争立官学即争夺在朝廷的政治地位和学派门户之见而酿成严重的冲突。今文经学以《春秋公羊传》为主要代表，古文经学则以《左传》、《周礼》为主要代表。两派学术风格的主要不同是，今文经学重义理发挥，要"以经议政"；古文经学则重文字训诂，重历史事实、典章制度的考订。《公羊传》和《左传》都是解释《春秋经》的，《公羊传》专门解释"微言大义"和褒贬书法，用问答体逐层阐释义理，而《左传》则以历史事实解释《春秋经》中简略的记载。在古文学者眼中，《春秋经》是一部历史书。而在今文学者眼中，《春秋经》则是一部政治书。由《春秋》重"义"，到《春秋公羊传》精心地发挥，提出变易历史观的雏形，到董仲舒构建其改制、变革的历史哲学理论，并成为西汉一代"显学"，因而成为儒家学说中独树一帜的思想体系，它与特定的社会环境相适应而产生出无比巨大的理论威力。

《春秋》是孔子据鲁史而作，是儒家五经中唯一由孔子修成的，这与经过孔子删订、编次或部分做解释的其他经典有所不同，更有权威性。《春秋》记载春秋时期 242 年史事，文字虽简略，却处处寓含着孔子的褒贬大义。孔子修《春秋》的目的，是拨乱世反之正。孔子所处的时代，周王室式微，诸侯各国攻战不已，礼坏乐崩。孔子要通过记载历史重整天下纲纪，重新规定政治生活的准则，因而《春秋经》具有政治威慑作用，使乱臣贼子惧。孟子曾对《春秋》重"义"的特点和独具的政治威力做了深刻的阐述，影响极大。他说："王者之迹息而《诗》亡，《诗》亡而后《春秋》作。晋之《乘》，楚之《梼杌》，鲁之《春秋》，一也。其事则齐桓、晋文，其文则史。孔子曰：'其义则丘窃取之矣。'"[1]"世道衰微，邪说暴行有作，臣弑其君者有之，子弑其父者有之。孔子惧，作《春秋》。《春秋》，天子之事也。是故孔子曰：'知我者其惟《春秋》乎！罪我者其惟《春秋》乎！'"[2]孟子最理解《春秋》重"义"的特点和意义，他强调孔子虽无天子之位，而行"天子之事"，强调人

---

[1]　《孟子·离娄》（下）。
[2]　《孟子·滕文公》（下）。

们要深入钻研孔子贯注在《春秋》中的大义。《春秋公羊传》专门解释《春秋》中的"微言大义",是独具慧眼和魄力继承并发扬孔孟的思想,所以清代公羊学者一再称公羊学派独得孔子《春秋经》的真传,是有道理的!《公羊传》对《春秋》"微言大义"的阐扬,首先在于突出"大一统"观念,《春秋》每年纪事首冠以"王",称"王正月",表示尊奉王室,但尚未提出明确的主张。《公羊传》开宗明义,提出"大一统"说,成为指导全中国范围政治、制度和社会生活、意识形态的理论。鲁隐公元年传解释"王正月"曰:"元年者何? 岁之始也。王者孰谓? 谓文王也。曷为先言王而后言正月? 王正月也。何言乎王正月? 大一统也。"《公羊传》所发挥的"大一统"说,便成为孔子这位儒家圣人提出来的最高政治指导原则。社会生活的各个方面都应遵从。"大一统"说成为《公羊传》的理论纲领,体现在各个具体史实的解释之中。僖公二十八年传解释践土之会:"公朝于王所。曷为不言天子在是? 不与致天子也。""天王狩于河阳。狩不言,此何以书? 不与再致天子也",一再表示对晋文公以臣召君行为的贬责。《公羊传》的"大一统"观在民族问题上有深刻的思想,主张"内其国而外诸夏,内诸夏而外夷狄",称赞齐桓公北伐山戎、南服楚是王者之事,即能实行王者一统的事业。尤其是,《公羊传》不是以种族来区分"诸夏"与"夷狄",而是以文明或道德进化程度来区分,所以"夷狄"可以称"子",可以受到赞许,而"诸夏"在文明或道德上倒退了,则视为"新夷狄"。这是公羊学有利于多民族国家形成和巩固,有利于民族文化交流和进步的光辉思想。其次,《公羊传》提出了具有朴素的历史进化含义的说法,在隐公元年、桓公二年、哀公十四年三处传文都讲:"所见异辞,所闻异辞,所传闻异辞"。这是后来公羊学者推演的"公羊三世说"的雏形,其中包含着历史变易观点,人们可以据之发挥,划分历史发展的阶段。"异辞"指用辞不同。亲见的时代、亲闻的时代、传闻的时代,为何用辞不同? 这是因为时代远近不同,史料掌握详略不同,文字处理因而不同。不仅如此,《公羊传》更有特别的解释:"定、哀多微辞,主人习其读而问其传,则未知己之有罪焉尔。"① 讲的是时代越近,孔子因惧祸而有忌讳,故多采用隐晦的说法。司马迁很注意《公羊传》这一观点,他说:"孔氏著《春秋》,隐、桓之间则

---

① 《春秋公羊传》定公元年,《四部丛刊》本。

章，至定哀之际则微，为其切当世之文而罔褒，忌讳之辞也。"①《春秋》又何以终于哀公十四年？《公羊传》的看法是："备也。"至此已完备齐全。何休解释说，因西狩获麟，瑞明显现，见拨乱功成。②这样，《公羊传》再三强调"所见异辞，所闻异辞，所传闻异辞"，就包含着对待历史的一个很宝贵的观点：不把春秋时期242年视为凝固不变或混沌一团，而看作可以按一定标准划分为各自显示出特点的不同发展阶段。这种历史变易观点，在中国"述而不作"风气甚盛的文化氛围中，更显出其独特的光彩和价值，后代有的思想深刻的学者，能结合时代的感受，从中得到宝贵的启迪。最后，强调拨乱反正、以俟后世的准则。《公羊传》认为《春秋》有拨乱反正的政治威力，为后世立法，这在终卷以画龙点睛的方式凸显出来，与开宗明义讲"大一统"，正好首尾呼应。《公羊传》终卷哀公十四年传云："春，西狩获麟。何以书？记异也。何异尔？非中国之兽也。然则孰狩之？薪采者也。薪采者，则微者也，曷为以狩言之？大之也。曷为大之？为获麟大之也。曷为为获麟大之？麟者，仁兽也，有王者则至，无王者则不至。"意思是《春秋》终于此年，是孔子精心安排的。因为"西狩获麟"，是王者出现的瑞应，"受命之符"，表示新的天子要出现了，代周而起。所以孔子作《春秋》不是普通的作史书，而是具有重新安排天下秩序的意义，"为一王之法"。《公羊传》进一步强调"以俟后圣"的政治意义，说："君子曷为为《春秋》？拨乱世，反诸正，莫近诸《春秋》。则未知其为是与？其诸君子乐道尧舜之道与？末不亦乐乎尧舜之知君子也。制《春秋》之义，以俟后圣，以君子之为，亦有乐乎此也。"强调是孔子有意修成的政治书，通过明是非、别善恶以绳当世，为后王制法，故是拨乱反正的最高准则。

董仲舒是汉武帝时代《春秋》学大师，他的春秋学实际就是春秋公羊学说。他所著《春秋繁露》17卷，标志着公羊学的形成。而董仲舒本人被评价为"令后人学者有所统一，为群儒首"③。董仲舒沿着《公羊传》的独特方向大大加以发展，形成了一套体系化的理论。首先，董仲舒反复阐述《春秋》一书是孔子为汉制法，是从帝王到万民都必须遵奉的神圣经典。他强调《春秋》是指导一切领域的治国的根本："仲尼之作《春秋》也，上探正天端王公之

---

① 《史记》卷一百一十《匈奴列传》。
② 何休：《春秋公羊解诂》哀公十四年。
③ 《汉书》卷五十六《董仲舒传》。

位，万民之所欲，下明得失，起贤才以待后圣。"① 在《天人三策》中，董仲舒以向最高统治者对策的方式，把《春秋》的"微言大义"提高到前所未有的高度。他对《春秋》首书春王正月这样解释：其意曰："上承天之所为，而下以正其所为，正王道之端云尔。"② 王者承天意以行政事，封建国家的政治行动都是由上天安排的，以此论证皇权的神圣性和正确性。他又进一步论述《春秋》"行天子之事"，"制《春秋》义法，以俟后圣"的意义："故《春秋》受命所先制者，改正朔，易服色，所以应天也。"天道和人事，古和今的各种重要道理都包括其中，因此《春秋》就成为帝王至万民都不能违背、指导一切的圣经。再者董仲舒进一步提出了"张三世"、"通三统"的重要命题，为清代学者宝贵的思想资料。董仲舒推进了《公羊传》"三世异辞"之说，初步显示出把春秋242年划分为所见、所闻、所传闻三个阶段的意向。《春秋繁露·楚庄王》说："《春秋》分十二世以为三等：有见，有闻，有传闻；有见三世，有闻四世，有传闻五世。故哀、定、昭，君子之所见也；襄、成、文、宣，君子之所闻也；僖、闵、庄、桓、隐，君子之所传闻也。所见六十一年，所闻八十五年，所传闻九十六年。于所见微其辞，于所闻痛其祸，于传闻杀其恩。"③ 所见世，记事使用什么书法忌讳多，因而用词隐晦；所闻世，对于事件造成的祸害感受真切，因此记载明确详细；所传闻世，恩惠和感情都减弱，因此记载简略。董仲舒的论述，由《公羊传》的"异辞"发展到比较明确地划分历史阶段的不同，从而为以后何休提出"三世说"历史哲学做了准备。"张三世"是对于眼前春秋这一历史时期提出包含"变"的观点的划分方法，"通三统"则把眼光看得更远，并且包含更加深刻的历史变易的认识和改制的主张。《春秋繁露·三代改制质文》说："王者必受命而后王。王者必改正朔，易服色，制礼乐，一统天下，所以明易姓，非继人，通以己受之于天也。王者受命而王，制此月以应变故，作科以奉天地。"④ 意思是，当新王朝代替旧王朝兴起的时候，为了表示自己是"受命而后王"，是天命所归，就必须"改正朔，易服色，制礼乐"，以有效地实现"一统天下"。

这样，由《公羊传》发端，而经董仲舒大力发展的今文公羊学说，就具

---

① 《春秋繁露·俞序》。据苏舆《春秋繁露义证》本，中华书局1992年版。
② 以上《天人三策》引文，均见《汉书》卷五十六《董仲舒传》。
③ 《春秋繁露·楚庄王》。
④ 《春秋繁露·三代改制质文》。

有政治性、变易性和解释性的特点，而其核心即是变易、改制的哲学思想，在儒家经典中独树一帜。今文公羊学说在西汉大显于世，即为其改制、变易哲学和"以经议政"学术风格与西汉时期时代机遇两者相结合的产物，换言之，汉武帝恰好为其盛行提供了最适宜的时代环境。秦和西汉相继建立了封建的统一国家。西汉消灭了异姓王、同姓王之后，国家政治统一的规模更加向前发展。汉武帝以其雄才大略，在边境上进行自卫性质的战争，连续击败匈奴主力，解除了长期以来北方游牧民族对华夏民族的威胁，并且开拓边郡，扩大版图，从而把中华一统的事业推进到空前的阶段。战国以来中国统一的事业如此加快发展，亟须一种学说来集中表达它，并且运用这种学说来巩固中国的统一。春秋公羊学说倡导"大一统"，尊奉天子号令天下的地位，正好适应这种需要。国家统一的规模和程度的发展，反映在民族关系上，是自东周后期以来民族间的融合一再呈现新的局面。秦汉统一国家的建立，促使中国境内出现政治上共尊中央朝廷、经济上沟通、文化上交融的新局面，到西汉，北起长城、南至长江流域的广大地区，汉族已成为稳定的民族共同体，形成坚强的民族了，从此以后，这个人口众多的民族就以汉朝这个强盛的朝代命名。当时的周边民族，也形成围绕中原地区的汉族而环列在东西南北的有序局面，并且明显地表现出对中原地区的向心力。春秋公羊学说的"大一统"观和变易观，其中就突出地包含民族的交流融合大踏步向前推进的极其宝贵的思想。汉武帝时期由汉初的无为政治向大有作为政治的转变，尤其给董仲舒构建公羊学说体系以直接的有力的推动。西汉初因承秦朝暴政和秦汉之际长期战乱之后，社会残破，生产破坏，经济凋敝，需要实行清静无为政策以恢复民力。文帝、景帝两世，成为历史上著名的休养生息时期。至武帝时代，经过七十多年休养生息，经济上已积累了雄厚的实力，这个民族像是憋足了劲的巨人，已经不再无为，而是要大有作为，鼓吹清静寡欲的黄老学说再也不合时宜，需要更换全新的哲学、行动的哲学。时代选择了儒学这一思想体系。汉初社会虽以黄老思想占主导地位，但在若干关键问题上，儒学已一再发挥了重要作用，如叔孙通制定礼仪，贾谊从儒家立场出发，坚决主张削藩、加强中央集权，证明经过休养生息之后，为了巩固封建统治秩序和加强中央集权，儒家经典是最为适合的指导思想。而春秋公羊学说因力倡"大一统"，主张"改制"，主张拨乱反正，"为后王立法"，而成为最适合时代需要的学说，同汉武帝"夙兴夜寐以思"，冀图"兴造功业"的愿望正相应和。董仲舒以《天人三策》应对①，发挥《春秋》之义，提出罢黜百家、独尊儒术的建议，受武帝赞赏。故史称：武帝"推明孔氏，抑黜百家，立学校之官，州郡举茂材孝廉，皆自仲舒发之"②。如果说，儒家学说在武帝时代走向了政治舞台的中心，那么春秋公羊学则无疑地成为西汉中后期政治指导思想和社会指导思想的主角。董仲舒所大力彰显的公羊学说，虽然充满"非常异义可怪之论"，但由于符合先秦以来儒学内部的逻辑发展并且深刻体现了"改制"时代的要求，因而大盛于世，成为春秋公羊学说的第一个高峰。

二、历史大转折要求哲学思想出现新突破

物极必反，至东汉时期今文经学已明显走向衰落。其原因，一是由于董仲舒的公羊学理论是儒学与阴阳五行相结合，其土龙求雨之术几乎有类于方士巫师，因而助长了西汉晚期阴阳灾异之说的大肆泛滥；二是今文经学成为禄利之途，经师们竞相加上烦琐的解说，也表明学术已走到了末路。至东汉末年，著名古文经学家郑玄（字康成）治学博采今古文，而以古文为宗。他遍注群经，兼采今文家的说法，将之统一在古文家说之中，由是学者宗从。与他同时有一位今文学大师何休（字邵公），他不顾今文已现颓势，以坚毅特立的精神，潜心17年，著成《春秋公羊解诂》，综合了汉代公羊学的成果，创造性加以发挥，使其更具体系性。其主要理论贡献，一是推进"大一统"说。他对《公羊传》隐公元年传文解释说："夫王者始受命改制，布政施教于天下，自公侯至于庶人，自山川至于草木昆虫，莫不一一系于正月，故云政教之始。"③强调"大一统"即须将自王侯至于庶人，以至山川万物，统统置于天子的治理之下。二是构建了"三世说"历史哲学。此前，董仲舒提出了所见、所闻、所传闻三世，但论述仍嫌简略，何休则发展为系统的理论。何休提出"三科九旨"，见于徐彦疏所引何休《文谥例》，云："三科九旨者，新周、故宋、以《春秋》当新王，此一科三旨也；又云所见异辞、所闻异辞、

---

① 董仲舒对策年代，《汉书·武帝纪》明确载于元光元年，但有不少论者主张应系于建元元年。现采用徐复观、周桂钿的意见，仍定于元光元年。徐复观所著《两汉思想史》论云："《汉书·武帝纪》于元光元年，记武帝策问之文，甚为明备；不以此为断定董生对策之年的基准，而另作摸索，将皆流于穿凿。"确为斟酌多处记载而得的审慎之见。

② 《汉书》卷五十六《董仲舒传》。

③ 何休：《春秋公羊解诂》隐公元年。

所传闻异辞，此二科六旨也；又内其国而外诸夏，内诸夏而外夷狄，是三科九旨也是。"①"三世说"即为其中的核心部分，何休在《春秋公羊解诂》隐公元年对传文"所见异辞、所闻异辞、所传闻异辞"做解释："于所传闻之世，见治起于衰乱之中，用心尚粗觕，故内其国而外诸夏"；"于所闻之世，见治升平，内诸夏而外夷狄"；"至所见之世，著治太平，夷狄进至于爵，天下远近小大若一"。②何休所总结的"据乱世—升平世—太平世"这一系统的历史哲学，是春秋公羊学者对古代历史进化观的出色贡献。何休的观点与古代流行的循环史观、复古史观不同，他能观察到历史进化的本质，对于人类社会从低级阶段逐步前进到高级阶段具有信心。据乱—升平—太平，首先是国家的治理越来越好，民众的生活越来越得到改善，何休在书中曾多处表达他对贤君治国和民众安居乐业的关切。他所论据乱世、升平世，也有统一局面向前推进、民族关系发展的内容。到太平世，则实现"夷狄进至于爵，天下远近小大若一"的思想，达到空前的大一统，而且民族之间平等、和好相处，不再有民族的歧视、压迫和战争。在阶级压迫、民族压迫不断的封建时代，何休却能提出这样美好的理想，这说明他眼光的远大、视野的开阔。何休的进化史观继承了孔子、韩非等思想家的成果而加以发展，从具体历史问题概括出历史由低到高进化的哲理，在理论思维上实现了质的飞跃。何休的"三世说"历史哲学，以其对未来社会的信心，深深启发了清代的龚自珍、魏源、康有为等人，使他们各自结合自己时代的环境和迫切问题，发展了公羊学说。

然则，何休在学理上的卓著建树却无法改变今文经学衰落、古文经学盛行的局面。从更根本原因说，是东汉以后，封建社会结构趋于稳定，主张"尊古"、倾向保守的古文经学更适合于作为封建政治的指导思想，势必取代主张"改制"、"变易"的今文学说的尊崇地位。从东汉末年至清中叶，今文公羊学说消沉一千余年，几乎无人问津，故像明清之际顾炎武这样渊博的学者，也对它无所了解，他从古文学派的立场，认为何休对"三世异辞"的解释，既费事，又不通，"甚难而实非"。③

那么，今文学说为何能经过长期"澌灭殆尽"之后，到清朝中叶以后却又重新复兴、走向历史舞台的中心呢？这种似乎是戏剧性的命运，其内在却

① 见《监本附音春秋公羊注疏隐公卷第一》徐彦疏引何休《文谥例》，十三经注疏本。
② 何休：《春秋公羊解诂》隐公元年。
③ 顾炎武著，黄汝成集释：《日知录集释》卷四"所见异辞"条，栾保群、吕宗力校点。

有极其深刻的原因。简言之，至清朝中叶以后，中国社会正处于大变动的前夜，要求有新的哲学观为社会变革开辟道路！

自乾隆末年起至嘉庆、道光年间，中国历史正处于大转折时代。清朝统治盛极而衰，在下坡路上急速滑落，早先掩盖在"盛世"表象下的各种社会矛盾终于很快暴露出来，清朝统治随之陷入危机。到鸦片战争前夕，封建专制统治早已腐朽，危机四伏，风雨飘摇，它扼杀新生力量的成长，严重阻碍社会前进。

从文化思想、学术风气说，嘉道时期也是重要的转折。清代学术曾有过清初早期启蒙思想光芒闪射的时期，有过18世纪朴学高度发达的鼎盛时期，至嘉道年间却暗淡无光，走进了死胡同。就文献整理和微观方法讲，乾嘉朴学确实达到了很高的成就，但是乾嘉朴学有其严重的缺陷，这就是他们继承了顾炎武开创的重视考证的方法，而抛弃了顾炎武经世致用的精神。他们孜孜以求的是对于具体问题的考订，避而不谈现实问题，考证学的末流，更陷于烦琐主义，在故纸堆里讨生活。康熙以后，历雍正、乾隆年间，有较长时间社会稳定、经济发展，为学术工作提供了物质条件。但满洲贵族必然处处对汉人严加防范、忌刻，只要认为汉族文人有所不满或提倡民族意识，立即加以迫害，屡兴文字狱。在这种专制淫威逼迫下，必然使文人视现实政治问题为畏途，只好转向文字考证。考证学的末流，更把烦琐考证视为治学的根本目的，目光短浅。在乾隆末年，章学诚已对烦琐考据提出了中肯的批评。他指出烦琐考据无济于时事的实质："近日学者风气，征实太多，发挥太少，有如桑蚕食叶而不能抽丝。"[1] 他认为考证只能是治学的手段，而不是治学的目的："记诵者，学问之舟车也。人有所适也，必资乎舟车，至其地，则舍舟车矣。"[2] 同样地，做学问要以考证为手段，但是不能沉溺于考证而忘记有益世事的目的。因此他一再告诫人们不要盲目跟着风气跑，应该坚持"学术经世"的方向。章学诚的这些言论毕竟预示了烦琐考证非治学正途、学术风气即将变化的时代趋向。

著名的朴学家段玉裁对风靡一时的考证学风的反思同样具有典型意义。他是戴震的得意学生，在考证学阵营中声誉极高，到了晚年却对其一生的治学方向深感后悔，自称"老大无成，追恨已晚"[3]。他又在致王念孙信中，将考证学末流终日沉溺于抄辑排比史料、不重视经世致用之学，直接比喻作黄河

---

[1] 章学诚：《文史通义》外篇三《与汪龙庄书》。

[2] 章学诚：《文史通义》内篇三《辨似》。

[3] 段玉裁：《经韵楼集》卷八《博陵尹师所赐朱子小学恭跋》，嘉庆十九年（1814）刻本。

泛滥的灾难："今日之弊，在不尚品行政事，而尚剿说汉学，亦与河患同。"①
同样反映出其对学术方向认识的鲜明变化是，他对青年龚自珍所写的犀利政
论文章表示激赏！龚自珍是段玉裁外孙，其学术却未承受外祖父的旧业，再
从事训诂考证之学，而是关注现实问题，警告"衰世"已经到来，尤其是对
当时官场的恶浊空气做了深刻揭露和有力鞭挞。他写作的政论《明良论》四
篇，不仅能够淋漓尽致描绘出官僚集团种种丑态，更能深入地分析官僚群体
的心态特点，从制度上探讨官僚政治腐败的根由。龚自珍概述官僚集团的心
理特征是献媚营私、丧失廉耻。这正是清中叶以后官场风气的根本要害所
在！越是身居高位，越是无耻地献媚取宠："官益久，则气愈媮；望愈崇，则
谄愈固；地益近，则媚亦益工。至身为三公，为六卿，非不崇高也，而其于
古者大臣巍然岸然师傅自处之风，匪但目未睹，耳未闻，梦寐亦未之及。臣
节之盛，扫地尽矣。"身为大臣却处事卑鄙，把探听人主喜怒作为保官求荣的
诀窍："堂陛之言，探喜怒以为之节，蒙色笑，获燕闲之赏，则扬扬然以喜，
出夸其门生、妻子。小不霁，则头抢地而出，别求夫可以受眷之法。"营私谋
利是他们的唯一目的，国家大事完全置之不顾，"苟安其位一日，则一日荣"，
"以退缩为老成，国事我家何知焉？"一旦国家有事，他们便像鸠燕一样飞得
无影无踪。因此龚自珍斥责这班官僚是"求寄食焉之寓公，旅进而旅桊焉之
仆从，伺主人喜怒之狎客"，已经堕落为完全对国家社会丧失了责任感的寄生
阶层。②段玉裁老人读了此文，喜不自禁写了评语褒奖："四论皆古方也，而
中今病……髦矣，犹见此才而死，吾不恨矣！"③一叶惊秋。段玉裁的一褒一
贬，不正报道了古文经学的显赫地位将被今文经学取而代之的重要信息吗？

第二节　改造传播公羊学说　探求救亡革新之路

一、公羊学说的推演与社会危机相激荡

以公羊学为中坚的今文经学的复兴和盛行，与清朝统治危机日益暴露，

---

① 陈鸿森：《段玉裁年谱订补》"七十四岁"条（嘉庆十三年），台湾《历史语言研究所集刊》第60
本第3分册。
② 龚自珍：《明良论》（二），《龚自珍全集》，第31—32页。
③ 龚自珍：《明良论》（四）篇后附，《龚自珍全集》，第36页。

有识之士先后觉醒、探索救亡道路相伴随，相激荡。晚清公羊学说被改造推演的历史，乍看起来，似乎有怪异的色彩，有旁门左道之嫌，难以索解。实际上，我们若紧紧结合社会条件的变迁考察，以同情的态度去了解，则它在百余年中，重新提起—张大旗帜—改造发展—达于极盛，是环环相扣，十分合乎逻辑地展开，又因时代条件变化和思想家不同的学术个性而注入新的生命。这一学术变迁史，从一个侧面展现出 18 至 19 世纪中国人哲学探索的历程和救亡图强思想的不断高涨。

　　庄存与是清代公羊学的首倡者，并影响到其侄庄述祖，门人孔广森、孙绶甲，外孙刘逢禄，侄外孙宋翔凤，因庄氏及其亲属籍贯在常州，被称为"常州学派"。庄存与的公羊学著作《春秋正辞》，成为在乾嘉考证学盛行时期开创新学派的代表作。庄存与不满意用属辞归类的方法去求《春秋》的经义，而主张效法公羊学家董、何的路数，去求孔子的"微言大义"，认为这才是治《公羊》的正途。在《春秋正辞》中，"大一统"、"通三统"、"张三世"这些公羊学说基本命题，都有所体现。如他说："《春秋》所以大一统者，六合同风，五州同贯。""据哀录隐……拨乱启治，渐于升平，十二有象，太平已成。"①尽管庄存与未能做到深入阐释，但他毕竟已经接触到公羊学说的要义，接续董、何的义法，这就能给后继者以宝贵的启示。不过，庄存与对公羊学说强调的变革观点，却不甚理解，而仍不遗余力宣扬"天无二日，民无二主。……治非王则革，学非圣则黜"②，坚决维护清朝专制统治。这种特点，与庄存与本人官运顺利有关，更与乾隆时期仍号称"盛世"，社会矛盾仍被掩盖着尤大有关系。故庄存与虽是清代第一个发现《公羊》的学者，但他却不理解公羊学的真谛。

　　为清代公羊学张大旗帜的重要学者是刘逢禄，主要活动在嘉庆至道光初年。他潜心公羊学的著述一二十年，著有《春秋公羊何氏释例》、《公羊何氏解诂笺》等，俨然成为清代公羊学的系列著作，从各方面阐述公羊学说。特别是《释例》一书，创造性地发挥董、何的观点，将《春秋公羊解诂》的注文做深入的开掘和系统的整理，总结成 30 例，即有关公羊学说 30 个方面的问题，

---

① 《春秋正辞·正奉天辞》，《皇清经解》本。按："十二有象"是指《春秋》十二公的数目与一年十二月相一致，符合于天数，也即何休《春秋公羊解诂》隐公元年注文所言："所以二百四十二年者，取法十二公，天数备足，著治法式。"
② 《春秋正辞·正奉天辞》。

显示出公羊学说乃是有义理、有例证、自成体系和义法的学说，从而把公羊学的发展推向新阶段。故梁启超称他"大张其军"，标志着公羊学派开始取代以古文经学为指导的乾嘉考证学的地位。其主要贡献是：第一，他很重视阐释公羊学以三世说为中心的变易观点，大胆解释，以求上下贯通。重新梳理和明确了公羊学的"统绪"，做了这样的总结：在春秋三传中，唯《公羊传》才得孔子真传；汉代董仲舒对公羊学大有贡献，"讲明而达其用，而学大兴"；东汉何休则有继绝辟谬之功，"修学卓识，审识白黑"，"五经之师，罕能及之"。第二，纠正孔广森别立"三科九旨"的不当做法；强调对公羊学说必须以"张三世、通三统之义以贯之"。第三，培养了公羊学派两名健将龚自珍、魏源，大大壮大新学派的力量。刘逢禄又主张："欲正诸夏，先正京师。"以上重要观点均见《春秋公羊何氏释例》①一书。这一方面已意味着要发挥公羊学说"以经议政"的力量，另一方面又表明刘逢禄仍一心希望维护封建的王纲法制。在他生前，清朝统治虽已明显衰落，社会危机已经显示却未充分暴露，更没有出现一股强大的力量推动他在阐发"变易"哲学的道路上走得更远。

经过刘逢禄奠定基础以后，到了青年思想家龚自珍、魏源手里，公羊学说便被改造成为批判的武器，倡导变革的哲学。当统治阶级仍在懵懵然歌舞升平的时候，龚、魏已经尖锐地论断封建统治已经到了"衰世"，更大的社会变局终将到来。龚自珍28岁在京师与刘逢禄会见，当时即写下了豪迈的诗句："昨日相逢刘礼部，高言大句快无加。从君烧尽虫鱼学，甘作东京卖饼家。"②宣告他决心师从刘逢禄，举起今文公羊学的旗帜。值得注意的是，在此之前，他已做了意义深刻的哲学探索，已经写出了一系列重要政论对腐败政治做了抨击。他从哲理高度认识到"一祖之法无不弊"、变革是历史的必然，又亲历大江南北，对社会矛盾、民生疾苦有切身体验，对于八股科举制度毒害士人的作用和烦琐考证禁锢士人头脑的严重危害看得更为真切。经过刘逢禄的启发，龚自珍想得更远，于是立志以阐扬公羊学说，倡导变革、揭露现实社会种种严重积弊为己任。可见，龚自珍并非被动式地接受刘逢禄的公羊学主张，而是他此前已经具有过人的政治洞察力和哲学睿思，好比内在本已

---

① 据《皇清经解》本。

② 龚自珍：《杂诗，己卯自春徂夏，在京师作，得十有四首》之一，《龚自珍全集》，第441页。虫鱼学，指朴学末流烦琐考据、脱离实际的学风。卖饼家，指公羊学。《魏略》：严幹，字仲公，善于《春秋公羊传》。时司隶钟繇不好，而尤以《左氏》为大官厨，《公羊》为卖饼家。

滚烫的热炭被迅速点燃，立即腾起熊熊烈焰！

　　龚自珍《明良论》、《乙丙之际著议》等名文均作于 23 至 25 岁之间，这些文章对社会危机感受之真切、对专制统治批判之激烈、对倡导变革的哲学论述之深刻，都确实令人惊叹！这种敏锐的感受和犀利的思想，来源于他对官场风气和社会现实的长期观察。其大祖父龚敬身，曾任内阁中书、礼部郎中等职。嫡祖父龚褆身，任内阁中书军机处行走。父龚丽正也曾任职礼部仪制司、祠祭司。龚自珍本人少年和青年时期即随父亲到京城读书，19 岁应顺天乡试，中副榜贡生，并以此资格入武英殿充任校录。此后龚自珍本人又长时间在礼部任职。三世供职礼部，前后历八十余年，得自祖父、父亲的传授和许多老辈的讲述，加上本人长期亲身经历，使他谙熟礼部掌故，洞悉官场内幕。龚自珍于 21 岁至 25 岁期间，父亲先后任徽州知府、苏松太兵备道，他即随同到皖南、上海生活了数年，故对外省民众生活情形也有所了解。特别是上海地处东南险要，龚丽正以文官任兵备道要职，一时"高才硕彦多集其门"，青年龚自珍更有机会接触许多地方名流和文献典籍，"由是益肆意著述，贯串百家，究心经世之务"。①25 岁以前所写的名文，即有如寒光四射的利剑，直刺腐败政治的要害。他具有如此深刻的历史洞察力，主要就是后天长期历练才磨砺出的其文章中无与伦比的批判锋芒，如他本人诗句所说："廉锷非关上帝才，百年淬厉电光开。"②

　　在《明良论》中，龚自珍还有力地揭露清朝官吏选举制度的积弊。他指出，清朝实行的"停年之格"，即官吏升迁完全限于年数、资历的制度，造成人才的被压抑，碌碌无为者身居高位，"贤智者终不得越，而愚不肖者亦得以驯而到"。熬到最后当上宰辅、一品大臣的官员，"其齿发固已老矣，其精神固已惫矣……然而因阅历而审顾……傺然终日，不肯自请去"。他用大门外石狮子的形象，来讽刺那些资格最深、稳坐其位、无所作为的官僚。这种用人制度的严重恶果，必然是进取精神的被窒息，畏葸退缩、冀图侥幸、萎靡不振的风气蔓延泛滥，整个社会失去活力。正如龚自珍所痛切分析的："英奇未尽之士，亦不得起而相代。""至于建大猷、白大事，则宜乎更绝无人也。""此士大夫所以尽奄然而无有生气者也。"③在《乙丙之际著议》中，龚自

---

① 吴昌绶：《定庵先生年谱》嘉庆二十一年（1816），《龚自珍全集》附录，第 599 页。
② 龚自珍：《己亥杂诗》，《龚自珍全集》，第 509 页。
③ 龚自珍：《明良论》（三），《龚自珍全集》，第 33—34 页。

珍提出自己独特的"三世"历史观，断言封建统治已经到了"衰世"："吾闻深于《春秋》者，其论史也，曰：书契以降，世有三等，三等之世，皆观其才；才之差，治世为一等，乱世为一等，衰世别为一等。衰世者，文类治世，名类治世，声音笑貌类治世。黑白杂而五色可废也，似治世之太素；宫羽淆而五声可铄也，似治世之希声；道路荒而畔岸隳也，似治世之荡荡便便；人心混混而无口过也，似治世之不议。……当彼其世也，而才士与才民出，则百不才督之缚之，以至于戮之。……才者自度将见戮，则蚤夜号以求治，求治而不得，悖悍者则蚤夜号以求乱。……然而起视其世，乱亦竟不远矣。"① 龚自珍称"深于《春秋》者"，显指西汉公羊学大师董仲舒。龚自珍提出"治世"、"衰世"、"乱世"三世说，既是取法于董仲舒《春秋繁露》中划分春秋为三世的理论，同时又是他本人对现实社会深刻观察而得出的新概括。他利用公羊学资料而锻造现实斗争所需要的哲学思想取得了出色的成果，昭示着社会的动向，标志着公羊学发展史上的巨大飞跃。在举世昏昏然如梦如痴的时候，他却深刻感受到社会危机的深重，忧虑憔悴、日夜不安。他发出有力的警告："乱亦竟不远矣！"龚自珍还进一步描绘了一幅社会将解体的惨状图："履霜之屦，寒于坚冰；未雨之鸟，戚于飘摇；痹瘵之疾，殆于痈疽；将萎之华，惨于槁木。"② 只有置身于危机深重的社会现实之中，才会产生如此惨痛的感受！

　　推动龚自珍运用公羊学说进行新的哲学创造的力量，是要为危机时代找出路。这就是他所说的纵观三千年历史的优秀史家，负有"忧天下"、"探世变"的重任。"变"，是乾隆末年以后由盛到衰转折的时代本质，龚自珍以他深刻的洞察力抓住了这一"变"的特点。为了给"衰世"的现实寻找疗救的药方，唤起人们从浑浑噩噩的状态中警醒过来，必须总结出一套时代所需要的变革的哲学，以此作为改造现实、挽救危机的武器。他在同一时期所写的另一篇著名政论中，即深刻地总结出变革是历史的规律："夏之既夷，豫假夫商所以兴，夏不假六百年矣乎？商之既夷，豫假夫周所以兴，商不假八百年矣乎？无八百年不夷之天下，天下有万亿年不夷之道。然而十年而夷，五十年而夷，则以拘一祖之法，惮千夫之议，听其自夥，以俟踵兴者之改图尔。一祖之法无不

① 　龚自珍：《乙丙之际箸议》第九，《龚自珍全集》，第6—7页。按乙亥，嘉庆二十年（1815），丙子，嘉庆二十一年（1816）。撰写这组文章时，龚自珍虚岁23至24岁。
② 　龚自珍：《乙丙之际箸议》第九，《龚自珍全集》，第6—7页。

敝，千夫之议无不靡，与其赠来者以劲改革，孰若自改革？"①龚自珍是从历史必然规律的高度来论述改革的必要性、迫切性，因而具有振聋发聩的力量。龚自珍发挥《易经》和《公羊传》变易哲学而得出的"一祖之法无不敝，千夫之议无不靡"的大胆预言，恰恰被晚清历史前进方向所完全证实。重视董仲舒的学说，牢牢掌握住公羊家法"变"的核心，这是青年龚自珍与著名公羊学者刘逢禄结合的深刻基础。同时又表明龚自珍发挥公羊学说具有新的时代特色：它更紧扣时代危机的现实，具有强烈的政治色彩和批判精神，并且不采用前辈学者做经籍笺注和区分类例的路数。我们在此指出龚自珍与刘逢禄这两代公羊学者旨趣的不同，丝毫也不意味着低估龚自珍向刘逢禄问学的意义。经过嘉庆二十四年（1819）龚自珍从刘逢禄问公羊学说之后，龚自珍还写有《上大学士书》和其他政论，有力地论证："自古及今，法无不改，势无不积，事例无不变迁，风气无不移易。"②警告统治者，不改革就自取灭亡。在《尊隐》篇中，又形象地用"早时"、"午时"、"昏时"来描述三世，并预言"山中之民，有大音声起"③，大变动就要发生了！跟古文学派一向宣扬三代是太平盛世，统治秩序天经地义、永恒不变的僵死教条相比，龚自珍所阐发的公羊三世哲学观点，新鲜活泼，容易触发人们对现实的感受，启发人们警醒起来投身改革的事业，至戊戌时期，爱国志士仍然醉心于读龚自珍文章，从中获得鼓舞的力量。魏源在批判专制制度罪恶、唤起危机意识和倡导改革等方面的观点与龚自珍互相契合。他深刻地指出清朝腐败统治必然导致易姓亡国的惨剧，同龚自珍预言"乱亦竟不远矣"完全一致。在《默觚·治篇》（十一）中，他愤怒地揭露官僚集团把国家命运置之度外，无所顾忌地结党营私、贪污中饱，完全丧失了解下情和应付事变的能力。他呼唤改革，极其雄辩地举出大量事实证明：世界上万事万物，一切都变，新旧代嬗是历史的必然规律。并在《默觚·治篇》（五）中，根据历代经济制度的演变和现实的需要概括出闪耀时代智慧的名句："变古愈尽，便民愈甚。"④魏源在鸦片战争发生后编纂《海国图志》，成为近代爱国主义的先驱名著，是公羊变易发展哲学观，使魏源冲破了"严夷夏之大防"的思想枷锁，并勇敢地跨过中西文化之间的巨大鸿沟，体察新的形势，与

① 龚自珍：《乙丙之际箸议》第七，《龚自珍全集》，第5—6页。
② 龚自珍：《上大学士书》，《龚自珍全集》，第319页。
③ 龚自珍：《尊隐》，《龚自珍全集》，第88页。
④ 魏源：《默觚·治篇》（五），《魏源集》，中华书局1976年版，第48页。

时俱进，寻找御敌救国的良策。公羊学说促使魏源的社会改革思想达到新的飞跃，开创了解外国的风气，提出向西方学习的新课题，成为近代中国向西方寻找真理的起点。

至戊戌维新前后，康有为对公羊学说的发挥更比龚、魏大大前进，他将其具有深刻智慧和强大生命力的变易进化思想精华，与资产阶级要求相结合，直接发动了一场政治变革运动。康有为进一步改造了公羊哲学"据乱世—升平世—太平世"三世说，将之与西方建立民主共和制度的进步政治学说，以及《礼记·礼运》篇中所言"小康世"、"太平世"的思想资料相糅合，构建"君主专制（据乱世）—君主立宪（小康世）—民主共和（大同世）"的新三世说，成为发动维新变法的理论纲领。康有为在戊戌前后撰写的多种著作中，都借用公羊学说，论证变法维新是历史的必然。《论语注》云："人类进化，皆有定位，自族制而部落，而成国家，而成大统；由独人而渐立酋长，由酋长而渐正君臣，由君主而渐至立宪，由立宪而渐为共和……盖自据乱进为升平，升平进为太平，进化有渐，因革有由，验之万国，莫不同风。……孔子之为《春秋》，张为三世……盖推进化之理而为之。"[1] 可见康有为"三世说"的要义有二：其一，据乱—升平—太平"三世"，相当于君主专制—君主立宪—民主共和三个阶段，是天下万国共同的普遍规律，所以变法维新是历史的必然，是达到太平盛世的必由之路；其二，既然中国古代儒家经典中已经包含这重要的"进化之理"，那么现在实行变法也就完全正当了。可见，康有为推演公羊"三世说"的实质，是代表资产阶级改良派提出了反对封建专制、建立君主立宪、变法救国的时代要求。康有为先后在广州、桂林培养维新人才，即以《春秋公羊传》作为主要教材，梁启超在湖南时务学堂讲学，也屡以春秋公羊义教育学生。

二、爱国志士—喜谈公羊—服膺西方进化论三位一体

春秋公羊学是一笔古代哲学遗产，但它在 19 世纪末 20 世纪初却居然在学术界产生了"当者披靡"的力量，其中的原因值得深长思之。叶德辉所编《翼教丛编》卷六载有他所写的一封书信，对此大肆攻击："近世所谓微言大义之说者……一人唱，百人和。聪颖之士既喜其说之新奇，尤喜其学之简

---

[1]　康有为：《论语注》卷二，中华书局 1984 年版。

易，以至举国若狂，不可收拾。"① 在当时，爱国志士——喜读公羊——服膺西方进化论三位一体，成为引人注目的现象。康有为、梁启超、夏曾佑不必说。谭嗣同著《仁学》，首先标列"仁学界说"，云："仁以通为第一义。"通的首义，为"中外通"，"多取其大义《春秋》，以太平世远近小大若一故也"。他讲《仁学》思想来源属于中国书的，也首列《易》及《春秋公羊传》。黄遵宪于 1902 年写信给梁启超，讲自己思想的发展，认为："《公羊》改制之义，吾信之。"并且也将资产阶级民主思想与公羊三世说结合起来，说："以太平世必在民主。"② 作为教育家和学问家的蔡元培、陈垣，也相信公羊学说。萧一山撰《蔡元培》一文，说：戊戌政变后，蔡元培回绍兴任中西学堂监督，"在校倡导新思想，好从公羊三世之义讲进化论"。又云："（蔡）先生曾说：'夏曾佑学识通博，过于章炳麟，炳麟学人；学人难，通人更难，学人守先待后，通人则开风气者。'"③ 启功撰《夫子循循然善诱人——陈垣先生诞生百年纪念》中说："清末学术界有一种风气，即经学讲《公羊》，书法学北碑。陈老师平生不讲经学，但偶然谈到经学问题时，还不免流露公羊学的观点。"④

公羊学说有其宝贵精华，公羊义是推动晚清民族文化认同的功臣，这是毫无疑问的。那么，在今天，公羊学说还有没有值得重视的价值呢？杨向奎先生对公羊学说造诣精湛，著有《论何休》、《清代的今文经学》等名文。他还曾于 1985 年撰有《致史念海教授书论晚近"公羊学"三变》，同样显示出其卓识。文章主要意思是：晚清康有为以改造了的公羊"三世说"作为变法维新的理论依据，是晚近公羊学的"一变"。顾颉刚受今文经学的影响，创立"古史辨派"，"推倒三皇，踏平五帝，魄力之闳肆直逼长素"，为其"二变"。在社会主义时代的今天，对公羊学说应当去其糟粕而取其精华，公羊学倡"大一统"，"它的理想是大一统太平世"；"《公羊》中的夷夏之别不是种族上的概念，而是政治文化上的分野"，"这种理论对于促进中国的大一统及民族间的团结与融合都有积极作用"。因此，结论是：发扬"'大一统'及民

① 叶德辉：《翼教丛编》卷六《叶吏部与石醉六书》，沈云龙主编：《近代中国史料丛刊》第 65 辑，台北文海出版社 1966 年版。
② 《东海公来简》，《新民丛报》1903 年第 13 号。
③ 萧一山：《蔡元培》，《萧一山先生文集》（上册），《萧一山先生文集》编辑委员会排印本，第 487 页。
④ 《励耘书屋问学记——史学家陈垣的治学》，生活·读书·新知三联书店 1982 年版，第 107 页。

族学说，公羊义可以永放光芒。公羊学至此而'三变'"。[①] 上述论断是这位渊博的学者积累其几十年对于公羊学说和祖国历史文化的精深研究而得出的认识，对于我们有重要的启迪意义。维护和发展伟大祖国的统一，竭尽全力加强全国各民族的团结、和好、合作、融合，是几千年历史文化认同道路上的两大主题，春秋公羊学说不但在不同的历史时期发挥出有力的作用，在今天社会主义时代尤能大放光芒。这就是我们研究这一课题的现实意义所在。

---

① 　杨向奎：《繙经室学术文集》，齐鲁书社1989年版，第17—25页。

第二章 时代剧变与学术的新探索

第一节 《射鹰楼诗话》的诗史价值

一、著名的爱国志士和渊博的学者

鸦片战争时期的福州，出了两位值得纪念的历史人物。一位是著名的抵抗派领袖、民族英雄林则徐，他的历史功绩已为人们所熟知。另一位就是林昌彝，他的精神与著作同样扬名于世。他字惠常，又字芗溪，生于嘉庆八年（1803），卒于光绪二年（1876）。早年受业于著名学者陈寿祺，曾参与编写《福建通志》。36 岁中举，其座师为当时的著名诗人、书法家何绍基。后来虽然 8 次应试进士，终未中榜。至 50 岁时，因进呈所著《三礼通释》而获教授之职，遂掌建宁、邵武等地教席，不久后回福州。59 岁，由福州至广州游历，与郭嵩焘有交往，并曾掌教海门书院。记载清代著名人物的《清史列传》为他写了一篇内容翔实的传记，甚为珍贵，其中说：

> 福建侯官人，道光十九年举人。治经精博，从三《礼》问途知奥，乃以贯通诸经。所为诗古文辞，雄厚槃深，入古贤之室。汉阳叶名沣尝曰："昌彝学博词雄，今之顾炎武、朱彝尊也。"生平足迹半天下，所与游皆知名士。性精勤，舟车之中，手不释卷。长乐温训尝与同舟五十余日，每夜深就枕，犹畅谈经史，亹亹不倦，训以为闻所未闻，因悉记之，为《同舟异闻录》。尤留心时务，与邵阳魏源为挚友，同邑林则徐相知尤深。家有楼，楼对乌石山寺，寺为饥鹰所穴，思欲射之，因绘《射鹰驱狼图》以见志。鹰谓英吉利也。……因著《平夷十六策》，及《破逆志》四

卷。源见之决为可行，林则徐亦称其"规画周详，真百战百胜之长策。前在粤东，五围英兵，三夺英船，其两次英船退出外港，不敢对阵，皆此法也"。昌彝又谓："中国元气已伤，救之之法有二：一曰绝通商；一曰开海禁。海禁开则彼国之人可商于我国，我国之人亦可商于彼国，如是则天下之财分于百姓，不能独归外地矣。"时服其见之远。同里沈葆桢年十七，从昌彝游，昌彝教以持躬涉世之道，后卒为名臣。①

可见林昌彝当时在海内颇有影响，交游甚广。包括著名政治家、抗英派领袖林则徐，著名思想家魏源等人物之所以给予他高度的评价，一是因他是爱国志士，对英国的侵略行为充满义愤，所著《平夷十六策》、《破逆志》提出了很有见识的抵抗主张。二是他学问渊博，为林则徐、魏源、郭嵩焘等人所器重。林则徐是林昌彝的族兄，年长18岁。道光三十年（1850），林昌彝应试落第回乡，时林则徐正寓居乡里，二人谈论时事，过从甚密。林昌彝遂将《射鹰楼诗话》及本人诗集送给林则徐预览，林则徐对其诗作、诗话甚为赞赏，致函云："《诗话》采择极博，论断极精，时出至言，阅者感悟，直如清夜钟声，使人梦觉，真足以主持风化，不胜佩服之至。近代诗话，阁下极推竹垞、四农二家，谓竹垞搜罗极博，足以考献征文；四农论断极精，足以存真别伪。鄙意谓阁下之《诗话》，既博既精，可以合二家而一之。……《射鹰驱狼图》，命意甚高，所谓古之伤心人别有怀抱也。拙作俟撰好呈上。大著《平夷十六策》及《破逆志》四卷，真救世之书，为有用之作，其间规画周详，可称尽善，此百战百胜之长策，与弟意极合。弟在粤东时，五围夷鬼，三夺夷船，其两次夷船退出外港，不敢对阵，皆此法也。"②鸦片战争前后福州两位不平常的人物，一位官至总督、"钦差大臣"，一位是未能获得官职的学者、诗人，两人却有如此亲密的友谊，堪称闽都文化史上的一段佳话。林昌彝又与沈葆桢有师生关系，对其成长起了相当重要的作用。

二、记载中华民族英勇抗击侵略的诗史

《射鹰楼诗话》共24卷。作为一部有影响的诗话，它所体现的林昌彝的

---

① 王钟翰点校：《清史列传》，中华书局1987年版，第6062—6063页。
② 林昌彝：《射鹰楼诗话》卷前《家文忠公少穆宫傅书》，上海古籍出版社1988年版。

文学思想，早已获得诗歌史研究者的重视和肯定。如称此书的诗论诗评，很注重诗歌创作中学养的地位，认为作诗不可以缺少学问，在清代诗人中推崇顾炎武和朱彝尊，因两人都是以学问家而兼擅吟咏，很符合林昌彝的论诗标准。他并非单纯强调学问修养，又主张表现真情实感，故说"作诗贵情挚，情挚则可以感人"①。并对清代大学者惠栋所言"诗之道有根柢，有兴会。根柢发于学问，兴会发于性情，二者兼之，始足称一大家"至为赞赏，评论说"此论极精当"。②本于上述宗旨，林昌彝对清代诗论中一直争论不休的宗唐、宗宋问题持兼容并赏态度，认为："宋诗不及唐诗者，以其少沉郁顿挫耳，然亦自为一代之诗，不可偏废也。"③林昌彝十分鲜明地主张诗歌创作要不拘一格，要各具诗人的个性，多姿多彩、百花齐放。他的友人潘四农写有不少好诗，但在评论诗歌时，却偏于一种风格，林昌彝不予苟同，明确地提出本人极具卓识的看法："潘四农论诗专取'质实'二字，亦有偏见。盖诗之品格多门，如雄浑、古逸、悲壮、幽雅、冲淡、清折、生竦、沉着、古朴、典雅、婉丽、清新、豪放、俊逸、清奇、妙悟诸品，皆各有所主，岂得以'质实'二字遂足以概乎诗，而其余可不必问耶？不知质实易流于枯，质实易流于腐，质实易流于拙。盖质实为诸品之一品则可，谓质实用以概诸品则不可。盖质实为诸品中之一品，则无流弊，若专言质实，流于枯，流于腐，流于拙，则其弊有不可胜言者！"④凡此种种，均说明《射鹰楼诗话》不失为一部值得重视的文学批评著作。

今天，我们从新的视角考察，则能揭示出《射鹰楼诗话》又一重要特色和贡献，林昌彝在书中抒发了强烈的爱国御侮思想，记载了鸦片战争中爱国军民抗击英军侵略的事迹和气概，因而是一部及时收录记载鸦片战争诗篇、弘扬中国人民英勇精神的诗史。

《射鹰楼诗话》具有诗史的宝贵价值，是基于林昌彝怀有炽烈的爱国主义感情。《射鹰楼诗话》的命名，实则"射英"，表达抗击英军野蛮侵略的意志，作者对此有明白的交代：

———————————

① 林昌彝：《射鹰楼诗话》卷十八。
② 林昌彝：《射鹰楼诗话》卷十二。
③ 林昌彝：《射鹰楼诗话》卷十一。
④ 林昌彝：《射鹰楼诗话》卷十六。

余建射鹰楼，楼悬长帧《射鹰驱狼图》，友人题咏甚夥。楼对乌石山，山为英逆之窟穴。余于楼头悬楹帖云："楼对乌山，半兽蹄鸟迹；图披虎旅，操毒矢强弓。"见者皆以为真切。①

他家乡所在的乌石山在鸦片战争后，成为英国侵略军盘踞之地，因而他"目击心伤，思操强弩毒矢以射之"②。在其爱国御侮思想指导下，《射鹰楼诗话》的内容和结构，较之一般的同类著述有明显的不同，以卷一、卷二的突出地位，集中记载和反映鸦片战争史实和这一时期的社会状况。如《清史列传·林昌彝传》所言，"首二卷言时务"。而沈葆桢所写《射鹰楼诗话例言》，则云："夫子《诗话》之作，意在射鹰，非同世之泛泛诗话也"；"他人诗话多论诗而已，夫子《诗话》所包甚广，凡有关于风化者，无不痛切言之，此扶世翼教之书，不得仅以诗话目之"。③满怀爱国感情，记述中华民族英勇抗击侵略的史实，是这部《射鹰楼诗话》作为"诗史"的重要价值所在。

《射鹰楼诗话》开篇，首先揭露鸦片战争爆发的原因，是英国进行可耻的鸦片走私贸易，流毒中国，朘削巨额财富，危害中华民族的健康肌体："英夷不靖以来，洋烟流毒中国，甚于洪水猛兽。……即以福州海口言之（原注：五虎门内闽安镇营）：洋烟之入，每日三大箱，每箱值洋番八百员；又六十余小箱，每箱值洋番六十员，每日共输洋番六千余员，不足以银代之，又不足以好铜钱代之，每岁计输钱三百万（原注：若合五海口所输计之，每岁奚止二千万乎）。福州之地，即以金为山，以银为海，亦不足供逆夷所欲，况地瘠而民贫者乎？数年以后，民其涂炭矣！余意欲革洋烟，须先禁内地吸食洋烟之士民，然后驱五海口之英逆。驱之之法，则不主和而主战。余前有上某大府《平夷十六策》，邵阳魏默深司马源见之，决为可行。"又说："中国以大黄、茶叶救夷人之命，夷人反以鸦片流毒之物，赚去中国财宝，此天怒人怨，为天理所不容，人情所共愤。余尝有诗云：'但望苍天生有眼，终教白鬼死无皮。'家太傅少穆先生见之，为之赞赏累日。"有力地证明中国厉行禁烟和抗英侵略的正义性。书中还以御史朱琦所写《感事》诗，概述鸦片的危害、林则徐雷厉风行的禁烟行动、英国侵略者的悍然进犯："鸦烟入中国，尔来百余

---

① 林昌彝：《海天琴思录》卷四，上海古籍出版社1988年版。
② 林昌彝：《射鹰楼诗话》卷一。
③ 沈葆桢：《射鹰楼诗话例言》，载林昌彝：《射鹰楼诗话》。

岁。粤人竞唉吸，流毒被远迩。通参轸民害，谠言进封匦。吏议为条目，罪以大辟拟。杀人亦生道，重典岂得已。粤东地濒海，番商萃奸宄。天使布威德，陈兵肃幢棨。宣言我大邦，此物永禁止。献者给茶币，一炬付烈毁。积蠹快顿革，狡谋竟潜启。飞帆扰闽越，百口胜谤毁。"对于投降人物身居高位却屈膝求降、祸害国家的可耻行径，表示极度愤慨："若身居高位，而无益于民物，则当引身而退，毋致贻讥恋栈。常熟蒋伯生大令因培咏木棉绝句，末联云：'堪笑烛天光万丈，何曾衣被到苍生。'按木棉花为粤产，其絮不能织布，大令诗，深得规讽之旨。"[①] 又说："英逆之变，主和议者是诚何心？余尝见和约一册，不觉发为之指。陆渭南《书志》诗云：'肝心独不化，凝结变金铁。铸为上方剑，衅以佞臣血。'读此诗，真使我肝心变成金铁也！"[②]

《射鹰楼诗话》热情赞扬抵抗派人物坚决抗击英军侵略的措施和精神。书中明确表达对林则徐的高度崇敬，充分肯定林则徐的领导禁烟和御敌功绩。"道光十九年，家文忠公奉旨办理粤东夷务，陛见时，即恳陈五海口要害，须得精兵严守，庶夷人不得窜入。甫出京，途次又连陈数摺。至粤东，责夷人缴烟若干万箱，并令其永无阑入，已有成议。嗣夷人中变，先生屡焚其舟，夷人窜入浙西，及定海失守，部议咎及先生，乃遣戍伊犁。"[③] 表达对林则徐有功而反遭诬陷流放新疆的愤慨！魏源同为鸦片战争时期抵抗派，又是著名史家和爱国诗人，他撰写有记载清朝前期国力强盛和由盛转衰的当代史著作《圣武记》，又撰有总结鸦片战争经验教训、倡导"师夷长技以制夷"的名著《海国图志》，同时写有大量表达爱国思想、谴责投降派卑鄙行为的诗篇。林昌彝一再称魏源为"同志"、"挚友"，表明两人的爱国思想和对现实问题的看法十分合拍：

　　默深（魏源字）负命世才，书生孤愤，与余有同志焉。其著《海国图志》六十卷，为以夷攻夷而作，为以夷款夷而作，为师夷长技以制夷而作。其书一据前任两广总督家文忠公少穆先生所译西夷之《四洲志》，再据历代史志及明以来岛志及近日夷图、夷语，钩稽贯串，创榛辟莽，前驱先路。大都东南洋、西南洋增于原书者十之八，大小西洋、北洋、外大西洋增于原书者十之六，又图以经之，表以纬之，博稽群议以发挥之。或以为此何以异于

①　林昌彝：《射鹰楼诗话》卷一。
②　林昌彝：《射鹰楼诗话》卷一。
③　林昌彝：《射鹰楼诗话》卷一。

昔人海图之书？曰：彼皆以中土人谭西洋，此则以西洋人谭西洋也。[①]

又说：

> 默深经术湛深，读书渊博，精于国朝掌故，海内利病，了如指掌。著有《书古微》、《诗古微》、《春秋公羊古微》，专阐西汉今文之学，博而能精。《圣武记》及《海国图志》，尤为有用之书，诚经国之大业，不朽之盛事也。所编《经世文编》，已家有其书。又有《元史新编》、《古微堂文集》，卓然巨册。默深所为诗文，皆有裨益经济，关系运会，视世之章绘句藻者，相去远矣！诗笔雄浩奔轶，而复坚苍遒劲，直入唐贤之室，近代与顾亭林为近；虽粗服乱头，不加修饰，而气韵天然，非时髦所能蹑步也。道州何子贞师谓："默深诗如雷电倏忽，金石争鸣，包孕时感，挥洒万有。少作已奇，壮更跞实。"诚为切论。默深尚友谊，重气节，醰粹渊懿，古道照人，与余为挚友，沥胆披肝，今之鲍叔也。[②]

这些论述，高度评价魏源著述的时代意义和诗歌的豪迈感情。这一时期，从禁烟运动开始，历战争的进程，到签订屈辱的《南京条约》，整个贯串着林则徐等官员和爱国军民为代表的爱国抵抗路线，与畏葸怯懦的统治集团人物的投降妥协路线的激烈斗争。其结果，投降派得势，中国被迫签订不平等条约。战后，统治集团实际上已经听命于侵略者的旨意行事，因而对一切爱国进步力量压制摧残，对思想界实行钳制。最突出的事件是对广东人民抗英斗争进行破坏镇压，同时又悍然起用琦善、文蔚、奕经等人，委以重任，让这些望风投降、出卖国家民族利益的卑劣小人又重新神气起来。投降派首领人物穆彰阿、耆英内外勾结，权势有增无已，处心积虑排挤陷害进步势力，庇护重用民族败类，因而形成不准谈论国事、褒贬人物尤为忌讳的局面。《软尘私议》记述当时京城的政治气氛说："和议之后，都门仍复恬嬉，大有雨过忘雷之意。海疆之事，转喉触讳，绝口不提。即茶坊酒肆之中，亦大书'免谈时事'四字，俨有诗书偶语之禁。"[③] 私下谈论尚被禁止，著书则要冒更

---

① 林昌彝：《射鹰楼诗话》卷一。
② 林昌彝：《射鹰楼诗话》卷二。
③ 《软尘私议》，载中国史学会主编：《中国近代史资料丛刊·鸦片战争》（五），神州国光社1954年版，第529页。

大风险，当时一些有关记载鸦片战争局部史实的作品，如《英夷入寇纪略》、《出围城记》等，都不敢署名或不敢署真名。置于这样的背景来考察、评论《射鹰楼诗话》，书中如此褒贬分明、确凿记载抗击侵略史实，赞扬抵抗派人物功绩，恰恰证明林昌彝爱国思想的炽烈和胆识之过人，其书作为鸦片战争诗史的宝贵的历史文献价值！书中还载录了魏源揭露英军侵略、谴责投降派、歌颂爱国军民可歌可泣精神的诗作多首。如，载录魏源《前史感》诗之三首：

> 谁奏中宵秘密章，不成荣虢不汪黄。
> 已闻狐鼠凭城社，安望鲸鲵戮场疆。
> 功罪三朝云变幻，战和两议国冰汤。
> 安刘自是诸刘事，绛灌何能赞塞防！
> 揖盗开门撤守军，力翻边案炽边氛。
> 但师卖塞牛僧孺，新换登坛马服君。
> 壮士愤捐猿鹤骨，严关甘送虎狼群。
> 尚闻授敌攻心策，惜不夷书达九雯。
> 同仇敌忾士心齐，呼市俄闻十万师。
> 几获雄狐来庆郑，谁开柙兕祸周遗。
> 前时但说民通寇，此日翻看吏纵夷。
> 早用《秦风》修甲戟，条支海上哭鲸鲕。

《后史感》中有一首云：

> 争战争和各党魁，忽盟忽叛若棋枚。
> 浪攻浪款何如守，筹饷筹兵贵用才。
> 李牧清刍坚壁垒，孙吴斩退肃风雷。
> 浪言孤注成功易，谁向澶渊借寇莱？

借这些诗句极写魏源对道光帝举棋不定、忽战忽降造成的严重错误，严厉斥责投降派出卖国家主权、对敌人谄媚成性的可耻行径，而热烈赞扬三元里民众同仇敌忾的爱国杀敌精神。①

　　同样记述三元里抗英斗争的，《射鹰楼诗话》中还载录有张维屏所赋《三元里》长诗："三元里前声若雷，千众万众同时来。因义生愤愤生勇，乡民合力强徒摧。家室田庐须保卫，不待鼓声群作气。妇女齐心亦健儿，犁锄在手皆兵器。乡分远近旗斑斓，什队百队沿溪山。众夷相视忽变色，黑旗死仗难生还（原注：夷打死仗，则用黑旗。适有执神庙七星旗者，夷惊曰：打死仗者至矣）。夷兵所恃惟枪炮，人心合处天心到。晴空骤雨忽倾盆，凶夷无所施其暴。岂特火器无所施，夷足不惯行滑泥。下者田塍苦踯躅，高者冈阜愁颠挤。中有夷酋貌尤丑，象皮作甲裹身厚。一戈已揣长狄喉，十日犹悬郅支首。纷然欲遁无双翅，歼厥渠魁真易事。不解何由巨网开，枯鱼竟得攸然逝。魏绛和戎且解忧，风人慷慨赋同仇。如何全盛金瓯日，却类金缯岁币谋。"②张维屏是广东番禺人，字南山，曾任江西南康知府，是一位才华出众、卓有见识的人物，与林则徐、林昌彝、魏源、黄爵滋等交游。时去职在家，因而对三元里平英团斗争事件知之甚详，他目睹英军暴行，激于爱国感情，写下这首史诗性的作品，淋漓尽致地描写了三元里人民的斗争，表现出爱国民众所具有的震天撼地、令敌寇丧胆的伟大力量，斥责奕山派余保纯为英军解围的无耻行径，与魏源"同仇敌忾士心齐，呼市俄闻十万师。……前时但说民通寇，此日翻看吏纵夷"的名句，同样因其感情炽烈、描写生动而脍炙人口，久远留传。《射鹰楼诗话》中还载录有张维屏另一著名诗作《三将军歌》，对英勇抗敌、壮烈殉国的陈连升、葛云飞、陈化成深情讴歌，表彰他们与敌人血战到底，"捐躯报国皆忠臣"。其中歌颂陈化成一段云："陈将军，福建人，自少追随李忠毅（原注：长庚）。身经百战忘辛勤。英夷犯上海，公守西炮台，以炮击夷兵，夷兵多伤摧。公方血战至日旰，东炮台兵忽奔散。公势既孤贼愈悍，公口喷血身殉难。十日得尸色

① 若与魏源《古微堂集》中相比勘，看出《射鹰楼诗话》所载录的魏源诗，有不少地方在文字表达上更有战斗性，更能表达爱国思想家勇于揭露投降派种种卖国行径。如其中的两首，《古微堂集》中分别作："揖寇原期寝寇氛，力翻边案撤边军。但师卖塞牛僧孺，新换登坛马服君。化雪尽悲猿鹤骨，橄潮犹草《鳄鱼文》。若非鲍老当场日，肯信巾帼仲达裙。""揭竿俄报郅支围，呼市同仇数万师。几获雄狐来庆郑，谁开柙兕祸周遗？七擒七纵谈何易，三覆三翻局愈奇。愁绝钓鳌沧海客，墨池冻卧黑蛟螭。"与《射鹰楼诗话》中所载录的诗句两相比即可证明：当时在爱国舆论受到严重钳制的情况下，魏源痛斥投降派媚敌误国罪行的诗篇有不同的版本，而在林昌彝《射鹰楼诗话》中所载录的诗篇，最能反映出中华民族爱国御侮的意志和时代精神，这也可见林昌彝苦心收集的辛劳和爱国情怀。

② 张维屏：《三元里》，载林昌彝：《射鹰楼诗话》。

不变，千秋祠庙吴人建。我闻人言为此诗，言非一人同一辞。死夷事者不止此，阙所不知诗亦史。承平武备皆具文，勇怯真伪临阵分。天生忠勇超人群，将才孰谓今无人！呜呼，将才孰谓今无人！君不见二陈一葛三将军！"①

三、再现鸦片战争前后经世派人物的精神风貌

《射鹰楼诗话》的诗史价值，还体现在书中着重记载了道光年间海内一批有识之士对现实社会问题的卓识，再现了这些经世派人物的精神风貌。当鸦片战争前后，清朝统治已在下坡路上急速滑落，内忧外患，社会矛盾激化，统治阶级实行残酷剥削，民众生活困苦不堪，吏治腐败，贿赂公行，鸦片走私猖獗，白银大量外流，财政空虚，社会百弊丛生。而当时多数士林人物，却依然做着升平盛世的旧梦，依然醉心于训诂考据，闭口不谈现实问题，忘记了学者对社会应负的责任。在此中国社会变迁的关键时期，急需有人来打破这种局面，关注严重的社会问题，发出时代的呐喊！道光年间的经世派人物即冲破了万马齐喑的局面，发扬清初顾炎武、黄宗羲等学者"经世致用"的主张，呼吁人们摆脱烦琐考据的束缚，而对现实的种种问题，寻求除弊改革的方案。经世派的著名人物有林则徐、龚自珍、魏源、黄爵滋、林昌彝、汤鹏、张际亮、陶澍、姚莹、包世臣、李兆洛等，他们是当时卓有见识、关心国家民族利益的人物，是中华优秀文化的继承者，林昌彝《射鹰楼诗话》将与这些有识之士的交往，以及他们的言论、诗作，作为记载的一项重要内容，因而为这一历史转折时期留下了珍贵的史料。沈葆桢为《射鹰楼诗话》所写例言也强调："凡《诗话》中诸家有逸事可传者，则为诗传以表之，非好为烦重也，寓诗钞、小传之意云尔。""朱竹垞《静志居诗话》多载胜国遗事，不厌烦言，可备掌故。集中长篇备载逸事，多畅所欲言，用竹垞《诗话》之例耳，不得拘于文之繁简也。"② 所言揭示出《射鹰楼诗话》的特点。

林昌彝对林则徐、魏源的思想风貌和诗文著作了解甚详，书中有多方面的记载，均为珍贵的文献资料。除上文已涉及者外，还应举出：林则徐对闽江口如何扼守险要形势写有精警的诗句。书中记云："吾闽之五虎门，天险者也。天险则其势可据。险者何？非两岸之高山，亦非海底之碛礁石。所谓天险

---

① 林昌彝：《射鹰楼诗话》卷十三。

② 沈葆桢：《射鹰楼诗话例言》，载林昌彝：《射鹰楼诗话》。

者，盖以潮信一日一汐，潮退时则船搁阁不得行。今以闽中省垣之地势论之，梅花、五虎、壶江、金牌、熨斗、乌猪，犹唇也；闽安，犹齿也；亭头、濂浦，犹舌也。唇亡齿寒之候，其舌尚能伸缩自如乎？以兵家《九地》、《形》、《势》论之，亭头、濂浦则为散地、围地也；梅花、五虎、壶江、金牌、熨斗、乌猪则为重地、利地也。至琅琦十三乡，南连长乐，北界连江，西接闽安，北控大海，其地皆有险可据。自道光二十一年，逆夷寇厦门，省垣官弁，恐其自虎门窜入，乃不屯重兵于壶江、金牌、熨斗、乌猪，只填船于濂浦，此之谓弃重地、利地而保散地、围地矣；犹之人家防贼，大门而不牢固，徒以椅桌等物阻于房内，欲贼之不擅入，得乎？故用兵者，当先辨九地之形，而后扼其要，否则以地与敌耳。家文忠公少穆宫傅《五虎门观海诗》云：‘天险设虎门，大炮森相向。海口虽通商，当关资上将。唇亡恐齿寒，闽安孰保障。’此诗可谓深晓形胜。”① 林昌彝对林则徐以报效国家为己任的著名诗句，极为重视，称其平日“二句诗常不去口”，并完整记其出处：“‘苟利国家生死以，岂因祸福避趋之。’此家文忠公少穆宫傅壬寅赴戍登程，口占示家人句也。盖文忠公矢志公忠，乃心王室，故二句诗常不去口。闻其督师粤西，易箦前数日，犹将原稿手自订定，其仲嗣随行，缀入赴告中。文忠公临行时，尝持《出戍诗》一卷付余，因得录其全首云：‘出门一笑莫心哀，浩荡襟怀到处开。时事难从无过立，达官亦自有生来。风涛回首空三岛，尘壤从头数九垓。休信儿童轻薄语，嗤他赵老送灯台。’‘力微任重久神疲，再竭衰庸定不支。苟利国家生死以，岂因祸福避趋之。谪居正是君恩厚，养拙刚于戍卒宜。戏与山妻谈故事，试吟断送老头皮。’”② 表达了对林则徐的极度景仰之情，也令读者从中得到深深的激励！林昌彝极其重视魏源撰著《海国图志》对于国人了解外国情形、激励同仇敌忾的感情、御侮图强的意义，表示对魏源“俯仰世变，深抱隐忧”的爱国思想高度赞许，并以其《海国图志叙》唤起国人的觉悟：“此凡有血气者所宜愤悱，凡有耳目心知者所宜讲画也。去伪、去饰、去畏难、去养痈、去营窟，则人心之寐患袪，其一；以实事程实功，以实功程实事，艾三年而蓄之，网临渊而结之，毋冯河，毋画饼，则人材之虚患袪，其二。寐患去而天日昌，虚患去而风雷行。”③ 书中又特意载录魏源《君不见》诗十六首，因为这些诗作都是记述

---

① 林昌彝：《射鹰楼诗话》卷三。
② 林昌彝：《射鹰楼诗话》卷二。
③ 魏源：《海国图志叙》，《海国图志》，岳麓书社 1998 年版。

清朝有功于国家的名臣的事迹。林昌彝云："国家之所赖乎臣者有三：曰将臣，曰相臣，曰督抚臣。余友邵阳魏默深司马，尝读国史馆列传，《君不见》十六章（原注：将臣六章，相臣五章，督抚臣五章），可谓善于比例，诗亦雄浩流转，为古乐府之遗。"其中有一首记述陶澍改革弊端丛集的漕运为海运，大获成功，诚为道光年间经世派从事改革事业的一大胜利，当时魏源即在陶澍幕中大力襄助，故了解极为真切。此诗云："君不见南漕岁岁三百万，漕费倍之至无算。银价岁高费增半，民除抗租抗赋无饱啖。吏虽横征犹啜羹，丁虽横索橐不盈，惟肥仓胥与闸兵。衣垢必浣弦必彻，天运有旋道有捷，何必内河受要挟。英公海运陶公节，万艘溟渤如褰涉。官民歌舞海商悦，只少未饱仓胥箧。海运不举海防多，水犀楼船方荷戈，小东大东当若何（原注：陶文毅抚江苏，行海运也，相国英公主其议）？"[1]

张际亮和朱琦也是林昌彝十分敬重的人物，两人都与福建有关。张际亮字亨甫，福建建宁人，是对社会问题有深刻观察的经世派学者和出色的诗人。其文集中有著名的《答黄树斋（爵滋）鸿胪书》，深刻地揭露当时大官僚贪饕成性，下层官吏凶狠剥削勒索，造成民众生活于水深火热之中的黑暗情景："今之外吏岂惟讳盗而已哉，其贪以朘民之脂膏，酷以干天之愤怒，舞文玩法以欺朝廷之耳目，虽痛哭流涕言之，不能尽其情状。闽省一隅如是，天下亦大略可知也。为大府者，见黄金则喜；为县令者，严刑非法以搜刮邑之钱米，易金贿大府，以博其一喜。至于大饥人几相食之后，犹借口征粮，借名采买，驱迫妇女逃窜山谷，数日夜不敢归里门，归而鸡豚牛犬一空矣。归来数日，胥吏又至矣，必罄尽其家产而后已。……此等凶惨之状，不知天日何在，雷霆何在，鬼神又何在！"[2]林昌彝赞赏张际亮的才华和见识，《射鹰楼诗话》中载录了他的大量诗作，尤其称道其《浴日亭诗》："青山到沧海，高下皆烟痕。极天积水雾，浩浩暗虎门。……飘风满楼橹，远近夷船繁。苍铜与黑铁（原注：夷船皆以铜包其底，两傍列铁炮八十余尊，皆重千余斤），骄夺天吴魂。侧闻濠镜澳，盘踞如塞垣。毒土换黄金，千万去中原（原注：夷人以鸦片土易中国银，岁至三千万）。岁税复几何，容此丑类尊（原注：海关岁征税不过百六十万。近日夷人尤桀黠，督海关者转多方庇护之，谓非如是，

① 林昌彝：《射鹰楼诗话》卷四。
② 张际亮：《答黄树斋鸿胪书》，《张亨甫全集》卷三，清同治丁卯年（1867）刻本。

则恐夷人不来。不知中国何需于彼，而必欲其来耶）。狡狼鬼国恣（原注：内地称夷人曰"鬼子"），陷溺生民冤。"其时距鸦片战争爆发尚有八年，张际亮已满怀忧愤，指出英国通过大规模走私鸦片的卑鄙手段，掠夺了中国的巨额财富，使中华民族面临着严重的灾难！可见其对现实社会危机了解之深刻，眼光之远大！正如林昌彝所言："按此诗作于道光十二年以前，时英逆尚未中变，亨甫可谓深谋远虑，识在机先者矣。"[①]朱琦字伯韩，湖南临桂人，翰林院编修，当时官福建道御史。林昌彝称其"留心经济，尤深于诗。……至于立朝风节，与陈、苏二君称三御史，天下知之，则侍御之不朽，不独诗已也"[②]。《射鹰楼诗话》中大量载录其歌颂抵抗派将领英勇杀敌、壮烈殉国的诗篇，充满爱国感情，读之感人至深。如《感事》诗，热烈赞扬钦差大臣林则徐在广东领导抗击侵略和虎门销烟壮举，严厉斥责琦善卖国求荣的罪行："鸦烟入中国，尔来百余岁。粤人竞唉吸，流毒被远迩。通参轸民害，谠言进封匦。吏议为条目，罪以大辟拟。杀人亦生道，重典岂得已。粤东地濒海，番商萃奸宄。天使布威德，陈兵肃幢棨。宣言我大邦，此物永禁止。献者给茶币，一炬付烈毁。积蠹快顿革，狡谋竟潜启。飞帆扰闽越，百口胜谤毁。致衅诚有由，功罪要足抵。直督时入觐，便牒伺微指。奏云英咭唎，厥患亦易弭。吁冤至盐峡，恭顺无触抵。节钺遽更代，蛮疆重责委。岂料坚主和，无复识国体。擅割香港地，要盟受欺给。况闻浙以西，丑虏陷定海。焚掠为一空，腥臊未湔洗。虎鹿复逼近，锁钥失坚垒。总戎关天培，支身捍贼死。开门盗谁揖，一误那可悔。……"[③]爱憎极其分明，深刻表达了中华民族勇于抗击侵略、永不屈服的坚强意志。张际亮、朱琦的远见卓识和爱国诗篇，确实为闽都文化史增添了光彩！

总之，《射鹰楼诗话》这部撰著于鸦片战争时期之作，表达了强烈的时代气息，它忠实地记载了抵抗派将领和爱国军民抗击侵略的英勇行动，再现了经世派人物直面社会弊病、寻求救治良策的精神风貌，为闽都文化绽放出异彩！深刻地阐释和重温这部名作的诗史价值，在今天对于发扬爱国主义精神，树立国家民族利益至上的崇高责任感，勇于改革创新、关心民生疾苦，推进现代化大业，实在有多方面的深刻启示意义。

---

① 林昌彝：《射鹰楼诗话》卷二。
② 林昌彝：《射鹰楼诗话》卷一。
③ 林昌彝：《射鹰楼诗话》卷一。

第二节 《日本国志》的史学价值和文化价值

一、黄遵宪撰著的思想基础

黄遵宪的《日本国志》，是他呕心沥血地专门为记载明治维新的成功史而撰著的，也是中国人写成的第一部系统的日本史著作，因其非凡的成就而在近代中日文化交流史和中国近代思想史上占有重要的地位。全书规模宏大，内容丰富，史识卓越，共计40卷，50余万言。《日本国志》写的是日本明治维新"改从西法，革故取新"的历史，涉及的方面既详又广，值得注意的是，黄遵宪发愿著史、立意构思、搜集资料等项，是在他以参赞身份随首任驻日公使何如璋到达日本之后不久即确定和着手进行的。创稿时间为1879年秋，时为日本明治十二年，至1882年春奉命调任驻美国旧金山总领事时，已完成初稿，黄遵宪在日本的数年间，正是明治维新各项变革向纵深进行的关键时刻，故他撰著此书的时间与明治维新的展开基本上是相平行的。黄遵宪作为清朝派来的外交官员，长期在国内封建政治制度及其思想体系的控制、浸染之下生活，到日本后，却能在短时间内克服头脑中几成定势的天子专制万古不变的观念，能够勇敢地正视并热情地赞扬这场日本历史上空前深刻的变革事业。尤其是，在当时日本社会中，还有相当一部分人对这场维新改革抱着抵触情绪，这些人频繁地与黄遵宪接触，企图将这位从保存旧秩序的旧中国来的官员引为同调，发泄对学习西方、推行新政的抵触情绪，而黄遵宪却能摆脱这些人的影响。再者，黄遵宪对明治维新的充分肯定的态度，与在此前后一些中国人对明治维新的记载，如陈其元《日本近事考》、金安清《东倭考》等的说法相比较，其正确性、深刻性和系统性是无法比拟的。陈其元《日本近事考》称明治维新造成了混乱的局面，他甚至荒唐地提议清廷跨海东征，扶助幕府复辟。[①] 金安清《东倭考》则措辞含混，似褒似贬，既称明治天皇"其远大之志，一如赵武灵王之类"，又说他"严令遵设"，"强狠沉鸷"。[②] 较有见识的是李圭，他于1876年到美国费城参加美国建国一百周年

---

① 参见王锡祺辑：《小方壶斋舆地丛钞》第十帙，清光绪十七年（1891）上海著易堂铅印本。
② 王锡祺辑：《小方壶斋舆地丛钞再补编》第十帙，清光绪十七年（1891）上海著易堂铅印本。

而举办的博览会，途中访问了日本，他称赞日本"崇尚西学，效用西法，有益之举毅然而改革者极多，故能张本强干，雄视东海"①。但他只是在赴美途中顺笔写下简略的观感。相比之下，黄遵宪却是立志要深入研究日本当代的历史和现实社会的变革，要以肯定的态度写一部"实录"式的明治维新史，其见识和价值不知要比陈其元等人高出多少倍！

黄遵宪如此敏锐地把握这场资本主义性质改革运动的实质和极其深刻之意义，其历史见识和洞察力究竟从何而来，这个问题值得深入探究。首先是黄遵宪从青年时代起，就已吸收了儒家学说朴素进化和经世致用的优秀部分，初步形成进取、向上和善于考察和分析事物的思想，这从他的诗集《人境庐诗草》开宗明义第一篇《感怀》和卷二《杂感》等诗中，对陋儒复古倒退的历史观和当时流行的宋学之迂腐、汉学之烦琐，对这种脱离实际的空疏学风，都做了尖锐的批评中明显体现出来。在《感怀》诗中，他对封建儒生泥古保守的弊病做了辛辣的讽刺：

> 世儒诵诗书，往往矜爪嘴，昂头道皇古，抵掌说平治。上言三代隆，下言百世俟，中言今日乱，痛哭继流涕。摹写车战图，胼胝过百纸。手持《井田谱》，画地期一试。古人岂我欺，今昔奈势异。儒生不出门，勿论当世事。识时贵知今，通情贵阅世。②

他的诗句形象地讲了古今时势不同的哲理，呼吁学术风气的根本转变。鸦片战争后，社会危机日益深重，照搬儒家的陈旧教条只能是迂腐可笑。他清醒地认识到："当世得失林，未可稽陈编。"只能靠研究当代寻找救国之方。在当时，统治者仍然极力提倡宋明理学、乾嘉考据、科举制度这一套封建货色，士人们也仍旧视为神圣而趋之若鹜，黄遵宪却一概予以尖锐的抨击。他斥责宋明理学的空疏无用："宋儒千载后，勃窣探理窟。自诩不传学，乃剿思孟说。讲道稍僻违，论事颇迂阔。"又贬斥考据学的琐屑："读史辨豕亥，订礼分祖袭。上溯考据家，仅附文章列。"最后指责两者都是对于国计民生毫

---

① 李圭：《环游地球新录》卷四《东行日记》，湖南人民出版社 1980 年版，第 127 页。

② 黄遵宪：《感怀》，黄遵宪著，钱仲联笺注：《人境庐诗草笺注》卷一，上海古籍出版社 1981 年版，第 1 页。

无裨益的陈腐东西："均之筐箧物，操此何施设？"① 这首诗所提出的是与当时弥漫朝野的因循保守思想相对立的新的文化价值观念，是青年黄遵宪发出的文化观点宣言书。他本人对此诗极为重视，晚年致信梁启超就说到诗中对"宋人之义理"和"汉人之考据"的猛烈批评。②

青年黄遵宪在文化问题上已经达到敏锐反映时代需要的高度，从此之后便一发而不可收，并随着阅历的丰富、视野的开阔而不断发展。《人境庐诗草》前两卷都是他未出国门前的诗作，其中有大量多方面揭露封建旧文化禁锢和毒害人们头脑的篇章。在《杂感》诗中，他以颇有理论意味的发展观点，对封建营垒的拟古风气做进一步的批判，对于时代和文化的进步高声赞扬："大块凿混沌，浑浑旋大圜。隶首不能算，知有几万年？羲轩造书契，今始岁五千。以我视后人，若居三代先。俗儒好尊古，日日故纸研。六经字所无，不敢入诗篇。古人弃糟粕，见之口涎涎。沿习甘剿盗，妄造丛罪愆。黄土同抟人，今古何愚贤？即今忽已古，断自何代前？明窗敞流离，高炉爇香烟。左陈端溪砚，右列薛涛笺。我手写我口，古岂能拘牵？即今流俗语，我若登简编。五千年后人，惊为古斓斑。"这表明黄遵宪具有发展进化的文化观，认为三代和当今都是历史发展的一个阶段，迷信三代、鄙薄当今是极其错误的复古倒退观点。一味模仿因袭是把古人的糟粕当作宝贝，勇于革新创造才能推动文化的发展。"我手写我口，古岂能拘牵？"这呼吁诗人关注当代，力求创新，抒发时代精神和个人新鲜感受的警句，确实向晚清思想界传达了新的时代信息。他还大胆地把科举制度窒息士人聪明才智的祸害与秦始皇焚书坑儒相提并论："秦皇焚诗书，乃使民聋聩。宋祖设书馆，以礼罗措大。呼嗟制艺兴，今亦五百载。世儒习固然，老死不知悔。……束发受书始，即已缚杻械。"面对当时深重的社会危机，他呼唤扫除历代相沿读书无益实用的恶习："祖汉夸考据，媚宋争义理，彼此互是非，是非均一鄙。"③ 他倡导学以致用的学风，力图把人们的注意力引向关注现实问题的解决上来。

其次，他所处的岭南地区，近代社会矛盾和中华民族与外国资本主义侵略势力的矛盾最为突出，而且最早受到西方资本主义文化的影响，中国近

---

① 黄遵宪：《感怀》，黄遵宪著，钱仲联笺注：《人境庐诗草笺注》卷一，第1、8—9页。

② 黄遵宪著，钱仲联笺注：《人境庐诗草笺注》卷一。

③ 以上引文参见黄遵宪：《杂感》，黄遵宪著，钱仲联笺注：《人境庐诗草笺注》卷一，第42—43、47、49—50页。

代向西方寻找真理的先进人物大都产生于此，黄遵宪也是其中之一。他最早"究心时务"，关注因西方势力东来对中国造成的严重局面，他所写的《香港感怀》十首组诗中出色表达了他既警惕英国侵略对中国造成的威胁，又敏锐地认识到西方文明的先进性的思想，他为香港已成为英国侵略的基地而忧虑："帆樯通万国，壁垒逼三城。虎穴人雄据，鸿沟界未明。""居然成重镇，高垒蠡狼烽。"资本主义物质文明的先进和经济的发达又使他惊叹："《博物》张华志，千间广厦开。摩挲铜狄在，怅望宝山回。大鸟如人立，长鲸跋浪来。官山还府海，人力信雄哉！""飞轮齐鼓浪，祝炮日鸣雷。中外通喉舌，纵横积货财。"在北上途中他同样写下许多称赞西方国家科学技术先进的诗句："电掣重轮走水车，风行千里献比闾。移山未要嗤愚叟，捧土真能塞孟诸。""《考工》述物搜奇字，鬼谷尊师发秘书。"① 当时西方列强完全是陌生的对手，黄遵宪却能既看到其侵略性又看到其先进性，实属难能可贵。这是近代中国最需要的时代智慧，也是黄遵宪此后认识日本明治维新进步意义和认识世界文化潮流的基础。黄遵宪还已开始认识到世界的联系已空前紧密，各国间关系犬牙交错："茫茫巨浸浩无垠，华夷万国无分土"，"敌国同舟今日事，太仓稊米自家身。"② 因此他产生了寻找对付列强侵略办法的紧迫感："海疆东南正多事，水从西来纷童谣。曲突徙薪广恩泽，愿亟靖海安天骄。"③ 到达日本以后他亲见的改从西法，遂使国家由弱变强的事实，毋宁正是他长期所思考的问题的答案。黄遵宪因其"究心时务"，故逐渐被当时讲洋务、办外交的官员所认识，于是遂有他随使日本的机遇。

最后，客家人所具有的中华民族勤劳进取、勇于开拓创业的优良传统对他的滋养。客家人迁居闽粤以后，在艰苦环境中磨炼成勇于开拓创业的传统，具有坚忍不拔的精神。客家社会的中心地嘉应州，一代一代的客家同胞由此出发远赴外地、外洋拓殖谋生，并且形成了独具特色的客家地区文化传统和习俗。嘉应乡间又长期流行有客家山歌，由于无数民间作者的浇灌，培育出

① 黄遵宪：《和钟西耘庶常津门感怀诗》，黄遵宪著，钱仲联笺注：《人境庐诗草笺注》卷二，第167、169页。
② 黄遵宪：《由轮舟抵天津作》，黄遵宪著，钱仲联笺注：《人境庐诗草笺注》卷二，第126页。后两句用《庄子》典："计中国之在海内，不似稊米之在太仓乎？"
③ 黄遵宪：《福州大水行同张樵野丈龚蔼人丈作》，黄遵宪著，钱仲联笺注：《人境庐诗草笺注》卷二，第170—171页。

这朵洋溢着乡土气息和生活情趣的民间文学的奇花。人民的智慧和感情，是黄遵宪从小吮吸的精神营养，所以直至他旅居国外多年，成为晚清著名的外交官和诗坛巨子之后，却仍然为总结客家民间传统而倾注着深厚的感情。他的思想深深扎根于生活之中，因而才有如此蓬勃的创造活力。故他是客家人值得骄傲的儿子。

二、反映时代精神的史学名著

《日本国志》是中国近代史学上的名著，具有极高的史学价值。他提供了国人迫切需要的外国史地和当今世界潮流的知识，故被誉为"奇作"。鸦片战争前，中国史学基本上只讲域内的知识，未能实现历史性的跨越。鸦片战争发生，老大的中国因清朝统治的腐败和对外国事务闭目塞听，而被外国侵略者打得大败。魏源著《海国图志》，第一个介绍了外国的历史、地理、政体、民俗等，开创了新局面。但魏源并未到过外国，他所介绍的系得于间接材料。黄遵宪则是亲自经历了明治维新的变革，亲自了解、考察了日本的历史和社会；其后在修订《日本国志》初稿时，又将他在美国大陆对资本主义本土文化的直接了解写进书中。因而此书在以下三个方面突出地向国人报道了当时日本历史的巨变和世界历史发展的汹涌潮流。

（一）系统地、全面地记载了日本变封建专制政体为君主立宪政体、倡开国会、实现平民参政的历史剧变；对于当时中国人最具警醒作用的是，书中明白宣告日本君主专制制度已经注定要完结，召开国会为期不远了。首篇《国统志》是全书总纲，开宗明义讲，全地球共有百数十个国家，政体分为三类："一人专政"的君主制，"庶人议政"的民主制，"上下分任事权"的"君民共主制"。黄遵宪以赞扬的态度记述：在推翻德川幕府过程中，国皇为了争取民心，下诏全国宣誓"万机决于公论"。幕府倒台后，政治形势继续发展，以至于"近日民心渐染西法，竟有倡民权自由之说者"，先前国皇的誓言"适足授民以议政之柄而不可夺。数年以来，叩阍求说促开国会者，纷然竞起，又有甚于前日尊王之说"。因此，"时会所迫"，"二千余岁君主之国，自今以往，或变而为共和，或变而为民主"，已是必然的历史趋势。黄遵宪明确赞成废除君主专制，是同他认为中国必须改变帝制的看法相联系的。《己亥杂诗》也记述了当时这种思想，诗云："滔滔海水日趋东，万法从新要大同。后二十年言定验，手书心史井函中。"诗后自注"在日本时，与子峨星使（何如璋）

言：中国必变从西法。其变法也，或如日本之自强，或如埃及之被逼，或如印度之受辖，或如波兰之瓜分，则不敢知。要之必变，将此藏之石函，三十年后其言必验"①。黄遵宪希望中国走日本式的道路，废除帝制以求自强，这是他爱国民主思想的突出表现。

（二）记载了日本冲破封闭状态而"竞事外交"，实行对外开放之后的深刻变革；黄遵宪在书中反复讲述日本如何大力学习外国，是为了针砭国内守旧人物"足己自封，于外事不屑措意"，对外国情形昏暗无知的痼疾。他提出这样的问题：日本在地理上孤立大海之中，与天下万国无一邻接，按理应该一向闭关自守，而事实怎样呢？他总结说，事实上，日本自"中古以还，瞻仰中华"，各种制度、文化，"无一不取法于大唐"。"近世以来"则有根本变化，各种制度、文化"无一不取法于泰西"。②因西方势力东来而寻求应变办法，则是造成这种转变的契机，"外舶迭来，海疆多事，当路者皆以知彼国情、取彼长技为当务之急"③。他详细记述明治四年以来如何"锐意学习西法"，如：四年十月，派遣大臣岩仓久视、木户孝允、大久保利通聘问欧美各国。五年三月，废亲兵，置近卫兵；六月，设邮政局；七月，定学制；八月，置裁判所，创银行，九月，建造东京至横滨铁道；十月，禁买卖人口，解放娼妓；十一月，颁行太阳历，颁发征兵会。黄遵宪赞美这些学习西方的新政说："布之令甲，称曰维新，美善之政，极纷纶矣！"④他断言：日本历史的进步与学习外国关系绝大，尤其近世大力学习西方的结果，已使日本"骎骎乎进开明之域，与诸大国争衡"！假若实行"闭关谢绝"政策，那么至今必定仍是"一洪荒草昧未开之国耳"！黄遵宪在本书反复论证"交邻之果有大益"，目的是要让国内那班足己自封、排斥学习外国长处的守旧派醒悟过来。

（三）记载了日本经济上、文化教育上实行的"改从西法"的一系列措施，产生了神效大验，奇迹般地变成产业发展、实力骤强的国家，从一个岛国而跻身强国的行列。《日本国志》对日本在经济、军事上如何增强国力，记述堪称详备。《职官志》中记开矿山、建铁路、置邮政，《食货志》中记税务、国计、货币、商务，记新式产业和对外输出，《兵志》中讲采用征兵制的优点，都是

---

① 黄遵宪：《己亥杂诗》，黄遵宪著，钱仲联笺注：《人境庐诗草笺注》卷九，第826—827页。

② 黄遵宪：《日本国志》卷四《邻交志》（一），《黄遵宪全集》，中华书局2005年版。

③ 黄遵宪：《日本国志》卷三十二《学术志》（一）。

④ 黄遵宪：《日本杂事诗》卷一《明治维新》，台北文海出版社1974年版。

著者记述的重点。书中还有各式各样的表，与文字记述相配合。如，《职官志》商务下，列有邮政局表、邮递线路表，工部省下，列有官有矿山表、民有矿山表、铁道表、灯塔灯船浮标表、电信表、地方税预算表、租税户口平均表；《食货志》"国计"之下，列有岁出入总计表、岁入表、岁出表、岁入预算累年比较表、岁出预算累年比较表，"国债"之下，列有国债种类数目表、国债每年偿还额数表、国债历年增减表，"货币"之下，列有古今银货价格比较表、新制金银铜三货表、金银铜三货币发行额数表、纸币流通数目表，等等。可见，黄遵宪对明治维新的研究更是深入到有关国计民生的各个领域，难能可贵地搜集到极其丰富的资料，足以说明各项新政之计日程功，卓有成效。显然，广泛记述各项新政施行的情况，目的也在于让中国的当政者足资借鉴。

　　黄遵宪特别重视明治维新如何兴办新式企业和奖励对外输出。他总结出日本政府所实行的旨在奖励保护的各种措施：1.大力开办国有企业。如千住制绒所、爱知纺织所、砂糖制造厂、造币厂、印刷局、横须贺造船所、唐津碳所（煤矿）等，这些官办企业，都"招集群工，日事兴作"。2.从设备、资金上，扶植民间专业性大企业。例如，"举国有船舶，付之三菱会社，岁给资金，使争内外航海之利"。又说，将国家建成的煤矿交给长崎商社，"以劝民人开矿之业"。3.派员出国考察，引进新品种、新技术。回国之后，"开农场，设学校，日讨国人，教以务财、训农、通商、惠工诸事"。4.设立行业联合会（"共进会"），举办大规模国内博览会，派政府要员"督率商人"参加国际博览会，评出优良产品给予奖赏，鼓励采用新技术。5.在国外重要商埠，如上海、天津、厦门、新加坡、马赛、伦敦、纽约、旧金山等地设领事，"命以时呈报商务"。6.对国内产品实行免税鼓励出口。明治十二年起，对国内棉丝织物、衣服、陶瓷和工艺品"一概免税，许之输出"。7.重视采择各种利于发展产业的建议。"凡有可以拓商业、揽利权之法，皆依仿采择，一一举行。"[①] 书中还记述日本商人联合起来组织"会社"，从而增强了对外竞争的能力。这是因为商人总结了与外商竞争失败的教训，懂得"私财绵薄，不如集资商会之力之大"，于是"合力联营会社"，"集会众商，开商法会议所，设商法学校，以振兴商务"。[②] 以上各项是明治维新大力发展资本主义的重要措施，当时在

---

① 黄遵宪：《日本国志》卷二十《食货志》（六）。
② 黄遵宪：《日本国志》卷二十《食货志》（六）。

日本也是前所未有的新鲜事物。黄遵宪以敏锐的眼光给以总结，及时向国内传播，这样做具有很不平常的时代意义。正是在 19 世纪 70 年代以后，中国沿海一带开始有了民办的新式产业，标志着中国民族资本主义已经产生。这是历经艰难曲折之后近代中国出现的新的社会物质力量，它迫切需要发展的条件，需要政府扶植，以抗拒外国资本主义的压迫，冲破国内封建势力的包围。黄遵宪及时地传达了明治维新保护鼓励新式产业和对外输出的信息，恰恰反映了国内民族资本主义发展的要求。

书中还充分地显示明治维新以来教育、文化上"西学有蒸蒸向上之势"。黄遵宪对清朝腐朽的科举制度十分痛恨，因而很注意记述日本实行的新式教育制度。包括：明治四年派大臣赴欧美考察后，决意学习西方"学术之精"，立即颁行新学制，在全国建立起西方式教育制度。在小学和中学，开设算术、地理、历史、物理、生理、博物等课程，学习科学知识。在大学，实行按科学门类分科，设置数学、物理、星学（天文）、生物、工学、哲学、政治、理财（经济）等科。还有各式专门学校，如农业专门学校，教的是物理、土宜、地质、栽种方法等，都是切于实用的知识，又有植物园可亲做试验。中国当然也迫切需要采用这种新式学制，取代空疏的学术和腐朽的科举制度。标志着"西学蒸蒸日上"的新事物，还有图书馆、博物馆和新闻纸。明治十一年（1878），全国新闻纸共 231 种，发行数达 3618 万余份。黄遵宪盛赞新闻纸的作用是"论列内外事情以启民智"，尤其在"（明治）四年废藩立县改革政体，新闻论说颇感动人心"。此后，"读者愈多发行愈盛，乃至村僻荒野，亦争相传诵，皆谓知古知今、益人智慧，莫如新闻纸"[①]。

在当时，中国要改变积贫积弱的状态，就应该效法日本，走维新道路，学习西法，发展资本主义的制度。故《日本国志》就成为符合 19 世纪末中国社会进步的迫切需要之"千秋史鉴"，是一部反映时代精神、体现时代脉搏的杰出史著。也是孔子、司马迁以来史学与社会密切联系，发挥经世致用社会功能这一优良传统的大发扬。

在历史编纂上，黄遵宪继承了近代史开端时期魏源运用史志体介绍外国史地的创新思路，而又后来居上。《海国图志》产生于创新时期，对钩稽来的资料基本上是采用纂辑的形式；《日本国志》则是有系统地论述，标志着研究外国史

---

① 　黄遵宪：《日本国志》卷三十二《学术志》（一）。

地和历史前进方向的进步。故从编撰技术上说，此书要高出一个层次。此书运用大量的"论"和表，采用综合的体裁，也是其一大特色。书中以大量的序论、后论和文中小注发表议论，有的序论、后论长达数千字。附表甚多，如邮政局表、矿山表、国税表、岁出入总表、国债种类数目表等极便查考。

《日本国志》还具有强烈的政论色彩。在戊戌维新时期，光绪帝曾两次急切地索要此书。百日维新所颁布的各种新政上谕，固然主要是采纳康有为历陈的建议，而上谕中有不少重要改革措施，如：命各部删去旧例、另定简明则例，选宗室王公游历各国，饬户部编列预算，命各省设商务局，命地方官振兴农业、试办机器，兴办农务局、农会，分设丝茶公司，振兴工艺、开矿、修铁路、置邮局等，则又明显地反映出《日本国志》中明治新政与黄遵宪议论的影响。

三、在近代文化史上的重要价值

《日本国志》也标志着近代中外文化交流获得了显著的新进展，增添了极可宝贵的新内容，因而在近代文化史上有重要的意义。中国近代文化发展的根本要求是，迅速打破与世隔绝、闭关拒外的状态，摒弃"严夷夏之大防"、"用夏变夷"的迂腐意识，了解世界资本主义发展的潮流，输入民权观念、民主制度和近代学说。《日本国志》不仅及时地、集中地报告了东邻日本抛弃闭关锁国旧规、大力学习西法、变弱为强的信息，提供了当时中国最为急需、最易仿效的成功经验，而且在书中黄遵宪又写下他对北美资本主义本土资本主义民主制度的感受，因而使该书成为中国了解世界潮流的窗口。黄遵宪是一个"百年过半洲游四"、"绕尽圆球剩半环"的外交家，他在日本、北美、西欧、新加坡共历时12年，阅历之丰富和对世界事务了解之深入在当时是屈指可数的人物。他对西方民主制度和民权学说的理解，是结合了他对现实的深入考察和广泛的比较而得来的，并且是经过了在日本期间直接阅读卢梭、孟德斯鸠的著作，由"惊怪"变为信服这样的思想转变历程而得来的。直至20世纪初年，他因活跃地参与湖南新政改革措施而被清廷"开缺"回原籍之后，他与逃亡日本的梁启超通信中，还将当时在日本的这段思想转变作为生平重要经历来论述，称："心志为之一变，以为太平世必在民主。"①

———————

①　《东海公来简》，《新民丛报》1902年第13号。

相信民权学说，相信民主制度，这是黄遵宪中西文化观的基石。所以他在《日本国志》中严厉谴责专制制度"压制极矣"，赞扬出身平民的爱国志士"乘时奋起"，维新之治"勃然复兴"，"极纷纶矣"，显然是把日本的道路作为东亚社会进步的必由之路来肯定和评价的。黄遵宪在《日本国志》中尖锐地抨击封建专制的罪恶。他说："盖自封建之后，尊卑之分，上下悬绝，其列于平民者，不得与藩士通嫁，不得骑马，不得衣丝，不得佩刀剑。而苛赋重敛，公七民三，富商豪农，别有借派。间或罹罪，并无颁行一定之律，畸重畸轻，唯刑吏之意，小民任其鱼肉，含冤茹苦，无可控诉。或越分而上请，奏疏未上，刀锯旋加，瞻仰天门，如天如神，穷高极远。盖积威所劫，上之而下，压制极矣！"① 这段话概述日本封建专制在政治上、经济上对小民的压迫剥削，实际上也表达了他对封建压迫的抗议。同时，他热情地褒彰明治维新中爱国志士一往无前、视死如归的精神。他评论说，"处士横议"在开启由幕府专权走向明治维新这一历史变局中起了关键作用。前有山县昌贞等人，"或佯狂滋泣，或微言刺讥，皆以尊王之意鼓动人心"。后有他们的门生子孙，"张皇其说，继续而起。……外舶纷扰，幕议主和，诸国处士乘间而发。幕府方且厉其威凌，大索严锢，而人心益奋，士气益张。伏萧斧、触密网者，不可胜数。前者骈戮，后者偶起，慨然欲伸攘夷尊王之说于天下，至于一往不顾，视死如归，何其烈也！"② 充分肯定了由于爱国志士不畏死难、前仆后继的行动，才导致演出了明治中兴的活剧，所以他又说："幕府之亡，实亡于处士。"他还论述：明治四年以后改革的步骤加快，其主要原因是："故家世族，束之高阁，居要路者，多新进平民，益奋袂攘臂，以图事功，而维新之规模益拓矣！"③ 高度评价了出身下层的政治家在推进维新运动中所起的重大作用。黄遵宪如此热情赞扬日本"处士"一往无前的精神，也有其更深的寓意。拿他所写《近世爱国志士歌》来做参证便可清楚。这首诗歌颂了爱国志士吉田矩方等人，诗前小序说他们"前仆后起，踵趾相接，视死如归。死于刀锯，死于图圄，死于逃遁，死于牵连，死于刺杀者，盖不可胜数，卒以成中兴之业"。并明确说要以此"兴起吾党爱国之士"，即寄希望于中国的维新人士。

---

① 黄遵宪：《日本国志》卷一《国统志》（一）。
② 黄遵宪：《日本国志》卷三《国统志》（三）。
③ 黄遵宪：《日本国志》卷三《国统志》（三）。

　　所有这一切，都同对西方制度文化只有若干间接知识者迥然不同。正因为如此，黄遵宪坚定地相信中国一定会实现革除封建帝制、实现民主政体的历史前景，在他逝世前的最后一首诗中热情地预言："人言廿世纪，无复容帝制。举世趋大同，度势有必至。"① 同时，在20世纪初年，当梁启超思想上一度倒退，主张"一意保守、提倡国粹"之时，黄遵宪及时地予以劝告、批评，态度极其鲜明地主张："若中国旧习，病在尊大，病在痼弊，非病在不能保守也。今且大开门户，容纳新学。"② 表现出何等的远见卓识！他身上，确实体现出中国近代文化发展的时代智慧，这些认识远远高出同时代的许多名人。

　　中国近代文化发展的又一根本要求，是在学习西方、实现民主政体、输入西方新学理的同时，发扬爱国主义，坚决反抗外来侵略，增强民族自尊心、自信心。《日本国志》书中针砭中国士大夫"足己自封，于外事不屑措意"而严重地阻碍了国家的进步；论述开矿可以达到官民两利，加强国力的目的；论述修铁路的重要性，"铁道之便生民、兴国产，利益之尤大者也"；他所写的《〈日本国志〉书成志感》诗中吟唱的诗句"湖海归来气未除，忧天热血几时摅？《千秋鉴》借《吾妻镜》，四壁图悬人境庐"③，都无一不深切地表达出他对国家、对民族的热爱。这是黄遵宪的一贯精神，他在驻美国旧金山总领事任上为维护华侨正当权益，对美国地方当局的无理行径展开斗争，他在英国到钢铁企业做调查，为国内汉阳铁厂提供有用的参考资料，他在驻新加坡总领事任上多方出力维护华侨利益等作为，也都同样表现出他高昂的爱国精神。

第三节　《国闻报》与晚清新思想的传播

　　近代中国历史演进的一条重要线索，是在救亡启蒙的时代主题下，不断向西方学习。梁启超曾在《五十年中国进化概论》一文中将此历程归结为

---

① 　黄遵宪：《病中纪梦述寄梁任父》，黄遵宪著，钱仲联笺注：《人境庐诗草笺注》卷十一，第1075页。

② 　黄遵宪1902年11月致梁启超信，载丁文江、赵丰田编：《梁启超年谱长编》"1902年"条，上海人民出版社1983年版。

③ 　黄遵宪著，钱仲联笺注：《人境庐诗草笺注》卷五，第443—444页。

"器物—制度—文化"三阶段[1]，其中第二阶段大致自甲午战争至辛亥革命，尤以戊戌维新为最突出，此时期的新思想传播无论在广度还是深度上都有质的变化，而报纸这一大众传媒形式无疑发挥了十分关键的作用。创办于1897年的天津《国闻报》，在当时以领先的思想水平和独特的办报理念迅速成为北方舆论中心，态度鲜明地批判君主专制、鼓动维新思潮，为晚清新思想的传播做出重要贡献。目前学界对此研究尚不充分，值得做进一步的发掘和探讨。

一、南北呼应鼓动维新思潮

甲午一战，宣告了洋务运动的失败，中国面临被世界列强瓜分的危险，民族危机空前严重。国内群情激昂，有识之士充分意识到，如果不能实现国家的独立富强，即使小小岛国也敢肆意欺凌。然而，当时的中国虽闭塞情况有所改变，但并未真正了解世界潮流。这就是，资本主义发展日新月异，老大中国却已远远落在后面。小国日本之所以能够迅速崛起，将清廷经营多年的海军击败，正是因为进行了明治维新，学习了西方先进的政治制度。反观中国，以西太后为首的顽固派极度腐败，对内实行专制，压迫民众，对外则置国家利益于不顾。这一鲜明的对比，促使部分国人认识到，中国必须实行变法，努力跟上世界潮流，否则只能亡国灭种。

正是在这样的时代背景下，维新派开始登上历史舞台。他们有鉴于封建统治者对民众的长期思想钳制，开始大量兴办报纸，希望借此启发民智，宣传变法。李提摩太曾回忆说："这个时期大有希望的另一个迹象是报纸的突然增多：在三年之内（指1895—1898），由十九家增加到七十家。"[2] 其中，最有影响者，一是创办于上海的《时务报》，另一份即为天津的《国闻报》。二者分踞南北，彼此呼应，共同鼓动维新思潮，推进维新变法。

《国闻报》于1897年10月26日创刊，1899年3月20日出售给日本人，持续约一年半时间，主要创办人包括严复、夏曾佑、王修植等。[3] 其中，严复

---

① 梁启超：《五十年中国进化概论》，《饮冰室合集》文集之三十九，第43—44页。

② 〔英〕李提摩太：《亲历晚清四十五年：李提摩太在华回忆录》，李宪堂、侯林莉译，天津人民出版社2005年版，第243页。

③ 有关《国闻报》的创办、分工、出售等曲折历程，以及与之相关重要人物的背景和活动等，孔祥吉、村田雄二郎的《从中日两国档案看〈国闻报〉之内幕》（《学术研究》2008年第7、9期）已有较为详细的考证，此不赘述。

毫无疑问是报纸的灵魂人物。在当时，无论是西学的掌握，还是对国内形势的认识，他都当之无愧居于一流。自 1895 年始，严复就在天津《直报》上连续发表《论世变之亟》、《原强》、《辟韩》①、《原强续篇》和《救亡决论》等多篇极具政治冲击力和学术启发性的名文，高呼"今日之世变，盖自秦以来未有若斯之亟也"②，指出中国若想实现富强，必须"标本并治"，而"其本，则亦于民智、民力、民德三者加之意而已"③，不仅猛烈批判君主专制，大力倡导学习西方的政治制度，而且极具卓识地指出启蒙才是救亡图强的根本所在，所总结的"三民"说更直接影响了梁启超的思想体系。这些都让严复成为当时知识界的领航者，也让《国闻报》自创办之日起即受到广泛关注。

《国闻报》所发表的宣传维新思想的文章主要集中在"社论"部分，共 40 多篇，其中约半数以上皆为严复所作。④ 就内容来看，这些政论性文章不仅向国人宣传中国已处于民族危亡的紧迫时刻，必须通过变法以救亡图强，而且所论范围十分广泛，涉及政治、外交、教育、实业、学术等，倡导实行君主立宪、发展实业、改革教育、废除八股、联英日以抗俄等，形成以严复思想为主导的舆论中心，除在保教等少数问题上与康、梁存在不同意见外，整体上保持一致，积极推动了维新思想的传播。对此，学界在研究严复和戊戌运动时已给予较多的关注和阐发，这里再举出两则以往未被注意的材料，以说明《国闻报》在当时思想认识上的领先地位。严复在所译斯宾塞《社会学研究》第一篇《论群学不可缓》中称：

> 前史体例……于君公帝王之事，则虽小而必书，于民生风俗之端，则虽大而不载。是故以一群强弱盛衰之故，终无可稽。⑤

又在《道学外传》中称：

---

① 此文在 1897 年 4 月 12 日被《时务报》转载，引起张之洞的不满，成为激化该报内部矛盾而致分裂的因素之一。

② 严复：《论世变之亟》，《严复集》，中华书局 1986 年版，第 1—4 页。

③ 严复：《原强》，《严复集》，第 14 页。

④ 参见王栻：《严复在〈国闻报〉上发表了哪些论文》，载严复：《严复集》，第 450 页。

⑤ 此篇译文名为《斯宾塞尔劝学篇》，连载于《国闻汇编》1897 年 12 月 8 日（第 1 册）、12 月 28 日（第 3 册）、1898 年 1 月 7 日（第 4 册）。

吾闻欧人之谈史学者曰："古之史学，徒记大事，如欲求一代之风俗，以观历来转变之脉络者，则不可得详，是国史等于王家之谱录矣；今之史学则异是，必致谨于闾阎日用之细，起居笑貌之琐，不厌其烦，不嫌其鄙，如鼎象物，如犀照渊，而后使读史者不啻生乎其代，亲见其人，而恍然于人心世道所以为盛衰升降之原也。"①

这两则材料说明，在 1902 年梁启超发表《新史学》对旧史展开猛烈批判而引起波澜壮阔的新史学思潮以前，有关旧史为帝王家谱、偏重政治而忽视整体社会生活的新观念已有一定程度的宣传，而就严复以及《国闻报》在当时知识界的地位而言，其所发挥的作用显然并不逊于梁启超的《变法通议》等文，况且梁启超知识体系中的群学、进化、国民等新理念大多受到严复的直接影响。这也充分提示我们，维新运动虽以政治制度的变革为主要目标，但在思想启蒙和学术革新方面所做出的贡献也绝不容低估，而以《时务报》和《国闻报》为代表的报纸则显然是这一社会思潮的重要载体和舆论喉舌。

《国闻报》不仅通过"社论"的方式输入西方新思想，宣传各种维新主张，而且以"新闻"的形式及时全面地反映变法的进展，对维新志士的重大变法举措及其在京师的重要活动亦即其所取得的成就和所经历的挫折向全国做如实报道。比如，当 1898 年俄国觊觎旅顺、大连时，梁启超等人联名上书反对，却遭到都察院的阻挠。对此，《国闻报》刊出名为《公车上书》的新闻，称："顺德麦孺博、新会梁任公两孝廉，夙具爱国之忱，天下争传其学问，文章犹其末也。此次入都，适值俄人要约旅大之时，两君遂约同两广、云贵、山陕、浙江众公车，于三月初六日上书都察院，力陈旅大之不可割。不意是日堂官无一到者，孝廉等又以入闱在迩，不能再诣察院。若出闱，则事已大定矣。盖其书始终不克上达云。"②公开指斥都察院阻挠公车上书，将维新志士的爱国热忱和守旧派的卖国求荣刻画得淋漓尽致。

在"百日维新"正式拉开帷幕之后，《国闻报》的作用显得更为突出并逐渐取代《时务报》成为维新派的舆论核心。《国闻报》于 1898 年 6 月 19 日刊登《简在帝心》的新闻，报道了光绪帝锐意革新的态度和对康有为等人的

① 严复：《道学外传》，《国闻报》1898 年 6 月 5 日。

② 《公车上书》，《国闻报》1898 年 4 月 3 日。

赞赏："京师新闻，徐子静学士奏荐康长素主政、张菊生主政、黄公度廉访、谭复生太守、梁卓如孝廉五人，通达时务一折，已经明奉谕旨，于二十八日召见。闻是日在颐和园召见两君，康奏对至九刻钟之久。张奏对至三刻钟之久，谅嘉谟入告，必当有大裨时局之言矣……想朝廷锐意维新求才若渴，必当更有破格录用之举也。"此后则随时刊布变法举措和重要活动，如《改科宸断》、《营造宾馆》、《奉旨编书》、《京城拟修马路》、《京城议修电车》、《议覆制度局》、《京城大学堂拟请总教习》、《南北洋防军一律改习西操》、《大学堂总教习改用洋人》、《铁路矿务局新派章京》、《法人论中国造路事》、《日相将来》、《奏留星使》、《京师农工商总局开局》、《美国联英阻俄》、《拟开懋勤殿述闻》、《记二十七日上谕重申变法事》，等等。而且，几乎所有新闻报道均采用政论式写法，带有强烈的鼓动性，比如《改科宸断》这样写道：

> 八股取士，习非所用，本月初五特奉上谕，改试策论，风闻中外耳目一新。有京友来函：此次改科谕旨，初二日业已拟发，以枢臣、礼臣，均谓兹事重大，请从长计议，是以暂缓降谕。皇上锐意维新，力排群议，以为非得人才，不足以图富强；而非改科目，不足以得人才。遂于五日特焕轮音，明告天下。六百年来相沿积习，毅然决然，断自宸衷，一旦弃去，非圣人其足语于斯乎。①

这段简短的文字将光绪帝的锐意维新、守旧派的百般阻挠以及改革八股所产生的巨大影响准确地描绘了出来，也表明了报纸的坚决立场。

总之，《国闻报》全力配合维新变法，对康有为、梁启超、黄遵宪等人的变法言论进行追踪报道，并以《总报局告白》的形式大力推销维新论著。② 尤其是，当变法失败以后，《国闻报》虽然迫于形势刊登了禁锢言论的 6 条上谕，但在政变后的一个月里共发表 47 篇相关报道，其中最引人注目者当属《视死如归》一则。其文曰：

> 有西人自北京来，传述初六、七日中国朝局既变，即有某国驻京公

---

① 《国闻报》1898 年 6 月 27 日。

② 《国闻报》1898 年 6 月 28 日。

使署中人，前往康氏弟子谭嗣同处，以外国使馆可以设法保护之说讽之。谭嗣同曰："丈夫不作事则已，作事则磊磊落落，一死亦何足惜，且外国变法未有不流血者，中国以变法流血者，请自谭嗣同始。"即纠数十人谋大举，事未作而被逮，闻中国国家拟即日正法以儆效尤。[①]

同时，《国闻报》将康有为的脱险经过做了客观报道，并于 10 月 21、22 日连续转载香港《华字日报》文章《德臣西报访事在香港与康有为问答语》，揭露了政变真相，11 月 3、4 日又刊载《论中国禁报馆事》，对清廷查禁报馆的行为进行回击，并对戊戌六君子给予高度评价。在恶劣的政治和舆论环境下，《国闻报》敢于与顽固派公开对抗，在当时所有报纸中未有能出其右者。

相较而言，创刊于 1896 年的《时务报》，在维新思潮中做出巨大贡献[②]，而且是严复等创办《国闻报》的成功榜样。然而，随着张之洞等人的干预以及汪康年、梁启超矛盾的不断激化，《时务报》最终改为《昌言报》，影响日渐式微。最明显的例子是，当康有为等人在北京成立保国会之后，《国闻报》连续刊发《京城保国会题名记》、《书保国会题名记后》、《论保国会》、《闻保国会事书后》以及康的讲演稿等，旗帜鲜明地为维新变法营造声势，大大提高了维新派人士的志气，而《时务报》则在梁鼎芬的压力下未予报道。当时，梁鼎芬写信给汪康年称："康开保国会，章程奇谬。闻入会姓名将刻《时务报》，千万勿刻，至要！"[③] 再者，《国闻报汇编》的编辑者曾称："当戊戌年间，西人评骘中国报界以之为第一，而《时务报》不与焉，亦可以见其价值矣！"[④] 而《中国近代史资料丛刊·戊戌变法》第 3 册共收录与百日维新直接相关的重要新闻 195 则，其中《国闻报》109 则，而《昌言报》仅 4 则，皆堪称两报在维新思潮中地位变化的最佳注脚。

不过从总体上讲，在整个戊戌维新时期，《时务报》和《国闻报》分别作为南北方的舆论中心，互通有无，遥相呼应，构成强大的媒介网络，共同

---

① 《国闻报》1898 年 9 月 27 日。
② 李提摩太曾称："康有为的大弟子梁启超在上海创办了一家报纸，叫《时务报》，作为改革派的喉舌。报纸在一开始就取得了极大成功，在从南到北的整个帝国激起了维新思潮的涟漪。"参见〔英〕李提摩太：《亲历晚清四十五年：李提摩太在华回忆录》，李宪堂、侯林莉译，第 242 页。
③ 上海图书馆编：《汪康年师友书札》，上海古籍出版社 1986 年版，第 1911 页。
④ 《编辑国闻报汇编叙言》，《国闻报汇编》，西江欧化社 1903 年版。

传播维新思想，推动变法的进行。在《国闻报》创办以前，严复对《时务报》极为称道，希望其在维新运动中大有作为，称："使中国而终无维新之机，则亦已矣；苟二千年来申商斯高之法，熄于此时，则《时务报》其嚆矢也。"《国闻报》筹备之际，曾委托《时务报》广为传布。1897 年 8 月 25 日，夏曾佑、严复、王修植致信汪康年称："上月托公度观察袖呈《国闻报启》一通，求登贵报，俾我下乘，附骥而行，谅荷垂察。拜读三十五大报，尚未附录，殊为悬盼。"① 同年 9 月 7 日，王修植致汪康年书，称："弟日来与又陵、穗卿商，拟在津门亦开一馆，一切体例略依遵处，稍为变通，急待从者之至，相与斟审。"此后，两报的主办人之间经常通信，交流报业行情和办报过程中所面临的压力等，并互相帮助。王修植曾致函汪康年，请其助销《国闻报》："《国闻日报》将来销路不患不广，而独虑馆中母财不足，开销太大，深恐难以持久。若能支持至明年春夏，则亦日起有功也。不知兄能为一臂之助否？"② 像这样的通信还有很多，充分证明戊戌维新时期两报之间保持着密切的联系，在艰难的环境下携手共进。

二、大力传播近代进化论的历史贡献

《国闻报》创办的宗旨为大力介绍西方学说，而所特别注重的有二：一为选择西方近代学术之最具精义者，尽可能及时译载；二为以译者的论述和发挥，与直接翻译相配合。《天津国闻报馆启》首列报馆所致力的两项主要目标为译泰西名论和译泰西政法、学术、宗教：

> 各报卷端例登论说，今既译西人之报，自当附见西人之论，只以微言妙旨，传述为难，向者译人付之盖阙，今择其尤雅，弁诸简端，旁通发挥，佐以管蠡。译泰西名论。
>
> 报之所纪事在现前，而万事之根，胚胎政教，今拟分泰西各国政、学、教为三支，胪其文献，叙其旨要，分列卷端，以备参考。史有表志，托义于斯。译泰西政法、学术、宗教。③

① 严复：《与汪康年书》（二），《严复集》，第 505、506 页。
② 上海图书馆编：《汪康年师友书札》，第 78、82 页。
③ 《天津国闻报馆启》，载中国史学会主编：《中国近代史资料丛刊·戊戌变法》（四），上海人民出版社 1957 年版，第 529—530 页。

这就清楚地表明：严复的旨趣不在一般地刊登西方国家报纸新闻，而尤为重视"西人之论"。更为关注的是最具价值的学术观点，故称"泰西名论"。而且要结合中国人的理解，结合中国的情形，加以阐发，故强调要"旁通发挥"。他又认为导致西方富强的根本和各项政治、军事举动的根源，是西人之"政教"即学术思想，故又将介绍和论述西方政法、学术、宗教为办报宗旨的又一要着。

本着这样的办报宗旨，《国闻报》创刊以后，又于同年创办《国闻汇编》旬刊，更详于载外国之事，鼓吹输入西方新学理和学习西方民主政体，由严复、夏曾佑主持，而北洋水师学堂的部分师生也承担了许多翻译和编纂工作。《国闻汇编》共出 6 期，每期一册，约 3 万字，其出版时间和主要内容如下：

第一册，1897 年 12 月 8 日出版，刊有严复的《国闻汇编叙例》、《斯宾塞尔劝学篇》（未完）、伍光建的《欧洲政治略论》以及俄文、英文、法文译报。

第二册，1897 年 12 月 18 日出版，刊有严复的《译〈天演论〉自序》、《〈天演论〉悬疏》（未完）及俄文、法文译报。

第三册，1897 年 12 月 28 日出版，刊有严复的《斯宾塞尔劝学篇》（续第一册）、陶大均的《日本观兵记》及俄文、英文、法文、德文译报。

第四册，1898 年 1 月 7 日出版，刊有严复的《斯宾塞尔劝学篇》（续）、《〈天演论〉悬疏》（续第二册）、《西藏近闻》及俄文、英文、法文译报。

第五册，1898 年 2 月 5 日出版，刊有严复的《〈天演论〉悬疏》（续）、《外国近闻》以及俄文、法文、英文译报。

第六册，1898 年 2 月 15 日出版，刊有《〈天演论〉悬疏》（续）及俄文、英文、德文译报。

严复的翻译和介绍，是要选择已被历史证明对西方国家的富强和进步最具指导意义，而又对中国的御侮救亡、激励人心、一新学术最具警醒作用的西方学说精华。其中，最引人注目、最具学术影响力的，无疑是《天演论》的译介。

赫胥黎的《进化论与伦理学》出版于 1894 年，次年严复即选择此书予以及时地译述。1896 年，此书开始通过人际关系以抄本的形式在严复的师友圈子中流传。早在严复翻译修订此书时，夏曾佑和吴汝纶等人就曾阅读书中部分内容，并直接参与词句厘定和体例安排。夏曾佑曾致函汪康年称："到津之后，幸遇又陵，衡宇相接，夜辄过谈，谈辄竟夜，微言妙旨，往往而遇……吾人自言西学以来所从不及此者也。《天演论》为赫胥黎之学……理賾例繁，且夕之间，难于笔述，拟尽通其义，然后追想成书，玄师《地论》即用此例。不知生平有此福否。"①吴汝纶致信严复称："吕临城来，得惠书并大著《天演论》，虽刘先主之得荆州，不足为喻。比经手录副本，秘之枕中。盖自中土翻译西书以来，无此宏制。匪直天演之学，在中国为初凿鸿蒙，亦缘自来译手，无似此高文雄笔也。钦佩何极！"②严复曾将所译《天演论》原稿寄给梁启超③，而梁启超则回信称："二月间读赐书二十一纸，循环往复诵十数过，不忍释手，甚为感佩，乃至不可思议。今而知天下之爱我者，舍父师之外，无如严先生；天下之知我而能教我者，舍父师之外，无如严先生。……南海先生读大著后，亦谓眼中未见此等人。"④1897 年 8 月 23 日，严复又在《与五弟书》中称：

> 《天演论》索观者有数处，副本被人久留不还，其原稿经吴莲池圈点者正取修饰增案，事毕拟即付梓。颇有人说其书于新学有大益也。……中国不治之疾尚是在学问上，民智既下，所以不足自立于物竞之际。⑤

然而，此种传播毕竟限于较为狭小的圈子。《天演论》在《国闻汇编》上以连载的方式首次公开发表，标志着其传播模式突破了人际关系的限制，而发展到大众传播，这显然是一个重大转折，是进化论风靡全国的真正开端，在中国思想史和学术史上占有极为重要的地位。

《国闻汇编》发表的《〈天演论〉悬疏》没有吴汝纶序和译例言，相较早期抄本而言增补了许多按语，译文也做了修订增删，而与后来正式出版的通行本也存在差异，但这是严复首次面向全国读者集中阐述"物竞天择，适者

---

① 上海图书馆编：《汪康年师友书札》，第 1325 页。

② 吴汝纶：《答严又陵》，《吴汝纶尺牍》，黄山书社 1990 年版，第 98 页。

③ 1896 年 10 月，严复致函梁启超称："拙译《天演论》，仅将原稿寄去。"参见严复：《严复集》，第 515 页。

④ 梁启超：《与严又陵先生书》，《饮冰室合集》文集之一，第 106—110 页。

⑤ 严复：《与五弟书》，《严复集》，第 733 页。

生存"，人类社会不断由低级向高级阶段进化发展的思想，意义重大。事实上，在《原强》等文中，他已经开始宣传进化论和群学理论，比如指出"民物之于世，樊然并生，同享天地自然之利。与接为构，民民物物，各争有以自存。其始也，种与种争，及其成群成国，则群与群争，国与国争。而弱者当为强肉，愚者当为智役"①，而在《天演论》正式发表以后的各类文章中也常常加以运用，比如在《保种余义》中称"达氏之说，今之学问家与政事家咸奉以为宗。盖争存天择之理，其说不可易矣"②。这些论文与《天演论》这部系统著作相配合，破天荒第一次在中国宣传了一套与传统观点迥异的新的宇宙观、历史观和价值观③，也标志着 19 世纪后 30 年长久酝酿的传播西方学说实现了重大突破，近代西学的传播至此进入学术思想的阶段，从而引起中国知识界一系列根本观念的改变，具有划时代的历史贡献。正如贺麟所言："若以近代之革新，为起端于一八九五年之候，则《天演论》者，正溯此思潮之源头而注以活水者也。"④

在此之前，中国的知识界正处于哲学苦闷时代。梁启超曾回忆说：

> 那时候我们的思想"浪漫"得可惊，不知从哪里会有恁么多问题，一会发生一个，一会又发生一个。我们要把宇宙间所有的问题都解决，但帮助我们解决的资料却没有。我们便靠主观的冥想，想得的便拿来对吵，吵到意见一致的时候，便自以为已经解决了。⑤

他们"生育在此种'学问饥荒'之中，冥思枯索，欲以构成一种'不中不西即中即西'的新学派"⑥，希望借此挽救民族危亡，实现国家的独立富强，但其试图构建新的哲学体系的思想资料却严重不足。虽然晚清学者所盛谈的

---

① 严复：《原强》，《严复集》，第 5 页。
② 严复：《保种余义》，《国闻报》1898 年 6 月 11 日。
③ 目前在中国所能看到的最早记载达尔文及其进化论的著作，当为华蘅芳和美国传教士玛高温合译出版的英国地质学家赖尔的《地学浅释》。此后，英国传教士傅兰雅主办的《格致汇编》和美国传教士林乐知主编的《万国公报》等也在不同程度上有所宣传。但这些都是较为零星的介绍而非系统的输入，也未能产生较大的影响。
④ 贺麟：《严复的翻译》，《东方杂志》1925 年第 22 卷第 21 期。
⑤ 梁启超：《亡友夏穗卿先生》，《饮冰室合集》文集之四十四，第 20 页。
⑥ 梁启超：《清代学术概论》，《饮冰室合集》专集之三十四，第 71 页。

公羊三世说比之僵死的封建思想具有进步性，但它所讲的变易历史哲学，是靠阐释古代经典中的"微言大义"而得，在很大程度上建立在主观推论和比附的基础上，未能摆脱封建学术的旧体系，具有粗疏原始、主观和神秘的致命弱点，往往使人感到怀疑甚至骇异。因此，时代迫切需要崭新的哲学。正是严复，这位被毛泽东称誉为近代向西方学习代表人物的启蒙思想家，在此国家前途极其危险、智识界极度渴求的时刻，大力介绍西方进化论学说。而且，这套进化发展的理论，是从大量的实例中归纳出来的，可以动植物、人体、地形、地质、化石来做验证，具有严密的科学性和鲜明的实证性的优点，在性质上属于近代学术体系，比公羊学要高出整整一个时代。因而，"天演论"学说不仅满足了中国人民批判腐朽封建帝制的需要，破除了顽固派"天不变道亦不变"的观念，为维新变法提供了学理上的支持，而且为立志改革、争取国家富强的人们提供了新的观察历史和民族命运的思想武器。

这一先进学说得以面向大众，开始影响人们的生活观念甚至改变社会构成，正发端于《天演论》在《国闻汇编》的公开发表。梁启超就曾评价说："天津《国闻汇编》，成于硕学之手，精深完粹，夐乎尚矣。"[1] 显然是主要针对严复所译《天演论》而言。而且，在此影响下，与《国闻报》保持密切联系的《昌言报》也开始连载由曾广铨译、章太炎笔述的《斯宾塞尔文集》[2]，进一步扩大了进化论的影响。此后，随着《天演论》的正式出版和不断再版，尤其是商务印书馆本出现以后，进化论更风靡全国，日渐渗透到中国社会的方方面面。换言之，《天演论》的发表和出版，是进化论在中国传播过程中的里程碑。胡适曾回忆说：

> 《天演论》出版之后，不上几年，便风行到全国，竟做了中学生的读物了。读这书的人，很少能了解赫胥黎在科学史和思想史上的贡献。他们能了解的只是那"优胜劣败"的公式在国际政治上的意义。在中国屡战屡败之后，在庚子、辛丑大耻辱之后，这个"优胜劣败，适者生存"的公式确是一种当头棒喝，给了无数人一种绝大的刺激。几年之中，这种思想像野火一样，延烧着许多少年人的心和血。"天演"、"物竞"、

---

[1]　梁启超：《清议报一百册祝辞并论报馆之责任及本馆之经历》，《饮冰室合集》文集之六，第53页。

[2]　《昌言报》第1、2、3、4、6、8册，1898年8—10月。

> "淘汰"、"天择"等术语都渐渐成了报纸文章的熟语，渐渐成了一班爱
> 国志士的"口头禅"。还有许多人爱用这种名词做自己或儿女的名字。
> 陈炯明不是号"竞存"吗？我有两个同学，一个叫做孙竞存，一个叫做
> 杨天择。我自己的名字也是这种风气底下的纪念品。[①]

这段话最足以说明，《天演论》不仅影响了与之同时或稍后的无数读书
人[②]，而且借助报纸等形式迅速突破了这一范围，逐渐内化到人们的思想意识
里，渗透到人们的日常生活中，成为人们思考问题、观察世界的基本前提和
预设。

从近代学科角度讲，严复译《天演论》所传播的进化论在史学、哲学、
文学等诸多领域均产生深刻影响，而以史学为最巨。传统史学中虽然也有朴
素的进化论思想，但在整体上以循环论、复古说、天命论等为主导，至近代
已无法适应时代需要，迫切需要根本性的变革。夏曾佑与严复共同创办《国
闻报》，过从甚密，对《天演论》有深入的理解，不仅在《国闻报》上撰写文
章时加以应用，如在《本馆附印说部缘起》中以进化论作为理论根据，阐述
小说的独特优点和社会作用，开启"小说界革命"的先河，而且至20世纪初
年写成近代史上第一部以进化论为指导的中国通史著作——《中国古代史》。
梁启超受到严复的直接影响，又经过流亡日本的学习，遂以"史界革命"的
倡导者自居，著成史学理论名作《新史学》，宣传历史研究应以叙述人群进
化之公理公例为宗旨，并循此撰成近代中国史学史上第一篇系统的长篇论文
《论中国学术思想变迁之大势》。这三部进化论学说催开的史学之花，分别以
通史、史学理论和学术史的不同形式，宣告严格意义上的"近代史学"的诞生。

三、近代报刊发展史的重要一页

中国近代报刊发端于19世纪初期外国传教士和商人创办的中外文报刊，
此后的半个多世纪内，舆论主权始终掌握在外人手中。这种局面随着中国新
型知识人的出现而开始改变，他们充分意识到报纸的重要性并积极尝试夺回

---

① 胡适：《四十自述》，吉林大学出版社2015年版，第59页。
② 曹聚仁也曾回忆说："近二十年中，我读过的回忆录，总在五百种以上，他们很少不受赫胥黎《天
演论》的影响，那是严氏的译本。"参见曹聚仁：《中国学术思想史随笔》，生活·读书·新知三
联书店2003年版，第371页。

话语权。1858 年，创办于香港的《中外新报》，标志着由中国人自己主办的近代化报刊的正式诞生。1874 年，《循环日报》的创刊则标志着第一个政论性报纸的出现。随着资产阶级的不断成长和变法维新思潮的兴起，中国迎来了近代史上第一次自主办报的高潮。据不完全统计，从 1895 年到 1898 年，全国出版的中文报刊有 120 种左右，80% 是中国人自办的。① 其中，《时务报》和《国闻报》的创办，是中国近代新闻传播史上的重要转折点，它们南北呼应，构建了强大的舆论网络，成功冲破了清廷的言论禁锢，夺回了由外人掌控的话语权，开启了政论报刊的黄金时代，使报刊成为思想表达不可或缺的平台和大众传播形式的主流。当时，《国闻报》是 "北方报纸之最佳者"②。

作为一份产生于特殊时代条件下的报纸，《国闻报》有着极为明确的办报宗旨和社会定位。《〈国闻报〉缘起》称：

> 《国闻报》何为而设也？曰：将以求通焉耳。夫通之道有二：一曰通上下之情，一曰通中外之故。为一国自立之国，则以通下情为要义……为各国并立之国，则尤以通外情为要务……今日谋吾群之道将奈何？曰：求其通而已矣，而通下情，尤以通外情为急。何者？今之国，固与各国并立之国，而非一国自立之国也。……欲通知外情，不能不详述外事；欲详述外事，不能不广译各国之报。

显然，《国闻报》将通外情视为首要任务，而这一办报方针是与严复等人的政治见解和学术思想相统一的，其目的在于通过广译外报的方法使国人了解西方世界，以彻底改变中国的落后局面。在当时的报纸中，《国闻报》在这方面投入的力量最多，产生的影响也最大。其自称 "翻译之报，若俄、若英、若法、若德、若美、若日本、若欧、墨其余诸国。萃取各国之报几百余种，延聘通晓各国文字之士，凡十余人"③，虽有一定的自夸成分，却充分显示出其办报目标和特色。

这一定位符合传播西学的时代潮流，却有违新闻传播的内在规律，因为大众所最关注的并非远隔重洋的国外新闻，而是与切身利益相关的国内事件。

---

① 参见方汉奇：《中国新闻事业通史》，中国人民大学出版社 2004 年版，第 364 页。
② 戈公振：《中国报学史》，上海书店出版社 1990 年版（据商务印书馆 1928 年版影印），第 141 页。
③ 《〈国闻报〉缘起》，《国闻报》1897 年 10 月 26 日。

随着办报经验的增加,《国闻报》的重心逐渐转移到国内。1898 年 4 月 11 日《时务报》曾刊登《国闻报》的广告称:"本报除纪京城、直隶新闻外,又详载西北诸省暨东三省、青海、前后藏时事,一补申地诸报之不及,并译登西报之论说中外情形者。兹为推广销路起见,特设分馆于上海时务报馆内。"这则广告既体现了南北两大核心报刊之间的分工合作,也说明其已将外事新闻置于从属地位。夏曾佑曾致函汪康年称:"报前须有论说,不能专恃外文……此二者乃最要之事。又陵、菀生所见正同,未知尊意以为何如也?"① 因此,《国闻报》后来增设"本馆论说"或"本馆照录"栏目,摆脱了单纯翻译外文的方式。随着民族危机的不断加深,《国闻报》很快又打破只报道北方新闻的惯例,而以事件的新闻价值为标准,突破了地域空间上的限制。1897 年 12 月 28 日《国闻报》"本馆告白"称:"本馆原定章程专纪西北各省之事,至东南诸路报馆林立,一切新闻无俟敝馆赘述……今本馆因特变通前议,凡东南各省如有重要事情,或关军国大计,或系民生利病,亦与各埠分托访事友人量为采录邮寄,择其尤要者登之报章,题曰东南各路新闻,以飨阅报者诸君之责望。"②

传播西学知识和关注社会变革的诉求,决定了《国闻报》有别于《直报》那样的商业性报纸,而以社会新闻的传播为主体。同时,在中国面临被列强瓜分的时代背景下,《国闻报》又特别注重对中外关系的报道。该报创立不久,即发生德国强占胶州湾事件。自 1897 年 11 月至次年 2 月,《国闻报》对此事件进行跟踪报道,有时一日两篇,连续发表新闻 30 余篇,评论近 10 篇,如《论山东曹州教案事》、《驳泰晤士报论德据胶澳事》、《论德国借案占夺胶澳事》等,尤其是刊布了《总理衙门奏教案办结胶澳议租折》,将清廷在列强面前无可奈何、步步退让的丑陋形态公之于世,将秘密外交变为舆论外交,引起强烈反响。对这一事件的报道,充分展示出《国闻报》在舆论监督和引导受众方面所发挥的巨大作用,也说明其新闻报道具有极强的时效性。比如,1897 年 11 月 18 日"东警续述"称:"德兵据胶,本馆探述大略,正排印间,忽接山东访事友人来电,合亟译登,以供众览。"而且,《国闻报》对当时的中外情势掌握得十分清楚,比如连载严复的《论俄人为中国代保旅顺大连湾事》、

---

① 　上海图书馆编:《汪康年师友书札》,第 1331 页。

② 　《本馆告白》,《国闻报》1897 年 12 月 28 日。

《再论俄人为中国代保旅顺大连湾事》，谓："十月十九日，德兵船既据胶州海湾，本馆曾极论德人举动之妄，而复申言之曰：德人今日既占胶澳，则俄人明日必规旅大。其时端倪未露，泰东泰西诸国尚未张皇其词，本馆不过揆诸事势，纵言及之，以为俄国政府其谋国之道必如是也。乃未及一月，而俄果有为中国代保旅顺之议。此议既成，于是英人乃议驻守舟山矣，日人乃议不还威海矣。"[①]"英索舟山，日据威海，其势既迫，其请必坚，拒之不能，应之不皇，亦惟有拱手相让己矣。且岂但英、日而已，法人又必……得其一而后快。"[②]深刻地揭露出俄国的侵略野心，痛切地阐明了中国面临被列强瓜分的危急形势。这一外交倾向的产生，还因为日本明治维新具有直接的可效法性，维新派大多主张联日抗俄，反对帝党的联俄主张。《国闻报》作为维新派的舆论喉舌，当然表现出同样的态度。其最明显的例子就是，当伊藤博文访问中国时，《国闻报》对其在华活动给予了连续而详细的报道。

总之，作为一份政论性报纸，无论是在中外关系，还是在"百日维新"的报道方面，《国闻报》均表现出信息丰富而及时的特点，而且评论见解独到、言辞犀利，令同时期的其他报纸望尘莫及。这主要得益于《国闻报》颇具规模的采访队伍，主办者的中西学养、社会声望、政治地位、广泛交游以及紧邻北京的地缘优势。《国闻报》在缘起中自称："访事之地大小凡百余处，访事之人中外凡数十位。"而当时身为总理衙门章京的汪大燮也曾致函汪康年说："《国闻报》请人法最妙，所请即《泰晤士报》馆所请之人，消息确而速，又极多极详……不确、不详、不多、不速，人不要看，四美具则费巨矣！"[③]这说明该报确实具有相当规模的采访队伍，不过两说均带有一定的夸张成分。王修植曾在致汪康年的信中透露其真实状况说："《国闻》访事人亦无好手，均系敷衍角色。京中时有重大新闻，或系得自西人，或系得之交好，亦无一定也。"[④]《国闻报》的新闻报道常常以"京友来函云"、"京师友人来信云"、"顷得北京访事人来函"为开头，也很能说明其消息的主要来源。

值得注意的是，《国闻报》仿《泰晤士报》之例，兼出日报和旬刊，具有明确的分工：

---

① 《国闻报》1897 年 12 月 26 日。

② 《国闻报》1897 年 12 月 28 日。

③ 上海图书馆编：《汪康年师友书札》，第 784 页。

④ 上海图书馆编：《汪康年师友书札》，第 82 页。

大抵日报则译于本国之事，而于外国之事则为旁及。旬报则译于外国之事，而于本国之事则为附见。阅报之人亦可分为二类：大抵阅日报者，则商贾百执事之人为夺，而上焉者或嫌其陈述之琐屑。阅旬报者，则士大夫读书之人为多，而下焉者或病其文字之艰深。①

在出版形式上，日报每天一大张，用四号字排印；旬刊则装订成册，用三号字排印。这种立足于受众群的不同而将报、刊加以结合的先进理念在当时可谓独领风骚，已经呈现出专门期刊的雏形，在中国近代报刊史上占有重要地位。② 可惜，在当时国内先进读书人群体数量有限的情况下，《国闻汇编》由于文义艰深而销路不广，最终仅出 6 期而停刊。王修植曾在给汪康年的信中称："《国闻汇编》阅者多以文义艰深为嫌，每期仅售五六百分，实在赔本不起，现已停止不印，专办日报。"③

当然，这与《国闻报》所使用的文体也有相当关系。在当时，由梁启超等人创造的"时务文体"这一新的报章文体形式因接近大众而从古典文学中脱颖而出，成为独立的体裁并日趋成熟。但是，《国闻报》的灵魂人物严复却因受到吴汝纶的影响而坚持用古文写作，继承了桐城派的文风，与其他报纸相较显得更为晦涩难懂，因此直接影响了其发行量。梁启超就曾批评严复这种古朴、典雅的文风，认为报纸文体应"平易畅达，使学童受其益"，而严复"文笔太务渊雅……一翻殆难索解"。④ 对此，严复回应说："窃以谓文辞者，载理想之羽翼，而已达情感之音声也。是故理之精者不能载以粗犷之词，而情之正者不可达以鄙倍之气……若徒为近俗之词，以取便市井乡僻之不学，此于文界，乃所谓陵迟，非革命也。且不佞之所从事者，学理邃赜之书也，非以饷学僮而望其收益。吾译正以待多读中国古书之人，使其未目睹中国之古书，而欲稗贩吾译者，此其过在读者，而译者不任受责也。"⑤ 严复将这一文体特点也带入日报，但因所发多为政论式文章，故而在整体上相较所译

---

① 《国闻报缘起》，《国闻报》1897 年 10 月 26 日。
② 王韬主办的《循环日报》也在出版日报的同时，兼出月刊，但月刊仅是对日报的摘录和整理，与《国闻汇编》存在性质上的差异。
③ 上海图书馆编：《汪康年师友书札》，第 81 页。
④ 《新民丛报》1902 年 2 月 8 日。
⑤ 严复：《严复集》，第 516 页。

学术著作而言要简单、明快、易懂得多，且贴近现实、生气勃勃、激动人心。不过，两相对比，显然梁启超的文字更具有宣传力度，而这正是其影响更为广泛、深远的重要原因之一。

此外，《国闻报》还专门制定章程以规范报馆人员和提供消息人员的行为，鲜明地对报人的职业道德提出严格的要求，而在报纸的整体设计上，则包括消息、评论、副刊以及新闻图片和广告等，形式多样而浑然一体。因此，虽然《国闻报》存在时间较短，但无论从形式、内容还是所发挥的社会影响而言，都当之无愧是近代报刊发展史上的重要一环，也是近代华北社会史的光荣一页。

第三章 梁启超：近代学术文化的奠基者

第一节 近代学术文化的奠基者

梁启超（1873—1929）是近代学术文化巨人。他在 56 岁不幸因病去世，然而他度过的却是有声有色、波澜壮阔的一生。他 22 岁就同康有为一起发动声势浩大的"公车上书"，23 岁就担任上海《时务报》主笔，至其逝世前，重病住院仍著述不辍。其遗著《饮冰室合集》达 40 册，总字数达 1400 万字左右。其著述涉及史学、政治、经济、哲学、文学、民族、宗教、法律、教育、伦理等异常广阔的领域，产生过巨大的影响。梁启超的成就得到很多同时代人和后人的赞誉，被称为"百科全书式的学者"。

客观情况又是复杂的。由于梁启超著述宏富，领域广阔，要对其思想和学术作全面、中肯的评价，殊非易事。加上，梁启超所处的时代是由传统社会向近代社会转变的时代，即他常称的"过渡时代"，新的进步的东西和旧的落后的东西相杂陈，有时是纠缠在一起，不易别拣。梁启超本人又爱讲真话，常解剖自己，坦陈自己的弱点，"不惜以今日之我与昔日之我战"。本来时代变化迅速，他又极勇于接受新思想，因而改变原先看法。这样容易授人以柄，把他视为"浅尝多变"。由于上述原因，对梁启超历史地位的评价，实际上存在较大分歧。比较典型的是梁漱溟先生的言论。1929 年梁启超逝世后，梁漱溟写有《纪念梁任公先生》一文，一方面，称誉梁启超的主要成就"在迎接新世运，开出新潮流，撼动全国人心，造成中国社会应有之一段转变"，"任公无论治事和行文，正如韩信将兵，多多益善，自己冲锋陷阵所向无前"。另一方面，他又说梁启超的贡献主要在事功，不在学术，"学术上的成就，量过于质"①。

历史进入改革开放的新时期以来，人们看到，多家出版社争相重印梁启超著作的单行本，且一再畅销，报刊上的学术论文对梁启超的言论引用最多，研究梁启超思想和学术某一方面的专著和博士论文接踵而出。这恰恰证明，历经一个世纪左右岁月的考验，梁启超的著作仍然具有很强的生命力。可是，在有的评论近代学术史的论著中，却时能见到有的研究者突出王国维、胡适、钱穆等学者的贡献，而隐含将梁启超列在次一等地位的用意。

笔者认为，要恰当评价梁启超的历史地位，需特别注重其对近代学术文化发展关系重大的成就。这就是：其一，开启近代学术的新潮流，推动学术格局的根本变化；其二，提供了近代学术的新范式；其三，恢宏与专精二者兼擅，晚年撰成了多部传世之作。通过剖析这三项，我们就可以明确地得出"梁启超是近代学术文化杰出的奠基者和开拓者"的结论。

一、开启近代学术新潮流

1902 年梁启超发表的《新史学》一文，是一个世纪以来人们公认的宣告 20 世纪学术新时代到来的响彻大地的春雷。

何以《新史学》具有如此划时代的意义？这是因为，它在中国社会和学术跨入近代的关键时刻，划清了新时代史学与旧时代史学在历史观指导上、在著史的目的和内容上彼此的界限。历史观是人们观察历史总的指导思想，是关于历史演进的总特征，关于错综复杂的历史事件之间的关联，关于历史进程的动因等根本问题的基本看法。历史演进的阶段发生质的变化了，历史观也必然要产生质的飞跃。梁启超指出：中国旧史界虽号称发达，但千百年来，封建思想严重阻碍了史家创造性的发展，致使历代撰史者墨守成规，不求变革。"《史记》以后，而二十一部，皆刻画《史记》，《通典》以后，而八部皆摹仿《通典》，何其奴隶性至于此甚耶？"梁启超分析造成这种因袭模仿痼疾的根由，一是因为专制统治者的钳制，使旧史家惟恐触犯朝廷；二是因国民意识的不发达，以致"认为历史是朝廷所专有物，舍朝廷外更无记载"。旧史家不懂得史学的可贵，乃在于通过叙述人群的进化，培养民众爱群善群之心、进取意识和爱国精神。他们不去思考历史事件造成的影响，不去探究

---

① 梁漱溟：《桂林梁先生遗书》之五，京华印书局 1925 年印本。

事物间的因果联系。尤其将人物与时代之间的主从关系颠倒过来，不明白人物只能作为时代的代表，却反过来把时代作为人物的附庸。结果，旧时代的正史便成为人物传的汇集，甚至人至上千，卷次数百，"如海岸之石，乱堆错落"。读史者更无法明白事件、人物之间的关系，不了解历史演进之内在的原因。

梁启超切中要害地指出，造成旧史陈腐落后的根源，正在于完全违背国民意识和进化观念。"盖从来作史者，皆为朝廷上之君若臣而作，曾无有一书为国民而作者也。""夫所贵乎史者，贵其能叙一群人相交涉、相竞争、相团结之道，能述一群人所以休养生息、同体进化之状"，旧史界却"未闻有一人之眼光能见及此者"。由此而造成旧史"四蔽"、"二病"："知有朝廷而不知有国家"，"知有个人而不知有群体"，"知有陈迹而不知有今务"，"知有事实而不知有理想"；"能铺叙而不能别裁"，"能因袭而不能创作"。[①] 致使二十四史简直成为二十四姓之家谱。

因此，梁启超大声疾呼要实行"史界革命"，即用国民意识和进化史观为指导，对旧史实行彻底改造，创造出符合于"提倡民族主义，使我四万万同胞强立于此优胜劣败之世界"[②] 这一时代要求的新史学。他规划新史学的方向，从三个层次对新史学完全不同于旧史界的性质、内容加以界定：

其一，阐述"历史者，叙述进化之现象也"，划清旧史一治一乱的循环观与新史学认为历史的变化"有一定之次序，生长焉，发达焉"，即由低级向高级进化的界限。他还指出，历史是进化的，然而历史的进步并非直线式，"其象如一螺线"。而循环论者在认识上的错误，"盖为螺线之状所迷，而误以为圆状，未尝综观自有人类以来万数千年之大势，而察其真方向之所在，徒观一小时代之或进或退，或涨或落，遂以为历史之实状如是云尔"[③]。这段论述，是对历史进化论做螺旋式运动的特点及循环论者误取螺旋式的一圈而以为做圆形运动的认识论的错误，所做的精彩的分析。

其二，阐述"历史者，叙述人群进化之现象也"，划清旧史把史书变成孤立的人物传的做法，与"新史学"要求写出人类"借群力之相接相交、相争相师、相摩相荡、相维相系、相传相嬗，而智慧日进焉"的界限。梁启超强调人类进化是人群进化的结果，"食群之福，享群之利"，"所重者在一群，

---

① 　梁启超：《新史学》，《饮冰室合集》文集之九，第3—5页。
② 　梁启超：《新史学》，《饮冰室合集》文集之九，第7页。
③ 　梁启超：《新史学》，《饮冰室合集》文集之九，第7、8页。

非在一人"。这种以叙述人群进化为宗旨，与旧史书"连篇累牍胪列无关世运之人之言论行事"的做法迥然不同。①

其三，阐述"历史者，叙述人群进化之现象，而求得其公理公例者也"，提出史家应善于通过比较研究和纵贯联系做考察，"内自乡邑之法团，外至五洲之全局；上自穹古之石史，下至昨今之新闻"，从人类活动的总背景中去求得人类进化之真相，并且重视史学与其他学科的关系，总结出历史哲学的理论，"以过去的进化，导未来之进化"，使后人循历史进化的公理公例，"以增幸福于无疆"。②总之，梁启超的《新史学》，是中国历史跨入20世纪之际，爱国、奋起的民族思想高潮的产物，它以新鲜的理论和价值观，在学术界以至社会各界产生了震撼的力量。梁启超对"新史学"的规划，虽嫌简单，但他的理论与中国社会加快进入"近代"的脚步，与正在酝酿的革命潮流正相合拍。他对旧史学的批判虽有偏激过头之处，但确实打中要害。旧史是封建时代的产物，层层堆积，封建意识根深蒂固。近代史学要为自己开辟道路，就必须以凌厉的攻势，廓清其谬误，使人们警醒过来，认清封建毒素的危害。《新史学》的划时代意义，就在于它宣告了以"君史"为中心的旧史时代的结束，宣告了以进化史观为指导、记载内容以"民史"为中心的"新史学"时代的到来。此后，20世纪的史家，无不以"新史学"为旗帜，足见梁启超的这篇名文开辟创始之功是多么巨大！

梁启超撰写的史学论著，正是贯彻了以进化史观为指导，发挥"新史学"激励爱国心和促进民族进步的宗旨为基本特点，其史学实践与《新史学》的理论主张相得益彰。至1921年，他又著成《中国历史研究法》，发展了《新史学》的基本观点，进一步构建了以进化史观为指导的理论体系。他明确主张今日著史应成为"国民资治通鉴"或"人类资治通鉴"。他对历史学做了明确的界定：

> "史"者何？记述人类社会赓续活动之体相，校其总成绩，求得其因果关系，以为现代一般人活动之资鉴者也。其专述中国先民之活动供现代中国国民之资鉴者，则曰"中国史"。③

---

① 梁启超：《新史学》，《饮冰室合集》文集之九，第9页。
② 梁启超：《新史学》，《饮冰室合集》文集之九，第10、11页。
③ 梁启超：《中国历史研究法》，《饮冰室合集》专集之七十三，第1页。

　　根据这一界定，他为"中国史"设计了 22 个题目，主要有中华民族如何由各族混合淳化而成，民族间的关系和中华民族活动的拓展，与世界的关系，政治组织、经济活动和经济制度，民族思想和思潮演变等。按照这种设想，不仅记载范围之广阔为旧史所无法相比，而且在指导思想上高出整整一个历史时代。为此梁启超特别强调改造旧史的重点应在：第一，改变旧史以"少数特别阶级"（贵族，或官僚阶级，或智识阶级）为写作对象为以国民为对象；第二，以生人为本位的历史代死人为本位的历史，彻底改变旧史那种"费天地间无限缣素，乃为千百年前已朽之骨校短量长"的状况；第三，改变旧史片断、孤立、不相联属的状况，新史学论述历史，"横的方面最注意其背影与其交光，然后甲事实与乙事实之关系明"；"纵的方面注意其来因与其去果，然后前事实与后事实之关系明"；还应有说明，有推论。务必按照这样的历史观和学术规范去努力，从而写出能够再现客观历史，并且内容系统、结构紧密的系统著作。

　　《中国历史研究法》中还讨论了历史的因果关系和动力，史料的搜集与鉴别等问题。嗣后，梁启超又于 1926 年著成《中国历史研究法补编》，进一步论述史家的修养和专史的做法等项。总起来说，从《新史学》到《中国历史研究法》及其《补编》，梁启超的著述形成了具有新世纪强烈时代特征、以进化史观为指导的史学理论体系。当时正处于西方进步文化大量输入的时期，梁启超本人具有开放、进取、迎接新文化潮流的精神，故能做到大量吸收西方史学理论，并注重将之与中国传统学术的优秀部分结合起来，互相贯通；再加上他有大量著述，涉及范围广，能从实践上升到理论高度，有真知灼见，极具针对性和指导性。由于这些条件，梁启超成为 20 世纪前期开启史学新局面的代表人物，产生了广泛而深远的影响。当然，他的理论中也存在一些错误与不足，这同当时整个学术思想所达到的总体水平有关，也与其本人的局限性有关。我们对此也应有恰当的说明。

二、提供近代学术新范式

　　在大量输入西方新学理和提供近代学术新范式方面，梁启超在同时代人中也是首屈一指的。

　　流亡日本后，梁启超眼界大开，他深切感受到，"近世泰西各国之文明，日进月迈，观以往数千年，殆如别辟一新天地"。他认为促成这一历史巨变的最根本的因素，是新思想传播的力量，"思想自由，言论自由，出版自由，此三大自由者，实惟一切文明之母，而近世世界种种现象，皆其子孙也"。反观中国，他认为，要改变国家的落后和社会空气的恶浊，输入新思想乃是首要的关键。因为，"凡欲造成一种新国民者，不可不将其国古来谬误之理想，摧陷廓清，以变其脑质"①。于是他创办《清议报》（旬刊），自 1898 年底至 1901 年 11 月，共出版 100 册，因火灾停刊。次年初又创办《新民丛报》（半月刊），至 1907 年 10 月停刊，共出 96 号。20 世纪初几年间，他满腔热情，大力宣传新思想，批判旧观念，奏出了启蒙宣传的华彩乐章。1902 年一年中，他即撰有《新民说》、《论中国学术思想变迁之大势》、《论学术势力之左右世界》、《论立法权》、《论政府与人民之限》、《论民族竞争之大势》、《法理学大家孟德斯鸠之学说》、《天演论初祖达尔文之学说及其略传》、《意大利建国三杰传》等论著 43 篇（部）。这一时期他所撰写的文章，还有《饮冰室自由书》、《述近世政学之大原》、《瓜分危言》、《少年中国说》、《论中国国民之品格》、《论独立》、《越南亡国史》、《德育鉴》、《近世第一大哲康德之学说》等。论述范围至广，而核心则是传播西方近代民主共和学说和哲学、政治思想，批判封建势力，论述现代国民的责任。梁启超在如此广阔的领域撰写文章，宣传一整套在当时是先进的新颖的资产阶级意识形态。其重大意义不仅在于传播新的知识，更重要的是让大量新鲜的理论、观点、价值标准，进入青年学生和近代智识界的头脑，由此燃起救国和革命的热情，掀起思想解放的潮流。因此，梁启超成为 20 世纪初智识界心目中最有影响的人物。郭沫若在《少年时代》一书中便赞誉他是革命时代有力的代言者：

　　平心而论，梁任公的地位在当时确实不失为一个革命家的代表。他是生在中国的封建制度被资本主义冲破了的时候，他负载着时代的使命，标榜自由思想而与封建的残垒作战。在他那新兴气锐的言论之前，差不多所有的旧思想、旧风习都好像狂风中的败叶，完全失掉了它的精彩。二十年前的青少年——换句话说，就是当时有产阶级的子弟——无论是赞成或反对，可以说没有一个没有受过他的思想或文字的洗礼的。他

---

① 均见梁启超：《清议报一百册祝辞并论报馆之责任及本馆之经历》，《饮冰室合集》文集之六，第 51 页。

是资产阶级革命时代的有力的代言者……①

梁启超又堪称近代学术范式的出色奠基者。与《新史学》发表的同一年，他撰成《论中国学术思想变迁之大势》的长文，以八万余字的简要文字，气势磅礴地概述了我国几千年学术思想演进的历史趋势，成为我国学术界运用进化史观研究思想史第一次结出的硕果。在此之前，旧时代许多学者的论著，明显地存在系统性不强，缺乏论据充足的深入分析，不擅长于演绎、归纳的逻辑方法，批判意识不足等弱点。对此必须有效地克服，并且提供学术的新范式，才能推进近代学术，迎上世界潮流。梁启超自觉地承担了时代的责任，这篇长文在提供近代学术新范式上突出地做到了以下四项。

第一，论述具有系统性，使读者把握住三千余年学术变迁的主要脉络和总体特点，明了学术思想与时代的关系，以及前阶段与后一阶段学术变迁的传嬗递变。梁启超划分中国学术思想变迁为七个时代：1. 胚胎时代，春秋以前；2. 全盛时代，春秋末及战国；3. 儒学统一时代，两汉；4. 老学时代，魏晋；5. 佛学时代，南北朝隋唐；6. 儒佛混合时代，宋元明；7. 衰落时代，近 250 年。今日则为复兴时代。精辟地评价了数以百计的思想家及其著作，相当有说服力地论述各个时代思想的主要特点、成就和缺陷，这些特点又如何产生，前一时代的学术思想如何成为这一时代的渊源，这一时代的思想又对后代产生了什么影响。几千年发展演进的趋势顿现在读者面前，宛如浑浩流转的大河，起伏曲折可望，又如蜿蜒绵亘的特长链条，环环相扣在目。

第二，对复杂的时代条件如何形成了一代学术思潮做剖析，对思想家的主要倾向、功过做中肯的评论。

如，中国古代学术对后世影响最大的，是孔、孟两大派。梁启超认为，在战国时代，它们分别是南北两大派的代表，他详细分析由于地理环境的不同而造成南北学风的悬殊差别。"北地苦寒硗瘠，谋生不易，其民族销磨精神日力以奔走衣食维持社会，犹恐不给，无余裕以驰骛于玄妙之哲理。故其学术思想，常务实际，切人事，贵力行，重经验，而修身、齐家、治国、利群之道术，最发达焉。惟然，故重家族，以族长制度为政治之本（原注：封建与宗法，皆族长政治之圆满者也）；敬老年，尊先祖，随而崇古之念重，保守

---

① 郭沫若：《少年时代》，人民文学出版社 1979 年版，第 112—113 页。

之情深，排外之力强。则古昔，称先王，内其国，外夷狄，重礼文，系亲爱，守法律，畏天命：此北学之精神也。"进而论述南方自然条件悬殊不同，气候温和，土地肥饶，谋生容易，其居民不必为一身一家之饱暖忧虑，"故常达观于世界以外，初而轻世，既而玩世，既而厌世。不屑屑于实际，故不重礼法；不拘拘于经验，故不崇先王；又其发达较迟，中原之人，常鄙夷之，谓为野蛮，故其对于北方学派，有吐弃之意，有破坏之心。探玄理，出世界，齐物我，平阶级，轻私爱，厌繁文，明自然，顺本性：此南学之精神也"①。南北两派的不同特点，在中原地区相遇，自然要激起碰撞的层层浪花，推动古代学术走向百家争鸣的黄金时代。

又如，关于战国时代学术为何勃兴，梁启超以诗一般的语言描述说："全盛时代，以战国为主，而发端实在春秋之末。孔北老南，对垒互峙；九流十家，继轨并作。如春雷一声，万绿齐苗于广野；如火山乍裂，热石竞飞于天外。壮哉盛哉！非特中华学界之大观，抑亦世界学史之伟迹也！"②他总结造成学术勃兴的原因，共有七项：1. 由于前此学术思想蕴蓄之宏富；2. 由于社会急剧变动的刺激；3. 由于思想学术之自由：政权下移，游士往来列国之间，出现了处士横议的时代风气，正所谓"海阔从鱼跃，天高任鸟飞"③；4. 由于交通之频繁；5. 由于人材之重；6. 由于文字之趋简，著述及传播较前容易；7. 由于讲学之风盛，学术思想得到有效的传播。这些提纲挈领的论述，对于人们认识战国时代百家争鸣勃兴的深层条件是很有指导意义的。

第三，对一个时期学者学术倾向的不同类型，以及相互间的同异，做缕析、归纳。如，关于两汉儒学的不同类型和倾向。梁启超划分两汉是"儒学统一时代"，但所谓统一，是指儒学在当时处于独尊地位，而当时儒家学者，却不是铁板一块，而是具有不同的类型和倾向。梁启超又分之为：1. 说经之儒；2. 著书之儒。前者又分之为四种：口说家，只知口传而缺乏创造；经世家，以经术言政治者；灾异家，附会讲阴阳灾异者；训诂家，专门从事校勘诂释笺注者。后者，梁启超首推董仲舒、司马迁，称董仲舒发挥《春秋》微言大义，究天人相与之故，堪称西汉学统的代表。司马迁著《史记》，不但是卓越的史家，而且他尊奉儒学，本纪、世家、列传，都精心托始于孔子所

---

① 均见梁启超：《论中国学术思想变迁之大势》，《饮冰室合集》文集之七，第18页。

② 梁启超：《论中国学术思想变迁之大势》，《饮冰室合集》文集之七，第11页。

③ 梁启超：《论中国学术思想变迁之大势》，《饮冰室合集》文集之七，第13页。

表彰的人物，立孔子为世家，为孔子弟子立传，其撰书宗旨以继《春秋》自任，故是"汉代独一无二之大儒"，《史记》一书也是"上古学术思想之集大成"。① 对于刘向、扬雄、王充、王符、仲长统等，也分别做了评价——这是辨析同一时代学术倾向异同及其相互关系的成功例证。

第四，具有鲜明的批判精神。尖锐地抨击专制政体和文化专制的祸害，是《论中国学术思想变迁之大势》又一出色成就。梁启超一再用进化、竞争学说，说明政治上、文化上的专制主义对社会及学术的发展造成严重的障碍，其中说道："进化与竞争相倚，此义近人多能言之矣。盖宇宙之事理，至繁赜也，必使各因其才，尽其优胜劣败之作用，然后能相引以俱上。若有一焉，独占势力，不循天则以强压其他者，则天演之神能息矣。……学说亦然，使一学说独握人人良心之权，而他学说不为社会所容，若是者谓之学说之专制。苟专制矣，无论其学说之不良也，即极良焉，而亦阻学问进步之路，此征诸古今万国之历史而皆然者也。"② 关于西汉儒学独尊对于社会及学术的影响，我们今日可比梁启超所论做更深入、具体的分析和评定，但梁启超大力针砭封建文化专制主义阻碍学术的发展，则是击中要害的。

关于清代考据学，梁启超一方面肯定它在文献整理上做出出色的成绩，在方法上与近代科学精神有相通之处；另一方面，又强调确是因清朝统治者大兴文网，学者视关心现实问题为畏途，而转向脱离实际的烦琐考据。他指出，由于清朝统治者屡兴文字狱，"学者举手投足，动遇荆棘，怀抱其才力智慧，无所复可用，乃骈辏于说经……流风既播，则非是不见重于社会，幽眇相竞，忘其故矣！呜呼！斯学之敝中国久矣"③。这种鲜明的批判精神来自梁启超对民权学说的信仰，而这种浓厚的国民意识，乃是梁启超在学术上做出有进步意义的巨大贡献的重要精神支柱之一。

这篇在思想观点、研究方法和著述范式上都具有突出开创意义的名文所产生的深远影响，我们可以举出胡适的感受作为例证，胡适后来走上研究中国哲学史的道路，即直接受到梁启超此文的影响。胡适在其成名之后所写的《四十自述》一文中说：

---

① 梁启超：《论中国学术思想变迁之大势》，《饮冰室合集》文集之七，第52页。
② 梁启超：《论中国学术思想变迁之大势》，《饮冰室合集》文集之七，第56页。
③ 梁启超：《论中国学术思想变迁之大势》，《饮冰室合集》文集之七，第91—92页。

我个人受了梁先生无穷的恩惠。现在追想起来，有两点最分明。第一是他的《新民说》，第二是他的《中国学术思想变迁之大势》……"新民"的意义是要改造中国的民族，要把这老大的病夫民族改造成一个新鲜活泼的民族……我们在那个时代读这样的文字，没有一个人不受他的震荡感动的。他在那时代主张最激烈，态度最鲜明，感人的力量也最深刻。

…………

《中国学术思想变迁之大势》也给我开辟了一个新世界，使我知道四书五经以外中国还有学术思想……但在二十五年前，这是第一次用历史眼光来整理中国旧学术思想，第一次给我们一个"学术史"的概念，所以我最爱读这篇文章。[①]

梁启超从事的开启近代学术新潮流、广泛传播西方新学理的工作，突出地具有思想启蒙的意义，体现了他对实现国家富强和民族复兴道路的探索，因而对国人起到长期而深远的教育、激励作用，具有久远的生命力。在这里，我们还可以举出最新的例证。党的十八大刚刚结束，有一篇宣讲十八大精神的报告《民族复兴与社会主义道路选择》，其中就一再讲到梁启超在20世纪初大力从事思想启蒙的贡献。报告人主要举出了三项：其一，"梁启超先生提出了多元一体的中华民族生息共同体概念"；其二，"他对传统国民性（特别是奴性）的批判，重塑了中国几千年的家国关系，直接哺育了陈独秀、李大钊、鲁迅等后来人"；其三，"1900年，在新世纪的门槛上，梁启超发表了《少年中国说》。与老大帝国相对，称'我心中有一少年中国在'。""'少年中国'一扫'面皱齿尽、白发盈把'的'老大帝国'形态，展现了一种创世纪的激情、精神和力量，引起国人的广泛共鸣，成了清帝逊位、'大中华民主国'开元的报晓，极大影响到孙中山先生领导的伟大的辛亥革命和中华民国的建立。"[②] 一个世纪以后，有学者如此高度评价梁启超从事思想启蒙、开启近代学术新潮流的历史功绩，这无疑为梁启超论著的生命力提供了最新的证据。

---

① 胡适：《四十自述》，第56—59页。

② 据《民族复兴与社会主义道路选择》，见宣讲家网（www.xj71.cn/2013/0220/704168.shtml），报告人系国防大学马克思主义教研部郭凤海教授。

三、恢宏与专精二者兼擅

在学术实践上梁启超的最大特点是恢宏渊博和专深研究兼擅其长，他留下的多部传世之作近年来在学术刊物上仍经常被引用，证明他为多个学术领域提供了奠基性或指导性的论著，也足以证明"量多于质"的说法与事实相差甚远。梁启超在最后十年撰成的论著，粗略列出即有：《春秋载记》、《战国载记》、《清代学术概论》、《墨经校释》、《墨子学集》、《中国历史研究法》、《老子哲学》、《先秦政治思想史》、《中国韵文里头所表现的情感》、《地理及年代》、《五十年中国进化概论》、《陶渊明》（包括《陶渊明之文艺及其品格》、《陶渊明年谱》、《陶集考证》）、《国学入门书要目及其读法》、《颜李学派及现代教育思潮》、《中国近三百年学术史》、《戴东原哲学》、《戴东原传》、《近代学风之地理分布》、《明清之交中国思想及其代表人物》、《要籍解题及其读法》、《中国历史研究法补编》、《中国文化史·社会组织篇》、《儒家哲学》、《古书真伪及其年代》。以上共有二十余种，数量之巨，质量之精，令人惊叹，形成了恢宏渊博的风格。在20世纪二三十年代，即有人称誉："《饮冰》一集，万本百遍，传诵国人，雅俗共赏，得其余沥以弋鸿名而张骚坛者，比比皆是。"[①]

那么，哪些是梁启超专精的领域呢？依笔者说，计有四个领域：先秦史、清代学术史、史学理论、历史文献学。所以他绝不是"务广而荒"或"浅尝多变"。因篇幅关系，这里仅简要讲其第一项。

梁启超对先秦史的研究造诣高深，其主要论著有《春秋载记》、《战国载记》、《先秦政治思想史》、《儒家哲学》、《论中国学术思想变迁之大势》（先秦部分）等，是从社会史、思想史、文献考订等做了多层面、多方位的研究。其中，《春秋载记》、《战国载记》是梁启超精心撰写的中国通史之部分成果。《春秋载记》做到了从中国历史发展的总向来把握春秋时期历史的趋势和特征，中肯地论述了春秋时期是中国历史走向大一统过程的极其重要的阶段。在全篇之前他高瞻远瞩，中肯地论述春秋时期在中国历史进程中的地位：由春秋时期小国林立状态，经过大国争霸，成为走向华夏统一国家的意义重大的历史阶段。他指出：不能从表象看问题，认为春秋"分立百数十国，其盛强者尚十数，日寻干戈，二百余年"，似乎与统一之义相背反；而应该看历史

---

① 王文濡语，参见丁文江、赵丰田编：《梁启超年谱长编》"1929 年"条。

发展的总向，认识春秋之世乃是统一的观念和动力酝酿、培育的时期，"非经此阶段，则后此一统之象决无自而成"。① 春秋史的一个关键问题，是对以齐桓、晋文为代表的"霸政"局面的特点和后果如何认识。梁启超提出了独到而深刻的看法，他称"霸政时代"是春秋社会进化的重要阶段，进入霸政时代各国在交往中互相交流、吸收并且竞争，制度向前发展，形成了交往的规范，有共循的规则或新定盟约，民力也获得了发展。"霸政全盛之代，尤以仗义执言摧暴扶微为职志，各国不敢恣相侵伐，民愈得休养生息，以孳殖其文物。"② 由于竞争，原有各大国业已形成的文化特性得到发扬充实，而且互相交流融会而成全中国范围的通性：于是在各种特性基础之上，别构成一种通性。此即所谓中国之国民性，传二千年颠扑不破者也，而其大成，实在春秋之季。

此篇又善于对错综复杂的历史现象进行综合、归纳，写出春秋时期各国的特点，揭示出历史进程中具有本质意义的东西。梁启超对楚国历史的特点和它所发挥的特殊作用同样给予充分关注。他认为楚国北上中原争锋一再受挫，恰恰创造了楚对开发南中国做出重大贡献的条件。楚国正是在这种情势下全力在南方扩展，向东灭了江、黄、蓼、六、英、舒等小国，占有淮河、颍水流域，向西灭了庸、夔，控制了巴蜀地区。故梁启超得出崭新的看法："晋之攘楚，亦楚之所以滋大也。"更值得称道的是梁启超有力地廓除了以往封建文人长期所持的一种旧见，认为楚灭国最多、"以夷猾夏"，应加以谴责。梁启超强调，当时南方这些小国文明低下，中原的大国无力顾及。楚国兼并这些小国，是把他们的文化提高到开化的程度，在此过程中，楚国本身的文化也上升到更高的层次，故说："当时江淮间古部落棋布，其俗尽在半文半野之间，文化远在楚下，江以南则群蛮百濮所窟宅……使其孳孳浸大，则为害于诸夏者岂有量。夫此非中原诸国之力所能及也。楚自武、文、成、庄以来，以锐意北向争中原故，力革蛮俗，求自侪于上国，春秋中叶既甚彬彬矣。然后出其所新获之文明，被诸所灭之国，广纳而冶化之。缘地远民情之异宜，卒乃孕育一新文明统系，与北方旧系相对峙相淬厉，而益骎进于高明。微楚

---

① 梁启超：《春秋载记》，《饮冰室合集》专集之四十五，第2页。
② 梁启超：《春秋载记》，《饮冰室合集》专集之四十五，第2页。

之力，何以及此！"① 因此历史的正确结论不应是"以夷猾夏"，而是"举蛮夷以属诸夏"，有大功于中国！梁启超这些分析极富启发意义，说明他比封建文人站得更高，能够揭示出历史进程中深层次的有价值的东西。

《春秋载记》、《战国载记》撰成后，梁启超自己感到十分满意，称"自珍敝帚，每日不知其手足之舞蹈也"②。梁启超完全有理由这样自信，他继承了中国历史编纂学的出色成就，并向前发展，这两部书的高度学术价值和表述的成功向来极受重视。近代史家张荫麟认为：梁启超的《春秋载记》、《战国载记》和《欧洲战役史论》，如以质不以量言，非止可媲美近代中外名家，抑且足以压倒吉朋（1737—1794）、麦可莱（1800—1859）、格林（1837—1883）和威尔斯（1866—1946）。③ 可知两篇《载记》乃是享誉近代史坛的名著。其他《先秦政治思想史》、《儒家哲学》等著作同样有许多精辟的议论，能使人获得深刻的启迪。

正因为梁启超在 20 世纪初大力倡导进化史观，开启了近代学术新潮流，提供了学术新范式，在多个领域又有出色建树，因而当之无愧地成为近代学术文化杰出的奠基者和开拓者。

第二节　梁启超的爱国情怀

梁启超是伟大的爱国者，他的政论和学术著作都洋溢着强烈的爱国思想，他一生的各个时期都突出表现了高昂的爱国感情。我们可以举出以下生动的例证。

（一）任《时务报》主笔，以满腔爱国热情和奉献精神宣传维新变法

《时务报》成为维新派的喉舌，风行海内，发挥了极大的宣传新思想的作用，数月之内销至 12000 份，"举国趋之，如饮狂泉"。他曾回忆当时废寝忘食、挥汗执笔的情景："（启超）忝任报中文字，每期报中论说四千余言，归其撰述；东西各报二万余言，归其润色；一切奏牍、告白等项，归其编排；全本报章，归其复校。十日一册，每册三万字。经启超自撰及删改者几万字，

---

① 梁启超：《春秋载记》，《饮冰室合集》专集之四十五，第 8 页。
② 参见丁文江、赵丰田编：《梁启超年谱长编》"1918 年"条。
③ 张荫麟：《跋〈梁任公别录〉》，《思想与时代》第 4 期，1941 年 11 月。

其余亦字字经目经心。六月酷暑，洋蜡皆变流质，独居一小楼上，挥汗执笔，日不遑食，夜不遑息。记当时一人所任之事，自去年以来，分七八人始乃任之。"①

（二）自觉担负思想启蒙的时代使命

他提出："输入文明思想，为我国放一大光明。"因为，他相当明确地认识到19世纪与20世纪之交是新旧思想激烈搏斗的年代，说："中国两异性之大动力相搏相射，短兵紧接，而新陈代嬗之时也。"因此报纸要"广民智，振民气"；尤其以宣传民权、反对专制为最中心的任务："倡民权，始终抱定此义，为独一无二之宗旨，虽说种种方法，开种种门径，百变不离其宗。海可枯，石可烂，此义不普及于我国，吾党非措也。"②他曾写诗表达献身救国启蒙事业的崇高使命感："献身甘作万矢的，著论求为百世师。誓起民权移旧俗，更研哲理牖新知。"③

他于1900年，当新世纪到来之际，撰写了《少年中国说》的名文，以满腔热情，唱出时代最强音："少年智则国智，少年富则国富，少年强则国强，少年独立则国独立，少年自由则国自由。……红日初升，其道大光；河出伏流，一泻汪洋；潜龙腾渊，鳞爪飞扬；乳虎啸谷，百兽震惶；鹰隼试翼，风尘吸张；奇花初胎，矞矞皇皇；干将发硎，有作其芒；天戴其苍，地履其黄；纵有千古，横有八荒；前途似海，来日方长。美哉我少年中国，与天不老！壮哉我中国少年，与国无疆！"④一个世纪过去了，梁启超充满感情的诗句，仍然成为激励中华儿女尤其是青年一代的强大精神力量！

（三）策划讨袁，保卫共和政体

1915年初，袁世凯加紧进行复辟阴谋。梁启超为要在中国实现民主共和理想而奉献一切，即使遭受顽固势力仇恨，也在所不顾！在"筹安会"出现第七天，他连夜起草《异哉所谓国体问题者》，义正词严地反对帝制阴谋。8—9月，梁启超与蔡锷等多次密商，确定由蔡锷秘密到云南发难讨袁。如蔡锷所说，前后由先生"咨受大计。及部署略定，先后南下"。梁、蔡分别时相

---

① 《创办时务报源委》，载中国史学会主编：《中国近代史资料丛刊·戊戌变法》（四），第526页。
② 均见梁启超：《清议报一百册祝辞并论报馆之责任及本馆之经历》，《饮冰室合集》文集之六，第54—56页。
③ 梁启超：《自励二首》，《饮冰室合集》文集之四十五（下），第16页。
④ 梁启超：《少年中国说》，《饮冰室合集》文集之五，第12页。

约发誓：此役若失败则死难，决不亡命；胜利则退隐，决不在朝。

梁启超在上海，为云南前线指挥做决策，连续草拟了大量文告、通电，发到前方；派人在北京收集袁世凯情报，又通过外交，争取日本方面在财政和联络等项的帮助，并利用冯国璋（时在南京）与袁世凯的矛盾，说服冯与云南前线呼应。"诸如战争的战略战术、财政筹划、官兵思想、组织宣传、对外方针等，事无巨细，无不运筹帷幄。而前线蔡锷、唐继尧、刘显世各都督各总司令无不依赖梁启超之决策及指挥。"所以，他"不仅是护国战争的军师，而且是最高指挥者"。①

1916 年 3 月，梁启超偷渡香港、越南，历经艰险，袁世凯派军警、密探沿途搜查、缉拿或暗杀，又通过法国政府指使越南当局截捕。在如此危险情况下，梁启超经过千般曲折，或反锁于船舱暗室，或昼伏夜行，化装改扮，秘密地经过越南海防、帽溪，历时半月，终于到达广西龙州。如他在致陆荣廷电报中所说："此次应招来桂，实颇历艰辛，蛰伏运煤船舱底，不见天日者八昼夜。无护照而偷入安南境，避间谍耳目，一日数迁。旬日以来，几于日不得食，夜不得息。"②途中这样危险艰苦，但他还起草了《护国军政府宣言》、《上黎大总统电》、《致公使团领事团电》、《军务院布告》、《在军中敬告国人》等文件。在帽溪山中得大病，病起后又振笔著成《国民浅训》，约 2 万字，三日夜写成。

对梁启超策划讨袁、保卫共和政体的殊勋，民国初年的知名人士都曾予以高度赞誉。1929 年梁启超逝世时，章炳麟所撰挽联中说："逮枭雄僭制，共和再造赖斯人。"蔡元培挽联中说："保障共和，应与松坡同不朽。"王文濡挽联中说："倒袁讨张，成革命之元勋，指挥若定，大功不居。"③陈寅恪则结合自己当年的真实感受，撰文高度评价梁启超剖析袁世凯恢复帝制的阴谋，有拨云雾而见青天的历史功绩："忆洪宪称帝之日，余适旅居旧都，其时颂美袁氏功德者，极丑怪之奇观。深感廉耻道尽，至为痛心。至如国体之为君主抑或民主，则尚为其次者，迨先生《异哉所谓国体问题者》一文出，摧陷廓清，如拨云雾而睹青天。"④

①　董方奎：《梁启超与护国战争》，重庆出版社 1986 年版，第 301—302 页。
②　梁启超：《致陆都督电》，《饮冰室合集》专集之三十三，第 34 页。
③　均见丁文江、赵丰田编：《梁启超年谱长编》"1929 年"条。
④　陈寅恪：《读吴其昌撰梁启超传书后》，《寒柳堂集》，上海古籍出版社 1980 年版，第 148 页。

（四）梁启超对中国文化的深切热爱和对中华民族前途的信心，还集中地体现于他对中国学术发展前景的展望

梁启超从少年时期即熟读传统文化典籍，吸收了丰富的思想营养。同时他生性聪颖，才华横溢，身处中西文化交流活跃、学术近代化潮流向前发展的时代际遇中，一方面，他对吸收西方新学理怀有异常的敏感和热情，站到了近代学术文化潮流的前头，另一方面，他对中华文化的固有价值与再创造的前景，抱有强烈的信心。因此他在 1920 年所著《清代学术概论》的结尾，以警策的语句预言中国学术和中华民族一定有光辉灿烂的未来：

> 我国民确富有"学问的本能"，我国文化史确有研究价值，即一代而已见其概。故我辈虽当一面尽量吸收外来之新文化，一面仍万不可妄自菲薄，蔑弃其遗产。
>
> …………
>
> 而吾对于我国学术界之前途，实抱非常乐观。盖吾稽诸历史，征诸时势，按诸我国民性，而信其于最近之将来，必能演出数种潮流，各为充量之发展。
>
> …………
>
> 吾著此篇竟，吾感谢吾先民之饷遗我者至厚；吾觉有极灿烂庄严之将来横于吾前。[①]

我们今天所处的时代，是中西文化交流更加深入、广阔的时期，也是学术文化发展的关键时期。梁启超提出的基本精神，仍然适用今天的时代。只要我们大力发扬传统文化和近代文化的精华，同时努力吸收西方新学理，不断增强我们的创造力，中国学术文化就一定有更加美好的前途！

---

① 梁启超：《清代学术概论》，《饮冰室合集》专集之三十四，第 78—80 页。

第四章　萧一山与清史研究

第一节　抗战时期萧一山历史观的跃进

一、抗战烽火推动萧一山的学术达到新的境界

著名清史专家萧一山（1902—1978），在青少年时代即酷爱史学，发愤读书。他于1921年考入北京大学，师从梁启超，学习治史。他以惊人的才华和勤奋，于1923至1927年著成并出版了《清代通史》第一、第二两卷，约计150万字，著名学者梁启超、李大钊、朱希祖为之作序，予以大力表彰，成为享誉学界的清史名著。萧一山在《清代通史》中即已形成了"民族革命史观"，作为贯穿清代三百年历史的主线，内涵包括肯定郑成功的抗清事业，重视天地会的作用，评价太平天国是民族革命的巨大洪流，论述自鸦片战争起列强肆意侵略造成中华民族无穷的灾难等项。

抗战时期，在前一阶段学术探索的基础上，萧一山的"民族革命史观"得到重大的发展和丰富，标志着其历史观产生了飞跃。

1931年日本侵略者发动"九一八"事变，侵吞我东北神圣的领土。1937年日寇又制造"七七"事变，大举向我进攻，企图灭亡全中国。从1931年起至1945年抗战胜利止，长达14年时间，日寇对我国进行最野蛮、最疯狂、最惨无人道的侵略，此14年是我全国军民展开神圣抗战时期。在此国难当头的时候，萧一山与全国民众一起经受了血与火的考验，他的学术工作也达到了新的境界。萧一山怀抱强烈的民族思想，著史是为了从中总结民族盛衰的规律，以为当代所取鉴。至此，国家处在生死存亡的时刻，他更把史学工作与抗战大业密切联系到一起。1935年，他应聘为河南大学文学院院长，次年

即在河南大学发起组织经世学社。1937年在河南大学与范文澜、嵇文甫等进步教授一起创办抗敌工作训练班，出版《经世》半月刊（后改为特刊），并印行《游击战术》一书。以后，萧一山辗转迁徙于河南信阳、四川成都、陕西城固等地方，任教于东北大学、西北大学等学校，一方面著述，同时以充沛的热情撰写了许多动员、宣传抗日的文章，多次向青年学生、教师、新闻记者、公职人员以及军人发表演讲，这些文章、讲演的题目有：《民族战争与历史的教训》、《抗战必胜之历史的解释》、《中华民族之特质及复兴途径》、《经世之学与青年的责任》、《中国近代民族革命》、《再论民族革命的三阶段》等，无不起到教育青年学生与民众、坚定抗战必胜信念的积极作用。

抗战时期萧一山在历史著述上最重要的成果是撰成《清史大纲》一书（1943年）。这部在学术界享有盛誉的著作，同他撰成的重要论文一样，标志着其"民族革命史观"达到了升华。处于中华民族生死存亡的关头，他由如何坚决抗击日寇野蛮侵略、争取实现民族复兴大业的时代需要出发和对现实事变的深刻观察，达到了对清代历史（特别是鸦片战争以来的近代史）分析的实质性飞跃。他指出，当此民族生死存亡的关头，"应将民族文化加以改造，挡住帝国主义的侵略，创出自力更生的内力，双管齐下，才能挽救中国的命运"[1]。"我们为什么革命？因为帝国主义者压迫我们，不得自由，不得平等，无论是政治上、经济上或文化上。抵抗是人类的天性，我们能不努力吗？"[2]又说："文化原是指导人生的，丧失了文化的活力，走入静寂、琐碎、无为、无用之境域，无异把文化变为僵尸了，学术不能利济苍生，使匹夫匹妇受其泽，只为少数人写意寄情的娱乐品，升官发财的敲门砖，一般小百姓日处泥犁地狱之中，谋生救死不暇，'奚暇治礼义哉'？"[3]可见，推动萧一山的"民族革命史观"在抗战时期取得重大发展的力量，就是处于中华民族最危险的时刻，通过总结民族奋斗生存的道路和法则，来认识中国的出路的爱国主义思想。

萧一山"民族革命史观"发展的标志有两个：一是他总结清代三百年民族革命经历了三个阶段："天地会肇其端，太平军扬其波，革命党竟其功"[4]。

---

[1]　萧一山：《清史大纲》，上海古籍出版社2005年版，第131页。

[2]　萧一山：《清史大纲》"引论"，第1页。

[3]　萧一山：《清史大纲》"引论"，第6页。

[4]　萧一山：《清史大纲》"引论"，第7页。

在这一时期，他对天地会的作用，对太平天国的历史意义和影响，都有进一步的论述。如在全国抗战时期的 1938 年所写的《再论民族革命的三阶段》一文中，萧一山又强调应从民族革命的长过程来评价太平天国的意义，认为："洪秀全虽然失败了，但他确是民族革命运动中一个继往开来的人物"，"他把二百余年来的民族革命运动，掀起了一个大狂澜，使这久久潜伏的水流，霍然露出地面，冲出一道河身，这就是他对于民族革命的大贡献"。又说："他不能利用二百年历史所给予他的机会，以完成民族复兴的伟业。但就'反清复明'这个阶段上来看，他已经获得了相当的成功，因为他的使命是'反清'，清既以此没落，毕竟替二百年来的先民出一口气呵！"[①] 可见，从武昌首义成功，到中华民国成立，再到抗日战争的时代洪流，推进了史学家萧一山对太平天国这场历经 14 年的民族革命大事件的认识。二是他极其明确地以鸦片战争作为近代社会的标志，并强调由此开始，"才走到剧烈变动的时期"[②]，中国最主要的问题是面临帝国主义列强的野蛮侵略。他对鸦片战争以后中国社会矛盾的特点，革命的主要对象及其在不同时期的变化，中国各种进步力量对推进社会演进所做的种种努力，以及其间的经验教训，做了深刻的阐释和提纲挈领的总结。

二、抗战时期萧一山"民族革命史观"之发展

客观地说，抗战时期萧一山"民族革命史观"之发展内容甚为丰富，见解很有启迪意义，有的是采用新的观察视角和新的研究思路，挖掘出了很有价值的新观点，有的是辨正了论者所持的偏颇看法，对近代史上的若干重要问题做了有力的澄清，有的是与坚持唯物史观指导研究的学者所做的分析彼此呼应。以下初步举出三项，并试加分析。

（一）明确提出"民族革命是支配整个中国近代社会的总枢纽"的重要观点

萧一山认为，民族革命"整个支配了中国近代社会，一切都是依它为枢纽而变动"。"然而压迫我们的帝国主义，是分作三个时期，换了三个对象的，我们的民族革命运动，则始终一贯。"他分析三个时期为：第一个时期里，民族革命的对象是满清，目的是"反清复明"。"至洪大全、洪秀全始大张其军，

---

① 萧一山：《再论民族革命的三个阶段》，《萧一山先生文集》上册，第 42—43 页。

② 萧一山：《清史大纲》"引论"，第 9 页。

由暗流而转为狂澜，开出一朵灿烂的奇花，第一期的民族革命，总算一半成功了。"在第二个时期里，民族革命的对象是列强的帝国主义。他引用《国民党第一次全国代表大会宣言》的论断："海禁既开，列强之帝国主义如怒潮骤至，武力的掠夺与经济的压迫，使中国丧失独立陷于半殖民地之地位。"因此，自鸦片战争以后，朝野都孜孜以救亡图存为事，包括提倡自强运动、维新运动。但这些运动都未获显著成效。"因为'满洲政府既无力以御外侮，而钤制家奴之政策，且行之益厉，适足以侧媚列强'。于是国父孙先生知非颠覆清廷，无由改造中国，乃'奋然而起'，组织兴中会、同盟会，为国民前驱，从乙未广州举义，激进不已，以至于辛亥革命，始推翻清廷，建立民国。这一举不但完成了前期的民族革命，'荡涤二百六十余年之耻辱，使国内诸民族一切平等，无复轧轹凌制之象'；而且铲除了'四千余年君王专制之迹，使民主政治于以开始'。"武昌起义的成功，封建帝制的铲除，证明中国民族独立的性质与能力，屹立于世界不可动摇。故从戊戌维新和孙中山组织兴中会起为民族革命第三时期。此一时期，又分前后两个阶段：前一段民族革命的对象是列强的帝国主义；后一段民族革命的对象，是日本帝国主义。列强压迫中国，是由瓜分而变为共管；日本侵略中国，是由蚕食而变为鲸吞。前者是经济的压迫，后者是武力的掠夺，它们都以专制封建余孽的军阀为之伥，所以想抵抗外力，打倒帝国主义，必须先打倒军阀，克服民敌，建设真正的革命政府。①而在全国抗战以后，我们的民族革命已经到了最后关头。

（二）论述民族革命的一贯性和连环性

关于探讨民族革命的一贯性，萧一山认为应当特别重视两个关节点。其一，是认识会党的反清活动与辛亥革命的关系。太平军是承会党之余绪起事的，太平军失败，其余党又回到老家——天地会来。后来，"会党的势力又大盛，海外华侨、两广洪门、长江哥老，都是后来辛亥革命的主要力量。再有一种主要力量，就是新军，新军乃由淮军演变而来，在一方面看，是反革命的势力之源，在另一方面看，却又是汉人的政权所寄，所以它能因会党之联络而协同起义，推翻满清，但终究变成民国以后的军阀，露出本来面目"。其二，是认识孙中山领导辛亥革命，创立民国，是二百年来民族革命取得的硕果，其革命思想是受了洪秀全的影响。孙中山创立三民主义学说的伟大之

---

① 萧一山：《清史大纲》"引论"，第1—3页。

处就在于他"依中国固有的思想，参以欧美之说和制度，创为主义，厘订方略，整个地加以系统化、具体化。所以他不仅完成了近代民族革命，而且继中国古圣王的道统，集欧美文化的大成，依中庸的道理，使之并行而不相悖，'将一举而成政治之功，兼以塞经济革命之源也'。中山先生的伟大就在此，因为三民主义是民族革命最后的也是最好的方案"①。

再者，萧一山所概括的民族革命"连环性"的观点，则包含着剖视近代中国社会矛盾实质和革命对象之变化的意义，这里很有说服力地显示出萧一山论述历史演进之因果关系及内在规则性的高明史识。可分为三个层次来解读。

第一层，论述中国近代落后的原因，是清廷实行政治、文化双重压迫的结果。"清人入关，内满外汉，政治大权，操在宗室旧侣之手，视汉人若奴隶，然而绝大多数的民众，却是汉人。其统治之方法愈严，则反抗之思想愈烈，而畛域之见也愈深了。汉奸降人，为避嫌远祸计，不惜降志辱身，以媚兹一人，丧失了臣僚的体态，助长了君主的权威。生杀予夺，唯意所欲；祖宗历史，随便捏造。一人犯颜，株连九族；只字不敬，殃及枯骨。人民慑伏于积威之下，不特无言论集会结社之自由，且亦无治学谋生思想之自由，于是士子相率钻研于故纸堆中，而考据训诂之小学遂风靡于一世，置明道救世之大学——经世学——而不敢讲，买椟还珠，号称汉学复兴，实际是瞀世的俗学。清帝又以稽古右文自命，用利禄来收买人心，表章尊君大一统之说，把读书人都变成八股闱墨的禄蠹，三家村里的学究，人不能尽其才，学不能致其用，于是'政治经济无正直指导之人，贪庸当道，政以贿成，国计民生，同归凋敝，驯至丧师失地，终遂覆亡，此皆专治古学，不问实事者厉之阶也'（见《清代通史》朱序）。"②

第二层，揭示鸦片战争以后，民众更处于水深火热之中，最终，辛亥革命爆发是历史的必然。清廷的专制统治造成了严重的社会矛盾，"政治以贪污为固常，焉得不民穷财尽呢？因此水旱交侵，崔苻遍野，人民日处于水火之中，而白莲教、天地会以及太平天国都抓到了绝好的机会。再加帝国主义者把鸦片和洋货输入进来，人民习染日深，断丧了身体，劳动力减退了，摧毁

---

① 萧一山：《清史大纲》"引论"，第4页。
② 萧一山：《清史大纲》"引论"，第5页。

了生计，手工业破产了。于是乎'国日贫民日弱'。清廷毫无办法，反变本加厉，税鸦片，开捐例，贿赂公行，民不聊生，在双重的帝国主义（列强及满清）枷锁之下，不革命还有什么出路？"①

　　第三层，他论述应认识近代社会的激烈矛盾和因果相乘的法则，以及不同阶段革命任务的变化。他总结出近代社会演进的根本动因，是帝国主义的侵略和中华民族的抵抗两种势力的激烈斗争，"总而言之：中国近代社会之形成，实以异族的统治压迫而造其因，吾民族之革命抵抗而结其果，因果迭乘而变生焉。所谓'一大变局'也者，确实是中国近代史的特色：法律、政治、经济、社会、文化无一不变，而且要变革命的性质，如同盟会宣言所说：'我等今日与前代殊，于驱除鞑虏，恢复中华之外，国体民生，尚尝变更。虽经纬万端，要其一贯之精神，则为自由平等博爱，故前代为英雄革命，今日为国民革命，一国之人皆有自由平等博爱之精神，即皆负革命之责任。'这是民族革命变为国民革命的主要理由"。帝国主义对中国既肆意进行经济侵略，又从事文化侵略，中华民族要求生存，就必须如同盟会所号召的，一方面要"改良社会经济组织，无一夫不获其所"，另一方面要"恢复固有道德，迎头赶上科学"，使"一国之内，人人平等，行民主之制，合王权宪法"。因此，要根据历史"变"的原理，就必须通过总结不同阶段民族革命的不同特点，明了面临的不同任务，而最终要全民族同心协力战胜日寇的野蛮侵略，实现振兴中华的伟大目标："我们的社会、政治、文化、经济在变，我们的革命动力也在变，我们的革命对象在变，我们的革命口号也在变。第一期满清和列强，都在压迫我们，到第二期满清和我们'平等共处于中国之内'，只剩下列强了。第二期列强和日本，都在压迫我们，到第三期列强已放弃侵略的魔手，和我们并肩作战，而一致对付暴日了。"②

　　（三）研究晚清史的重要任务，是要"毋忘国耻"，确凿记载，深刻揭露帝国主义如何对中国侵略、掠夺，造成了中华民族的深重灾难

　　为此，萧一山在《清史大纲》中特设了三章记载，即：第五章，"民族革命之新对象"；第八章，"西方帝国主义之压迫"；第九章，"东方帝国主义之压迫"。可见他突出地将帝国主义的侵略，造成中华民族的灾难和引起中华民

---

① 萧一山：《清史大纲》"引论"，第5—6页。
② 萧一山：《清史大纲》"引论"，第6—8页。

族的反抗、革命，明确地作为历史记载的重点，这就充分地表达了他的历史
见识和抗击帝国主义侵略、为民族的解放竭尽努力的强烈爱国思想，与同时
期其他同一领域的历史著作相比，的确难能可贵！

　　萧一山指出，自从鸦片战争签订《南京条约》，其后又通过一系列战争
和事件，中国就逐步地被套上一系列不平等条约的枷锁。尤其是英法联军之
役之后，帝国主义又利用种种阴险狡猾的手段，胁迫中国承认其领事裁判权、
关税和海关管理权、设置租界、内河航行权等。"从此不特外国人犯法，我们
不能过问，就是'不轨之徒，干犯国纪，窜身夷馆，即属长城'。我们的法
律，简直因此失去了效力，关税协定，仅以值百抽五为率，且非至十年限满，
外人同意，不能修改。又加以'子口税'的规定，外国人享受免厘贩运的特
权，洋货既可以畅销内地，土货亦可经洋商之手而免去重征。我们的工商业
受到此种压迫，简直不能翻身，只好替外国人作'买办'了。况且上海在通
商后，划洋泾浜以北为外人住宅区，经过'小刀会'之乱，他们派兵自守，
中国人受其保护，就形成了租界的管理权。外国人代收关税和海关由英人掌
握，也起源于此。其余如内河航行，利益均沾，都是由外人的压迫和我们的
无识而造成，从此我们是受宰割的绵羊，而民族革命运动自然就要以帝国主
义为新的对象了。"而俄国帝国主义则长期对我西北、东北领土虎视眈眈，侵
夺了我国黑龙江以北、乌苏里江以东数百十万方里的土地。"帝国主义四面张
网来包围我们，一纸条约来束缚我们，造成百年悲惨的命运，发扬民族革命
的伟迹，正需要我们自力更生，努力奋斗！"[①]至同治以后，中国受到更严重
的侵略："俄国侵夺了东北广大的疆土，又向西北来进展，法国和英国联合侵
略，更向西南属国去蚕食。我们的边境日削，主权日丧。在这个时期里，德
意志统一了，意大利统一了，美国的中央政府也把南方的独立运动消灭，恢
复而又加强它的统一。……国际上除了政治势力竞争以外，又有新起的热
烈的经济竞争。况且这时的东方帝国主义——日本也兴起来了，它距离我们
最近，步武列强，首向中国实行所谓'大陆政策'。我们已在帝国主义者四
面包围之中，所以光绪年间处境的困难，远在道光、咸丰年间之上。"[②]光绪年
间，因新疆发生阿古柏叛乱，俄国趁火打劫，侵削我国西北边疆土地，又因

---

① 　萧一山：《清史大纲》，第128—129页。
② 　萧一山：《清史大纲》，第197—198页。

发生中法战争，签订不平等条约，清朝被迫将安南让给法国。"我们所受列强帝国主义的侵略，五花八门，无所不有，所以我们的国难特别严重"，"我们的边疆藩属，被帝国主义者蚕食殆尽"。[1]

书中又专设一节论述19世纪末列强各国对中国掀起的瓜分狂潮。中日甲午战争爆发，经过明治维新迅速强大的日本早就蓄谋对中国发动侵略，而清政府却鼾然昏睡，毫无警觉。结果海战军事指挥失利，虽有邓世昌、丁汝昌壮烈殉国，然而李鸿章苦心经营二十余年的北洋海军却由此全军覆没。陆战虽有爱国将领左宝贵英勇死难，而总统各军的叶志超却树旗投降，导致全军大溃败。最为可恨的是日军攻进旅顺，屠戮四日，全城仅剩36人，灭绝人性! 萧一山引用当时美国报纸的评论："日本国为蒙文明皮肤具野蛮筋骨之怪兽"[2]，揭露日本侵略者的凶残本性。海战陆战均告失败，辽东危殆，清廷只好屈膝求和，签订了丧权辱国的《马关条约》，赔款二万万两，割让台湾、澎湖及辽东半岛给日本。"从此东方帝国主义和西方帝国主义并驾齐驱，虎视眈眈，我们的国势阽危，已达极点了。欧美人在战前对我们尚有相当之重视，似仍不失为东亚大国，日本虽进步很快，在他们看起来，不过是能自立的小国，无关世界大局。战后的态度，却完全相反了。中国好像不可救药的'病夫'，日本变为东亚的强国。这一次的战争，对于我民族的关系，可说非常重大。"[3]《马关条约》一签字，俄、德、法三国眼见日本欲壑太大，攫掠太多，便联合起来强迫日本退还辽东半岛。俄国装出帮助中国的伪善面孔，以威胁利诱兼施的手段，强迫李鸿章签订《中俄密约》，"俄许援助中国，抵抗日本，中国许俄建筑中东铁路"。"俄国既把中日问题卷入世界漩涡，李鸿章又引狼入室，开门揖盗，以后瓜分之祸，及日俄战争、'二十一条'、'九一八'国难都是那个密约引出来的。"[4]德国立即效尤，占领胶州湾，并胁迫清朝允许其占有山东的筑路权和采矿权，山东就成为德国的势力范围。"中国的瓜分之祸，以这次交涉为起点，接着俄国租旅顺、大连，还要修南满铁路，东三省成了它的势力范围。英国租借威海和九龙并保持长江流域的优势权利，法国租借广州湾，并要求两广、云南的优越权利。日本指定福建为其势力范围，不准

---

[1]　萧一山:《清史大纲》，第200、213页。

[2]　萧一山:《清史大纲》，第230页。

[3]　萧一山:《清史大纲》，第232—233页。

[4]　萧一山:《清史大纲》，第235页。

让租与他国。”"结果是帝国主义‘协以谋我’，愈闹愈糟了：这时列强‘磨刀霍霍’，中国‘已成俎上之肉’。"①

三、萧一山"民族革命史观"的重要学术价值

萧一山的"民族革命史观"，前后经历了二十余年的探索和发展，它形成于《清代通史》上卷、中卷著成的 20 世纪 20 年代，至 40 年代获得重大发展。这是萧一山潜心研究历史的巨大收获，也是他处在社会国家形势急剧变化，有了深切体会之后取得的跃进。他对于这一经过艰苦探索而得到的理论有坚定的信心，不因别人的批评与讽刺而有所动摇。1936 年，他的好友吴宓曾批评他所著的《清代通史》一书"革命意味太浓"。陈恭禄则在报刊上发表文章贬低其著作的价值，其中举出一个论据，是认为萧一山对教案和教民的看法不当，但陈恭禄实际上是对行为违反中国法律的传教士和教民加以袒护，也就是借此来批评萧一山所持的反抗外国侵略者的立场。萧一山在 20 世纪 40 年代著《清史大纲》，对"民族革命史观"做了更详细的阐发，并亮出旗帜，称此为他撰著清史的"骨干"、"史心"，可见他对本人所总结的这一历史观有坚强的信念。

萧一山"民族革命史观"具有的重要学术价值，我们可以从以下三个方面做进一步理解。

一是"民族革命史观"是"新史学"倡导的探求历史法则性的重大成果。

1902 年梁启超著《新史学》有如一声春雷，宣布与旧史迥然不同的新时期的到来。旧史充斥着陈旧的历史观，如复古史观、循环史观，或是流水账似的记载、史料的堆砌而已，梁启超则倡导学习西方新学理，以"探求人群社会演进、求得其公理公例"，萧一山是新史学的实践者、推动者，他的研究领域是清代史，面对复杂纷繁的事件、人物、社会情状，他概括为应以"民族革命史观"为观察清代三百年历史的枢纽。其实际内容，在清初至鸦片战争以前，是以反抗清朝统治为主线；至鸦片战争以后，反清的线索仍表现于太平军至辛亥革命的历史中，而又有重大变化，革命的主要对象为帝国主义。因此，由他先后著成的《清代通史》、《清史大纲》两书，开拓了诸多研究的新领域。"民族革命史观"贯穿了从清初到辛亥革命的各个阶段，并且构成其

---

① 萧一山：《清史大纲》，第 236—237 页。

评价诸多重要事件、人物的主要标准。萧一山将历史进程的演进自觉地概括为一种"史观"的高度，不但在19世纪末以前众多的旧史家中未见，即使在20世纪初"新史学"思潮风行以来也居于首创，毫无疑问是"新史学"思潮所结出的硕果。因而，标志着20世纪前期史学较之旧史学取得了巨大的进步。

二是萧一山"民族革命史观"的基本观点与唯物史观学者得出的科学认识互相呼应。

唯物史观是科学的历史观。自"五四"时期起，先有李大钊、郭沫若这样的先驱者，继之有中国社会史论战、中国社会性质论战的一批学者，然后有吕振羽、何干之、翦伯赞、范文澜等人撰成的历史著作。经过几代人的探索，形成了中国封建社会基本矛盾为地主阶级与农民阶级之间的矛盾的认识。鸦片战争以后，中国沦为半殖民地半封建社会，社会基本矛盾除了原有的封建地主与农民阶级的矛盾之外，又形成了中华民族与帝国主义的矛盾，而以民族矛盾居于主导地位。在鸦片战争至辛亥革命这一"近代史"阶段，推进社会前进的既有人民大众反抗帝国主义、反抗封建压迫的斗争，又有抵抗派人物、维新运动人物和辛亥时期革命派人物所做出的巨大贡献。而由于帝国主义列强对中国侵略的不断加深，特别是由于日本帝国主义发动侵华战争，企图灭亡全中国，中华民族必须全面动员，彻底打败日本侵略者，并实现民族复兴的神圣任务。以唯物史观为指导的几代学者经过艰苦探索而得出的认识，已为抗日战争的伟大历史实践所证实，经受了近百年学术研究进展的反复检验，证明了是极具科学价值的理论概括。

萧一山是"新史学"流派的健将，他通过独立的学术研究而形成的"民族革命史观"，在对清代三百年历史演进基本线索、鸦片战争后社会的主要矛盾是帝国主义列强的肆意侵略、救亡图存成为民族革命的重要任务等一系列重大问题上，与这些唯物史观学者基本认识相呼应，甚至有诸多吻合之处。其原因就在于他们同样尊重客观历史事实，同样通过广搜材料、进行实事求是的分析，同样具备科学的研究方法。因而他们才得出具有共同科学价值的认识，并能够经得起时间的考验。萧一山并从不自称以唯物史观为指导，但根据其《清代通史·叙例》所言，他虽不赞成过分地强调经济条件对历史的决定作用，而主张以文化、政治和经济三者作综合的研究，但是他的"民族革命史观"之形成，实际上是受到了唯物史观的影响。两个不同学术流派的学者，各自通过独立的科学研究，而得出许多相通，甚至基本相同的结论，这些事实意义重大：证明了萧一山的清史著作与唯物史观学者的著作同样具有重要价值，也证明了像萧一山这样一批进步史家与唯物史观学者共同为推进 20 世纪前期史学的发展做出了重要贡献。

三是学者要关心国家民族命运，自觉承担对社会的责任。

萧一山的"民族革命史观"形成于 20 世纪 20 年代，到抗战时期达到了升华，这除了萧一山本人学术研究的进展之外，更重要的是由于抗战时期，举国一致抗日、挽救民族危亡的历史任务对他产生的巨大推力。帝国主义强盗要灭亡中国，中华民族所面临的这场浩劫，其种因即在鸦片战争英国列强侵略中国之后，通过对现实问题的深刻观察和追溯，他更加认清鸦片战争以后时代巨变的内涵和民族革命主要对象的变化。他在书中一再呼吁为挽救民族危亡而反思历史："列强压迫中国，是由瓜分而变为共管；日本侵略中国，是由蚕食而变为鲸吞。前者是经济的压迫，后者是武力的掠夺，它们都以专制封建余孽的军阀为之伥，所以想抵抗外力，打倒帝国主义，必须先打倒军阀，克服民敌，建设真正的革命政府。……这是我们民族革命的最后关头，不仅是成败所系，而且是生死攸关，依照历史的趋势来看，只须我们加紧努力，第三期的民族革命，必然可以完成的。"[①]

令人意味深长的是他在《清史大纲》第五章"民族革命之新对象"和全书结论中，两次引用抵抗派思想家魏源在《海国图志·叙》中一段慷慨激昂的议论："天时人事，倚伏相乘，何患攘剔之无期？何患奋武之无会？凡有血气者所宜愤悱，凡有耳目心知者所宜讲画也。去伪，去饰，去畏难，去营窟，则人心之寐患去，其一；以实事程实功，以实功程实事，艾三年而蓄之，网临渊而结之，毋冯何、毋画饼，则人材之虚患去，其二。寐患去而天日昌，虚患去而风雷行。《传》曰：'孰荒于门？孰治于田？四海既均，越裳是臣！'"[②]萧一山深刻地感受到，爱国主义先驱思想家魏源在英帝国主义大举进攻中国时所提出的两大任务，在整个近代史阶段，直至抗战当日仍然是时代的主要课题。一是破除造成御侮斗争严重障碍的虚伪、骄纵、文过饰非、害怕困难、畏惧敌人、贪污渎职、结党营私等恶劣习气，以提高觉悟，振奋人心，扫荡"人心之寐患"。二是全力以赴增强抗敌实力，埋头苦干、提高效

---

① 萧一山：《清史大纲》"引论"，第 3 页。

② 萧一山：《清史大纲》，第 132、271 页，两次引用略有不同。

率，学习敌人长技，务求装备精良、技艺精湛，大力培养应敌人才，克服急躁冒进作风，去掉侥幸幻想心理。一百年过去了，当年这位爱国主义先驱思想家言犹在耳，一要去"人心之寐患"，二要去"人才之虚患"，采取有力措施务求解决这两大问题，就能推进抗战事业，保证取得最后胜利。作为一个爱国史家，萧一山心中热切期盼实现民族振兴，把中国建设成富强、民主的国家，因此，他在书中一再讲到在建设近代化国家方面的进步和努力的目标，"有清一代——尤其是晚清，为中国新旧社会转变的过程，应该使它加速度的变，以完成近代化的国家"。"三民主义不仅是'曲突徙薪'的'一次革命'论，而实为寻求兴国，共同奋斗，最后不移的好方案。它可以解决中国所要解决的问题，可以完成三百年来全国人民朝暮相处的民族革命，因为它是适应世界潮流、历史趋势，把中国'变'成一个近代国家，和列强并驾齐驱的正确理论。"① 萧一山以"民族革命史观"为指导，深入地研究清代历史，从中总结出经验与教训，为争取抗战胜利和民族振兴大业服务，其精神与成就对我们今天仍有重要启迪意义。

一种历史观要达到完善，殊非易事。清史问题纷繁复杂，萧一山的论述，也难以做到事事正确无误。举其比较明显有缺憾者，如：他称满清为"帝国主义"，又讲在清朝三百年中备受"异族"侵略，首先是满清，然后是帝国主义列强。这些说法显然错误。"帝国主义"是从19世纪后期欧美、日本各国列强对外军事侵略、霸占殖民地，并进行资本输出的国家形态，满族入关与此绝不能相提并论。实际上，萧一山在其著作中也一再肯定孙中山学说中的"民族主义"，并不视满族为异族，而是提倡"五族共和"，汉、满、蒙、回、藏五族平等，在中华民国中享有共同权利。而他却说"压迫我们的帝国主义，是分作三个时期，换了三个对象的"，在第一时期民族革命的对象就是"满清的帝国主义"②。这样，不但概念有误，而且前后自相矛盾。他又提到，太平天国运动之后，"反清的目的已达到，政权转移于汉人之手，爱新觉罗的皇位，不过'尸居余气'而已"③。是"六十年的汉人政权"，"第一期满清和列强，都在压迫我们，到第二期满清和我们'平等共处于中国之内'。"④ 其实，晚清的

---

① 萧一山：《清史大纲》"引论"，第8—9页。
② 萧一山：《清史大纲》"引论"，第1—2页。
③ 萧一山：《清史大纲》"引论"，第2页。
④ 萧一山：《清史大纲》"引论"，第8页。

军机大臣和封疆大吏中虽然增加了汉人的人数，但满族皇帝实行专制统治绝不能改变，尤其是西太后掌握最高权力长达 50 年，这是确凿的事实，无论如何不能称为"汉人的政权"。又如萧一山似乎过分夸大了会党的作用，称"民族革命史观"应从会党溯其源头[1]，又说孙中山领导辛亥革命，会党起了十分重大的作用[2]，然而孙中山曾在答复蔡元培、张相如的信中，明确指出会党内部实行森严的等级制度，与辛亥革命倡导民主共和的思想关系殊小。不过，这些都属于局部的问题，不影响评价《清代通史》和《清史大纲》两部著作所取得的巨大成就。

第二节　《清代通史》对传统史表的成功运用

一、史表在历史编纂上的功能

史表首创于司马迁。《史记》五种体裁中，史表是其中重要的一种，既独立承担记载史事的任务，又与本纪、书、世家、列传等互相配合、互相补充。《史记》共设立十表：《三代世表》、《十二诸侯年表》、《六国年表》、《秦楚之际月表》、《汉兴以来诸侯王年表》、《高祖功臣侯者年表》、《惠景间侯者年表》、《建元以来侯者年表》、《建元已来王子侯者年表》、《汉兴以来将相名臣年表》，均为司马迁精心撰成，记载内容丰富，形式灵活变化，成为楷模之作。《汉书》继起，撰有八表，也是成功之作。但从《三国志》、《后汉书》以下，至五代时纂修《旧唐书》，北宋初修《旧五代史》、《新五代史》，这八百年间纂修的十六部正史，却均无史表。究其原因，一是撰修史表有较大难度，非潜心长期经营不能完成，正如清初顾炎武所说："非闳览博物者不能为，其考订之功，亦非积以岁月不能编。"[3] 二是对史表的作用讨论不够，对其重要性认识不足。譬如刘知幾作为史评名家，他对史表作用就有自相矛盾的说法。他把"表以谱列年爵"[4] 列为《史记》长处之一，又说："虽燕越万里，而于

---

[1]　参见萧一山：《清史大纲》"引论"，第 9 页。

[2]　参见萧一山：《清史大纲》"引论"，第 4 页。

[3]　顾炎武著，黄汝成集释：《日知录集释》卷二十六"作史不立表志"条，栾保群、吕宗力校点，第 569 页。

[4]　刘知幾：《史通》卷二《二体》。

径寸之内犬牙可接；虽昭穆九代，而于方尺之中雁行有叙。"① 这些话，肯定表在记载帝王、诸侯世系和谱列各国异世同时的年代方面，做到眉目清楚，很有作用。但《史通》在另一处又说，将表"载诸史籍，未见其宜"，认为与其他内容造成重复，"重列之以表，成其烦费，岂非谬乎？"② 这种看法失于片面，且与前者显然相矛盾。

北宋以后，随着史学实践的推进，史表在正史编纂中一直受到重视。欧阳修撰《新唐书》，设立四篇表，即《宰相表》、《方镇表》、《宰相世系表》、《宗室世系表》，甚获好评。此后，元初修《宋史》、《辽史》、《金史》，明初修《元史》，清初修《明史》，都设立史表。自宋代以下至清代，学者对史表的作用多有讨论，提出了许多具有卓识的见解。郑樵称作表是司马迁之功。吕祖谦认为表的形式，可以观天下大势和寓经世之意。元代史臣认为："古之史法主于编年，至司马迁作《史记》始易以新意。然国家世祚，人事岁月，散于纪、传、世家，先后始终，遽难考见，此表之不可无，而编年不容尽变也。"③ 清代学者考究更深入，评论更多。如：顾炎武认为，表中所记人物可补"传中有未悉备者"，"年经月纬，一览了如，作史体裁，莫大于是"。④ 万斯同对史表尤为关注，他指出："史之有表，所以通纪传之穷。有其人已入纪传而表之者，有未入纪传而牵连以表之者，表立而后纪传之文可省，故表不可废。读史而不读表，非深于史者也。"⑤ 万斯同本人撰成《历代史表》，将东汉至五代间所缺之史表悉加补作，共成史表68篇。汪由敦任职《明史》馆，他提出建议："作史无表，则列传不得不多，传愈多，文愈繁，而事迹或反遗漏不举。庐陵复班马之旧，其见卓矣。有明宰辅列卿，无咎无誉者甚多，各为列传，颇苦碌碌，表立而传之可省者得十之三，则表宜补作审矣。"⑥ 全祖望在向《明史》馆提出的建议中则强调："史之有表，历代不必相沿，要随其时之所有而作，如东汉之《宦官侯表》、唐之《方镇年表》、辽之《外戚世表》，此皆历代所无，而本史必不可少也。"⑦

①　刘知幾：《史通》卷十六《杂说》（上）。
②　刘知幾：《史通》卷三《表历》。
③　《宋史》卷二百一十《宰辅表》，中华书局1977年版。
④　顾炎武著，黄汝成集释：《日知录集释》卷二十六"作史不立表志"条，栾保群、吕宗力校点，第569页。
⑤　钱大昕：《潜研堂文集》卷三十八《万先生斯同传》。
⑥　汪由敦：《松泉文集》卷二十《史裁说》，清乾隆四十三年（1778）刊本。
⑦　全祖望：《鲒埼亭集外编》卷四十二《移明史馆帖子三》，清同治十一年（1872）刊本。

从刘知幾以下至清代学者的见解，都是依据各个时期修撰史表的实践所做的具有卓识的总结，综合而言，这些学者论及史表的功能主要有三项：

一是记载的内容可对纪传做重要的补充，"通纪传之穷"，使重要史实不致遗漏，又避免篇幅的烦冗。同时年经事纬，眉目清楚，终始首尾，一览了然，异世同时的史事，也清楚呈现。

二是史表的设立可以反映出不同的时代特点。对此全祖望所论至为中肯，如东汉的宦官、唐代的藩镇、辽代的外戚，都是一个时代很突出的历史现象，修史者分别设置这些表，即能凸显不同时代的特点。

三是提纲挈领，反映历史演进之大势。吕祖谦所言表的形式可以观天下大势，确是独具慧眼，这是他读司马迁所作史表而提炼出来的精辟见解。清代学者对此又做了发挥。汪越认为，《十二诸侯年表》"断其义不骋其词，非独具年月世谱而已"，旨在显示"春秋二百四十年之大势"。[①]方苞则论述《六国年表》旨在显示秦逐渐强大至最终统一海内之大势，指出"篇中皆用秦事为经纬"，秦的政制和作为具备了条件，因此能取得统一天下的成功。[②]

在当代史家中，白寿彝先生对史表的作用予以高度重视。他对《史记》十表在成功地显示出历史演进大势上有精彩的论述，说：

> 《史记》十表是最大限度地集中表达古今之变的。其中，如《十二诸侯年表》，是要表达"周室衰微，诸侯专政"，"五霸更盛衰"的历史。《六国年表》是表达"春秋之后，陪臣秉政，强国相王，以至于秦，卒并诸夏，灭封地，擅其号"的历史。……司马迁写每一个表，就是要写这个历史时期的特点，写它在"古今之变"的长河中变了些什么。把这十个表总起来看，却又是要写宗周晚年以来悠久的历史时期内所经历的巨大变化——由封建诸侯走到郡县制度，由地方分权走到中央集权。这跟本纪、世家、列传之写汉初的风云人物由布衣而帝王将相，同样显示了《史记》通古今之变的如椽的大笔。[③]

白先生还对不重视运用史表者给予严肃的批评，他认为唐初李延寿撰

---

①　汪越：《读史记十表》，雍正元年（1723）刊本。

②　方苞：《望溪先生文集》卷二《读史》、《书史记六国年表序后》，《四部备要》本。

③　白寿彝：《白寿彝史学论集》（下），第732—733页。

《南史》、《北史》记载南北朝的历史，在反映纷纭复杂的历史时代时却不能制作出有关南北关系的年表，"说明作者缺乏总揽全局的史识"①。笔者曾撰有《司马迁对历史发展趋势的卓识》一文，论述《史记》的成就时，发挥了白先生的观点，认为《六国年表》与《秦本纪》相配合，成为记述战国时期历史的总纲，是司马迁的精心安排，以"透过纷纭复杂的历史事实，揭示出春秋战国以来历史的共同主线：历史的趋势，是由各国分立攻战逐渐走向统一，而秦历代国君苦心经营，成为这一历史使命的担当者，特别是秦始皇非凡的作为和周围文臣武将的努力，最终实现天下统一"②。

在20世纪历史编纂中，萧一山是一位对史表运用予以高度重视并做出了成功实践的学者。他所撰《清代通史》，在全书体裁上适应20世纪的学术潮流而采用章节体，但他对古代历史编纂的优良传统有深刻体会，并大力加以吸收、继承，以十分辛勤的劳动撰成《清代通史七表》，作为《清代通史》的重要组成部分，传统史家编撰史表所体现的三项功能，在萧一山的著作中都得到成功体现。因此，《清代通史》史表部分的成就很为学界所重视，成为20世纪历史编纂上很有光彩的一页。

二、《清代通史》史表的创新和时代特征

《清代通史七表》为：《清代大事年表》、《清帝爱新觉罗氏世系表》、《清代宰辅表》、《清代军机大臣表》、《清代督抚表》、《清代学者著述表》、《清代外交约章表》。按：这七篇表创稿于1926年，也就是说，萧一山在1923年和1924年相继完成《清代通史》的上编和中编之后，遂又撰成七篇史表的原稿。其后又进行修订，于1937年交付上海商务印书馆排印。当时只先印出《清代学者著述表》一种，后因抗战爆发，致余稿不知下落。这七篇史表，现作为全书最后一册（第五册），称《清代通史七表》，是萧一山1962年"就原稿加以整理付梓"③。

萧一山编撰《清代通史七表》的创新性主要表现在：

其一，作为20世纪前期大型史著而如此重视史表，本书确有开创性。从

---

① 白寿彝：《白寿彝史学论集》（下），第970页。
② 陈其泰：《史学与民族精神》，学苑出版社1999年版，第190—191页。
③ 据萧一山于1962年为《清代通史七表叙例》所写的附记第2页，载萧一山：《清代通史》（五），华东师范大学出版社2006年版。

20 世纪初叶起，随着学术近代化的展开，历史编纂仿效由西方传入的章节体形式，因为这种体裁对于反映历史演进的脉络、趋势，综合记载社会政治、经济、军事、文化、制度沿革、重要事件、人物活动等各方面的关系有突出的优点。那么，在采用章节体的同时，传统的编纂形式是否还应有选择地继承呢？平心而论，当时正处于借鉴西方、变革现状之始，有许多史家并未顾及于此。我们从 1904 年成书的夏曾佑著《中国古代史》（即《最新中学中国历史教科书》），以及 1920 年出版的胡适著《中国哲学史大纲》（上册）即可以明白。萧一山的可贵之处是，一方面，他熟练地运用了新型的章节体裁，另一方面，他又重视传统编纂形式中的史表体裁，使之构成全书的一个有机组成部分。这是萧一山对传统编纂形式优良遗产的继承，也是 20 世纪 20 年代章节体运用中的可贵创新。

其二，史表篇目的创新。七篇表中，《清代大事年表》等四篇均为《清史稿》之所无。正如台湾学者杨家骆所言："自司马迁仿《世本》旁行斜上为十表，著者亦师其意，所附《宰辅》、《军机大臣》、《督抚》三表，固旧史所曾有，《大事》、《世系》、《学者著述》、《外交约章》四表，则此编所新创。贯会全史，补其未详，既省史文，复便检寻。"①

其三，史表格式的创新。如，《清帝爱新觉罗氏世系表》不仅以帝系为纲，明载清代各帝传位、承统关系，同时记载皇帝生卒、母后姓氏、年号、谥号等项，且又列出各帝所有皇子名字、承统的皇子排行第几。如，列出康熙帝玄烨共有皇子胤禔、胤礽、胤祉、胤禛、胤祺等 35 人，由胤禛承统，排行第四，是为雍正帝。这样，《清帝爱新觉罗氏世系表》便提供了多方面的历史信息。又如，《清代外交约章表》表列六栏，除约名、时地、代表签约者、约款纲要外，还有原委、附说二栏。设立此两栏，实则寄托作者的深意，故在表前小序中特予说明："约款择要摘录，大旨已可昭然。惟不审所从，则靡由悉其因；不加说明，则殊难推其果；因具原委附说二项，俾读者可以了然于当时外交之情势。"② 设立此两栏，是作者扼要对签约的原委和产生的影响做记述和评论，是表达其历史观点和爱国思想的重要方式。

《清代通史》七篇史表都有反映清朝历史特点的功能，而其中最为突出的

① 杨家骆：《萧一山先生著清代通史稿跋》，《萧一山先生文集》（下册），台北经世书局 1979 年版，第 677 页。

② 萧一山：《清代通史》（五），第 465 页。

是《清代学者著述表》和《清代外交约章表》。清朝三百年学术演变中，考证学是其正宗，在清初即已揭示出旗帜，并奠定了基础，至乾嘉时期达于极盛。萧一山《清代学者著述表》中，通过记载顾炎武生平主要著作《音学五书》、《左传杜解补正》、《九经误字》、《金石文字记》、《日知录》等，即表明顾炎武对考证学的提倡和表率作用；同时又载顾炎武著有《天下郡国利病书》、《肇域志》等，表明他又是清代经世致用传统的开创者。继顾炎武之后，为考证学奠基者，有阎若璩、胡渭。阎若璩著有《尚书古文疏证》、《四书释地》、《潜邱劄记》等；胡渭著有《易图明辨》、《禹贡锥指》等。乾嘉时期考证学达到顶峰，如戴震著有《大戴礼注疏》、《穆天子传注》、《毛郑诗考正》、《考工记图注》、《方言疏证》等。考史名家钱大昕著有《廿二史考异》、《辽金元三史拾遗》、《十驾斋养新录》、《经典文字考异》、《声类》等。到了鸦片战争前后，学术风气酝酿着向经世致用、倡导社会改革思想，和了解外国、开眼看世界转变，因而道光年间的龚自珍所著有《定庵文集》、《春秋决事比》、《蒙古图志》等。与龚自珍同时的魏源著有《圣武记》、《海国图志》、《皇朝经世文编》、《诗古微》、《书古微》等，由此已预示着晚清学风的新变化。

　　清朝与外国（特别是西方列强）的关系，是导致强弱盛衰的直接原因。在清朝前期，即出现了对外关系逆转的趋势，至鸦片战争爆发，签订了不平等的《南京条约》，更导致中国沦入半殖民地深渊。萧一山在《清代外交约章表》中，通过记载签约内容和在表中"原委"、"附说"两栏所做评论，揭示了历史局势变化的消息。中俄《尼布楚条约》签订于康熙二十八年（1689），萧一山对签约背景做了说明："清初中原多事，俄人乘间据黑龙江境地，因酿两国之纷争，旋撤兵议款，是为中俄立约之始。"又评论其影响说："中国与俄三面接壤，其地自西而北而东不下数万里，自康熙以来屡次订约，莫不注重界务。是约原议以尼布楚为界，清圣祖悯其贸易无栖托之所，谕议约大臣改以额尔古纳河为界。自是相安者百余年，说者谓此约清国殆占全胜。不知当清朝鼎盛之时，尚不能攘俄人于边外，又欲苟且了事，表示大国怀柔之德，真不知外交为何物也！呜呼，邦国之戚始于兹乎！"[①]对清朝因不谙外交事务，一遇争端即示退让的做法，表示扼腕叹息！而1840年签约的中英《南京条约》（即《江宁条约》），更是造成各国列强争相效尤，中国陷入屈辱深渊

---

① 萧一山：《清代通史》（五），第465页。

的开端，萧一山评论说："此约为中外交通之最大关键，而耆英、伊里布不谙敌情，遽与订议约。内如五口通商、偿费、传教各款，凡英人所要挟以求者，皆不惜如愿以偿。自是欧西各国闻风而至，无不援请立约，长敌志而生戎心，肇后来无穷之患，皆此约开其端也。至于鸦片弛禁，人民受其流毒，国用罄于漏卮，无形损害更无涯涘矣。"

三、《清代大事年表》显示历史演进大势之功能

像《清代通史》这样以大事年表冠于一部大型史书之前，这在 20 世纪初期历史编纂上乃第一次。更值得注意的是，萧一山本人对这篇《清代大事年表》特别重视，1927 年出版的《清代通史》上卷，将之冠于全书之首，并在"叙例"第二项中向读者强调说：

> ……万季野曰："史之有表，所以通纪传之穷；表立而纪传之文可省。读史而不读表，非深于史者。"今依其义，列《清代大事表》于篇首，三百年之世变，亦略备于此矣。……盖表之难作，倍蓰于纪事；而置繁赜于简明，条事物为一贯，读之之益，不可胜言。故计表之工拙，可以知史家之手腕。余于此书，特注意焉。

显然，萧一山为撰写此表，费了很大功夫，并且悬立了很高的目标，要以这篇大事年表显示清代三百年历史的时代变迁和演进脉络，故置之全书之首。至 20 世纪 60 年代《清代通史》全书定稿，他仍然在《清代通史七表》部分的"叙例"中强调因此表之作，"三百年之世变，亦略其于斯矣"[①]。

从萧一山论《清代大事年表》的编纂宗旨和表中所载内容分析，这篇表确实起到有类于宋代学者所言"观天下之势"和当代学者所言贯通历史演变大势和总揽全局的作用。表中所记载的内容十分丰富，我们只能择举几个显著的例子。

如康熙一朝，是处于清朝统治上升的时期，表中的记载突出地显示了其演进几个方面的大势。一是平定国内割据势力和对边疆用兵、巩固国家统一。如表中记载，康熙十二年："廷议撤藩。吴三桂反云南，以明年为周元

---

① 萧一山：《清代通史七表叙例》，第 1 页，《清代通史》（五）。

年。""停撤平南、靖南二藩。"康熙十三年:"吴三桂遣马宝入湖南,破长沙。"康熙十七年:"孙延龄降清,吴三桂遣吴世琮杀之。三桂即位于衡州,国号周,改元昭武。三桂遣马宝等攻永兴,未下,三桂死。"又记载平定噶尔丹叛乱经过,康熙二十九年:"噶尔丹入犯阿尔尼,战不利。圣祖下诏亲征,大败之于乌兰布通。"康熙三十年:"圣祖巡边外,土谢图汗朝见于古北口。"康熙三十四年:"噶尔丹负约入寇。"康熙三十五年:"圣祖亲征噶尔丹,命皇子留守京师。师至克鲁伦河,噶尔丹遁,费扬古大败之于昭莫多。"康熙三十六年:"再亲征噶尔丹,至布古图。噶尔丹饮药自尽,乃班师。"①

二是采取奖励农业生产、减轻赋税、兴修水利等措施,恢复经济,奠定清朝前期强盛的基础。同时提倡文化事业,优待汉族士人,缓和满汉矛盾。如,康熙四年:"免顺治十八年以前逋赋。"康熙八年:"停止将民田圈给旗下。"康熙十七年:"诏举博学鸿儒。"康熙十八年:"试博学鸿儒于体仁阁,取彭通孙等五十人纂修明史。"康熙二十三年:"纂修《大清会典》。"康熙二十四年:"召靳辅、于成龙议河工事务。"康熙二十五年:"纂修《一统志》。"康熙三十四年:"圣祖巡视新河及海口运道。"康熙三十七年:"(圣祖)阅漕河及耍儿渡等堤岸。"康熙三十九年:"圣祖阅化家口拦河坝。"康熙四十九年:"令蠲免天下钱粮。"康熙五十年:"定滋生人丁永不加赋之制。"康熙五十八年:"命江南、湖广截留漕米备荒。"康熙六十年:"运河南、湖广漕米各十万石贮陕西。并命朱轼、卢询各携银二十五万两,分往山、陕购米,以备散赈。"②

至道光一朝,则突出国内社会矛盾加深,西方侵略者对中国发动野蛮侵略,赞扬抵抗派人物林则徐等英勇抗击侵略的壮烈行为。如:道光十八年:"黄爵滋奏请严禁鸦片。""命林则徐往驻广东,查办海口禁烟事件。"道光十九年:"林则徐查毁鸦片于广东海口,并定处罚章程。""定禁烟新律三十九条。""调林则徐为两广总督,伊里布为两江总督,邓廷桢为闽浙总督。"道光二十年:"英将伯麦犯广东不克,分犯沿海,陷定海。""以蜚语革林则徐、邓廷桢职。"道光二十一年:"英军陷虎门,提督关天培战死。"③

至晚清时期,一方面突出维新派人物和以孙中山为首的革命党人为探求民族救亡图强道路,前仆后继,不断奋斗,另一方面记载社会生产领域的变

① 以上引文均见萧一山:《清代通史》(五),第10—13页。
② 以上引文均见萧一山:《清代通史》(五),第10—15页。
③ 萧一山:《清代通史》(五),第27—28页。

化，表明近代化的进展。如，光绪十五年："命各省督抚议兴办铁路。""张之洞奏办芦汉铁路。"光绪十八年："大沽至滦州铁路成。"光绪十九年："北京至山海关铁路成。"光绪二十年："国父创立兴中会。"光绪二十一年："革命军起广州，陆皓东死之，中山走海外。""康有为公车上书。"光绪二十二年："设官书局，创办邮政。""设铁路总公司。梁启超等创《时务报》于上海。"光绪二十三年："康有为上书请变法。"光绪二十四年："开办京师大学堂。""命改各省书院为学堂。下诏定国是，决意变法。命梁启超办译书局，改定科举新章。命康有为督办上海官报。擢杨锐、刘光第、林旭、谭嗣同参预新政。袁世凯告密，皇太后复训政，囚帝瀛台，杀杨深秀等六人，尽罢新政，购拿康梁，禁止报馆及集会。"光绪二十六年："唐才常起义湖北，事泄被杀。""革命军起义惠州失败。"光绪三十一年："中国同盟会成立于日本。"光绪三十三年："徐锡麟起事安徽不成。""孙中山先生及黄兴等起义镇南关失败。"宣统二年："革命党在广东举义不成。"宣统三年（辛亥）："黄兴等起事于广州不成，七十二烈士死焉，后葬于黄花岗。""武昌革命军起，瑞澂、张彪遁。乃分兵据汉阳、汉口，推黎元洪为都督。于是湖南、江西、陕西、贵州、山西、云南、浙江、江苏、广西、安徽、广东、福建诸省民军先后并起，推举都督，而山东亦奏请独立。""民军攻取南京。""十七省民军代表选举孙文为临时大总统，就任南京。改用阳历。""溥仪退位，清室亡。"①

　　萧一山在《清代大事年表》中为了显示时代变局和历史演进脉络，还在纪年上运用了匠心。清朝建国以后，他采用了清纪年与南明诸王并列的办法。太平天国兴起后，采用清纪年与太平天国纪年并列的办法。这不仅是为了真实地记载历史，同时也表达他重视汉族人民抗清斗争的民族革命史观。

　　综上所述，萧一山以数十年心血编纂的《清代通史》，发扬了古代历史编纂学的优良传统，把史表的编纂作为一个重要的组成部分，表现出其可贵的创新精神。以简明的七篇史表厘清了清朝三百年复杂纷繁的史事，反映了清朝的时代特点，突出了三百年的时代变迁和历史演进脉络，他的成功对于我们今天探讨历史编纂仍然富有启发意义。当然，他以一人之力从事史表撰写，难免存在一些不足之处。如有关政治、经济、外交的重要事件或有阙载，独立著史实难周备，我们对此应有恰当的说明。

① 萧一山：《清代通史》（五），第36—41页。

第五章　新历史考证学的学术路向

新历史考证学是20世纪影响至巨的史学流派，而对它经历了怎么样的演进路径？新历史考证学者取得重大成就的根本性治学经验是什么？在今天对我们又有何宝贵的启示？上述诸项迄今均未得到清晰的解答。这些问题的探索不唯对于总结20世纪中国史学的理论遗产关系重大，而且对于推进当代史学的发展有深刻的现实意义，亟须做深入的讨论。

第一节　新历史考证学兴起的学术文化条件

一、朴学家的优良传统和新史料的发现

考证之学在中国有悠久的传统，至清朝乾嘉时代达到极盛，名家辈出，著述丰富，在史料考订和文献整理上均取得卓著的成绩，并且探究、总结出一套严密精良的考史方法，因而成为20世纪新历史考证学形成的重要条件之一。乾嘉时期学者由考经而考史，在诸如文字训诂、音韵、天文历算、舆地、典章制度、经籍注疏、史实考订，以至校勘、辑佚、辨伪、目录等领域，长期进行窄而深的研究，获得了十分丰硕的成果。主要辑刊乾嘉考证学论著的《皇清经解》正续编，合计有170余家，近400种2800余卷，可说是对朴学成就的一次检阅。新历史考证学者尤为服膺乾嘉名家治史所形成的"实事求是、无征不信、广参互证、追根求源"的优良方法，并在新的历史条件下创造性地发展。对此，郭沫若在评价王国维的贡献时即讲过很中肯的话，称他"承继了清代乾嘉学派的遗烈"，"严格地遵守着实事求是的态度"，成为"新

史学的开山"。[①]

　　生逢 20 世纪的历史考证学者，还十分幸运地得到时代丰厚的赐予。恰是在 20 世纪即将破晓的时刻，安阳殷墟的甲骨文史料被发现，意味着为古史考证打开了新的大门。此后，不仅甲骨文卜辞大量出土，而且敦煌文书、汉晋木简、明清内库档案也在短时间内被发现。以上即为 20 世纪初著名的"四大新史料"的发现，以及一批少数民族史料（包括梵文、回鹘文、西夏文史料等）的相继发现，遂使起自中国上古史、中古史、明清史，至中外文化交流史等领域，为研究者提出了许多有意义的新课题。故郭沫若评论说："我们要说殷虚的发现是新史学的开端，王国维的业绩是新史学的开山，那样评价是不算过分的。"[②] 陈寅恪也曾将敦煌写本的发现引起许多学者的研究兴趣，称为学术的"新潮流"。他说："一时代之学术，必有其新材料与新问题。取用此材料，以研求问题，则为时代学术之新潮流。治学之士，得预于此潮流者，谓之预流（借用佛教初果之名）。"[③]

二、时代思潮和学术观念更新

　　促成新历史考证学的兴起，还有时代思潮和学术观念更新的条件。从国内方面说，是由于新史学思潮和新文化运动的推动。梁启超于 1902 年发表《新史学》的名文，倡导实行"史学革命"、开启学术的新时代，呼吁史家摆脱旧时代长期形成的因袭和附会的积弊，代之以明确地将社会各方面情状和阶层活动，都纳入考察范围之内，写出真正能反映人群进化之现象，并求得其公理公例之新史。次年，他著成《论中国学术思想变迁之大势》的长篇论文，标志着中国学界摆脱以往只能作经解式或札记式文字，转变为有体系、有层次、作连贯性论述的研究新范式。在这篇名文中，梁启超将中国几千年学术区分为春秋以前的"胚胎时代"、春秋末及战国的"全盛时代"、两汉时期的"儒学统一时代"等七个阶段，精辟地评价了各个时代的重要思想家及其著作，相当有说服力地论述了各个时代思想的主要特点、成就和缺陷，这些特点又是由于怎样的社会环境和学术条件而产生，前一时代的学术思想如

---

① 郭沫若：《鲁迅与王国维》，《历史人物》，人民出版社 1959 年版，第 137 页。
② 郭沫若：《古代研究的自我批判》，《郭沫若全集》（历史编）第 2 卷，人民出版社 1982 年版，第 6 页。
③ 陈寅恪：《陈垣〈敦煌劫余录〉序》，《金明馆丛稿二编》，上海古籍出版社 1980 年版，第 236 页。

何成为这一时代的渊源，这一时代的思想又对后代产生了什么影响等，从而使几千年学术发展趋势和各个重要思想家的学术风貌，顿现在读者面前。全文脉络连贯、气势非凡，精彩的论述随处可见，梁启超之所以能够达到这一点，就因为他站到了新的时代高度，具有近代哲学的头脑和系统进行分析的眼光。梁启超还有其他多部名作同样具有这样的特点，即摆脱了札记式的对个别事项的考证，祛除盲从附会，扩大视野，重视对史实联系起来考察，进而探求历史演进的趋势和因果的联系，这种治史新范式无疑对新历史考证学者起到重要的启示作用。以1915年《新青年》杂志创刊为起点，"五四"新文化运动的兴起更使中国思想文化界经受了一场洗礼。"五四"新文化运动的倡导者们高举"民主"、"科学"的旗帜，势如狂飙巨浪，彻底冲破长期以来封建主义愚弄民众、禁锢思想的堤坝。以往的历史学长期作为经学的附庸，经书中的记载就是绝对真理，只能盲目尊崇。现在封建专制主义及其意识形态受到彻底批判，经书至高无上的神圣地位被推倒，史学才彻底地摆脱了经学的羁绊，取得完全独立。经书已不再是被崇拜的对象，而成为研究的对象，就是说，经书也被置于与一般的历史记载、一般的史料同等的地位，同样要受到审查和批评。这对于历史考证领域贯彻求实求真的原则，冲破禁区，提出有关上古历史以及历代典籍的一系列的考证的新课题，产生了直接推动的有力作用。"五四"新文化运动的勇士们又高举"科学"的大旗，同样有力地推动了包括历史学在内的中国现代学术体系的形成。概言之，新文化运动的倡导者是把科学作为一种精神，一种与迷信、盲从相对立的思想方法、实证方法，廓清杜撰、附会和迷信。用科学的精神和方法来研究中国原有的学问，是当时许多有识之士的共同看法。如陈独秀所言："科学者何？吾人对于事物之概念，综合客观之现象，诉之呈现之理性而不矛盾之谓也。"[①]梁启超对科学的解释，则是"可以教人求得有系统之真知的方法"。胡适则在《新思潮的意义》一文中，明确提出"研究问题，输入学理，整理国故，再造文明"16个字，作为"五四"时期建设新学术的纲领。其"整理国故"所指内容，大部分都应包括在当时正在兴起的新历史考证学的范围之内，因而其相关论述确实为有志此道者提供了极为有益的启示。

　　学术观念更新的条件，从国外方面说，是西方新学理的输入。西方学术

①　陈独秀：《敬告青年》，《青年杂志》1915年第1期。

的传播，在 19 世纪、20 世纪之交已有较大声势，至"五四"前后呈现强劲的势头。不但有英、法、德、美等国学者的历史学或社会学论著翻译出版，《新青年》、《史地丛刊》、《东方杂志》等常登载介绍西方学理的论著，一些大学历史系还开设了西洋史学思想史、西方史学原理等课程。正如有的学者指出的，此一时期的输入"已经开始注意到西方各派史学本身的系统性"，"从而大大拓展了西方史学输入的深广度"。① 19 世纪中叶至 20 世纪初年，在西方史坛上占主导地位的是强调实证和强调"审查史料"的兰克学派，传入中国并对史学发展产生重要影响的也正是这种史学流派，因为它们的主张和治史方法与"五四"时期支配学术界的科学主义思潮相呼应，尤其与当时因特殊的学术与社会条件而兴起的新考证史学要求严密考证的治史特征相吻合。对新历史考证学影响最大的是德国兰克学派。兰克（1795—1886）治史主张的名言是"据实直书"，郑重其事倡导一种尊重史实、客观叙述的治史态度。兰克年事很高，治史长达 70 年，前后跨度极大，十分丰富，内容复杂，涉及广泛的领域，评论者对其史学思想、学术风格确有很不相同的评价。然则，兰克及其学派对 19 世纪后半叶至 20 世纪初西方史学的主要影响又是明确的，这就是高度重视第一手资料，用审查、批判的眼光对待史料，强调"据实直书"的客观态度，并以此视为达到史学"科学化"的途径。兰克创立"历史考证学"的孜孜不倦的努力，和他强调严格地审查史料，要弄清提供史料者的身份、性格、环境等，然后确定其价值的方法，与中国乾嘉史家所遵循的"实事求是、无征不信、广参互证、追根求源"的治史方法，从精神到方法的运用都是相通的。并且平心而论，兰克不仅在其多部著作中审查和考辨史料的方法提供了大量给人以深刻启发和富有说服力的证据，而且他提出的当事人的信件和原始档案比历史记载更可靠，应该考核提供史料者的性格、经历等项命题，较之中国乾嘉考史学者的主张更具近代科学的价值。正由于此，傅斯年、陈寅恪这样的学者原本即熟悉乾嘉考史方法，赴德留学后，对于兰克学派这门"考证的科学"自然迅速接受并且心悦诚服。除了兰克学派的影响以外，西方新学理的传播还应包括近代进化论，欧洲学者重视的"民族—文化之史"的观点和方法，以及美国杜威实验主义的方法等。

　　总之，由于上述四项条件——对乾嘉学者考证传统、考证方法的继承；

_____

① 　胡逢祥：《"五四"时期的中国史坛与西方现代史学》，《学术月刊》1996 年第 12 期。

"四大新史料"的发现；"新史学"思潮和新文化运动的推动；西方新学理的传播——多重因素交互作用，有力地催生和促进了 20 世纪新历史考证学的形成与发展。中国本来就是历史学产生的沃土，治史历来备受重视，在这一领域耕耘的学者人数甚众，适逢 20 世纪前半期的因缘际会，滋生、壮大了新历史考证学这门学问，涌现出一批卓有成就的学者，相继取得了大量重要成果，成为 20 世纪中国史学的三大干流之一，与马克思主义史学和"新史学"流派交相辉映，齐流竞进。新历史考证学派与乾嘉考证学有渊源的关系，但又具有崭新的时代内涵，在史料的利用上、在治史观念上、在考史方法上，达到更新、更进步、更加科学和更加严密，我们即在这个意义上对"新历史考证学"以科学的界定。

第二节　新历史考证学家治史的基本特征

一、实证考察和贯通认识

新历史考证学形成阶段为 1920 年前后，其拓展阶段为 20 世纪 30 至 40 年代。新历史考证学在学术视野上，史料占有范围上，审查资料的观念和逻辑方法运用上，探求历史的深层认识上和推进历史研究的"科学化"各个方面，都较传统考证学者达到更高层次，当然也更具科学的价值。如果用最集中的表述来对这种具有现代意义的治学风格做出概括，即"实证考察和贯通认识"。"实证考察"主要概括其严密考证和重视扩充史料的特点，"贯通认识"则主要概括其历史见识和重视理论指导的特点，并且在许多学者身上，成功做到了二者的密切结合。

我们可以举出王国维、陈寅恪、陈垣为例，他们都是新历史考证学中最为出色的学者，虽然三人治史范围各有不同，学术旨趣和方法各有特色，但都做到了"实证考察"与"贯通认识"二者相结合。即是说，这些成就卓著的学者，不仅熟悉史料，功力深厚，善于考证，而且他们处于 20 世纪前期中西学术交流的关口，在历史观点、学术视野上达到了新的境界，并用以指导（不管其是否作过明确的概括）自己的研究。这正是新历史考证学取得世纪性成就的经验精髓之所在。

如王国维（1877—1927），他创立了著名的"二重证据法"，即以新发现的甲骨文考古资料与传统的典籍文献互相释证，在殷商史研究上取得重大突破。他独具慧眼运用新史料，让新出土的甲骨文为古史研究服务；再就文献而论，他又突破以往学者只从史书找证据的局限，而将先前视为神话、小说，不当作历史资料看待的记载，如《楚辞》、《山海经》，也加以重视。作于1917 年的《殷卜辞中所见先公先王考》和《续考》两文是王国维的名作。他把与卜辞相质证的文献范围，由《史记》扩大到《楚辞》、《山海经》、《竹书纪年》、《世本》、《汉书·古今人表》、《吕览》，甚至扩大到金文，广参互证，而使前人无法解决的问题在他手里迎刃而解。例如王亥，他首先注意到：卜辞中多记王亥事，"乃祭礼中之最隆者，必为商之先王先公无疑"。但据《史记·殷本纪》，商先祖中无王亥。只记载：冥卒，子振立。振卒，子微立。王国维以文献参证，指出这个"振"，在《世本》中作核，在《汉书·古今人表》中作垓。据此，他判定："《史记》之振当为核或垓字之讹也。"并且广引其他典籍，证明《山海经·大荒东经》中之"王亥"，《古本竹书纪年》中之"殷王子亥"，《今本竹书纪年》中之"殷侯子亥"同是一人。"则为殷之先祖，冥之子、微之父无疑。"[1] 至此，王国维又从甲骨文中考证出一位商先公名号，并且以详审的证据纠正了《史记》中的一项误记。用同样的方法，王国维又考证出卜辞中的王恒也是商先公。又根据卜辞中报乙、报丙、报丁，字皆在匚中，考证出卜辞中的田就是上甲微，并且第一次采用甲骨缀合之法，考证出上甲微以下的世系应该"报乙、报丙、报丁、示壬、示癸"排列，改正了《殷本纪》作"报丁、报丙、报乙"的误记；预言示癸与大丁之间应阙大乙，也为以后学者所证实。[2] 这就证明，由于成功地做到"实证考察与贯通认识"相结合，使甲骨文研究由限于文字考释、个别人名地名释读，提升到探讨上古史重大问题的崭新阶段。他向学界证明，运用"二重证据法"这一具有现代意义的科学方法，使文献所载几千年前商先公先王世系获得了地下出土实物的确证，而《史记》这部古史名著在总体上史料价值的可靠性也得到证实，且证明后人运用新出土的史料，以科学的方法，可以有根据地纠正两千年前史家的误记。故陈梦家称誉说："商殷世系的条理，《殷本纪》世系的证明，有赖于王国维的系统的研究。他的《殷卜辞中所见先公先王考》和

---

① 王国维：《殷卜辞中所见先公先王考》，《观堂集林》（二），中华书局 1984 年版，第 409 页。

② 以后，董作宾又以缀合的第三片甲骨证实王国维此说，见郭沫若《殷契粹编》考释。

《续考》，是研究商代历史最有贡献的著作。……利用这批新资料作为历史制度的系统研究的，则始于王氏。"①齐思和也指出，王国维的重大功绩是运用新的观念和方法，"将甲骨文字的研究引到古史上去，为中国古代史的研究开辟了一个新的途径"②。王国维运用"实证考察与贯通认识相结合"而取得的出色成果，为治史打开了新的法门，因而成为新历史考证学形成的标志。

再如陈寅恪先生（1890—1969），他所长期致力的研究范围是"中古民族文化之史"，他采用了近代西方学者所重视的"民族—文化"观念、因果关系、比较研究等"外来观念"，与清代学者实事求是、严密考证的方法结合起来，既善于钩稽史料、抉幽阐微，又具有比他的前辈开阔得多的眼光，因小见大，对一些别人不注意的材料也能以独到的识见发现其价值，力求从总体上，从事物的相互联系、因果关系中探求历史演进中带全局意义的大事。在其名著《唐代政治史述论稿》中，概括出"外族盛衰之连环性"的概念，对唐与周围各民族（包括大食）的广阔范围进行考察，总结出带规律性的认识。陈寅恪认为："观察唐初中国与某甲族之关系，其范围不可限于某甲族，必通览诸外族相互关系，然后三百年间中国与四夷更迭盛衰之故始得明了，当时唐室对外之措施亦可略知其意。"因为，"其他民族之崛起或强大可致某甲族之灭亡或衰弱"，"而唐王室统治之中国遂受其兴亡强弱之影响"。③另一名作《隋唐制度渊源略论稿》，同样能做到细致入微地考辨史实，再做综合分析，揭示出对历史演进有重大意义的内在关联。如他分析河西文化是在长期战乱中西北地区保存下来的汉、魏、西晋华夏文化的继续，实为中国历史上意义重大的隋唐制度渊源之一，云："秦凉州西北一隅之地，其文化续汉、魏、西晋之学风，下开（北）魏、（北）齐、隋、唐之制度，承前启后，继绝扶衰，五百年间延绵一脉。"④确实显示出超越前人的见识。因此，这两部著作在国内外有广泛的影响，在新中国成立前读过的研习隋唐史的学者，"无不惊呼大开了眼界，有茅塞顿开之感"⑤。

陈垣先生（1880—1971）的考证学成就则代表了将传统文献学推向条理

---

①　陈梦家：《殷虚卜辞综述》，科学出版社1956年版，第334页。

②　齐思和：《晚清史学的发展》，《中国史探研》，河北教育出版社2000年版，第684页。

③　陈寅恪：《唐代政治史述论稿》，上海古籍出版社1997年版，第125页。

④　陈寅恪：《隋唐制度渊源略论稿》，中华书局1963年版，第41页。

⑤　胡如雷：《读〈汪篯隋唐史论稿〉兼论隋唐史研究》，《读书》1982年第2期。

化、系统化、科学化的出色努力。他早年学习西医，系统学习过化学、解剖学、生理学等西方近代科学知识，因而在科学方法上受过良好的训练，故他虽然未曾留学外国，却能将西方近代科学方法创造性地运用到考证学领域，成为新考证学的学术大师。陈垣在文献学上的成就，包括校勘学、年代学、目录学、避讳学诸项。利用严密考证方法在整理文献上取得很大成就，这是清代朴学的特色。而陈垣又能在此基础上向前推进，其原因即在于他不仅继承了清人的成就，而且运用了近代科学方法，因而他的文献研究具有近代的特点。他所著《元典章校补释例》即是成功的例证。他由概括大量校勘实例而上升到理论，总结出"校勘四法"：一是对校法，以祖本或别本相对校；二是本校法，以本书前后互证；三是他校法，以他书校本书；四是理校法，不凭版本而据逻辑道理定是非。陈垣在许多著作中还成功地运用了"类例法"。《元典章校补释例》将选取的材料分类部居，加以疏解，为例五十。他的另一著作《旧五代史辑本发覆》也是属于校勘性质的专书，全书 5 卷，收录材料194 条，为例一十。"类例法"，也有举一端以例其余的意思，可以举一反三，将这些校勘学的原则运用到其他时代典籍的校勘工作之中。避讳，是指我国辛亥革命以前特有的一种制度和习惯，凡文字上不得直书当代君主或所尊之名，必须用其他方法以避之。中国历史久远，朝代更换又多，各朝所避的讳不同，避讳方法又不一致；文献上常因避讳而改换文字，甚至改变前人的姓名、官名、书名，前代的地名、年号等，使一些古籍文字淆乱致疑。反过来，如果懂得避讳知识及其规律，则可以解释古书的疑滞，辨别古书的真伪及时代。清代考证学名家钱大昕在其《廿二史考异》中特意多立避讳之条目，解释古书疑难。陈垣很重视这些成果，他所著《史讳举例》一书，用意在继承钱大昕的学术，而"欲为避讳史作一总结束"。全书 8 卷，归纳了 82 个例。前 42 例，讲避讳所用的方法，避讳的种类，避讳改的史实，因避讳而生之讹异；后 40 例，讲避讳学应注意事项；不讲避讳学之贻误，避讳学之利用。引书达百种以上，故此书也为研究者提供了极有用之工具。总之陈垣在校勘学、年代学、目录学、避讳学等方面，为推进传统文献学的近代化做出了重要贡献，对此，当代学者做出了公允的评价："关于整理文献的具体工作，在我国有长久的历史，也有丰富的经验，但就以上四个方面的经验进行总结，使之条理化、系统化，这是从陈垣先生开始的。"①

---

① 　白寿彝主编：《史学概论》，宁夏人民出版社 1983 年版，第 323 页。

二、用"民族—文化"观念指导治史

这里，还应特别论及傅斯年（1896—1950）。他在《历史语言研究所工作之旨趣》、《〈史料与史学〉发刊词》等文章中，一再强调"让史料说话"，"史学的工作就是整理史料"。"反对疏通"，"存而不补"。因而长期以来，傅斯年在学术界的形象便是大声高呼"史学即史料学"，"上穷碧落下黄泉，动手动脚找东西"，只重视扩充史料、考证史料。实际上，只要探究其所著《夷夏东西说》、《周东封与殷遗民》等著作，便可明白：傅斯年在史学研究实践中最重视因果关系的疏通、证明，他非同寻常地以西方学者"民族—文化"观念指导研究，他敢于做极大胆的推论。他所尤为关注之点，是以政治集团或族群间政治与文化的互动关系，论述其势力消长及盛衰变化，而对商周之际的历史提出自己的新看法。其《大东小东说——兼论鲁燕齐初封在成周东南后乃东迁》一文，考证"小东"、"大东"及周初鲁、燕、齐始封国之地望，均联系周与殷商之间文化水平高低和政治势力强弱之互动关系立论。他认为，《诗·小雅·大东》篇所言大东，即泰山山脉以南各地；小东即今山东濮县河北濮阳大名一带，亦即秦汉以来所谓东郡也。与此相联系，他认为，周灭商以后，处置原有之殷民是极艰巨困难之工作。既然周初封康叔于卫，微子犹得保宋，则周公、吕公等人封地必距成周不远，才能起到辅翼周王室的作用，也才符合利用殷商旧地较高的人文、物质条件的道理。故他参稽多项证据，推断燕之初封地应与今河南郾城有关，鲁周公之初封地应在今河南鲁山县，齐太公初封地本在吕。鲁之至曲阜，燕之至蓟丘，齐之至营丘，皆后来事也。两千年来，历代读《诗》、《书》学者不知凡几，有谁敢做出这样大胆的推断呢？故此，重视史料实证加上贯通研究二者，才是真实的傅斯年其人。

傅斯年于同一年（1929 年写成，1930 年发表）所撰《〈新获卜辞写本后记〉跋》中，同样以"民族—文化"的互动关系作为解释中国古代历史若干关键问题的依据。其论云："凡是一个野蛮民族，一经感觉到某种文化高明，他们奔赶的力量，远比原有这文化的人猛得多。这是一个公例。王季文王武王的强烈殷商化，并用一个最有效的法子，就是讨殷商或殷商治下诸侯的女儿做老婆。这是野蛮人整个接受文明人的文化系统的大道。后代的历史证明这个事实很清楚。譬如唐宗女文成公主下嫁吐鲁番弃宗弄赞一事……又如回纥，历世受唐婚，结果是唐化向西方流布。"① 至1934年，傅斯年又撰有《周东封与殷遗民》一文，论述殷周之际殷民族与周民族之间的政治、文化之互动关系，以此为基础，然后提出其殷民族"为中国文化之正统"的独特观点："然则商之宗教，其祖先崇拜在鲁独发展，而为儒学，其自然崇拜在齐独发展，而为五行方士，各得一体，派衍有自。……商朝本在东方，西周时东方或以被征服而暂衰，入春秋后文物富庶又在东方，而鲁宋之儒墨、燕齐之神仙，惟孝之论，五行之说，又起而主宰中国思想者二千余年。然则谓殷商为中国文化之正统，殷遗民为中国文化之重心，或非孟浪之言。"② 以上论述足以证明：唯其重视扩大史料和严密考证，加上运用新的观点，傅斯年才能写出一批重要著作，他才在史坛上产生了大的影响。中国近代学术发展的一项重要标志是：摆脱以往著作家只能作经解式或札记式文字，转变为有体系、有层次的研究。新历史考证学家正是一方面发扬了传统学者严密考证的方法，并且扩大了史料范围，又一方面自觉地运用进化观点、因果关系、"民族—文化之史"等观念和方法治史，出色地做到"实证考察与贯通眼光"二者相结合，因而使其学术成果凸显出新的时代气息，为推进20世纪中国史学的发展做出重要的贡献。

第三节　用科学历史观的指导把新历史考证学推向新境界

新历史考证学形成于"五四"前后。中国马克思主义史学的形成时间稍晚一些，李大钊著成《史学要论》（1924年）和郭沫若著成《中国古代社会研究》（1929年），是其创始和形成的标志。1949年以前，新历史考证学派和马克思主义学派平行发展，均为两大史学干流，但他们之间绝非互相对立，也非互不相干，而是互有紧密的学术关联。具体而言，马克思主义史家对新历史考证学派的学术成就予以高度评价。如郭沫若于1929年称赞王国维是"新史学的开山"，至1945年，又表彰王国维的卜辞研究"抉发了三千年来所久被埋没的秘密"。③ 侯外庐在其研究古代社会史、思想史的实践中也很

---

① 傅斯年：《傅斯年全集》（三），台北联经事业出版公司1980年版，第253—254页。

② 傅斯年：《傅斯年全集》（三），第166—167页。

③ 郭沫若：《郭沫若全集》（历史编）第1卷，第8页。

重视吸收考证学家的成果，在《韧的追求》一书中明确表示"赞赏王国维考辨史料的谨严方法，钦佩郭沫若敢于撞破旧史学门墙的独辟蹊径的科学勇气，把他们当作自己的老师"[①]。有见识的新考证学家对唯物史观的态度又是怎样呢？他们非但不加排拒，而且敏锐地意识到用以指导学术研究具有重要的意义，认为唯物史观重视经济条件构成社会发展的基础，经济、政治、思想文化、社会生活等各项因素互相联系和依存，使社会构成有机的统一体等基本观点，能推进历史研究达到更深刻、更正确的认识。如顾颉刚于 1933 年说："我自己决不反对唯物史观。……至于研究古代思想及制度时，则我们不该不取唯物史观为其基本观念。"[②]又如吕思勉，他在实证方法基础上写成的史著，很重视各个时期经济的研究，原因即在他初步学习了唯物史观的原理，用以指导其史学研究。他在 1945 年所著《历史研究法》中写道："马克思以经济现象为社会最重要的条件，而把他种现象看作依附于其上的上层建筑，对于史事的了解，实在是很有帮助的。但能平心观察，其理自明。"[③]这里应当特别指出：新历史考证学家实事求是的治学态度，以联系的观点分析史实、以"通识"的眼光考辨史料的方法，都与马克思主义史学的基本方法相贯通；问题在于，新历史考证学家的运用是素朴的，尚未达到十分自觉的阶段，而马克思主义史学家则是构成体系的，而且要求自觉地运用，因而达到更高的层次，能够更加深刻地发现真理。新历史考证学在 20 世纪前半期成就斐然，至1949 年，中国社会状况发生巨大变化，马克思主义在全国范围内取得指导地位，也催开了历史考证学领域新的绚丽之花，使它跃进到新的阶段。

新中国成立初年，一批在 20 世纪三四十年代受到严密考证训练的学者，其时年纪正当 40 岁上下（有的略大一些），他们本已有很好的学术功底和治史经验，又适逢其时获得科学世界观的指导。他们对于新中国成立初年在全国范围内形成学习唯物史观的热潮是真诚欢迎的，一方面，因其与实证史学有诸多类通而觉得它容易接受，另一方面，又因其比以往的学说具有更高的科学性和巨大的进步性而感到眼前打开了一片新天地，能引导自己更加接近真理。故他们学习的态度是充分自觉的、兴奋的，而且充满自我解剖精神，勇于放弃以前不恰当的观点，迫切要求进步。如吕思勉已年过六旬，学习唯

---

① 侯外庐：《韧的追求》，生活·读书·新知三联书店 1985 年版，第 225 页。
② 顾颉刚：《古史辨序》，载罗根泽编著：《古史辨》（四），上海古籍出版社 1982 年版，第 22 页。
③ 吕思勉：《吕思勉读史札记》，上海古籍出版社 1982 年版，第 3 页。

物史观却热情高涨，写出了长达万余字的思想总结，真诚地回顾自己早在 47 岁时就接触到，"但愧未深求"，现在更认识到马列理论中有更丰富的内容，"当努力补修"。[①] 唐长孺在 1955 年出版的著作中也有真切的表达："在研究过程中，我深刻体会到企图解决历史上的根本问题，必须掌握马克思列宁主义的理论。"[②] 当然，这些史学家的学习又明确贯彻以唯物史观普遍原理与中国历史实际相结合的指导思想，警惕并抵制教条化倾向。如唐长孺起初读了马克思关于古代东方国家普遍存在土地国有制的论述后，曾认为中国也不例外，但经过在研究工作中的反复思考，终于认为土地国有制与中国古代历史实际有许多说不通之处，最后决然放弃原先的看法。唯其这些史学家坚持实事求是地研究历史，既重视科学世界观指导又坚决摒弃教条主义，他们的研究成果才得到海内外同行的充分肯定。

蒙文通（1894—1968）是这批考证学者中年龄较长者，他通过学习唯物史观理论，认识水平得到迅速提高，并用以指导学术研究，治学风格大为改观，尤其具有典型意义。蒙文通长期钻研经史之学，于儒家学说钻研尤深，但长期在探求孔、孟、董、朱、王等儒家人物著作中积累而未决的问题，只有至新中国成立后学习了马列主义才找到了答案。于是他深有感慨，说："数十年之积惑，一朝冰释！"[③] 他早先即怀疑朱子之曰"格物致知"，阳明之曰"满街尧舜"，其说均大有弊端，然如何解决，却未能明晰。正因为学了马列的理论，使蒙文通认识到朱子、阳明之说法虽不同，表现形式虽不同，但致误之根源却是相同的，即违背了先有事物、后有规律，思想意识要靠教育和实践去提高的根本原理。故蒙文通总结朱子、王阳明的失误在于"先天论"，而正确的论点则应是马列主义所阐明的"发展论"。

蒙文通在解放初学习马列主义而使数十年积惑一朝冰释，并用"先天论"和"发展论"来分析古人学说中的精华与糟粕的经历，是具有深刻意义的，它证明新中国成立初许多研究者学习马列主义，收获巨大，学术上升到崭新的境界，能够对复杂的历史现象和学术问题，透过现象，看到本质，以辩证的眼光做具体、细致的分析，互相联系，上下贯通，从而得出正确的结论，

---

① 吕思勉：《自述——三反及思想改造学习总结》，《史学理论研究》1996 年第 4 期。
② 唐长孺：《魏晋南北朝史论丛》，河北教育出版社 2000 年版，第 433 页。
③ 蒙文通：《致张表方书》（1952 年），载《中国哲学》第 5 辑，生活·读书·新知三联书店 1981 年版。按：张表方即张澜先生。

解决了长期困惑自己的问题，获得真理性的认识。证明唯物辩证法确是比传统思想和近代流行的诸多学说远为高明，唯物辩证法能给人以科学分析问题的理论武器，是具有明效大验的科学世界观和方法论。新中国成立之后，马列主义在全国范围内确立了指导地位，广大史学工作者和知识分子掀起学习唯物史观的热潮，这是中国学术史上的重大事件。事实证明，马列主义的指导使史学工作者焕发出新的精神面貌，在历史观和治学方法上进入新境，学术上取得了大量新的创获。

我们可以举出蒙文通的代表作《中国历代农产量的扩大和赋役制度及学术思想的演变》及《越史丛考》做分析，证明他在新中国成立后发表的论著，无论研究的内容、研究的深度还是治学的风格，比起以前擅长考证和朴素地运用分析方法的特点来说，都已明显地有了质的飞跃。前者突出地反映出他再不满足于史料的翔实和考辨的精审，而要上升到对历史进程和其内在规律性作宏观的概括，后者则突出地反映出他维护历史公正和中华民族利益的自觉性和崇高责任感。岁月的洗练，更加显示其著作的光彩，直至今天读来，我们仍能深刻地感受到唯物史观指导使其研究成果具有更高的学术价值和更强的生命力。

《中国历代农产量的扩大和赋役制度及学术思想的演变》一文的论述主旨是，我国历史上"农产品品种和数量的扩大和增加，也就是农业生产力的发展和提高的反映"，对于中国封建社会的发展有推动的意义。经过对大量史实的综合分析、考察，作者提出："我国二千年来单位面积和农产量的扩大，前后可分为四个阶段，第一阶段是战国、两汉，第二阶段是魏晋、六朝，第三阶段是唐宋，第四阶段是明清。"此文最值得关注之点是作者根据贯通的研究，强调唐前唐后的变化，对于整个中国历史进程具有特别重要的意义。他指出："我国的农业生产力在唐代有着较大的发展。作为农业直接生产者的农民的社会地位和作为封建基础的土地制度也都同时发生了重大的变化。"以隋末唐初为分界，由于隋末农民大起义，豪族世家的经济基础被彻底摧毁，"在此以后，农民和豪族世家的人格依附关系便逐渐为佃农和地主的经济契约关系所代替了。……农民地位的这一变化使其在经济上的独立性有了扩大，这样也就刺激了农民的生产兴趣，又进而促进了生产力的提高。因此，农民地位的这一变化，是有极其重大的意义的"。反映在土地制度和社会阶级关系的显著变化是："自两汉、魏晋下迄于唐，都有打击豪强兼并的限田制度和制民之产的均田制度。但从中唐以后，均田之制也只是被人作为议论题材罢了。"
而"豪族世家丧失了其对农民的特权地位"。作者进而认为，由于阶级关系等
项的根本性变化，导致了唐以后封建社会各有关制度也就不得不相应地发生
变化。诸如赋税制度由租庸调改为两税法，兵制由府兵变为募兵，人才诠选
由贡举和九品中正变为科举考试，中央管制也由两汉魏晋的三公九卿制度变
为隋唐的六部制度，标志着中央集权的进一步发展。在意识形态领域，同样
发生了摆脱约束、寻求自由思想的深刻变化。文学作品表现的内容也由宫廷
转向民间，绘画题材"由朝市转向山林"等，也都为唐以下开辟了新途径。①

　　蒙文通论述唐代社会经济的发展和阶级关系的变动是中国封建社会前后
期形成不同特点的根本性原因，由此而导致税制、兵制、选举、官制，以至
意识形态领域一系列相应的变革，他的论述言之成理，而且自成系统。由一
个新中国成立前以精熟典籍和擅长考证著名的学者，到如此着力分析社会演
进各部门、各领域的联系，发展的阶段特点，探索发展的内部规律性，由原
先对具体问题的细致辨析，到对历史发展趋势做出宏观概括和见解精辟的阐
释，我们不能不叹服其变化之大和进展之速，是唯物史观理论这一科学世界
观的指引，使他的学术达到升华。他的论述涉及方面至广，我们不能要求其
中的每项论断都完全准确，但毫无疑问，他以社会经济发展和阶级关系变动
作为考察社会演变的根本不同，他提出的唐以后农民人身依附关系的变化、
地主身份性的变化、唐宋以后意识形态诸多领域的相应变化等项，都是确有
见地的，显示出单纯从事考证的学者所难以具有的开阔视野和洞察力。我们
还应注意到，"唐宋变革论"、"唐宋社会转型论"在近年来已经成为学界讨论
的"热点"，而蒙文通早在 20 世纪 50 年代初即已提出"秦以来二千多年的中
国历史，就巨大变化来看，可以唐前唐后分为两大段"②的观点，并且从社会
经济、阶级关系、意识形态领域，做了比较全面而又提纲挈领的论证，这不
能不承认蒙文通的论述已经开其先声。对此，胡昭曦先生《蒙文通先生对宋
史研究的贡献》一文中已有论及："'断断续续写了几年'，于 1957 年发表的
《中国历代农产量的扩大和赋役制度及学术思想的演变》一文，是集中体现蒙
先生关于治史要通和探源明变学术主张的代表作，也是他研究中国古代史上

---

①　蒙默编：《川大史学·蒙文通卷》，四川大学出版社 2006 年版，第 557—558 页。

②　蒙默编：《川大史学·蒙文通卷》，第 559 页。

的社会变革和宋代学术思想发展变化的代表作。"蒙先生明确提出秦汉至明清的社会变革及其重要阶段，进行了深入分析，系统地探讨了这些变革发展的原因、轨迹、特点等，为学术研究作出了贡献。他是我国现代史学家中，较早注意到唐宋之际社会全面变革的学者之一。"①而蒙文通先生的前瞻性见解恰恰是在 20 世纪 50 年代初刚刚接受了唯物史观指导即提出来，科学的历史观在这位坚持"实事求是"和做辩证分析进行研究的学者身上，产生了明效大验。

《越史丛考》著于 1964 至 1968 年。这部著作的完成，既是他早年从事古代民族史研究的继续，又是他运用自己的丰富学识，为解决一个与国家利益直接相关的重大课题而深入探求的成功之作。"越族"为泛指古代东南沿海地区之民族，然因书缺有间，记载简略，事或若明若昧，越人分布地域即争论聚讼问题之一。蒙文通洞察到，以往中外学人论及古代越族分布的著作中一些缺乏根据甚至是纯属臆造、颠倒史实的言论，当今却有国外学者别有用心地收集综合、穿凿解释，并借此推波助澜，这就应当引起正直学者的高度警惕。他说："国内外学人谓长江流域古有越人者不乏其人。然持此说者，不过就楚越同祖、夔越、扬越、夷越诸事论之而已，尚未有言'扬子江以南整个地区'尽越人所居者也，更未有言居古中国之越人'在来自北方的人的逼迫下'乃西南迁徙至越南者也。陶氏（越南历史学者陶维英）《越南古代史》综此诸说进行疏通证明，而予以理论化、系统化。越人后此之论越南古史者，莫不祖述其说，甚或扬其波而炽其焰。此诸说者，实多影响之谈、附会之说，核之史实，舛缪自见。"②这就必须严肃对待，以确凿的史实与错误的论点相对照，一一考辨清楚。蒙文通在书中，考论了十二个方面的问题，即以"越族古居'扬子江以南整个地区'辨"列为第一项，进行有理有据的有力辩驳。

蒙文通详引各种古代文献进行分析、考辨，论述古代居于南方的楚族与越族的畛域。百越之族屡见于《史记》。《平津侯主父列传》言：秦始皇"又使尉佗、屠睢将楼船之士南攻百越"，据《南越列传》，尉佗、屠睢所攻之百越，略当今广东、广西之地。越、楚分界亦可于《货殖列传》中推寻，载曰："衡山、九江、豫章、长沙，是南楚也。"蒙文通说："传谓豫章、长沙（略当

---

①　四川大学历史文化学院编：《蒙文通先生诞辰一百一十周年纪念文集》，线装书局 2005 年版，第 63、64 页。

②　蒙文通：《蒙文通文集》第二卷《古族甄微》，巴蜀书社 1993 年版，第 312 页。

今江西、湖南）为南楚，当是楚之南土；而越则更在其南，《方言》所谓'南楚之南'者也。"[①] 再证以《淮南子》和《汉书》。《淮南子·人间训》言秦始皇因利越之犀角、象齿等特产，发率五十万为五军，驻守镡城、九疑、番禺、南野、余干，以与越人战。五军所处为一勾月弧，长沙、豫章正处此勾月弧内。《汉书·地理志》则言："粤（越）地，牵牛、婺女之分野也，今之苍梧、郁林、合浦、交趾、九真、南海、日南，皆粤分也。"此七郡含会稽正处此勾弧之外。蒙文通分析说："《货殖列传》以习俗判楚地，《地理志》以分野述越地，而《淮南子》则以五军所处划楚、越之界；三书虽各明一事，然其所说楚、越之地则若合符节。是战国秦汉之世，楚、越之畛域固厘然各别也。则是长江中下游几尽楚地，何得谓长江以南尽越人所居也。"[②] 又针对陶维英书所谓"春秋战国时代以前"，"越族占据着扬子江以南的整个地区"云云，蒙文通进一步据史实做了有力的辩驳："春秋之初，楚武王始开濮地，楚文王尽食江汉诸姬。楚成王时，'楚地千里'，楚庄王时，北伐陆浑之戎，观兵于周疆，问鼎于周室，继又大败晋师于邲。是在越人兴盛之前，楚人早已据有长江中下游之地，越人曾不得侧足其间。"陶书所言，"诚瞽说也"。[③]

　　总之，《越史丛考》作为一部享誉学林的著作，的确体现出蒙文通将其原本学术根底深厚、精熟于史料的治学特色，与由于运用了唯物史观能够洞察历史问题之本质、具有远见卓识，二者恰当地结合起来，令人叹服地体现出全面的观点、辩证分析的观点、透过现象把握事物本质的观点，因而具有极高的学术价值。尤其是，由于运用了唯物史观做指导，蒙文通更加具有高度的爱国主义精神，他敏锐地看出关于古代越族问题的言论背后有严重的政治意义。现存的史料有的记载首尾不备，有的因长期传抄而致误，"苟不精研深思，旁通曲证，谠证其文字，考镜其源流，匪特难免郢书燕说、鱼鲁亥豕之失，且将俾居心叵测之徒捏造事实、歪曲历史之机"[④]。拿出辨析精确的史实，驳倒蓄意散布之谬见，乃是事关维护历史公正和中华民族崇高利益的大事情！李一氓先生高度评价蒙文通教授这部著作全书贯穿着强烈的爱国主义精神，表现出维护国家民族利益的历史学家的崇高责任感，作者引据丰富详

---

① 蒙文通：《蒙文通文集》第二卷《古族甄微》，第 301 页。
② 蒙文通：《蒙文通文集》第二卷《古族甄微》，第 302 页。
③ 蒙文通：《蒙文通文集》第二卷《古族甄微》，第 302 页。
④ 蒙文通：《蒙文通文集》第二卷《古族甄微》，第 359 页。

审的史料，对陶著所做的辩驳有凭有据，令人信服，并对古籍记载有歧误之处深入分析，从而恢复了历史的真实性。他说："作者作为历史学家，自有一种历史的责任感……从中国民族而言，这就不单纯涉及到一个越族的问题，而是涉及到中国民族的整体的问题。因此，作者这本书自然具有现实的时代意义。他不是为历史考证而考证，不是抽象的考证，更不是炫耀博学的考证。在着笔时，他必然怀有维护中国民族崇高利益的历史学家的责任感。"①

以上是以蒙文通为个案，简要分析他在新中国成立后因接受唯物史观为指导，其"贯通性研究"的视野和识见打开了新的天地，因而在对中国封建经济与社会结构的研究、对古代民族关系史的研究方面，均取得了卓著的前此无法相比的重要成就。而从新历史考证学者群体来说，此非特例，而是具有共性之处，许多原先学术功底深厚、擅长考证的学者，都因确立了以唯物史观为指导的原则，而使自己的学术成果绽放出新的光彩。如谭其骧（1911—1992），原先撰有《秦郡新考》等，以考辨精审、论据坚实而大受称道。1949 年以后，由于自觉地以科学历史观作指导，使他大大开阔了视野和学者襟怀，发扬了原先精于考证的长处，且能透过历史表象探求本质性和规律性的认识。如《关于上海地区的成陆年代》（1960 年）、《何以黄河在东汉以后会出现一个长期安流的局面 —— 从历史上论证黄河中游土地的合理利用是消弭下游水害的决定性因素》（1962 年）、《历史时期渤海湾西岸的大海侵》（1965 年）、《上海市大陆部分的海陆变迁和开发过程》（1972 年）、《山西在国史上的地位》（1981 年）、《浙江各地区的开发过程与省界、地区界的形成》（1986 年）、《海河水系的形成和发展》（1986 年）、《自汉至唐海南岛历史政治地理 —— 附论梁隋间高凉冼夫人功业及隋唐高凉冯氏地方势力》（1988 年）等，这些研究成果与新中国成立前相比，无论从考察历史问题的时间跨度或空间范围说，从论题中所包含的思想性深度说，尤其是，从总结历史现象的规律性的高度和结合当前社会发展需要的程度说，毫无疑问都达到了更高的学术境地。唐长孺（1911—1994）早年研究辽金元史，不久即转为专攻魏晋南北朝隋唐史。1946 年，他撰成《唐书兵志笺证》一稿尤为精于考证之作。1949 年以后，唐长孺治学仍以扎实深入著称，且在新的时代条件下，他与何兹全、周一良、王仲荦、马长寿等先生一同开拓了魏晋南北朝史的研究领域。

① 李一氓：《读〈越史丛考〉》，《读书》1984 年第 4 期。

经过唐长孺这批学者在 20 世纪五六十年代的努力，"在魏晋南北朝的多个领域取得全面创获。他们通过精审的考辨，严谨的论证，多方位地勾画了魏晋南北朝社会的重要特征与发展大势。特别是在陈寅恪所忽视的社会经济领域取得的成绩尤大，如土地制度、赋役制度、部门经济、整体经济以及依附关系等重大论题均有突破性进展"①。唐长孺所撰《孙吴建国及汉末江南的宗部与山越》（1955 年）和《南朝寒人的兴起》（1959 年），即为从经济生产领域与政治制度等的互动揭示魏晋南北朝社会特征及其演进脉络的成功之作。

　　以唯物史观为指导的史学工作者重视社会形态演变的探索，因而在 20 世纪 50 年代至 60 年代初出现了古史分期讨论的热潮，有不少原先属于新考证学派的学者也积极参加，并且发表了很有影响的论著。这里以赵光贤先生（1910—2003）为例。他所著《周代社会辨析》从 1958 年属稿到 1980 年出版，经历了 20 多年。这部著作出版后，即以其鲜明的理论指导、详审的史料和深入精到的辨析，受到学术界的重视。作者在古史分期讨论中是属于"西周封建论"者，书中对于周代封建生产关系建立的条件及其主要特征，对周代主要农业生产者的身份问题，对于周代"宗法制度"与封建制社会的关系问题等，所做的考辨、分析尤具卓识。此书确实表明作者将研究工作建立在充分占有材料的基础之上，包括十分重视新出土考古材料的使用，并自觉地以马克思主义基本观点和辩证分析的方法为指导，从经济基础到上层建筑、意识形态领域做贯通的研究，提出了一系列创见，因而此书出版后产生了很好的反响，评论者誉之为"辨有特色，析有新意"的成功之作。② 谭其骧、唐长孺、赵光贤三位学者各自在历史地理学、魏晋南北朝史、先秦史领域的建树，同样很有说服力地证明以唯物史观为指导如何使新历史考证学绽放出新的光彩。

---

① 曹文柱等：《二十世纪魏晋南北朝史研究》，《历史研究》2002 年第 5 期。
② 参见张作耀：《辨有特色，析有新意》，《历史研究》1981 年第 6 期；王玉哲：《一部新的古史分期问题的专著——读赵光贤〈周代社会辨析〉》，《历史教学》1982 年第 4 期。

第六章　中国马克思主义史学珍贵的思想遗产

第一节　"革命性与科学性相结合"

　　中国马克思主义史学已经走过了90多年的历程。对于这90多年的成就和教训应当作怎样的基本评价，尤其是，90多年中国马克思主义史学为我们提供了什么样的思想遗产，这是我们今天总结以往和展望未来所必须解决的问题。

　　在中国现代史上最为引人注目的景象是，马克思主义虽然是从外国传入的，但它与其他"舶来品"大不相同，自从"五四"时期传入中国以后，即以传播迅猛和具有强大的生命力为其基本的特点。在"五四"前后，马克思的学说受到欢迎的程度，确实是异乎寻常。在短短几年中，以马克思主义为指导的刊物在大江南北如雨后春笋般出现，宣传马克思学说的书籍也竞相出版。因此，曾经担任中央研究院社会科学研究所所长的杨端六即在他撰写的《马克思学说评》一文中，敏锐而中肯地指出马克思主义在全国迅猛传播的特点："以我国思想界之迟钝，输入西洋之学说，殆莫不经过多少阶级（段）而始得其一知半解之理想，而社会犹反对之。今不数年，而马克思之名喧传于全国。上自所谓名士，下至初级学生，殆无不汲汲于马克思学说之宣播。"[①]在"五四"时期，《新青年》、《中国青年》、《晨报》副刊、《民国日报》副刊、《学灯》等报刊，成为先进知识分子宣传唯物史观的重要阵地。《共产党宣言》、《哥达纲领批判》、《国家与革命》等书译本都相继出版，还出版了一批

---

① 　杨端六：《马克思学说评》，《太平洋》1920年第2卷第7号。

日本河上肇、俄国普列汉诺夫等人有关唯物史观的著作，其中尤以河上肇的著作影响最大。北京、上海、广州、武汉、长沙等地进步势力较大的高等学府，几乎都开设讲授唯物史观的课程，周恩来甚至在天津警署的牢狱中，还宣讲"唯物史观总论和阶级竞争史"、"历史上经济组织的变迁"等。至20世纪二三十年代，更出现了一批由党内理论家和进步理论工作者写成的研究社会发展史的著作，十年间数量多达15种，其中著名的有蔡和森《社会进化史》（1924年）、李达《现代社会学》（1926年）、邓初民《社会进化史纲》（1931年）、马哲民《社会进化史》（1929年）、陈翰笙《人类的历史》（1927年）。这些著作虽然深浅精粗各有差别，但是有共同的特点：以唯物史观为指导，系统叙述人类社会的起源和发展，努力阐明唯物史观所指出的社会发展的一般规律。唯物史观如此迅猛传播的情况，说明杨端六文章中所描述的知识界人士"无不汲汲于马克思学说之宣播"，确是恰如其分。稍后，顾颉刚也曾用"风靡一世"[①]、"像怒涛一样奔腾而入"[②]来形容唯物史观对中国学术界影响之巨大。

以上史实和评论是20世纪思想史、社会史的重要史料，向我们提供了十分宝贵的历史信息：唯物史观传入中国之后，立即受到知识界和社会人士的热诚欢迎，没有任何外力所左右，人们争先恐后地把它作为分析中国社会、辨明学术问题的武器，作为观察未来前进道路的思想指南。之所以如此，其中有极其深刻的原因，这就是，马克思学说之传入中国，固然与俄国十月革命的影响有密切关系，而更为深刻的缘由是，处于内忧外患、灾难深重的中国社会，经历了鸦片战争以来一系列重大事件，证明无论是传统思想、维新思想还是资产阶级革命思想都无法把中国人民从帝国主义和封建势力的沉重压迫下解救出来，只有马克思主义指引的发动工农大众进行彻底的反帝反封建革命的道路，才能使中华民族得到解放。又一个深刻原因是，中国传统文化中唯物主义的思想资料、辩证发展的观点、反抗压迫希望实现大同的进步思想等，构成通向唯物史观的内在基础和桥梁，马克思主义作为继承人类一切优秀文化遗产的学说，其中就包含着能为中国人和其他东方民族自然地接受的思想品格，马克思主义的基本观点理所当然地与中国传统思想的精华相

① 顾颉刚：《古史辨序》，载罗根泽编著：《古史辨》（四），第22页。
② 顾颉刚：《〈战国秦汉间人的造伪和辨伪〉附言》，载吕思勉、童书业编著：《古史辨》（七），上海古籍出版社1982年版，第64页。

贯通。①正是由于上述两项深刻原因，决定了自"五四"时期以后，经过先进的人们的努力，马克思主义的真理在中国社会、中国民众中深深地扎下了根，不仅指引中国共产党领导中国革命，经过无数艰难曲折，而使中国大地发生了翻天覆地的变化；而且，中国马克思主义社会科学工作者以唯物史观指导研究中国现实社会和中国历史，同样走过曲折复杂、波澜壮阔的道路，不断探求真知，坚决摒弃谬见，坚持不懈地创新理论和著书立说，因而把素称发达的中国史学推向了新的发展阶段。正是由于几代人的不断努力，中国马克思主义史学90多年的发展道路，为我们留下了一笔丰厚的思想遗产，值得我们认真地总结，并且发扬光大。

对此进行系统考察，对于认识20世纪中国史学演进的道路，对于把握当前学术发展的方向，无疑都具有重大的意义。而因其内涵丰富，涉及甚广，本节仅能作论纲式的讨论，期待学界朋友共同深入探讨。

一、革命性与科学性相结合

依我的粗浅认识，始终坚持"革命性与科学性相结合"的方向，以基本原理为指导，探索中国历史发展进程中的重大问题，总结其规律性特点，推进中国史学达到新的发展阶段——这是中国马克思主义史学最为宝贵的思想遗产。

中国马克思主义史学从其创建的阶段始②，先驱人物在对待将唯物史观理论运用于中国历史实际上，就有两项明确的认识：一是马克思和恩格斯创立这一理论，主要是依据欧洲的社会和文化条件而得，它对认识社会、研究历史固然有重要的指导意义，而同时，马、恩创立的理论必然带有其产生环境的印记，今日将这一理论运用到中国，当然必须考虑中国社会的环境；二是明确中国马克思主义研究者的任务，是要创造性地将唯物史观的原理运用到中国社会的实际之中，必须正确解释中国历史所走过的道路，正确认识现阶段中国社会之性质，以认清未来中国社会前进的方向。这两项认识统合起来，

---

① 参见陈其泰：《传统思想的精华何以通向唯物史观》，《史学理论与史学史学刊》2007年卷。
② 中国马克思主义史学90多年的发展，大致可分为四个大的阶段：从"五四"时期李大钊等先驱人物宣传唯物史观至20世纪30年代中国社会史大论战，为创建阶段；抗战时期为壮大阶段（解放战争时间短，可一起归入）；新中国前17年，为在经受严峻考验中发展阶段；新时期以来为反思进取和繁荣阶段。

就是对"革命性与科学性二者相结合"的自觉追求，李大钊、郭沫若和"新思潮派"这些先驱者的实践，所体现的正是这种自觉的追求。

李大钊是"五四"时期最早传播唯物史观的先驱人物。1919 年 5 月，他在俄国十月革命取得成功的鼓舞下，撰成《我的马克思主义观》，刊登在《新青年》的"马克思研究"专号上，产生了很大影响。以后又相继撰成一系列文章，发表在《新青年》等杂志，如《物质变动与道德变动》（1919 年）、《由经济上解释中国近代思想变动的原因》（1920 年）、《马克思的历史哲学与理恺尔的历史哲学》（1920 年）、《唯物史观在现代史学上的价值》（1920 年）、《研究历史的任务》（1923 年）、《史学要论》（1924 年）等。李大钊为宣传唯物史观做出的重要贡献有三项。

首先，是力求对马克思主义的基本理论做有系统的介绍和全面的理解。李大钊指出，马克思的伟大贡献是使社会主义从空想发展到科学的理论。李大钊论述马克思的学说由三大部分组成：一是他的历史观，也称社会组织进化论；二是他的经济论，也称资本主义的经济论；三是他的政策论，也称社会主义运动论。这三个部分互有紧密的关联，构成一个有机的有系统的整体。关于唯物史观的基本原理，李大钊根据马克思的《〈政治经济学批判〉序言》中的论述，首次做出比较确切的介绍。[①] 近些年，学术界有的人自觉或不自觉地对唯物史观指导史学研究产生怀疑，每每要讲到中国学者接受马克思主义社会形态学说是因为受了斯大林的影响，照抄了《辩证唯物主义与历史唯物主义》的小册子，因而其科学性值得怀疑。其实这本身在时间上先后倒置。李大钊于 1919 年著文，是根据日本河上肇的译本，而斯大林的小册子是 1938 年 9 月才著成发表的，时间相差近 20 年。李大钊还指出，马克思的学说也可能有偏蔽或疏漏，但是，"小小的瑕疵，不能掩盖他莫大的功绩"；对它可以做补充，但不能以此为由"推翻马氏唯物观的全体"。[②]

其次，尤为可贵的是，李大钊宣传唯物史观的出发点和归宿，是要将这一革命的科学理论和中国社会的实践相结合，要求得"中国问题的根本解决"，这就体现了中国的马克思主义者在其开创的事业中所突出地具有的"革命性与科学性相结合"的品格。在李大钊看来，马克思的学说体现了科学的

---

① 原文见李大钊：《我的马克思主义观》，《李大钊选集》，人民出版社 1978 年版，第 176—177 页。
② 李大钊：《我的马克思主义观》，《李大钊选集》，第 191、195 页。

真理，但他并没有将马克思主义神化。他清醒地认识到，马克思所得出的结论，是与其学说所产生的具体历史条件相联系的，因此不能任意照搬，刻板运用。他强调："一个学说的成立，与其时代的环境有莫大的关系"，我们不能生搬硬套对待，"不可拿这一个时代一种环境造成的学说，去解释一切历史，或者就那样整个拿来，应用于我们生存的社会"，总之，"我们批评或采用一个人的学说，不要忘记了他的时代环境和我们的时代环境"。[①] 这样就提出了运用马克思主义必须从中国的实际出发，必须与中国的社会和历史相结合这一根本方向性问题。因此，李大钊在"问题"与"主义"论战中，明确指出："主义的本性，原有适应实际的可能性"。根据唯物观的原理，"经济问题的根本解决，是根本的解决"，如果"不去用这个学理作工具，为工人联合的实际运动，那经济的革命，恐怕永远不能实现"。他还初步提出知识分子同劳动群众相结合的思想，指出要改造中国社会，"非把知识阶级与劳工阶级打成一气不可"[②]。在当时，同为最早宣传马克思主义学说的先驱人物陈独秀，于1922年也在《马克思的两大精神》一文中提出，应当"以马克思实际研究的精神研究社会上多种情形，最重要的是现社会的政治及经济状况，不要单单研究马克思的学理"[③]。蔡和森则明确地指出，我们所面临的最主要任务，就是"以马克思列宁主义的精神来定出适合客观情形的策略和组织才行"[④]。李大钊和陈独秀、蔡和森这些先驱人物的上述论述与倡导，实际上已是马克思主义普遍真理与中国革命的具体实际相结合这一正确路线的初步表述。

最后，李大钊对于祖国的历史文化有丰富的知识，因而他在从事系统地宣传马克思主义的事业中，十分重视与史学工作结合起来，阐明唯物史观指导对于从根本上改造旧史和开辟科学地研究历史的重大意义。他于1920年在北京大学等校开设《史学思想史》课程，讲义内容包括有《史观》、《今与古》、《鲍丹的历史思想》、《韦柯及其历史思想》、《马克思的历史哲学和理恺尔的历史哲学》、《唯物史观在现代史学上的价值》等题目。[⑤] 李大钊指出历史

① 李大钊：《我的马克思主义观》，《李大钊选集》，第195页。
② 李大钊：《青年与农村》，《李大钊选集》，第146页。
③ 陈独秀：《马克思的两大精神》，《陈独秀文章选编》（中），生活·读书·新知三联书店1984年版，第177页。
④ 蔡和森：《中国共产党史的发展（提纲）》，载中央档案馆：《中共党史报告选编》，中共中央党校出版社1982年版，第24页。
⑤ 人民出版社1984年出版《李大钊文集》时，已按《讲义》原先的顺序将这几篇收入。

资料与历史的区别："吾兹之所谓历史，非指过去的陈编而言。过去的陈编，汗牛充栋，于治史学者亦诚不失为丰富参考的资料，然绝非吾兹所谓活泼泼的有生命的历史。"历史"不是僵石，不是枯骨，不是故纸，不是陈编，乃是亘过去、现在、未来、永世生存的人类全生命"①。这对于当时的旧史界将历史文献看作历史本身，是一个深刻的、很确切的批判。他强调运用唯物史观研究历史与以往研究的根本性区别，并阐述进步历史观的指导对于推进历史研究的意义，指出："从来的历史家欲单从上层上说明社会的变革即历史而不顾基址，那样的方法，不能真正理解历史。上层的变革，全靠经济基础的变动，固历史非从经济关系上说明不可。"②"历史观的更新，恰如更上一层，以观环列的光景，所造愈高，所观愈广。"③历史观越进步，依据分析历史文献所得出的对于客观历史的认识愈加深入，愈加接近于客观的历史，因此历史需要不断"重作"。这突出地说明，唯物史观的理论为我们开辟了科学地认识历史的道路，但是对客观历史的认识不能简单地一次完成，而是要不断探索，不断抛弃陈腐的、错误的见解，以达到更加科学的认识。

二、郭沫若："例示了研究古史的大道"

郭沫若所著《中国古代社会研究》，是运用唯物史观系统研究中国古代社会的开山之作。这部名著酝酿和撰写于 1928 到 1929 年。当时大革命刚刚失败，郭沫若流亡日本，是处于日本特务监视、生活困难、资料匮乏等恶劣条件下，发愤写成的。郭沫若把用唯物史观指导研究中国历史同认清革命的前途直接联系起来，他说，"认清楚过往的来程也正好决定我们未来的去向"。他要用历史研究驳倒"国情特殊"论，证明"中国人不是神，也不是猴子，中国人所组成的社会不应该有甚么不同"，要走世界各国共同的道路，以此鼓舞处于困难时刻的国内人民看到未来的光明前途。同时他要探求中国历史发展所具有的本身的特点，谱写"恩格斯的《家庭、私有制和国家的起源》的续篇"。④ 为此，他把进步历史观的指导同扎实的文献考证功夫结合起来，他继承了清代学者实事求是的考证方法，继承了王国维等人研究甲骨、金文的

① 李大钊：《史观》，《李大钊文集》（下），人民出版社 1984 年版，第 264、265 页。
② 李大钊：《马克思的历史哲学与理恺尔的历史哲学》，《李大钊文集》（下），第 346 页。
③ 李大钊：《史观》，《李大钊文集》（下），第 267 页。
④ 均见郭沫若：《中国古代社会研究》自序，《郭沫若全集》（历史编）第 1 卷，第 6、9 页。

成绩，出色地对旧史料做出新解，熔《诗》、《书》、《易》中纸上材料，与卜辞、金文中的考古材料于一炉，赋予它们以新的意义，并且上升到系统分析社会生产方式和阶级关系的高度。这样，文献、卜辞、金文这些原来似乎互相孤立的材料，都发生了联系，成为有用的活材料，殷周时期的社会生产活动方式也得以重现。前此，李大钊为传播唯物史观做出了重大贡献，并提出改写历史的任务，现在郭沫若继续了他的工作，做到把马克思主义的理论同中国历史结合起来，在深入研究的基础上，做了系统的清理，因而成为中国马克思主义史学的奠基之作。

《中国古代社会研究》初版于 1931 年初，至 1932 年底印行了 5 版，这部著作之所以受到如此热烈的欢迎，最重要的原因，即在于它标志着运用唯物史观作指导，使人们从探索古代社会生产生活方式这一更高的层次，来认识古代社会，从而开拓了历史研究的新路径。当时赞成唯物史观的学者发表的书评即中肯地指出："郭沫若先生的《中国古代社会研究》要算是震动一时的名著。就大体来看，他那独创的精神，崭新的见解，扫除旧史学界的乌烟瘴气，而为史学界开其先路的功绩，自值得我们的敬仰。"[1] 当时，属于"新史学"流派史家的张荫麟也十分称道郭沫若从社会经济基础和社会制度变迁的大背景来阐发历史的研究方法。他同样敏锐地认识到郭沫若提供了运用唯物史观来研究中国历史的新范式具有开辟史学研究新道路的意义，所以赞扬此书"例示了研究古史的一条大道"[2]。近些年，有的研究者对郭沫若提出两项批评：一是认为书中存在公式主义毛病，生硬地套用唯物史观理论；二是批评郭沫若此后一再改变他对古代社会性质的看法。这种看法实则未能充分地考虑郭沫若当时所处的历史条件。须知，郭沫若是运用唯物史观研究中国古代社会的第一人，所做的是创榛辟莽的工作，的确很不成熟。但当时的任务是证明唯物史观原理同样适合于指导中国古史研究，中国社会的进程同样符合人类社会的普遍规律，这样才能帮助人民群众树立对革命的信心。因此，"套上"是时代的要求，至于让它臻于完善，则有待于"更有时间更有自由的同志"，"继续作更详细的探索"。至于说郭沫若后来一再改变对古代社会性质的看法，这却是他不断进取的表现，因为历史研究本来是十分复杂的事，应

---

[1]　嵇文甫：《评郭沫若〈中国古代社会研究〉》，《嵇文甫文集》（上），河南人民出版社 1985 年版，第 243 页。

[2]　张荫麟：《评郭沫若〈中国古代社会研究〉》，《大公报·文学副刊》1932 年 1 月 2 日，第 208 期。

当允许在不断探索中勇于修正旧说。该书在史学著作中第一次论证中国历史的发展经历了原始公社制—奴隶社会—封建社会—被卷入资本主义世界潮流的近代中国社会这几个基本阶段。后来，郭沫若本人对于区分历史阶段的时期曾有变更，但一直保持在这部著作中形成的基本看法，并且为进步史学界所接受。

郭沫若又于1932—1935年相继完成了《卜辞通纂》和《两周金文辞大系》两部重要著作。以往视这两部著作的内容属于考古学、古器物学、古文字学范围，因而少见有人将之与郭沫若这一时期古史研究的进展联系起来论述。实际上，无论从研究的领域或研究工作的思路而言，前后的联系是很密切的。《卜辞通纂》着重将甲骨卜辞史料做更加科学的分类整理，在前人成果的基础上，提出甲骨文分类的新体系，将全书正编所收录的800片甲骨史料，分为干支、数字、世系、天象、食货、征伐、田游、杂纂八类，这就十分有利于用这些经过科学分类的史料来研究商代社会状况。《两周金文辞大系》更是对两周金文、青铜器发展提出完整体系学说的巨著，撰著的目的，是在"求铭文之历史系统和地方分类"①。这两部著作的范围和基础，诚然属于考古学和文献学，但若论其学术工作的层次和所建立的科学体系，则是与以唯物史观研究古代社会这一研究思路和认识高度直接相关的。因为作者说得很清楚："这在我认为是相当重要的一件事。因为要把这许许多多的古器的年代定妥了，然后那器物本身和它的铭文才能作为我们研究古史的有科学性的资料。时代不分，一团浑沌，除作为古董玩器之外，是没有方法利用的。""文献学的研究，应该也要借鉴于这儿，不在第一步上把时代弄清楚，那是不能开步走的。"② 显然，正是由于从事《中国古代社会研究》的撰著，运用唯物史观作指导，要把卜辞和金文作为研究殷商和西周社会生产和生活方式的史料，因而有力地推动作者进一步从事确定两周青铜器年代的研究。其取得的研究成果的重大意义，是第一次提出青铜器分类的系统学说，改变了以往"以器为类"的古董鉴赏或著录习惯和孤立考证铭文的方法，而以年代为顺序，整理出金文的历史系统和地域分类。郭沫若把殷周青铜器分为四个时期，"无论是花纹、形制、文体、字体，差不多保持着同一的步骤"：一是鼎盛期，相当于

① 　按：《两周金文辞大系》1932年由日本文求堂书店出版时，副标题即"周代金文辞之历史系统和地方分类"。
② 　郭沫若：《青铜时代·青铜器时代》，《郭沫若全集》（历史编）第1卷，第610页。

殷代及西周文、武、成、康、昭、穆诸世；二是颓败期，大率起恭、懿、孝、夷诸世以迄于春秋中叶；三是中兴期，自春秋中叶至战国末年；四是衰落期，自战国末叶以后。[①] 郭沫若形象地讲他所构建的体系，是找到了青铜器"历史的串绳"。又在《古代研究的自我批判》一文中，称自己所做的是"凿穿浑沌"的工作："我自己费了五六年的研究，得到一个比较明晰的系统，便是我所著录的《两周金文辞大系》的《图录》和《考释》。……我一共整理出了三百二十三个器皿，都是铭文比较长而史料价值比较高的东西，两周八百年的浑沌似乎约略被我凿穿了，从这儿可以发展出花纹学、形制学等的系统，而作为社会史料来征引时，也就更有着落了。"[②]《中国古代社会研究》和《卜辞通纂》、《两周金文辞大系》等著作所取得的巨大成就，使郭沫若不仅成为中国马克思主义史学的奠基人物，而且得到许多历史学者、考古学者的赞誉。如唐兰说："后之治斯学者虽有异同，殆难逾越。"[③] 它们是用唯物史观指导研究结出的硕果，同时也是"五四"以来提倡科学精神的现代思潮的产物。

三、社会史论战中经受考验

创建中的中国马克思主义史学经受的一次重大考验，是 20 年代末至 30 年代初的中国社会史大论战。这场大论战进行将近十年，主要讨论了中国社会性质、中国社会史和中国农村性质三方面的问题。论战的原因，是中国大革命由形势一片大好到突然失败，人们陷入迷茫，为了寻找中国革命的正确出路，首先必须认清中国现社会的性质。论战的直接导因，是 1928 年 10 月陶希圣在《新生命》杂志发表的《中国社会究竟是什么社会》引起的。1929—1930 年后，王学文、潘东周等在《新思潮》杂志上著文论证中国是半殖民地半封建社会，托派分子严灵峰、任曙等人在《动力》杂志上著文断言中国已是资本主义社会。1932—1933 年这一论争扩大到史学界，展开中国社会史问题的论战。1934—1935 年进一步开展了中国农村经济性质的论战，钱俊瑞、薛暮桥、孙冶方等在《中国农村》杂志上撰文论证中国农村经济的半封建性质，王宜昌、张志澄等人在《中国经济》杂志上发表文章认定中国农

---

① 参见郭沫若：《青铜时代·青铜器时代》，《郭沫若全集》（历史编）第 1 卷，第 605—606 页。按：在《两周金文辞大系》图编序说中则分为滥觞期、勃兴期、开放期、新式期四期。

② 郭沫若：《十批判书》，《郭沫若全集》（历史编）第 2 卷，第 10 页。

③ 唐兰：《两周金文辞大系·图录》序。

村已是资本主义占了优势。无论对于中国马克思主义史学的成长和中国革命道路的认定来说，这场几乎长达十年的大论战都是至关重要的，从当年论战结束不久至今，相关的研究成果已有不少 ①，这里只想简要谈谈论战中马克思主义史学工作者所突出显示的"革命性和科学性相结合"的风格。

明确认识中国社会性质，是把握中国革命前进的关键问题，也是运用马克思主义普遍原理与中国革命实践相结合的关键问题，中国社会史论战的最大收获，是马克思主义史学工作者坚持唯物史观科学理论作指导，坚持对中国社会现实的深入分析和概括，通过论战有力地驳斥了错误的观点，明确近代中国社会为半殖民地半封建的性质，并成为进步思想界一致公认的一个确定的理论成果。这是当时这场论战的最大收获。陶希圣在《新生命》杂志发表文章的主要论点是"中国封建制度破坏论"，他认为中国社会自春秋战国以来早就脱离了封建制度的阶段，中国早已不是封建社会了。他说："在春秋战国的时候有商业、有官僚，已足够证明当时封建制度的崩坏了。"他认为，自秦汉至清朝，中国是"商业资本主义社会"。又说，自鸦片战争以后的中国社会性质"是帝国主义压迫之下的商业资本主义社会" ②。这些论调，显然是企图否定中共六大所做出的中国当前社会是"半殖民半封建社会"，中国革命仍是资产阶级民主革命的正确分析。托派分子严灵峰、任曙也发表文章，企图否定中共六大所做的正确分析，而与陶希圣的论调相应和。严灵峰在《中国经济问题研究》序言中说："中国目前是个资本主义社会。"任曙的言论与之如出一辙，他在《中国经济研究绪论》中也说："中国在世界范围内已经发展到资本主义国家了。"针对"动力派"的上述错误观点，"新思潮派"学者集中在三个问题进行驳斥：一是如何认识帝国主义对中国经济进程的作用；二是如何看待封建势力在中国的地位；三是如何正确估计中国民族资本主义发展的程度。他们在发表的文章中举出一系列确凿的事实，做了有力的论证，指出：我们固然应当看到帝国主义在中国造成了资本主义的关系，扩大了商品

---

① 论战结束不久，何干之即于 1937 年先后著成《中国社会性质问题论战》（1937 年 1 月由上海生活书店出版）和《中国社会史问题论战》（1937 年 7 月由上海生活书店出版），后均收入《何干之文集》第 1 卷（北京出版社 1993 年版）。又有周子东、杨雪芳、李甄馥、齐卫平编著《三十年代中国社会性质论战》（知识出版社 1987 年版），温乐群、黄冬娅著《三十年代中国社会性质和社会史论战》（百花洲文艺出版社 2004 年版）。

② 参见陶希圣：《中国社会之史的分析》，新生命书局 1929 年版。

经济的发展，但更重要的是，"帝国主义的目的，是在把中国变成帝国主义经济的附庸，变成它们的原料出产地，它的商品市场，它的投资的所在，所以它不但不能帮助中国资本主义的独立发展，而且阻碍中国资本主义的发展"。而研究中国的地主，尤其重要的是应研究他们怎样剥削中国的农民。"在中国农村里，土地的所有权虽是集中到地主阶级的手里，但是土地的使用权却是分散给千百万农民的。……难道这同过去的封建时代地主与农民的关系有什么根本的区别？利用新式生产技术，雇佣工资劳动者经营自己的土地，这是资本主义化的地主的唯一记号。然而正是这种记号是中国地主所没有的。"[①]"新思潮派"学者进而指出，外国资本与中国民族资本的关系，实质是统治与附庸的关系，中国民族资本处处受着帝国主义的压迫。"它们（外国资本）就是这样控制中国的经济命脉，剥削中国的民众。""它只破坏殖民地与半殖民地的生产力，而不能发展生产力。"[②] 以上三项正是认识近代中国社会性质的关键，从帝国主义所处的操纵地位来看，从农村中封建地主剥削的严重存在来看，从中国民族资本遭受帝国主义压迫、根本不可能顺利发展的状况来看，中国目前绝不是"资本主义社会"，而只能是半殖民地半封建社会。以"新思潮派"为代表的马克思主义社会科学工作者通过在公开报刊上的大论战，批驳严灵峰、任曙之流企图否定中国革命正确路线的错误理论，通过论证，在思想文化界确立了"中国近代社会是半殖民地半封建社会"这一确定的概念，就为解决中国革命的方针、政策奠定了基础，因而是中国社会性质论战的最大收获。正如何干之在论战刚结束不久的 1937 年所做的总结："收获最大且渐渐广播于一般人的思维中的，是社会性质的论战。在 1927 年后政治退潮期所掀起的关于这个问题的论争，经过'新思潮派'、'动力派'以至其他个别研究，或集体讨论；又经过 1934 年以后'中国农村派'和'中国经济派'的论辩，尤其这几年来中国经济情报社及其他经济学者的努力，这问题已经下了最后的奠基石。正如沈志远先生说：'现在你随便拉住一个稍稍留心中国经济问题的人，问他中国经济性质如何，他就毫不犹豫地答复你：中国经济是半殖民地性半封建性经济。'（《新中华》第 3 卷第 13 期 15 页）"[③]

中国社会史论战是中国社会性质论战的直接延续，因为要正确认识中国

① 刘梦云（张闻天）：《中国经济之性质研究》，《读书杂志》1931 年第 1 卷第 4、5 期。
② 刘梦云（张闻天）：《中国经济之性质研究》，《读书杂志》1931 年第 1 卷第 4、5 期。
③ 何干之：《中国社会性质论战》，《何干之文集》第 1 卷，第 187 页。

的社会性质，就不能不研究中国社会是如何发展到今天的。正如何干之所做
的回顾："为着彻底认清目下的中国社会，决定我们对未来社会的追求，迫
着我们不得不生出清算过去社会的要求。……这一场论争所关涉的问题是非
常复杂的——由目前的中国起，说到帝国主义侵入前的中国，再说到中国封
建制的历史，又由封建制说到奴隶制，再说到亚细亚生产方法。所有这一切，
都是为了决定未来方向而生出彻底清算过去和现在的要求。"①论战的实质是如
何运用马克思主义唯物史观来剖析中国的历史。所涉及的是三大问题：一是
战国秦汉以后鸦片战争以前的中国是什么社会，是商业资本社会，还是封建
社会，或是别的什么社会；二是马克思所说的亚细亚生产方式指什么，亚细
亚生产方式在中国历史上如何定位；三是中国历史上是否存在奴隶社会，如
果存在，它存在于什么时代。上述三个问题并非并列，而是有主次之分，与
现实关系最为密切的战国秦汉以后到鸦片战争前中国社会性质问题居于中心
的位置，因而决定论战与认识中国国情、正确制定革命策略直接相关。论战
主要以《读书杂志》为阵地展开，该刊于 1931 年 8 月至 1933 年 4 月相继出
版了四个《中国社会史论战》专辑，标志着论战的高潮。

　　论战中形成了以陶希圣及其支持者王锡礼、刘仁静、胡秋原、杜畏之等
人为一方，主张"秦以后属非封建社会"，以"新思潮派"学者王昂（王学
文）、刘梦云（张闻天）、潘东周、朱新繁、吴黎平等为另一方，主张"秦
以后属封建社会"。陶希圣及其支持者主张中国的封建社会在战国时代已经
崩坏，秦以后的中国虽还存在封建势力，但已不是封建社会，商业资本、商
品经济的发展对封建社会起到解体作用，因而是商业资本统治的社会。他们
还把战国以后产生的中央集权、官僚政治，作为否定封建社会存在的另一主
要根据。这些观点受到"新思潮派"学者的批评。他们指出：春秋战国时代
商业资本的发展的确对封建领主制起了瓦解作用，但它没有能够破坏封建生
产方式的基础；在秦汉以后的漫长岁月中，商业资本始终没有摆脱它的隶属
性。商业资本只能依附于其他生产方式来发挥其剥削和破坏的机能，而不可
能创造一种独立的社会形态。他们论证，秦汉以后封建生产方式的基本特征
是，土地所有者从独立生产者农民身上用超经济的压迫，以榨取其剩余劳
动。具体的表现则有：其一，地主征收占农民农产品收入 50%—70% 的地

---

① 　何干之：《中国社会性质问题论战》，《何干之文集》第 1 卷，第 186 页。

租；其二，地租之外的各种贡纳；其三，徭役制的残余等。① 郭沫若虽然因在国外没能参加社会史大论战，但他在著作中论述的近代以前中国是封建社会的观点对进步学者是很大的鼓舞。过了七十多年后，我们重新审视这段历史可以看得更清楚，进步的社会科学工作者在论战中充分地论证秦以后中国社会性质是封建社会这一认识，是又一项重大的理论收获。总之，经过这场大论战，中国在鸦片战争前长期处于封建社会和鸦片战争后是半殖民地半封建社会的正确观点扩大了影响，由于受到马克思主义学者的有力批驳，曾经热闹一时的"商业资本主义社会论"终于销声匿迹。对于中国社会性质、阶级关系和社会基本矛盾的正确分析，是中国共产党制定新民主主义时期革命纲领任务的基础，这些科学分析已由新民主主义的胜利得到了权威的验证。诚如黎澍所说，论战以前，党的领导机关虽然对中国社会性质有正确的提法，"但并未引起人们的注意，经过后来的一番论战，至少是在一定范围内公开进行了关于各个问题的讨论，使人们对它的现实意义有了认识"。又说，关于中国革命的反帝反封建性质的规定，"如果不对中国历史作一番切实的研究，用丰富的事实加以说明，就很难为中国人所理解。所以进一步研究中国历史，对于正确认识中国革命的性质、任务，从而制定正确的政策和策略，无疑具有重大的意义"②。

重视深入的社会调查，是进步的社会科学工作者在论战中的出色之举。1933 年至 1935 年开展的中国农村社会性质论战，是前几年中国社会性质论战的直接延伸，论战双方各以《中国农村》杂志（1934 年 10 月创刊，主要撰稿人有陈翰笙、钱俊瑞、薛暮桥、孙冶方等）和《中国经济》杂志（1933 年创刊，主要撰稿人有王宜昌、张志澄、王景波等）为阵地进行。《中国农村》杂志在《发刊词》中宣告其办刊宗旨："根据我们的目标来研究农村经济，最根本的问题是要彻底地明了农村生产关系和这些关系在殖民地过程中的种种变化。简单地说，就是要寻找那些压迫中国农民的种种因子"，争取"民族翻身独立的一日"。进步学者针对"中国经济派"所持的错误观点展开批评，集中地论证帝国主义究竟如何维护中国农村的封建统治，农村中的阶级关系、租佃关系、雇佣关系和商品生产状况究竟如何等重要问题，因而大大深化了中

① 　参见李根蟠：《中国"封建"概念的演变和封建地主制理论的形成》，《历史研究》2004 年第 2 期；陈其泰主编：《中国马克思主义史学的理论成就》，国家图书馆出版社 2008 年版，第 82—87 页。

② 　黎澍：《再思集》，中国社会科学出版社 1985 年版，第 217 页。

国农村半殖民地半封建性质的认识。"中国农村派"学者对农村实际情况做了深入的调查。陈翰笙[①]利用中央研究院社会科学研究所的名义、经费等有利条件，带领一批热心爱国的有志青年，先后在东北地区、江苏无锡、河北保定、河南许昌、山东潍县、安徽二十里堡和广东的24个县进行农村调查，参加调查工作的先后有王寅生、钱俊瑞、刘瑞生、薛暮桥、张稼夫、孙冶方等。陈翰笙领导的调查工作的指导思想，是以考察生产关系为重点，力求从把握农村社会性质的基础上来认识农村现状，寻找改造农村的根本道路。他们以马克思主义理论为指导，将调查所得资料整理出来，写成文章和专著。《中国农村》专门辟有"农村调查"一栏，发表经过整理的调查材料，同时还开辟了"农村通讯"、"农情汇纂"栏目。深入的农村调查及其研究成果大大深化了对中国农村半殖民地半封建性质的认识，提高了进步学者的论战水平，并对青年读者产生了巨大的教育作用，帮助他们认清中国革命的前途。读者陈晖以"献给《中国农村》"为题发表感想，称赞《中国农村》能"勇敢地面向真理"，所刊载的调查和文章是"正确的理论与精确的事实的结晶"。[②] 中国农村研究会进行的调查和研究工作，在培养和锻炼党的理论骨干方面也取得卓著的成绩。

四、马克思主义史学在抗战中壮大

全国抗战是中国人民经过浴血战斗，最终打败万恶的侵略者，取得民族解放彻底胜利的关键历史阶段，而在中国马克思主义史学发展史上也是意义重大的壮大时期。抗战时期，环境极其艰难，却为什么能够实现壮大发展呢？这首先是因为，创建时期先驱者的探索成为继续前进的基础。其中主要的就是：学习马克思主义要把握其实质，体会其精神，要与中国的实际相结合，切忌刻板的运用；马克思主义的史学著作要达到新的境界，绝不同于旧

---

①　陈翰笙（1897—2004），江苏无锡人，1915年赴美留学，1921年在芝加哥大学研究院取得硕士学位后，又到德国柏林大学东欧史地研究所攻读，1924年获博士学位，同年回国任北京大学教授，时年27岁。1925年由李大钊介绍，陈翰笙与第三国际建立了组织联系，1927年去苏联，在共产国际的农村运动研究所工作。1928年回国后，受蔡元培聘请，到中央研究院社会科学研究所任职，不久所长杨端六因病离职，由蔡元培兼任所长而由陈翰笙负责主持所内实际工作。1933年6月，陈翰笙、孙冶方、吴觉农、孙晓村、冯和法等人发起成立中国农村研究会，陈翰笙被推选为理事会主席。

②　《中国农村》1935年第1卷第12期。

史著只满足于史料的考订或历史表象的罗列，而是要熔多种史料记载于一炉，探究历史事实之间的内在联系，尤其要阐明各个时期的社会生产和生活方式，写出中华民族所走过的道路；对于错误主张要展开批评，帮助人们认清历史前进的方向。

中国马克思主义史学壮大更为重要的原因，当然是马克思主义史家在新的时代条件下怀抱的志向和殚精竭虑做出的努力。随着中国革命事业的发展，在抗战时期，马克思主义与中国实际相结合的伟大工程也大大向前推进了，其具有历史意义的标志，便是毛泽东思想在这一时期形成，它不但对指导政治斗争、军事斗争有重大意义，对于指导文化工作同样具有重大意义。在当时条件下，马克思主义史学家主要集中于重庆和延安两地，在重庆是以郭沫若、翦伯赞、侯外庐等人为代表，在延安是以范文澜为代表。最为发人深思的事实是，不管他们活动于重庆还是延安，也不管从事研究的领域是关于历史理论的探讨，或是通史、断代史、专史的研究，他们都共同自觉地以"马克思主义普遍原理与中国历史实际相结合"为鹄的，以此推进马克思主义中国化，以此作为"重写历史"的指导思想。为此，他们克服了因战争环境造成的种种困难，写出了在现代史学史上广受称誉、影响深远的著作。因而使中国马克思主义史学所具有的"革命性与科学性相结合"的学术品格更加内涵丰富，更加光彩焕发。

我们试以翦伯赞、侯外庐、范文澜在抗战时期的史学成就略加分析。翦伯赞曾积极参加了中国社会史大论战，于1930年夏撰写了《中国农村社会的本质及其历史的发展阶段之划分》，发表在北平《三民》半月刊上，此年年底至次年，又撰写了长文《前封建时期之中国农村社会》（上、中、下三篇），连续发表于同一刊物。"七七"事变不久，他著成《历史哲学教程》，于1938年在长沙出版，很受读者欢迎，次年又在桂林再版。该书是我国第一部以唯物史观为指导的系统论述历史哲学的著作，共六章，分别从历史科学的任务、历史发展的合法则性、历史的关联性、历史的实践性、历史的适应性、关于中国社会形势发展史问题等方面论述，以其理论的新颖、批判的精神和对历史前途饱满的热情，给处于国难关头的读者尤其是广大青年以巨大的启发、鼓舞。从今天的观点来看，该书突出的理论价值主要有二。第一，是深刻地论述"历史发展的一般性与特殊性之辩证的统一"问题。作者指出：历史科学研究两项主要任务，一是从复杂的社会现象中"发见那支配人类历史的合法则性"，二是又要运用这一合法则性为指导，"把历史的具体性复现"。"必须从历史发展的一般性和其特殊性的统一探究中，才能复现各民族与各时代的历史的具体的内容。……不仅从多样性的具体历史中，抽出其一般性，而且还要从其一般性中，去认识其特殊性。即同时必须辩证法地顾及到各个时代和各个地域之历史的特殊法则。"[①] 又论述了经济基础决定上层建筑，上层建筑又有"反作用性"，强调马克思和恩格斯"认为历史的发展，不是唯一的经济的发展，而是经济基础与其所反映的意识形态之在历史上之统一的发展"[②]。这些论述，都堪称体现出创造性地运用唯物史观理论的卓识。第二，是书中鲜明地体现出批判的、革命的、热烈追求真理的精神。对于国内外有意曲解唯物史观理论或曲解中国历史的错误观点，作者一一给以有力的批驳。同时，对于同属于进步阵营中的观点和著作，也本着推进历史科学、追求真理的态度，坦诚地提出赞同或商榷的意见。

翦伯赞进而于 1943 年发表《略论中国史研究》[③] 一文。分别论述了 9 项问题，如：（一）"一部二十四史从哪里读起？"讲治史要用"新的研究方法"，但不是高谈方法论，而是应该带着这进步的方法论，"走进中国历史资料的宝库，去用历史资料来考验方法论"。（二）"看看大汉族以外的中国"，讲反对中国史研究中的大汉族主义。（三）"再看看中国以外的世界"，讲"必须注意中国史与世界史的关联"。（四）"中国史没有奇迹，也不是西洋史的翻版"，讲"中国史发展是遵循着世界史之一般法则；但同时，也切不可抹杀中国史自己所独有的特殊性"。……这里举出的每一项，都表明著者对推进历史学的科学性的认识又获得可喜的进展。1943—1944 年，翦伯赞著成《中国史纲》第 1、2 卷 [④]，第 1 卷为"史前史、殷周史"，第 2 卷为"秦汉史"，两书创造性地运用唯物史观对古代历史做了提纲挈领的论述，体现出著者所指出的"从历史发展的一般性和其特殊性中"进行探究，以"复现各时代历史的

[①] 翦伯赞：《历史哲学教程》，河北教育出版社 2000 年版，第 62 页。

[②] 翦伯赞：《历史哲学教程》，第 152 页。

[③] 发表于《学习与生活》1943 年第 10 卷第 5 期。

[④] 《中国史纲》第 1 卷，重庆五十年代出版社 1944 年出版。《中国史纲》第 2 卷，1946 年和 1947 年先后由重庆大呼出版公司和上海大孚出版公司出版。

具体内容"的方向，至今对我们仍有启迪的意义。①

　　侯外庐在从事史学研究以前，曾以十年时间（1927—1937）研究、翻译《资本论》，并于 1936 年出版了《资本论》第 1 卷译本（与王思华合译）。② 1930 年侯外庐由国外归来不久，即经历了国内理论界热烈展开的社会史大论战。他读到郭沫若的《中国古代社会研究》，充分肯定它是中国马克思主义史学的拓荒之作，开辟了"科学的中国历史学的前途"。侯外庐又总结了这场论战存在的两个缺点：一是对马克思主义理论未能融会贯通，很好地用来分析中国历史的特点；二是不少论者缺乏足以征信的史料依据。因此他确立了本人治史的根本原则，是在唯物史观理论指导下对文献做深入的考辨、诠释，来认识中国历史发展的特点。用他自己的话来说："我个人对这门科学探讨了十五年，在主要关键上都作过严密的思考，对每一个基础论点的断案，都提出自己的见解。但是我自己从事这项研究工作是有依据的，一是步着王国维先生和郭沫若同志的后尘，二是继承亚细亚生产方式论战的绪统，我力求在这两个方面得到一个统一的认识。"③ 由此，他于 1941 年在重庆著成《中国古典社会史论》④一书，提出了一套独特的理论主张，即"中国古代社会发展路径说"，认为：中国古代进入文明的途径与希腊、罗马不同。希腊、罗马是属于"古典的古代"，中国则属于"亚细亚的古代"。二者在本质上都是奴隶社会。"古典的古代"走的是革命的路径；"亚细亚的古代"走的却是改良的路径。"前者是所谓'正常发育'的文明'小孩'，后者是所谓'早熟的'文明'小孩'，用中国古典文献的话来说，便是人惟求旧、器惟求新的'其命维新'的奴隶社会。旧人便是氏族（和国民阶级相反），新器便是国家或城

---

① 　如第 2 卷"秦汉史"注重叙述秦汉不同时期经济状况、土地制度、社会关系变化的动态过程，分别在"土地所有制的关系之变化与农业"、"土地再分配·农民复员与农村关系的恢复"、"土地兼并与农民离开土地的过程"、"土地分配与农业生产的向上"、"土地兼并·赋税、徭役与农民的赤贫化"等题目，论述秦、西汉、东汉不同时期的土地关系、农民经济地位及社会状况的变化。本卷又一特色，是"努力于考古学资料的应用"，以考古遗址发现等资料，说明汉代中西交通的发展，汉皇朝对西域的经营，用汉简的材料证明河西至盐泽的烽燧设施和守备制度，均甚为突出。

② 　上册于 1932 年 9 月由北平国际学社出版，后又出版中、下册，成为《资本论》第 1 卷在我国第一次出版的中文全译本。第 1 卷译完之后，侯外庐又继续译出第 2 卷绝大部分章节和第 3 卷"地租"一章，未出版。

③ 　参见侯外庐：《韧的追求》，第 224 页。

④ 　此书于 1955 年再版时，改名为《中国古代社会史论》。

市。"① 按照这一基本观点，即是说：马克思主义所阐述的人类社会发展的共同规律，具有普遍性，适用于东方和西方国家，但是不同的国家、民族，又有不同的途径。"古典的古代"，是从家族到私产到国家，新旧社会之间可以有截然的界限，国家产生以后，氏族制就不存在了，不是以血缘关系而是以地缘关系为单位。而"亚细亚的古代"，则是从家族到国家，国家混合到家族里面，就是所谓"社稷"。前者是新陈代谢，新的冲破了旧的，这是革命的路线；后者却是新陈纠葛，旧的拖住了新的，这是维新即改良的路线。"周虽旧邦，其命维新"，在殷周社会之际，社会有了新的内容，却保持了旧的氏族制的形式，并且造成血缘关系长期在中国历史中造成很深的影响。对于侯外庐提出的这些理论主张，白寿彝给了高度评价，他称《中国古代社会史论》一书应是最能代表侯外庐史学成就之作，"反映了我们中国马克思主义史学发展到新的阶段，外庐同志的著作是这个阶段的标志"②。侯外庐专攻的是中国思想史。他于 1942 年底撰成《中国古代思想学说史》，以后经过补充、修订，改称《中国思想通史》第 1 卷。至 1944 年底，又著成《中国近世思想学说史》。1947 年以后，侯外庐与赵纪彬、杜国庠、邱汉生等合作，于 1949 年著成《中国思想通史》第 2 卷、第 3 卷，论述两汉及魏晋南北朝思想（新中国成立前夕至新中国成立初年，侯外庐将《中国近世思想学说史》的第 1、2 编，即 17 世纪至 19 世纪中叶部分，补充修订，单独成书，定名为《中国早期启蒙思想史》，作为《中国思想通史》第 5 卷。又与赵纪彬、杜国庠、邱汉生、白寿彝、杨荣国、杨向奎、诸青等学者合作，撰《中国思想通史》第 4 卷，论述宋、元、明思想，遂使《中国思想通史》一共 5 卷成为完璧，总字数达 260 万字左右）。

范文澜在抗战以前任教于天津、北平各大学，著有《群经概论》、《正史考略》、《文心雕龙注》等著作，是一位"国学名家"。但是，不断高涨的反帝反封建斗争潮流，推动他走上革命的道路，抗日战争期间，他在开封河南大学毅然组织抗战训练班，满腔热情地投身于抗战动员和宣传工作，并针对抗战时局撰写了一系列时评文章。不久，范文澜参加了新四军，在豫南一带从事抗战宣传和统一战线工作，在当地游击区同志中，被誉为"文武双全的

---

① 侯外庐：《中国古代社会史论》"自序"，人民出版社 1963 年版。
② 白寿彝：《外庐同志的学术成就》，《史学史研究》1989 年第 1 期。

民族英雄"①。1939 年冬，根据党组织的决定他从中原游击区到达延安，不久，便接受了党中央的任务，主编一部中国通史，以供干部学习之用。1941 年和 1945 年，范文澜相继著成《中国通史简编》（延安版）和《中国近代史》（上册）。这两部书之所以成为中国马克思主义史学的重要著作，关键的原因，是范文澜对于唯物史观的精髓，对于"普遍原理与中国历史实际相结合"的治史方向，有精深的造诣。他到达解放区后，如饥似渴地学习马克思主义理论，是结合火热的革命斗争学习的。到了延安，他更是投身于革命的大熔炉之中。这一时期是毛泽东思想形成的重要时期，毛泽东的许多指导抗日武装斗争和统一战线发展，论述中国革命和中国共产党的斗争历史与经验教训，论述抗日战争发展和未来新民主主义政权建设，论述马克思主义哲学中国化和总结党史上"左倾"机会主义错误的重要著作，都是在这一时期发表的。1942年，延安开展了著名的整风运动，反对长期为害党内的主观主义、教条主义错误思想路线，在全党范围内确立对于中国革命的性质、前途、方针、路线、策略的认识。正确认识这样的大环境对于范文澜撰写出"革命性与科学性相结合"的成功史著是极为重要的。正是范文澜在历史观和方法论上得其精髓，达到升华，他的著作才成为"马克思主义普遍原理与中国实际相结合"在历史学领域的出色代表。以前他所熟悉的经史典籍，如今以科学历史观为指导，处处能获得深刻而独到的理解，并且"运用自如"。

范文澜在 1941 年和 1942 年所写两篇文章，突出体现了他以"革命性和科学性相结合"为目标从事历史研究的风格。1941 年 5 月，他为《中国通史简编》完成所写的序中，开宗明义即强调必须通过研究世界历史和中国历史，了解这两个历史的共同性和特殊性。只有真正了解了历史的共同性与特殊性，才能真正把握社会发展的基本法则，顺利地推动社会向一定目标前进。② 次年 3 月，整风运动中，毛泽东在中共中央组织学习了关于"古今中外法"的讲话，从如何研究党史的角度，论述马克思主义者研究问题的基本方法，反对孤立地、静止地、主观片面地对待事物的态度。范文澜对此产生了强烈的共鸣，深刻体会到"古今中外法"是言简意赅地概括了唯物论和辩证法之发展的、联系的、全面的、辩证分析思想方法之精髓。他写了《古今中外法浅释》③ 一文，做

---

① 铁夫：《范文澜先生》，《中国青年》1939 年 10 月第 1 卷第 10 期。
② 范文澜：《中国通史简编》序，《中国通史简编》（上册），延安新华书店 1941 年版。
③ 发表于《解放日报》1942 年 9 月 3 日。

了深入浅出、扼要中肯的阐释："什么是古今中外法？我想，就是运用马列主义分析方法去正确解决问题的必要程序。古今中外是指分析一个问题的过去的现在的，也就是从时间（古今）和空间（中外）限界以内历史的全面的来认识客观的现实，而分析的目的在于发现客观事物的内部联系即规律性，作为我们行动的向导。我们研究一个问题，如果细心地从它的历史发展过程看，从它的当前具体情况看，从它的内在基本特征看，从它的周围相互关系看，四个条件具备，问题的面貌和性质，大体是看清楚了。问题清楚以后，即分析过程完了以后，再做一番综合功夫，指明问题的性质，给以解决的办法，这就是马列主义处理问题的态度和方法。"[①]这就证明，范文澜之所以能够写出两部马克思主义史学的成功之作，关键正在于他掌握了马克思主义方法论的活的灵魂，并用以指导对古代史和近代史的研究。对于范文澜在延安时期撰成的这两部著作的价值，戴逸曾做过很恰当的评价："范老的这两部书，写作于抗日战争后期和解放战争时期，这时，中国共产党已走过了饱经忧患的幼年时代，逐渐走向成熟，毛泽东思想已在全党确立了领导地位，中国革命正在大踏步走向胜利。……在这个时候，我们党不仅在政治上成熟了，理论上有一整套正确的理论，对于中国社会的性质，对中国的一些重大的历史事件和历史人物，经过长期争论，研究，有了比较正确的一致的认识。在这样的形势下，写作一部科学的、系统的中国历史，不仅是必要的，而且才有了可能。范文澜同志正是在这个形势下，这个时代，这种条件下投入了极大的力量，经过了艰苦的劳动，呕心沥血，创作了这样两部杰出的著作，《中国通史简编》和《中国近代史》。这样两部书，当然是范老个人的作品，而在某种意义上，也是时代的要求，是时代精神的体现，它集中了当时革命者的许多智慧，第一次系统地说出了革命者对中国历史的全部看法。对于范老的作品，他的为人，对他的评价，要放在这样一个大的时代背景之中才能更好地理解。"[②]

　　以上简要论述翦伯赞、侯外庐、范文澜三位有代表性史家的成就，说明"普遍原理与中国历史实际相结合"正是抗战时期马克思主义史学之共同特

---

①　范文澜：《范文澜全集》第十卷，河北教育出版社 2002 年版，第 79—80 页。

②　戴逸：《时代需要这样的历史学家——在纪念范文澜诞辰 100 周年学术座谈会上的发言》，《近代史研究》1994 年第 1 期。

色。这一特色，上承创建时期已经鲜明地体现出的对"革命性与科学性相结合"的学术追求，下启新中国成立后马克思主义史学的发展方向。至此，被称为马克思主义史家的"五老"，都已做出重要的建树。新中国成立后马克思主义史学在学术界居于领导的地位，这种情况绝不是靠行政力量扶持而形成的，而是马克思主义史家撰写的史著达到与旧时代史书迥不相同的学术水平，尤其是它们共同体现的"普遍原理与中国实际相结合"这一正确方向被人们所公认、所赞同，因而得到由衷的拥护。郭沫若继其 20 世纪 30 年代的成就以后，在 40 年代又撰成《青铜时代》、《十批判书》等著作。翦伯赞的理论著作和古史研究，为其新中国成立后主编《中国史纲要》奠定了学术声望和学术基础。侯外庐及其合作者的成就，成为新中国成立后一个受到公认的很有影响的学派。范文澜在 20 世纪 50 至 60 年代，以其延安版的《中国通史简编》为基础，进行修改、重写，完成了修订本《中国通史简编》，先后发行几万册，成为一代又一代读者必备的历史读物。《中国近代史》（上册）则被评价为"用新的历史观点给系统地研究中国近代史开了一个头，它的某些看法长期影响到学术界"①。吕振羽在 20 世纪 30 年代撰成《史前期中国社会研究》和《殷周时代的中国社会》之后，至 40 年代又撰著《简明中国通史》，同样受到广泛欢迎。其他如胡绳《帝国主义与中国政治》、王亚南《中国官僚政治研究》等，都是创造性运用马克思主义而在专门领域取得开拓性成就的佳作。

　　"普遍原理与中国历史实际相结合"是抗战时期马克思主义史家共同努力的目标，它开辟了中国历史学不断提高科学水平的正确道路。诚然，它并非已经达到了完善的地步，而是需要与时俱进，不断探求新知。在当时，由于处于战争环境，时局动荡，物质条件匮乏，图书资料不足，还有由于对观点运用不够熟练或撰写时间的匆促，此种种原因自然会造成它存在诸多不足。范文澜于 20 世纪 50 年代初从事通史修订工作时，曾经以严格自我批评的态度检查原著存在的缺点，主要是"非历史主义的观点"，对于统治阶级中的一些人，在一定历史条件下所起的推动历史的进步作用论述不够，如对秦始皇统一中国和创设制度的重大意义，没有适当的分析，对于汉武帝的武功，没有着重写他积极的一面，却着重写了人民所受战争痛苦的一面。再者，是书中"有些地方因'借古说今'而损害了实事求是的历史观点"，如论述三国历

① 刘大年：《光大范文澜的科学业绩》，《近代史研究》1994 年第 1 期。

史时，"借吴蜀联合拒魏来类比抗日民族统一战线，借孙权来类比国民党反动派破坏统一战线"，不合历史事实。[①] 这些自我批评表明范文澜严格自我解剖的精神，是极可尊敬的，这也是掌握唯物史观的成熟的学者以更高的科学标准要求自己的表现，正是这种态度，保证他在 20 世纪 50 至 60 年代所做的修订工作达到预期的目标。而范文澜自我批评所讲到的缺点，比起延安版《中国通史简编》所取得的成就来，显然只属于次要的问题。绝不能因为范文澜严格做了自我批评，就夸大了存在的缺点，尤其不能影响正确评价抗战时期马克思主义史家群体努力贯彻"普遍原理与中国历史实际相结合"方向的正确和所取得的巨大成绩。中国马克思主义史学创建时期和壮大时期所突出具有的"革命性和科学性相结合"的学术品格，是一笔宝贵的思想财富，后来的学者对此大力发扬，因而保证了 20 世纪 50 至 60 年代虽然经历了严重曲折而仍然获得显著的发展，并在新时期中谱写出新的出色篇章。

第二节　实事求是优良学风及其经受的严峻考验

我们在前面已对中国马克思主义史学创建阶段和壮大阶段的学术成就及风格做了概述，认为其主要成就和灵魂是"革命性与科学性相结合"。新中国成立之后的十七年，是中国马克思主义史学发展史上的重要阶段，那么，这一阶段留给我们的最主要的思想财富又是什么呢？

这里首先遇到的是对于"十七年"史学的基本评价问题，是认为成绩是主要的，还是认为它一无是处？也就是说，究竟是肯定在全国范围内以马克思主义指导史研究，是有利于史学的发展，还是认为它阻碍了学术的发展？"十七年"中出现的失误，究竟是因提倡以马克思主义为指导而造成的，还是由于其他原因？辨析这些问题，关系到能否自觉地发扬马克思主义的优良学风，更关系到如何正确认识新中国成立之后的史学道路，关系到我们对当前史学发展方向的认识。本节谨略陈己见，期望能引起学界同仁的关注和讨论。

---

① 范文澜：《中国通史简编》（修订本）第 1 编，人民出版社 1955 年版，第 6—8 页。

一、两种对立的学风：认识和评价"十七年"史学道路之关键问题

新中国成立至"文化大革命"发生前的十七年，是中华人民共和国历史上的重要时期。中国共产党领导中国人民经过艰苦卓绝的斗争，建立了新中国，是惊天动地的伟大历史事件。新中国成立后，首先医治旧中国的残破局面，实现了国民经济恢复工作，紧接着兴起有计划建设的大业，建设了社会主义制度，建成了国民经济的完整体系，奠定了实现国家工业化的基础，经过坚持不懈的努力，社会面貌一新，中国国际地位明显提高。尽管1957年以后产生"左"的错误，出现了曲折，但总的来说，"十七年"成就巨大，成绩是主要的，对此人们的认识是一致的。

然而，对于"十七年"马克思主义史学的发展，研究者的看法则是大不相同的。一种看法认为，随着马克思主义在全国范围内确立了指导地位，推进了中国史学的发展，在通史、断代史、专史等领域，都取得了显著的成就。因此，从总体看，"十七年"史学正如同全国范围的工作一样，虽然经历了曲折，但成绩是主要的。另一种看法却认为，"十七年"中教条化盛行，整个中国史变成一部农民战争史。有的研究者甚至将新中国成立后十七年史学与"文化大革命"十年划在一起，提出近五十年史学应分为前后两个阶段："前三十年为第一阶段，这一阶段基本上是'泛政治化史学'时期，以农民战争史研究为代表的研究体系使中国史学完全政治化。"[①] 将新中国成立后十七年的史学贬低为"完全政治化"的史学、完全依附于政治，毫无学术的独立性可言。

同样观察"十七年"史学，看法却如此大相径庭，原因何在？

笔者认为，问题的症结，在于能否正确地把握"十七年"中两种学风的对立存在及其斗争的实质。实际上，"十七年"中存在着两种对立的学风，一种是实事求是、坚持将唯物史观基本原理与中国历史实际相结合的优良学风，一种是教条式地摘引马列词句，当作公式随意套用的恶劣学风。"十七年"史学所取得的成就，恰恰是正直、严肃的学者大力发扬优良学风、坚决抵制教条主义恶劣学风而取得的。这是正确评价的关键，也是考察"十七年"史学的一个极为重要的方法论问题。如果离开了这一正确的原则，就会只看到教条化、公式化在一段时间盛行和危害，甚至将曾经发生的教条主义错误不加

---

① 《展望新世纪中国史学发展趋势》，《光明日报》2001年10月2日。

分析地归罪于唯物史观，从而怀疑以至否定唯物史观科学理论的指导作用。

二、新中国初期呈现的健康向上的学术风气

回到当年的历史场景，新中国成立初期的学术风气，用"健康向上"来概括是很恰当的。新中国成立，荡涤旧时代的污泥浊水，国家的景象欣欣向荣。新社会建立，广大知识分子普遍地感到应当适应新时代的要求，必须自觉地学习新观点、新理论，培养新的作风，同时要克服旧观点、旧意识。并且普遍认识到，随着全国范围经济建设高潮的到来，也将要掀起文化建设的高潮，因此，形势逼迫着自己要努力提高学术水平，要撰写出具有更高科学水平的著作。譬如，范文澜在延安时期著成《中国通史简编》和《中国近代史》（上册），广受读者欢迎，连续再版。1950 年以后，范文澜又负责中国史学会的领导工作。然而，在成就、声誉和地位面前，范文澜却更加虚心、严谨和勤奋。他在新中国成立前夕，即着手一再做修订工作。《中国通史简编》的修订、重写工作也于 1950 年开始进行，并于 1951 年撰成《关于〈中国通史简编〉》一文在《新建设》杂志发表，在论述修订本理论指导的同时，对延安版中存在的缺点做了严格的自我批评，主要是"非历史主义的观点"，对于统治阶级中的一些人有历史功绩的一面论述不够，再者，是书中"有些地方因'借古说今'而损害了实事求是的历史观点"。在 1953 年出版修订本《中国通史简编》第一编时，又郑重地将这些严格自我批评的意见写进全书《绪言》之中。翦伯赞也在 1952 年《关于历史人物评价中的若干问题》一文中，对自己在重庆时期以历史来"影射"蒋政权，某些做法存在不恰当之处，做了自我批评。[①] 如范、翦两位著名史家这种真诚、严格的自我批评的态度，都很令人感动，更启发史学工作者以坦诚的、实事求是的态度对待学术事业。

在当时，学术界为了探求真知和提高学术研究水平，学者之间常在刊物上发表指名道姓、进行批评和商榷的文章，大家都认为很正常，被批评者不由此产生意气，反而公开表示是帮助克服缺点错误的"药石良言"。1951年，黎澍在《学习》杂志上发表《反对故作高深》的文章，对侯外庐艰涩的文风提出了尖锐的批评，在列举了侯外庐的《武训、中国农民拆散时代的封

---

① 此文载《新建设》1952 年第 9 期。参见翦伯赞：《翦伯赞历史论文选集》，人民出版社 1980 年版，第 7—8 页。

建喜剧丑角》一文的诸多语病后，指出："侯外庐同志在革命的理论工作上和实际工作上都是努力的，有贡献的，但是他的理论著作至少有一个显著的缺点，就是不善于用明确的语言来表现明确的思想，也就是故作高深。我们希望他认真的克服这个缺点。"①侯外庐读了黎澍的文章，当即致信《学习》编辑部说："黎澍同志对我的文章作风，所作的友谊而诚恳的批评，特别是该文首段与末段的前提和结论，我衷心地接受着，作为改正文风与克服缺点的药石良言，在今后的理论写作上作认真的自我检查。"并表示下决心逐步改变文风。②继对侯外庐提出批评之后，黎澍又撰写了《评吴泽著〈历史人物的评判问题〉》一文，对吴泽这本著作提出了更为尖锐的批评，说"这是一本写得极其草率的和内容肤浅的书"，"我们要特别指出的是，本书作者既然自己也知道这是一本草率的作品，那么为什么还要拿出出版呢？"最后，黎澍对上海《大公报》也提出了尖锐的批评，说："七月十九日上海《大公报》专刊《读书与出版》所刊《推荐〈历史人物的评判问题〉》一文，对此书作了庸俗的恭维。上海《大公报》这个专刊是办的较有成绩的，应该拒绝这种庸俗作风的侵蚀。"③吴泽读了黎澍的文章后，也立即致信《学习》编辑部，说明了情况，做了深刻的检讨，并表示"黎澍同志对我提出严正的批评，我由衷地感激接受，一定认真改正。这本小册子决定重新改写"④。吕振羽的《简明中国通史》于1949年7月再版后，9月3日《光明日报》刊登了柴德赓的《对吕著〈简明中国通史〉的几点意见》，罗元贞、高振铎在《新建设》发表了《对吕著〈简明中国通史〉隋代部分的几点意见》，罗文提出了12条具体意见，吕振羽接到编辑部的信后，抱病复函，表示"对罗、高两先生的大作我也深致感谢，特别对他们那样对拙著逐段去进行校改的精神，更十分欢迎"，认为罗文指出的一些错误，有自己误作，也有校对和排印的错误，并对罗文提出的一些意见予以商榷。⑤刘大年的《美国侵华史》，在新中国成立初，由于抗美援朝战争的需要，成为一部畅销书，对这部著作，李光霖发表了《评刘大年著〈美国侵华史〉》一文，在肯定了这部著作能正确地运用马克思主义的立场、观点

① 黎澍：《反对故作高深》，《学习》第四卷第8期。
② 《侯外庐的来信》，《学习》第四卷第10期。
③ 黎澍：《评吴泽著〈历史人物的评判问题〉》，《学习》第4卷第9期。
④ 《〈历史人物的评判问题〉作者吴泽对本刊的答复》，《学习》第4卷第12期。
⑤ 《新建设》第三卷第2期。

和方法，帮助国人澄清了对美帝国主义的错误看法的同时，也指出本书在材料的选取、附注和政策的背景方面都有一些缺陷。刘大年看到编辑转来的文章后，答复说："李光霖先生对拙作《美国侵华史》提出批评，我表示热烈欢迎和感谢。李先生的批评是对的，特别是材料方面。……当在修改中注意纠正。至关于附注方面的意见，我想还可以商量。本书其他错误一定还有，希望读者能够严格提出批评。"①

当然，在新中国成立初，响应党的号召，勇于开展批评和自我批评的学者，绝不局限于马克思主义史学家，但仅从以上举出的事实可以肯定地说：在这一时期，中国马克思主义史学家撰写的著作，在更大的范围内接受社会各界的检验；面对各界学人的批评，马克思主义史学家绝大多数抱着谦虚的态度，诚恳地接受批评；在新的历史条件下，他们能够接受新的挑战，继续努力，不断完善自己的研究工作，从而使马克思主义史学在新的历史条件下朝着科学化的目标继续向前推进，新中国的马克思主义史学就在这样的良好的学风中逐步扩大影响，发展壮大起来。

新中国初期党中央和毛泽东提出"百花齐放、百家争鸣"的方针，也与史学界关系很大。"百家争鸣"正式作为指导全国文化、学术工作的方针，是在1956年提出来的，而学术研究应该贯彻"百家争鸣"的精神，则在1953年中国历史问题研究委员会②举行第一次会议和筹办《历史研究》杂志时已经提出。这与郭沫若和范文澜两位著名历史学家对古史分期观点不同，需要展开讨论、争鸣大有关系。在古史分期上，郭沫若主西周奴隶说，范文澜主西周封建说，形成对史学界影响最大的两大派，毛泽东当然熟知这种情况，实行"百家争鸣"方针的精神最早向史学界提出，与这种背景大有关系。故1953年9月21日中国历史问题研究委员会开会时，陈伯达传达了党中央的指示精神，要开展"批评和自我批评"，"不宜把方式弄得死板"，考虑陈寅恪担任历史研究所二所所长，并提出"聘请研究人员的范围不要搞得太狭，要开一下门，像顾颉刚也可以找来。增加几个研究所可以把历史研究的阵营搞起来，学术问题在各所讨论。由郭沫若、范文澜同志来共同组织讨论会"。

① 《新建设》第三卷第5期。
② 中国历史问题研究委员会是1953年中共中央提出和成立的，其名单组成经毛泽东直接过问。9月21日召开第一次委员会议，出席者有：陈伯达、郭沫若、吴玉章、范文澜、侯外庐、吕振羽、翦伯赞、胡绳、尹达、刘大年。杜国庠缺席，黎澍、佟冬列席会议。

在这次会上讲历史研究要百家争鸣的问题，实际上是党中央主席毛泽东的意见。① 当时，范文澜即建议在这个会议上考虑把他的《中国通史简编》作为讨论的底稿，供大家公开批评的靶子。新中国初期营造的健康向上的学术风气最集中的体现，是 1956 年党中央和毛泽东向全国提出"百花齐放、百家争鸣"，以发展文艺、繁荣学术的方针。这一时期，在史学领域，则由人民出版社等先后出版了一批基本上属于历史考证学的著作。② 而《历史研究》1954 年创刊号及次年，则先后发表了陈寅恪《记唐代之李武韦杨婚姻集团》和《论韩愈》两文。这些，都表明对以考证为主要方法的学术成果同样充分尊重，这对于从旧中国过来的、只熟悉考证方法的学者是很大的鼓舞，也是对学术研究中不同风格、不同流派的赞同与鼓励。

新中国成立初，知识界对于普及马克思主义的教育是什么态度呢？当年，普及马克思主义教育，包括两个层面的目标：一是以马克思主义的基本观点，来改变旧的世界观、历史观，此项是与"思想改造运动"直接相联系的；二是学习马克思主义的方法论，用来指导学术研究。要求知识分子建立起新的世界观、历史观，其必要性和意义是十分显明的，因为，新中国成立，即是推翻了旧的社会制度，建立了新的社会制度，就需要有与之相应的意识形态为之服务，能起到巩固其地位，接受马克思主义教育，逐步形成新的世界观、历史观，就意味着要抛弃旧的一套思想观点，对于有的人来说，这一过程可能是痛苦的。因此，在马克思主义教育和"思想改造运动"过程中，有的人曾经想不通，或有过某种抵触情绪，这些都完全可以理解。但是，从多数人来说，当时学习马克思主义，却是自觉的和愉快的，学习了关于历史进程和观察分析事物的一套新的理论之后，感到弄清了许多问题，思想得到很大的提高，面前打开了新的天地。譬如，吕思勉不顾本人年过六旬，学习唯物史观热情高涨。他积极参加思想改造运动，写出了长达万余字的思想总结。他

① 刘潞、崔永华编：《刘大年存当代学人手札》（排印本），第 45 页（刘大年的回忆），并参见《〈历史研究〉的光荣》（载刘大年：《刘大年史学论文选集》，人民出版社 1987 年版）一文。

② 这批著作，如吴晗《读史札记》，刘节《古史考存》，蒙文通《周秦少数民族研究》，顾颉刚《秦汉的方士与儒生》（《汉代学术史略》改题重版），李剑农的《先秦两汉经济史稿》、《魏晋南北朝隋唐经济史稿》和《宋元明经济史稿》，周一良《魏晋南北朝史论集》，汤用彤《魏晋玄学论稿》，姚薇元《北朝胡姓考》，岑仲勉《隋唐史》和《突厥集史》，戴裔煊《宋代钞盐制度研究》，梁方仲《明代粮长制度》，谢国桢《南明史略》，王钟翰《清史杂考》，罗尔纲《忠王李秀成自传原稿笺证》等。

既检查了自己的思想，又回顾自己早在47岁时就接触到马列主义，"但愧未深求"，在学习运动中，"近与附中李永圻君谈及，李君云，学马列主义当分三部分：（一）哲学，（二）经济，（三）社会主义。今人多侈谈其三，而于一二根底太浅。此言适中予病，当努力补修"。① 唐长孺于1955年出版《魏晋南北朝史论丛》，在所写跋语中也有真切的表达："在研究过程中，我深刻体会到企图解决历史上的根本问题，必须掌握马克思列宁主义的理论。"② 并说下决心还要再好好学习，以清除旧史观对自己的错误影响。谭其骧在1979年撰写文章反思新中国成立后史学界走过的道路，尽管当时有人认为唯物史观带来教条化，他却诚恳地赞许在建国初期学习马克思主义带来了史学界的大进步："记得建国初期，史学工作者都在努力学习马克思主义理论，并试图应用到自己的专业研究中去。在史学界展开了关于古史分期、汉民族形成、资本主义萌芽……一系列的讨论，编辑了大部头的史料丛刊。史学界出现了一片欣欣向荣的新气象。"③

更有典型意义的是蒙文通，他通过学习，迅速提高了认识水平，自称"数十年之积惑一朝冰释"。他的感受是于新中国初期一封私人信件中讲述的，因而更加可信。信中说："文通于解放后一二年来，研读马列著作，于列宁哲学尤为服膺，不徒有科学之论据，亦驾往时旧哲学而上之。"他长期研治经史之学，于儒家哲学钻研尤深，但长期在探求孔、孟、董、朱、王等儒学人物著作中积累而未决的问题，只有至新中国成立后学习了马列著作才找到了答案。"今读辩证唯物论，乃确有以知宋明之说有未尽者。文通少年时，服膺宋明理学。……年四十时，乃知朱子、阳明之所蔽端在论理气之有所不澈。……既知其病之所在也，而究不知所以易之。……积思之久，于陈乾初之说得之，于马列之说证之"，"数十年之积惑，一朝冰释"。④ "性"、"理"问题是儒家学说中的关键性命题。通过学习，他懂得朱子之"格物穷理"，王

① 吕思勉：《自述——三反及思想改造学习总结》，《史学理论研究》1996年第4期。
② 唐长孺：《魏晋南北朝史论丛》，第433页。
③ 谭其骧：《勿空破，认真立》，《中国史研究》1979年第3期。
④ 蒙文通：《致张表方书》（1952年），载《中国哲学》第5辑。按：1951年，时在西南师范学院任教的高亨先生致函蒙文通先生，同样表达了对学习唯物史观的欢迎态度和互相鼓励的心情。信中说："弟志在用新观点、新方法研究古典，所以于四月间入西南革命大学研究班学习。再越两月，即可结业。对于辩证唯物论和历史唯物论及政治经济学，粗有了解。此后或能对于革命有所贡献。望吾兄多赐教言。"

阳明之"致良知"，其误在于将"性"、"理"视为先天存在，离开了人的实践。马列主义则主张"实践论"和"发展论"，从根本上纠正了"先天论"的错误，指明了通向真理的途径，所以才感到"一朝冰释"。蒙文通因学习马列主义，以前长期困惑他的问题终于找到了答案，历史观和方法论达到了新的境界，此后，他才写出《越史丛考》等书，被李一氓誉为有很高价值的爱国主义的著作。对于吕思勉、唐长孺、谭其骧和蒙文通这些正直、严谨的学者来说，学习马克思主义对于树立正确的思想观点和提高学术水平，确实具有明效大验。

三、实事求是学风指引下取得的硕果

对于"十七年"中正直、诚实的学者所取得的成绩，我们不能采取无视的、任意贬低的态度。而应当肯定，"十七年"史学是 20 世纪中国史学发展的一个重要阶段，在上述普遍重视以马克思主义为指导，形成了实事求是、健康向上学风的氛围下，经过广大史学工作者的共同努力，创造了可观的成绩。然而，又因 1957 年以后出现"左"的干扰而产生了教条主义错误，在一段时间内严重泛滥，因此，在此"十七年"中国史学既有值得重视的成就，又有严重的教训。"十七年"中史学在曲折中发展，而总的来说成绩是主要的——这应当是我们客观考察之后得出的结论。

在实事求是优良学风指引下"十七年"史学取得的主要成绩，可以归纳为四个方面：其一，撰成了一批有学术价值和新的时代风格的通史、断代史、专史著作；其二，对重大历史问题认识的推进；其三，整理出版大型历史文献的巨大成绩；其四，学科建设取得的显著进展。笔者对此已撰有专文论述[①]，这里限于篇幅，仅能择其中两个较为突出的问题做极简要的论列。

一是关于通史撰著的成就。中国史学有重视通史撰著的传统，近现代史家对于通史研究和撰著尤为重视，这是因为通史要集中而贯通地讲述中国历史发展的全过程，要有把握全局的史识并能概括住各个历史阶段的特点，要对几千年历史中的重要事件、制度的演变和人物做出评价，最能体现研究者高度理论修养和掌握史料的功力，工程极为浩巨，同时对民众特别是青年一

---

① 　陈其泰：《中国现代史学发展史上的重要篇章——正确评价建国后十七年史学成就》，《北京行政学院学报》2012 年第 1 期。

代有巨大的教育作用。"十七年"中，通史研究的成果十分突出，有：范文澜著《中国通史简编》、翦伯赞主编《中国史纲要》、郭沫若主编《中国史稿》、吕振羽著《简明中国通史》、尚钺著《中国历史纲要》。范文澜的著作是在延安版《中国通史简编》的基础上精心修订完成的，内容自远古至五代十国，分为第1、2、3编（共4册，于1953年至1964年出版），总字数达110万字。范文澜对于创造性地运用马克思主义，使之与中国历史实际相结合有深刻的体会，一再告诫史学工作者要彻底摒弃把唯物史观当作现成公式去剪裁历史事实的极其恶劣的教条主义做法。他所论述的春秋战国时期是封建领主制向地主制过渡的时期，汉族在秦汉时代就基本上形成民族了，中国封建社会经历了秦统一前的初期、秦到元末为中期（又以隋统一划分为中期的前段和后段）、明至鸦片战争以前为后期等，虽然并非全部作为定论，但是人们读后感觉到这确是运用唯物史观的基本原理来分析中国历史的特点，而不是生吞活剥经典著作的词句，按照现成公式去图解中国历史。再者，全书内容丰富，认真发掘了经史子集中的材料并利用一些考古史料，详细论述了漫长的中国历史进程中政治、经济、民族、文化、军事、外交等的发展过程，论述了历史上制度的沿革，评价、分析了众多的事件和人物。同时，全书在章节结构上组织严密、安排合理，文字精练生动，具有浓厚的中国作风、中国气派，这些更增添了对读者的吸引力。由翦伯赞主编的《中国史纲要》（1962年至1966年，先后出版了第3、第4和第2册，包括三国两晋至近代部分。第一次的先秦部分，先由吴荣曾执笔，采用了郭沫若的战国封建论的观点，后来在有关同志建议下，为了有利于百家争鸣，主编翦伯赞决定采用自己素所主张的西周封建论，并自撰西周一章。先秦部分未及完成，他即含冤逝世，"文化大革命"结束后由吴荣曾完成。至1979年全书4册一并印行），是1961年高等学校文科教材编选计划会议决定，委托翦伯赞主编，作为高校中国通史教材之用。主要撰写人邓广铭、邵循正、汪篯、田余庆、许大龄等都是研究各个时期历史的专家。而且，在写作、讨论过程中，翦伯赞经常就体例、理论运用和史料鉴别等问题与编写组成员反复商讨，最后定稿时，他还要字斟句酌地进行推敲。这部通史经历了时间的考验，证明无愧为一部成功之作，并在中国史学史上又一次创造了集体著史、主编负责的成功经验。尤其作为大学通史教材，它具备论述全面系统，内容繁简适当的独特优点。它文字简练，条理清楚，而又内涵丰富，对史实的分析中肯细致而又摒除空论，重要的基本史料都向读者提供而又绝不庞杂。该书在 20 世纪 90 年代荣获首届全国高校文科教材评奖一等奖，确实当之无愧。

二是关于历史人物评价这一重大问题认识的推进。历史人物评价问题十分复杂，评价的标准需要通过认真讨论再从中做出正确的概括，而以正确的理论标准如何与历史实际结合起来做评价，情况又是千差万别。特别是进入新中国以后，新的社会制度刚刚建立，新的理论指导需要人们逐步熟悉，如何抛弃旧时代的错误观点，而确立起新的正确观点，殊非易事。有一个很典型的例证，20 世纪 50 年代初，范文澜收到一封读者来信，信中说：三千年来的封建阶级没有一个好东西，历朝历代都是坏蛋坐江山。范文澜遂请他身边的助手漆侠写了《正确认识历史上的封建统治阶级和封建王朝》一文，明确提出应以历史主义的态度，有分析地、恰当地肯定封建统治阶级及其杰出代表人物在历史上的作用。"十七年"中关于历史人物评价的讨论曾有两次高潮。第一次是在 20 世纪 50 年代初，嵇文甫、翦伯赞、范文澜等学者都发表有相关文章。其中以嵇文甫的论述最有代表性，他提出历史人物评价的"三个标准"："第一，对于人民有贡献的，有利的；第二，在一定历史阶段起进步作用的；第三，可以表现我们民族高贵品质的。"第二次高潮是在 1959 年，因郭沫若发表《谈蔡文姬的〈胡笳十八拍〉》及《替曹操翻案》两文引起的。曹操这个人物曾长期被视为"白脸奸臣"而遭受否定，郭沫若的文章却予以肯定，于是一石激起千层浪，在全国学术界以至普通群众中引起重新评价曹操的热潮，仅 4 个月内就发表了百余篇文章。这次讨论，涉及范围甚广，不仅从各个方面重新探讨、评价了曹操及其所处的时代，而且引起了对历史人物评价的标准和其他历史人物评价的问题，是在十分热烈的百家争鸣中对新中国史学研究的一次积极推动。郭沫若在其上述两文中提出："曹操对于民族的贡献是应该作高度评价的"，把曹操当作坏人"实在是历史上的一个歪曲"。① 评价历史人物，应从全面看问题，从大节上来权轻重，特别要看他对于当时的人民，对整个民族的发展、文化的发展有无贡献。翦伯赞也撰文指出："在我看来，曹操不仅是三国豪族中的第一流的政治家、军事家和诗人，并且是中国封建统治阶级中有数的杰出人物。""应该替曹操摘去奸臣的

① 参见郭沫若：《谈蔡文姬的〈胡笳十八拍〉》，《光明日报》1959 年 1 月 25 日；《替曹操翻案》，《人民日报》1959 年 3 月 23 日。

帽子，替曹操恢复名誉。"① 吴晗也撰写了《谈曹操》的文章积极参加讨论，他并于 1962 年写了《论历史人物评价》一文，总结了本人多年的研究，同时吸收了学术界讨论中的一些成果，论述全面且颇有理论深度。吴晗特别强调：评价历史人物，必须"放在他所处的历史时期，和同时代人比，和他的前辈比；而决不可以拿今时今地的条件和道德标准来衡量古人，因为假如这样做，就会把历史搞成漆黑一团，没有一个卓越的可以肯定的历史人物了"。他以秦始皇、汉武帝、曹操为例，论述评价任何人物，一定要采取实事求是的态度，好的肯定，坏的否定。至于有功有过的，就要看他的功大还是过大，要严肃地加以分析。曹操"起兵镇压黄巾，杀过一些知名之士如孔融、杨修、华佗等人；军法残酷，围而后降者便屠城，这些确是坏事，不应该替他掩饰。但是他也做了更大的好事。他把长期战乱、民不聊生的北方统一了；建立了法制；减轻了人民负担，发展了生产；还提倡文学艺术；打败乌桓，保卫了边境的安全。"因此，应当如实地评价曹操是个功大于过的、应该肯定的历史人物。同时，吴晗还论述了评价历史人物的其他标准："要从生产斗争和阶级斗争出发，归结为阶级的行动"；"要从整个历史发展出发，从几千年来多民族国家的具体事实出发"；"应从政治措施、政治作用出发，而不应该从私人生活方面出发"；"要注意阶级关系，运用阶级分析的方法来研究历史人物，但是不可以绝对化，把阶级成分作为评价历史人物的唯一尺度"；"决不可以拿今天的意识形态强加于古人"。② 显然，吴晗提出的评价标准，较之嵇文甫的论述是更为系统、深刻了。

这里列举的"十七年"通史研究和评价历史人物的成就，以及在断代史、专史领域，在推进其他重大历史理论问题的认识，在大型历史文献的整理出版，在近代史、世界史、民族史等学科建设领域取得的进展等方面的成就，无疑都是对所谓"十七年"史学"完全政治化"的错误观点做了有力的辨正。

四、面对严重曲折所经受的考验

"十七年"中教条主义恶劣学风的大肆泛滥，主要是 1958 年以后一段时间。在此之前所经历的批评胡适思想等政治运动，已发生"把学术问题当作

① 翦伯赞：《应该替曹操恢复名誉》，《光明日报》1959 年 2 月 19 日。
② 吴晗：《论历史人物评价》，《人民日报》1962 年 3 月 23 日。

政治问题并加以尖锐化的倾向"①，将复杂的学术问题以简单化地贴上政治标签来进行批判，以武断的结论代替充分的说理，但当时从全国范围而言，这类教条式的错误做法尚属于局部性问题。至 1958 年，搞"大跃进"，政治上"左倾"错误直接导致史学界的教条主义错误形成泛滥之势，造成了中国马克思主义史学发展道路上严重的曲折。其突出表现，一是提出"史学革命"的口号，在高等学校和研究单位大搞"批判资产阶级权威"，"拔白旗，插红旗"，许多学者的思想、观点被任意扣上"资产阶级思想"、"唯心主义"的帽子进行批判。在高等学校里提倡"小将上讲台"，把现有的学术著作、教材都否定掉，学生动手编讲义，用"剪刀加糨糊"的办法，突击用两三个月时间编成所谓"通史"教材、断代史教材等，一些科研单位则制定"学术大跃进"计划，提出在短时间内要编写出千万字以上的著作、资料。如开封师院历史系，"在反右斗争运动胜利的基础上，党又领导了双反交心、勤工俭学、教育大革命、拔白旗插红旗、反潘杨右倾机会主义、大办钢铁、贯彻党的教育方针、在科研中大搞群众运动、学习社会主义建设总路线、党的八届八中全会决议文件、对资产阶级教育方针教育思想和学术观点、右倾思想，开展了轰轰烈烈的两条道路两种思想和两种世界观的斗争"。"在党的领导下，教学相长的基础上，教师与同学相结合进行了教学和科学研究大革命，发挥了敢想、敢说、敢干的共产主义风格，开展群众性的科学研究工作。编写十门教学大纲，八门课的教材，共四百七十一万七千字。写出科学论文六十七篇，共一百二十四万余字。"②如中山大学历史系，经过 1958 年 7、8 月份的大辩论，"决定以批判资产阶级学术思想作为研究重点之一，系里并成立了资产阶级学术思想批判研究会来领导和组织这一工作。经过近一个月的苦战，全系共完成批判论文 71 篇"③。又如南京大学历史系，"1958 年下半年，开展了轰轰烈烈的群众性的学术思想批判运动。全系师生对'中国近代史'、'中国通史'、'世界通史'、'近代国际关系史'等若干门课程中的唯心主义观点，进行了严肃的批判。全系师生写出了上百篇的批判性的论文"④。中国科学院历史研究所第一所连续三次制定跃进计划，最终确定了五年奋斗目标和要完成的

①　胡绳：《中国共产党的七十年》，中共党史出版社 1991 年版，第 359 页。
②　开封师院历史系：《开封师范学院历史系科学研究工作的几点体会》，《史学月刊》1960 年第 1 期。
③　李锦全：《中山大学历史系批判资产阶级学术思想的情况》，《历史研究》1958 年第 10 期。
④　水共：《南京大学历史系 1959 年掀起三次科学研究高潮》，《历史研究》1960 年第 1 期。

任务，提出五年内完成包括通史、断代史、专史、其他类著作，及甲骨金文的整理、论文集共 6 类，66 种 5929 万字的著述，此外还要完成 1450 万字的资料和工具书。二是根本违背理论与材料相统一、"实事求是"的治学原则，对史料的忽略达到无以复加的地步，摘取马克思列宁主义经典著作的若干词句，当作标签到处套用，把历史著作和文章当作社会发展史的简单图解。为了强调阶级观点和阶级分析方法，就把阶级成分作为评价历史人物的唯一尺度。为了突出人民群众是历史的创造者，就提出"打倒王朝体系"、"打倒帝王将相"，只讲农民起义和人民群众的作用，而将历史上杰出的帝王将相的活动、制度的创立和沿革、文化学术发展等内容都取消掉。为了强调生产力的发展推动生产关系的变革，由此推动社会的前进，就把历史变成五种社会经济形态依次递进的概念演绎。为了强调阶级斗争是历史前进的动力，就把一部中国史变成农民战争史，并任意拔高农民起义英雄形象，把他们描写成如同今天无产阶级领袖人物一样英明、正确。为了突出"厚今薄古"的原则，有的竟将历史倒过来讲述，先讲近现代史，再倒回去讲古代史，又将"厚"与"薄"机械地理解为课时和篇幅多少比例的安排，将延续几千年的古代史尽量压缩在很短的课时中讲完，而鸦片战争以后则突然增加近现代史的分量。如此等等。

"疾风知劲草。"正当教条主义错误横行之时，一批马克思主义史家认清其错误实质和严重危害，起而坚决抵制教条主义恶劣学风，捍卫历史学的科学性和学术尊严，表现出这些学者的高尚史德和凛然正气，也真正表现出唯物史观的战斗风格。这在现代学术史上是值得大书特书的。其主要代表人物是郭沫若、范文澜、翦伯赞和吴晗。郭沫若于 1959 年 3 月 21 日写了《关于目前历史研究中的几个问题 ——答〈新建设〉编辑部问》一文，明确指出简单化地提出"打破王朝体系"一类的做法是错误的，明确指出应坚持历史研究的正确方向。他说："从新的历史观点出发，固然应该着重写劳动人民的活动，但以往的社会既是阶级社会，统治阶级的活动也就不能不写。统治阶级的活动对当代的人民有利，对整个民族的发展和文化的发展有利，我们就肯定它；相反的，我们就否定它。但否定它并不是抹杀，而是批判。"并指出："如果用今天的标准去衡量历史，那么，可以写的，可以肯定的，就不多了。而这样做，即所谓反历史主义，显然是不对的。"① 严肃地、旗帜鲜明地指出

---

① 郭沫若：《关于目前历史研究中的几个问题 —— 答〈新建设〉编辑部问》，《新建设》1959 年第 4 期。

教条化倾向的实质是反历史主义，是有害的。此文和同年发表的《替曹操翻案》，引起大规模的学术争鸣，推进了史学研究，这两件事，可以说是这位马克思主义史学家在"十七年"中对历史科学的两项重要贡献。

范文澜一向态度坚决地反对教条化地对待马克思主义，在新中国成立初期，他曾多次对此发表过重要言论。特别是在1961年，当教条化、公式化倾向盛行的时候，他更挺身而出，一年之中相继三次在重要的公开场合发表讲话，予以严肃的批判，揭露其危害。1961年，他发表《反对放空炮》（即在纪念巴黎公社九十周年学术讨论会上的发言）一文，严肃地、及时地提出史学界存在着离开史实、忽视史料、抽象地空谈理论的学风不正的严重问题，强调踏踏实实进行科学工作的重大意义。紧接着，范文澜在5月举行的纪念太平天国革命110周年学术讨论会上，又严肃地批评史学界流行的"打破王朝体系论"和"打倒帝王将相论"，强调要透过这些论调貌似"革命"的表象，认识其对史学研究的危害，坚持严格的历史主义。5月31日《人民日报》对此做了公开报道："讨论会最后由中国史学会副会长范文澜发言。他着重谈到了史学界流行的'打破王朝体系论'和'打倒帝王将相论'的问题。范文澜说，这种论调好像是很革命的，实际上是主观主义的。阶级社会是由互相对立着的统治阶级和被统治阶级构成的，打破王朝体系，抹掉帝王将相，只讲人民群众的活动，结果一部中国历史就只剩了农民战争，整个历史被取消了。范文澜说，马克思主义认为，'历史是劳动群众的历史'，这本是真理，但是把它绝对化、片面化，只承认历史上的劳动群众，不承认历史上的帝王将相，这就成了谬论。这种谬论应当受到大家的反对。范文澜的发言坚持严格的历史主义，引起了与会者的广泛兴趣。"[1] 由于范文澜对于坚持历史研究的科学性具有高度自觉，对于引导史学队伍健康发展有崇高的责任心，他才以这种大无畏的气概，非常尖锐地讲出"左倾"思潮的要害是造成"结果一部中国历史就只剩了农民战争，整个历史被取消了"这样振聋发聩的话。同年10月16日至21日，在武汉举行辛亥革命学术讨论会，范文澜在会议闭幕之前讲话，他特别指出吴玉章讲的树立严肃学风的重要意义。[2] 他一再公开发表的驳斥教条化、片面化、"左倾"思潮，强调树立严肃学风的言论，在当时，对

---

[1] 《人民日报》1961年5月31日。

[2] 《辛亥革命五十周年学术讨论结束》，《人民日报》1961年10月24日。

提高史学工作者的认识、坚持正确的方向起到非常宝贵的作用。

翦伯赞对于唯物史观的原理及其运用有很深的造诣，早在 1936 年所著《历史哲学教程》中，已经强调对唯物史观关于经济因素是决定社会变化的终极原因等项原理不能作机械的理解，而应当辩证地看待。又论述应当实事求是地评价历史人物和事件，把不同人物放在时代所提供的条件之下去评价其作用（包括正面人物的积极作用和反面人物的反动作用）。1959 年春至 1962 年春，由于教条化一度盛行对他的刺激，使其深感有责任对离开具体历史条件、随意套用概念的种种错误表现予以廓清。与此同时，他在 1961 年起负责主编《中国史纲要》，作为当时全国文科教材会议确定的高等学校中国通史教学用书，编写组在当时"左"的倾向严重的时代环境中工作，遇到一系列问题感到无法把握，翦伯赞作为主编，他有责任以唯物史观为指导予以回答，作为编写工作中处理诸多历史问题的准绳。他在这一时期所写的理论文章前后呼应，理论的逻辑性首尾一贯。核心的问题，是依据经典作家论述"在分析任何一个社会问题时，马克思主义的绝对要求，就是要把问题提到一定的历史范围之内"[①] 的精神，有针对性地联系极左思潮下史学领域中出现的典型现象和错误认识，阐释和发挥必须实事求是、不离开具体的历史条件看待和评价历史问题，进行科学的具体分析，尊重历史的辩证法发展等基本原则。因为"左倾"教条化的主张片面强调"阶级观点"，将之绝对化，故翦伯赞特别突出"历史主义"。翦伯赞在这一时期撰写的最重要的理论文章有：《对处理若干历史问题的初步意见》（1961 年 12 月）和《目前史学研究中存在的几个问题》（1962 年 6 月）等。这些批判"左倾"思潮、捍卫历史学的科学性的战斗檄文，涉及的内容很广泛，意义重大。他在理论上深刻分析了"左倾"思潮的种种表现，指明其违背历史研究实事求是原则、违背历史科学根本任务、违背马克思主义根本原理的实质，所以与唯物史观是根本对立的。当时在"打破王朝体系"的流行口号下，许多人连王朝的称号和王朝本身的历史也要从中国通史中削减或删去，主张把帝王将相的活动，统治阶级内部的斗争，以及传统认为十分重要的政治制度、政治沿革都予以删减。翦伯赞明确指出："如此说来，好像打破王朝体系以后的任务，只是一反前人之所为。过去轻视的，我们现在就重视；过去多讲的，我们现在就少讲或不讲。

---

① 《列宁全集》第 20 卷，人民出版社 1984 年版，第 401 页。

例如，过去的历史看不见人民群众的活动，我们现在就还他一个看不见帝王将相；过去的历史看不见农民战争，我们现在就还他一个看不见统治阶级的活动；过去的历史看不见经济基础，我们现在就还他一个看不见政治制度；过去的历史专讲政治沿革，我们现在就还他一个来历不明；过去的历史专讲王朝始末，我们现在就还他一个一字不提；过去的历史不讲或少讲各族人民之间的友好往来，我们现在就还他一个不讲各族统治阶级之间的战争。"对于"左倾"思潮将会造成的严重后果，翦伯赞当时就严肃地予以定性：这是"走极端，走偏锋"，将给"新的中国通史带来极大的片面性"，"这不是辩证法，不是科学的态度"。①

　　翦伯赞指出"史学革命"口号下所造成的掩盖历史真相、取消生动的人类历史的严重恶果："不仅帝王将相的活动写得少，就是农民战争的领导人物也写得不多。在有些论述农民战争的篇章中，总是用'矛盾尖锐化'一类的空话来证明农民战争的必然性。……发明家的名字几乎也要从历史上删去，因为在有些同志看来，所谓发明，不过总结劳动人民的经验而已，不应把发明的功绩写在个人名下。而在写到个别人物、特别是帝王将相的活动时，也不承认他们在历史上所起的作用，好像他们都是'被历史必然性的内在规律从神秘的暗室里牵出来的傀儡'。"② 针对"左倾"思潮影响下把"阶级观点"绝对化的观点，他旗帜鲜明地提出"阶级观点应与历史主义相结合"的论题，并且着重论述如何以"历史主义"的尺度来评判各种复杂的历史问题。翦伯赞发表的《对处理各种历史问题的初步意见》等文，就是顶着"左倾"思潮大肆泛滥而提出的"历史主义论纲"，既深刻地剖析了持极左观点者在方法论上以主观臆断代替客观历史的致命失误，又对正确评价复杂历史问题做出许多精到的理论概括。历史已经证明，翦伯赞所坚持的主张是具有高度理论价值的，他抵制极左思潮、捍卫历史学科学性的努力在当时产生了非常重要的影响，特别是《对处理若干历史问题的初步意见》、《目前史学研究中存在的几个问题》两文的发表，曾使史学界中不少人体会到拨乱反正的力量，启发和鼓励他们以实事求是的原则研究历史。在此前后，吴晗也相继发表了《历史教材和历史研究中的几个问题》、《有关历史人物评价和历史知识普及的问

---

① 翦伯赞：《关于打破王朝体系问题》，《光明日报》1959 年 3 月 28 日。
② 翦伯赞：《在广西历史学会上的学术报告》（1963 年 3 月 18 日），《翦伯赞全集》第 5 卷，河北教育出版社 2008 年版，第 122—123 页。

题》等文章，批评非历史主义倾向。其他的史学家像侯外庐、吴泽、吴玉章、邓拓等也都着重从历史主义立论，申论自己的意见，同样对教条化和极左思潮做了有力的批判。

五、在反思中获得宝贵的启示

总结"十七年"史学发展道路，还有两个问题需要做进一步讨论，并从反思中获得有益的启示。

一是20世纪50年代"五朵金花"的讨论，究竟是新中国史学发展过程中合乎情理地被提出来的课题呢，还是如有的学者所说是"假问题"。

我们从三个层次来考察，自然可以得到明确的答案。首先，从1953年至1956年，史学界热烈地展开讨论的古史分期问题、中国封建土地所有制问题、汉民族形成问题、中国农民战争史问题和资本主义萌芽问题，明显地都是中国历史上的重要问题，新中国史学是以马克思主义为指导的，对于上述与历史进程关系极为密切的学术问题，自然要通过讨论，让学者各抒己见。以古史分期的讨论为例。历史分期是人们冀图做到从总体上认识把握历史发展的阶段性及其特点。古人很早就有对历史分期的意识，战国时代的韩非子就有划分为"上古"、"中古"、"当今"三个阶段的说法。春秋公羊学者则用"据乱世"、"升平世"、"太平世"来划分历史进化的不同阶段。至20世纪初，著名的"新史学"流派史家梁启超和夏曾佑在其论著中更用新的观点对中国历史做了分期。[①] 到了新中国成立后，学者们以马克思主义为理论指导，不仅要了解历史演进的种种复杂史实，更要深入地了解其内在的原因和法则是什么；要求认识社会因属于不同的经济形态而区分的不同历史发展阶段，处于一定的发展水平的生产力与一定的生产关系构成社会生产方式之基础，同时又有一定的上层建筑以及意识形态与之相适应；这一切是造成不同历史阶段复杂的历史现象之总根源。等到发展到一定程度，旧的生产关系就被新的生

---

① 梁启超在《中国史叙论》中划分中国五千年文明史为三大时代：（一）上世史，自黄帝至秦统一，又称为"中国之中国"时代；（二）中世史，自秦统一至清朝乾隆末年，又称为"亚洲之中国"时代；（三）近世史，自乾隆末年至其著史之20世纪初，又称为"世界之中国"时代。夏曾佑则在其《中国古代史》中，把几千年中国历史划分为"上古之世"（包括"传疑期"和"化成期"）、"中古之世"（包括"极盛期"、"中衰期"和"复盛期"）、"近古之世"（包括"进化期"和"更化期"）。

产关系所代替，构成了新的社会经济形态，并由此而导致整个社会结构的改变。马克思主义学者要探求中国社会演进的内在原因，要揭示出社会发展的规律性，当然就十分重视运用唯物史观关于社会经济形态更替的学说来考察中国历史，从而各自提出自己的历史分期观点，以寻求真知。更何况，关于古史分期的讨论早在 20 世纪 30 年代中国社会史大论战中就热烈展开，当时的"新思潮派"、"动力派"等学者，无不以唯物史观的话语体系互相展开辩难。至 20 世纪 40 年代，郭沫若、范文澜、翦伯赞、吕振羽、侯外庐等著名的马克思主义学者，又进一步阐明己见。因此，古史分期讨论由来已久，到新中国成立初期形成新的高潮，这是 20 世纪学术史演进的内在逻辑决定的，是中国马克思主义史学发展题中应有之义。

其次，"五朵金花"讨论是新中国成立后所奏响的百家争鸣的乐章，完全是史学界同仁的自由讨论，没有任何行政力量的干预。学者们只要探索有心得，持之有故，就可以大胆发表意见，没有思想顾虑。范文澜主张西周封建说，郭沫若主张战国封建说，他们各自著文展开争鸣，同时两人又互相推重，共同领导史学界；其他学者也不因郭、范二人学术地位高而有所顾忌，相反地，每位学者都可以平等地发表意见。再以汉民族形成问题的讨论为例。这场讨论，是因范文澜于 1953 年在修订本《中国通史简编》的《绪言》中，提出汉民族在秦汉时期已经基本上形成坚强的民族这一论点而引起的。范文澜提出的论点，一方面是对斯大林理论的运用，另一方面，又排除了斯大林根据欧洲历史的特点而得出的具体结论。斯大林的著作在当时有无上的权威，他在《马克思主义和民族问题》一文中说："民族是人们在历史上形成的一个有共同语言、共同地域、共同经济生活以及表现于共同文化之上的共同心理素质的共同体。"[①] 斯大林又在《民族问题与列宁主义》中说，"在资本主义以前的时期是没有而且不可能有民族的"[②]，欧洲的"近代"民族都是在资本主义上升时代发展起来的。范文澜没有把斯大林的话当作教条，死板套用，而是独立思考，进行具体的分析，运用其中与中国历史实际相符合的基本原理（共同语言、共同地域、共同经济生活、共同心理状态），而明确地排除与中国历史实际不相符合的具体论断（要在资本主义上升期才能形成民族）。故

① 斯大林：《马克思主义和民族问题》，《斯大林全集》第 2 卷，人民出版社 1953 年版，第 294—295 页。
② 斯大林：《民族问题与列宁主义》，《斯大林全集》第 11 卷，第 289 页。

说："依据上述原理来看中国历史，自秦汉起，可以说，四个特征是初步具备了，以后是长期的继续发展着。""中国近代史证明不曾形成过资产阶级民族。"①面对这么大的权威，范文澜却坚定地本着实事求是的科学态度，以是否符合中国历史的实际为区分取舍的标准，并且毫不含糊地讲出经过深思熟虑而得出的结论，这难道不是民主讨论、畅所欲言的态度吗？当时，对范文澜提出的观点有人赞成，也有人反对，有的论者对范文澜的批评不留情面，说范文澜"竟说世界上除了斯大林所说的资产阶级民族和社会主义民族以外，还有第三种所谓'独特的民族'"②。范文澜是中国史学会领导人，批评的人能做到讲话直截了当，这不也是当时百家争鸣良好气氛的明证吗？在其他"热点"问题的讨论中也应作如是观，譬如关于中国封建土地所有制问题的讨论，有的人主张基本上是封建土地国有制，有的主张封建土地私有制，也有的人主张国有、私有都有，是多样的封建土地所有制，各自依据史实和道理说话，展开争鸣。

最后，"五朵金花"讨论获得巨大的收获，推进了中国史学的发展。历史现象错综复杂，讨论的问题有时不能在短时间内取得一致看法，这在学术史上屡见不鲜。譬如，关于古史分期问题未能获得一致意见，但这不等于说讨论没有收获。讨论古史分期问题，涉及范围之广，参与的学者之多，都是空前的。在唯物史观原理指导下，经过众多学者的发掘和论述，几乎所有相关的历史文献资料和考古资料，都被调动和利用，进行认真的爬梳、甄别和辨析，因而大大地推进了我们对古代历史进程认识的深度。关于春秋战国时期的社会大变革，是一向受到史学界关注的重要问题。清初王夫之、顾炎武都曾认为战国是古今一大变革之会。对于这一重要的研究课题，恰恰是经过20世纪50年代古史分期问题的大讨论，推动学者们广泛搜集史料并以唯物史观指导做深入的综合分析，因而从社会生产力的提高推动生产关系的变化，并引起上层建筑和意识形态的一系列变化的深刻内涵和演进的逻辑层次，做了系统而又很有说服力的论证。沈长云对此做了颇为扼要的概括："根据唯物史观，这场变革实起于春秋战国之际生产力性质的变化。春秋时期铁器与牛耕的使用是促使所有这些变化的最根本的动力。由于有了铁器和牛耕，才有了

①　范文澜：《中国通史简编》（修订本）第1编，第54、63页。
②　《历史研究》编辑部编：《汉民族形成问题讨论集》，生活·读书·新知三联书店1957年版，第71页。

土地的大量垦辟，有了战国大规模水利工程的兴修，有了精细农业与劳动生产率的提高，以及随之而来的手工业的发展和商品经济的繁荣，包括金属铸币的广泛使用、城市的兴起，富商大贾及高利贷的活跃……以上标志着战国生产力水平提高之荦荦大端者，皆见于文献记载和考古发掘，是谁也无法否认的。随着社会经济的这种变化，人们的相互关系也跟着发生了根本性的转折。旧的宗法组织，即以血缘为纽带的各种氏族（宗族）或大家族结构纷纷崩毁，代之以个体家庭为主的社会结构，个体劳动、'分地'代替了集体劳动和'公作'；统治阶级对农民的剥削也由过去的'助法'即力役剥削改变为税亩制即租税剥削，这使我国从此进入传统的以个体小农经济为基础的社会。所有这些有关生产关系及社会结构的重大变化都发生在春秋战国之际，并且它们都可以归结为社会生产力提高所导致的结果，其间变化之迹也是十分清楚的。"在社会经济基础发生了如上变化之后，便是上层建筑和意识形态领域的革命了。主要就是宗法制度的瓦解，建立在地域组织基础上的成熟国家的出现，郡县制取代了分封制，朝廷任官制代替了世卿世禄制，以及士阶层的活跃和百家争鸣、文化繁荣局面的出现。"总之，一个世袭社会向传统社会的转变过程，不仅可以，而且只有用唯物史观才能得到很好的说明。""目前，对于春秋战国之际历史进程的这样一种阐释，已成为多数人的共识，说明唯物史观已深入到广大史学工作者心中，成了多数人们自觉运用的思想武器。"①关于资本主义萌芽问题的讨论，已有多位学者指出，其结果成效显著地促进了明清社会经济史研究的开展。至于汉民族形成问题讨论的积极意义，则可以《中国大百科全书·民族卷》"民族形成理论"条中的一段论述作为概括："关于汉民族如何形成的问题，在 1954—1956 年间，中国学术界进行过一次广泛的讨论……根据民族的特征和史籍的记载，目前学术界较为一致的看法，认为汉族是以先秦的华夏族为核心，在秦汉时期形成为统一的民族，至1840 年，经历了在封建君主制度下的两千多年的发展过程。"

"五朵金花"的讨论范围广泛，内容丰富，尽管存在着局限性，但其成就是应予充分肯定的。林甘泉、赵俪生两位学者的概括性看法值得我们重视："如果没有古史分期、土地所有制、资本主义萌芽等问题的讨论，就没有五六十年代历史学向深度和广度的发展，也就没有今天一些断代史和专门史

①   沈长云：《在历史研究中坚持和发展唯物史观》，《史学理论研究》2003 年第 1 期。

繁荣的局面。"①"我认为'五朵金花'是马克思主义和中国历史结合的刚刚开始……今天回过头来看'五朵金花',全部否定我是不赞成的,全部肯定我也不赞成。应当批判地保留,而且保留的部分应当偏多一些,甚至基本上应予肯定。""他的五个内容都有相当的成绩。"②综合上述,无论是从20世纪学术发展的内在逻辑来分析,从百家争鸣、民主讨论的风气来评估,还是从获得的学术成果来考察,"五朵金花"的讨论意义很大,称之为"假问题"是没有事实根据的。

二是造成"十七年"中教条主义错误一度泛滥的原因是什么?

教条主义一度大肆泛滥使"十七年"史学经受了严重的曲折,教训极其深刻。重要的是,对于造成教条主义泛滥的原因要做深入分析,对教条主义的恶劣影响要坚决肃清,而对中国马克思主义史学的正确方向和取得的成绩则必须坚持和发扬。新中国成立后,马克思主义在全国范围内确立了指导地位,广大史学工作者和知识分子认真学习马克思主义,这是中国学术史上的重大事件。许多研究者通过学习,收获巨大,能够对复杂的历史现象和学术问题,透过现象,看到本质,以辩证的眼光作具体、细致的分析,互相联系,上下贯通,从而得出正确的结论,解决了长期困惑自己的问题,获得真理性的认识。证明唯物辩证法确是比传统思想和近代流行的诸多学说远为高明,唯物辩证法能给人以科学分析问题的理论武器,是具有明效大验的科学世界观和方法论。当时还有一批40岁上下的学者,如徐中舒、杨向奎、王仲荦、韩国磐、邓广铭、周一良、谭其骧、唐长孺等史学俊彦,他们原本熟悉传统经典文献典籍,在运用历史考证方法上很有造诣,其具有科学价值的观念和方法,本来就与唯物史观相通,而马列主义、唯物史观理论又比传统学术、近代学术具有更高的科学性,以之为指导,能帮助研究者更全面地把握研究对象的全局,更深入地揭示研究对象的本质。因此,这些学者得到科学世界观指导以后,极感眼前打开了一片新天地,学术研究达到更高的层次。这是可敬的学者们在学术上充满进取精神、跟随时代前进的极好证明,也是马列主义理论的科学性及其指导意义的极好证明。有的人因为厌恶教条化错误而归咎于提倡唯物史观指导,这是极大的误解。

---

① 林甘泉:《关于史学理论建设的几点意见》,《史学理论与史学史学刊》2002年卷。
② 王学典、蒋海升:《从"战士"到"学者"——访老辈史学家赵俪生先生》,《山东社会科学》2006年第3期。

历史研究领域教条主义大肆泛滥的时间主要是在 1958 年及其后一段时间，至 1961 年党中央对全国工作方针做了调整之后，学术界的风气已有明显好转。直至"文化大革命"发动之前数年间，总体上还是强调理论与史料相结合和贯彻"百家争鸣"的方针。在史学研究中出现教条化的失误，一个原因是研究者水平不高和缺乏经验。学术研究是复杂的、创造性的工作，如何对马克思主义的原理有深刻的理解和正确的把握，然后运用它去分析史料、论释史料，逐步达到对复杂的历史问题有正确的看法，任何人一开始都不可能做到熟练和正确无误，须要不断学习、不断提高。唯物史观从根本上说同教条主义是相对立的。唯物史观强调一切依时间、地点、条件为转移，必须具体问题具体分析，因此连西方学者都承认"马克思是最不教条的"①。中国学者运用唯物史观和防止教条主义错误还有特别的体会，因为，传统文化精华中包含有许多辩证法、唯物主义认识论的思想资料，中国先哲所概括的"穷则变，变则通，通则久"、"过犹不及"、"实事求是"、"知人论世"等丰富的格言警句早就提供了思想营养，中国学者特别是近代以来成就卓著的史学家尤为后人树立了成功治史的典范。中国新民主主义革命取得胜利，更是正确的思想政治路线经过反复斗争战胜了教条主义错误路线的产物，因此，结合中国的实际运用马克思主义原理，成为中国共产党人一笔宝贵的思想财富，也使中国学者增强了识别、防止教条式应用马克思主义的意识与能力。这些都足以说明，如果按照正常的规律发展，通过学者们的自我提高和健康的批评、自我批评，史学工作者一定能够克服因为经验和水平问题而出现的教条主义失误。那种因为看到了"十七年"中发生了教条主义错误就企图得出提倡唯物史观指导必定产生教条化，或者断定整个"十七年"中都是教条主义盛行，"史学完全成为政治的附庸"、"成为一部农民战争史"的看法，都是违反客观实际的错误看法。

"十七年"中教条主义一度横行，是政治上"左"的错误指导思想直接引起和推动的，特别是 1958 年出现的教条主义泛滥，用贴标签的方法代替艰苦的学术研究，抛开起码的史料和历史知识，热衷于"史学革命"。政治路线上出现"左"的错误，教条主义会大肆泛滥，一旦纠正了路线错误，学术领域中也会出现立竿见影的效果。当 1961 年至 1962 年党中央调整政策，对"左"

---

① 〔英〕巴勒克拉夫：《当代史学主要趋势》，杨豫译，上海译文出版社 1987 年版，第 261－262 页。

的错误做出纠正之后，学术研究立即重新强调充分占有史料，实事求是地分析、概括，并且从总体上出现新的状况，就是有力的证明。进入新时期以后，党中央拨乱反正，实行思想解放、改革开放的正确路线，学术研究出现了长期繁荣局面，更是尽人皆知的事实。至于造成教条主义横行，还有一个原因，即"四人帮"及其爪牙的恶意煽动，那是在"文化大革命"即将发动时期，为了实现其反革命图谋，用恶毒的借口和卑劣的手段，攻击、迫害坚持以马克思主义指导史学研究的正直学者。他们的罪恶已被彻底揭露，人们也都识破其反革命的政治阴谋，故已不属于学术讨论的范围之内。

以往90年的历程证明，中国马克思主义史学具有强大的生命力。经过反复的实践和考验，中国马克思主义学者坚定地走一条"将普遍原理与中国实践相结合"的正确道路。新中国成立以后史学工作者自觉学习唯物史观和健康向上、民主讨论的学术风气，推动学者们认真努力，发扬实事求是的优良学风，在学术上取得显著的成绩。虽因教条主义一度泛滥而经受了严重的曲折，但从总体来说，成绩仍是主要的；特别是正直学者挺身而出，勇敢地抵制教条主义恶劣风气，捍卫了历史学的尊严，更体现出马克思主义的科学精神和战斗风格。中国马克思主义史学的强大生命力，还在于其理论精髓和科学精神，与中国传统文化的精华，与近代以来形成的史学优良传统是互相贯通的，因此中国学者以唯物史观理论来指导研究历史，通过严肃的、艰苦的探讨，完全能够做到运用恰当，并以自己的学术成果对它加以丰富和发展。只要我们继续大力发扬实事求是的优良学风，警惕出现教条化错误，同时大力吸收西方新学理，新世纪的中国史学就一定能够取得更加辉煌的成就！

主要参考文献

一、理论著作

《马克思恩格斯选集》，人民出版社 1995 年版。

《毛泽东选集》，人民出版社 1995 年版。

《列宁全集》，人民出版社 1984 年版。

《斯大林全集》，人民出版社 1953 年版。

二、古籍文献（以朝代为序）

《诗经》，十三经注疏本，中华书局 1980 年版。

《尚书》，十三经注疏本，中华书局 1980 年版。

《礼记》，十三经注疏本，中华书局 1980 年版。

《左传》，十三经注疏本，中华书局 1980 年版。

《公羊传》，十三经注疏本，中华书局 1980 年版。

《论语》，十三经注疏本，中华书局 1980 年版。

《孟子》，十三经注疏本，中华书局 1980 年版。

《国语》，徐元诰《国语集解》本，王树民、沈长云点校，中华书局 2002 年版。

董仲舒：《春秋繁露》，苏舆《春秋繁露义证》本，中华书局 1992 年版。

刘安：《淮南子》，高诱注，上海古籍出版社 1989 年版。

司马迁：《史记》，中华书局 1959 年版。

刘向：《说苑》，中华书局 1985 年版。

王充：《论衡》，上海人民出版社 1974 年版。

班固：《汉书》，中华书局 1962 年版。

何休：《春秋公羊解诂》，十三经注疏本，中华书局 1980 年版。

韦昭：《国语解》，世界书局 1975 年版。

范晔：《后汉书》，中华书局 1965 年版。

刘勰：《文心雕龙》，范文澜注，人民文学出版社 1958 年版。

萧统编：《文选》，中华书局 1977 年版。

房玄龄等撰：《晋书》，中华书局 1974 年版。

魏徵、令狐德棻：《隋书》，中华书局 1973 年版。

孔颖达等：《毛诗正义》，十三经注疏本，中华书局 1980 年版。

孔颖达等：《尚书正义》，十三经注疏本，中华书局 1980 年版。

孔颖达等：《春秋正义》，十三经注疏本，中华书局 1980 年版。

刘知幾：《史通》，浦起龙通释本，上海古籍出版社 1978 年版。

司马贞：《史记索隐》，中华书局 1985 年版。

韩愈：《韩愈文选》，上海北新书局 1947 年版。

柳宗元：《柳河东集》，上海古籍出版社 1993 年版。

李昉等辑：《太平御览》，中华书局 1960 年版。

欧阳修、宋祁：《新唐书》，中华书局 1975 年版。

司马光：《资治通鉴》，中华书局 1956 年版。

司马光：《资治通鉴考异》，台湾商务印书馆影印文渊阁《四库全书》本。

王安石著，中华书局上海编辑所编：《临川先生文集》，中华书局 1959 年版。

沈括：《补笔谈》，《宝颜堂秘籍》本。

黄庭坚：《山谷集·外集》，台湾商务印书馆影印文渊阁《四库全书》本。

洪迈：《容斋随笔·三笔》，上海古籍出版社 1978 年版。

袁枢：《通鉴纪事本末》，中华书局 1979 年版。

吕祖谦：《大事记解题》，武英殿聚珍本。

王若虚：《滹南遗老集》，《四部丛刊》本。

林骃：《古今源流至论·后集》，明宣德二年（1427）刻本。

黄履翁：《古今源流至论·别集》，明万历十八年（1590）书林郑世魁宗文堂刻本。

脱脱等：《宋史》，中华书局 1985 年版。

凌稚隆：《史记评林》，明万历年间李戴堂刻本。

王守仁：《王阳明全集》，上海古籍出版社 1992 年版。

杨慎：《升庵集》，台湾商务印书馆影印文渊阁《四库全书》本。

何良俊：《四友斋丛说》，中华书局 1956 年版。

茅坤：《史记钞》，明泰昌元年（1620）刻本。

钟惺：《钟伯敬评史记》，明天启五年（1625）刊本。

陈仁锡：《陈评史记》，明天启七年（1627）刻本。

黄淳耀：《史记论略》，乾隆二十二年（1757）宝山县学刊本。

顾炎武：《亭林文集》，商务印书馆 1936 年版。

顾炎武：《顾炎武诗文集》，中华书局 1983 年版。

顾炎武著，黄汝成集释：《日知录集释》，栾保群、吕宗力校点，上海古籍出版社 2014 年版。

汤谐：《史记半解》，康熙慎余堂刻本。

谷应泰：《明史纪事本末》，中华书局 1977 年版。

吴见思：《史记论文》，东北师范大学出版社 1985 年版。

朱彝尊：《经义考》，中华书局 1998 年版。

方苞：《望溪先生文集》，《四部备要》本。

汪由敦：《松泉文集》，清乾隆四十三年（1778）刊本。

全祖望：《鲒埼亭集外编》，清同治十一年（1872）刊本。

牛运震：《史记评注》，空山堂乾隆辛亥（1791）刻本。

庄存与：《春秋正辞》，《皇清经解》本。

汪越：《读史记十表》，雍正元年（1723）刊本。

王鸣盛：《十七史商榷》，上海书店出版社 2005 年版。

戴震：《戴震文集》，中华书局 1980 年版。

戴震：《孟子字义疏证》，中华书局 1982 年版。

赵翼：《瓯北诗钞》，清光绪三年（1877）滇南唐氏刻本。

赵翼：《廿二史劄记》，王树民校注，中华书局 1984 年版。

钱大昕：《潜研堂文集》，商务印书馆 1936 年版。

钱大昕：《廿二史考异》，上海古籍出版社 2004 年版。

钱大昕《十驾斋养新录》，上海书店出版社 2011 年版。

邹方锷：《大雅堂初稿》，乾隆二十七年（1762）刻本。

段玉裁：《经韵楼集》，上海古籍出版社 2008 年版。

章学诚：《文史通义》，刘公纯标点，古籍出版社 1956 年版。

章学诚著，叶瑛校注：《文史通义校注》，中华书局 1985 年版。

章学诚：《章学诚遗书》，文物出版社 1985 年版。

董诰等编：《全唐文》，中华书局 1983 年版。

永瑢等：《四库全书总目》，中华书局 1965 年版。

林春溥：《竹柏山房十五种》，清嘉庆咸丰间刻本。

龚自珍：《龚自珍全集》，上海人民出版社 1975 年版。

魏源：《古微堂集》，清光绪四年（1878）淮南书局刻本。

魏源：《圣武记》，中华书局 1984 年版。

魏源：《魏源集》，中华书局 1976 年版。

魏源：《海国图志》，岳麓书社 1998 年版。

张际亮：《张亨甫全集》，清同治丁卯年（1867）刻本。

林昌彝：《射鹰楼诗话》，上海古籍出版社 1988 年版。

林昌彝：《海天琴思录》，上海古籍出版社 1988 年版。

王锡祺辑：《小方壶斋舆地丛钞》，清光绪十七年（1891）上海著易堂铅印本。

王锡祺辑：《小方壶斋舆地丛钞再补编》，清光绪十七年（1891）上海著易堂铅印本。

金锡龄等辑：《学海堂四集》，光绪二十二年（1896）启秀山房刊本。

平步青：《樵隐昔寱》，上海古籍出版社 1982 年版。

三、近今人著作（以年代为序）

张之洞：《张文襄诗集》，集益书局 1917 年石印本。

吴汝纶：《吴汝纶尺牍》，黄山书社 1990 年版。

李圭：《环游地球新录》，湖南人民出版社 1980 年版。

刘光蕡：《烟霞草堂遗书》，1919 年苏州王典章刊本。

黄遵宪：《日本杂事诗》，台北文海出版社 1974 年版。

黄遵宪著，钱仲联笺注：《人境庐诗草笺注》，上海古籍出版社 1981 年版。

黄遵宪：《黄遵宪全集》，中华书局 2005 年版。

皮锡瑞：《经学通论》，中华书局 1954 年版。

皮锡瑞：《经学历史》，中华书局 1959 年版。

吴曾祺:《漪香山馆文集》,上海商务印书馆 1936 年版。

严复:《严复集》,中华书局 1986 年版。

康有为:《新学伪经考》,中华书局 1956 年版。

康有为:《论语注》,中华书局 1984 年版。

夏曾佑:《中国古代史》,生活·读书·新知三联书店 1955 年版。

叶德辉:《郋园北游文存》,载孙文光等编:《龚自珍研究资料集》,黄山书社 1984 年版。

叶德辉:《翼教丛编》,沈云龙主编:《近代中国史料丛刊》第 65 辑,台北文海出版社 1966 年版。

谭嗣同:《仁学》,中华书局 1958 年版。

章炳麟:《章太炎全集》(三),上海人民出版社 1984 年版。

王钟翰点校:《清史列传》,中华书局 1987 年版。

梁启超:《梁启超史学论著四种》,岳麓书社 1998 年版。

梁启超:《饮冰室合集》,中华书局 1989 年版。

李景星:《史记评议》,济南精艺印刷公司 1932 年版。

王国维:《观堂集林》,中华书局 1984 年版。

陈独秀:《陈独秀文章选编》,生活·读书·新知三联书店 1984 年版。

余嘉锡:《四库提要辨证》,中华书局 1980 年版。

吕思勉:《吕思勉读史札记》,上海古籍出版社 1982 年版。

金毓黻:《中国史学史》,商务印书馆 1999 年版。

丁文江、赵丰田编:《梁启超年谱长编》,上海人民出版社 1983 年版。

李大钊:《李大钊选集》,人民出版社 1978 年版。

李大钊:《李大钊文集》,人民出版社 1984 年版。

陈寅恪:《隋唐制度渊源略论稿》,中华书局 1963 年版。

陈寅恪:《寒柳堂集》,上海古籍出版社 1980 年版。

陈寅恪:《金明馆丛稿二编》,上海古籍出版社 1980 年版。

陈寅恪:《唐代政治史述论稿》,上海古籍出版社 1997 年版。

戈公振:《中国报学史》,上海书店出版社 1990 年版(据商务印书馆 1928 年版影印)。

胡适:《四十自述》,吉林大学出版社 2015 年版。

郭沫若:《两周金文辞大系》,日本文秋堂书店 1932 年版。

郭沫若：《历史人物》，人民出版社 1959 年版。

郭沫若：《殷契粹编》，科学出版社 1965 年版。

郭沫若：《少年时代》，人民文学出版社 1979 年版。

郭沫若：《郭沫若全集》（历史编），人民出版社 1982 年版。

罗根泽编著：《古史辨》（四），上海古籍出版社 1982 年版。

吕思勉、童书业编著：《古史辨》（七），上海古籍出版社 1982 年版。

梁漱溟：《桂林梁先生遗书》，京华印书局 1925 年印本。

范文澜：《中国通史简编》（上册），延安新华书店 1941 年版。

范文澜：《中国通史简编》（修订本）第 1 编，人民出版社 1955 年版。

范文澜：《中国通史简编》（修订本）第 3 编第 2 册，人民出版社 1965 年版。

范文澜：《范文澜全集》第 10 卷，河北教育出版社 2002 年版。

蒙文通：《蒙文通文集》第 2 卷《古族甄微》，巴蜀书社 1993 年版。

钱穆：《中国近三百年学术史》，商务印书馆 1997 年版。

嵇文甫：《嵇文甫文集》，河南人民出版社 1985 年版。

冯友兰：《中国哲学史新编》（修订本）第 3 册，人民出版社 1985 年版。

傅斯年：《傅斯年全集》，台北联经事业出版公司 1980 年版。

刘咸炘：《刘咸炘学术论集·史学编》，广西师范大学出版社 2007 年版。

朱东润：《史记考索》，开明书店 1947 年版。

翦伯赞：《中国史纲》第 1 卷，五十年代出版社 1943 年版。

翦伯赞：《中国史纲》第 2 卷，大孚出版公司 1947 年版。

翦伯赞：《翦伯赞历史论文选集》，人民出版社 1980 年版。

翦伯赞：《历史哲学教程》，河北教育出版社 2000 年版。

翦伯赞：《翦伯赞全集》第 5 卷，河北教育出版社 2008 年版。

郑振铎：《插图本中国文学史》，人民文学出版社 1957 年版。

陶希圣：《中国社会之史的分析》，新生命书局 1929 年版。

曹聚仁：《中国学术思想史随笔》，生活·读书·新知三联书店 2003 年版。

罗根泽：《管子探源》，中华书局 1931 年版。

罗根泽：《诸子考索》，人民出版社 1958 年版。

刘节：《中国史学史稿》，中州书画社 1982 年版。

萧一山：《萧一山先生文集》（上册），《萧一山先生文集》编辑委员会排印本。

萧一山：《萧一山先生文集》（下册），台北经世书局 1979 年版。

萧一山：《清史大纲》，上海古籍出版社 2005 年版。

萧一山：《清代通史》，华东师范大学出版社 2006 年版。

侯外庐：《中国思想通史》第 5 卷，人民出版社 1956 年版。

侯外庐：《中国古代社会史论》，人民出版社 1963 年版。

侯外庐：《韧的追求》，生活·读书·新知三联书店 1985 年版。

何干之：《何干之文集》第 1 卷，北京出版社 1993 年版。

齐思和：《中国史探研》，河北教育出版社 2000 年版。

白寿彝主编：《史学概论》，宁夏人民出版社 1983 年版。

白寿彝：《中国史学史》第 1 册，上海人民出版社 1986 年版。

白寿彝主编：《中国通史·导论卷》，上海人民出版社 1989 年版。

白寿彝：《白寿彝史学论集》，北京师范大学出版社 1994 年版。

白寿彝：《中国史学史论集》，中华书局 1999 年版。

徐复观：《两汉思想史》，华东师范大学出版社 2001 年版。

杨向奎：《繙经室学术文集》，齐鲁书社 1989 年版。

费孝通等：《中华民族多元一体格局》，中央民族学院出版社 1989 年版。

唐长孺：《魏晋南北朝史论丛》，河北教育出版社 2000 年版。

陈梦家：《殷虚卜辞综述》，科学出版社 1956 年版。

黎澍：《再思集》，中国社会科学出版社 1985 年版。

程千帆：《文论十笺》，黑龙江人民出版社 1983 年版。

刘大年：《刘大年史学论文选集》，人民出版社 1987 年版。

胡绳：《中国共产党的七十年》，中共党史出版社 1991 年版。

陶懋炳：《中国古代史学史略》，湖南人民出版社 1987 年版。

周子东、杨雪芳、李甄馥、齐卫平编著：《三十年代中国社会性质论战》，知识出版社 1987 年版。

沈长云：《上古史探研》，中华书局 2002 年版。

方汉奇：《中国新闻事业通史》，中国人民大学出版社 2004 年版。

蒙默编：《川大史学·蒙文通卷》，四川大学出版社 2006 年版。

聂石樵：《先秦两汉文学史》，中华书局 2007 年版。

董方奎：《梁启超与护国战争》，重庆出版社 1986 年版。

章学诚著，仓修良编：《文史通义新编》，上海古籍出版社 1993 年版。

《励耘书屋问学记——史学家陈垣的治学》，生活·读书·新知三联书店1982年版。

陈其泰：《史学与民族精神》，学苑出版社1999年版。

陈其泰：《史学与中国文化传统》（增订本），学苑出版社1999年版。

陈其泰主编：《中国马克思主义史学的理论成就》，国家图书馆出版社2008年版。

刘潞、崔永华编：《刘大年存当代学人手札》，中国社会科学院近代史研究所1995年排印本。

方铭：《战国文学史》，武汉出版社1996年版。

温乐群、黄冬娅：《三十年代中国社会性质和社会史论战》，百花洲文艺出版社2004年版。

《历史研究》编辑部编：《汉民族形成问题讨论集》，生活·读书·新知三联书店1957年版。

中国史学会主编：《中国近代史资料丛刊·戊戌变法》，上海人民出版社1957年版。

中国史学会主编：《中国近代史资料丛刊·鸦片战争》，神州国光社1954年版。

中央档案馆编：《中共党史报告选编》，中共中央党校出版社1982年版。

上海图书馆编：《汪康年师友书札》，上海古籍出版社1986年版。

四川大学历史文化学院编：《蒙文通先生诞辰一百一十周年纪念文集》，线装书局2005年版。

〔英〕李提摩太：《亲历晚清四十五年：李提摩太在华回忆录》，李宪堂、侯林莉译，天津人民出版社2005年版。

司马迁撰，〔日〕泷川资言考证：《史记会注考证》，文学古籍刊行社1955年版。

〔德〕黑格尔：《历史哲学》，王造时译，上海书店出版社2006年版。

〔英〕巴勒克拉夫：《当代史学主要趋势》，杨豫译，上海译文出版社1987年版。

四、近代报刊（以创刊时间为序）

《国闻报》

《昌言报》

《新民丛报》

《大公报》

《东方杂志》

《青年杂志》

五、论文（以撰写时间为序）

顾颉刚：《中国近来学术思想界的变迁观》（作于 1919 年），载《中国哲学》第 11 辑，生活·读书·新知三联书店 1984 年版。

杨端六：《马克思学说评》，《太平洋》1920 年第 2 卷第 7 号。

刘梦云（张闻天）：《中国经济之性质研究》，《读书杂志》1931 年第 1 卷第 4、5 期。

陈晖：《献给〈中国农村〉》，《中国农村》1935 年第 1 卷第 12 期。

童书业：《国语及左传问题后案》，《浙江图书馆馆刊》1935 年第 4 卷第 1 期。

铁夫：《范文澜先生》，《中国青年》1939 年 10 月第 1 卷第 10 期。

张荫麟：《跋〈梁任公别录〉》，《思想与时代》第 4 期，1941 年 11 月。

范文澜：《古今中外法浅释》，《解放日报》1942 年 9 月 3 日。

翦伯赞：《略论中国史研究》，《学习与生活》1943 年第 10 卷第 5 期。

白寿彝：《中国历史体裁的演变》，《文讯》1946 年 10 月号。

柴德赓：《对吕著〈简明中国通史〉的几点意见》，1949 年 9 月 3 日。

刘大年：《答覆李光霖先生》，《新建设》第 3 卷第 5 期。

黎澍：《反对故作高深》，《学习》第 4 卷第 8 期。

黎澍：《评吴泽著〈历史人物的评判问题〉》，《学习》第 4 卷第 9 期。

《侯外庐的来信》，《学习》第 4 卷第 10 期。

《〈历史人物的评判问题〉作者吴泽对本刊的答复》，《学习》第 4 卷第 12 期。

蒙文通：《致张表方书》（1952 年），载《中国哲学》第 5 辑，生活·读书·新知三联书店 1981 年版。

李锦全：《中山大学历史系批判资产阶级学术思想的情况》，《历史研究》1958 年第 10 期。

郭沫若《谈蔡文姬的〈胡笳十八拍〉》，《光明日报》1959 年 1 月 25 日。

翦伯赞：《应该替曹操恢复名誉》，《光明日报》1959 年 2 月 19 日。

郭沫若：《替曹操翻案》，《人民日报》1959 年 3 月 23 日。

翦伯赞：《关于打破王朝体系问题》，《光明日报》1959 年 3 月 28 日。

郭沫若：《关于目前历史研究中的几个问题 —— 答〈新建设〉编辑部问》，《新建设》1959 年第 4 期。

水共：《南京大学历史系 1959 年掀起三次科学研究高潮》，《历史研究》1960 年第 1 期。

开封师院历史系：《开封师范学院历史系科学研究工作的几点体会》，《史学月刊》1960 年第 1 期。

范文澜：《反对放空炮》，《历史研究》1961 年第 3 期。

《纪念太平天国革命一百一十周年 首都史学界讨论六篇学术报告 —— 范文澜发言说历史研究必须坚持严格的历史主义》，《人民日报》1961 年 5 月 31 日。

《辛亥革命五十周年学术讨论结束》，《人民日报》1961 年 10 月 24 日。

李家瑞：《云南几个民族记事和表意的方法》，《文物》1962 年第 1 期。

吴晗：《论历史人物评价》，《人民日报》1962 年 3 月 23 日。

白寿彝：《〈国语〉散论》，《人民日报》1962 年 10 月 16 日。

谭其骧：《勿空破，认真立》，《中国史研究》1979 年第 3 期。

白寿彝：《刘知幾的史学》，载吴泽主编：《中国史学史论集》（二），上海人民出版社 1980 年版。

白寿彝：《谈史书的编撰》，《史学史研究》1981 年第 3 期。

张作耀：《辨有特色，析有新意》，《历史研究》1981 年第 6 期。

胡如雷：《读〈汪篯隋唐史论稿〉兼论隋唐史研究》，《读书》1982 年第 2 期。

薄树人：《试论司马迁的天文学思想》，《史学史研究》1982 年第 3 期。

王玉哲：《一部新的古史分期问题的专著 —— 读赵光贤：〈周代社会辨析〉》，《历史教学》1982 年第 4 期。

白寿彝：《说六通》，《史学史研究》1983 年第 4 期。

陈其泰：《近三百年历史编纂上的一种重要趋势 —— 新综合体的探索》，《史学史研究》1984 年第 2 期。

陆宗达：《从旧经学到马列主义历史哲学的跃进 —— 回忆吴承仕先生的学术成就》，《北京师范大学学报》1984 年第 2 期。

李一氓:《读〈越史丛考〉》,《读书》1984 年第 4 期。

李学勤:《〈齐语〉与〈小匡〉》,《管子学刊》1987 年第 1 期。

李坤:《〈国语〉的编撰》,《史学史研究》1988 年第 4 期。

白寿彝:《外庐同志的学术成就》,《史学史研究》1989 年第 1 期。

陈鸿森:《段玉裁年谱订补》,台湾《历史语言研究所集刊》第 60 本第 3 分册。

陈其泰:《〈汉书·五行志〉平议》,《人文杂志》1993 年第 1 期。

戴逸:《时代需要这样的历史学家 —— 在纪念范文澜诞辰 100 周年学术座谈会上的发言》,《近代史研究》1994 年第 1 期。

刘大年:《光大范文澜的科学业绩》,《近代史研究》1994 年第 1 期。

吕思勉:《自述 —— 三反及思想改造学习总结》,《史学理论研究》1996 年第 4 期。

胡逢祥:《"五四"时期的中国史坛与西方现代史学》,《学术月刊》1996 年第 12 期。

《展望新世纪中国史学发展趋势》,《光明日报》2001 年 10 月 2 日。

林甘泉:《关于史学理论建设的几点意见》,《史学理论与史学史学刊》2002 年卷。

曹文柱等:《二十世纪魏晋南北朝史研究》,《历史研究》2002 年第 5 期。

沈长云:《在历史研究中坚持和发展唯物史观》,《史学理论研究》2003 年第 1 期。

李根蟠:《中国"封建"概念的演变和封建地主制理论的形成》,《历史研究》2004 年第 2 期。

夏经林:《论〈国语〉的编纂》,《中国史研究》2005 年第 4 期。

王学典、蒋海升:《从"战士"到"学者"—— 访老辈史学家赵俪生先生》,《山东社会科学》2006 年第 3 期。

陈其泰:《传统思想的精华何以通向唯物史观》,《史学理论与史学史学刊》2007 年卷。

孔祥吉、〔日〕村田雄二郎:《从中日两国档案看〈国闻报〉之内幕》,《学术研究》2008 年第 7、9 期。

陈其泰:《中国现代史学发展史上的重要篇章 —— 正确评价建国后十七年史学成就》,《北京行政学院学报》2012 年第 1 期。

后　记

　　中国古代创造了灿烂辉煌的文化，为举世所公认，每一个华夏子孙都为此感到无比自豪。我作为一个专业研究者，在长期研读古代文史名著过程中，一个强烈的体会是：今天我们阅读这些名著，是有幸与古代第一流的学者对话、交流，感受他们渊博的学识、深邃的智慧、卓越的创造力和爱国为民的炽烈情怀。因此，本书分为上、下两编，共12章，而撰写时间相距有十余年。但可以说，每一篇文稿的撰写，都是因阅读古今史学名著，对于名家们所阐发的思想引起了强烈的共鸣，因而引起写作的激情而构思、着笔的。尽管书稿内容涉及颇广，上起先秦，下至当代，文章写作的宗旨，有的是对于名著内容、观点、创见的阐释，有的是对较长时段的学术思潮推移流变的追踪、梳理，有的是对重要史实做考订辨析，也有的是对某些时论的学术争鸣。然而，细心的读者不难发现，贯穿于整个40余万字书稿的学术旨趣实际就是：贯通上下的研究，这是史学史作为一门专史从事研讨的根本要领；阐发古今史学名著内容的精深和编纂方法的高超；深入发掘和着力弘扬蕴藏于史学名著之中的民族文化伟大创造力！有朋友读了书稿后，热心地建议说：您的著作是以"历史传承与民族文化创造力"为探讨的角度，这体现了对中国史学演进路径考察的新视野，应当将这一中心主旨突显出来。感谢友人的热心建议，本书遂以"历史学新视野——展现民族文化非凡创造力"命名。

　　我的内心深处又时时油然而生感激之情，此书和我近40年来所写的文字，论其源头，都得力于时代之赐！置身于这个伟大的时代，我才能有真情、有毅力为深入发掘和理性对待祖国优秀传统文化而接连写出一批论著，并且充满乐观和深情地展望我们民族的未来。本书的出版得到商务印书馆文津公司丁波总编辑的大力支持。责任编辑郭玉春对书稿的编校认真负责，付出心力。张峰博士帮助我查核引文、规范注释，花了大量时间，认真细致。书中

《〈国闻报〉与晚清新思想的传播》、《抗战时期萧一山历史观的跃进》，分别为我与刘永祥博士、田园博士合撰，是师生共同劳动的成果。夫人郭芳多年以来除尽力服务于其本职工作和照顾家庭之外，又为帮助我整理文稿、电脑录入和处理来往邮件等项付出辛勤的劳动。谨此向以上单位、朋友和家人致以衷心的感谢！

2017 年 7 月大暑前一日，于北京师范大学寓所